U0525013

本课题的研究和本书出版得到国家社会科学基金重大项目"秦统一及其历史意义再研究"（14ZDB028）、教育部人文社会科学重点研究基地山东师范大学齐鲁文化研究中心基地基金重点项目"秦汉时期齐人的海洋开发"（QL08101）以及中国人民大学科学研究基金（中央高校基本科研业务费专项资金资助）项目"中国古代交通史研究"（10XNL001）支持。

# 秦统一的进程与意义

The Process and Significance
of the Unification of Qin Dynasty

王子今◎主编
孙兆华　李兰芳　杨继承◎副主编

中国社会科学出版社

## 图书在版编目(CIP)数据

秦统一的进程与意义/王子今主编. —北京：中国社会科学出版社，2017.11
(2019.2 重印)
ISBN 978-7-5203-1029-1

Ⅰ.①秦…　Ⅱ.①王…　Ⅲ.①秦统一中国—研究　Ⅳ.①K233.07

中国版本图书馆 CIP 数据核字（2017）第 229834 号

| 出 版 人 | 赵剑英 |
| --- | --- |
| 责任编辑 | 宋燕鹏 |
| 责任校对 | 闫　萃 |
| 责任印制 | 李寡寡 |

| 出　　版 | 中国社会科学出版社 |
| --- | --- |
| 社　　址 | 北京鼓楼西大街甲 158 号 |
| 邮　　编 | 100720 |
| 网　　址 | http://www.csspw.cn |
| 发 行 部 | 010-84083685 |
| 门 市 部 | 010-84029450 |
| 经　　销 | 新华书店及其他书店 |
| 印　　刷 | 北京明恒达印务有限公司 |
| 装　　订 | 廊坊市广阳区广增装订厂 |
| 版　　次 | 2017 年 11 月第 1 版 |
| 印　　次 | 2019 年 2 月第 2 次印刷 |
| 开　　本 | 710×1000　1/16 |
| 印　　张 | 37.5 |
| 插　　页 | 2 |
| 字　　数 | 581 千字 |
| 定　　价 | 128.00 元 |

凡购买中国社会科学出版社图书，如有质量问题请与本社营销中心联系调换
电话：010-84083683
**版权所有　侵权必究**

# 序

王子今

国家社会科学基金重大项目"秦统一及其历史意义再研究"（项目编号：14ZDB028）2014年立项以来，课题组按照研究计划进行了认真的工作。经与中国社会科学院刘庆柱、彭卫，吉林大学张鹤泉，香港科技大学吕宗力，台湾彰化师范大学陈文豪等著名秦汉史学者协商咨询，充实并完善了研究计划，各子课题研究均及时启动。2015年4月，举行了开题报告会，中国社会科学院学部委员刘庆柱教授，中国秦汉史研究会副会长、《中国史研究》主编彭卫研究员，中国秦汉史研究会副会长、四川文物考古研究院院长高大伦教授，中国秦汉史研究会常务理事、首都师范大学宋杰教授，中国社会科学院历史研究所秦汉魏晋南北朝史研究室主任、《简帛研究》主编杨振红研究员等专家与会。项目设计及实施方案得到与会学者的肯定。5个子课题：史党社教授主持的"秦国的崛起与秦的统一"、孙家洲教授主持的"秦统一的政治学研究"、孙闻博讲师主持的"秦统一的军事学研究"、张忠炜副教授主持的"秦统一的管理学研究"、刘瑞研究员主持的"秦统一的考古学研究"各有收获。

王子今、孙家洲、孙闻博参加编撰的陕西师范大学版"秦直道研究丛书"，王子今、史党社、刘瑞、孙闻博参加编撰的"秦史与秦文化研究丛书"，也可以看作与此项目研究主题密切关联的学术工作。特别是刘瑞作为考古领队进行的秦上林苑遗址、战阿房宫遗址、战国秦栎阳城址、秦郑国渠遗址的发掘调查工作分别获得了一些全新的历史文化信息，将对研究进展的推进提供第一手资料的有力支持。张忠炜担任执行主编完成的《里耶秦简博物馆藏秦简》一书已于 2016 年 6 月正式出版。运用高新设备而采集最为准确、清晰的彩色及红外图像，汇集众多学者之力参与审校而保证释文精准，精心研究以揭示其价值，是《里耶秦简博物馆藏秦简》的主要学术特点。

截至 2016 年 7 月，国家社科基金重大项目中期检查评估之前，课题组成员分别进行了与"秦统一"有关的历史遗存的多次实地考察，如：1. 秦直道北段遗迹（内蒙古达拉特旗—包头）考察（王子今，2014 年 6 月）；2. 自贡盐产遗迹与盐运古道考察（王子今，2014 年 9 月）；3. 荔枝道（万源—宣汉段）考察（王子今，2015 年 3 月）；4. 里耶秦城与秦简考察（孙家洲、王子今、张忠炜、孙闻博，2015 年 4 月）；5. 姜女石秦行宫遗址调查（孙家洲、王子今、张忠炜、孙闻博，2015 年 6 月）；6. 甘肃河西走廊西段秦遗址考察（史党社，2015 年 7 月）；7. 宁夏—内蒙古中南部、东南部战国秦遗址考察（史党社，2015 年 7—8 月）；8. 山东战国秦遗址考察（史党社，2015 年 5 月、2016 年 7 月）；9. 广西兴安秦灵渠工程遗址考察（孙闻博，2015 年 11 月）；10. 自贡盐运陆路暨川黔古盐道综合考察（王子今，2015 年 12 月）；11. 荔枝道米仓道（达州段）考察（王子今，2016 年 3 月）；12. 河南战国秦遗址考察（史党社，2016 年 5 月）；13. 内蒙古乌拉特后旗、乌拉特中旗秦汉城址考察（王子今，2016 年 6 月）等。

课题组成员亦积极参与学术交流，如：1. 中国秦汉史研究会主办中国秦汉史研究会第 14 届年会暨国际学术研讨会（孙家洲、王子今、史党社、刘瑞、张忠炜、孙闻博，2014 年 8 月，成都）；2. 香港历史博物馆主办"岭南印记：粤港澳考古成果展国际学术研讨会"（刘瑞，2014 年 8 月，香港）；3. 西北师范大学主办"历史与展望：中西交通与华夏文明"国际学术研讨会暨丝绸之路经济带高层论坛（王子今，2014 年 8 月，兰州）；4. 四川大学中国西部边疆安全与发展协同创新中心、四川大学历史文化（旅游）学院主办"历史地理学的继承与创新暨中国西部边疆安全与历代治理研究——2014 年中国地理学会历史地理专业委员会国际学术研讨会"（刘瑞，2014 年 9 月，成都）；5. 陕西师范大学、教育部人文社会科学重点研究基地西北历史环境与经济社会发展研究院、历史文化学院主办"第二届史念海青年历史地理学者论坛"（刘瑞，2014年10月，西安）；6. 河南大学、《中国史研究》编辑部主办"中国古代社会危机及其政府应对"高层论坛（王子今，2014年11月，开封）；7. 中国地理学会历史地理专业委员会、太原师范学院汾河流域科学发展研究中心主办"流域环境变迁与历史地理学创新学术研讨会"（刘瑞，2014年11月，太原）；8. 北京大学出土文献研究所主办"出土文献与秦汉史研究"工作坊（张忠炜、孙闻博，2014年11月，北京）；9. 陕西师范大学主办国际长安学暨古代都城国际学术研讨会（王子今、刘瑞，2014年11月，西安）；10. 岳麓书院主办秦简牍研究国际学术研讨会（王子今、孙家洲，2014年12月，长沙）；11. 西安历史地理学会南开大学中国社会史研究中心主办"2014西安历史地理学年会暨主题学术报告会"（刘瑞，2014年12月，西安）；12. 南开大学主办"视角转换与史实重建：第二届古史新锐南开论坛"（孙闻博，2015年4月，天津）；13. 出土文献与中国古代文明研究协同创新中心中国人民大学中心主办"出土文献与中国古代文明"学术研讨会（王子今、孙家洲、史党社、刘瑞、张忠炜、孙闻博，2015年6月，北京）；14. 东北师范大学历史文化学院主办"中国帝制时代社会结构与历史趋势暨农商社会／富民社会学术研讨会"（王子今，2015年6月，长春）；15. 复旦大学、嘉峪关管理处主办"嘉峪关魏晋墓与丝绸之路历史文化学术研讨会"（史党社，2015年7月，嘉峪关）；16. 陕西师范大学历史文化学院、陕西历史博物馆主办"考实与会通——2015年第三届中古史前沿论坛"（孙闻博，2015年7月，西安）；17. 陕西师范大学、西北历史环境与经济社会发展研究院主办"丝绸之路研究与历史地理信息系统建设国际学术研讨会"（刘瑞，2015年8月，西安）；18. 中国秦汉史研究会主办"首届乌桓鲜卑文化国际学术研讨会"（史党社，2015年8月，内蒙古阿鲁科尔沁旗）；19. 中国人民大学国学院主办"秦统一及其历史意义再研究"学术研讨会（王子今、孙闻博，2015年8月，烟台）；20. 吉林大学古籍研究所主办"出土文献与学术新知"学术研讨会暨出土文献青年学者论坛（孙闻博，2015年8月，长春）；21. 日本科学研究费补助金H25-28年度基础研究费项目"东亚文化圈的形成与汉代郡县城市研究"主办"东亚古代都市的地域性探索－交趾郡治·嬴陵城址发掘与郡县都市研究新进展国际学术研讨会"（刘瑞，2015年9月，东京）；22. 京都大学人文科学研究所、首尔大学东洋史系主办"Military Control on Multi-ethnic Society in Early China"国际学术研讨会（孙闻博，2015年9月，首尔）；23. 中国生态文明学会主办第六届传统文化与生态文明国际研讨会（王子今，2015年9月，佳木斯）；24. 西北师范大学主办"中国历史上的改革：实践与经验"高层论坛（王子今，2015年9月，兰州）；25. 宁夏大学主办北方民族与丝绸之路博士后论坛（王子今，2015年10月，银川）；26. 中国考古学会、中国文物保护技术协会、武汉市人民政府主办"考古资产保护盘龙城论坛"（刘瑞，2015年，武汉）；27. 扬州市人民政府、中国考古学会、中国社会科学院考古研究所、南京博物院主办"扬州城考古学术研讨会"（刘瑞，2015年，扬州）；28. 台湾大学文学院主办第二届先秦两汉出土文献与学术新视野国际研讨会（王子今，2015年10月，台北）；29. 中国社会科学院简帛研究中心、中国社会科学院历史所战国秦汉史研究室、广西师范出版社主办"第三届简帛学国际学术研讨会暨谢桂华先生《汉晋简牍论丛》出版座谈会"（孙闻博，2015年11月，桂林）；30. 苏州大学主办中国古代国家制度与社会建设学术研讨会（王子今、史党社，2015年11月，苏州）；31. 中国秦汉史研究会、广州大学主办"秦汉史研究动态暨档案文书研讨会"（王子今、史党社、刘瑞，2015年11月，广州）；32. 北京大学出土文献研究所主办"出土文献与秦汉史研究"工作坊第二次（张忠炜、孙闻博，2015年11月，北京）；33. 东北师范大学主办中国早期文明与国家建构学术研讨会（王子今，2015年11月，长春）；34. 中国考古学会两周考古专业指导委员会主办"都邑与水系考古学术研讨会"（刘瑞，2015年11月，西安）；35. 中国古都学会、中共商丘市睢阳区委宣传部、商丘师范学院汉梁文化研究中心主办"商丘古都文化研讨会暨中国古都学会2015年会"（刘瑞，2015年12月，商丘）；36. 中国秦汉史研究会、中国社会科学院简帛研究中心、中国社会科学院历史研究所战国秦汉史研究室、出土文献与中国古代文明研究协同创新中心主办"文字·文本·

文明：出土文献研究青年论坛"（孙闻博，2015 年 12 月，北京）；37. 重庆大学人文高等研究院主办"秦汉史青年学者研讨会：早期中华帝国的行政运作与政治文化"（孙闻博，2015 年 12 月，重庆）；38. 中国人民大学图书馆主办"《孙子兵法》与古代兵学学术研讨会"（孙闻博，2016 年 3 月，北京）；39. 中国秦汉史研究会、陕西理工大学主办"汉中开汉业——纪念刘邦为汉王 2222 周年学术研讨会"（王子今、史党社，2016 年 4 月，汉中）；40. 中国地理学会历史地理专业委员会主办"第二次全国历史地理信息系统"（HGIS）学术沙龙（刘瑞，2016 年 4 月，西安）；41. 中国科学院、中国社会科学院、台北中央研究院主办"第十一届两岸三院资讯技术与应用交流研讨会"（刘瑞，2016 年 4 月，台北）；42. 上海纽约大学主办"全球历史下的秦始皇陵研究"国际会议（史党社，2016 年 5 月，上海），中国考古学会主办首届中国考古学大会（史党社、刘瑞，2016 年 5 月，郑州）；43. 西安民俗博物院主办"古玉臻美：第二届中国古代玉器玉文化研讨会"（王子今，2016 年 6 月，西安）；44. 首都师范大学主办第五届中国传统经济再评价暨农商社会／富民社会学术研讨会（王子今，2016 年 6 月，北京）；45. 滕州市政府主办第六届墨学国际会议（史党社，2016 年 7 月，滕州）；46. 中国地理学会历史地理专业委员会主办中国历史地理年会（史党社、刘瑞，2016 年 7 月，长春）；47. 陕西师范大学、陕西历史博物馆主办"考古与艺术，文本与历史：丝绸之路研究新视野国际研讨会"（王子今、刘瑞，2016 年 7 月）等学术会议，并宣读论文。所提交论文及相关发言，均与"秦统一"的学术主题密切相关。

自立项至 2016 年 7 月国家社科基金重大项目中期检查评估，孙家洲在中国人民大学面对本科生讲授《史记》，其中的精读部分就有《秦始皇本纪》，他把在本课题研究过程中的新获体会，运用到了课程讲授之中，收到了很好的效果。他又以"秦始皇与秦朝兴亡的历史考察"为题，在 2015 年的 5 月和 6 月，先后在"横山书院"和国家图书馆做了学术讲座；2015 年 5 月，在山东博物馆"齐鲁大讲堂"，以"出土文献与古代史研究例释"为题所做的讲座，都把自己的研究心得和本课题的进展情况扩大到了较宽广的社会层面。王子今承担的相关讲座，也有类同的效果，实现了本项目研究成果的宣传推介。如：秦统一的技术基础（第二届中国史研习营·厦门大学，2014年7月10日）；秦始皇的海洋意识（长春师范大学历史学院，2014年11月10日；南开大学历史文化学院，2015年5月26日；辽宁师范大学历史文化旅游学院，2015年8月27日；四川大学，2015年9月29日；深圳大学历史学院，2016年4月1日；华南师范大学历史文化学院，2016年5月19日；长江师范学院历史学院，2016年6月23日）；秦汉帝国执政集团的海洋意识与沿海区域控制（陕西师范大学，2014年11月25日）；大秦帝国之细说秦始皇（河南博物院，2015年1月31日）；稷下学与秦汉大统一（稷下学公开课·淄博，2015年10月24日）；秦汉时期的岭南（鸣鹤书苑考古与艺术俱乐部、北大赛克勒考古与艺术博物馆之友年会·广州，2016年1月14日）；宣太后的历史表演与秦统一进程（河南大学历史学院，2016年3月26日；深圳市南山区，2016年3月31日；吉林大学，2016年5月17日；华南农业大学历史系，2016年5月19日；曲阜师范大学"洙泗讲坛"，2016年6月2日；湘潭大学历史系，2016年6月21日）；秦统一意义的再认识（人民出版社历史课程研讨会·成都，2016年4月28日）；秦史的宣太后时代（中国史研习营·四川大学历史学院，2016年7月3日）等。

由课题组设计筹备，2015年8月在山东烟台召开了"秦统一及其历史意义"学术研讨会（中国人民大学国学院主办，鲁东大学历史文化学院、山东师范大学齐鲁文化研究院协办）。到会学者40余人，李禹阶教授、高大伦教授、赵瑞民教授、宋超教授与会，对青年学者的思考与研究有所鼓舞，也有所指导。会议印发的论文集收入论文36篇。最终修改定稿，由中国社会科学出版社出版的这部《秦统一的进程与意义》，可以看作"秦统一及其历史意义再研究"的阶段性成果。感谢李禹阶教授赐予大作。还应当指出，这本论文集主要是师生合作的成果，也可以理解为师生学术情谊的纪念。这次会议的组织安排，姜守诚副研究员付出许多辛劳。

同样作为得到同学们支持的工作，还有我们在《鲁东大学学报》《西安财经学院学报》《首都师范大学学报》《中国矿业大学学报》《东方论坛》《人文杂志》先后组织的以"秦统一"为主题的专栏。所发表论文有些为中国人民大学《复印报刊资料》《高等院校文科学报文摘》和《新华文摘》选用。

与"秦统一及其历史意义再研究"课题相关的另一项师生合作的工作，是台湾三民书局《新译史记》的校正工作。《史记》的校读，有些直接涉及秦统一问题。如《史记》卷四四《魏世家》："（魏文侯）十三年，使子击围繁庞，出其民。"又《史记》卷一五《六国年表》："（魏文侯十三年）公子击围繁庞，出其民。"《史记》中虽两处分述，说的却是一次事件。史事与秦统一进程相关，因而特别值得我们注意。"繁庞"，《史记》中华书局1959年9月版两处标点不同，卷四四《魏世家》作"繁、庞"，判作两地（第1838页）。卷一五《六国年表》则作"繁庞"，以为一地（第707页）。谭其骧主编《中国历史地图集》作"繁庞"，空间位置标定在今陕西韩城（谭其骧主编：《中国历史地图集》，地图出版社1982年10月版，第1册第35—36页）。现在看来，"繁庞"是正确的。史为乐主编《中国历史地名大辞典》"繁庞城"条："繁庞城，在今陕西韩城市东南。《史记·魏世家》：文侯十三年（前433），'使子击围繁庞，出其民'。《清一统志·同州府二》引《县志》：'繁庞城在县东南。'"[1] 嵇超、郑宝恒、祝培坤、钱林书编《史记地名索引》也作"繁庞"[2]。而《史记》中华书局2013年9月点校本二十四史修订本卷四四《魏世家》一仍其误（第851页），卷一五《六国年表》则将"繁庞"错改为"繁、庞"（第2210页）。又如《史记》卷六《秦始皇本纪》："二世皇帝元年，年二十一。赵高为郎中令，任用事。"随即有关于"始皇庙"的讨论："二世下诏，增始皇寝庙牺牲及山川百祀之礼。令群臣议尊始皇庙。群臣皆顿首言曰：'古者天子七庙，诸侯五，大夫三，虽万世世不轶毁。今始皇为极庙，四海之内皆献贡职，增牺牲，礼咸备，毋以加。先王庙或在西雍，或在咸阳。天子仪当独奉酌祠始皇庙。自襄公已下轶毁。所置凡七庙。群臣以礼进祠，以

---

[1] 中国社会科学出版社2005年版，第2941页。
[2] 中华书局1990年版，第200页。

尊始皇庙为帝者祖庙。'"所谓"先王庙或在西雍，或在咸阳"之"西雍"，张守节《正义》："西雍在咸阳西，今岐州雍县故城是也。又一云西雍，雍西县也。"（中华书局1959年9月版，第266页；2013年版，第334页至第335页）张守节《正义》提出了两种解说：第一："西雍在咸阳西，今岐州雍县故城是也。"第二："又一云西雍，雍西县也。"其实，"西雍"应断读为"西、雍"。是说"西"和"雍"。"西"，在天水礼县。这里进行的秦早期遗迹的考古发掘与调查均获得有重要历史文化意义的成果[①]。

国家社会科学基金重大项目"秦统一及其历史意义再研究"正在进行。这部《秦统一的进程与意义》可以算是初步工作的总结汇报。我们愿意继续努力，对于秦统一及其意义的理解与说明，力求客观、全面、深刻、科学。

---

[①] 甘肃省文物考古研究所、中国国家博物馆、北京大学考古文博学院、陕西省考古研究院、西北大学文博学院：《西汉水上游考古调查报告》，文物出版社2008年版。

# 目 录

秦"抑商""重商"辨
　　——兼说始皇帝时代乌氏倮、巴寡妇清"名显天下"……… 王子今(1)
秦代商、韩国家经济干预思想与中国古代社会 …………… 李禹阶(21)
"四民分业"或"重农抑商":秦汉大一统政体社会经济
治理的制度化路径及其历史影响
　　——以经济学有关交换经济的生产性认识为视角 ……… 李　欣(31)
爵、官转移与文武分职:秦国相、将的出现 ……………… 孙闻博(46)
秦灭巴蜀再探 ……………………………………………… 赵宠亮(70)
蕲年宫之变与秦帝国历史转折机会的丧失 ………………… 李迎春(82)
东北亚走廊与"秦灭燕" ……………………………………… 王　海(108)
秦统一过程中的"间使"往来与用间机制探微 …………… 李　斯(129)
秦统一合理化宣传策略的形成及改进
　　——以初并天下诏为中心的探讨 ………………………… 崔建华(144)
秦始皇"议帝号"诏评议 …………………………………… 曾　磊(160)
秦始皇"久者不赦"剩义说 ………………………………… 汪华龙(176)
项羽与秦统一政体的探索 …………………………………… 吕　方(183)
"匡饬异俗":秦始皇天下同风的奢求 ……………………… 党　超(196)
"移风易俗,天下向道":贾谊对商君变法后
　　秦俗的批判 ………………………………………………… 钟良灿(211)
略论秦代移民与中原文化的扩展 ………………………… 董家宁(228)
秦始皇的宗教倾向性与秦汉宗教中的齐楚传统 ………… 李玥凝(240)

## 秦统一的进程与意义

再论秦并天下
　　——认知人类学视野下的统一观念建构 …………… 黄　旭（257）
秦的统一是文字、疆域和华夏族三个层面的统一 ………… 洪春嵘（273）
秦的灾异与符应：历史记录与史家建构 …………………… 杨继承（298）
有关"秦记"的几个问题 ………………………… 吕　壮　向燕南（333）
进山还是入海：战国秦汉海洋隐逸的历史记载 …………… 曲柄睿（350）
《仙真人诗》考
　　——兼说秦帝国的思想控制 ………………………… 董　涛（362）
从《焦氏易林》看汉代人的秦史观 ………………………… 刘志平（386）
战国时期秦领土扩张及置郡背景 …………………………… 琴载元（403）
秦汉之际九原地区辖域变化试探 …………………………… 尤　佳（431）
秦汉"北胡南越"战略格局的形成与突破
　　——兼论秦统一岭南的历史贡献与现实意义 ……… 杨倩如（442）
酉阳县小考 …………………………………………………… 李兰芳（465）
放马滩秦简《志怪故事》中的宗教信仰 …………………… 姜守诚（474）
里耶秦简"付计"文书义解 ………………………………… 王　伟（503）
里耶秦简中的"养" ………………………………………… 杨延霞（524）
从岳麓简"秦更名令"看秦统一对人名的影响 …………… 孙兆华（538）
秦简编绳材质新探 …………………………………………… 冯　立（548）
秦诏铜籥残件与秦桶量之复原
　　——兼论桶量与斛量之更替 ………………………… 熊长云（558）
近十年中国内地秦统一研究的学术地图分析 ……………… 韩　帅（575）

# 秦"抑商""重商"辨

——兼说始皇帝时代乌氏倮、巴寡妇清"名显天下"[*]

## 王子今

有一种传统学术意见,以为商鞅变法即压抑商贾的地位。秦"抑商"说成为对秦史经济政策判断的学术成见。另外,亦有否定秦"抑商",甚至以为秦"重商"的观点。亦可见秦"限商"的意见发表。认真考察秦史,可知"抑商"政策在秦行政方针中其实并不占据特别重要的地位。"抑商"曾经是"重农"的辅助策略,其力度远不如汉初刘邦时代强劲。秦的"市"曾经相当繁荣,成为秦经济生活的重要构成。由秦律遗存可知,秦管理"市"的制度已经相当成熟。商路的畅通也促成了富国强兵事业的成功。李商隐诗云:"嬴氏并六合,所来因不韦。"[①] 通过吕不韦的政治表演可以察知,秦的政治传统并非绝对压抑商人,甚至不排斥商人参政。秦始皇时代不仅允许吕不韦这样的出身商人者把握最高执政权,在嬴政亲政之后对于乌氏倮和巴寡妇清的非常礼遇,以及《史记》卷一二九《货殖列传》记录的诸多秦商的成就,也可以真切反映当时工商业者的地位。相关历史事实的说明,有助于增进我们对秦行政史和经济史以及秦统一前后政策风格的认识。

---

[*] 基金项目:国家社会科学基金重大项目"秦统一及其历史意义再研究"(项目编号:14ZDB028)。

[①] 李商隐:《井泥四十韵》,刘学锴、余恕诚著《李商隐诗歌集解》,中华书局1988年版,第1404页。

## 一　秦"抑商"说

　　李剑农总结"商君变法之条款，与经济改革有关系者"，第一项即"奖励农业生产，抑制商贾"。他指出："非但孟子，即孟子以前之政治家如管仲、子产、晏子以及儒家之大师孔子，亦从无重农抑商之主张；有此主张并实行此种政策者，实自商鞅始。自此视农为'本富'，商为'末富'，所谓'崇本抑末'之思想，渐成为中国流行的经济思想。"① 钱穆《秦汉史》写道："今据《史记·商君列传》，商鞅变法有极关重要者几端，……"凡列10项：①废贵族世系，②行县制，③禁大家族聚居，④行新田制，⑤推行地方自治，⑥制军爵，⑦奖农织，⑧建新都，⑨统一度量衡，⑩法律上之平等。关于其中"⑦奖农织"，钱穆又写道："耕织致粟帛多者复其身，事末利及怠而贫者举以为收孥。收录为官奴婢。"② 《史记》卷六八《商君列传》的记述是：

　　　　僇力本业，耕织致粟帛多者复其身。事末利及怠而贫者，举以为收孥。

　　司马贞《索隐》："末谓工商也。盖农桑为本，故上云'本业耕织'也。怠者，懈也。《周礼》谓之'疲民'。以言懈怠不事事之人而贫者，则纠举而收录其妻子，没为官奴婢，盖其法特重于古也。"③ 林剑鸣《秦史稿》分析"商鞅变法的实施"，对于这条史料的解释是："凡经营商业及怠惰而贫困的，要连其妻子儿女一同没入官府为奴。"又说："当时，将农业称为'本业'，将从事商业称为'末业'，重本抑末从此成为秦国的传统。"④ 林剑鸣《秦汉史》说："'重农抑

---

① 李剑农：《先秦两汉经济史稿》，中华书局1962年版，第120页。
② 钱穆：《秦汉史》，生活·读书·新知三联书店2004年版，第7页。
③ 《史记》卷68《商君列传》，中华书局2013年二十四史修订本，第2711页。
④ 林剑鸣：《秦史稿》，上海人民出版社1981年版，第185—186页。

商'是自商鞅变法以来秦国一贯实行的国策。""为保护地主阶级的经济基础，秦王朝继续推行'重农抑商'政策。""秦始皇采纳了李斯的建议，将'上农除末'作为一种指导方针向全国公开宣布。""表示'上农除末'是秦王朝的根本方针。"① 郑良树说，"无可否认，商鞅是一位重农抑商的极力主张者。他似乎没有提出任何理论上的根据，不过，以当时的社会形态和结构而言，重农是应该可以理喻的；至于抑商，应该被视为重农的另一面而已，至少商鞅就这么认为的。"何汉认为，"为了达到重农的目标，商鞅不惜采用各种方法，'无所不用其极'地裁抑商人及商业活动"。② 有的论著写道："商鞅采取种种措施严格限制商业活动，几乎走到了取消商业的地步。"③ 一些以秦经济史为研究对象的论著均认同秦"抑商"之说，或以为"由于封建国家实行抑商政策"，商人"在政治上和经济上""受到不同程度的歧视"④，或以为商鞅"控制商业"的政策即"耕战抑商政策"导致了"秦国的商品经济落后"⑤。

以为秦"抑商"的意见，在战国秦汉史研究领域形成了主导性的影响。一些具有教科书性质的著作采用此说。如安作璋主编《中国史简编》即强调"重农抑商"是商鞅变法的"主要内容"。⑥ 傅筑夫、王毓瑚编《中国经济史资料·秦汉三国编》于"经济政策及行政"一章中专列"抑商附禁奢侈"一节，与另一节"重农"并列。史料自《史记》卷六《秦始皇本纪》秦始皇三十三年发"贾人"略取陆梁地事起载录。⑦《剑桥中国秦汉史》第1章"秦国和秦帝国"中"实行变法"部分，论"经济政策"的内容中写道："商鞅的主要目的是建立一个以勤劳的农民和有纪律的军队为基础的统一而强大的国家，军队的士兵实

---

① 林剑鸣：《秦汉史》，第140—141页。
② 郑良树：《商鞅及其学派》，上海古籍出版社1989年版，第171—172页。
③ 何汉：《秦史述评》，黄山书社1986年版，第98页。
④ 林甘泉主编：《中国经济通史·秦汉经济卷》，中国社会科学出版社2007年版，第592页。
⑤ 蔡万进：《秦国粮食经济研究》，内蒙古人民出版社1996年版，第111页。
⑥ 安作璋主编：《中国史简编》"古代卷"，高等教育出版社2014年版，第86页。
⑦ 傅筑夫、王毓瑚编：《中国经济史资料·秦汉三国编》，中国社会科学出版社1982年版，第483页。

际上征自农民。农战'本业'得到鼓励,经营和制造奢侈品的'末业'要加以限制。目标是建立一个靠满足现状和定居的农民的劳动和不受追逐利润的商人和手工业者的活动干扰的静态的农业社会。事实上,所发生的许多社会的其他方面的变化势必阻止这种空想的实现。但是,如同汉代初期儒家采取的方针那样,法家反对私人经商活动的措施一直有力地阻止了工商业者在以后的中国社会中取得支配地位。"① 台湾译本的译文有所不同。② 大陆译本所谓商鞅的"空想",台湾译本作"商鞅的理想",虽表述不同,都指出这种理念未能实现。还应当注意到,论者对商鞅"抑商"的判断是有所保留的,一译"经营和制造奢侈品的'末业'要加以限制",另一译"抑制贸易和制造奢侈品的'末业'",应当都不是指所有的"商业"。

这种对"抑商"有所分析的认识又见于田昌五、安作璋主编的《秦汉史》。他们对"事末利及怠而贫者,举以为收孥"的理解是"如果弃农经商,或懒惰游荡而贫穷的,则举以为收孥,即没收其本人为官奴婢"。论者明确写道:"应当指出,这项法令不适用于从事正当商业和手工业的人,对他们另有安排,是不能'举以为收孥'的。如然,整个社会经济生活岂不要陷于瘫痪吗?"③ 这样的意见,值得我们重视。

## 二  秦不"抑商"而"重商"说

但是,也有一些学者并不认为秦推行"抑商"政策。何兹全指

---

① 卜德:《秦国和秦帝国》,载〔英〕崔瑞德、〔英〕鲁惟一编《剑桥中国秦汉史》,杨品泉等译,中国社会科学出版社1992年版,第52—53页。

② 韩复智主译本译文:"商鞅的主要目标,是要建立一个由勤奋农民和训练有素的军队所组成的统一而强盛的国家;其军队的士兵,是由农民征募而来。商鞅鼓励农战的'本业';抑制贸易和制造奢侈品的'末业'。其目标是要建立一个不受钻营私利润的商人和手工业者干扰;而是由满足现状,采取定居生活方式的勤劳农民,所组成的静态农业社会。事实上,当时所发生的许多社会或其他方面的改变,却阻挠了商鞅的理想实现。但是,汉朝初年,儒家学者所提出的改革,却有法家的反对私人商业交易活动的主张。此主张一直有效地阻止了工商业者,在日后中国社会中,取得领导的地位。"(Denis Tvitchett John K. Fairbank 编:《剑桥中国史》第一册《秦汉篇,前221—220》,韩复智主译,南天书局有限公司1996年版,第45页)

③ 田昌五、安作璋主编:《秦汉史》,人民出版社1993年版,第24—25页。

出,"秦的统一,是春秋战国以来,社会经济,即商品货币关系发展的必然结果。""商鞅变法以后,秦国的国家权力集中在国君手里,国君的权力是强大的。政府解决了土地问题,氏族贵族土地所有制改变为自由买卖的土地所有制,旧的氏族贵族阶级在政治、经济、社会上的特权取消了,在旧的社会秩序下没有地位的新的商人贵族可依自己的才能取得政治地位和社会荣誉。当时,东方各国虽然都是秦国敌国,但在这些国家内,代表新的商人贵族阶级的进步势力,却无不以为秦国政府是代表他们利益的政府,各国有才能的人,这些被客观条件决定在本国没有出路的人,无不跑到秦国来找出路,帮助秦国完成统一工作。"他还认为,秦统一后,"货币和度量衡制的统一,是商品货币关系发展的必然要求;货币和度量衡制统一后,又必然反转来促进商品货币关系发展"。① 瞿兑之《秦汉史纂》在秦史部分"社会经济"内容中"商业"题下不仅不言"抑商",反而发表了秦"重商"的评断:

  秦之重商。远在穆公以前。
  商业既繁。商人势力益大。进执国政。

"秦之重商。远在穆公以前"句下引录《史记》卷一二九《货殖列传》:"史记货殖传。及秦文秦缪居雍隙。陇蜀之货物而多贾。献孝公徙栎邑。栎邑北却戎翟。东通三晋。亦多大贾。武昭治咸阳。……四方辐凑并至而会。地小人众。故其民益玩巧而事末也。"② 明确言"秦之

---

① 何兹全:《秦汉史略》,上海人民出版社1955年版,第5、10页。
② 《史记》卷129《货殖列传》:"及秦文、(孝)[德]、缪居雍,隙陇蜀之货物而多贾。献(孝)公徙栎邑,栎邑北却戎翟,东通三晋,亦多大贾。(武)[孝]、昭治咸阳,因以汉都,长安诸陵,四方辐凑并至而会,地小人众,故其民益玩巧而事末也。"中华书局1959年版,第3261页。"及秦文、德、缪居雍,隙陇蜀之货物而多贾。献公徙栎邑,栎邑北却戎翟,东通三晋,亦多大贾。孝、昭治咸阳,因以汉都,长安诸陵,四方辐凑并至而会,地小人众,故其民益玩巧而事末也。"(第3930页)

## 秦统一的进程与意义

重商"，瞿兑之书可称标新立异。①

不过，吕思勉《秦汉史》也说到当时的时代风习和社会形势，"晚周以来，盖封建势力日微，而资本势力方兴之会。封建势力，如死灰之不可复然亦，而或不知其不可然而欲然之；资本势力，如洪水之不可遽湮也，而或不知其不可湮而欲湮之；此为晚周至先汉扰攘之由。"他引录《汉书》卷九一《货殖传》："及周室衰，礼法堕，诸侯刻桷丹楹，大夫山节藻棁，八佾舞于庭，雍彻于堂。其流至乎士庶人，莫不离制而弃本，稼穑之民少，商旅之民多，谷不足而货有余。陵夷至乎桓、文之后，礼谊大坏，上下相冒，国异政，家殊俗，耆欲不制，僭差亡极。于是商通难得之货，工作亡用之器，士设反道之行，以追时好而取世资。伪民背实而要名，奸夫犯害而求利，……"以为："此文最能道出东周以后社会之变迁，及其时之人之见解。"②

翦伯赞认为商鞅变法实现了"商人"地位的上升。"新兴的商人地主，首先在秦国获得了政权。商鞅变法，正是秦国历史之新的转向的表现。""秦自孝公用商鞅变法之后，秦国的政权已经是商人地主的政权，因而秦国的武力，也就是商人地主的武力，从而秦国所收夺的土地，也就是商人地主的土地。"他认为，"秦代的统一，城市手工业的发达是一个主要的历史动力。因为作为秦国政权之主要支持者的商人地主，正是城市手工业中成长起来的一种新的历史因素；秦代的统一，正是这种新的历史因素之成熟。""当初期封建主义的政治体制一旦成为商业资本之发展的障碍时，他就必须被废除。六国的灭亡与秦代的统一，正是这一历史原理的实现。"秦统一的意义，在于"扫除以前障碍商业交换之发展的领主政治和领主之间的混战"。"这样，秦代的政府，就创造了商业资本走向全面发展的客观条件。所以当秦始皇统一天下以后，巡行全国各地的时候，到处都得到商人地主的欢迎。"③ 有的学者说，"秦商业起初较落后，但战国中叶以后，发展很快。秦统一后，又有了进一

---

① 瞿兑之：《秦汉史纂》，杨家骆主编：《中国学术类编》单行本，鼎文书局1979年版，第74—75页。
② 吕思勉：《秦汉史》，上海古籍出版社1983年版，第2—3页。
③ 翦伯赞：《秦汉史》，北京大学出版社1983年版，第7、25、32、36页。

步的发展。"以为秦的崛起与统一的实现,均与"商业""发展"同步。"秦统一后,秦始皇为发展封建经济的需要,除大力发展官营工商业外,亦曾鼓励商人经营致富,加以统一货币、度量衡、车轨等措施的推行,使秦代的工商业较前有了进一步的发展。秦代的工商业主要是官营工商业,同时亦有私营工商业,其中包括大工商业主和小手工业者、小商人。"①

秦"重商"之说是否成立,可以讨论。秦对商业和商人之政策的确切内容及其历史文化影响,有必要进行符合历史真实的说明。商鞅一类人物与商贾对于传统宗法社会有同样的不满情绪和破除意向,也许也是应当注意到的。②

祝中熹在《秦国商业及货币形态析述》中写道:"战国时期曾普遍流行抑商思想,秦国由于影响巨大的商鞅变法含有抑商的内容而特别引人瞩目。""商鞅变法的基本内容,核心在耕、战二字,通过强农达到强军、强国的目的。很显然,商业的过度兴盛同变法的战略方针背道而驰。""不过我们必须看到,商鞅的抑商只是重农的辅策,只着眼于防止农业劳动力的分流,意在减少、降低商业的负面影响,而并未从根本上扼杀商业的生命力。"论者指出,"以被认为是抑商政策最鲜明的一条'事末利及怠而贫者,举以为收孥'而言,也是仅言'末利'而不直言经商。那个时代'末'的含义并非专指商业,而多指奇巧奢靡的物品或技艺。""商鞅的'事末利'是个模糊概念,具有较大的伸缩性,完全可以把他认为对国家不利的一些商业经营纳入其中,肯定反映了变法的抑商倾向。这对商人群体无疑是个警诫,但并不意味着否定商业的合法性和正当性。变法中有些内容在客观上还有利于商业的长远发展,如'平斗、桶、权、衡、丈、尺',……是政府严格市场管理,建立商

---

① 原注:"《秦律·司空》规定一般人以劳役抵偿赀赎和欠官府债务,可以找年龄相当的人代替,唯有'作务及贾而负债者,不得代'。可见秦存在着经济上极不稳定,容易负债的小手工业者和小商人。"(王云度、张文立主编:《秦帝国史》,陕西人民教育出版社1997年版,第138、132、144页)

② 范文澜说:"法家一般也代表商贾(地主常兼作商贾)的利益,商鞅抑末是在秦国的特殊措施。"(《中国通史》第一册,人民出版社1978年版,第190页)

品交易秩序，强化国家职能的作为，对正常的商业发展具有促进作用。"①

考察秦"抑商"或"重商"，关键在于对《商君列传》"事末利及怠而贫者，举以为收孥"之"末利"的理解。与"末利"相关的概念，是"末作""末业"。

## 三 《商君书》农商政策与"限商"说

余英时将《商君书》看作"战国晚期所集结的"论著。他分析《商君书·算地》中关于"五民"的文字，指出："最后两类人即是工与商，法家和儒家同把他们看作社会上的寄生虫。……追溯到最后，这五类分子的政治危害性无疑是来自一个共同的根源，即他们的专门知识和技能。"② 郑良树说："在《垦令篇》里，他曾经不很有系统地开列了许多抑商的办法：第一，商人不得卖粮"，"第二，提高酒肉价钱"，"第三，废除旅馆的经营"，"第四，加重商品销售税"，"第五，商家的奴仆必须服役"。"上述五种办法，有的是从积极方面着手，如不得卖粮、提高酒肉价钱、加重商品销售税；有的是从消极方面着手，如废除旅馆、奴仆服役，都间接直接地在裁抑商人，减少商人的数量和活动。"③

《商君书·垦令》提出了发展农耕的政策导向，其中涉及"商"对于农产品的经营："使商无得籴，农无得粜。农无得粜，则窳惰之农勉疾。商无得籴，则多岁不加乐；多岁不加乐，则饥岁无裕利；无裕利则商怯，商怯则欲农。窳惰之农勉疾，商欲农，则草必垦矣。"又说到"商酤"，即商家对饮食业的经营："贵酒肉之价，重其租，令十倍其朴。然则商酤少，民不能喜酣奭，大臣不为荒饱。商酤少，则上不费粟；民不能喜酣奭，则农不慢；大臣不荒饱，则国事不稽，主无过举。

---

① 祝中熹：《秦史求知录》，上海古籍出版社2012年版，第311、315—316页。
② 余英时：《反智论与中国政治传统》，《历史与思想》，台北联经出版事业公司1976年版，第22、24页。
③ 郑良树：《商鞅及其学派》，第172—173页。

上不费粟,民不慢农,则草必垦矣。"关于"军市"管理的内容,《垦令》篇写道:"令军市无有女子,而命其商;令人自给甲兵,使视军兴。又使军市无得私输粮者,则奸谋无所于伏。盗输粮者不私稽。轻惰之民不游军市,盗粮者无所售。送粮者不私,轻惰之民不游军市,则农民不淫,国粟不劳,则草必垦矣。"关于"商"予以压抑以促成"垦"的发展的建议,还涉及私营运输业:"令送粮无得取僦,无得反庸;车牛舆重设,必当名。然则往速徕疾,则业不败农。业不败农,则草必垦矣。"

《商君书·农战》说到"教民"的原则:"善为国者,其教民也,皆从壹空而得官爵。是故不以农战,则无官爵。国去言则民朴,民朴则不淫。民见上利之从壹空出也,则作壹,作壹则民不偷。民不偷淫则多力,多力则国强。今境内之民,皆曰:'农战可避,而官爵可得也。'是故豪杰皆可变业,务学诗书,随从外权,上可以得显,下可以得官爵;要靡事商贾,为技艺:皆以避农战。具备,国之危也。民以此为教者,其国必削。"在论说"善为国者,仓廪虽满,不偷于农;国大民众,不淫于言,则民朴一"一节,又说道:"豪杰务学诗书,随从外权;要靡事商贾,为技艺:皆以避农战。民以此为教,则粟焉得无少,而兵焉得无弱也!"在危害国家社会的"避农战"者之中,有"事商贾"的"商民":"今为国者多无要。朝廷之言治也,纷纷焉务相易也。是以其君惛于说,其官乱于言,其民惰而不农。故其境内之民,皆化而好辩乐学,事商贾,为技艺,避农战,如此则亡国不远矣。国有事,则学民恶法,商民善化,技艺之民不用,故其国易破也。夫农者寡,而游食者众,故其国贫危。今夫螟螣蚼蠋春生秋死,一出而民数年乏食。今一人耕,而百人食之,此其为螟螣蚼蠋亦大矣。""商民善化"会导致"其国易破"。"学民""商民""技艺之民"都是一如"螟螣蚼蠋"之类害虫的"游食者"。"夫农者寡,而游食者众,故其国贫危。"

《商君书·农战》又论证"明君修政作壹,去无用,止畜学事淫之民,壹之农,然后国家可富,而民力可抟也",指出:"夫民之亲上死制也,以其旦暮从事于农。夫民之不可用也,见言谈游士事君之可以尊身也,商贾之可以富家也,技艺之足以糊口也。民见此三者之便且利也,则必避农;避农则民轻其居,轻其居则必不为上守战也。凡治国者,患民之散而不可搏也,是以圣人作壹,抟之也。"

《商君书·去强》:"农少商多,贵人贫、商贫、农贫,三官贫,必削。"同篇又说:"金生而粟死,粟生而金死。本物贱,事者众,买者少,农困而奸劝;其兵弱,国必削至亡。金一两生于境内,粟十二石死于境外。粟十二石生于境内,金一两死于境外。国好生金于境内,则金粟两死,仓府两虚,国弱。国好生粟于境内,则金粟两生,仓府两实,国强。"可知《商君书》的政治设计,并非绝对排斥对"金"的追求,而是希望"金粟两生,仓府两实,国强"。这一谋求的基本要素,是"国好生粟于境内"。《商君书·算地》:"夫治国舍势而任谈说,则身劳而功寡。故事诗书谈说之士,则民游而轻其上;事处上,则民远而非其上;事勇士,则民竞而轻其禁;技艺之士用则民剽而易徙;商贾之士佚且利,则民缘而议其上。故五民加于国用,则田荒而兵弱。谈说之士,资在于口;处士,资在于意;勇士,资在于气;技艺之士,资在于手;商贾之士,资在于身。故天下一宅,而圜身资民;资重于身,而偏托势于外。"

祝中熹指出,"细审《商君书》诸篇,有些主张目的在于抑制商贾势力的膨胀,如规定对商贾之家的奴婢进行登记,课以赋、役,对某些商品提高税收,必须防止商贾垄断市场等等,但均未超越危及商业生存的底线。"[①] 应当说,即使这些政策可以称作"抑商",其规模和力度,都并不形成对商贾的迫害和对商业的扼杀。《商君列传》所谓"事末利及怠而贫者,举以为收孥",如理解"事末利"即商业经营,与此有相当大的距离。

《剑桥中国秦汉史》写道:"以他命名的一部重要的法家著作《商君书》由几种材料组成,其中可能没有一种是商鞅写的。但是有的部分,特别是较早期的部分,可能反映了他的思想。"在讨论商鞅变法

---

① 他的另一意见也值得注意,"《商君书·去强篇》明言:'农、商、官三者,国之常官也。'显然对商业并不歧视"。(祝中熹:《秦史求知录》,第316页)

时,"要考虑到这些困难。"①

高亨《商君书作者考》以为"今本《商君书》是商鞅遗著与其他法家遗著的合编",其中"《垦令》一篇,当是商鞅所作",强调"这是有明证的"。② 我们在思考商鞅变法是否"抑商"的问题时更多对其中政策设定的出发点予以关注,是必要的。还应当注意到,高亨《商鞅与商君书略论》肯定商鞅"实行重农重战政策",却不言是否"抑商"。他对于《商君列传》"僇力本业,耕织致粟帛多者复其身;事末利及怠而贫者,举以为收孥"是这样解释的:"这是说:奴隶努力务农,则升为庶民,庶民不努力务农,则贬为奴隶。""首先是以解放奴隶为赏,以贬为奴隶为罚,来推行重农政策。"③

对《商君书》农商政策的理解,有学者提出"限商"的认识。论者指出,《商君书》中,"只有《垦令》中谈到对商人的限制措施"。"对商人限制措施有以下几条:第一条是提高酒肉价格,'重其租,令十倍其朴'。""第二条是要求商人自备兵甲,随时供应军需,也没有'抑制''打击'的含义。第三条是'重关市之赋'即提高商人过关、入市的赋税,这五个字的后面就是'则农恶商,商有疑惰之心。农恶商,商疑惰,则草必垦矣'。"这些措施"都是对商人的限制,以免他们的势力过分扩张","以免损害农战政策"。依据《商君列传》中"僇力本业,耕织致粟帛多者复其身;事末利及怠而贫者,举以为收孥"而认定商鞅"是主张'重农抑商'的人","没有很充分的根据或理由。"商鞅关于农商关系的倾向是"限商"而非"抑商"。④

---

① 卜德:《秦国和秦帝国》,载〔英〕崔瑞德、〔英〕鲁惟一编《剑桥中国秦汉史》,杨品泉等译,第49页。韩复智主译本的译文:"《商君书》(由好几个人所写的法家的重要著作)中,虽然注明是商鞅所写的,但是其中可能没有一篇是商鞅写的。此书有的部分,特别是较早的部分,或许能反应他的想法。因为上述材料的限制,以下只能概述商鞅的改革。……"(Denis Twitchett, John K. Fairbank 编:《剑桥中国史》第一册《秦汉篇,前221—220》,韩复智主译,第41页)今按:"或许能反应他的想法","反应"应为"反映"。
② 高亨注译:《商君书注译》,中华书局1974年版,第10页。
③ 同上书,第9页。
④ 汤勤福撰:《商子答客问》,上海人民出版社1999年版,第177—182页。

## 四 秦"市"及商路的繁荣

对于商鞅否定"事末利"的政策，除却政治史的特殊年代的简单化公式化评断①，不少学者从自己的学理思路分析，以为即"抑商"。傅筑夫说："末，包括商品生产和商业。"② 范文澜说，"商鞅抑末政策，意在防止商贾高利贷者兼并土地，使秦民专力从耕织与战争中求富贵。"不过，他又认为，"末"的含义比较宽泛，"文学游说之士，属于末一类，不许入秦"。③

从秦的经济史记录看，商业的发展也自有传统。

《史记》卷六《秦始皇本纪》记载："献公立七年，初行为市。""（惠文王）立二年，初行钱。"安作璋主编《中国史简编》虽然以为"重农抑商"是商鞅变法的"主要内容"。不过，论者仍承认秦献公"'初行为市'，允许在国内从事商业性活动"，"为商鞅变法准备了必要的条件"。④

商鞅变法的第一个动作"徙木立信"，即将表演的舞台设定在都城雍的"市"。《史记》卷六八《商君列传》："令既具，未布，恐民之不信，已乃立三丈之木于国都市南门，募民有能徙置北门者予十金。民怪之，莫敢徙。复曰'能徙者予五十金'。有一人徙之，辄予五十金，以明不欺。卒下令。"对于"国都市南门"，有人理解为"栎阳城闹市区的南门"⑤，以"闹市区"释"市"，似未能准确理解"市"的意义。

睡虎地秦简《金布律》有关于"市"的管理的律文："百姓市用钱，美恶杂之，勿敢易。"又如：

---

① 如《商君书新注》整理小组《商君书新注》说，商鞅的改革方案包括"实行重农抑商的法家政策，限制、打击奴隶主工商业者"（陕西人民出版社1975年版，第11页）。
② 傅筑夫：《中国封建社会经济史》第一卷，人民出版社1981年版，第355页。
③ 范文澜：《中国通史》第一册，第190页。
④ 安作璋主编：《中国史简编》"古代卷"，高等教育出版社2014年版，第85页。
⑤ 李存山：《商鞅评传——为秦开帝业的改革家》，广西教育出版社1997年版，第21页。

秦"抑商""重商"辨

  贾市居列者及官府之吏，毋敢择行钱、布；择行钱、布者，列伍丈弗告，吏循之不谨，皆有罪。  金布

  有买及买（卖）殹（也），各婴其贾（价）；小物不能各一钱者，勿婴。  金布[①]

又有《关市律》：

  为作务及官府市，受钱必辄入其钱缿中，令市者见其入，不从令者赀一甲。  关市[②]

  可见秦对"市"的管理，有十分成熟的制度。
  司马迁在《史记》卷一二九《货殖列传》中言关中经济形势，说到周人的农耕基础，随后秦人经营，则以农耕的进步和商运的开发，促成了新的繁荣："及秦文、德、缪居雍，隙陇蜀之货物而多贾。献公徙栎邑，栎邑北却戎翟，东通三晋，亦多大贾。孝、昭治咸阳，因以汉都，长安诸陵，四方辐辏并至而会，地小人众，故其民益玩巧而事末也。"所谓"隙""通"以及"四方辐辏并至而会"[③]，体现了商业交通的开发成就。在总结咸阳、长安诸陵经济优势地位之后，又写道："南则巴蜀。巴蜀亦沃野，地饶卮、姜、丹沙、石、铜、铁、竹、木之器。南御滇僰，僰僮。西近邛笮，笮马、旄牛。然四塞，栈道千里，无所不通，唯褒斜绾毂其口，以所多易所鲜。天水、陇西、北地、上郡与关中同俗，然西有羌中之利，北有戎翟之畜，畜牧为天下饶。然地亦穷险，唯京师要其道。故关中之地，于天下三分之一，而人众不过什三；然量其富，什居其六。"
  商鞅变法迁都咸阳确定的新的经济重心，与巴蜀的交通联系，"栈道千里，无所不通，唯褒斜绾毂其口"，与"天水、陇西、北地、上郡"的交通联系，"唯京师要其道"，前者联系的物资来源区域："地饶

---

  ① 睡虎地秦墓竹简整理小组：《睡虎地秦墓竹简》，文物出版社1978年版，第55、57页。
  ② 同上书，第68页。
  ③ 方以智《通雅》卷17《地舆释地》解释"隙陇蜀"的"隙"："言开隙于陇蜀之间也。"（文渊阁《四库全书》，商务印书馆1986年影印本，第857册，第383页）

13

卮、姜、丹沙、石、铜、铁、竹、木之器。南御滇僰，僰僮。西近邛笮，笮马、旄牛。"后者则"西有羌中之利，北有戎翟之畜，畜牧为天下饶"。正是以咸阳为中心，"四方辐辏并至而会"的交通形势，形成了可以被称为"大关中"的经济地理格局。[①] 其经济地理优势之成就，与"以所多易所鲜"的商业活动有密切关系。

以为"关中之地，于天下""其富什居其六"的优势地位的形成只是农耕收获的单一积累，恐怕是不符合经济规律，也不符合历史真实的。

## 五　吕不韦故事

范文澜说，"商鞅重农抑商政策，不仅不能行施于山东六国，即在秦国也不能遏阻重商的趋势，到战国末年，大商人吕不韦终于参加了秦国的政权。"[②] 所谓"抑商政策"与"重商的趋势"并说，是很有意思的事。而一个重要人物在这样的历史纠结中上升。这个人物，就是吕不韦。

据《史记》卷八五《吕不韦列传》记载，吕不韦出身富商，"往来贩贱卖贵，家累千金"。他凭借非同寻常的政治敏感，发现质于赵国的秦贵族子楚"奇货可居"，于是决心进行政治投机，出谋出资支持这位"秦诸庶孽孙"取得王位继承权。吕不韦不惜"破家"以"钓奇"的政治策划终于取得成功。公元前249年，子楚即位，是为秦庄襄王，吕不韦任丞相，封为文信侯，食洛阳十万户。其政治投资获得回报。三年后，秦庄襄王去世，太子嬴政立为王。这就是后来的秦始皇。吕不韦为相国，号称"仲父"。

从秦庄襄王元年（前249）起，到秦王政十年（前237）免职，吕不韦在秦国专权十二年。而这一历史阶段，正是秦国军威大振，统一战争取得决定性胜利的时期。秦庄襄王元年（前249），吕不韦亲自率领秦军灭东周，扫荡了周王室的残余，真正结束了以周天子为天下宗主的

---

[①] 王子今、刘华祝：《说张家山汉简〈二年律令·津关令〉所见五关》，《中国历史文物》2003年第1期；王子今：《秦汉区域地理学的"大关中"概念》，《人文杂志》2003年第1期。

[②] 范文澜：《中国通史》第一册，第211页。

秦"抑商""重商"辨

时代。如《吕氏春秋·谨听》所说，"今周室既灭，而天子已绝，乱莫大于无天子。……今之世当之矣。"① 提出了新的"天子"当政的时代要求。同年，秦军伐韩，取得成皋和荥阳，置三川郡。次年，秦军强攻魏、赵，得赵地37城。秦庄襄王三年（前247），秦军又攻韩、赵，置太原郡，并瓦解了进逼函谷关的五国联军。秦王政幼弱，而吕不韦实际执政的数年间，秦军顺利进取韩、赵、魏，又击破五国联军，逼迫楚国迁都。在吕不韦时代，秦国的经济实力已经远远优越于东方六国，秦国的军事实力也已经强锐无敌。当时，"以天下为事"，期望"得志于天下"，已经成为秦人直接的政治目标。应当说，秦实现统一，在吕不韦专权时大势已定。后来大一统的中央集权的秦王朝的建立，吕不韦是当之无愧的奠基者之一。秦国用客可以专信，如商鞅、楼缓、张仪、魏冉、蔡泽、吕不韦、李斯等，如明人张燧《千百年眼》卷四所说，"皆委国而听之不疑"②，而论其功业，吕不韦可以与商鞅并居前列。值得我们特别注意的，是吕不韦的商人出身。

吕不韦是中国历史上以个人财富影响政治进程的第一人。从这一角度认识当时的社会与经济，或可有所新知。吕不韦以富商身份参政，并取得非凡成功，就仕进程序来说，也独辟新径。秦政治文化实用主义的特征，与东方文化"迂大而闳辩"③ 风格大异。而商人务实即追求实利的精神，正与此相合。④ 司马迁笔下洛阳巨商白圭自称"权变""决断"类同"商鞅行法"⑤，也是发人深思的。

## 六 "乌氏倮"与"巴寡妇清""名显天下"

瞿兑之《秦汉史纂》在关于秦"商业"的内容中，于"商业既繁，商人势力益大，进执国政"句后，先说吕不韦事迹，接着引录《史记》

---

① 陈奇猷校释：《吕氏春秋校释》，学林出版社1984年版，第705页。
② （明）张燧：《千百年眼》，河北人民出版社1987年版，第53页。
③ 陈奇猷校释：《吕氏春秋校释》，第2348页。
④ 王子今：《秦文化的实用之风》，《光明日报》2013年7月15日第15版。
⑤ 《史记》卷129《货殖列传》，第3955页。

秦统一的进程与意义

卷一二九《货殖列传》文字："《史记·货殖传》。乌氏倮畜牧及众。斥卖求奇缯物。间献遗戎王。戎王什倍其偿与之畜。畜至用谷量马牛。秦始皇帝令倮比封君。以时与列臣朝请。而巴寡妇清。其先得丹穴。而擅其利数世。家亦不訾。……秦皇帝以为贞妇而客之。为筑女怀清台。夫倮鄙人牧长。清穷乡寡妇。礼抗万乘。名显天下。岂非以富邪……"①

宋儒吕祖谦就"乌氏倮"和"巴寡妇清"事迹，又联系秦汉其他历史人物的表现和待遇，有这样的评论：

> 乌氏嬴，秦始皇令比封君，以时与列臣朝请。
> 巴寡妇清，始皇以为贞妇而客之，为筑女怀清台。
> 张长叔、薛子仲訾十千万，王莽皆以为纳言。
> 罗裦致数千万，举其半赂遗曲阳定陵侯，依其权力赊贷，郡国人莫敢负，擅盐井之利，期年所得自倍。
> 凡邪臣之以货事君，入于君者锱铢，而假君之势，入于己者丘山矣。乃反谓之忠，岂不惑哉？观罗裦之事，可以解其惑。②

以"罗裦之事"比况乌氏倮和巴寡妇清事，其实并不妥当。乌氏倮和巴寡妇清并非因"以货事君"得到地位和荣誉的"邪臣"。

元代学者陈高称此为史著"美谈"："昔巴寡妇清以财自守，秦始皇帝为筑台而礼之，作史者列之传纪，以为美谈。"③ 明代学者王立道则写道："予每读《史记·货殖传》至巴寡妇清，未尝不叹子长之多

---

① 瞿兑之：《秦汉史纂》，第75页。《史记》卷129《货殖列传》："乌氏倮畜牧，及众，斥卖，求奇缯物，间献遗戎王。戎王什倍其偿，与之畜，畜至用谷量马牛。秦始皇帝令倮比封君，以时与列臣朝请。而巴（蜀）寡妇清，其先得丹穴，而擅其利数世，家亦不訾……秦皇帝以为贞妇而客之，为筑女怀清台。夫倮鄙人牧长，清穷乡寡妇，礼抗万乘，名显天下，岂非以富邪？"（中华书局1959年点校本，第3260页）"巴（蜀）寡妇清"作"巴寡妇清"。（中华书局2013年点校本二十四史修订本，第3929页）

② （宋）吕祖谦：《读汉史手笔》，《东莱别集》卷15《读书杂记四》，文渊阁《四库全书》，第1150册，第338页。

③ （元）陈高：《诸公赠赵夫人卷跋》，《不系舟渔集》卷14《跋》，文渊阁《四库全书》，第1216册，第262页。

爱，而讥其谬也。夫传货殖，已非所以为训，清以一妇人，而且得托名不朽，贪夫婪人将日皇皇焉。畜聚积实，耻一妇人之不如，使天下见利而不闻义，则子长之罪也。"①他站在传统儒学义利观的立场上批评司马迁"传货殖"，推崇对"利"的追求，而"清以一妇人，而且得托名不朽"，更刺激了"贪夫婪人"们的逐"利"狂热。

明代学者王世贞曾经三次就秦始皇尊礼巴寡妇清事发表议论。他说："今夫秦皇帝至暴狼戾也，然贤巴寡妇清而尊之，为立女怀清台。"②似乎发现"秦皇帝至暴狼戾"的另一面，又有"尊""贤"为表现的重视道德的温和情怀。王世贞又说："昔者秦皇帝盖客巴寡妇清云，传称清寡妇，饶财，财能用自卫，不见侵。天子尊礼之，制诏有司筑女怀清台。夫秦何以客巴妇为也？妇行坚至兼丈夫任，难矣！客之，志风也，此其意独为右货殖乎哉？"③他理解秦始皇"客巴寡妇清"的积极意义，有"志风"即推崇巴寡妇清"行坚至兼丈夫任"的意图。此说当然不能简单否定，但是秦始皇的深层动机，大概还是司马迁所赞许的"不訾""饶财"的尊重。司马迁的原话值得我们认真品读："夫倮鄙人牧长，清穷乡寡妇，礼抗万乘，名显天下，岂非以富邪？"

王世贞还曾发表如此的感叹："余始读秦皇帝礼巴寡妇清事，而卑秦风之不逮贫也。"④他有关"秦皇帝礼巴寡妇清事"与"秦风"之传统的内在关系的发现，是值得重视的。

## 七 《货殖列传》所见成功秦商

《史记》卷一二九《货殖列传》写道："夫山西饶材、竹、谷、纑、

---

① （明）王立道：《跋叶母还金传》，《具茨文集》卷6《杂著》，文渊阁《四库全书》，第1277册，第828页。
② （明）王世贞：《王节妇项安人祠记》，《弇州四部稿》卷75《文部·记》，文渊阁《四库全书》，第1280册，第263页。
③ （明）王世贞：《明故郑母唐孺人墓志铭》，《弇州四部稿》卷92《文部·墓志铭》，文渊阁《四库全书》，第1280册，第499页。
④ （明）王世贞：《严节妇诸传》，《弇州四部稿》卷85《文部·传》，文渊阁《四库全书》，第398页。

## 秦统一的进程与意义

旄、玉石；山东多鱼、盐、漆、丝、声色；江南出楠、梓、姜、桂、金、锡、连、丹沙、犀、玳瑁、珠玑、齿革；龙门、碣石北多马、牛、羊、旃裘、筋角；铜、铁则千里往往山出棊置：此其大较也。皆中国人民所喜好，谣俗被服饮食奉生送死之具也。故待农而食之，虞而出之，工而成之，商而通之。此宁有政教发征期会哉？人各任其能，竭其力，以得所欲。故物贱之征贵，贵之征贱，各劝其业，乐其事，若水之趋下，日夜无休时，不召而自来，不求而民出之。岂非道之所符，而自然之验邪？"四个经济区中，司马迁首列"山西"。所谓"中国人民所喜好，谣俗被服饮食奉生送死之具"，皆"商而通之"。农、工、商、虞，如司马迁所说，"此四者，民所衣食之原也。原大则饶，原小则鲜。上则富国，下则富家。贫富之道，莫之夺予，而巧者有余，拙者不足。""山西"商人之活跃，在史家视野中留下的深刻印象，又见于司马迁对于秦地成功商人的表扬。

有人认为《货殖列传》与其他"列传"不同，列于《太史公自序》之前是别有深意的，应是政治意识、经济意识、文化意识的表达。但是《货殖列传》既称"列传"，仍有重要人物事迹的载录。司马迁首先记述了范蠡、子赣的经营成功。随即在白圭、猗顿、郭纵之后，即说到秦始皇时代对乌氏倮、巴寡妇清声誉与地位的抬升。司马迁在当代史记录中，指出"汉兴，海内为一，开关梁，弛山泽之禁，是以富商大贾周流天下，交易之物莫不通，得其所欲，而徙豪杰诸侯强族于京师"的形势。在阐发经济地理学等论说之后，司马迁写道："请略道当世千里之中，贤人所以富者，令后世得以观择焉。"在所列举"当世""贤人所以富者"之中，可以看到秦商的成功事迹。例如：

> 蜀卓氏之先，赵人也，用铁冶富。秦破赵，迁卓氏。卓氏见虏略，独夫妻推辇，行诣迁处。诸迁虏少有余财，争与吏，求近处，处葭萌。唯卓氏曰："此地狭薄。吾闻汶山之下，沃野，下有蹲鸱，至死不饥。民工于市，易贾。"乃求远迁。致之临邛，大喜，即铁山鼓铸，运筹策，倾滇蜀之民，富至僮千人。田池射猎之乐，拟于人君。

程郑，山东迁虏也，亦冶铸，贾椎髻之民，富埒卓氏，俱居临邛。

宣曲任氏之先，为督道仓吏。秦之败也，豪杰皆争取金玉，而任氏独窖仓粟。楚汉相距荥阳也，民不得耕种，米石至万，而豪杰金玉尽归任氏，任氏以此起富。富人争奢侈，而任氏折节为俭，力田畜。田畜人争取贱贾，任氏独取贵善。富者数世。然任公家约，非田畜所出弗衣食，公事不毕则身不得饮酒食肉。以此为闾里率，故富而主上重之。

塞之斥也，唯桥姚已致马千匹，牛倍之，羊万头，粟以万钟计。

吴楚七国兵起时，长安中列侯封君行从军旅，赍贷子钱，子钱家以为侯邑国在关东，关东成败未决，莫肯与。唯无盐氏出捐千金贷，其息什之。三月，吴楚平，一岁之中，则无盐氏之息什倍，用此富埒关中。①

蜀卓氏和程郑迁居蜀地，在这里重新致富。以"大关中"的经济地理观判断②，他们是可以归入秦地商人之列的。任氏之先"为督道仓吏"，裴骃《集解》："韦昭曰：'督道，秦时边县名。'"其起家应在秦地。桥姚居边塞之地经营畜牧业成功，作为秦边塞居民的可能性是很大的。无盐氏于长安"赍贷子钱"，得以"富埒关中"。获"息什倍"之时在汉景帝时，我们不能排除其家在秦代已经积累财富可以具有"出捐千金贷"之实力的可能。

司马迁还写道："关中富商大贾，大抵尽诸田，田啬、田兰。韦家栗氏，安陵、杜杜氏，亦巨万。""诸田"等富家，秦时迁居关中，他们在关中地区重新暴发，应依据原有资本和经营经验，而秦地适应商业发育的文化背景和经济生态，应当也是重要的条件。

《史记》卷三〇《平准书》写道："天下已平，高祖乃令贾人不得

---

① 《史记》卷129《货殖列传》，第3976—3980页。
② 王子今：《秦汉区域地理学的"大关中"概念》；王子今、刘华祝：《说张家山汉简〈二年律令·津关令〉所见五关》。

衣丝乘车，重租税以困辱之。"《汉书》卷一下《高帝纪下》的记载较为具体："（八年）春三月，行如雒阳。令……贾人毋得衣锦绣绮縠絺纻罽，操兵，乘骑马。"可知汉高祖刘邦建国之初，曾经推行严厉的"抑商"政策。有经济史学者指出："原来在战国时期颇为发达的商业，到秦始皇统治期间曾一度趋于消沉。进入汉朝以后，又迅速地发展起来，并显示了特殊的繁荣，一时'富商大贾，周流天下，交易之物莫不通，得其所欲'，在中国古代封建社会中，成为商业的一个突出的发展时期。"[①] 商业是否"到秦始皇统治期间曾一度趋于消沉"是可以讨论的。而汉初"抑商"政策与秦代商业管理形式相比较，究竟是继承还是变换，也值得我们认真思考。

（中国人民大学国学院；出土文献与中国古代文明研究协同创新中心）

---

[①] 傅筑夫、王毓瑚编：《中国经济史资料·秦汉三国编》，中国社会科学出版社1982年版，第357页。

# 秦代商、韩国家经济干预思想与中国古代社会

李禹阶

商、韩国家经济思想的一个重要特征,即是国家对民间工商业厉行干预的经济思想与政策。以商、韩为代表的法家人物,为了维护秦国君主集权的官僚政治体制及相应的军功爵制,极力主张国家对经济领域实行超经济干预政策,反对秦国民间重要工商业部门的发展,通过国家全面控制、垄断全国经济资源,达到富国强兵的目的。这种经济干预和资源控制思想,其具体表现便是大力提倡的"重农贱商""崇本抑末"。

作为一种国家思想,首先要解决国家与社会、国家与阶级的关系问题。国家既是阶级压迫的工具,也是社会控制与整合的工具。作为国家主体思想的一般特性,它是以具有"超越性"与"中立性"的面目而呈现的(即使是表面上的),由此来缓和两大阶级或者各阶层间的矛盾、冲突,达到社会的治理与整合。这种超越性、群体性特征,至少从表面来看,它不是代表个别人、个别阶层或者阶级的思想观念,而是作为具有"大众想法"或大众共识的基础,代表了一个社会背后共同政治信仰、文化的价值观等,由此保持着表面上超越于各阶级之上的话语权优势。但是,作为古代中国最早从权力层级分割的世卿世禄制中蜕变出的法家政治思想,由于其"家天下"的国家本位及王权主义,使其在国家的阶级关系与经济关系上,以一种赤裸裸的王权与阶级的专断性、功利性和狭隘性表现出来。而反映在社会经济领域中,则是帝制国家对于社会经济领域的全面干预。

作为一种占主导地位的国家经济思想,是有其政治哲学为基础的,这就是商、韩国家思想中关于国家、政府与民众关系的认识。

从商鞅起始，法家人物在国家与民众的关系上，就极端放大两者间深刻的利益上、价值观上的矛盾与冲突，将秦的国家与社会、统治者与民众看成极端对立的两大利益群体。例如，商鞅就首先从政治哲学理论中的人性论出发，主张"人性恶"，将植根于人性恶基础上的"国、民相胜"理论作为其政治与国家思想的出发点。在他看来，人的本质即"人之性"，尤其是民众之性，均好逸恶劳，趋乐避苦。"民之性，饥而求食，劳而求佚，苦则索乐，辱则求荣，此民之情也。民之求利，失礼之法；求名，失性之常。"① 民众本性中普遍存在"六淫""四难"的恶性，他们追求耳、口、鼻、目、身、心之快乐欲望，厌恶务农、力战、出钱捐税、告奸四苦。民众这种趋乐避苦的本质特点，决定了国家与民众在利益取向和价值目标上存在尖锐分歧。在这里，商鞅将人性看成人作为动物一面的生物性与自然性，人性本能关注的是各个生物个体求生求佚的生理欲望及其在现实社会生活中的功利欲念。在商鞅看来，这种个人自富求佚的欲念，必然与君主政治下的国家富强目标相抵触、相矛盾。所以，决定国家治理与战争胜负，则必先"胜民"之性，以达"制民"目的。"昔之能制天下者，必先制其民者也；能胜强敌者，必先胜其民者也。故胜民之本在制民，若冶于金，陶于土也。"② 这里的"制民"与治民，虽然一字之差，却充分反映了商鞅等法家人物的国、民思想。

基于这种理念，商鞅进一步提出了国、民"交相胜"中的"弱民"理论，即民弱国强，民强国弱；民进国退，民退国进："民弱国强，民强国弱。故有道之国务在弱民。朴则强，淫则弱。弱则轨，淫则越志。弱则有用，越志则强。故曰：以强去强者，弱；以弱去强者，强。"③

---

① 高亨：《商君书注译》，清华大学出版社2011年版，第76页。《商君书》，旧题"商鞅撰"，文献记29篇，现存24篇。据近当代学者考订，《商君书》除一部分如"垦令""靳令""外内"等编为商鞅自撰外，其中有一部分系由商鞅后学乃至战国中后期法家人物所著。因此，《商君书》应是商鞅遗著及与其他法家人物著述的合编。但通观《商君书》全书，其思想内容及文义前后大致贯通。因而可以认为，如我们以《商君书》来研究战国中后期以商鞅为代表的法家思想，应是无大问题的。
② 同上书，第146页。
③ 同上书，第165页。

由此主张政治与法律要作民之所恶,倡民之厌,行苛暴之政,制酷重之刑。"政作民之所恶,民弱;政作民之所乐,民强。民弱国强,民强国弱。故民之所乐民强,民强而强之,兵重弱。民之所乐民强,民强而弱之,兵重强。"①

在这里,商鞅凸显了国家、政府与民众间深刻的利益上、价值观上的矛盾与冲突,认为两者处于不可调和的对立状态中。政治治道,社会控制,本质上是国家与民众谁能战胜谁、谁能驾驭谁的问题。了解这种尖锐的国与民在根本性质上的对立,是国家驱使民众的关键要素。鉴于这种国、民"交相胜"理论,商鞅认为国家要富国强兵,进行统一战争,就必须强制民众,弃其所喜,赴其所恶,实行"恶政""暴政",达到"政作民之所恶,民弱;政作民之所乐,民强"的效果。因此,"怯民使以刑必勇,勇民使以赏则死","贫者使以刑则富,富者使以赏则贫。治国能令贫者富,富者贫,则国多力,多力者王"。② 这样,将民众仅仅作为供其驱使的牲口,削民以弱,就成为商鞅国家治理思想的重要部分。在这种国家思想指使下,秦国在治政策略上以重刑制民,以暴政驭民,以严刑卑辱民众,以赏赐驱民于农战,并由此形成了法家重刑主义的理论基础。

韩非则继承了商鞅等早期法家人物的治理思想,将维护国家的中央集权制度看作消弭战争、完成霸统大业的最好政治体制。为此,他处处以君主本位观来思考国家与政治未来的发展走向,并在继承商鞅国家治理思想的思想遗产中,将其连带的国家阶级观念发展到一个新高度。韩非传承了商鞅狭隘的国家与阶级观念,在其治世主张中极端放大国家与社会、政府与民众之间深刻的利益、价值观上的矛盾,并且将国家与社会、统治阶级与民众视为利害关系极端对立的两大群体,将国家对于民众的驾驭、奴役作为其治世思想的主流。为此,他直接以赤裸裸的阶级性、排他性去论证秦国家内部的国与民的阶级关系。他认为,当时秦国在政治上仍然处于一个"国民相胜"的阶段,因此应当以暴力苛法治

---

① 高亨:《商君书注译》,第170页。
② 同上书,第59页。

## 秦统一的进程与意义

国民。"夫严刑重罚者,民之所恶也,而国之所以治也;哀怜百姓,轻刑罚者,民之所喜,而国之所以危也。"①"故先王明赏以劝之,严刑以威之。赏刑明,则民尽死;民尽死,则兵强主尊。刑赏不察,则民无功而求得,有罪而幸免,则兵弱主卑。"②

在这种"国、民相胜"理论指引下,以商、韩为代表的法家人物,除了在政治、法律、文化、道德等领域厉行集权政策外,还在经济领域实行国家垄断政策。其具体表现便是反对秦国民间工商业的发展,主张国家对于经济领域的厉行干预政策,使国家全面控制、垄断全国经济资源,并将之集中到战争中。这种经济干预和控制思想,主要基于两方面的需要:其一,维护君主专制的官僚政治等级制度,防止民间工商业者在经济领域中成长,并发展为与君主政治相对立的离心力量,以确保国家政治等级与军功爵禄制度的稳定;其二,在战争频仍,秦国地广人稀的情况下,保证国家自然与人力资源完全应用到农、战上去,达到国富兵强。而其具体的政策便是"重农贱商""崇本抑末"。

商、韩等人的这种经济思想,是有其历史背景的。在当时残酷的兼并战争中,秦国实行的是二十等军功爵制度,秦国社会财富的分配、消费主要在军功爵制系统内通过军功赏赐进行。但是,随着秦民间工商业发展及商人财富的积聚,逐渐形成与军功爵制相离异的另一社会财富分配、消费的渠道。例如商鞅就认为,"民资重于身,而偏托势于外。挟重资,归偏家,尧、舜之所难也。故汤、武禁之,则功立而名成。"③在他看来,民间工商业者不事农、战,却获利高于战士、农夫,且生活安逸,挟资千金,由此形成二弊:一是使社会风气败坏,战士、农夫无励志农、战之心,而官吏则易形成权、钱交易之乱俗。"商有淫利,有美好伤器;官设而不用,志行为卒。六虱成俗,兵必大败。"④"今境内之民皆曰:'农战可避而官爵可得也。'是故豪杰皆可变业,……要靡

---

① 《韩非子·奸劫弑臣》,中华书局2010年版,第136—137页。
② 《韩非子·饰邪》,第184页。
③ 高亨:《商君书注译》,第78页。
④ 同上书,第169页。

事商贾,为技艺,皆以避农战。……民以此为教者,其国必削。"① 二是扰乱了国家政治等级与爵禄层级秩序。商人挟利,率性而为,其所归属,往往却是"挟重资,归偏家"②,与国家心存异心的宗法权贵沆瀣一气,成为君主集权国家的离心力量。此外,民间工商业的发展,部分商人发财致富,会致使一部分体制内的官吏与商人相互勾结,进行权力的交换,由此使秦国官僚机构产生腐败。"则奸臣鬻权以约禄,秩官之吏,隐下而渔民……故大臣争于私而不顾其民,则下离上。下离上者,国之隙也。秩官之吏隐下以渔百姓,此民之蠹也。故有隙、蠹而不亡者,天下鲜矣。"③ 特别是一些官员,利用权力之重,无法无天,引起社会动乱。"官之重也,毋法也;法之息也,上暗也。上暗无度,则官擅为;官擅为,故奉重无前,则征多;征多故富。官之富重也,乱功之所生也。"④ 这种情况,即使尧、舜再世,也难以平治天下。所以,商鞅提出:"故为国者,边利尽归于兵,市利尽归于农。边利归于兵者强,市利归于农者富。故出战而强、入休而富者,王也。"⑤ 国家应该采取坚决措施,收利于国,"故汤、武禁之,则功立而名成"。

韩非则进一步发展了商鞅国家经济干预政策及经济思想。在他看来,国家与民众永远处于利益对立之中,民强则国弱,民众富足就不会效力于国家。因此,让民众处于绝对的贫困之中,杜绝民众通过非国家政治等级和军功爵制渠道而取得富贵,才能使民众一心一意追随国家利益。《韩非子·奸劫弑臣》就明确提出:"国有无功得赏者,则民不外务当敌斩首,内不急力田疾作,皆欲行货财、事富贵、为私善、立名誉以取尊官厚俸。故奸私之臣愈众,而暴乱之徒愈胜,不亡何待?"《韩非·爱臣》则写道:"群臣之太富,君主之败也。"正因如此,商、韩等人提出了以政治等级及军功实行赏赐的"壹赏"制

---

① 高亨:《商君书注译》,第46页。
② 同上书,第78页。
③ 同上书,第124页。
④ 《韩非子·八经》,第693页。
⑤ 高亨:《商君书注译》,第178页。

## 秦统一的进程与意义

度。"壹赏"制是商鞅、韩非等人极力主张的政治控制手段。它除了有打击宗法旧贵集团,激励战士、民众的农、战积极性的意义外,还有另一重要作用,即为了将最终的赏罚权力从各层级的封君以及官僚手中收到国君手里,让君主掌握臣民生死的决断权。"所谓壹赏者,利禄官爵,抟出于兵,无有异施也。"① "壹赏"不仅将国家的官爵向所有臣民开放,明确宣示了分封制下贵族世卿世禄特权的终结。"宗室非有军功论,不得为属籍。明尊卑爵秩等级,各以差次名田宅,臣妾衣服以家次。有功者显荣,无功者虽富无所芬华。"② 同时,"壹赏"的一个最重要功能,即垄断社会领域的消费、分配双力,按照官员、士民的忠诚度及对国家的贡献来进行经济领域的分配、消费等。"明王之所贵,惟爵其实;爵其实而荣显之。"③ 在军功授爵制直接关系到官员俸禄、赏赐与民众授田、赋役等涉及经济利益情况下,"壹赏"就使国家官吏、民众分配、消费的主渠道与君主制下的国家政治相互联系并挂起钩来。这样,国家就从根本上掌握了社会控制的命脉。

为此,商鞅提出国家干预经济的社会控制思想,强烈主张国家对经济领域实行全面干预,使国家垄断全国范围内的经济资源,从而集中到战、农上去。"治法明,则官无邪。国务壹,则民应用。事本抟,则民喜农而乐战。"④ 国家干预经济的具体表现则是由政府控制重要的山林、矿产资源,统一山泽之利,"壹山泽,则恶农、慢惰、倍欲之民无所于食。无所于食,则必农。"⑤ 所以,商鞅并非反对工商业社会分工,也并不忽视工商业的社会经济功能。他极力主张的"重农抑商",主要是要求限制民间工商业活动,让民间的经济发展服从国家政治需求。例如他就说:"农、商、官三者,国之常食官也。农辟地,商致物,官治

---

① 高亨:《商君书注译》,第 136 页。
② 《史记》卷 68《商君列传》,中华书局 2006 年标点本,第 420 页。
③ 高亨:《商君书注译》,第 98 页。
④ 同上书,第 92 页。
⑤ 同上书,第 37 页。

民。"① 从大众生活及国家需求看，商业是一个国家必不可少的经济活动，没有工商业，则不可"致物"。但是，"三官生虱六，……商有淫利，有美好伤器；……六虱成俗，兵必大败。"② 所以，商鞅强力主张遏制民间工商业者的经济活动，限制他们的经济往来，采取非政府同意不准迁徙，不准自由流动的做法，由此形成专制国家对于经济的"壹"统之局。《华阳国志》记载："秦惠王使张若治成都，置盐铁市官。"《汉书》上明确地说："秦盐铁之利，二十倍于古。"《秦律杂抄》中就记载秦国有负责采矿、冶铁的官府，例如"右府、左府、右采铁、左采铁"，其官吏有"啬夫、佐、曹长"等。司马迁在《太史公自序》中也提到其祖司马昌就担任过秦的"主铁官"，说明秦在当时已经全面地进行了冶铁的控制。

商鞅还从秦国战时狭隘需要的功利性出发，极力贬低与打击工商业者。他认为在秦战时轨道下，民间工商业者只是多余的消费性人口，在政治上、军事上有百害而无一益。所以，商鞅强烈主张限制"商贾"、排斥"游食"、杜绝"技艺"。在具体方法上，商鞅提出了打击民间工商业者的各种办法。例如国家提高民间工商业活动税收，"重关市之赋，则农恶商，商有疑惰之心"③。加强对民间奢侈品的价格控制，"贵酒肉之价，重其租，令十倍其朴"④。加强各地旅店的控制，限制甚至废除商人四处的经商活动。"废逆旅，则奸伪、躁心、私交、疑农之民不行，逆旅之民无所于食，则必农。"⑤ 将商人家的奴仆按人口计算赋税，大力贬低商人地位。"以商之口数使商，令之厮、舆、徒、重者必当名，则农逸而商劳。"⑥

因此，商鞅主张和实行的"重农贱商"，也是一种"重本"的举措，它既是为了国家农战的需要，亦是巩固秦国专制政权的一种经济控

---

① 高亨：《商君书注译》，第169页。
② 同上。
③ 同上书，第42页。
④ 同上书，第37页。
⑤ 同上书，第36页。
⑥ 同上书，第42页。

## 秦统一的进程与意义

制措施。这种重农贱商的做法，并非真正重视农业和农民，不过是用法律来禁止并消解农业以外的民间工商业行业，把人民都驱赶到农、战上去，以便更好地进行社会控制，消弭民间工商业经济壮大后所形成的对于国家政治等级和爵禄制度的冲击。例如他就认为：政府"訾粟而税，则上壹而民平。上壹则信，信则臣不敢为邪；民平则慎，慎则难变，上信而官不敢为邪，民慎而难变，则下不非上，中不苦官"[①]。这些做法，是企图堵塞商品经济的各种渠道，从根本上打击民间工商业者。它排斥民间兴起的"富商大贾"，实际是垄断了社会资源的分配及流向，只允许社会资源及财富的分配在国家等级秩爵内进行，禁止这之外的一切多余财富的再分配，禁止这种多余财富储于民间而形成的与国家等级秩爵制相游离，并对之腐蚀的另一政治、经济的无序力量，达到"建本抑末，离朋党，禁淫佚，绝兼并之路"[②]的目的。所以，商鞅等人的重农贱商，其主张发展农、战只是目的之一，而其背后更加重要的潜在因素，则是通过限制民间工商业发展，削弱民间商品经济，将整个社会分配、消费都纳入国家政治等级的"爵"制轨道中去，按照军功与政治等级进行分配、消费，来遏制社会经济的多元化，达到国家政治与社会经济的一体化。

韩非则进一步发展了商鞅国家经济干预政策及经济思想。在他看来，国家与民众永远处于利益对立之中，民强则国弱，民众富足就不会效力于国家。因此，让民众处于绝对的贫困之中，杜绝民众通过非国家政治等级即爵制渠道而取得富贵，才能使民众一心一意追随国家利益，通过国家爵制来取得富贵。"凡人之生也，财用足则隳于用力，上治懦则肆于为非。财用足而力作者，神农也；上治懦而行修者，曾、史也；夫民之不及神农、曾、史亦已明矣。"[③] 在《韩非子·奸劫弑臣》篇中，他亦说道："国有无功得赏者，则民不外务当敌斩首，内不急力田疾作，皆欲行货财、事富贵、为私善、为私誉以取尊官厚俸。故奸私之臣愈众，而暴乱之徒愈胜，不亡何待？"民众富足，不是国家之利，而是

---

① 高亨：《商君书注译》，第32页。
② 马非百注：《盐铁论简注》，中华书局1984年版，第42页。
③ 《韩非子·六反》，第663页。

国家之害，将使"奸私之臣愈众，而暴乱之徒愈胜"，必将使国家衰亡。韩非还认为，大量财富积存于私家、豪门会削弱和威胁国家与君权。他说："公家虚而大臣实，……可亡也"①，"群臣之太富，君主之败也"②。所以，韩非主张更加强硬的国家对于民间经济领域的干预政策，主张卑下商工之人的名誉，屈辱其地位，重税其产业，"使其商工游食之民少而名卑，以寡趣本务而趋末作"③。通过苛重的赋税来剥夺工商业者。"故明主之治国也，适其时事以致财物，论其税赋以均贫富，厚其爵禄以尽贤能，重其刑罚以禁奸邪，……此帝王之政也。"④ 韩非甚至反对对于贫困、灾害之民的救济赈灾慈善，他认为贫民之所以贫困原因是其非懒则逸，如果"上征敛于富人以布施于贫家，是夺力俭而与侈也"，这样做会使民众懒则奢，"欲索民之疾作而节用，不可得也"。⑤ 实际上，韩非的经济思想，从否认社会经济的多元化，否认社会财富分配、消费的多样性，而不断走向经济领域中维护专制政治的极端道路。

从历史史实上看，在统一战争时期的秦占领的土地上，仍然出现了一些以工商致富的民间工商业者。据《史记·货殖列传》记载，"乌氏倮畜牧，及众，……畜至用谷量马牛"；巴蜀寡妇名清者，"其先得丹穴，而擅其利数也"；赵人卓氏"用铁冶富"，秦破赵迁之于临邛，仍"即铁山鼓铸"，"富至僮千人，田池射猎之长，拟于人君"。这说明在一个地大人众的王朝复杂的政治、军事、经济形态中，出于政治整合、战争与经济发展等实际需要，其国家指导思想及其政策并不具有全面的覆盖性，思想与实践总是有着一定的距离和差异的。尤其是在中国古代信息与治理网络并不十分发达的情况下更是如此。因此，我们在探讨历史上一个王朝的思想与政策时，应该看到这种差异。

综上所述，我们认为，商、韩的国家经济干预思想，目的是主张以君主专制为中心的国家政治爵级制度对社会财富的占有。表面上看，

---

① 《韩非子·亡征》，第149页。
② 《韩非子·爱臣》，第30页。
③ 《韩非子·五蠹》，第720页。
④ 《韩非子·六反》，第663页。
⑤ 《韩非子·显学》，第729页。

## 秦统一的进程与意义

"重农贱商"似乎是重视与发展农业生产，与我们这个农业国家的基础经济是合拍的。但是实际上，"重农贱商"的政治操控价值和社会控制意义要远远高出其经济内容。商、韩等人其所注重的"本"，根本上是"强干弱枝"的君主政体的"干"与"本"。它所重视的"农"，主要出发点是重"农"来束缚自由流动的人口，从而将民众固着在土地上，维护小农生产方式。它排斥民间"富商大贾"，实际是希望垄断国家社会资源的分配及流向，只允许社会资源及财富的流动与分配在国家等级秩爵内进行，而禁止社会财富储于民间而形成的与国家等级秩爵制相游离，并对之腐蚀的另一社会无序力量，达到"建本抑末，离朋党，禁淫佚，绝兼并之路"[①]的目的。应该说，商、韩这种国家经济干预思想，既是秦国战争时期的产物，也是秦国君主政治发展的产物。这种国家经济思想开启了中国历史上帝制国家重农贱商、重农抑商、重本抑末的先河。从秦汉开始，直到明清，重农贱商、重本抑末、盐铁官营，就成为历代国家经济控制思想。这种经济思想本质上是以牺牲全社会民众的经济利益，牺牲经济多元发展道路，牺牲社会经济发展速度为代价，而维护与保持专制政权稳定的一种经济政策。在整个中国历史上，商、韩开启的这一国家干预经济的思想和政策，形成了中国古代帝制国家与传统社会，尤其是宋以前国家、社会的政治经济思想的主流。它极大地限制了商品经济的发展，使民间工商业经济与专制政治始终存在不可逾越的政策鸿沟。时至20世纪"文化大革命"中，这种帝制时代的政治经济思想，仍然有它广阔的市场。例如"四人帮"所谓"宁要社会主义的草，不要资本主义的苗"等言论，即是其重要表现。这是我们不得不十分注意的。

（重庆师范大学；四川大学历史文化学院）

---

① 马非百注：《盐铁论简注》，第42页。

# "四民分业"或"重农抑商":秦汉大一统政体社会经济治理的制度化路径及其历史影响

——以经济学有关交换经济的生产性认识为视角

李 欣

## 一 问题的提出

如果说过去历史学家经常将"发生过的历史事实"当作"应当发生",采取了一种特定的、必然性的方法进行历史变迁的考察,那么;就很容易掩盖特定历史阶段存在的其他选择,忽视历史演进过程的一些关键线索。以"秦统一"的溯源考察为例,过往大多数学者认为秦国通过商鞅变法而实现的生产关系和社会制度的迅速进步是关键因素,实际上已有学者指出这样的论述存在明显的理论缺陷[①],秦人在技术条件方面的优势以及秦文化的实用主义特色也曾对秦统一和覆亡有过重要影响[②]。

学界多年以来坚持的唯物史观认为,一个国家经济发展的动力源于生产力的发展,随着社会生产力逐渐提高以后,原有的生产制度便不能适应,变得束缚生产力,使之无法充分发挥,最后就会从社会内部产生一种力量,打破原有的生产制度,出现新的生产制度来适应已经提高的

---

① 李学勤指出:"睡虎地竹简秦律的发现和研究,展示了相当普遍地的奴隶制关系景象……有的著作认为秦的社会制度比六国先进,我们不能同意这一看法,从秦人相当普遍地保留野蛮的奴隶制关系来看,事实毋宁说是相反。"参见李学勤《东周与秦代文明》,上海人民出版社2007年版,第291页。

② 王子今:《秦统一原因的技术层面考察》,《社会科学战线》2009年第9期。

生产力。生产力是一步一步不断提升的，所以生产制度有其固定历史阶段，五种生产制度直线嬗代，既不能超越，也不会在某一阶段停滞[1]。在唯物史观的分析框架内，生产力是"因"，生产制度、文化、法律、宗教等上层建筑都是"果"。生产力的发展是一个自然过程，是自为的，不会被人力所阻拦，社会制度、法律文化、宗教等变迁的根源在生产力。例如，铁犁、蒸汽机等发明，唯物史观的解释必然是生产力自然演进的一部分，在特定的历史阶段某甲没有发明它，某乙也会发明出来。而近年制度经济史学的进步，让我们开始重新思考生产力本身的发展是不是也受到其他因素制约，——如果说铁犁等生产技术进步在早期具有偶然性可以看作自然过程，那么近代科技（如电灯、航天技术等）则都是在特定制度构建、组织团队、可行性预算和试错等制约条件下实现的，绝非偶然。韦伯曾认为文化背景（主要是宗教）可以影响社会激励机制，激励机制的强弱决定人们有无动机和企业家精神，进而影响社会生产力。科斯、诺斯、格瑞夫等学者的制度经济史研究则从制度对社会交易成本的约束，阐释了制度、文化等因素对生产力的影响[2]。在这一系列理论的进步中，我们看到生产力自身成为一个"果"，制度、文化、法律、宗教等历史要素获得了更加合理的解释。

受此系列理论的启发，笔者将从秦人实用主义的文化传统出发，讨论春秋战国时期另一种社会经济治理路径——"农、工、商、虞"四业利民、富国的传统，经何被"重农抑商"取代，并在制度经济学的相关分析框架下阐述此"两千年未有之大变局"形成的路径依赖效应，梳理秦汉大一统政体实现经济层面统一的历史线索。

## 二 富民与富国的统一——"四民分业"的社会经济治理传统

春秋战国时期存在两种社会经济治理传统，理论总结分别以主张

---

[1] 因此，学界曾长期讨论的古史分期问题，奴隶制和封建社会划分，主要以铁制工具什么时候出现和普及使用为标尺（铁制工具的出现是生产力提升的明确标志）。
[2] 赵冈：《经济学对历史研究的影响》，《社会科学战线》2003年第3期。

## "四民分业"或"重农抑商":秦汉大一统政体社会经济治理的制度化路径及其历史影响

"四民分业"的《管子》《史记·货殖列传》和主张"重农抑商"的《商君书》为代表,二者的实践背景大体与关东六国和秦国相对应。

管仲相齐四十余年,按照司马迁的总结,"其为政也,善因祸而为福,转败为功。贵轻重、慎权衡。"① 在东方滨海之地推行社会经济改革,"通货积财,富国强兵",使齐国成为春秋首霸,"九合诸侯,一匡天下"。孔子高度肯定管仲经济改革对华夏文明的深远影响,曾与弟子言:"微管仲,吾其披发左衽矣。"②

《管子》记录总结了管仲的社会经济治理经验,笔者理解其中一个核心论述就在于富民和富国相统一。"凡治国之道,必先富民,民富则易治也,民贫则难治也。奚以知其然也?民富则安乡重家,安乡重家则敬上畏罪,敬上畏罪则易治也。民贫则危乡轻家,危乡轻家则敢陵上犯禁,陵上犯禁则难治也。故治国常富,而乱国常贫。是以善为国者,必先富民,然后治之。"③ 在管仲看来,国、民二者的经济关系不应该是对立的,经济政策没有必要与民争利,民富在前国家自然富强,未有民贫而能国富者,亦未有民富而国贫者,即"民富,君无与贫;民贫,君无与富"。学界过去对管仲富民主张的理解,多将其看作实现富国目标的一个手段,认为本质上跟商鞅重农抑商追求富国是相通的。实际上,《管子》重视工商,肯定商品市场的富民、富国职能,并提出了前工业社会最早关于社会分工的"四民分业"主张④,甚至更多地强调民富在先,并没有简单地将国富的目标置于民富之上。"士农工商,四民者,国之石民也"⑤,管仲不分先后、尊卑地将士农工商一并看作国家经济的基石,并主张按照不同行业聚居,这样,便可以"相语以事,相示以巧""相语以利,相示以时""相陈以知价""少而习焉,其心安焉",各行业内部交流经验、分享市场信息,营造专业氛围,利于后

---

① 《史记》卷62《管晏列传》,中华书局1959年标点本,第2133页。
② 刘宝楠:《论语正义》,中华书局1990年版,第578页。
③ 黎翔凤:《管子校注》,中华书局2004年版,第924页。
④ 相关研究指出"中国的社会职能分工比欧洲早了至少一千年,主要的传统生产技术在中国出现的时间也比欧洲早八百年至一千年"。参见赵冈、陈钟毅《中国经济制度史论》,新星出版社2006年版,第368页。
⑤ 黎翔凤:《管子校注》,第400页。

辈在熏陶中掌握专业技能。

对于富民具体路径的认识，《管子》尤其重视商品交换市场。"市者货之准也，市者可以知治乱，可以知多寡，而不能为多寡，为之有道。"① 市场活动通过"以其所有，易其所无，买贱鬻贵"的形式，调节供需关系，自有本身的运行规律——所谓"道"。"无市则民乏矣。方六里名之曰社，有邑焉，名之曰央，亦关市之赋。黄金百镒为一箧，其货一谷笼为十箧。其商苟在市者三十人，其正月、十二月黄金一镒，命之曰正分。春曰书比，立夏曰月程，秋曰大稽，与民数得亡。"② 管仲认为商品市场是必需的，方圆六里的地方叫"社"，形成邑居，就可以征收关税和市税。每年正月、十二月征税，春分时公布税率（书比），立夏即按月核查一次（月程），立秋后进行"大稽"，核查全年的税收，并统计市场上消费者的增减情况。商人们则是交换经济的核心力量，"万乘之国必有万金之贾，千乘之国必有千金之贾"，"今夫商，群萃而州处。观凶饥，审国变，察其四时而监其乡之货，以知其市之贾。负任担荷，服牛辂马，以周四方。……是以羽旄不求而至，竹箭有余于国，奇怪时来，珍异物聚。"③ 并鼓励国内外商业贸易，根据不同的经商规模给予商人们相应的优惠待遇，"请以令为诸侯之商贾立客舍，一乘者有食，三乘者有刍菽，五乘者有伍养"，而坚决不能重复征税，"征于关者，勿征于市。征于市者，勿征于关，虚车勿索，徒负勿入。"④ 如此，才会实现"天下之商贾归齐若流水"的国富民强局面。苏秦描述当时齐都临淄曰："临淄之途，车毂击，人肩摩，连衽成帷，举袂成幕，挥汗成雨，家殷人足，志高气扬。"⑤ 武帝也曾慨叹："关东之国无大于齐者。齐东负海而城郭大，古时独临淄中十万户，天下膏腴之地莫盛于齐者矣。"⑥ 主父偃则明确讲：

---

① 黎翔凤：《管子校注》，第88页。
② 同上书，第90页。
③ 同上书，第402页。
④ 同上书，第499页。
⑤ 《史记》卷69《苏秦列传》，第2257页。
⑥ 《史记》卷60《三王世家》，第2115页。

## "四民分业"或"重农抑商":秦汉大一统政体社会经济治理的制度化路径及其历史影响

"临淄十万户,市租千金。"①

整个春秋战国时期,管仲重视商品交换、"四民分业"的社会经济治理路径影响深远。"春秋五霸"在富国强兵的道路上,都极为重视工商业。齐会盟诸侯曾有约定"无忘宾旅""无遏籴",保护来往客商,反对阻止或垄断粮食贸易;"市赋百取二,关赋百取一","修道路,偕度量,一称数,薮泽以时禁发之"②,各国相互协商赋税标准,统一交通、度量等标准。这些关贸协定,其后在诸侯国之间顺利推行,郑国甚至宣布与商人"世有盟誓,以相信也",承诺"尔无我叛,我无强贾"③。晋文公、晋悼公先后采取"轻关易道,通商惠农""国无滞积,公无禁利"的政策④,开放山林川泽之利,鼓励市场交换的扩张。楚国更曾准许农民根据市场需求自由选择土地经营的方向,《管子·轻重戊》载,当齐桓公"为百里之城,使人之楚买生鹿,楚生鹿当一而八万,楚民即释其耕农而田鹿"。甚至,羸弱不堪的周王室,也通过"轻关易道"招徕四方商贾,"于是告四方:游旅旁生忻通,津济道宿,所至如归"。⑤

从根本上讲,"四民分业"的社会经济治理传统,对国富与民富关系的理解是统一的,因此农、商的发展可以并行不悖,"待农而食之,虞而出之,工而成之,商而通之"⑥,"农不出则乏其食,工不出则乏其事,商不出则三宝绝,虞不出则财匮少"。这一经济传统根深蒂固,即使在秦汉大一统格局建立起来的相当长时期内,仍与官方推行的"重本抑末"政策相对抗。入汉之后农民"弃本趋末"的现象长盛不衰:

---

① 《汉书》卷38《高五王传》,第2000页。临淄商业兴盛也得到考古资料证实,1976—1987年,临淄齐故城内外先后67次出土汉代钱范,参见张龙海《山东临淄近年出土的汉代钱范》,《考古》1993年第11期。
② 黎翔凤:《管子校注》,第158页。
③ 洪吉亮:《春秋左传诂》,昭公十六年,中华书局1987年版,第724页。
④ 洪吉亮:《春秋左传诂》,襄公九年,第515页。
⑤ 黄怀信等:《逸周书汇校集注》,上海古籍出版社1995年版,第167页。
⑥ 《史记》卷129《货殖列传》,第3254页。

## 秦统一的进程与意义

"文帝即位,躬修节俭,思安百姓,时民近战国,皆背本趋末。"①

(武帝时)"天下侈靡趋末,百姓多离农亩。"②

宣帝时魏相曰:"臣相幸得备位,不能奉明法,广教化,理四方,以宣圣德,民多背本趋末,或有饥寒之色。"③

元帝时贡禹曰:"铸铁采铜,一岁十万人不耕,民坐盗铸陷刑者多。富人藏钱满室,犹无厌足。民心动摇,弃本逐末,耕者不能半。奸邪不可禁,原起于钱。"④

成帝阳朔四年诏曰:"间者,民弥惰怠,乡本者少,趋末者众。"⑤

东汉人王符曰:"今举俗舍本农,趋商贾,牛马车舆,填塞道路,游手为巧,充盈都邑,务本者少,游食者众。商邑翼翼,四方是极。今察洛阳,资末业者什於农夫,虚伪游手什於末业,天下百郡千县,市邑万数,类皆如此。"⑥

甚至,这种"弃本趋末"的趋势达到国家无法控制的程度,显示出农本为国家主动塑造、民众被动选择的迹象。例如,元帝时贡禹上疏建议废除五铢钱,就提到农民"虽赐之田,犹贱卖以贾"的现象,"自五铢钱起已来七十余年,民坐盗铸钱被刑者众,富人积钱满室,犹亡厌足。民心动摇,商贾求利,东西南北各用智巧,好衣关食,岁有十二之利,而不出租税。农夫父子暴露中野,不避寒暑,捽屮杷土,手足胼胝,已奉谷租,又出稾税,乡部私求,不可胜供。故民弃本逐末,耕者不能半。贫民虽赐之田,犹贱卖以贾,穷则起为盗贼。何者?末利深而惑于钱也。"⑦ 贫民"弃本逐末"的生计选择,甚至威胁到了国家农业

---

① 《汉书》卷24《食货志上》,第1127页。
② 《汉书》卷65《东方朔传》,第2858页。
③ 《汉书》卷74《魏相传》,第3137页。
④ 《汉书》卷24《食货志》,第1176页。
⑤ 《汉书》卷10《成帝纪》,第314页。
⑥ 《后汉书》卷49《王充传》,第1633页。
⑦ 《汉书》卷72《贡禹传》,第3075页。

基础,"耕者不能半"或有夸大之嫌,却也说明汉代民众并不认为勤苦农耕的赢利能力好过从事工商业。

汉代社会舆论普遍形成"用贫求富,农不如工,工不如商"的风气。晁错可以说是西汉第一位重农主义者,在他的反对意见中,比较工商业和农业的赢利能力:"商贾大者积贮倍息,小者坐列贩卖,操其奇赢,日游都市,乘上之急,所卖必倍。故其男不耕耘,女不蚕织,衣必文采,食必粱肉;亡农夫之苦,有仟伯之得。因其富厚,交通王侯,力过吏势,以利相倾;千里游敖,冠盖相望,乘坚策肥,履丝曳缟。此商人所以兼并农人,农人所以流亡者也。"[1] 他奋力疾呼社会贫富差距加剧、土地兼并现象严重,却将此简单地归结为经商利润"必倍"。

国家财富在数量上表现为民众财富的加总,政府则以税赋为利源,而不应该通过垄断一般的商业市场获利。按照司马迁的理解,就是"善者因之,其次顺之,再次整齐之,最下者与之争"[2]。只不过,从秦始皇初建统一到汉武帝真正建立起大一统的政治体和经济体,都没有延续"四民分业"的社会经济治理传统,"重农抑商"成为早期帝国治理的主要选择。

## 三 富民与富国的对立——商鞅耕战立国与"重农抑商"

秦通过商鞅变法富国强兵,统一后的制度设计显露出浓厚的实用主义倾向。李斯廷辩郡县制优于分封制,宣称"便国不必法古",暗含秦人对东方六国所推崇的治国理念的蔑视。焚书坑儒,意图统一学术,"所不去者,医药卜筮种树之书"[3],也显示出这样的政治文化传统。

商鞅变法过程中极度仇视工商业,视商人为"国害",主张"治国

---

[1] 《汉书》卷24《食货志》,第1132页。
[2] 《史记》卷129《货殖列传》,第3253页。
[3] 《史记》卷87《李斯列传》,第2546页。

能抟民力而壹务者强,能事本禁末者富"①。规定"僇力本业,耕织致粟帛多者复其身。事末利及怠而贫者,举以为收孥",坚持"使民无得擅徙,则诛愚乱之民无所于食而必农,愚心躁欲之民壹意,则农民必静。农静,诛愚,则草必垦矣"②。他认为一旦限制民众随意迁徙,怠惰之民无法为生只好务农,如此也会使那些愚心躁欲者心无旁骛,安心静意于农事,如此必能开垦更多荒地,增加国家财富。韩非也认为:"夫明王治国之政,使其商工游食之民少而名卑,以寡趣本务而趋末作。"③ 秦始皇更是将末业由"抑"改为"除",提出"上农除末,黔首是富"④,彻底转变为本、末二元对立的零和博弈思路,认为"上农"就必须"除末"。

由此可见,在商鞅的经济主张中"强国"与"富民"是对立的。他极端地认为,人民不但不应该有思考的能力,而且绝对不能够富足,"无裕利则商怯,商怯则欲农",如果工商业没有过高的利润,那么从商的人就没有什么兴趣了,而如果不去经商,那就只有务农一项选择。商鞅颁布出台了众多限制商业的法令,显示出对商业的极端仇视。例如,挤压民间经济力量,将"山林川泽之利"全部收归国有;对工商业课重税以摧辱之,"贵酒肉之价,重其租,令十倍其朴"⑤;令百姓不得擅自迁徙,限制人口流动;取消货币,认为"金生而粟死,粟死而金生""国好生金于境内,则金粟两死,……国好生粟于境内,则金粟两生"⑥,在其推行变法的二十余年,秦国始终是以物易物,直到秦惠文王二年(前336)才恢复铸币。从商品经济的角度来讲,商鞅所推行的这一整套经济变革,与三百多年前管仲相比,无疑是极大的倒退。只不过,这些政策却在很短的时间内让秦国经济充满纪律性,并因专制而带来高效率,实现了富国强兵的霸业。但是,商鞅走向"强

---

① 蒋礼鸿:《商君书锥指》,第60页。
② 同上书,第7页。
③ 王先慎:《韩非子集解》,第455页。
④ 《史记》卷6《秦本纪》,第245页。
⑤ 蒋礼鸿:《商君书锥指》,第12页。
⑥ 同上书,第32—34页。

## "四民分业"或"重农抑商":秦汉大一统政体社会经济治理的制度化路径及其历史影响

国贫民"的历史教训值得时刻警醒,将理想的统治状态看作人民始终处在同样的贫穷线,最好是家里没有一点多余粮食——"家不积粟",以保持饥饿进取的精神面貌,而一旦出现贫富差距变大的情况,就应该动用国家机器,用行政剥夺的方式来实现均衡,即所谓的"贫者益之以刑,则富;富者损之以赏,则贫"。商鞅把民众的贫困与无知看成国家兵源充足和社会稳定的必要条件,根本上就是"反智"和"愚民"。苏轼在批评商鞅的同时也不得不承认这个事实,"自汉以来,学者耻言商鞅桑弘羊,而世主独甘心焉,皆阳讳其名而阴用习其实"。①

直接继承商鞅治理社会经济治理理念的首先是汉武帝,在其统治的中后期连续兴兵四夷,付出巨大的人力和财力代价,西汉初期依靠赋税积累起来的财政积累耗费一空。在既有农业人口无法提供更多财政来源的时候,即开始内兴功利,重用利官和酷吏,武帝将财政的主要方向进行调整,通过垄断山泽、盐铁官营、算缗告缗、均输平准等办法,抑制和掠夺原本经营盐铁开发山泽的工商业者阶层。直至使"以武断于乡里"的大部分地方豪富都遭殃,"中家以上大率破"②,国民经济再度陷入崩溃的边缘。傅筑夫曾总结道:"它(盐铁官营)给了商品经济一个致命的打击,从此把商品经济正常发展的道路完全堵塞了。又由于它在财政上是成功的,给后世历代王朝解决财政困难树立了一个成功的样板。"③ 汉代初次建立起大一统政体,尝试推行的"政府—市场"治理结构对历史后期影响可谓影响甚远,国家管制盐铁等重要行业长期延续,不仅使民间商品市场遭受扼杀,官营工商业也没有取得成功。如此"行政效率"高于"经济效率"的经国理政传统,成为我国历代社会治理最为鲜明的传统特色。

从儒家传统国家理论来讲,国家以赋税为国利之渊薮,不应该垄断

---

① 苏轼:《东坡志林》,中华书局2007年版,第233页。
② 司马迁:《史记》卷30《平准书》,第1435页。
③ 傅筑夫:《中国古代经济史概论》,中国社会科学出版社1981年版,第217页。

一般商业市场，形成与民争利的经济局面①；那么，政府做大"官商"实质上就构成了官方意识形态中"抑商"的重要举措。这一点，恰好也是相关研究将秦汉政府重视官商看作非"抑商"论甚至"重商"论的理论缺陷②。笔者认为秦汉社会"重农抑商"之"商"，是针对一般商业市场而言，"重商"论不能仅以政府对官商体系的重视和完善为依据，还应该看到政府重视官商的结果是一般商业市场严重受挫。"盐铁会议"上贤良文学讲道："昔文帝之时，无盐铁之利而民富。今有之而百姓困乏，未见利之所利也，而见其害也。且不从天来，不以地出，一取之民间，谓之百倍，此计之失者也。"③ 国家直接管控盐铁行业，固然有助于财政收入增长和官吏贪腐敛财，但它扭曲了一般商品市场发展方向，压制了民间经济主体的理性培育，实际上是不可持续的。官商的弊端也非常明显："今县官鼓铸铁器，大抵多为大器，务应员程，不给民用。民用钝弊，割草不痛。是以农夫作剧，得获者少，百姓苦之矣"④，甚至"县官作铁器苦恶，买贵，或强令民买之"⑤，这与汉初"故民得占租鼓铸煮盐之时，盐与五谷同贾价，器利而中用"⑥的市场状况形成鲜明的对照。

不过，置于具体的历史情境，我们却不能认定这样的路径选择具有主动性特征。一种社会理念的产生与演变绝非凭空出现的，其内涵无不深刻地反映了社会经济形态的变迁。《管子》《史记·货殖列传》中"四民分业"的社会经济治理主张，主要是经验性的总结，缺乏系统性理论支撑；《商君书》对"重农抑商"的政策设计则更为具体实用，后

---

① 有关国家理论的思考，儒家传统与西方国家理论是一致的。马克思认为"赋税是政府机器的经济基础，而不是其他任何东西"，道格拉斯·诺斯也讲政府是"一种提供保护和公正而收税作为回报的组织，即我们雇政府建立和实施所有权"。见道格拉斯·诺斯等《西方世界的兴起》（厉以平等译），华夏出版社2009年版，第11页。

② 例如，翦伯赞认为秦非"抑商"，"秦国的政权亦是商人地主的政权"，见《秦汉史》，北京大学出版社1983年版，第25页；瞿兑之提出"秦之重商"的观点，见《秦汉史籑》，鼎文书局1979年版，第74—75页。

③ 王利器：《盐铁论校注》，中华书局新编诸子集成本2006年版，第107页。

④ 同上书，第429页。

⑤ 班固：《汉书》卷24《食货志下》，第1173页。

⑥ 王利器：《盐铁论校注》，第430页。

经武帝朝财政指向的强化,最终形成制度的"路径依赖"(lock-in)效应。制度经济史学认为,历史制度的演进过程,存在一种自我强化的机制。一旦某种经济或政治制度选择被确认,社会经济或政治变迁就会走上某一轨道,它可能进入良性循环,并不断自我优化。也有可能沿着原来的错误继续下去,甚至最终陷入"停滞"状态。要想摆脱这种状态,就变得非常困难,因为内生变量所具影响有限,所以需要外部力量或外生变量的作用。"重农抑商"对我国传统经济的影响,就显示出"路径依赖"的限制,直至20世纪五六十年代,以毛泽东为核心的国家领导团体对社会经济的治理思路仍没有脱离这一限定。毛泽东推崇商鞅,在《七律·读〈封建论〉呈郭老》言:"劝君少骂秦始皇,焚坑事业要商量;祖龙魂死秦犹在,孔学名高实秕糠;百代都行秦政法,十批不是好文章;熟读唐人封建论,莫从子厚返文王",提倡耕织以增进国民福利,"大跃进"时期国民经济遭遇困难一度意图取消货币,说明对于交换经济的理解,近代社会仍不认为它是增进国家财富的有效途径。

由此观之,我们有必要正视两千余年以来国人的疑惑,带着现代智慧重新思考。我们认为,这两种经济治理路径的根本分歧,在于是否认识到交换经济的生产性!下面我们通过经济学有关"生产可能性边界"的概念做具体的数理论证。

## 四 "四民分业""重农抑商"的根本分歧
### ——对交换经济的生产性认识

从商鞅开始,我们看到传统社会长期对交换经济的偏见,认为仅仅通过交换不可能有真正的收获,农业和制造业被认为是真正生产性的行业,因为它们能创造出新事物,即看得见的物质财富。而商品贸易只不过是用一种东西交换另一种东西。进一步推论的误解是商人从交换贸易中得到的利润,似乎是从全体民众那里偷窃的劳动果实。农民和工匠付出辛劳得到所谓的真实产品,并从中获得工资或其他利润,所以他们的收入在某种意义上说是名正言顺的,但是商人似乎什么都不种就坐收果实,他们的交换活动看起来什么也不创造,却能得到报酬。

秦统一的进程与意义

我们需要说明,对于交换经济的以上误解,混淆了财富和物质的区别。首先,经济增长并不仅仅在于生产更多的东西,而且在于生产更多的财富,国家财富在数量上可以看作民众个体财富的加总。当然,有形的东西能对财富的产出有所贡献,而且在某种意义上说必不可少。但是,财富的增长和物质产品的体积、重量或数量增长没有必然的联系,我们必须从根本上抛弃"财富等于有形物质"这一理解。《共产党宣言》曾讲道:"资产阶级在它的不到一百年的阶级统治中所创造的生产力,比过去一切世代创造的全部生产力还要多,还要大;自然力的征服,机器的采用,化学在工业和农业的应用,轮船的行驶,铁路的通行,电报的使用,整个大陆的开垦,河川的通航,仿佛用法术从地下呼唤出来的大量人口——过去哪一个世纪能够料想到在社会劳动里蕴藏有这样的生产力呢?"马克思看到了一个以资本私有和为营利而交换贸易为特征的社会的深刻缺陷,他认为这个缺陷最终将摧毁这个社会,但是并不怀疑这个社会贸易体系创造财富的能力。亚当·斯密考察了19世纪末各国经济崛起的情况,指出:"从最卑下的野蛮行为演变到最高级的富裕状态,并不需要什么特别的条件,只要和平、赋税较轻、政府有相当的公义即可;其余的事都由事物的自然过程产生。"并在《国富论》第一章中总结道:"在一个政治修明的社会里,造成普及到最下层人民的那种普遍富裕情况的,是各行各业的产量由于分工而大增。"[①]这里首次系统地提出商品交换增进国家财富的认识,现代经济学一般被认为由此诞生。

确实,从增进国家财富的角度看,交换也是生产性的。我们设想有A(斧头)和B(镰刀)双方进行交换,A愿意用自己的斧头换取B的镰刀,说明A认为镰刀比斧头价值大,而B认为斧头比镰刀价值大。这个交换行为当中,双方都以自己拥有有价值的货物为代价,去交易对方所有的、他认为价值更大的货物。交易的结果是A的财富比以前多了,B的财富也比以前多了。简单来看,这就是交换的生产性特征——通过交换,(A+B)→(A'+B'),双方的财富都增加了,作为个体

---

[①] 亚当·斯密:《国民财富的性质和原因的研究》,商务印书馆1983年译本,第11页。

财富加总的结果国家财富自然也是增加的。

其实，从学术史的演进来看，自从《国富论》提出对交换经济的生产性认识以来，争论不断。例如曾有一种声音认为，实际上这样一个简单的交易过程，A 和 B 只是感觉到满足，财富并没有真正增加，没有制造出新的东西，还是一把斧头和一把镰刀，只是交换了拥有者而已。这里交换是没有制造出新的东西，但是，什么是制造呢？现代工厂投入人工、原材料、设备等，完成商品包装，这些环节都只是财富创造的技术性要素。我们还应该注意到制造商还会把这些材料重新进行配置，制造出更有价值的产品，这才是经济要素。财富就是人们认为有价值的一切事物，我们不妨把 A 和 B 的交换看作另一种财富创造过程，A 把斧头当作"投入"，得到镰刀当作"产出"，B 则把镰刀作为"投入"，得到斧头作为"产出"。双方都用一种稀缺有价值的东西交易，都有成本"投入"，结果是双方都认为产出"收益"大于成本"投入"。

为了再更明确地论证交换的生产性，下面我们通过"生产可能性边界"的具体图示来说明：

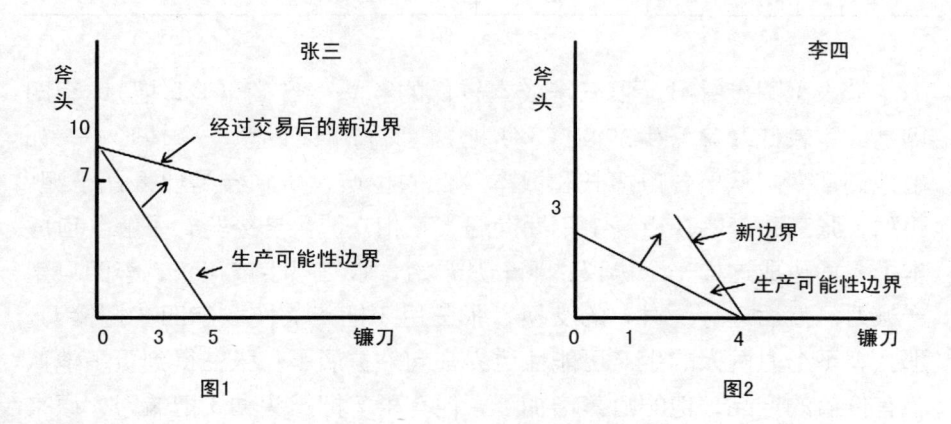

图1

图2

假设张三住在张村，他生产斧头和镰刀，每个月他能生产 10 把斧头或者 5 把镰刀，或者二者的任意线性组合，图 1 表示张三的生产可能性边界。李四住在李村，他也生产斧头和镰刀，每个月他只能生产 3 把斧头或者 4 把镰刀，或者二者的任意线性组合，图 2 表示李四的生产可能性边界。生产可能性边界表示他们二者在一定的资源和能力条件下，所能生产斧头和镰刀的最大组合。

初步看上去，张三生产效率较高，无论生产斧头还是镰刀。但是，生产能力本身并不能衡量效率，我们还需要比较代价和收获。换句话说，我们必须比较二者生产镰刀和斧头的机会成本。那么，张三的生产成本是多少？假定张三只生产镰刀，一个月可以生产5把镰刀，但他以生产10把斧头的机会为代价，这是他生产5把镰刀的成本——他为了生产1把镰刀，就要以生产2把斧头的机会为代价。相应的，张三生产1把斧头，就要以生产1/2把镰刀的机会为代价。李四那边情形类似，李四生产1把斧头，要以生产4/3把镰刀为代价。李四生产1把镰刀，就要以3/4把斧头为代价。

表1

| 商人 | 斧头 | 镰刀 | 斧头的机会成本 | 镰刀的机会成本 |
|---|---|---|---|---|
| 张三 | 10把 | 5把 | 1/2把镰刀 | 2把斧头 |
| 李四 | 3把 | 4把 | 4/3把镰刀 | 3/4把斧头 |

从表1明显看出，张三是成本较低的斧头生产商（1/2把），李四则是成本较低的镰刀生产商（3/4把）。我们可以设想一个情形——如果他们都专门从事各自擅长和成本较低的生产，结果会是什么样子呢？比如，张三和李四在市场上不期而遇，互相交流生产经验，了解各自成本投入后达成这样一个协议：下个月开始，张三只生产斧头，李四只生产镰刀。然后进行一对一的交换，张三用3把斧头换取李四3把镰刀。那么，下个月两人的生产可能性边界都向外扩展了。张三得到更多他认为有价值的产品，他的财富增加了，他有了7把斧头和3把镰刀，原来他自己是做不到的；李四有了3把斧头和1把镰刀，财富也增加了，这也是之前他做不到的。通过商品交换的方式，市场参与的双方都扩大了自己的生产可能性！扩展至整个社会经济领域，鼓励一般性市场交换活动，社会经济效率即会向着较高的方向推进，极大地增加社会财富积累。

## "四民分业"或"重农抑商":秦汉大一统政体社会经济治理的制度化路径及其历史影响

一个鲜明的经济史现象也可为佐证,历代国家对交换经济限制最少的时代,往往社会经济发展最为迅速。对交换经济的生产性认识,不仅奠定了现代意义上的经济学基础,进而还成为近代全球范围内开展自由贸易的理论依据。通过这个角度,我们还可以对经济史当中一些争辩千余年的话题,获得全新的理解。中国帝制早期,秦初建一统短促而亡,汉武帝重建一统,不仅表现在疆域扩张、郡国问题的最终解决,也表现在经济层面的统一和彻底剥离了战国传统。

可叹的是,对"四民分业"传统的抛弃和对商业的轻视乃至敌视,使得古老的东方帝国在"制度陷阱"中挣扎了整整两千余年,直至西方侵入,通过外生变量才最终实现社会经济治理的转向。吴承明曾呼吁当代经济史研究有必要脱离过去商业史的固有范式,"从中国经济史中找到一两个交换的'自己的特殊规律',必然对社会主义商品经济发展的战略决策,十分有益。"[①] 如果说学术界有必要反思近代以来国家在社会经济治理理论探索方面的局限,那么,站在现代人的立场上,我们对于交换经济的理解显然仍有不断讨论和澄清的时代价值。

(北京大学光华管理学院)

---

① 吴承明:《试论交换经济史》,《中国经济史研究》1987年第1期。

# 爵、官转移与文武分职：
# 秦国相、将的出现

孙闻博

秦及汉初军事组织体系的发展，首先涉及相邦、丞柜、将、尉的出现及相互关系。这一文武分职问题，在以往军事研究中多归入"统御机构"或"军事领导体制"之下[1]，而有所交代。不过，相关勾勒多就春秋、战国时期各诸侯国的普遍情况而论，略显宏观、宽泛。对后世影响直接的战国秦文武分职怎样出现，发展过程如何，又呈现怎样的具体特征？相对而言，则较少有集中探讨。本文利用传世文献与考古文物资料展开分析，并在梳理、考证时，充分重视爵制与职官变动间的关系。

阎步克先生在《品位与职位——秦汉魏晋南北朝官阶制度研究》《中国古代官阶制度引论》中提出了著名的"中国官阶发展的五阶段"与"职阶转化律"理论。[2] 笔者深受这些研究影响，所做一点尝试，实际是在其相关理论框架下进行的。由此层面言之，本文主要是就先秦"爵本位""爵—食体制"，怎样向战国秦汉"军爵与禄秩支撑的'爵—秩体制'"发展演变，在某一侧面上的具体思考。而在职位向品位的"职阶转化"大背景下，关注在上述发展过程中，以爵位为重到新职名出现的变动情形。

---

[1] 黄今言：《秦汉军制史论》第 1 章，江西人民出版社 1993 年版，第 16—19 页；刘昭祥：《中国军事制度史：军事组织体制编制卷》，大象出版社 1997 年版。

[2] 参见阎步克《品位与职位——秦汉魏晋南北朝官阶制度研究》第 1 章，中华书局 2002 年版，第 48—71 页；《中国古代官阶制度引论》第 13 章、第 8 章，北京大学出版社 2010 年版，第 469—483、294—299 页。

## 一 爵、官转移：大良造到相邦

秦孝公时，商鞅实行变法，三年，被任为左庶长；十年，更为大良造。① "大良造"一名于文献始见。而战国秦器题铭较早者，正为大良造商鞅所监造之兵器、量器。有此称者监管国家兵器、度量衡器制造，为当时君主之下的最高主政者。孝公时题铭铜器目前公布者已有9件（兵器8，量器1），依以往学界习惯，或称"商鞅九器"。其中，有与文献所载相合，作"大良造"者：

十三年大良造鞅之造戟②（戟）
十四年大良造鞅之造，咸阳右支詹③（殳镦）
十六年大良造鞅之造，咸阳愔④（殳镦）

但不少则作"大良造庶长"，计有5例：

十六年大良造庶长鞅之造，雍甼⑤（镦）

---

① 《史记》卷5《秦本纪》、卷15《六国年表》、卷68《商君列传》，中华书局1982年版，第203、722、2232页。
② 中国社会科学院考古研究所编《殷周金文集成》（修订增补本）11279，中华书局2007年版，第6065页。今按：以下简写作"《集成》器号"。"十三"，图版不清。李学勤指出，此器中"十三"二字，为锈掩覆，近年始得辨出，蒙上海博物馆马承源馆长见告。李学勤：《秦孝公、惠文王时期铭文研究》，《中国社会科学院研究生院学报》1995年第5期，第19页。
③ 北京息见堂藏。释文据照片、拓本录出。又，命名暂取学界习惯。不过，据朱凤瀚意见，此类可能为殳首的圆筒形帽。朱凤瀚：《中国青铜器综论》第4章，上海古籍出版社2009年版，第404—406页。
④ 北京息见堂藏。
⑤ 《集成》11911。"甼"，于省吾、李学勤、何琳仪、王辉原释作"矛"。王辉《秦出土文献编年》改释作"竃"（新文丰出版公司2000年版，第53页）。今按：施谢捷《东周兵器铭文考释（三则）》（《南京师大学报》2002年第2期）作"甼"。11911图版作"![]"，与秦系"甼"及"竃"字下半部相同，当从《集成》作"甼"为是，亦即"甼"。

秦统一的进程与意义

  十六年大良造庶长鞅之造，毕湍侯之铸①（铍）
  十七年大良造庶长鞅之造殳，雕爽②（殳镦）
  十九年大良造庶长鞅之造殳，莘郑③（殳镦）
  □造庶长鞅之造殳，雍骄□④（殳镦）

又，商鞅方升提到：

  十八年，齐逮卿大夫众来聘，冬十二月乙酉，大良造鞅，爰积十六尊（寸）五分尊（寸）一为升＼临＼重泉（下略）⑤（方升）

作"大良造"。而开篇书写格式与此颇为近似的秦封宗邑瓦书云：

  四年，周天子使卿夫=（大夫）辰来致文武之酢（胙），冬十一月辛酉，大良造庶长游出命曰："取杜才（在）丰丘到于潏水，以为右庶长歜宗邑。"乃为瓦书，卑司御不更顝封之，……以四年冬十一月癸酉封之（下略）⑥（瓦书）

据内容，此陶瓦题铭为秦惠文王前元四年（前334），时代紧接孝公。它与商鞅方升的题铭格式，"都是当年大事，以之系年，和楚国文字常以大事纪年（如'献鼎之岁'等）意同"⑦。此处又是作"大良造庶长"的。

---

① 《首阳吉金——胡盈莹、范季融藏中国古代青铜器》，上海古籍出版社2008年版，第182—183页。
② 吴振烽：《商周青铜器铭文暨图像集成》18549，上海古籍出版社2012年版。
③ 咸阳市文物考古研究所：《咸阳石油钢管钢绳厂秦墓清理简报》，《考古与文物》1996年第5期，第3、5页。
④ 李学勤后目验原物，言"大""良""鞅"等字，只存残笔，但依稀可辨。李学勤：《秦孝公、惠文王时期铭文研究》，第20页。
⑤ 《集成》10372。"逮"，释文原作"遣"，据图版及前人研究改，通"率"。
⑥ 前人录文多种，此据王辉《秦出土文献编年》，第56页。
⑦ 李学勤：《战国秦四年瓦书考释》（原刊《联合书院三十周年纪念论文集》，1987年），收入《李学勤学术文化随笔》，中国青年出版社1999年版，第336页。

综合参考上述两组的情形,"大良造"即"大良造庶长",前者实为后者之省称。不过,以省称视之,仍存在两种情况。一是"大良造庶长"连读,为一名。① 二是将"大良造庶长"断作"大良造、庶长",视作两个称呼,一为官称,二为爵称②,或是两官而一人兼之③。前者更为尊显,书写时就时常省略掉后者。

第二类认识的三种解读,需要进一步考虑。如以"大良造"为官名、以"庶长"为爵名,与《商君书》的相关记载不尽符合。《商君书·境内》在爵称序列中明确提到了"大良造":"故四更也,就为大良造。"④ 当时确作"大良造",而非"大上造"。联系二十等爵虽有左、右、驷马、大庶长等,却没有仅称"庶长"的,则如将当时爵制序列中明确存在的"大良造"当作官称,却将非属确指的"庶长"当作爵称,是很难说通的。此外,《境内》篇中同时存在有关"五百主""六百之令""七百之令"至"国(封)尉""将"依等级配备"短兵"卫队的记载。⑤ 这说明商鞅时期及稍后的秦国,虽然附丽于爵位的要素众多,社会重爵取向明显,以致领兵作战将领多以爵称标识,但是在军事系统中并非爵、职不分,混而为一。军功爵与军职仍然是区分的。在此情况下,将某一爵称简单地转看作官称,似乎亦非妥当。

如以"大良造"为爵名、"庶长"为官名,则在称呼的先后排序上似也存在疑问。之前研究常举秦封宗邑瓦书出现的"司御不更顝":"司御"为官,"不更"乃爵。"大良造庶长"的构成似正可与之对应。

---

① 李学勤:《战国秦四年瓦书考释》,第 337 页;黄盛璋:《秦封宗邑瓦书及其相关问题考辨》,《考古与文物》1991 年第 3 期;杜正胜:《编户齐民——传统政治社会结构之形成》,联经出版事业公司 1990 年版,第 331 页注 6。

② 袁仲一、张占民、尚志儒以"大良造"为官名、"庶长"为爵名;郭子直、王辉以"大良造"为爵名、"庶长"为官名,相关学术梳理又可参见尚志儒《秦相的设置及相关问题》,《文博》1997 年第 2 期,第 30 页。

③ 汪中文持此说。尚志儒:《秦相的设置及相关问题》,第 30 页。又,黄盛璋于 1988 年提交会议论文,后修订刊出的《秦兵器分国、断代与有关制度的研究》(《古文字研究》第 21 辑,中华书局 2001 年版,第 230—232 页),又改变前说而持此观点。

④ 高亨:《商君书注译》,中华书局 1974 年版,第 149 页。

⑤ 同上书,第 147 页。又,李零:《〈商君书〉中的土地人口政策与爵制》(原刊《古籍整理与研究》1991 年第 6 期),收入所著《待兔轩文存:读史卷》,广西师范大学出版社 2011 年版,第 188—189 页。

不过，"司御不更頡"是"○官○爵○名"。而依上述理解，"大良造庶长"作"○爵○官○名"，官、爵顺序相反。而战国、秦汉时期，爵位一般都紧接人名之上书写，大致作"○官（或身份）（○籍贯）○爵（或刑罚等级）○名"。因此，上述爵称远离人名而排在官称之前，不尽符合当时较通行的书写习惯。至于以"大良造""庶长"均为官称，则因"大良造"是当时颇尊显称号，"以为大良造"作为升迁，还兼任相对略低的"庶长"，也较难理解。

战国秦兵器有"相邦樛游二戈"[1]，题铭为：

　　　　四年相邦樛斿之造，栎阳工上造▯（内正）吾（内背）[2]（戈）
　　　　四年相邦樛斿之造，栎阳工上造▯[3]（戈）

"四年"当为秦惠文王前元四年（前334）[4]。依据为：①铭文字体不早于孝公；②形制为中长胡、宽阑、三穿均位于阑上，为秦早期戈特点。③瓦书记周天子致文武胙事与文献记载一致，年代为秦惠文王前元四年（前334）。瓦书所记人名"游"与此"樛斿"相合。④秦惠文王后元称王，目前所见后元时兵器，"某年"前皆有王字，作"王某年"。⑤虽然《史记》卷一五《六国年表》、卷七〇《张仪列传》记张仪于秦惠文王后元三年（前322）免相，但《列传》"免相"下，紧接有"相魏以为秦，欲令魏先事秦而诸侯效之"语。而广州南越王墓出土有

---

[1] 有学者认为内上有刃者均属于戟，内上无刃者才是戈（张政烺：《文史讲义》之《中国古代的礼器和日用器物》，中华书局2012年版，第402页；董珊：《读珍秦斋秦铜器札记》，《珍秦斋藏金〔秦铜器编〕》，澳门基金会2006年版，第220页）。笔者倾向这一认识。唯目前考古发掘中配套戟刺的资料很少，证据有待充实，这里从学界以往意见，除自铭或有配套器件外，均暂称为戈。
[2] 《集成》11361。
[3] 黄盛璋：《秦兵器分国、断代与有关制度的研究》，第233页引传世拓本。
[4] 相关梳理、评述参见董珊《战国题铭与工官制度》，北京大学博士学位论文，中国语言文学系，2002年，第209页。作者并推断"樛斿"是文献中的"樛留"（又作"摎留""缪留"），韩人，惠文王后元四年已往韩宣惠王身边任职。

爵、官转移与文武分职:秦国相、将的出现

"王四年相邦张义戟"①。这显示，秦惠文王后元四年（前334）张仪虽然在魏，却仍然为秦国相邦。

由此来看，"大良造庶长游"就是"相邦樛斿"。按秦封宗邑瓦书记事在"冬十一月癸酉"。是年（前334）十一月甲辰朔②，"癸酉"为三十日，已迫近年终。这时尚用"大良造庶长"之称，说明"相邦"在封右庶长歜宗邑一事后才予以任命的可能性，虽然存在，但相对较小。换言之，樛斿当是同时拥有上述两个称号。"相邦"，乃秦国后期设置的最高官职。汉代称"相国"，或因避"邦"讳改。"相邦"既然是官称，则如将"大良造庶长"分成两称，那么无论哪一名称都不便再视作官称。而这里"相邦"所相对应的，又是"大良造庶长"这一名称整体，而非其中"大良造"抑或"庶长"的"某一个称谓"。因此，前述对"大良造庶长"的第二类理解或难成立。"大良造庶长"当连读，为一名，即爵称"大良造"之全称。③

周代是一元的"爵本位"品位结构。④ 秦居周之故地，受周传统影响，重爵取向明显。春秋战国之际，偏处西隅的秦，在官僚制度发展上落后于关东诸国。至惠文王世，秦国在制度上开始多有推进。有学者指出，"此时的改变对于后来秦国影响之大，不下于秦孝公变法。这种改变，在考古工作和古文字材料的研究上，是可以看得到的"⑤。孝公时商鞅只称大良造（后为封君），未见称相邦。惠文王前元四年（前334），樛斿官为相邦，而爵为大良造庶长。惠文王前元十年（前328），张仪为相。从此直至始皇一统，文献与题铭均以相邦及丞相称之，而不再仅以爵称。故惠文王统治阶段是个关键时期：秦开始设置"相邦"，

---

① 广州市文物管理委员会等：《西汉南越王墓》，文物出版社1991年版，图版二二。
② 张培瑜：《三千五百年历日天象》，大象出版社1997年版，第45页。
③ 杜正胜曾推测"二十等爵之大上造、少上造皆省略'庶长'二字，而且左、中、右三更上下皆称庶长，全名可能也当是左更庶长之类。杨宽推断从第十级到第十八级是庶长（《商鞅变法》，第29页），颇为合理。"杜正胜：《编户齐民——传统政治社会结构之形成》，第331页。又，杨宽：《战国史料编年辑证》卷8，上海人民出版社2001年版，第407—408页。
④ "爵本位"概念的提出及论述，参见阎步克《从爵本位到官本位：秦汉官僚品位结构研究》，生活·读书·新知三联书店2009年版，第34—44页。
⑤ 董珊：《战国题铭与工官制度》，第209页。

官僚组织顶端由爵官不分、以爵统摄，逐步向爵官两立、以官定位发展。这一背景下，国家最高官员逐步以官称而非爵称，来标示身份。当然，相邦、丞相以下，秦国官员仍多使用爵称，史书中例证很多，整体的重爵取向依然是明显的。但上述最高官职"相邦"的出现，仍然意义重大。这是落后关东、但终将引领历史的秦国，在中央官僚组织建设上迈出的关键一步，也可视作秦军事组织系统的新开端。

## 二　相邦与左、右丞相设置考辨

秦武王"二年（前309），初置丞相。以樗里疾、甘茂为左右丞相"①。秦设相邦，多受三晋官制影响。但左右丞相的创置，更多来自秦国本身②。据战国题铭，赵国在相邦之外，代理者称"守相"，文献作"假相"③。目前仅有蔺相如一例在任相邦前称"丞"，或为丞相之省④，时间上且较秦为晚。秦相邦与丞相的关系，以往有多种意见：①相邦、丞相为一职，不并置。称呼虽异，但没有差别⑤。②相邦、丞相为一职，不并置。相邦地位较丞相更高⑥。③相邦、丞相为两职，不并置。相邦与丞相"定员和权力大小不同"，"初置丞相是作为相邦的代理形式出现的"⑦。④相邦、丞相为两职，可以并置，属多相制度。"丞相最初设置时是辅佐相邦的"，而不是"掌丞天子，助理万机"。"在相

---

① 《史记》卷5《秦本纪》，第209页。
② 李玉福：《战国时代两种相制简论》，《史学月刊》1986年第3期。
③ 董珊：《战国题铭与工官制度》，第20—22页；《论春平侯及其相关问题》，《考古学研究（六）：庆祝高明先生八十寿辰暨从事考古研究五十年论文集》，科学出版社2006年版，第450—452页。
④ 同上书，第17页。
⑤ 杨宽：《战国史》，上海人民出版社2003年版，第221—222页；马非百：《秦集史》，中华书局1982年版，第479页；韩养民：《秦置相邦丞相渊源考》，《人文杂志》1982年第2期；林剑鸣：《秦代中央官制简论》，《西北大学学报》（哲学社会科学版）1983年第1期；安作璋、熊铁基：《秦汉官制史稿》，齐鲁书社2007年版，第13—18页。
⑥ 尚志儒：《秦相的设置及相关问题》，《文博》1997年第2期。
⑦ 聂新民、刘云辉：《秦置相邦丞相考异》，《人文杂志》1984年第2期；梁云：《秦戈铭文考释》，《中国历史文物》2009年第2期。

邦去职，暂时找不到合适人选时，丞相也代行相邦的职责"。① 将传世文献与秦出土文献资料对照，秦国相邦与丞相为两职，且均为正式官称。这在"物勒工名"、用语明确的器物题铭中是很清楚的。《汉书》卷一九上《百官公卿表上》记"相国、丞相，皆秦官，金印紫绶"。它们各有印绶，自然是两官。"相邦"除前举樛斿外，还涉及张仪、樗里疾、薛君、魏冉、吕不韦等，不仅有六国人，亦有秦人。"丞相"的资料则不少为近年新出，这里整理如下：

　　七年丞相夋殳造咸□（阳）工帀（师）琢工游\公（内正）沙羑（内背）②（戈）

　　八年相邦辥（薛）君造，雍工帀（师）效，工大人申\八年丞相夋殳造，雍工师效，工大人申（盘底）大官\冋（足座底部）③（漆豆）

　　□年丞相冉造雍工师广隶臣鴌④（戈）

　　〔十六〕年丞相觕（寿烛）造，咸〔阳工〕师叶，工（内正）武（内背）⑤（戈）

　　十二年，丞相启、颠造，诏事成，丞迨，工印（内背）诏吏（事）\属邦（内正）⑥（戈）

　　十二年丞相启、颠造，少府工室□，丞弱，工夋（内背）少府（内正）⑦（戈）

---

① 刘翔：《"相国""丞相"官称考》，《人文杂志》1987 年第 4 期；王辉：《秦铜器铭文编年集释》，三秦出版社 1990 年版，第 42—43 页；陈治国：《秦相邦与丞相之关系及相关问题辨析》，《咸阳师范学院学报》2009 年第 1 期；王辉、尹夏清、王宏：《八年相邦薛君、丞相夋漆豆考》，《考古与文物》2011 年第 2 期；董珊：《战国题铭与工官制度》。

② 梁云：《秦戈铭文考释》，第 56—57 页。今按："沙羑"，原作"□义"，据石继承意见改（《加拿大苏氏藏秦戈铭文补释》，《中国国家博物馆馆刊》2011 年第 5 期）。

③ 王辉、尹夏清、王宏：《八年相邦薛君、丞相夋漆豆考》，第 63—64 页。

④ 《飞诺藏古兵拓精粹》之"十六"，北京大学图书馆古籍部特藏库，典藏号 H3021。

⑤ 《集成》11294。今按：〔十六〕，据图版，二字已无法辨识。〔阳工〕，原释作"阳工"。此器残断，参上下文推补。

⑥ 彭适凡：《秦始皇十二年铜戈铭文考》，《文物》2008 年第 5 期。

⑦ 北京息见堂藏。此戈胡部残断，存一穿，所处位置偏上，原或为长胡四穿。全长 25.5 厘米，援长 16.0 厘米、宽 3.4 厘米，内长 9.5 厘米、宽 3.0 厘米，阑残高 4.5 厘米。释文据照片、拓本录出。"夋"字则取陶安、陈剑意见（《〈秦谳书〉校读札记》，《出土文献与古文字研究》（第 4 辑），上海古籍出版社 2011 年版，第 413 页）。

秦统一的进程与意义

十七年丞相启、状造,合阳嘉、丞兼、库脾、工邪(内正)合阳(内背)①(戈)

元年丞相斯造,栎阳左工去疾,工上(内正)武库(内背)石邑(阑下)②(戈)

这里共涉及 8 件。③ 其中,刻写丞相一人者 3 例,两人者 4 例 6 人,相邦、丞相者 1 例。首先是题铭中左、右丞相的认定,学界意见基本一致,如黄盛璋、王辉、梁云、董珊、彭适凡等学者,皆以前者为左丞相、后者为右丞相。需提到,之前存在"秦代尚左,汉代尚右"的认识。此说较早见钱大昭《汉书辨疑》卷九"相国丞相"条"秦武王二年置丞相,以樗里疾、甘茂为左右丞相。……秦以左为上,汉以右为尊也"④。钱氏以下,陈直、安作璋、熊铁基、庄春波、王利器皆主此说。⑤ 其实,武王时丞相何者为左、何者为右有明确记载:"以甘茂为左丞相,以樗里子为右丞相。"⑥ 前引虽泛称"左右丞相",但先后排序上实际仍以任右丞相者居前。故秦左右丞相以右为尊,是明显的。秦杜虎符、新郪虎符、阳陵虎符分别提到"右才(在)君,左才(在)杜""右才(在)王,左才(在)新郪""右才(在)皇帝,左才(在)阳陵",⑦ 显示从称君(公)、称王至称皇帝,秦虎符一直都是以右为尊,且书写顺序为先右后左。岳麓秦简《奔敬(警)律》

---

① 《集成》11379。
② 许玉林、王连春:《辽宁宽甸县发现秦石邑戈》,《考古与文物》1983 年第 3 期。今按:"上"下原录"□□",以为连读为"上造+名",不妥。"上"为造工名字。
③ 陕西宝鸡凤阁岭乡曾出所谓"廿六年丞相戈",旧时图版不清,释文皆据摹本得出。今依宝鸡青铜器博物院提供清晰照片,正面实为"廿六年,临相(湘)守蓐造,右工室阉,工□"(郭永秉、广濑熏雄:《绍兴博物馆藏西施山遗址出土二年属邦守蓐戈研究——附论所谓秦廿二年丞相戈》,《出土文献与古文字研究》第 4 辑,上海古籍出版社 2011 年版,第 124—127 页)。"临相守"以郡治代称郡,即长沙郡守。此为长沙郡监造之戈,非丞相戈,更非所谓"陇西守戈"。
④ 钱大昭:《汉书辨疑》,中华书局 1985 年版,第 129 页。
⑤ 陈直:《汉书新证》,中华书局 2008 年版,第 17 页;安作璋、熊铁基:《秦汉官制史稿》,第 18 页;庄春波:《也谈汉代官制的尚左与尚右》,《历史研究》1988 年第 3 期;王利器:《颜氏家训集解》(增补本),中华书局 1993 年版,第 458 页。
⑥ 《史记》卷 71《樗里子甘茂列传》,第 2311 页。
⑦ 王辉:《秦出土文献编年》,第 58、109、122 页。

又提到"为五寸符，人一，右在（□），左在黔首"（1252）。① 二十等爵中，右庶长、右更皆居左庶长、左更之上，同样如此。当时关东诸国情况大体与秦接近。魏襄王九年（前310），魏相田需死，楚国担心魏国起用张仪、公孙衍或孟尝君中一人为相。苏代劝楚相昭鱼无忧，曾有"张仪相，必右秦而左魏。犀首相，必右韩而左魏。薛公相，必右齐而左魏。梁王，长主也，必不便也"语②。上述记载出纵横家书，史实未必尽合，但有关当时关东人"左""右"尊卑的说法，应与实际相去不远。西汉初曾设左、右丞相，以右者为上，汉既承秦制，秦也当如此。由此而言，所谓"秦以左为上"之说，恐怕较难成立。

前述研究者中，有明确以右丞相为尊，但仍将并列人名中后者定为右丞相，称此为"依通例"③。则所谓"通例"，指丞相排序时，为左丞相、右丞相即尊者居后的顺序。西汉右丞相陈平与周勃等平诸吕之乱后，曾说"高祖时，勃功不如臣平。及诛诸吕，臣功亦不如勃。愿以右丞相让勃"，于是"徙为左丞相，位次第二"④。据此，西汉排序以右丞相居前，与前述"樗里疾、甘茂"的记叙顺序一致。而除前举虎符、秦简外，秦代较明确史料又见《史记》卷六《秦始皇本纪》"右丞相去疾，左丞相斯，将军冯劫进谏曰"，司马迁系此事于秦二世二年（前208）。

不过，秦二世刻石及复申度量衡的诏书也提到冯去疾、李斯，却作"丞相臣斯、臣去疾、御史大夫臣德昧死言""元年制诏丞相斯、去疾"⑤。按"三十七年（前210）十月癸丑，始皇出游。左丞相斯从，右丞相去疾守"⑥，前引二世二年谏言，任职也是如此，李斯似乎一直担任左丞相。那么，上述两则题名就与前论完全相反，是左丞相居前了。我们知道秦二世这两种举动，都是追随始皇。而始皇琅邪刻石与度量衡器所存廿六年诏书均留下有丞相名姓，即熟知的"丞相隗林

---

① 陈松长：《岳麓书院所藏秦简综述》，《文物》2009年第3期，第86页。
② 《史记》卷44《魏世家》，第1851页。又见《战国策·魏二》，文字稍异。诸祖耿：《战国策集注汇考》，江苏古籍出版社1985年版，第1224页。
③ 王辉、尹夏清、王宏：《八年相邦薛君、丞相殳漆豆考》，第65页。
④ 《史记》卷56《陈丞相世家》，第2061页。
⑤ 《史记》卷6《秦始皇本纪》，第267页；王辉：《秦出土文献编年》，第269—273页。
⑥ 同上书，第260页。

（状）、丞相王绾、卿李斯、卿王戊"，"乃诏丞相状、绾"①。以如此重大事件为内容的刻石、诏书中，官员排序不会随意。而二世所刻就附在始皇刻文旁边。这四类恰好两两对应：李斯对应隗状，冯去疾对应王绾。按上述判断，前者均为左丞相，后者右丞相，尊者居后。事实如此吗？恐怕并非。一是琅邪刻石记录从臣，依次是列侯、伦侯、丞相、卿、五大夫，前举二世补刻文是丞相、御史大夫，皆依尊卑位次，由高到低。秦及汉初，法重于礼，九卿中常以廷尉而非太常居首。②琅邪刻石提名中卿一级以李斯为首，当时他正担任廷尉。在此情形下，丞相一组反而由低到高排列，就显得十分突兀。二是上所整理的"十二年丞相启、颠戈""十七年丞相启、状戈"如遵循右者居后的顺序，与"丞相状、绾"可以排出下列迁转（左例）。始皇十七年（前230），右丞相颠已卸任，这一职位由隗状担任；而五年以来一直担任左丞相的启，却没有递补迁任。至二十六年统一天下，右丞相人员变动，王绾接任；原来不经左丞相职，而直接担任右丞相的隗状，这次却又被降为左丞相。迁转任命，不尽符合常情。而如以前者为右、以后者为左（右例），人员更迭更显合理。③

| 始皇十二年 | 十七年 | 廿六年 | 始皇十二年 | 十七年 | 廿六年 |
| --- | --- | --- | --- | --- | --- |
| 右丞相颠 | 右丞相状 | 右丞相绾 | 右丞相启→ | 右丞相启 | →右丞相状 |
| 左丞相启→ | 左丞相启 | ↘左丞相状 | 左丞相颠 | 左丞相状 | 左丞相绾 |

由上述讨论，秦二世元年（前209）出现看似相反的题名顺序，一种可能是依左右丞相叙述而不尽严格，也可能是此时李斯曾迁右丞相。政局变动之际，重要官员职务常会出现调整。高帝去世，惠帝登基，陈平为左丞相。吕后主政后，免右丞相王陵职，用审食其为左丞相，陈平

---

① 《史记》卷6《秦始皇本纪》，第246页；王辉：《秦出土文献编年》，第122—134页。
② 参见《二年律令·秩律》简四四〇。彭浩、陈伟、工藤元男主编：《二年律令与奏谳书——张家山二四七号汉墓出土法律文献释读》，上海古籍出版社2007年版，第258页。
③ 湖南省文物考古研究所《里耶秦简（壹）》前言提到"在简文中保存有二十五年三月时秦中央公卿的情况，当时的丞相是启和王绾"（文物出版社2012年版，第5页）。近承张春龙告知，所涉及的简文内容实为"臣绾与丞相执法"，"……大嗇夫及尉臣绾与丞相启廷尉守叶议之……如丞相绾等议可廿五年三月己酉御史大夫绾……"由此，尚无法得出"启"与"绾"同时任职丞相，且为始皇二十五年左、右丞相的认识。

迁为右丞相。平诸吕之乱后，代王刘恒入继大统，陈平推让功劳，使周勃居右丞相，自己复徙为左丞相。后周勃免相，陈平专为丞相。可见惠帝至文帝间，陈平就先后经历过"左丞相—右丞相—左丞相"的任职。二世得登帝位，多得赵高、李斯之助。元年始即位时，赵高已由中车府令升为郎中令。原为左丞相的李斯此时改居冯去疾之上，是有可能的。赵高后来欲垄断权力，在胡亥面前诽谤李斯，曾有"今陛下已立为帝，而丞相贵不益，此其意亦望裂地而王矣"①语。丞相地位如"益"，就迈到了"裂地而王"，则所居相位似为更尊者。近年所见简牍也提供一些启示。里耶秦简简8—159所记制书残篇有"卅二年二月丁未朔□亥，御史丞去疾"。研究者认为应当就是后来担任丞相的冯去疾。②而据北大入藏西汉竹书《赵正书》，胡亥被立为帝是始皇听从李斯等大臣建议所为，相关简文作"丞相臣斯、御史臣去疾昧死顿首言曰……"③所记当时任职情形与以往认识有异。李斯当时并非左丞相而是丞相，冯去疾也并非右丞相而仅是御史大夫，且二人是一同随行。此书撰写早于《史记·秦始皇本纪》，提供了一个新的文本。上举"元年丞相斯戈"为二世元年李斯所督造，只题写一人而未及冯去疾。依兵器题名的书写习惯，当时丞相只有一人的可能性更大。这与《赵正书》较合。而上举里耶简始皇三十二年（前215）"御史丞去疾"的记录，同样可与《赵正书》所载较好衔接。目前虽不宜以此即否定《史记》记载，但它提到始皇、二世之际，李斯任职曾尊于冯去疾的情形，却可为一参考。

秦代官、爵同样是以右为尊的。左右丞相书写，一般遵循右先左后的顺序。前举秦器题铭所涉左右丞相的旧有认识，一定意义上应当调整。

关于秦相邦、丞相并置的问题。相邦樗里疾卒于昭王七年（前

---

① 《史记》卷87《李斯列传》，第2558页。
② 陈伟主编，何有祖、鲁家亮、凡国栋撰著：《里耶秦简校释（第一卷）》，武汉大学出版社2012年版，第96—97页。
③ 赵化成：《北大藏西汉竹书〈赵正书〉简说》，《文物》2011年第6期，第65页。

300）①，《六国年表》记是年"魏冉为相"，多有学者赞同②，有魏冉五次相秦说。但《史记索隐》本传述赞明确说"四登相位，再列封疆"③。四言体述赞为唐人司马贞反复斟酌所作，当有所据。而"七年丞相殳、殳戈"在揭示殳、殳任左右丞相外，不仅不能说明魏冉当时可能任相邦，反而显示当时可能未设此职。因为秦国京师地区兵器多由最高官员督造。

昭王八年漆豆同时记"相邦辥（薛）君"与"丞相殳"。"辥（薛）君"即孟尝君田文。"殳"与"七年丞相殳、殳戈"之"殳"为同一人，即《秦本纪》"薛文以金受免"之"金受"，《战国策》写作"金投"④。孟尝君为秦相，《史记》卷一五《六国年表》系于昭王八年（前299）⑤，与此器合。《秦本纪》作"九年，孟尝君薛文来相秦。殳攻楚，取八城，杀其将景快"。"九年"或当作"八年"。"殳攻楚，取八城"，《六国年表》作"秦取我八城"，系于楚怀王三十年，当秦昭王八年，亦相合。而《秦本纪》下句"十年，……薛文以金受免。楼缓为丞相"，当从《六国年表》复前提一年，作"九年"。

《秦本纪》又记"六年，……庶长殳伐楚，斩首二万。泾阳君质于齐。日食，昼晦。七年，拔新城。樗里子卒"。按泾阳君质齐事，《穰侯列传》作"昭王七年，樗里子死，而使泾阳君质于齐"。《六国年表》亦置于昭王七年。而"斩首二万"，《楚世家》云"（怀王）二十九年，秦复伐楚，大破楚军，楚军死二万，杀我将军景缺"。楚怀王二十九年

---

① 《史记》卷5《秦本纪》、卷15《六国年表》、卷71《樗里子甘茂列传》，第210、736、2310页。
② 马非百：《秦集史》，第181页；杨宽：《战国史料编年辑证》卷13，第658页；安作璋、熊铁基：《秦汉官制史稿》，第19页；林剑鸣：《秦史稿》，中国人民大学出版社2009年版，第208、221页。
③ 《史记》卷72《穰侯列传》，第2330页。
④ 王辉、尹夏清、王宏：《八年相邦薛君、丞相殳漆豆考》，第64—65页。
⑤ 《史记》卷75《孟尝君列传》系于齐缗王二十五年，实对应齐缗王二年，当秦昭王八年。参见杨宽《战国史料编年辑证》卷13及附录，第673、1188页；陈梦家：《西周年代考·六国年表》，中华书局2005年版，第92页。又，平势隆郎《新编史记东周年表》（东京大学出版会1995年版）所排秦昭王元年当楚怀王二十一年，齐缗王十四年，于昭王初年所涉秦、楚、齐间事多不合，此暂不取。

爵、官转移与文武分职:秦国相、将的出现

当秦昭王七年。《六国年表》此年也说"秦拔我襄城,杀景缺",则本纪六年所引,似当为七年事。不过,本纪所言"七年,拔新城",也即年表"拔我襄城"事①,睡虎地秦简《编年记》有载,作:"六年,攻新城。七年,新城陷。八年,新城归。"②则攻新城战事六年已起,本纪系庶长奂伐楚于六年实不误。待战事延续到七年,始攻克新城。所谓"斩首二万","杀其将景快(又作'缺')",当在此时。本纪此条仍然存在错简。之后不久,樗里疾去世,立下战功的庶长奂入为丞相。至八年孟尝君入相时,庶长奂已去相,复领兵攻楚,有取八城之事。文献中有关庶长奂的记载可考订整理如下:

  昭王六年 庶长奂伐楚,攻新城。
  昭王七年 庶长奂拔新城,斩首二万,杀楚将景缺。相邦樗里疾卒,庶长奂、金殳为左右丞相。泾阳君质于齐。
  昭王八年 庶长奂去相,复领兵攻楚,取八城。金殳为丞相。后孟尝君入秦为相邦。

那么,昭王八年时应为怎样情形?仔细对照摹本,八年漆豆两条长铭的文字写法有别,非出自一人之手,当是两次刻写。而如是几位官员共同负责器物制造,按习惯,题铭应制为一条。如"王四年相邦义戟"作:王四年,相邦张义,内史□(都?)操之造□冄戟□(工师)贱工卯(内正)锡(内背)。③ 内史"□(都?)操"当断开④,为两人,紧接相邦张仪后书写。按奂实在八年复伐楚,身份冠以"庶长"而非丞相,则出征时已去相。孟尝君入秦为相邦,很可能使金受(殳)亦免相。按殳在七年居奂下,如八年仍任相,改居孟尝君下,并不致与孟尝君构衅,进而向秦王进言,夺其相位。两条题铭的出现,更大可能是八

---

① "襄城"即"新城",参见《史记》卷5《秦本纪》《正义》,第210页。
② 睡虎地秦墓竹简整理小组:《睡虎地秦墓竹简》,文物出版社1990年版,释文4页。
③ 广州市文物管理委员会等:《西汉南越王墓》。今按:"内史",原作"庶长",据图版改。
④ 董珊:《读珍秦斋秦铜器札记》,《珍秦斋藏金〔秦铜器编〕》,澳门基金会2006年版,第213页。

59

不过，秦末汉初军事纷扰之季，确出现一些相国、丞相并置史例，值得注意。高帝元年（前206），沛公刘邦接受项羽分封，于当年四月入汉中就国，称汉王。萧何为丞相。高帝九年（前198）[1]，萧何进一步迁为相国。至惠帝二年（前190）七月病故，相位始由曹参接替。故传统认识上，刘邦时期的丞相、相国担任者，只有萧何。不过，《史记》卷五四《曹相国世家》"高祖（三）〔二〕年，拜（曹参）为假左丞相，入屯兵关中。月余，魏王豹反，以假左丞相别与韩信东攻魏将军孙遫军东张，大破之"，显示高祖二年（前205）曹参入屯关中及东出击魏，身份都是"假左丞相"。由此推之，当时正职丞相应也分为左、右。下文所记，似即证实这一推想："韩信已破赵，为相国，东击齐。参以右丞相属韩信，攻破齐历下军，遂取临菑。"从之后"韩信徙为楚王，齐为郡。参归汉相印。高帝以长子肥为齐王，而以参为齐相国"的表述看，"假左丞相"曹参后来所任"右丞相"，全称正为"汉右丞相"。至于曹参的上司韩信，《史记》卷九二《淮阴侯列传》记"汉王使郦生说豹，不下。其八月，以（韩）信为左丞相，击魏"。下文又云"汉王夺两人军，即令张耳备守赵地，拜韩信为相国，收赵兵未发者击齐"。则韩信在率曹参攻魏时，是汉左丞相，破赵后晋升为相国。《汉书补注》虽引钱大昕曰："前为左丞相，位萧何下。今为相国，位何上"，但紧接复引周寿昌曰："此说误。汉左右丞相设于孝惠、高皇后时。前'左丞相'，虚称也。樊哙亦为之相国，设于高祖十一年。此拜信为赵相国也"[2]，显然赞同后说。不过，后来学者有指出，"从刘邦必须以香饵引诱韩信继续为自己效力的角度来推测，将韩信由左丞相晋职

---

[1]《史记》卷18《高祖功臣侯者年表》、卷22《汉兴以来将相名臣年表》，《汉书》卷19下《百官公卿表下》系于高祖九年；《史记》卷53《萧相国世家》《汉书》卷19上《百官公卿表上》、荀悦《汉纪》系于高祖十一年。《资治通鉴》、万斯同《汉将相大臣年表》取前说。王先谦《汉书补注》引齐召南曰、泷川资言《史记会注考证》取后说。《史记》卷93《淮阴侯列传》云"吕后欲召，恐其党不就，乃与萧相国谋，诈令人从上所来，言豨已得死，列侯群臣皆贺。相国给（韩）信曰：'虽疾，强入贺'"，然据同书卷98《傅靳蒯成列传》记傅宽"属淮阴，击破齐历下军，击田解。属相国参，残博，益食邑"。则所谓"相国"，如若排除追记可能，似以前说为是。

[2]（清）王先谦：《汉书补注》，中华书局1983年影印本，第935页下栏。

爵、官转移与文武分职:秦国相、将的出现

为汉之相国,似乎更在情理之中"①。上引曹参以汉右丞相改任齐相国时,职官特别提示"汉""齐"的属性。《史记》卷九〇《魏豹彭越列传》记彭越情形:"拜彭越为魏相国,擅将其兵,"特别在"相国"前书有"魏"字。而除前述所举外,《史记》卷九五《樊郦滕灌列传》又记"以骑渡河南,送汉王到雒阳,使北迎相国韩信军于邯郸。还至敖仓,婴迁为御史大夫。……以御史大夫受诏将郎中骑兵东属相国韩信,击破齐军于历下"。"相国"韩信所统领者,不仅有汉右丞相曹参的军队,而且进一步包括汉御史大夫灌婴的军队。且无论涉及前者抑或后者时,"相国"前均未出现"赵"字以示区别。由此来看,韩信当时所任之职为汉相国。高帝四年(前203)二月,韩信被封为齐王,而在此之前的一个时期,汉廷存在相国、丞相并置情形。

高帝二年(前205)十月,破赵,曹参为右丞相;高帝六年(前201),参归相印,任齐相国。《史记》卷九五《樊郦滕灌列传》记,"燕王臧荼反,……(郦商)迁为右丞相,……以右丞相别定上谷,因攻代,受赵相印。以右丞相赵相国别与绛侯等定代、雁门,……又以右丞相从高帝击黥布"。据此,自高帝五年(前202)九月至十一年(前196),郦商除短暂护卫太上皇外,一直担任汉右丞相。《史记》卷九五《樊郦滕灌列传》记"(樊哙)残东垣,迁为左丞相。……其后燕王卢绾反,哙以相国击卢绾"。又,《史记》卷五六《陈丞相世家》"燕王卢绾反,上使樊哙以相国将兵攻之",及同书卷五七《绛侯周勃世家》"燕王卢绾反,勃以相国代樊哙将"。由上,高帝十年(前197),樊哙击陈豨,破东垣,迁为左丞相。十二年(前195),樊哙、周勃又先后被短暂任为相国。参之以萧何同时任职,则高帝九年至十二年,复出现相国、丞相并置情形。②

---

① 孙家洲:《汉初以丞相、相国统兵考》,《军事历史》1998年第6期,第21页。
② 樊哙、周勃短暂以相国征讨时,萧何是相国抑或丞相,史载不明。有学者称上述情形为"汉初曾有设置军中相职的权宜之举",并认为"至少有几个月的时间,是两位相国并存的"(孙家洲:《汉初以丞相、相国统兵考》,第23页)。不过,中央列卿、地方郡守将兵征行,一般需加将军号。而太尉、御史大夫则可以本官出征(参见拙文《秦汉太尉、将军演变新考——以玺印资料为中心》,《浙江学刊》2014年第3期),相国、丞相也当如此。相关问题还需进一步考察。

61

这类情形在汉初东方诸侯国亦有存在。《史记》卷九三《韩信卢绾列传》记陈豨"以赵相国将监赵、代边兵,边兵皆属焉"。下文又云"豨常告归过赵,赵相周昌见豨宾客随之者千余乘,邯郸官舍皆满"。赵国当时既有相国陈豨,又有丞相赵昌。① 而吕后遗诏以吕王吕产为相国时,审食其、陈平亦尚为左、右丞相。

此外,相、守相在一些情况下似也有并置情形。《史记》卷九四《田儋列传》,"齐王广东走高密,相横走博,守相田光走城阳,将军田既军于胶东",同时提到齐相田横与齐守相田光。又,《史记》卷九五《樊郦滕灌列传》记燕王臧荼反,"(郦商)以右丞相赵相国别与绛侯等定代、雁门,得代丞相程纵、守相郭同、将军已下至六百石十九人"。至于《史记》卷五七《绛侯周勃世家》燕王卢绾反,"(周勃)击下蓟,得(卢)绾大将抵、丞相偃、守陉、太尉弱、御史大夫施","丞相偃"下之"守陉",则可能为"守相陉"省写。

## 三 文武分职:庶长到将军

秦多见名"庶长"者,专论者皆以之为有异于爵称的官称。② 对此可以历史地来看待。历史早期就出现了众多专业职名,且以中低级居多,甲骨金文均见。"庶长"最初应当也是领兵军职。不过,根据"职阶转化律"③,很多最初的职位,后来却变成了品位,具体过程为:"职位"→"个别性的职位用如品位"→"品位性官号"→"品位序列"④。就我们这里所涉及,阎步克已有精辟阐说:"秦汉二十等爵,来自军职。魏人刘劭《爵制》一文,就是用军职来解释二十等爵名的来源的。那些爵名,本来是步卒、军吏、军将的职名;在频繁战争中,它

---

① 前者任职在高帝九年至十年,后者在九年至十二年。游逸飞:《严耕望〈两汉太守刺史表〉订正》,《早期中国史研究》(第1卷),早期中国史研究会2009年版,第4、10页。
② 胡大贵:《庶长考》,《四川师范大学学报》(社会科学版)1990年第4期;刘芮方:《秦庶长考》,《古代文明》2010年第3期。
③ 阎步克:《中国古代官阶制度引论》第8章,第294—299页。
④ 同上书,第298页。

们被当成衔号来奖励军功；商鞅变法时，再把那些有名无实的衔号变成爵号，另以五百主、二五百主、百将、国尉、大将等职名来编制军队。由此军职就完成了'军爵化'的过程，与军职分离开来了。"① 故这里所论，已属后来用作爵位的阶段。周代"爵本位"品位结构下，较高层人员爵、官本不甚分，且标示身份时一般多尊用爵称。二十等爵确立后，第十级至第十八级分别为左庶长、右庶长、左更、中更、右更、少上造、大上造、驷车庶长、大庶长，高低两端皆称"庶长"，而为大上造旧称的大良造，全称大良造庶长，实际也有"庶长"名。因此，所谓"庶长"，很可能是左右庶长以上诸庶长爵的泛称。而我们又注意到，"庶长"的使用，主要是在商鞅变法至二十等爵形成前的一段时间。从此类"庶长"到"将军"的发展变动，正是职阶转化后，重阶向重新职名的进一步演进。由于侧重了后一过程的考察，这里权称"爵官转移"。而在此视角下，整体的发展过程或可概括为：

职→爵→新职名（将、尉等）

又，这一时期的爵制情况见《商君书·境内》篇。相关文字多有错简、脱简，现初步尝试一种复原思路：②

……行间之吏也，故爵公士也，就为上造也。故爵上造，就为簪袅。〔故爵簪袅，〕就为不更。（故爵为大夫。）爵吏而为县尉，则赐虏六，加五千六百。（爵大夫而为国治，）
故爵〔不更，就〕为大夫。〔故爵大夫，〕就为〔官〕大夫。故爵〔官〕大夫，就为公大夫。〔故爵公大夫，〕就为公乘。〔故爵公乘，〕就为五大夫。爵大夫而为国治，则税邑三百家。

---

① 阎步克：《中国古代官阶制度引论》，第295页。
② 高亨参俞樾、朱师辙说已做适当调序与拟补（《商君书注译》，第149页）。今在此基础上对句序、脱文、句读重做整理，拟补用"〔〕"，原位置处文句及衍文用"（）"，移至新位置处文句用"□"。为求清晰，引用时且分作小段。又，守屋美都雄也曾做过全面校订（《中国古代的家族与国家》，上海古籍出版社2010年版，第12—16页），与笔者意见多有不同，可参看。

63

秦统一的进程与意义

故爵五大夫，就为大庶长。故大庶长，就为左更。故四更也，就为大良造。皆有赐邑三百家，有赐税三百家。（爵五大夫，）有税邑六百家者，受客。

大将御、参皆赐爵三级。故客卿相，论盈，就正卿。（就为大庶长。故大庶长就为左更。故四更也就为大良造。）

此记军队在战斗中杀敌数量超过规定时，军士得在原爵级基础上晋爵的情形。就爵制部分而言，实际分作三段叙述。每段前半部分交代这一组中各爵位的迁升，后半部分提示相关福利待遇。具体值得进一步注意者，有以下几点。

（1）公士至不更。按刘劭《爵制》公卿大夫士四分层，属"士"一层，这里似称作"吏"。"爵吏"者如入官为吏，作县尉，另赐虏6人、钱5600。商鞅变法，重新规划地方行政组织，普遍立县，所谓"并诸小乡聚，集为大县，县一令，四十一县"①。而至秦惠文王初年，秦尚未曾设郡②。"县"实与《境内》下一段表示中央的"国"（即"邦"）相对言。县尉实际就是地方武职的代表。

（2）大夫至五大夫。对应"士"之上"大夫"一层。"故爵为大夫"句原在"爵吏而为县尉"上，但明显属于"爵大夫"一类，故移至"就为大夫"上。"爵大夫而为国治"原在"加五千六百"下，与"爵吏而为县尉"的表述颇为类似。参考"爵吏"句为"爵○而为○，则○"的格式，且在介绍相关各爵后言及，今调至介绍各大夫级爵下，"则税邑三百家"上。调整后与上下两段的叙述较为对应。"爵大夫"

---

① 《史记》卷5《秦本纪》，第203页。"四十一"，同书卷15《六国年表》，卷68《商君列传》作"三十一"，第721、2232页。今按：先秦秦汉"四"字多有积四横划写法，作"亖"，与"三"形近易混。清人王引之、段玉裁、俞樾以下多有论及，参见辛德勇《〈汉书〉赵佗"处粤四十九年"说订讹》（原刊《文史》2009年第4辑），收入所著《纵心所欲——徜徉于稀见与常见书之间》，北京大学出版社2011年版，第154—155页。今按："三"难为"亖"，而"亖"易为"三"。史迁所撰"本纪"史料又多较"列传"可信。此处相对表、传，似当取《秦本纪》所载。

② 秦以惠文王前元十年（前328）设上郡为最早。谭其骧：《秦郡新考》（原刊《浙江学报》第2卷第1期，1947年），收入所著《长水集》（上），人民出版社1987年版，第2页；马非百：《秦集史》，第578页。

者如"掌管国家一种政务",则可赏赐租税及封邑共三百户。而如按调整后的语句理解,大夫爵似只有入官为吏,才能享有相应权益,而非仅进入大夫爵即可。

（3）大庶长（?）至大良造。对应"卿"一层。"就为大庶长"至"大良造"句,原在"就正卿"下,高亨依朱师辙说移至"皆有赐邑三百家"上,可从。不过,此段中大庶长爵在五大夫上、左更下,且未出现左、右庶长爵,扞格难通。旧说"大字疑原作𠂇,即ナ又的合写,ナ又即左右。𠂇以形似误为大"①,恐难成立。古文字无此合文②。蒋礼鸿引唐长孺意见以"左右庶长合称为大庶长"③,可为一说,然乏例证支持。按《史记》卷五《秦本纪》记秦宪公卒,"大庶长弗忌、威垒、三父废太子而立出子为君"④。"大庶长"出现较早。孝公、昭王时,商鞅、白起功高至大良造,再迁即为封君。则二十等爵确立前,大良造为君侯以下之最高爵,大庶长曾较大良造为低是可能的。《境内》所言"大庶长"或非误字。而此句之上可能有脱文,五大夫至大庶长间,或脱左、右庶长的晋爵内容。这一组爵可以享有"赐邑三百家""赐税三百家"的权益。⑤而当时规定,"有税、邑六百家者",是可以养客的。

至于"故四更也"句,俞樾云"此四字乃三字之误,三更者并左更中更右更而数之也"⑥。学界多从。不过,本段其他类似文字皆作"故○"（○为爵称）。如此处果为几种爵的合并省称,当作"故四更"。而此句实际作"故四更也"。"更"下的"也"字颇为要紧,因为语末助词"也"可为"助兼词,表提示以起下文"。此句式下,

---

① 高亨:《商君书注译》,第150页。
② 李零:《〈商君书〉中的土地人口政策》,《待兔轩文存:读史卷》,第191页。
③ 蒋礼鸿:《商君书锥指》卷5,中华书局1986年版,第118页。
④ 《史记》卷6《秦始皇本纪》末引《秦记》又云"出子享国六年,居西陵。庶长弗忌、威累、参父三人,率贼贼出子鄙衍,葬庶。武公立",第285页。
⑤ 前举秦惠文王四年封宗邑瓦书,有"取杜才（在）丰丘到于潏水,以为右庶长歜宗邑",提到右庶长获封邑事。
⑥ 蒋礼鸿:《商君书锥指》卷5引,第118页。

"也"上所接多非名词。① "更"可作动词,"四更"可指由左更四次晋爵,经中更、右更、少上造(或作少良造),而至大良造的情形。综上,第三段对应"卿"分层的这组爵,应即属"庶长"一类。不过因当时大良造颇为显赫,则称"庶长"时的指代范围,主要是大良造以外的各级"庶长"。②

樗里疾于秦惠文王前元八年(前330),爵为右更。惠文王后元七年、十一年至十三年,樗里疾主持或参与多次对外战事。③ 马非百以"八年已为右更,不得十二年又降为庶长。必有误,故删之",将《秦本纪》十二年、十三年④条下"庶长疾"的"庶长"二字皆删去⑤,不妥。文献中庶长地位未见较右更为低。而右更樗里疾在惠文王后元七年(前318)以后数年出征、战功赫赫,却始终称"庶长",或正说明此为诸"庶长"爵的统称。他在右更的基础上,实际的军功晋爵一直在进行。所以,这才会有十三年(前312)助魏章攻楚取汉中地、助韩攻齐、助魏攻燕后,被封为严君的发生。⑥ 而樗里疾在成为封君后,继续有领兵作战事,名前却不复冠以"庶长",也值得注意。西汉南越王墓

---

① 参见杨树达《词诠》卷7"也"条,中华书局2004年版,第373页。
② 《史记》卷5《秦本纪》"出子二年,庶长改迎灵公之子献公于河西而立之"事,又见《吕氏春秋·当赏》,"庶长改"作"菌改"。献公得立后,"故复右主然之罪,而赐菌改官大夫,赐守塞者人米二十石"。庶长菌改被赐以大夫级爵,与之前判断有出入。不过,据此段文末"凡赏非以爱之也,罚非以恶之也,用观归也。所归善,虽恶之,赏。所归不善,虽爱之,罚"的总结,献公当采纳监突意见,改对未纳自己入塞的右主然行赏,而对迎其入秦的菌改行罚才是。获得赏赐的那些"守塞者"当是右主然的部属,应紧接右主然叙述。俞樾以原文当作"故复菌改之罪,而赐右主然官大夫"(许维遹撰,梁运华整理《吕氏春秋集释》引,中华书局2009年版,第651页),是有道理的。又,《秦本纪》昭王二年"庶长壮与大臣、诸公子为逆"事,《六国年表》作"桑君为乱",《穰侯列传》作"季君"。刘芮方据《索隐》"季君即公子壮",认为君指封君,与"庶长"为爵称有很大矛盾。今按:《索隐》此句后尚有"僭立而号曰季君"语,则僭称季君与原为庶长并不矛盾。其实,庶长壮是否就是季君,尚待考察。《索隐》未言依据,并非定论,梁玉绳《史记志疑》已表示怀疑(中华书局1981年版,第432—433页)。而《竹书纪年》记"秦内乱,杀其太后及公子雍、公子壮"[方诗铭、王修龄:《古本竹书纪年辑证》(修订本),上海古籍出版社2005年版,第162页],还提到有公子雍,排序在公子壮前,似更为重要。
③ 《史记》卷5《秦本纪》、卷17《樗里子甘茂列传》,第207、2307页。
④ 此指"秦使庶长疾助韩而东攻齐"事,马非百误作十四年。今按:《史记》卷五《秦本纪》系于十三年下,杨宽《战国史料编年辑证》考证亦于十三年(第547—548页)。当是。
⑤ 马非百:《秦集史》,第163页。
⑥ 《史记》卷5《秦本纪》、卷17《樗里子甘茂列传》,第207、2308页。

所出"王四年相邦义戟",原来修订释文作"王四年,相邦张义,庶长
□操之造□界戟,……"① 庶长紧跟相邦书写,并出现在兵器题铭中。
这类资料才是"庶长"为官称,特别是惠文王四年(前334)后为单纯
军事统领的直接证据。然而,前已谈到,过去的释文一直有误,核对图
版,"庶长"实为"内史"。

商鞅以前,庶长作为高级别爵位,公子、贵戚多有冠之。变法后特
重军功,名庶长者主要依战功累至。大良造也是如此。相邦、丞相制确
立后,大良造公孙衍、白起并非秦相,而是领兵征行的高级将领。而在
前面讨论庶长的基础上,可以注意到,昭王六年(前301)"庶长奂伐
楚"以后,"庶长"开始较少见于史乘。昭王八年(前299)"使将军
芈戎攻楚",名前冠以将军。稍后不久,名前冠以尉的事例也出现了:
昭王十二年(前295),"秦尉错来击我襄","二十三年,尉斯离与三
晋、燕伐齐,破之济西"②。领兵主帅开始以军职而非爵位为称,特别
庶长所对应"卿"爵这一重要爵层的拥有者,征战时较多以军职为称,
很值得注意。这显示秦的军事组织中,也出现着重爵向重官取向的
发展。

顾炎武对先秦"将军"的出现有所关注③,主要涉及关东诸国。
魏、齐在官僚机构中以相、将为文武官之首,出现较早。④ 秦自"昭王
即位,以冉为将军,卫咸阳。诛季君之乱",开始出现作战以外的常职
将军。而以将军保卫首都安全,颇近于西汉初《二年律令·秩律》所
列职官中"卫将军"的角色。此外,昭王世还有将军芈戎、将军张唐、
将军摎等。至秦王政即位,史迁在《秦始皇本纪》开篇即言"吕不韦
为相,封十万户,号曰文信侯。……李斯为舍人。蒙骜、王龁、麃公等
为将军。王年少,初即位,委国事大臣"。至于尉,则有白起为左更

---

① 李学勤:《秦孝公、惠文王时期铭文研究》,《中国社会科学院研究生院学报》1992年第4期;王辉:《秦出土文献编年》,第58—59页。
② 《史记》卷15《六国年表》,第738页;《史记》卷5《秦本纪》,第212页。后者又见《六国年表》"尉斯离与韩、魏、燕、赵共击齐,破之",第740页。
③ (清)顾炎武著,(清)黄汝成集释:《日知录集释》卷24,栾保群、吕宗力校点,上海古籍出版社2006年版,第1366—1367页。
④ 杨宽:《战国史》,第222页;黄今言:《秦汉军制史论》,第17—19页。

后,在"伊阙之战"斩首韩、魏二十四万,"迁为国尉"的例子。秦王政时,尉缭也被嬴政任为国尉。此称《商君书·境内》中已出现,为低于将军的较高军职。①"国"字后世避讳所改,当时称"邦尉"。今见"邦尉之玺"封泥、"邦尉之印"印章②,可证。邦尉同将军一样,也由军职逐步成为常设武职。③

与大良造庶长发展为相邦类似,秦军事组织上端也出现爵官不分、偏重爵称,向爵官分离、转重官称的发展。而军职进一步纳入日常官僚系统,成为常设武职的一部分,从而引起了文武分职的发生。这个过程,并非原来理解是一个文武不分,进而一文一武的情形。率先确立起的相邦,在秦及关东诸国都是总管国政,权兼文武。相邦时常将兵征战,即便昭王以后出现常职性将、尉,相邦魏冉、吕不韦仍有出兵征讨事。文武分职实际是在一个权兼文武的相的旁边,将高级军职人员行政化,形成一个形式文、武两分,而实际重武的官僚机构上端。这一组合方式,对于之后帝国各层级日常武职系统的构建,都有影响。并且,在文武分职这一过程中,爵、官分离、重爵向重官的演进,一直贯穿其中。

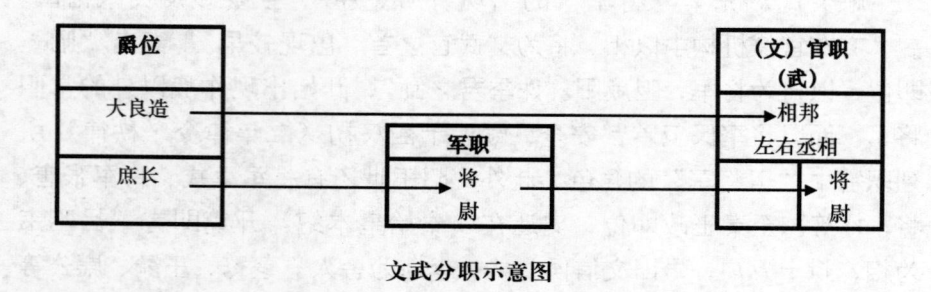

| 爵位 | | | (文)官职(武) |
|---|---|---|---|
| 大良造 | → | | → 相邦 左右丞相 |
| 庶长 | → | 军职 将 尉 | → 将 尉 |

**文武分职示意图**

附记:文章完成后,承阎步克先生提出诸多宝贵意见,资料多

---

① 高亨:《商君书注译》,第147、153页。
② 周晓陆等:《在京新见秦封泥中的中央职官内容——纪念相家巷秦封泥发现十周年》,《考古与文物》2005年第5期;王辉:《秦出土文献编年》,第298页。
③ 有关国尉、邦尉的进一步探讨,参见拙文《秦汉太尉、将军演变新考——以玺印资料为中心》,第32—35页。

承熊龙学友襄助，在此深致谢忱。

原载北京大学国学研究院、袁行霈主编《国学研究》第三十五卷，北京大学出版社，2015年6月，第41—64页。今略有修订。

（中国人民大学国学院；出土文献与中国古代文明研究协同创新中心）

# 秦灭巴蜀再探

赵宠亮

周慎靓王五年（秦惠文王后元九年，前316）秋，秦惠文王派遣张仪、司马错、都尉墨率军从金牛道（石牛道）南下伐蜀，破蜀军于葭萌。蜀王及太子先后被杀，蜀灭。① 秦军又乘势灭掉巴国。秦灭巴蜀，对于双方都有重要的历史意义。一方面，秦实现了"广地""富国""富民""强兵"的目的，达到了"秦益强富厚，轻诸侯"②的政治效果，为秦进一步灭楚和统一六国准备了人力、物力条件；另一方面，巴蜀地区的文明进程明显加快，"逐步融汇于铁器时代统一的中国文明之中"，③ 从此巴蜀地区得到了显著开发。同时，秦"攻取巴蜀，以巴蜀为根据地统一全国，是秦的创举"，这种做法"被封建社会中后期的很多统治者所采用"，④ 对后世具有重要的开创和示范意义。

然而，由于史料缺乏，关于秦灭巴蜀这场重大事件的很多情况诸如战争的军事规模、具体进程等我们并不清楚，有限的文献记载或语焉不详，或记载不一，很有进行重新探讨的必要。兹从秦蜀的早期交往、战争前秦蜀的形势、秦灭巴蜀的过程以及"石牛便金"故事四个方面，对秦灭巴蜀的大致过程予以梳理，希望有助于加深对秦灭巴蜀事件的认识。

---

① 关于秦灭蜀的时间，有学者认为为秦惠文王前元九年（前329年），见马培棠《巴蜀归秦考》，《禹贡》第2卷第2期，1934年；钟凤年《论秦举巴蜀之年代》，《禹贡》第4卷第3期，1935年；郑德坤《四川古代文化史》，巴蜀书社2004年版，第28—30页。
② 诸祖耿编撰：《战国策集注汇考（增补本）》，凤凰出版社2008年版，第183页。
③ 段渝：《四川通史》卷1《先秦》，四川人民出版社2010年版，第189页。
④ 甘小华：《秦对巴蜀地区的农业经济开发对其统一六国中的影响》，硕士学位论文，西北大学，2009年，第i页。

## 一　秦蜀的早期交往

关于秦蜀的早期交往，文献有一些零星的记载。据《华阳国志·蜀志》记载，早在蜀国开明王朝初期，开明二世（卢帝）即曾进攻秦，并"至雍"。① 有学者认为"商周之际，已有蜀人活动于汉中，并在若干地点建有蜀的军事据点。但当时汉中显然并非全部为蜀地"。② 至此"陕南汉中盆地一带，已全部入于蜀的北部版图"③。秦蜀相邻，交往自然增多。《史记》卷五《秦本纪》："（秦）厉共公二年（前475），蜀人来赂。"④ 同书卷一五《六国年表》所记与此一致。⑤

此后，秦蜀两国围绕南郑展开了长达数十年的争夺。《史记》卷一五《六国年表》："（秦厉共公二十六年，前451）左庶长城南郑。"⑥ 说明南郑又为秦所有，并进行了筑城的工作。然而，至秦躁公二年（前441），"南郑反"，⑦ 蜀又得到了南郑。⑧ 秦又于秦惠公十三年（前387），"伐蜀，取南郑"。⑨ 同书卷一五《六国年表》则又写作"蜀取我南郑"。⑩ 对此，有学者认为：两者所记并不矛盾，"《秦本纪》所记在前，《六国年表》所记在后，即秦取蜀之南郑后，旋又复失于蜀"。⑪ 经过一番争夺，南郑依然为蜀所有。《华阳国志·蜀志》也记载"周显王之世（前368—前321），蜀王有褒、汉之地"。⑫

此后，秦蜀两国关系似乎还算平和。"周显王时（前368—前

---

① （晋）常璩撰，刘琳校注：《华阳国志校注（修订版）》，成都时代出版社2007年版，第94页。
② 段渝：《四川通史》卷1《先秦》，第183页。
③ 同上书，第156页。
④ 《史记》卷5《秦本纪》，中华书局1982年标点本，第199页。
⑤ 《史记》卷15《六国年表》，第688页。
⑥ 同上书，第697页。
⑦ 《史记》卷5《秦本纪》，第199页；《史记》卷15《六国年表》，第700页。
⑧ 段渝：《四川通史》卷1《先秦》，第156页。
⑨ 《史记》卷5《秦本纪》，第200页。
⑩ 《史记》卷15《六国年表》，第713页。
⑪ 段渝：《四川通史》卷1《先秦》，第156页。
⑫ （晋）常璩撰，刘琳校注：《华阳国志校注（修订版）》，第95页。

321），楚国衰弱，秦惠文王与巴、蜀为好"。① 蜀王曾"猎谷中，与秦惠王遇"，双方还互有礼品馈赠。② 至秦惠文王元年（前337），可见"楚、韩、赵、蜀人来朝"③ 的记载。然而，"秦有举巴蜀并汉中之心。秦，虎狼之国，不可亲也"。④ 日益强盛的"虎狼之国"秦终将"举巴蜀"，灭掉蜀国。

## 二　战争前秦蜀的形势

商鞅变法后，秦国实力显著增强。秦惠文王时代，秦国"仍然坚持'任人唯贤'的方针"，大批人才聚集到秦国并得到重用，如魏国人公孙衍被任命为大良造，魏国人张仪被任命为相，统兵将领方面有司马错等。"秦惠文王时期，正是由于聚集了一批谋臣、武将，所以秦国在对外战争中表现了所向无敌的战斗力，使领地迅速扩大，充分显示了新兴的封建制生气勃勃的精神。"⑤

而与此形成鲜明对比的是，"同一时期称雄于西南的蜀王国，生产关系虽已突破落后的奴隶制度，也获得了一定发展，但究属于初期的领主封建制，还没有转变为进步的地主制经济。虽沃野千里，物产丰饶，但经济实力的增长速度却不适应政治形势的日益变化。在秦国实力迅速增长，一面东击三晋，一面图谋汉中、兼并巴蜀的严重形势面前，蜀非但不亡羊补牢，采取应急措施，反而内讧不断。"⑥ 蜀国的情况正岌岌可危。

蜀国岌岌可危的情况，可以从以下两方面得以证实：

第一，蜀王贪图女色，蜀国出现"桀纣之乱"⑦ 的严重局面。上文提到，秦惠文王元年（前337）时"蜀人来朝"，《华阳国志·蜀志》

---

① （晋）常璩撰，刘琳校注：《华阳国志校注（修订版）》，第10页。
② 同上书，第95页。
③ 《史记》卷5《秦本纪》，第205页。
④ 《史记》卷69《苏秦列传》，第2261页。
⑤ 林剑鸣：《秦史稿》，中国人民大学出版社2009年版，第189—190页。
⑥ 段渝：《四川通史》卷1《先秦》，第186页。
⑦ 诸祖耿编撰：《战国策集注汇考（增补本）》，第182页。

也说:"周显王三十二年(前337),蜀使使朝秦。"而"来朝"的原因,竟然是:"秦惠王数以美女进,蜀王感之,故朝焉。"① 令人咋舌。

蜀王对于美女的好感,在《蜀王本纪》《华阳国志·蜀志》中有一些记述。如《蜀王本纪》:

> 武都人有善知蜀王者,将其妻女适蜀。居蜀之后,不习水土,欲归。蜀王心爱其女,留之,乃作《伊鸣之声》六曲以舞之。
>
> 武都丈夫化为女子,颜色美好,盖山之精也。蜀王娶以为妻。不习水土,疾病欲归,蜀王留之,无几物故。蜀王发卒之武都担土,于成都郭中葬之。盖地三亩,高七丈,号曰武担。以石作镜一枚,表其墓,径一丈,高五尺。②

《华阳国志·蜀志》与此有类似的记载:

> 武都有一丈夫化为女子,美而艳,盖山精也,蜀王纳为妃。不习水土,欲去。王必留之,乃为《东平之歌》以乐之。无几,物故。蜀王哀念之,乃遣五丁之武都担土为妃作冢,盖地数亩,高七丈,上有石镜,今成都北角武担是也。后王悲悼,作《臾邪歌》、《龙归之曲》。其亲埋作冢者,皆立方石以志其墓。③

两者所记或为一事。前者言"武都人有善知蜀王者",而"将其妻女适蜀",说明蜀王对于美女的喜好,很多人是清楚这点的。蜀王为将该女留在王宫,"作《伊鸣之声》六曲","为《东平之歌》","以舞之","以乐之"。歌舞悦其心。但好景不长,该女子依然病亡。蜀王为其开始了庞大的墓葬营造工程。蜀王派遣士卒至武都担土,运至成都外城内营造了占地三亩、高七丈的庞大封土墓,"号曰武担"。并且,还命人制作了直径一丈、高五尺的石镜,立于墓前。蜀王悲悼,还作有

---

① (晋)常璩撰,刘琳校注:《华阳国志校注(修订版)》,第97页。
② (清)严可均辑,任雪芳审订:《全汉文》卷53,第541页。
③ (晋)常璩撰,刘琳校注:《华阳国志校注(修订版)》,第96页。

秦统一的进程与意义

《臾邪歌》《龙归之曲》以致其哀。这项工程规模宏大，耗时耗力。这对于蜀国的发展显然有百害而无一利。

在上引文字之后，《蜀王本纪》还可见这样的内容：

> 于是，秦王知蜀王好色，乃献美女五人于蜀王。蜀王爱之，遣五丁迎女。还至梓潼，见一大蛇入山穴中。一丁引其尾，不出。五丁共引蛇，山乃崩，压五丁。五丁踏地大呼，秦王五女及迎送者皆上山，化为石。蜀王登台，望之不来，因名五妇侯台。蜀王亲埋作冢，皆致万石，以志其墓。①

对此，《华阳国志·蜀志》写作：

> 惠王知蜀王好色，许嫁五女于蜀，蜀遣五丁迎之。还到梓潼，见一大蛇入穴中。一人揽其尾掣之，不禁，至五人相助，大呼拽蛇，山崩。时压杀五人，及秦五女并将从。而山分为五岭，直顶上有平石。蜀王痛伤，乃登之，因命曰"五妇冢山"；于平石上为望妇堠，作思妻台。今其山或名五丁冢。②

"蜀王好色"亦为秦人所知。秦惠王送给蜀王五名美女，蜀王即派遣五丁迎接。结果，当返程走到梓潼时悲剧发生，五丁及秦女均因山崩而死。"蜀王痛伤"，亲临事发之山，将山命名为"五妇冢山"，甚至还"亲埋作冢，皆致万石，以志其墓"，于山顶平石筑望妇堠，作思妻台，致以哀思。由山名"五妇冢"、堠名"望妇"、台名"思妻"，可以看出蜀王对秦女的重视。而对压死之五丁，却未见任何表示。这似可充分说明蜀王特别"好色"，而丝毫不"重士"。由于文献记载十分有限，我们对于蜀国的"桀纣之乱"的具体情况所知甚少，但蜀王"好色"及其造成的危害显然属于其中的内容。

---

① （清）严可均辑，任雪芳审订：《全汉文》卷53，第541页。
② （晋）常璩撰，刘琳校注：《华阳国志校注（修订版）》，第97页。

第二，蜀王与分封国苴侯矛盾突出，存在严重的内忧。《华阳国志·蜀志》载：

> 蜀王别封弟葭萌于汉中，号苴侯，命其邑曰葭萌焉。苴侯与巴王为好，巴与蜀仇，故蜀王怒，伐苴侯。①

《华阳国志·巴志》也说：

> 蜀王弟苴侯私亲于巴。巴、蜀世战争。周慎王五年（前316），蜀王伐苴侯。②

蜀王将自己的弟弟葭萌封于蜀国北部，"号苴侯，命其邑曰葭萌"，显然有抵御秦、巴入侵，维护北部边界的政治、军事目的。但苴侯明知"巴与蜀仇""巴、蜀世战争"，而却"与巴王为好"。蜀王与苴侯的矛盾不可调和。

蜀王讨伐苴侯，"苴侯奔巴"，③ 苴侯败逃于巴。"巴为求救于秦"，④《史记》卷七〇《张仪列传》："苴、蜀相攻击，各来告急于秦。"⑤《资治通鉴》卷三《周纪三》"周慎王五年"条写作："巴、蜀相攻击，俱告急于秦。"⑥ 联系"巴为求救于秦"，可推知当时事态的发展应是：蜀伐苴—苴奔巴—蜀攻巴—巴蜀均向秦求救。而这正好为秦灭蜀提供了出兵的借口。

## 三 秦灭巴蜀的过程

秦出兵前，正值韩正来侵袭秦国，秦惠文王对于伐蜀还是伐韩曾犹

---

① （晋）常璩撰，刘琳校注：《华阳国志校注（修订版）》，第97页。
② 同上书，第10页。
③ 同上书，第97、10页。
④ 同上书，第10页。
⑤ 《史记》卷70《张仪列传》，第2281页。
⑥ 《资治通鉴》卷3《周纪三》"周慎王五年"条，中华书局1956年标点本，第84页。

豫不决。《史记》卷七〇《张仪列传》载:

> 秦惠王欲发兵以伐蜀,以为道险狭难至,而韩又来侵秦,秦惠王欲先伐韩,后伐蜀,恐不利,欲先伐蜀,恐韩袭秦之敝,犹豫未能决。①

司马错与张仪就伐蜀还是伐韩问题,曾争论于惠王之前。《战国策·秦策一》、《史记》卷七〇《张仪列传》对这次的争论有大同小异的记述。《战国策·秦策一》载:

> 司马错欲伐蜀,张仪曰:"不如伐韩。"王曰:"请闻其说。"对曰:"亲魏善楚,下兵三川,塞轘辕、缑氏之口,当屯留之道,魏绝南阳,楚临南郑,秦攻新城、宜阳,以临二周之郊,诛周主之罪,侵楚、魏之地。周自知不救,九鼎宝器必出。据九鼎,按图籍,挟天子以令天下,天下莫敢不听,此王业也。今夫蜀,西辟之国而戎狄之伦也。敝兵劳众不足以成名,得其地不足以为利。臣闻'争名者于朝,争利者于市'。今三川、周室,天下之市朝也,而王不争焉,顾争于戎狄,去王业远矣。"

张仪认为"蜀,西辟之国而戎狄之伦","敝兵劳众不足以成名,得其地不足以为利",而攻韩,可以"临二周之郊,诛周主之罪,侵楚、魏之地",进而"据九鼎,按图籍,挟天子以令天下,天下莫敢不听",为实现"王业"成功的事。而司马错不同意这样的意见:

> 司马错曰:"不然!臣闻之'欲富者务广其地,欲强者务富其民,欲王者务博其德。三资者备,而王道兴矣'。今王之地小民贫,故臣愿从事于易。夫蜀,西辟之国也,而戎狄之伦也,而有桀纣之乱。以秦攻之,譬如使豺狼逐群羊也。取其地足以广国,得其

---

① 《史记》卷70《张仪列传》,第2281页。

财足以富民;缮兵不伤众而彼已服矣。故拔一国,而天下不以为暴;利尽西海,诸侯不以为贪。是我一举而名实两附,而又有禁暴正乱之名。今攻韩,劫天子,劫天子,恶名也,而未必利也,又有不义之名,而攻天下之所不欲,危矣!臣请谒其故:周,天下之宗室也;齐,韩之与国也。周自知失九鼎,韩自知亡三川,则必将二国并力合谋,以因于齐、赵,而求解乎楚、魏;以鼎与楚,以地与魏,王不能禁。此臣所谓危,不如伐蜀之完也。"惠王曰:"善,寡人听子。"卒起兵伐蜀。①

说明伐蜀"譬如使豺狼逐群羊也",又可以取得"取其地足以广国,得其财足以富民"的实际效果,同时具有"拔一国,而天下不以为暴;利尽西海,诸侯不以为贪。是我一举而名实两附,而又有禁暴正乱之名"的良好社会政治舆论。而伐韩进而威周,为"恶名也",又"未必利",同时"又有不义之名",攻周是"攻天下之所不欲",会受到齐、赵、楚、魏等国的联合抵制,极为危险。所以"不如伐蜀之完"。这样的意见得到了秦惠文王的称赞和支持:"善,寡人听子。"

《华阳国志·蜀志》与上述的记载有所不同:

秦惠王方欲谋楚,群臣议曰:"夫蜀,西僻之国,戎狄为邻,不如伐楚。"司马错、中尉田真黄曰:"蜀有桀、纣之乱,其国富饶,得其布帛金银,足给军用。水通于楚,有巴之劲卒,浮大舶船以东向楚,楚地可得。得蜀则得楚,楚亡则天下并矣。"惠王曰:"善。"②

此与上述《战国策·秦策一》、《史记》卷七〇《张仪列传》有三点主要的不同:①争论的内容不同,此处说"秦惠王方欲谋楚",由此产生"伐蜀"还是"伐楚"的争论;②不伐蜀的意见出自"群臣";

---

① 诸祖耿编撰:《战国策集注汇考(增补本)》,第181—183页。
② (晋)常璩撰,刘琳校注:《华阳国志校注(修订版)》,第97页。

③伐蜀的意见出自司马错、中尉田真黄。综合比较，《战国策·秦策一》、《史记》卷七〇《张仪列传》所记当更接近历史事实。

秦灭蜀的战争过程总体很简单，战争的时间也很短。《战国策·秦策一》：

> 十月，取之，遂定蜀。①

《史记》卷七〇《张仪列传》与此所记相同。《史记》卷五《秦本纪》：

> 九年，司马错伐蜀，灭之。②

《华阳国志·蜀志》对此记载得最为详细：

> 周慎王五年（前316）秋，秦大夫张仪、司马错、都尉墨等从石牛道伐蜀。蜀王自于葭萌拒之，败绩。王遁走，至武阳，为秦军所害。其相、傅及太子退至逢乡，死于白鹿山，开明氏遂亡。凡王蜀十二世。冬十月，蜀平，司马错等因取苴与巴。③

秦张仪、司马错、都尉墨等从石牛道进攻蜀军，蜀王亲自率军迎战于葭萌。蜀军大败，蜀王败走武阳（今四川眉山市彭山区），被秦军所杀。蜀国的相、傅及太子等大臣、贵族"退至逢乡，死于白鹿山"，蜀国的开明氏王朝遂亡。从"秋"出兵，至"冬十月，蜀平"，前后不过两三月的时间。

蜀灭亡后，苴、巴继而为秦所灭。《华阳国志·巴志》：

> （张）仪贪巴、苴之富，因取巴，执王以归，置巴、蜀及汉中

---

① 诸祖耿编撰：《战国策集注汇考（增补本）》，第183页。
② 《史记》卷5《秦本纪》，第207页。
③ （晋）常璩撰，刘琳校注：《华阳国志校注（修订版）》，第98页。

郡，分其地为三十一县。①

《华阳国志·蜀志》也说：

> 司马错等因取苴与巴。②

至此，巴蜀地区为秦所有。秦国实力显著增强，"秦益强富厚，轻诸侯"。③

## 四 "石牛便金"故事

关于秦灭蜀，还流传着"石牛便金"的故事。《蜀王本纪》载：

> 秦惠王时，蜀王不降秦，秦亦无道出于蜀。蜀王从万余人，东猎褒谷，卒见秦惠王。秦王以金一笥遗蜀王，蜀王报以礼物，礼物尽化为土。秦王大怒，臣下皆再拜，贺曰："土者，地也，秦当得蜀矣。"
> 《秦惠王本纪》曰：秦惠王欲伐蜀，乃刻五石牛，置金其后。蜀人见之，以为牛能大，便金牛下，有养卒以为此天牛也，能便金。蜀王以为然，即发卒千人，使五丁力士拖牛成道，致三枚于成都。秦道得通，石牛之力也。后遣丞相张仪等，随石牛道伐蜀焉。④

这是关于"石牛便金"的最早记载。⑤ 接着在《水经注·沔水》引

---

① （晋）常璩撰，刘琳校注：《华阳国志校注（修订版）》，第10页。
② 同上书，第98页。
③ 诸祖耿编撰：《战国策集注汇考（增补本）》，第183页。
④ （清）严可均辑，任雪芳审订：《全汉文》卷53，第540—541页。
⑤ 关于《蜀王本纪》的作者和成书年代学界存在争议。通常认为即扬雄所著。徐中舒认为该书作者为蜀汉时代的谯周而非西汉末年的扬雄（徐中舒：《论〈蜀王本纪〉成书年代及其作者》，《社会科学研究》1979年第1期）。林方泰对此予以了反驳，认为该书成书于西汉，而非三国（林方泰：《关于〈蜀王本纪〉的作者》，《文史杂志》1992年第3期）。这里我们取通常观点。

## 秦统一的进程与意义

三国蜀汉来敏《本蜀论》也出现了类似的说法：

> 秦惠王欲伐蜀而不知道，作五石牛，以金置尾下，言能屎金。蜀王负力，令五丁引之成道。秦使张仪、司马错寻路灭蜀，因曰石牛道。①

《华阳国志·蜀志》也写作：

> 周显王之世，蜀王有褒、汉之地。因猎谷中，与秦惠王遇。惠王以金一笥遗蜀王，王报珍玩之物，物化为土。惠王怒。群臣贺曰："天奉我矣，王将得蜀土地。"惠王喜，乃作石牛五头，朝泻金其后，曰"牛便金"，有养卒百人。蜀人悦之，使使请石牛。惠王许之。乃遣五丁迎石牛。既不便金，怒，遣还之。乃嘲秦人曰"东方牧犊儿"。秦人笑之曰："吾虽牧犊，当得蜀也。"②

故事的起因是，秦惠王时欲伐蜀，但"秦亦无道出于蜀"，"秦惠王欲伐蜀而不知道"。在蜀王送与秦王的"珍玩之物""化为土"后，秦群臣认为这是天将将蜀地赐予秦国的预兆。由此，秦王便采用了"石牛便金"的诡计，引诱蜀国派遣五丁力士开道，牵引石牛入蜀。道路成，秦军循路灭蜀。

显然，"石牛便金"故事荒诞不经。但为何会出现这样的故事呢？有学者做了这样的分析：

> "石牛计"故事的构成要素是围绕着蜀国灭亡这一确凿的事实来编排的，我们认为，故事中石牛疏通道路这个核心要素是由秦惠王送蜀王五个美女的真实事件讹变而来，因为牛、女音近；故事中的其他要素，如包藏祸心的石牛（其核心是石）、能粪金的牛，又

---

① （北魏）郦道元著，陈桥驿校证：《水经注校证》，中华书局2007年版，第645页。
② （晋）常璩撰，刘琳校注：《华阳国志校注（修订版）》，第95页。

有明显的蜀地历史文化痕迹,以重宝珍玩美女疏通道路而犀兵,是春秋战国时期常见的战争模式。所以,所谓的秦人施阴谋使蜀人开门揖盗的石牛计故事,只能是在缺乏可靠历史记载的情况下,蜀人对其亡国历史的一个口耳相传并不断发生讹变、附益才得以逐渐丰富了的民间传说。①

虽然"牛、女音近"的说法不确,②但所论还是很有启发意义的。有学者指出"石牛便金"故事,"也反映了秦人和蜀人共同努力开通川陕道路的历史过程"。③"石牛便金"故事与前引秦惠文王送五名美女,蜀遣五丁迎接,秦女、五丁死于山崩,确实有相通之处,两者均反映了川陕道路的开通、修治以及秦蜀双方为此付出的巨大努力与牺牲。

可以略作补充的是,"石牛便金"故事来源于蜀地,也可以从"五女""五石牛""五丁"的"五"这一侧面看出。蜀人重视数字"五",除文献记载,也得到了考古发现的证实。④"五石牛"应为蜀人的记述。

(四川省文物考古研究院)

---

① 任建库:《秦灭蜀战争"石牛计"故事的形成》,《秦文化论丛》第11辑,三秦出版社2004年版,第239页。
② "牛""女"上古音不同,牛,上古音为疑母之部;女,上古音为泥母鱼部。参见郭锡良编著《汉字古音手册》,北京大学出版社1986年版,第183、119页。
③ 王子今:《秦兼并蜀地的意义与蜀人对秦文化的认同》,《四川师范大学学报》(社会科学版)1998年第2期。
④ 段渝:《先秦巴蜀文化的尚五观念》,《四川文物》1999年第5期;李竞恒:《古蜀人的"五"崇拜和宇宙观》,《中华文化论坛》2013年第10期。

# 蕲年宫之变与秦帝国历史转折机会的丧失

李迎春

与此前五六百年相比，公元前3世纪是秦人历史波云诡谲的时期。从弱到强，到统一天下，再到征服南粤、驱逐北胡，然后是帝国的迅速坍塌。在这一连串让人目不暇接的波荡起伏背后，则是不同施政者执政理念的博弈。商鞅变法之后，秦实践奖励耕战、尚功峻急的法家思想虽取得了一时效果，但由于仅"以狭义的国家富强为出发点"[1]，轻视文化、施政促急，也埋下了帝国分崩离析的伏笔。可以说，秦在富国强兵，甚至统一六国之后，未及时改弦更张、汲取儒道等学说的合理因素，一味崇尚暴力、行峻急之政是由强转弱的重要原因。但在秦的历史上，并非没有汲取儒道思想合理因素的机会。昭襄王末年荀卿入秦，在一定程度上促进了儒学在秦地的流传。庄襄王元年（前249）吕不韦为丞相、封文信侯，三年（前247）被尊为相国，号"仲父"，"招致宾客游士"，创作《吕氏春秋》。吕不韦以相国之尊，欲对秦政权予以文化改造，可以说是秦政汲取儒家文化合理因素的一次关键机会。但由于蕲年宫之变，吕不韦罢相且被迫自杀，亲政后的秦王政空前强调法家学说在秦政权内部的优势地位。至此，可以说秦统一之后凌驾六国文化、继续行峻急之政的统治基调最终确立，秦政权仓促统一而又以迅疾之势崩塌的悲剧基本已不可逆转。纵观这段历史，我们不能不对吕不韦其人和蕲年宫之变予以高度重视。

---

[1] 钱穆：《秦汉史》，生活·读书·新知三联书店2004年版，第5页。

# 一 关于蕲年宫之变的疑问

蕲年宫之变是秦统一前的重要政治事件,它不是一场普通宫廷政变,而是战国晚期历史中的节点性事件,直接影响了秦国甚至统一后的秦帝国的命运。由于《史记》《战国策》等史料的局限,围绕蕲年宫之变有许多疑点,甚至关于这次政变的发动者、目的及政变针对对象至今尚有争议。《史记》卷六《秦始皇本纪》载:

> 嫪毐封为长信侯。予之山阳地,令毐居之。宫室车马衣服苑囿驰猎恣毐。事无小大皆决于毐。太原郡更为毐国。九年,彗星见,或竟天。攻魏垣、蒲阳。四月,上宿雍。己酉,王冠,带剑。长信侯毐作乱而觉,矫王御玺及太后玺以发县卒及卫卒、官骑、戎翟君公、舍人,将欲攻蕲年宫为乱。王知之,令相国昌平君、昌文君发卒攻毐。战咸阳,斩首数百,皆拜爵,及宦者皆在战中,亦拜爵一级。毐等败走。即令国中:有生得毐,赐钱百万。杀之,五十万。尽得毐等。卫尉竭、内史肆、佐弋竭、中大夫令齐等二十人皆枭首。车裂以徇,灭其宗。及其舍人,轻者为鬼薪。及夺爵迁蜀四千余家,家房陵。……十年,相国吕不韦坐嫪毐免。……齐、赵来置酒。齐人茅焦说秦王曰:"秦方以天下为事,而大王有迁母太后之名,恐诸侯闻之,由此倍秦也。"秦王乃迎太后于雍而入咸阳,复居甘泉宫。①

据此,政变是由嫪毐发动的,攻击目标是在雍地蕲年宫举行冠礼的秦王政,结局是被"相国昌平君、昌文君"镇压。关于"相国昌平君、昌文君"的具体所指,甚至究竟是三人还是两人,今天学界有较大争

---

① 《史记》卷6《秦始皇本纪》,中华书局1982年点校本,第227页。

议，但其中包括吕不韦和昌平君两人应无大讹。①

《史记》卷八五《吕不韦列传》"太史公曰"："人之告嫪毐，毐闻之。秦王验左右，未发。上之雍郊，毐恐祸起，乃与党谋，矫太后玺发卒以反蕲年宫"②，对蕲年宫之变的经过予以补充说明。刘向《说苑》对政变发生过程的记载更为详细，"毐专国事，浸益骄奢，与侍中左右贵臣俱博饮，酒醉争言而斗，瞋目大叱曰：'吾乃皇帝之假父也，窭人子何敢乃与我亢。'所与斗者走，行白始皇。皇帝大怒。毐惧诛，因作乱，战咸阳宫。"③《汉书》卷二七《五行志》也称："始皇既冠，毐惧诛作乱。"④

《史记》及《说苑》的记载，成为后来大部分学者判断蕲年宫之变性质的根据。吕思勉、郭沫若、林剑鸣、杨宽等学者皆依据《史记》的记载，认为蕲年宫之变是嫪毐发动的针对秦王政的宫廷政变。⑤唯李开元不同意此观点，认为蕲年宫之变的"真正发动者是以帝太后为首的赵系外戚集团"，嫪毐的攻击目标并非秦始皇，而是楚系外戚集团的华阳太后和吕不韦。⑥关于蕲年宫之变中角逐势力的认识，学者间有一定差异，但大都同意是有吕不韦集团参与的嫪毐集团和秦王政集团的斗争。只是关于吕不韦集团在这次政争中的立场、作用、地位，学界尚未有统一的答案。马非百重视《战国策·魏策》和《孔丛子》中关于嫪、吕党争的线索，认为蕲年宫之变是嫪毐、吕不韦两大势力党争之结果，

---

① 《史记·秦始皇本纪》司马贞《索隐》称："昌平君，楚之公子，立以为相，后徙于郢，项燕立为荆王，史失其名。昌文君名亦不知也。"其中关于昌平君的记载，已基本为睡虎地秦简《编年记》证明。至于昌文君，郭沫若推测是文信侯吕不韦的别号，或即"吕不韦"三字的讹误。（参见郭沫若《十批判书·吕不韦与秦王政的批判》，人民出版社 2012 年版，第 307 页）吕不韦时为相国，无论昌平君是否为相国，无论昌文君和文信侯吕不韦间是什么关系，按照当时秦至多有两相国的制度，"相国昌平君、昌文君"中都应包括吕不韦。
② 《史记》卷 85《吕不韦列传》，第 2513 页。
③ （汉）刘向：《说苑》卷 9《正谏》，向宗鲁《校证》本，中华书局 1987 年版，第 215 页。
④ 《汉书》卷 27 中之下《五行志中之下》，中华书局 1962 年点校本，第 1422 页。
⑤ 参见吕思勉《先秦史》，上海古籍出版社 2005 年版，第 220 页；郭沫若《十批判书·吕不韦与秦王政的批判》，第 306 页；林剑鸣《秦史稿》，上海人民出版社 1981 年版，第 327 页；林剑鸣《吕不韦传》，人民出版社 1996 年版，第 222—229 页；杨宽《战国史》，上海人民出版社 2003 年版，第 450 页。
⑥ 李开元：《秦始皇的秘密》，中华书局 2009 年版，第 60—61 页。

《史记》中关于宫闱讳事及秦王政身世的记载正来源于双方党争中编造出的谣言。① 郭沫若认为蕲年宫之变反映了"吕氏与嫪氏的对立,太后与始皇的对立",而从秦王政对此事变的处理结果来看,也反映了秦王政与吕不韦的冲突。② 林剑鸣等学者则认为,这次斗争"是以秦王政为首的一派势力,同嫪、吕为首的一派势力争夺统治权力的斗争"。③ 李开元则从不同外戚集团的角度重新解读蕲年宫之变,认为其发生主要是由于赵氏外戚集团与楚系外戚集团的矛盾,同时也反映了"嫪毐与吕不韦的激烈竞争",而吕不韦由于"与帝太后有暧昧关系,又是送嫪毐进宫的策划人",故受到秦王政的追究。④

围绕着蕲年宫之变的过程及性质,尤其是吕不韦在这场政变中发挥的实际作用,学界有如此不同看法的原因主要是史料的歧义。不仅《史记》与《战国策》关于嫪毐之乱的记载不同,即使是《史记》本身关于此事的记载也充满矛盾,令人疑窦丛生。李开元曾指出关于蕲年宫之变的四大疑问:一、嫪毐的攻击目标是谁?二、蕲年宫之变时,帝太后在何处?她与这次政变有何关系?三、吕不韦在这件事情中,究竟持什么立场?有什么行动?四、昌平君和昌文君究竟是什么人?与秦王嬴政的关系?其实从《史记》对蕲年宫之变的记载来看,可以发现的疑问远不止此四点。《史记》这部分的记载不仅是不清楚,更重要的问题是内容矛盾、很多地方不合逻辑。主要问题有:

第一,嫪毐为什么选择在秦王政举行冠礼的特殊时刻发动政变?

第二,嫪毐发动政变的攻击目标究竟是不是秦王政?《史记》卷六《秦始皇本纪》载:"将欲攻蕲年宫为乱。"蕲年宫在雍,联系到秦王政当时正在雍举行冠礼,且秦王政"令相国昌平君、昌文君发卒攻毐"的记载,似乎攻击目标是秦王政无疑。但正如李开元所质疑的,秦王政

---

① 马非百:《秦集史》,中华书局1982年版,第319—320页。
② 郭沫若:《十批判书·吕不韦与秦王政的批判》,第306—308页。钱穆认为,秦始皇"因治嫪毐而牵连诬陷吕不韦",与郭沫若见识相类。参见钱穆《秦汉史》,生活·读书·新知三联书店2004年版,第12页。
③ 林剑鸣:《秦史稿》,第327页。
④ 李开元:《秦始皇的秘密》,第59—66页。

秦统一的进程与意义

是帝太后的长子，合法的王位继承人，是帝太后在秦国能够立足的唯一凭借和资本，嫪毐作为依附于帝太后的存在，怎么可能以秦王政为攻击目标？[1]

第三，嫪毐发动叛乱能够矫"太后玺"还比较容易理解，但要说其能够"矫王御玺"发卒进攻秦王政则令人匪夷所思。

第四，嫪毐从咸阳进攻雍地蕲年宫，长途作战，所率兵卒不应过少，但"战咸阳，斩首数百"，可见其军事力量并非特别强大，利用这数百人要发动叛乱、攻入蕲年宫确实不合常理。

第五，秦王政加冠时，吕不韦在做什么？究竟在咸阳，还是在雍？在蕲年宫之变中，吕不韦究竟什么态度，是否参与了对叛乱的镇压？

第六，《史记》卷六《秦始皇本纪》载蕲年宫之变发生在秦王政九年（前238）四月，《吕不韦列传》却载秦王政九年九月"夷嫪毐三族，杀太后所生两子，而遂迁太后于雍"，四月和九月有一定差异，梁玉绳据《本纪》驳《传》，[2] 是否有据？

第七，《史记》卷八五《吕不韦列传》正文中关于嫪毐覆灭的记载与《秦始皇本纪》不同，称："始皇九年，有告嫪毐实非宦者，常与太后私乱，生子二人，皆匿之。与太后谋曰'王即薨，以子为后'。于是秦王下吏治，具得情实，事连相国吕不韦"[3]，其中并没有关于嫪毐叛乱的记载。但在同《传》的"太史公曰"中，司马迁又补叙了蕲年宫之变的内容，且极力弥合两说，称"人之告嫪毐"在前，但"秦王验左右，未发"，待"之雍郊"之际，嫪毐"恐祸起"，才最终构难。

第八，《吕不韦列传》明确记载吕不韦因受嫪毐牵连而得罪，《秦始皇本纪》也有此说，但《秦始皇本纪》还有"相国"镇压嫪毐叛乱的记载，其中的逻辑关系如何梳理？尤其耐人寻味的是，《吕不韦列传》既称吕不韦与帝太后都因嫪毐牵连而受到处罚，但茅焦"说秦王"后的结果却是"秦王乃迎太后于雍，归复咸阳，而出文信侯就国河

---

[1] 李开元：《秦始皇的秘密》，第60—61页。
[2]（清）梁玉绳：《史记志疑》卷31，中华书局1981年标点本，第1310页。
[3]《史记》卷85《吕不韦列传》，第2512页。

南"①，帝太后与吕不韦不同的结局也值得深入思考。

第九，据《秦始皇本纪》记载，嫪毐以秦王政为目标发动叛乱，其罪过比吕不韦要大许多，但秦王政对其舍人的处理仅是"轻者为鬼薪。及夺爵迁蜀四千余家，家房陵"。吕不韦因嫪毐牵连被免，后受猜忌自杀，罪状并不明显，但秦王政对其舍人的处理则是"舍人临者，晋人也逐出之；秦人六百石以上夺爵，迁；五百石以下不临，迁，勿夺爵"②。吕不韦无罪自杀，其舍人的境遇竟与叛臣嫪毐的舍人一样。更令人费解的是，在吕不韦自杀后不久，秦王政"乃皆复归嫪毐舍人迁蜀者"③，也就是说秦王政在处理吕不韦集团后，竟赦免了叛臣嫪毐的舍人，这与秦王政"少恩而虎狼心"④的形象是大相径庭的。

第十，因嫪毐之乱被处死的高级官员有"卫尉竭、内史肆、佐弋竭、中大夫令齐等二十人"，阵容非常庞大，而吕不韦这样一位权臣失势后，除自己的舍人外，反倒未见有多少高级官员遭受牵连。在法制极为严明的秦政权内，竟有这么多高级官员尤其是守卫国都乃至负责王宫安全、侍卫的官员甘心进入嫪毐集团、参与蕲年宫之变，令人不能不产生疑问。

## 二 关于蕲年宫之变基本史实的思考

由于距今时代久远，这些疑问未必能有圆满的解决，就连司马迁在处理这些史料时也多有疑虑，在《吕不韦列传》中对嫪毐集团覆灭问题就采取了正文、"太史公曰"各自表述，且强为调和折中的办法。《史记》关于吕不韦的记载，问题颇多。钱穆称，司马迁记载六国事多本《战国策》，唯吕不韦事不从《战国策》，所记吕不韦献姬、荐嫪毐及秦始皇身世事，多为司马迁"好奇"而记之诬史。⑤马非百也认为

---

① 《史记》卷85《吕不韦列传》，第2512—2513页。
② 《史记》卷6《秦始皇本纪》，第231页。
③ 《史记》卷85《吕不韦列传》，第2513页。
④ 《史记》卷6《秦始皇本纪》，第230页。
⑤ 钱穆：《先秦诸子系年》，河北教育出版社2002年版，第521—526页。

《史记·吕不韦列传》中的内容,尤其是蕲年宫之变的内容多为伪造,不乏根据谣言而写成者。①

《史记》关于吕不韦和蕲年宫之变的记载,有严重问题,但并不是说这段历史真相就完全无从探讨。如果我们仔细排比史料、梳理逻辑关系,揣度当时政治情形,仍能对蕲年宫之变的真相有所讨论。根据前面的分析,我们至少可以在以下各方面有较为合理的判断。

**(一)蕲年宫之变确实存在**

蕲年宫之变是不是史实,是我们讨论蕲年宫之变性质、意义的前提。《史记》卷八五《吕不韦列传》正文记述嫪毐覆灭的原因,是秦王知道嫪毐与帝太后"私乱,生子二人"并谋以嫪毐子为秦王后,通过司法途径,"下吏治,具得情实",终夷嫪毐三族。按照这个记载,秦王政消灭嫪毐集团利用的是司法途径,而非军事剿灭,嫪毐被动接受了司法惩处,并未发动叛乱。换句话说,就是根本不存在蕲年宫之变。这个记载与具体记录了蕲年宫之变经过的《秦始皇本纪》差别极大。更有意思的是,《吕不韦列传》最后的"太史公曰"中,司马迁又补充了蕲年宫之变的情况,与本传正文矛盾。这说明司马迁所见关于此事的记载有互相矛盾的多个版本,而司马迁本人对此是难以抉择的。这也说明,我们在谈蕲年宫之变过程、性质等问题前,必须先有个基本判断,即是否认可蕲年宫之变的真实存在,在嫪毐被杀这件事情上,我们是相信《秦始皇本纪》,还是《吕不韦列传》正文,抑或是《吕不韦列传》"太史公曰"中的弥合版本。笔者认为,从基本史实的有无来看,《秦始皇本纪》可能更为可靠,无论蕲年宫之变的真相如何,其曾经发生过应无大的问题。原因如下:第一,司马迁生活时代距蕲年宫之变发生的时间不算太久,且撰述《史记》尤其是"表六国时事"有《秦记》可供参考,尽管《秦记》有"不载日月,其文略不具"的缺陷,②但关于蕲年宫之变是否曾经发生,应该有简单交代;第二,从《秦始皇本纪》对蕲年宫之变镇压者、追捕嫪毐之令、被株连的高级官员官职

---

① 马非百:《秦集史》,第215、320页。
② 《史记》卷15《六国年表》,第686—687页。

姓名的记载详尽程度来看,司马迁手头应该有可资利用的较权威材料。当然由于此事涉及宫闱丑闻、秘闻,且《秦记》具有"不载日月,其文略不具"的缺陷,故司马迁对该事件的前因后果、具体过程的把握不一定非常准确,因此,在《吕不韦列传》中采取了调和两说的做法。

**(二)嫪毐攻击的目标不可能是秦王政**

关于嫪毐攻击目标不会是秦王政,李开元已述之甚详。主要理由有两条:一、嫪毐是帝太后的附庸,其重大行动都代表了帝太后的意愿,"他发动这次政变,是得到了帝太后的支持和指使,使用帝太后和秦王的印玺调动军队的,并且得到一大批拥戴帝太后的大臣们的支持"。[①]而帝太后的利益完全建立在秦王政王位保全基础上,因此代表帝太后利益的嫪毐不可能主动攻击秦王政。二、《史记》所记嫪毐想要拥立自己与帝太后的私生子为王,是绝不可能的事情。[②] 笔者认为李开元的这两条理由非常有说服力。在尚重视血缘关系的战国时代,在有着五百年血缘传承的秦国,无论是嫪毐还是嫪毐与帝太后的私生子都绝无可能继承或篡取秦王政的王位,嫪毐以此为目的攻击秦王政不符合基本的逻辑。[③] 那么有无可能如《说苑》或《史记》卷八五《吕不韦列传》所载,是因为嫪毐与太后事被人揭发,秦王大怒,嫪毐惧诛铤而走险,"于秘密暴露之时企图以造反的方法先发制人,保护自己"[④] 呢?笔者认为也不可能:第一,嫪毐与帝太后已私通多年、有两子等事,应是众所周知,嫪毐不可能因此事突然惧诛。第二,秦"杂戎翟之俗",性观念与中原国家有所差异,正如王子今师所说"通过秦昭襄王母亲宣太后的事迹,可以知道这其实本来就是秦人的风俗特征"[⑤]。既然是秦人

---

[①] 李开元:《秦始皇的秘密》,第60页。
[②] 同上。
[③] 同上书,第60—61页。
[④] 黎东方著,陈文豪整理,王子今补编:《细说秦汉》,上海人民出版社2002年版,第71页。
[⑤] 王子今:《细说秦始皇》,上海人民出版社2005年版,第57页。

的风格特征，秦王政对其母"秽乱"之事应有较高包容度。① 而后世史家对秦王政因其母与嫪毐秽乱而大怒最终引发蕲年宫之变的记载很可能是受了所谓"礼俗"观念影响后对史事的再加工。第三，如果说蕲年宫之变中嫪毐能够矫"太后玺"是因为其和太后在消灭秦始皇、保私生子继位上有共同利益的话，那么其"矫王御玺"发卒进攻秦王政则基本不可能。第四，嫪毐的军队最后被斩首数百，可见其发动叛乱的军事力量并非特别强大。从逻辑上推理，嫪毐的军事目标应该是数百军卒可以完成的，然而利用这么小的军力从咸阳长途跋涉去进攻合法秦王，显然不可能。第五，从秦王政后来对嫪毐舍人的处理，尤其是吕不韦自杀后，秦王政"皆复归嫪毐舍人迁蜀者"的举动来看，嫪毐与秦王政的关系不会是攻击与被攻击的关系。

### （三）嫪毐攻击的主要目标也非楚系外戚集团

李开元否定了嫪毐攻击秦王政的可能性，但其提出的嫪毐实际攻击目标是以华阳太后为首的楚系外戚集团的观点则还有待进一步考察。李开元在《秦始皇的秘密》一书中，对秦王母系势力在秦政坛上的影响给予了充分重视，有一定合理性，但将战国晚期秦国的主要政治事件都归结为各个外戚集团的角逐则略嫌武断。李开元认为在秦王政即位之初，以夏太后、华阳太后、帝太后为代表的韩系外戚集团、楚系外戚集团、赵系外戚集团有着错综复杂的关系，互相利用、斗争，并认为在秦王政八年（前239）发动叛乱的王弟长安君成蟜的母亲即是夏太后为秦庄襄王选定之韩系夫人，夏太后、韩夫人与成蟜是韩系外戚的代表。②

秦国历史上确有太后干政之事，一些掌权的太后引入外戚作为辅佐（如宣太后与魏冉），也确有可能。但历史研究的前提是要有史料为依据，从这个要求来看，李开元关于秦王政即位之初，三大外戚集团对立

---

① 王子今曾发现过秦王政与秦昭襄王在对待母亲秽乱问题上态度的差异，认为"秦昭襄王和秦始皇对母后的处置，方式则大有不同。前者显然较为宽和，后者显然较为严厉"，并从东方社会传统礼俗对秦俗发生影响和秦王政在面对东方正统礼乐文化的深心自卑等角度出发精辟地分析了这一现象。其实，针对秦始皇对母亲态度的问题，我们似乎可以从《史记》关于嫪毐之乱记载本身的可靠性上去考虑。参王子今《秦国上层社会礼俗的性别关系考察》，王子今《古史性别研究丛稿》，社会科学文献出版社2004年版，第83—84页。

② 李开元：《秦始皇的秘密》，第39—45页。

的立论显然存在演绎过度的问题。首先，包括《史记》在内的史料中并没有夏太后和成蟜母亲是韩国人的任何记载，韩系外戚的存在本就是捕风捉影之事。为了证明成蟜与韩国的特殊关系，李开元给出的唯一"史实"依据为：

> 根据《战国策·秦策》、《新序·善谋》和《史记·春申君列传》等文献的记载，秦王政五年，成蟜出使韩国，不费一兵一卒，使秦国得到韩国献出的"百里之地"。这件事情，是作为战国故事流传下来的，仅仅在外国使者与秦王的谈话中偶然提到，对于事情的详细，没有做具体的交代，难免又成为一桩历史之谜……成蟜在对韩国的扩张活动中立功的事情，很可能是夏太后和韩夫人为了封赏成蟜而特意安排的活动。①

检索史料，我们可以发现这条依据是没有说服力的。且不说使韩国"献地百里"是否能成为成蟜母亲为韩所出的证据。就是从史料出发，该条证据也有偷换概念之嫌。李开元说这条史料"仅仅在外国使者与秦王的谈话中偶然提到，对于事情的详细，没有做具体的交代，难免又成为一桩历史之谜"，实际上是避重就轻、移花接木。其实，这条史料在《战国策·秦策》《新序·善谋》和《史记·春申君列传》中的记载是比较详细的。历史背景是白起拔郢之后，楚顷襄王担心秦一举灭楚，而使春申君黄歇游说秦昭襄王。在春申君的游说之辞中有"今王使盛桥守事于韩，盛桥以其地入秦，是王不用甲，不信威，而得百里之地"之语。② 无论文中是"盛桥"，还是"成桥"，无论是"守事"，还是"出使"，有一点是明确的，即该事发生在昭襄王统治中后期，文中的"盛桥"无论如何也不会是秦王政之弟长安君成蟜。所谓的"外国

---

① 李开元：《秦始皇的秘密》，第45—46页。
② 《史记》卷78《春申君列传》，第2388页。《新序·善谋》《战国策·秦策四》"顷襄王二十年"条记载与此基本相同。唯《战国策》文字略有出入，作"今王三使盛桥守事于韩，成桥以北入燕。是王不用甲，不伸威，而出百里之地"。参见刘向《新序》，赵仲邑《详注》本，中华书局1997年版，第284页；刘向集录《战国策》，上海古籍出版社1998年标点本，第242页。

## 秦统一的进程与意义

使者与秦王的谈话中偶然提到",其中的"外国使者"与"秦王"分别是春申君黄歇与秦昭襄王。李开元在前面已提到"秦王政五年"的情况下,后面却将秦昭襄王简写为"秦王",极易使人误解此"秦王"为"秦王政",诱导读者认可其观点。

韩系外戚集团已是子虚乌有,三大外戚集团的斗争就更是无本之木。其实,所谓的"三大外戚集团"中,由于华阳太后和昌平君的存在,楚系外戚集团可能勉强可以成立,而赵系外戚集团的存在可能与韩系外戚集团一样难以靠得住。《史记》卷八五《吕不韦列传》先说秦王政的母亲是"邯郸诸姬绝好善舞者"[①],似出身社会地位低下的倡家,后又说"子楚夫人赵豪家女也"[②]。这两说是否矛盾,战国时期"邯郸诸姬"是否算得上"豪家"我们姑且不论。但有一点是无疑的,即秦王政母亲并非出身赵国王族。在其并非赵国王族的情况下,在这一集团(如果存在一个集团的话)中仅帝太后与嫪毐二人是赵人的情况下,称其周围存在着一个赵系外戚集团显然就不合适了。与其称为赵系外戚集团,不如径称帝太后与嫪毐集团更合适。

在权力的吸引下,帝太后与嫪毐集团会和楚系外戚集团发生矛盾当然也是可能的。但如果说这一矛盾会引发蕲年宫之变这样的重大政治事件,则显然有所夸大。秦王政初期的秦国政坛错综复杂,秦王政、吕不韦、嫪毐、华阳太后、潜在的宗室势力、武将势力关系复杂。在这众多的矛盾中,华阳太后与帝太后的矛盾是否会成为最主要的矛盾是令人可疑的,最起码这一矛盾并无坚实的史料依据。华阳太后能够劝说安国君立子楚为嫡嗣,主要原因是其被安国君"爱幸",而与身后的楚系外戚集团不一定有必然联系。所谓的外戚集团大都形成于王后、太后掌权,尤其是少主在位、母后当政的时期。而华阳夫人的长期身份是安国君夫人,其时秦国最高统治者又是雄才大略的秦昭襄王,此时在其身边很难形成外戚集团。孝文王在位不足一年,留给华阳夫人形成强大外戚集团的时间并不多。庄襄王的被立虽与华阳夫人有关,但其即位时已经成

---

[①] 《史记》卷85《吕不韦列传》,第2508页。
[②] 同上书,第2509页。

年，并非少主，且史料中也没有楚系势力在庄襄王时期膨胀的记录，相反庄襄王最信任和感激的是吕不韦。至秦王政即位，赵姬成为太后，吕不韦成为"仲父"，嫪毐势力膨胀，作为秦王政祖母的华阳后发展楚系势力的空间进一步被压缩。秦王政六年（前241），以楚国为首，以"楚王为从长，春申君用事"①，韩、魏、赵、卫、楚再次结为合纵进攻秦国，最终失败，楚国被迫"东徙都寿春"②。由此可见，秦王政统治前期，秦楚关系非常紧张，这一事实与楚系外戚集团在秦国政坛势力强大的观点也相抵触。如果说在蕲年宫之变前，楚系外戚集团势力并未强大到严重威胁其他政治集团（如帝太后与嫪毐集团）生存的程度，嫪毐为什么会孤注一掷、铤而走险攻击以华阳后为代表的楚系外戚集团？尤其是蕲年宫之变据说发生在秦王政加冠的时候，秦王政加冠亲政，无疑会使政治天平更加倾斜于其亲母帝太后和嫪毐这边，而不利于与其血缘关系疏远的华阳后，嫪毐和帝太后选择在这个时间以叛乱的代价攻击华阳后是不是也显得过于愚蠢？

（四）蕲年宫之变前嫪毐集团与吕不韦集团的关系

蕲年宫之变前，嫪毐集团与吕不韦集团关系已非常恶劣，这一点各种史料记载基本一致。《史记》卷六《秦始皇本纪》和卷八五《吕不韦列传》极力渲染蕲年宫之变前嫪毐的权势，这种权势无疑会导致其与相国吕不韦的矛盾。《战国策》卷二五《魏策四》"秦攻魏急"条载：

> 秦攻魏急。或谓魏王曰："……秦自四境之内，执法以下至于长挽者，故毕曰：'与嫪氏乎？与吕氏乎？'虽至于门闾之下，廊庙之上，犹之如是也。今王割地以赂秦，以为嫪毐功；卑体以尊秦，以因嫪毐。王以国赞嫪毐，以嫪毐胜矣。王以国赞嫪氏，太后之德王也，深于骨髓，王之交最为天下上矣。秦、魏百相交也，百相欺也。今由嫪氏善秦而交为天下上，天下孰不弃吕氏而从嫪氏？天下必合吕氏而从嫪氏，则王之怨报矣。"③

---

① 《史记》卷85《春申君列传》，第2395页。
② 《史记》卷40《楚世家》，第1736页。
③ 《战国策》卷25《魏策四》"秦攻魏急"条，第919—920页。

秦统一的进程与意义

魏国上下已知嫪毐、吕不韦势同水火，嫪、吕矛盾可称得上举世皆知。与嫪、吕矛盾相比，嫪毐、帝太后集团与以华阳后为代表的楚系外戚集团矛盾即使存在，也基本无足轻重。

在蕲年宫之变中，嫪毐与吕不韦的立场不会一致，这一点在史料中也有反映。《史记》卷八五《吕不韦列传》载："秦王十年十月，免相国吕不韦。及齐人茅焦说秦王，秦王乃迎太后于雍，归复咸阳，而出文信侯就国河南。"① 嫪毐集团被镇压，帝太后与吕不韦因受嫪毐牵连而分别受到处理。但不久后，茅焦游说秦王政，结局发生了戏剧性的变化。秦王政幡然悔悟，迎回太后，重尽孝道，而吕不韦的情况则直转而下，先是被赶出咸阳、就国河南，不久又被迫自杀。茅焦究竟有什么力量能如此扭转秦王政之心意？马非百认为是出于母子天性之爱，② 显然失之于简单。郭沫若认为："茅焦所以解说于秦始皇的，一定是替太后与嫪氏洗刷，而对于吕氏加以中伤。"③ 其说虽不无道理，但凭借茅焦一区区齐人之舌能轻易扭转秦王政之内心，仍有可疑。更大的可能是茅焦所说正是秦王政所想，或者茅焦只是秦王政的台阶。通过秦王政对帝太后和吕不韦处理态度的差异，我们也可判断嫪毐与吕不韦在蕲年宫之变中的角色绝不一样，两者的对立关系是毋庸置疑的。

**（五）发生在秦王行冠礼之时**

关于蕲年宫之变的爆发时间，《史记》卷六《秦始皇本纪》明确记载为秦王政九年（前238）四月秦王举行冠礼时。这个时间点非常值得注意，叛乱与秦王的冠礼同时进行，显然不是偶然，而应是有计划的选择。此前，学界一般认为嫪毐选择这一天叛乱，是因为此时秦王政在雍地举行冠礼，咸阳守备相对空虚。此说听起来很有道理，但按照前面的分析，嫪毐以秦王政为目标发动叛乱是非常愚蠢的选择，基本不可能。如果蕲年宫之变并非嫪毐针对秦王政的叛乱，那么，为什么要选择在秦王政加冠之时发动，就需另为考虑。

---

① 《史记》卷85《吕不韦列传》，第2512—2513页。
② 马非百：《秦集史》，第110页。
③ 郭沫若：《十批判书·吕不韦与秦王政的批判》，第308页。

## （六）吕不韦与蕲年宫之变关系复杂

《史记》卷六《秦始皇本纪》和卷八五《吕不韦列传》都未详述吕不韦与蕲年宫之变的关系。但从其文句可以判断，吕不韦与蕲年宫之变不能摆脱干系。按照《秦始皇本纪》的记载，吕不韦与蕲年宫之变的关系有二：第一，"相国昌平君昌文君"参与了对蕲年宫之变的镇压，根据前文的分析，无论是从"相国"称谓，还是从"昌文君"称谓，"相国昌平君昌文君"中都应包含吕不韦，而吕不韦参与对嫪毐之乱的镇压，也与前文分析的嫪、吕矛盾契合。第二，吕不韦罢相国之职是受了嫪毐牵连，"相国吕不韦坐嫪毐免"①。《吕不韦列传》中多次强调吕不韦因嫪毐得罪，在正文中讲到秦王政处理嫪毐集团之后，紧接着就是"王欲诛相国，为其奉先王功大，及宾客辩士为游说者众，王不忍致法。秦王十年十月，免相国吕不韦"②，在本《传》"太史公曰"中则明确指出："毐败亡走，追斩之好畤，遂灭其宗。而吕不韦由此绌矣。"③

前述吕不韦与蕲年宫之变的两种关系实际上存在难解之处，一个镇压叛乱者，怎么会受连坐而免职？并且吕不韦因嫪毐而免相的结果，也与前文分析的叛乱前嫪毐集团与吕不韦集团势同水火的结论有所抵触。当然，《史记》中对此矛盾的解释是，嫪毐秽乱秦宫源于吕不韦之引荐。但这个解释的说服力并不强，尤其是"阴关桐轮而行"等说确实超出了人们认识的范围。而吕不韦荐嫪毐又与秦始皇的生父问题紧密联系在一起，在吕氏代秦之说越来越缺少支持的情况下，④我们也难以对吕不韦与赵姬关系、荐嫪毐等事予以承认。钱穆称："妄造吕政之讥，与嫪毐自不韦荐身之说，同为当时之诬史而已"⑤，应是较公允的结论。

既然吕不韦不应因荐嫪毐事而罢相，为什么史书会如此记载？钱穆

---

① 《史记》卷6《秦始皇本纪》，第227页。
② 《史记》卷85《吕不韦列传》，第2512页。
③ 同上书，第2513—2514页。
④ 参见吕思勉《先秦史》，上海人民出版社2005年版，第220页。此外，前揭马非百、郭沫若、钱穆、李开元诸著作中也有辨析，不赘。
⑤ 钱穆：《先秦诸子系年》，第521—522页。

秦统一的进程与意义

认为是秦王政在与吕不韦存在尖锐矛盾的情况下，故意"因以牵连及于嫪毐之事"，其后"不韦自杀，诸宾客或诛或逐。其事遂莫肯明言"①。此说显较前说合理。但真相是否如此，仍待推敲，不过吕不韦罢相与蕲年宫之变应有关联，应该是可信的。吕思勉认为吕不韦罢相与嫪毐无关，称："嫪毐事果与不韦有连，而犹迟至期年，始免其相，听其从容就国；而诸侯宾客使者，仍相望于道；文信侯既不为遁逃苟免之计，亦不为养晦自全之谋，岂理也哉？"②吕思勉怀疑吕不韦罢相与嫪毐有关的最重要依据是"迟至期年，始免其相"。关于这一点，吕思勉认为从秦王政九年九月"夷毐三族"到秦王政十年十月吕不韦罢相是"期年"。其实，秦行颛顼历，以十月为岁首，九年九月和十年十月间并非"期年"，而是紧连的两个月，据此否认吕不韦罢相与嫪毐之乱的关系是不合适的。

**（七）嫪毐得到了20位高级官员支持但军力只有数百人**

《史记》卷六《秦始皇本纪》载蕲年宫之变过程："战咸阳，斩首数百……尽得毐等。卫尉竭、内史肆、佐弋竭、中大夫令齐等二十人皆枭首。"据此，参与蕲年宫之变的高级官员有20人，且不乏卫尉、内史、中大夫令等掌握京师军政和宫廷宿卫的要员。嫪毐有什么能力，促使这些高级官员参与这样一场风险极高、了无胜算的叛乱，是个值得深思的问题。与此相关的另一个问题是，参与叛乱的高官不少，军队却非常薄弱。嫪毐发动的是叛乱，根据秦的法制，参照此前一年秦王政对自己亲弟长安君成蟜叛乱的处理方式，"军吏皆斩死，迁其民于临洮。将军壁死，卒屯留、蒲鹝反，戮其尸"③，参与叛乱的士卒死后尚需戮尸，无辜民众被迁远离家乡。可知在咸阳之战中，嫪毐的军士应该全被斩首，因此"斩首数百"应是嫪毐动用的全部军事力量，利用这点力量去发动叛乱、攻击远在雍的秦王政是令人震惊的。

---

① 钱穆：《先秦诸子系年》，第521页。
② 吕思勉：《先秦史》，第220页。
③ 《史记》卷6《秦始皇本纪》，第225页。张守节《史记正义》对这一处理方式予以阐释："言屯留之民被成蟜略众共反，故迁之于临洮郡也。……谓成蟜为将军而反。秦兵击之，而蟜壁于屯留而死。屯留、蒲鹝二邑之反卒虽死，犹皆戮其尸。"

## 三 关于蕲年宫之变真相的推测

以上七点，是根据史料基本可以判定的事实。但我们如果仍在嫪毐叛乱这一框架下思考，那么就仍会发现这些史实各点间似有矛盾。嫪毐既然不是攻击秦王政，也不是攻击以华阳太后为首的楚系外戚集团，那么攻击吕不韦的可能性就最大，并且两者间矛盾尖锐确实有相攻击的可能。但为什么要选择在秦王政加冠时攻击，为什么不能等到秦王政掌权后对吕不韦发难？而吕不韦作为叛乱的镇压者，作为这一场政争中的胜利者，为什么反而落得罢相后被迫自杀的悲剧结局？嫪毐私自发动叛乱，无论其目标是谁，以区区数百军卒投入战斗，失败的结局已基本注定，为什么还能得到20位京畿高级官员的支持？无论是嫪毐，还是这些支持者究竟是作何考虑的，真的都是蔑视死亡的无畏精神吗？

依据现有史料，我们对上述疑问无法做出确凿无疑的答复，这就是历史学的局限性所在。但依据史料，我们仍可以利用逻辑关系，对发生过的事实进行合理推测，这同样是历史学的魅力。笔者认为，上述诸多矛盾之所以难以解决，是我们被惯性思维及根深蒂固的传统观点束缚的结果。这个根深蒂固的传统观念就是，无论攻击目标是谁，这个叛乱总是由嫪毐发动的，而秦王政作为主要攻击目标，是蕲年宫之变的受害者，或者说至少是潜在受害者。其实，如果我们在前面分析的基础上进一步考察的话，会发现有个问题是绕不开的——嫪毐为什么要发动叛乱？其发动叛乱的投入和预期收益极不相称。我们前面已经分析过，他的攻击目标不会是秦王政，不会是楚系外戚集团，有可能是吕不韦。但动用数百人，在秦王政冠礼时以叛乱的形式攻击吕不韦。如果失败，代价极高，如果成功，也难逃叛臣的下场。尤其是从吕不韦与秦王政的关系来看，秦王政一旦亲政，吕不韦集团覆灭的几率极高。既然如此，嫪毐为什么不能坐山观虎斗，等秦王政亲政后收拾吕不韦，而非要以如此高的代价，在秦王政冠礼的临界点上发动并没有成功希望的叛乱？解决这一疑问是揭示蕲年宫之变真相的关键点。而这一关键点的解决，需要重新思考第二个根深蒂固的观念。

秦统一的进程与意义

在考察蕲年宫之变时,我们一直将一个人作为了被动的承受者、受害者,而忽视了其主观、能动的存在。这个人就是秦王政本人。他其实是蕲年宫之变的最大受益者。从蕲年宫之变的客观效果看,嫪毐集团(如果作为一独立集团存在的话)被消灭,吕不韦集团被消灭,秦王政顺利加冠、亲政、实践自己的政治理念。尤其是联系到蕲年宫之变发生的特殊时间,在排除了嫪毐借机政变的可能性后,我们更有理由相信,蕲年宫之变的发生似乎就是为了让秦王政的冠礼更顺利、从容。

吕不韦与秦王政有着尖锐的矛盾,宋代学者高似孙,明代学者方孝孺,近代学者钱穆、萧公权、郭沫若对此皆有详论。① 这个矛盾有权力争夺等政治方面的因素,更多的则是文化观念、治国策略上的冲突。正如钱穆所说,"吕氏之在当时,是否有取秦而代之意,今虽不易轻断,然东方宾客在文化的见地上轻傲秦人,而秦人对东方文化亦始终不脱其歧视与疾视之意,则为吕氏取祸之最大原因也。"② 吕不韦召集东方宾客著《吕氏春秋》,以黄帝诲颛顼自居,且"布咸阳市门,悬千金其上,延诸侯游士宾客有能增损一字者予千金"③。他是同秦王政及秦国的传统势力在进行斗争。秦王政冠礼后将亲政,作为"仲父""相国"的吕不韦对秦国政权的控制力无疑将下降。秦王政的冠礼,无疑是吕不韦与秦王政,乃至吕不韦代表的东方文化力量与秦王政代表的秦本土文化力量角逐的关键点。这一关键点是我们理解发生在秦王政冠礼时的蕲年宫之变时首先需注意的问题。

---

① 参高似孙《子略》卷4"吕氏春秋"条、方孝孺《逊志斋集》卷4"读吕氏春秋"条、钱穆《先秦诸子系年·吕不韦著书考》、萧公权《中国政治思想史》、郭沫若《十批判书·吕不韦与秦王政的批判》等。高似孙《子略》卷4"吕氏春秋"条称:"始皇不好士,不韦则徕英茂,聚畯豪,簪履充庭,至以千计。始皇甚恶书也,不韦乃极简册,攻笔墨,采精录异,成一家言。吁,不韦何为若此者也,不亦异乎?《春秋》之言曰:'十里之间,耳不能闻;帷墙之外,目不能见;三亩之间,心不能知。而欲东至开悟,南抚多鷃,西服寿靡,北怀靡耳,何心得哉?'此所以讥始皇也。"(见《左氏百川学海》第18册巳集中)方孝孺《逊志斋集》卷4"读吕氏春秋条"载:"其书诚有足取者,其《节丧》《安死》篇讥厚葬之弊,其《勿躬》篇言人君之要在任人,《用民》篇言刑罚不如德礼。《达郁》《分职》篇皆尽君人之道,切中始皇之病。"都指出了《吕氏春秋》针对始皇政治而发的现象。
② 钱穆:《秦汉史》,第12页。
③ 《史记》卷85《吕不韦列传》,第2510页。

蕲年宫之变与秦帝国历史转折机会的丧失

围绕秦王政的冠礼，吕不韦有阻挠甚至出兵阻挠的可能。钱穆认为"当时秦廷与不韦之间，必有猜防冲突之情，而为史籍所未详者"，① 可谓卓见。但从各种史料的记载看，从蕲年宫之变的发动者嫪毐与吕不韦的关系看，蕲年宫之变显然非吕不韦主动挑起的。如果不是吕不韦挑起政变，还有这一动机的人就非秦王政莫属了。当然，对秦王政来说，并不是一定要在冠礼的同时消灭吕不韦，而是一定要保证冠礼的顺利进行。毕竟只要冠礼成功、顺利亲政，他要消灭在秦国水土不服的东方文化力量的代表吕不韦并非难题。因此，对秦王政来说，他要的只是在他行冠礼时吕不韦不能有效阻挠。他要做的更多是分散吕不韦在掌权最后关头的注意力，保证在雍地的冠礼顺利进行。

秦王政统治初期，长期生活在吕不韦的阴影之下，他可能在面对吕不韦时心理上有压力，也可能对吕不韦的力量有过高估计。因此，不排除他在雍地举行冠礼的同时，要在咸阳制造事端、牵制吕不韦力量的可能性。这时，最好的牵制者就是嫪毐。前引《战国策》突出显示了嫪毐与吕氏的尖锐矛盾及其政治力量的强大。其实，这里面对嫪毐力量的描述应有夸大，或者说嫪毐的力量在相当程度上是代表了秦王政的力量的。嫪毐出身低微、身份卑贱，史料中未反映出其具备特殊的政治才能。应该说，作为太后宠幸的一个赵人，嫪毐在秦国并无拿得出手的政治资本。这样的人又和相国吕不韦有尖锐矛盾，这一切如果没有秦王政背后的支持是令人难以想象的。秦王政与母亲有很深的感情，早年在邯郸同甘共苦、相依为命。对这段经历，秦王政一直铭记在心，以致灭赵后，亲赴邯郸，"诸尝与王生赵时母家有仇怨，皆坑之"②。嫪毐作为母亲的情人，秦王政对其不一定有很强的排斥心理，这也是他能多年容忍其母与嫪毐关系的原因。钱穆称："嫪毐乃邯郸人。疑始皇母在邯郸，

---

① 钱穆：《先秦诸子系年》"吕不韦著书考"，第521页。当然，钱穆同时倾向于认为吕不韦及吕氏门客"未尝不有取秦而代之意"，而秦始皇则是"幸先发，因以牵连及于嫪毐之事"。笔者认为，从当前史料来说，判定吕不韦有代秦之意似仍嫌武断，且不说吕不韦在秦廷的实力是否可以代秦，仅从当时血缘贵族继承仍被高度认可的情况考虑，吕不韦代秦也基本无实现之可能。
② 《史记》卷6《秦始皇本纪》，第233页。

## 秦统一的进程与意义

本识毐，不俟于不韦之进显。"① 如果此说成立，秦王政在少年时代就应该认识嫪毐，甚至曾与母亲和嫪毐在邯郸恶劣的政治环境中相依为命，那么他们互相之间有一定感情基础也有可能。

秦王政与吕不韦有尖锐矛盾，与嫪毐关系暧昧，而嫪毐与吕不韦因权力之争又有众所周知的矛盾。秦王政在行冠礼时需要有人能牵制吕不韦。碍于吕不韦的实际地位和力量，及自己尚未真正亲政的现实处境，秦王政不能也不敢冒险以秦王的身份主动发难攻击仲父。因此，推测秦王政在行冠礼时授意嫪毐在咸阳攻击吕不韦是符合逻辑的。由于嫪毐攻击吕不韦只能得到秦王政的口头支持，是非法的，所以其叛乱的性质已成定局，其面临的结果绝不会好。然而嫪毐之所以会承担这一任务，有可能是出于对帝太后及秦王政的感情，但更大的可能则是受了秦王政的欺骗。我们做出这一推测，除了符合基本逻辑外，还有一定依据。嫪毐的叛乱能够"矫"王御玺及太后玺，是其得到秦最高统治者支持的证据之一。内史、卫尉、中大夫令等京畿军政要员，尤其是护卫王宫之高级官员能够参与嫪毐叛乱，是其得到秦最高统治者支持的证据之二。但其能动员的军队只是数百人，也说明了秦王政对其的支持有限，至少这个支持是不能公开的。

秦王政的盘算应是：嫪毐突袭吕不韦成功是最好的结局，在成功后他可以以秦王的名义宣布吕不韦叛乱；如果嫪毐失败，这是意料之中的，他就宣布嫪毐叛乱，甚至可以宣称嫪毐的目标是自己，这样虽牺牲嫪毐，但同样可以达到牵制吕不韦在自己冠礼时不能发难的目标。嫪毐以数百人攻击吕不韦，最终失败，但从实际效果上为秦王政赢得了牵制吕不韦和顺利加冠的机会。

秦王政在亲政之初，处决了"叛乱"的嫪毐同党，"惩罚"了与嫪毐有千丝万缕联系的帝太后，但这种掩人耳目的做法显然不能欺骗吕不韦。之后秦王政利用秦王威势，在吕不韦与帝太后关系上做文章，最终将吕不韦"打造"成了推荐嫪毐的罪人，并利用这一罪状免去了吕不韦的相国之位。《史记》中关于吕不韦坐嫪毐事被免去相国之位的记载

---

① 钱穆：《先秦诸子系年》，第522页。

即来源于此。

此后，通过茅焦游说，秦王政以孝道为名迎回太后，而进一步打击吕不韦，先是就国河南，最终被迫自杀。吕不韦与秦王政的矛盾是这一时期秦国的主要政治矛盾，最终秦王政大获全胜。而为秦王政胜利奠定了至关重要基础的就是蕲年宫之变对吕不韦的牵制。由于这种政治斗争不能公之于众，故给后人留下的印象是吕不韦无罪而受到严重政治迫害，嫪毒叛乱，其舍人却能在吕不韦集团覆灭后从宽处理。

## 四 蕲年宫之变与秦帝国的历史命运

蕲年宫之变背后，是吕不韦与秦王政的政治斗争，是吕不韦及其宾客集团代表的东方文化和秦本土文化的斗争，更是吕不韦的政治理念与秦王政政治理念的斗争。蕲年宫之变，直接促成了在这场斗争中秦王政胜利、吕不韦失败的结局，也确立了秦王政的政治理念对吕不韦政治理念的胜利，从一定意义上说改变了秦国的发展方向和命运。

秦国政治一贯具有功利性、实用主义的特点。[①] 战国时期，崇尚实用主义的墨家学说和法家学说对秦国政治更是产生了直接影响，[②] 重耕战、尚杀伐、苛刻峻急、轻视文化的行政风格深入人心。昭襄王后期，荀子入秦，对秦文化做出"无儒"的评价。[③] 李斯也称："秦四世有胜，兵强海内，威行诸侯，非以仁义为之也，以便从事而已。"[④] 这都代表了东方知识分子群体对秦政的看法。此后，经过长平之战、秦灭两周等一系列政治事件，由秦统一中国已基本成为历史定局，甚至东方六国之人也已预见此结局，但文化上的对立，仍催生出鲁仲连"义不帝秦"

---

[①] 夏遇南、屈建军:《论秦国的功利主义》,《咸阳师专学报》1996年第2期。
[②] 法家思想对战国秦政的影响毋庸赘言，近年来学界对墨家思想对战国秦政的影响也有揭示。参见何炳棣《国史上的"大事因缘"解谜——从重建秦墨史实入手》,《光明日报》2010年6月3日第10版；王宏《变法的前夜：秦国墨学与商鞅变法的社会史考察》,《学术探索》2011年第10期。
[③] 《荀子》卷11《强国篇》，新编诸子集成《荀子集解》本，中华书局1988年标点本，第304页。
[④] 《荀子》卷10《议兵篇》，新编诸子集成《荀子集解》本，第280页。

等历史现象。

这时吕不韦召集东方宾客，创作《吕氏春秋》，正反映了对秦国旧有文化风格和执政理念的修正。《吕氏春秋》所体现的政治理念与秦国的传统及后来秦始皇的政治作为大相径庭。

《吕氏春秋》被称为"杂家"，可能是汉人的历史偏见。[①] 但《汉书·艺文志》称杂家"兼儒、墨，合名、法，知国体之有此，见王治之无不贯"，则指出了其强烈的政治属性。"杂家"之所以以"杂"命名，显然与其融合各种治道有关，但只要不是"荡者"为之，就不会有"漫羡而无所归心"[②]之弊。换句话说，即使是被称为"杂家"的治国理论，在其融合的各种治国策略中，仍应有某种理论居于主导地位。"杂家"被称为"杂"，反映了战国后期的学术融合趋势，是汉人对其特征的一种总结。但不同的"杂家"著作由于其学说之核心思想未必相同，因此在性质上应有很大的差异。《五子胥》《尉缭》《尸子》《吕氏春秋》《公孙尼》等著作都被向歆父子和班固列入"杂家"，但它们之间除了有融合各家这一特征外，在核心思想上可能并不相同。从这个意义上讲，笔者是反对将"杂家"视为一学术流派的，它只是代表了一种学术趋势和方法。其实这种学术融合的潮流，在战国后期非常普遍，除了前面的"杂家"之外，我们今天称为黄老学派、被司马谈列入"道家"的著作也大都如此，只是由于"以虚无为本，以因循为用"的政治理念、"道论"的哲学命题和黄老的政治形象在汉初被统治者与知识界高度重视，因此成了特定的道家学派。[③]

《吕氏春秋》与黄老之学在融合各家观点上有一致性，只是与黄老

---

[①] 《史记》中未见作为学派的"杂家"，仅卷108《韩长孺列传》有韩长孺"尝受《韩子》杂家说于驺田生所"的记载，其中之"杂家说"可能指各种学说而言，应非《汉书·艺文志》中的"杂家"。郭沫若认为，《吕氏春秋》被《汉书·艺文志》列入"杂家"，以"杂"为名，是"有点恶意的"，此观点值得注意。参郭沫若《十批判书》，第310页。

[②] 《汉书》卷30《艺文志》，第1742页。

[③] 由于《汉书·艺文志》对"杂家"的描述与《史记·太史公自序》引司马谈《论六家要旨》中对"道家"的描述有相似之处，故关于"杂家"和"道家"的关系，历来是战国思想史学界争论的焦点。关于其中争论的情况，参萧公权《中国政治思想史》，辽宁教育出版社1998年版，第305—306页。

之学重视道法不同，《吕氏春秋》更重视儒家学说的地位，① 尤其对思孟学派的民本、仁政学说吸收尤多，相反对墨家、法家等实用主义学说吸取较少。②《吕氏春秋》以十二纪为核心，虽然具备阴阳家和道家的形式，但其内在的政治理念则无不深深浸透着儒学的观念。例如《孟春纪》有"本生""重己""贵公""去私"四个论题，其中《本生》《重己》作为《吕氏春秋》的开篇，应该说在全书中具有独特地位。这两篇从命题上看，似是强调养生、重己的道家言，但仔细阅读可以发现其实不然。《本生》开篇称："始生之者，天也；养成之者，人也。能养天之所生而勿撄之，谓之天子"③，首先强调了天子的责任在于"养天之所生"，提出政治应以养育人民之生命为根本，这与孟子对统治者"乐民之乐""忧民之忧"的要求，④ 与荀子"天之生民，非为君也；天之立君，以为民也"⑤ 的理论如出一辙，是儒家"民本"理念的集中体现。至于"天下非一人之天下也，天下之天下也"⑥ "置君非以阿君也，置天子非以阿天子也，置官长非以阿官长也"⑦ 等理论的提出，更是其民本思想的体现，与法家"以君长为政治之主体"的出发点截然不同。⑧

《孟春纪·重己》和《仲春纪·情欲》等篇从养生入手，但落脚点

---

① 虽然历来有认为《吕氏春秋》与黄老道家学说关系密切的观点（参熊铁基《秦汉新道家》，上海人民出版社2001年版），但《吕氏春秋》与其他黄老著作有明显的不同，具有较浓烈的儒家色彩。后来，汉人高诱序《吕氏春秋》，称其"以道德为标的，以无为为纲纪，以忠义为品式，以公方为检格"，认为其"与孟轲、孙卿、淮南、扬雄相表里"。《四库全书总目提要》称："是书较诸子之言独为醇正。大抵以儒为主，而参以道家、墨家。故多引六籍之文偶与孔子、曾子之言……而纵横之术、刑名之说，一无及焉，其持论颇为不苟。"应该说都是中肯评价。参高诱《吕氏春秋·序》，《诸子集成》本，中华书局1954年版，第6册第1页；永瑢等撰《四库全书总目》卷117，中华书局1965年影印本，第1009页上。
② 《吕氏春秋》对法家的排斥，基本已得到学界的普遍认可，在此不赘。《吕氏春秋》与墨家的关系，郭沫若认为其"对于墨家、法家则出以批判"的观点是否成立，虽尚值得进一步探究，但《吕氏春秋》核心观点与墨家有别，则应可肯定。参郭沫若《十批判书》，第311页。
③ 《吕氏春秋》卷1《贵公》，《诸子集成》本，中华书局1954年版，第6册第3页。
④ 《孟子·梁惠王下》，《十三经注疏》本，中华书局1980年影印本，第2675页下。
⑤ 《荀子》卷19《大略篇》，新编诸子集成《荀子集解》本，第504页。
⑥ 《吕氏春秋》卷1《贵公》，《诸子集成》本，第6册第8页。
⑦ 《吕氏春秋》卷20《恃君览》，《诸子集成》本，第6册第256页。
⑧ 萧公权：《中国政治思想史》，第312页。

## 秦统一的进程与意义

却是"凡生之长也,顺之也;使生不顺者,欲也;故圣人必先适欲"①,即劝告统治者养性节欲。统治者节欲就会少骚扰、劳作人民,因此,这些观点显然是站在养民利民立场上的。以此为立论根据,《吕氏春秋·重己》称:

> 先王不处大室,不为高台,味不众珍,衣不燀热。燀热则理塞,理塞则气不达;味众珍则胃充,胃充则中大鞔;中大鞔而气不达,以此长生可得乎?昔先圣王之为苑囿园池也,足以观望劳形而已矣;其为宫室台榭也,足以辟燥湿而已矣;其为舆马衣裘也,足以逸身暖骸而已矣;其为饮食酏醴也,足以适味充虚而已矣;其为声色音乐也,足以安性自娱而已矣。五者,圣王之所以养性也,非好俭而恶费也,节乎性也。②

虽然此处强调国君"不处大热,不为高台,味不众珍,衣不燀热",告诫统治者不要过度营造苑囿园池、宫室台榭,不要过度追求舆马衣裘、饮食酏醴、声色音乐的享受,是从统治者个人"养性"入手,但其追求的实际效果显然与孟子以养民、保民为目标而对统治者的警戒一致。换句话说,从政治理念来说,装上了道家"养生"外衣的《吕氏春秋》与倡导王道仁政的《孟子》并无不同。只是孟子更多的是强调"保民"正义性,希望从"政"的角度约束统治者。《吕氏春秋》的作者则认识到了这种方略成功机会的微弱,而换了一种策略,希望通过"养生"的方式吸引统治者被动改善政治。

《吕氏春秋》反对君主专制,提倡贵公、去私、劝学、尊师、大乐、振乐、爱士、顺民、知士、孝行、义赏、下贤、上德等政治理念。虽鼓吹"义兵"理论,但其用兵"鼓吹汤武吊民伐罪之义",与"孟荀顺民心、诛暴君"的政治主张并无差别。③《吕氏春秋》反对法家以君主为中心的治术理论,"重申德治之理想以矫正商鞅严刑黩武之失",

---

① 《吕氏春秋》卷1《重己》,《诸子集成》本,第6册第7页。
② 同上书,第7—8页。
③ 萧公权:《中国政治思想史》,第312页。

主张封建,与韩非、李斯政治观点大相径庭,① 与见《孤愤》《五蠹》之书而叹"与之游,死不恨矣"的秦王政的政治理念有天壤之别。徐复观曾统计《吕氏春秋》对先秦经典的征引,"引《诗》者十五,引《逸诗》者一。引《书》者十……引《易》者四。述《春秋》者一",提到的诸子百家,"孔子者二十四。墨子者六,孔墨并称者八……老子者四。孔老并称者一。提到庄子者二,列子者二,詹何者三,子华子者五,田骈者二。尹文、慎子者各一",其中对儒家的征引明显超过各家,而对于法家学者几乎一字不提。② 可以说,《吕氏春秋》作为一部非常系统的政治思想著作,主要体现了思孟儒学的基本政治原则,集中反映了吕不韦的政治理念。这一政治理念是为秦统一后的政治实践服务的,其中有意识地对秦的传统政治理念予以改造,而强调了民本思想和对东方文化的重视,提倡了对暴力和峻急行政风格的反对。

吕不韦不仅在思想上继承了思孟儒学的积极因素,在政治实践上也努力按照儒家观念要求自己。《史记》卷五《秦本纪》载:"孝文王元年,赦罪人,修先王功臣,褒厚亲戚,弛苑囿。……庄襄王元年,大赦罪人,修先王功臣,施德厚骨肉而布惠于民。东周君与诸侯谋秦,秦使相国吕不韦诛之,尽入其国。秦不绝其祀,以阳人地赐周君,奉其祭祀。"③ 由于孝文王即位三日而亡,因此,这两次推恩布惠之举的实际推动者无疑都是吕不韦。此外,灭东周不绝其祀,也反映了吕不韦对儒家学说"存灭国、继绝嗣"理念的实践。

如果吕不韦的政治理念最终能够在秦国生根、坚持下去,秦国传统政治观念中的实用尚功、苛察峻急风格能被有效遏制,秦统一的过程可能会被拉长,但统一的基础将更加牢固,六国遗民文化心理的裂痕也会降到最低。无论孟子说的王道、仁政是否能真正实现,但最起码统一的基础要宽广很多,政治上的宽松应可预期,统一之后十五年天下大乱、

---

① 萧公权:《中国政治思想史》,第314—315页。
② 徐复观:《两汉思想史》第二卷,华东师范大学出版社1998年版,第1—2页。萧公权也说:"十二纪中持论每阴抑法家。先秦诸子如孔、墨、黄、老、庄、列、管、田、子华等均在称引之列,而未尝一及申商韩非。"(萧公权:《中国政治思想史》,第310页。)
③ 《史记》卷5《秦本纪》,第219页。

秦统一的进程与意义

秦帝国土崩瓦解的悲剧应可避免。

但由于秦国内部传统势力的强大和吕不韦政治势力的羸弱,[1] 吕不韦推行其政治理念应该是受到了强大阻力。而秦王政年龄的与日俱增及掌握权力的迫切欲望,又加剧了吕不韦与秦王的矛盾,这进一步造成了力量天平的失衡。越是力量失衡,吕不韦越力图在自己掌权的最后时间推动其政治理念,以致做出了布《吕氏春秋》于咸阳市门,"延诸侯游士宾客有能增损一字者予千金"之举。[2] 吕不韦的最后努力进一步加剧了秦王政对其的不信任感,这也是秦王政在加冠之时要通过发动蕲年宫之变来防备吕不韦作乱的直接原因。最终,由于吕不韦自身力量的薄弱和秦传统势力的强大,吕不韦对秦国文化、政治改造的努力彻底失败。而蕲年宫之变正是吕不韦与秦王政这场政治斗争的转折点,拉开了吕不韦乃至秦国走向悲剧的序幕,甚至也影响了整个中国历史的进程。

秦王政代表了秦国传统政治风格,在消灭吕不韦之后,重新树立甚至加强了峻急暴力、轻视文化的行政风格。在这种风格的影响下,秦灭六国的速度大大加快,但同时也导致秦走向崩溃的进程大大加快。尤其是,秦王政对峻急行政和暴力的推崇,不仅影响了秦的历史,还部分影响了此后中国政治史的进程。元代学者陈澔称:

> 吕不韦相秦十余年,此时已有必得天下之势,故大集群儒,损益先王之礼而作此书,名曰《春秋》,将欲为一代兴王之典礼也,故其间亦多有未见之礼经合者。其后徙死,始皇并天下,李斯作相,尽废先王之制,而《吕氏春秋》亦无用矣。[3]

---

[1] 对秦国来说,吕不韦既是外国人,又出身商贾,虽靠投机获得秦国相位,但其实际权力和权力基础究竟如何,则非常值得怀疑。笔者认为,历来学者有夸大吕不韦政治势力的倾向,其实秦王政亲政后,吕不韦几乎全无对抗秦王政打击之力,可见其在秦国的统治基础相当薄弱。

[2] 有学者认为:"吕不韦不先不后地把这部书公布出来,是想在秦始皇亲理政务前,使自己的学说定于一尊,使秦始皇成为他的学说的实践者"(杨宽:《战国史》,第449页),此说有一定道理。但吕不韦为推行政治理念而采取的强硬措施,只能进一步导致其与秦传统势力和秦王政矛盾的加剧。

[3] (元)陈澔著,万久富整理:《礼记集说》,凤凰出版社2010年版。

其实，蕲年宫之变的发生，吕不韦的失败，《吕氏春秋》的不用，不仅是吕不韦的悲剧，更使秦文化和秦政在发展的关键阶段丧失了一次改良功利主义政治、扭转苛暴行政风格、实现历史转折的重要机遇，也使秦国丧失了一次至关重要的自我挽救机会。从此，秦国的历史激烈涌荡，但在短短二十年后，有着五六百年辉煌历史的秦政权彻底灰飞烟灭，中原地区再次陷入大规模的混乱。

（西北师范大学历史文化学院）

# 东北亚走廊与"秦灭燕"*

## 王 海

"东北亚走廊"虽然是学术界新近提出的一个区域地理概念,但几千年来以至今日却一直是"族群迁徙、文明传播、经贸交流和边疆控制等重要通道"[1]。东北亚历来是多族群活动、交融之地,远在秦统一前,华夏、肃慎、秽貉、东胡等族的交往既已为东北亚走廊的形成奠定了基础。

大概在燕昭王时期,"燕有贤将秦开,为质于胡,胡甚信之。归而袭破走东胡,东胡却千余里。……燕亦筑长城,自造阳至襄平。置上谷、渔阳、右北平、辽西、辽东郡以拒胡。"[2] 在"秦开却胡"、修筑长城、设立"燕北五郡"后,燕国并未停止经营东北亚的步伐。据记载,燕国又"度辽东而攻朝鲜"[3],"略属真番、朝鲜,为置吏,筑鄣塞"[4]。通过一系列军事、政治举动,燕国成为东北亚主导势力,《山海经·海内东经》中即有"钜燕在东北陬"[5]。燕国对东北亚的军事征服与政治管理无疑促进了走廊交通体系的发展。《史记·货殖列传》记载:"夫

---

\* 本文为国家社会科学基金青年项目"生态环境史视野下的秦汉'北边'社会研究"(16CZS024)、辽宁省社会科学规划基金项目"燕秦汉时期辽西政区地理研究"(L15BZS004)和渤海大学卓越项目"东北亚走廊与东北边疆·民族·社会"(15-YJYXM-008)的阶段性成果。

[1] 曾江:《崔向东:三板块六方向推动"东北亚走廊"研究走向深入——访渤海大学东北亚走廊研究院教授崔向东》,《中国社会科学网》2014年11月24日(http://lcl.cssn.cn/gd/gd_rwdb/gd_mzgz_1713/201411/t20141124_1413499.shtml)。
[2] 《史记》卷110《匈奴列传》,中华书局1982年标点本,第2885—2887页。
[3] (汉)桓宽:《盐铁论·伐攻》,《诸子集成》,中华书局2006年版,第47页。
[4] 《史记》卷115《朝鲜列传》,第2985页。
[5] 袁珂校注:《山海经校注》,巴蜀书社1992年版,第379页。

燕亦勃、碣之间一都会也。南通齐、赵,东北边胡。上谷至辽东,地踔远,……有鱼盐枣栗之饶。北邻乌桓、夫余,东绾秽貉、朝鲜、真番之利。"① 燕地经济的发展和其与周边地区、民族的频繁商贸往来,说明至迟在西汉前期,东北亚走廊交通体系已趋于成熟。

秦统一对中华民族、中华文明的形成和发展具有相当深远的历史影响。在秦统一过程中,交通扮演着异常关键的角色。"秦灭燕"是秦统一历程的重要组成部分,那么,长期发展而日渐成熟的东北亚走廊交通体系,在"秦灭燕"过程中发挥着怎样的作用呢?遗憾的是长期以来,学界对此缺乏关注,偶有的一些观点亦难合实际而需予辨证。

## 一 "并海道""北边道"与"王翦将击燕"

### (一)"并海道""北边道"与秦军阶段性速胜

公元前3世纪二三十年代,以嬴政为首的秦统治者拉开了攻灭六国、一统天下的大幕。《史记·秦始皇本纪》记载,"十七年,内史腾攻韩,得韩王安,尽纳其地,以其地为郡,命曰颍川。……十八年,大兴兵攻赵,王翦将上地,下井陉,端和将河内,羌瘣伐赵,端和围邯郸城。十九年,王翦、羌瘣尽定取赵地东阳,得赵王。引兵欲攻燕,屯中山。"面对强秦大军的压境,燕太子丹派遣荆轲刺杀秦王,行动的失败反而加速了秦军进攻燕国的步伐。同纪有言,"(秦王)使王翦、辛胜攻燕。燕、代发兵击秦军,秦军破燕易水之西。二十一年,王贲攻荆。乃益发卒诣王翦军,遂破燕太子军,取燕蓟城,得太子丹之首。燕王东收辽东而王之。王翦谢病老归。"② 对于秦攻燕一事,《史记·六国年表》"秦始皇二十年条"记载为:"燕太子使荆轲刺王,觉之。王翦将击燕"③;同书《白起王翦列传》记载为:"明年,燕使荆轲为贼于秦,秦王使王翦攻燕。燕王喜走辽东,翦遂定燕蓟而还。"④

---

① 《史记》卷129《货殖列传》,第3265页。
② 《史记》卷6《秦始皇本纪》,第232—233页。
③ 《史记》卷15《六国年表》,第755页。
④ 《史记》卷73《白起王翦列传》,第2338页。

## 秦统一的进程与意义

对于"王翦将击燕"的战果,史籍多记载为"取燕蓟城,得太子丹之首","遂定燕蓟"。"蓟城""燕蓟"当指燕国统治中心蓟县(今北京)和其附近地区。然而,燕国之疆域不止于此。秦开"袭破走东胡"之后,燕国向北方、东北方拓地,修筑长城,设置上谷、渔阳、右北平、辽西、辽东郡(即今学界通称的"燕北五郡")。那么,地域辽阔的五郡辖境于何时被秦军攻取?其中是否有与"王翦将击燕"相关者?

《史记·秦始皇本纪》载有,"(二十六年)分天下以为三十六郡,郡置守、尉、监。"《集解》曰:"三十六郡者,三川、河东……上谷、渔阳、右北平、辽西、辽东、代郡……长沙凡三十五,与内史为三十六郡。"① 《汉书·地理志》载有西汉各郡国概况,说到"燕北五郡"时,都有"秦置""属幽州"的文字。② 均未提及秦朝"燕北五郡"各自的建郡时间。不过,在后世的《水经注》中却能找到相关线索。如,"圣水出上谷"条,注曰:"故燕地,秦始皇二十三年置上谷郡";"鲍丘水从塞外来,南过渔阳县东"条,注曰:"鲍丘水又东南迳渔阳县故城南,渔阳郡治也。秦始皇二十二年置","又南至雍奴县北,屈东入于海"条,注曰:"迳无终县故城东,故城,无终子国也。……故燕地矣。秦始皇二十二年灭燕,置右北平郡,治此";"濡水从塞外来,东南过辽西令支县北"条,注引《地理风俗记》曰:"阳乐,故燕地,辽西郡治,秦始皇二十二年置";"大辽水出塞外卫白平山,东南入塞,过辽东襄平县西"条,注曰:"(辽水)迳襄平县故城西,秦始皇二十二年,灭燕置辽东郡,治此。"③

关于秦辽东郡设置时间,学界已予辨证。"二十二年,《注疏》本作'二十五年'。《疏》:'朱五作二,赵改作二十二年。会贞按:《史记·秦始皇本纪》,二十一年,取燕蓟城,燕王东收辽东而王之。二十五年,攻燕辽东得燕王喜。据《六国表》《燕世家》并云,秦拔辽东,

---

① 《史记》卷6《秦始皇本纪》,第239—240页。
② 《汉书》卷28下《地理志下》,中华书局1962年标点本,第1623—1625页。
③ (北魏)郦道元著,陈桥驿校证:《水经注校证》,中华书局2007年版,第299、338—339、343、346、349页。

在燕王喜三十三年，正当始皇二十五年，则始皇置辽东郡，当在二十五年，今订。"① 据《水经注》所载或所引，秦朝之渔阳、右北平、辽西三郡皆置于二十二年，上谷郡置于二十三年。而参诸文献，秦朝之辽东郡置于二十五年。秦"燕北五郡"设置时间应该与秦军对各郡地的占领时间有关。上文曾引述"二十一年，王贲攻荆。乃益发卒诣王翦军，遂破燕太子军，取燕蓟城，得太子丹之首。燕王东收辽东而王之。王翦谢病老归"。《六国年表》亦载，秦始皇二十一年"秦拔我蓟，得太子丹。王徙辽东"②。可见，在燕蓟城被攻破、太子丹身死之后的一年左右时间，渔阳、右北平、辽西三郡被秦军占领并置郡。秦国在此三郡如此迅速的军事、政治行动，应该与"并海道""北边道"带来的交通便利密切相关。

"并海道""北边道"虽是秦汉时期交通道路的名称，但他们的开拓至少可上溯到战国时代。王子今先生在《秦汉时代的并海道》一文中，即已利用天津静海县西钓台遗址出土的陈和陶量、唐山贾各庄发掘的随葬铜礼器和车马器的燕墓等考古资料，说明战国时代相关地段并海道路已经畅通。而《禹贡》中所谓"岛夷皮服。夹右碣石，入于河。……太行、恒山，至于碣石，入于海"③ 的记载，更说明至少自战国时代起，沿今渤海西岸已存在一条以"碣石"为地理坐标的东北亚民族入贡之道。此外，考古工作者在今葫芦岛市邰集屯镇发现三座古城址，其中环山脊修筑的山城性质的小荒地北城址，被认为与先秦文献提到的东北亚古部族之一的"屠何"有关④，这便将并海道路的畅通地段延伸至今辽西走廊北端。

另在《秦汉长城与北边交通》一文中，王子今先生认为"北边道的最初经营可以上溯到战国时代"，并且以秦、赵、燕"三国北边防线

---

① （北魏）郦道元著、陈桥驿校证：《水经注校证》，中华书局2007年版，第357页。
② 《史记》卷15《六国年表》，第756页。
③ 辛树帜：《禹贡新解》，农业出版社1964年版，第1、5页。《史记·夏本纪》则作："鸟夷皮服。夹右碣石，入于海。"（第52页）
④ 朱永刚、王立新：《辽宁锦西邰集屯三座古城址考古纪略及相关问题》，《北方文物》1997年第2期。

中部，也是创建较早、地段最长的赵长城为例"进行了具体论说。对于三国北边防线"东部"，即燕长城所经行的"燕北五郡"地区来说，右北平、辽西两郡所辖之山地丘陵地区的交通得到了开拓，战国城址、遗址的大量考古发现为此提供了有力证据①，渔阳郡所辖之山地丘陵地区的交通状况当与前者类似，限于篇幅，本文不列举大量发现的战国考古遗迹，详情可参见《中国文物地图集》中《北京分册》《河北分册》相关文字。

需要特别指出的是，燕蓟地区所具有的重要交通作用。《汉书·地理志》曰："蓟，南通齐、赵，勃、碣之间一都会也。"颜师古注："蓟县，燕之所都也。勃，勃海也。碣，碣石也。"② 王子今先生认为，"蓟是并海道上重要都市，又是并海道与邯郸广阳道、北边道交会联系的枢纽。"③ 其实，"王翦将击燕"明显体现了秦军首先占领交通枢纽，继而凭其多面出击的战略意图。

从"十九年，王翦、羌瘣尽定取赵地东阳，得赵王。引兵欲攻燕，屯中山"，到"（二十年）使王翦、辛胜攻燕。燕、代发兵击秦军，秦军破燕易水之西"，再到"二十一年……益发卒诣王翦军，遂破燕太子军，取燕蓟城"，"王翦将击燕"的主干进军路线应该就是所谓的"邯郸广阳道"（按：秦帝国曾将蓟县作为广阳郡治）。蓟县不仅是燕国的统治中心，更是东北亚走廊交通体系中最重要的枢纽。占领蓟县，秦军即可取得战场主动权。此后，秦军便依托这几条大道"交会联系的枢纽"多面出击。对于燕山以南、松岭以东的沿海平原地区，秦军可由蓟县向东，利用并海道迅速占领之；对于燕山腹地广袤的山地丘陵地区，秦军可由蓟县往北，借助"主体部分与长城并行"的北边道及山间之河流谷道渐次攻取之。燕国之渔阳、右北平、辽西三郡在一年左右的时间内迅速陷没，很可能与秦军占领"燕蓟"后，利用业已开拓的"并海道""北边道"继续迅猛开进有关。司马迁将"取燕蓟城""遂

---

① 王海：《燕秦汉时期辽西走廊考——兼与王绵厚、李健才先生商榷》，《咸阳师范学院学报》2013 年第 5 期。
② 《汉书》卷 28 下《地理志下》，第 1657 页。
③ 王子今：《秦汉时代的并海道》，《中国历史地理论丛》1988 年第 2 期。

定燕蓟"作为"王翦将击燕"的战果载入《史记》，很可能是出于对这一地区重要的交通战略地位的看重。而秦国对渔阳等三郡的迅速占领与治理，在"取燕蓟城""遂定燕蓟"之后变得较为容易，即便不是王翦本人亲为，也是"翦遂定燕蓟而还"之后的因应之势，可谓"王翦将击燕"所取得的阶段性速胜的延续。①

**（二）"王翦将击燕"与"得太子丹之首"**

太子丹是战国历史上的著名人物之一，在秦灭燕历程中扮演着重要角色。关于太子丹之死，古今史学界多存在某些误解，需予澄清。对此事，《史记·刺客列传》记载较详细：

> 于是秦王大怒，益发兵诣赵，诏王翦军以伐燕。十月而拔蓟城。燕王喜、太子丹等尽率其精兵东保于辽东。秦将李信追击燕王急，代王嘉乃遗燕王喜书曰："秦所以尤追燕急者，以太子丹故也。今王诚杀丹献之秦王，秦王必解，而社稷幸得血食。"其后李信追丹，丹匿衍水中，燕王乃使使斩太子丹，欲献之秦。秦复进兵攻之。后五年，秦卒灭燕，虏燕王喜。②

同书《白起王翦列传》亦载有关情况：

> 秦将李信者，年少壮勇，尝以兵数千逐燕太子丹至于衍水中，

---

① "燕蓟"的重要交通战略地位，在西汉初年帝国的平叛战争中依然有所体现。《史记·绛侯周勃世家》曰："燕王卢绾反，勃以相国代樊哙将，击下蓟，得绾大将抵、丞相偃、守陉、太尉弱、御史大夫施"（第2070页）。此后，卢绾叛乱集团似乎很快放弃抵抗而逃亡。据《汉书·高帝纪》记载，十二年"春二月，使樊哙、周勃将兵击绾"，同年"三月"条下载有"卢绾与数千人居塞下候伺，幸上疾愈，自入谢。夏四月甲辰，帝崩于长乐宫。卢绾闻之，遂亡入匈奴"（第77、79页）。看来，卢绾将主要力量放在了对"燕蓟"的防守上，汉军"击下蓟"，卢绾损失惨重，似乎并未选择继续抵抗，而是"居塞下"，做"自入谢"或"亡入匈奴"的两手准备。此后，周勃之所以能够较为迅速地"定上谷十二县，右北平十六县，辽西、辽东二十九县，渔阳二十二县"，与卢绾叛军在"燕蓟"的惨败和斗志的丧失有着密切的关系。此外，另一位燕王的迅速败没很可能也与此相关。《汉书·高帝纪》有言："（五年）秋七月，燕王臧荼反，上自将征之。九月，虏荼。"（第58页）

② 《史记》卷86《刺客列传》，第2536页。

卒破得丹，始皇以为贤勇。①

需予澄清者，主要是太子丹的死亡地点。以上两则记载均提到太子丹的藏身之所"衍水"。唐人司马贞《索隐》曰："水名，在辽东。"这种观点对后世影响不小。如，《辽史·地理志》记载有：

衍州，安广军，防御。以汉户置。初刺史，后升军。兵事属东京统军司。②

《中国历史地图集》将"衍州"定点于今辽阳城东南几十公里处。③另据《金史·地理志》记载：

宜丰辽旧衍州安广军，皇统三年废为县。有东梁河。④

"衍州"的设置应该与"衍水"有关。辽朝之所以将"衍州"设置于今辽阳（古襄平）附近，应该是对"衍水""在辽东"的观点的认同。当今不少学者也持类似看法。如，王绵厚、李健才《东北古代交通》一书写道："在战国燕秦时代的辽东交通地理中，二千多年来以脍炙人口的燕太子丹东保'襄平'、匿于'衍水'（今太子河）而被秦将逼杀为世人传闻。……燕太子丹所匿之'衍水'，正是古襄平城所临的今太子河，汉以后又称'大梁水'。"⑤张士尊先生也曾说："'衍水'，唐司马贞《史记索隐》注为：'衍水在辽东。'并没有具体所指，但后代著述均称'衍水'为太子河。辽朝曾在辽阳东南建衍州，新中国成立前凤凰城附近出土石幢，上面的文字证实了这一点。看来，'衍

---

① 《史记》卷73《白起王翦列传》，第2339页。
② 《辽史》卷38《地理志二·东京道条》，中华书局1974年标点本，第475页。
③ 谭其骧主编：《中国历史地图集》第6册《宋·辽·金时期》，中国地图出版社1982年版，第8—9页。
④ 《金史》卷24《地理志上·东京路条》，中华书局1975年标点本，第555页。
⑤ 王绵厚、李健才：《东北古代交通》，沈阳出版社1990年版，第14页。

水'之称确曾出现过。"①

但是,"衍水"应该不在辽东。试以反证法说明。如果"衍水""在辽东",则李信"尝以兵数千逐燕太子丹至于衍水中,卒破得丹"的记载也就表明秦军曾攻入辽东、进逼燕国统治中心襄平。既然如此,依常理推测,秦军即可一举灭亡燕国退保辽东的势力、彻底攻占燕国,也就不会出现"王翦将攻燕"及"后五年",王贲率领的秦军"卒灭燕,虏燕王喜"的事情。所以,衍水很可能不在辽东。此外,战国时业已形成的广阔"辽泽"天险,成为辽东与辽西及以远地区交通往来的天然阻碍,对于劳师远征的秦军而言,渡过"辽泽"并且击败燕国的精锐部队实非易事。此种生态、交通状况对于秦统一的影响,也说明了秦军"卒破得丹"之地——"衍水"——不可能"在辽东"。有关"辽泽"对秦统一的影响,将在本文下一部分加以详论。

"衍水"很可能位于燕蓟一带,或距其不远。这方能与《秦始皇本纪》"益发卒诣王翦军,遂破燕太子军,取燕蓟城,得太子丹之首。燕王东收辽东而王之"和《六国年表》"秦拔我蓟,得太子丹。王徙辽东",所记载的大事件发生顺序相吻合。"王徙"至"辽东"发生于太子丹身死之后,而"得太子丹之首"应该与"取燕蓟城"一样,作为"王翦将击燕"之役的显赫战果。

### (三)"当路塞"与秦军攻取上谷

不过,与渔阳等三郡的迅速陷没相比,上谷郡的情况有所不同。该郡乃秦始皇二十三年(前224)设置,比渔阳等三郡的设置晚一年时间,似乎说明秦军对当地的占领时间相对稍晚。究其原因,应该与上谷重要的战略地位有关。燕文侯时期,苏秦曾进言曰:"且夫秦之攻燕也,逾云中、九原,过代、上谷,弥地数千里,虽得燕城,秦计固不能守也。秦之不能害燕亦明矣。"② 但是,这并不意味着上谷形势之安全。据说,"赵攻燕,得上谷三十城,令秦有十一"。③ 虽然赵、秦都将所得

---

① 张士尊:《"辽水"原为"潦水"考》,《历史档案》2008 年第 1 期。
② 《史记》卷 69《苏秦列传》,第 2244 页。
③ 《史记》卷 71《樗里子甘茂列传》,第 2320 页。

城池归还燕国，但是上谷所受到的来自西边云中、九原、代地的军事威胁，却是不容燕国忽视的。

当王翦、端和等秦将大举攻赵之时，另有一路秦军不应忽视。对于赵国的危难形势，燕太子丹曾分析说："王翦将数十万之众距漳、邺，而李信出太原、云中。赵不能支秦，必入臣，入臣则祸至燕。"[1] 秦将李信所部的进军路线至少说明以下两个问题：第一，赵国的云中、九原已为秦所占，秦军从赵国西北方向上进兵，赵、燕两国都感受到了来自西北方的巨大的军事压力；第二，"出太原、云中"攻赵，似乎说明赵之代地并未失守，这便为日后赵国余部与燕国的联合抗秦奠定了基础。据记载，"（十八年）赵公子嘉率其宗数百人之代，自立为代王，东与燕合兵，军上谷。"[2] 上谷地势险要，境内之军都山控扼燕山山脉与太行山脉接合地带，有居庸关等著名关隘，易守难攻，燕、代联军势必借此顽强抵抗秦军的进攻。王子今先生曾注意到《史记》等书所载北方长城沿线的"当路塞"，认为其"应当就是扼守北向草原大漠交通道路的城塞。长城防线守卫的要点，也是北边道与塞外交通联系的交点。从已经勘察的几处遗址看，这样的当路塞往往利用险要的地形，构筑有较密集的军事建筑群"[3]。居庸关无疑属于这样的"当路塞"，不仅可以抵御来自塞北民族的侵扰，还能够阻挡来自塞内的秦军的进攻。[4]

可见，在"秦灭燕"的历史进程中，"北边道"不仅发挥过积极的交通功用，有助于秦军迅速攻取渔阳、右北平、辽西等郡，其交通体系中的"当路塞"也会阻碍秦军的进兵，秦朝上谷郡的设置偏晚或许便

---

[1] 《史记》卷86《刺客列传》，第2531页。
[2] 《史记》卷6《秦始皇本纪》，第233页。
[3] 王子今：《秦汉长城与北边交通》，《历史研究》1988年第6期。
[4] 《史记·绛侯周勃世家》记述周勃率军平定燕王卢绾叛乱的概况，特别提到"屠浑都。破绾军上兰，复击破绾军沮阳。追至长城"（第2070页）。据《汉书·地理志》记载，"沮阳"是上谷郡治、"浑都"是上谷郡辖县。依此判断，"上兰""长城"也应该与上谷郡关系密切。《正义》释"上兰"曰：《括地志》云：'妫州怀戎县东北有马兰谿水'，恐是也。"释"长城"曰："即马邑长城，亦名燕长城，在妫州北，今是。"唐代妫州大致相当于今张家口市、宣化县、怀来县、怀安县、涿鹿县及北京市延庆县等地，在辖境上与战国燕之上谷郡多有重合。除燕蓟外，《史记》唯独将上谷地区战况载入《绛侯周勃世家》，或许说明这一带作战对于整场平叛战争的重要性以及给汉军造成的不易。想必居庸关等"当路塞"在其中发挥着重要作用。

与此有关。然而与上谷郡相比,秦朝辽东郡的设置更晚,其中蕴含着哪些与交通史有关的信息呢?

## 二 "燕王东收辽东而王之"的交通史背景

### (一)"辽泽"与"燕王东收辽东而王之"

秦军进攻燕蓟之时,燕国统治者并未打算奋死抵抗,而是已经谋划了退路,即"燕王喜、太子丹等尽率其精兵东保于辽东",虽然太子丹于燕蓟一带或其附近的"衍水中"为秦军"破得",但是燕国的最高统治者"燕王喜"最终却得以"东收辽东而王之"。在此后的一两年时间内,燕国的渔阳、右北平、辽西、上谷等郡被秦军攻占并延续了郡县制统治。相比之下,燕国领袖和其国精兵所退保的辽东,直至秦始皇二十五年(前222),即蓟城陷落、太子丹身死"后五年",方被王贲率领的秦军攻占,燕王喜被俘、燕国灭亡。

那么,令人颇感不解的是,为何秦军选择在占领燕国大部分领土几年以后方才进攻燕王、燕国精兵退保的辽东?或者说,燕王得以偏安辽东一隅达四五年之久,其中之关键原因为何?

按照学界以往对战国秦汉时期东北亚交通状况的研究,秦军应具备迅速开进辽东的便利交通条件。如,史念海先生认为,"东北诸郡濒海之处,地势平衍,修筑道路易于施工,故东出之途此为最便。始皇、二世以及武帝皆尝游于碣石,碣石临大海,为东北诸郡之门户,且有驰道可达,自碣石循海东行,以至辽西辽东二郡,再由辽东斜趋而东南行,渡浿水即抵朝鲜。武帝之时,左将军荀彘佐杨仆东征朝鲜,其出师之途即遵此路。"① 王子今先生也曾说,"《盐铁论·险固》论'关梁者邦国之固,而山社稷之金',说到战国时代各国凭险筑关,'燕塞碣石,绝邪谷,绕援辽'。显然由碣石而东,沿海有交通大道……'傍海道'即并海道……"② 王先生在该文图1中大致勾勒出并海道走向,该道在

---

① 史念海:《秦汉时代国内之交通路线》,《文史杂志》1944年第1、2期。
② 王子今:《秦汉时代的并海道》,《中国历史地理论丛》1988年第2期。

辽西、辽东一带大体沿今辽东湾近岸地区而行。秦军占领辽西等地后,为何没有乘势"由碣石而东",利用这条"东出之途此为最便"的"沿海""交通大道"攻占辽东呢?这不免使人困惑。

结合生态环境史、历史地理学等领域的知识考察,战国秦汉时期辽东地区的"并海道"可能并不存在,或者说"并海道"的通行状况并不良好。究其原因,这与"辽泽"密切相关。

"辽泽"与"辽水"关系紧密,而"辽水"原本称为"潦水"。据张士尊先生考证,"辽水"是汉代中期以后人们地理观念的反映,而"潦水"则是战国到汉初人们地理观念的反映。既然辽水原意为"潦水",有水大和泛滥之意,那么,在某种程度上"潦水"与"潦泽"就为同义语。① 张先生同时指出,辽东郡不在辽水以东,而在辽泽以东,并包括辽泽在内,辽东辽西的分界线是辽泽而不是辽水。进一步夯实了稍早前王绵厚先生在《秦汉东北史》一书中的相关看法。张先生另撰文指出,"辽泽"是史前时期不同类型文化的界限、统一时期是不同政区的界限、分裂时期是不同政治集团的界限,同时对辽泽予以定义,认为其"是指介于太子河和大凌河之间的辽河中下游平原,其南北长约300里,东西宽约200里,地势低洼,众水汇聚,河川密集"②。

肖忠纯先生对"辽泽"的研究也很深入。他认为,下辽河平原的"辽泽"是多水条件下形成的自然综合体,不仅有丛生芦苇和其他水草的沼泽,而且河流纵横,大大小小的湖泊遍布其间,形成河流、湖泊、沼泽交互错杂的自然综合体;并且推测汉朝以前下辽河平原"辽泽"分布在今北镇至辽中之间,具体来说,主要集中在今北镇、黑山、新民、辽中、台安、盘山所围成的区域。③ 肖先生还对辽河平原交通线路的历史变迁进行了研究,认为由于"辽泽"的阻碍,古时辽河平原的主干交通线理论上存在三条路线:一是沿着沼泽北部而行的北路,二是跨越辽泽的中路,三是沿着沼泽南部而行的南路;隋唐以前辽河平原主

---

① 张士尊:《"辽水"原为"潦水"考》,《历史档案》2008年第1期。
② 张士尊:《辽泽:影响东北南部历史的重要地理因素》,《鞍山师范学院学报》2009年第1期。
③ 肖忠纯:《古代"辽泽"地理范围的历史变迁》,《中国边疆史地研究》2010年第1期。

干交通线绕开辽泽，走南北两条线路，而且因为北路过于迂远，以南线为主干交通线。①

实际上，稍早前即有学者研究"辽泽"对于东北古代交通的影响。如，王绵厚先生认为，从汉、魏时起，由辽东郡治襄平西行医巫闾山东南的"西部都尉"无虑县和辽西郡各地，必经过古"辽泽"，即辽水下游诸支流汇成的泽沼之地；汉魏以来，由辽西渡"辽泽"东趋襄平、平郭的陆路，实分南北二道。南道经"辽队"，北道则经"险渎"。② 此外，严耕望先生在《唐代交通图考》一书中，对于"辽泽"也有所提及，然基本是从唐太宗征高丽说起。③

"辽泽"之名虽然最早出现在记载唐太宗征高丽的史文中，但是正如张士尊先生所说"辽水原意为'潦水'，有水大和泛滥之意，那么，在某种程度上'潦水'与'潦泽'就为同义语"，也就是说，"辽泽"是早已存在的，而且"潦（辽）水"一称具有与之相同的内涵指代。张、肖二位先生的考证表明，"辽泽"在史前时期既已形成，相比之下，肖先生有关"辽泽"地理范围的历史变迁的考论更加深入，推测汉朝以前下辽河平原"辽泽"分布在今北镇至辽中之间的几万平方公里范围内。这么一个由于"地势低洼，众水汇聚"而形成的"河流、湖泊、沼泽交互错杂的自然综合体"势必对于其东西两边的交通往来造成严重影响。在上举诸家的考论中，都对"辽泽"在推动东北亚历史进程的某些重大事件中所起到的作用予以关注。如，三国时期司马懿平灭公孙渊、十六国时期前燕慕容皝兄弟争国和慕容皝出击高句丽、唐太宗东征高丽等。至于"辽泽"多水、泥淖的生态环境所造成的东西往来之军队、使团行旅历程之艰辛，尤以《旧唐书》《新唐书》《资治通鉴》唐太宗征高丽事，宋辽金时期使团往来之见闻（如北宗许亢宗《奉使行程录》）所载较详，上述诸家多有提及，此不赘述。

不过，诸家对"辽泽"在时代更早的东北亚历史进程大事件中的

---

① 肖忠纯：《辽河平原主干交通线路的历史变迁》，《东北史地》2009 年第 6 期。
② 王绵厚、李健才：《东北古代交通》，沈阳出版社 1990 年版，第 29、31 页。
③ 严耕望：《唐代交通图考》卷 5《河东河北区》篇 52《幽州东北塞诸道四：渝关通柳城契丹辽东道》之 4 "营州柳城东通辽东城道"，上海古籍出版社 2007 年版，第 1767—1769 页。

秦统一的进程与意义

影响的关注，似乎有所不足，"燕王东收辽东而王之"及"后五年，秦卒灭燕，虏燕王喜"即为其一。

对于如此广阔的一片由于生态环境特点所形成的东西交通往来之阻滞地带，无论是燕国人还是秦国人，都应该是知晓的。面对秦军对燕蓟的进攻，燕国最高统治者没有选择奋战到底，而是"尽率其精兵东保于辽东"，几乎主动放弃了除辽东之外的全部国土，做出了战略大转移的重要决定。这固然与辽东能够为大量的政治、军事移民提供一定的经济保障有关。如，《管子·地数》曾说："夫楚有汝汉之金，齐有渠展之盐，燕有辽东之煮。此三者亦可以当武王之数。"[①] 但相比之下，如何有效抵御日后必然发生的秦军的大举进攻，才是燕国统治者考量的重点。试想，如果没有存在于今闾山至辽河一带的广阔的"辽泽"作为据守辽东的"天险"，燕国统治者是很难做出如此巨大的战略牺牲的。而从"后五年，秦卒灭燕，虏燕王喜"的历史实际看，"燕王东收辽东而王之"的战略决策取得了一定的预期效果。

对秦国来说，统一战争需要全盘规划。秦始皇二十一年（前226），秦军已攻占燕国统治中心燕蓟，对于除辽东之外的燕国其他地区的占领也不会耗时太久，此时的燕国已无法对秦统一构成实质威胁。于是，秦军主力南下，进攻一息尚存的魏国，特别是实力雄厚的楚国。二十二年（前225），秦灭魏，二十四年（前223），灭楚。此后，秦军又将主力转向东北方，准备灭燕的战争，并且于一年之后（前222），派"王贲击燕，虏王喜"。秦国为何不在彻底灭燕之后再派军南下灭魏、攻楚，而是在平魏、灭楚之后再次将主力集结于东北亚攻燕？"辽泽"对军事交通的巨大阻滞或许是一个重要因素。虽然我们对秦军如何渡过"辽泽"而灭燕的历史情况无从知晓，但是参考此后"辽泽"以西的各政权遣兵渡过"辽泽"东进时所遭遇的重重窘境，尤其是唐太宗凭借统一国家之力东征高丽之艰难困苦，应该能够推想到秦军进攻辽东之不易，也就不难理解秦国暂时搁置偏安辽东之燕国而大军南下攻魏、灭楚

---

[①] （清）戴望：《管子校正》卷23《地数》第77，《诸子集成》，中华书局2006年版，第383页。

的战略安排了。从这个角度上看,"燕王东收辽东而王之。王翦谢病老归","燕王喜走辽东,翦遂定燕蓟而还",似乎暗示了名将王翦对于率军渡过"辽泽"、攻取辽东之难度的充分预估。

**(二)"辽东兵先纵""辽东豕"与"辽东妖妇"**

在记述汉魏历史的典籍中,有一些与"辽东"有关的事件和称谓。如,汉武帝征讨朝鲜战争中的"辽东兵先纵",东汉初年的"辽东豕"故事,以及曹魏时代的"辽东妖妇"一称。仔细考察,这些内容很可能都与"辽泽"的存在所造成的"辽东"与中原交通往来之不便,以及因此进一步导致的"辽东"相对封闭的社会氛围和荒蛮的社会风俗有关。东北亚走廊辽东段交通状况欠佳,给当地社会发展造成的负面影响可见一斑。

> 天子募罪人击朝鲜。其秋,遣楼船将军杨仆从齐浮渤海;兵五万人,左将军荀彘出辽东:讨右渠。右渠发兵距险。左将军卒正多率辽东兵先纵,败散,多还走,坐法斩。楼船将军将齐兵七千人先至王险。右渠城守,窥知楼船军少,即出城击楼船,楼船军败散走。将军杨仆失其众,遁山中十余日,稍求收散卒,复聚。左将军击朝鲜浿水西军,未能破自前。①

建武初年,渔阳太守彭宠反叛,幽州牧朱浮为书加以质责,其中有:

> 伯通与耿侠游俱起佐命,同被国恩。侠游谦让,屡有降挹之言;而伯通自伐,以为功高天下。往时辽东有豕,生子白头,异而献之,行至河东,见群豕皆白,怀惭而还。若以子之功论于朝廷,则为辽东豕也。②

---

① 《史记》卷115《朝鲜列传》,第2987页。
② 《后汉书》卷33《朱浮列传》,中华书局1965年标点本,第1139页。

秦统一的进程与意义

曹魏末年,大将军司马师图谋废黜魏帝曹芳,"与群臣共为奏永宁宫",奏书的具体内容中说道:

> 皇帝即位,纂继洪业,春秋已长,未亲万机,耽淫内宠,沈漫女色,废捐讲学,弃辱儒士,日延小优郭怀、袁信等于建始芙蓉殿前裸袒游戏,使与保林女尚等为乱,亲将后宫瞻观。又于广望观上,使怀、信等于观下作辽东妖妇,嬉亵过度,道路行人掩目,帝于观上以为谑笑。①

汉朝征伐朝鲜的军队分为海、陆两线进兵。海路由楼船将军杨仆率领,"从齐浮渤海",循今西朝鲜湾径直进抵"列口",继而溯列水(今大同江)而上到达王险(今平壤);陆路由左将军荀彘"将燕代卒"而"出辽东"。相比楼船军较为顺畅的海路,左将军所部前进路线上有广阔的"辽泽"相阻,无论取何道渡过"辽泽",行军时间必然大为所延。而"左将军卒正多率辽东兵先纵",很有可能是陆路军队为了配合楼船军所采取的行动,因为"辽东兵"显然不需要渡过"辽泽"。不过事与愿违,"辽东兵""败散",未能抵达王险城。楼船军也由于"军少"遭到朝鲜优势兵力的进攻而"败散走","将军杨仆失其众,遁山中十余日"。此时,荀彘的主力部队仍未能抵达王险,而是正在"击朝鲜浿水西军"且"未能破自前"。渡过"辽泽"对于左将军主力部队师期的延误和军力的消耗,不言自明。所以从战略上看,"辽东兵先纵"是很有必要的。

朱浮讲述"辽东豕"故事的本意在于斥责彭宠的自伐其功。然而当时之所以将戴盆望天之辈比作"辽东豕",而没有在"豕"字之前冠以其他地名,或许恰恰反映出在时人看来"辽东"社会相对封闭、"辽东"之人见识浅薄的状况。"辽东有豕,生子白头,异而献之"与"行至河东,见群豕皆白"的强烈对比,应该生动地映衬了汉代辽东与中

---

① 《三国志》卷4《魏书·三少帝纪》注引王沈《魏书》,中华书局1982年标点本,第129页。

122

原在总体社会文化水平上的差距。此外,在司马师等人图谋废黜魏帝曹芳的奏书中提及的"辽东妖妇",本意是要与"裸袒游戏""嬉亵过度"等一同构成曹芳品德不端、荒淫无度的证据。虽然"辽东妖妇"在广望观下的具体表演情况无从得知,但是从"嬉亵过度,道路行人掩目"的描述来看,表演内容应该是严重悖逆传统道德文化的,故称之为"妖妇"。然而在"妖妇"前面冠以"辽东",不仅有可能说明时人眼中这种"低级趣味"演出内容和演出人员的由来,还可能隐含时人对"辽东"相对落后、荒淫的社会风俗的不齿。"辽东豕"故事和"辽东妖妇"称谓的形成,在很大程度上与汉魏时期"辽东"的相对封闭有关。广阔的"辽泽"恰恰地处"辽东"前往中原内地的通路上,交通不便必然阻碍人员的往来、经贸的发展和文化的进步。交通史对社会史的影响可见一斑。总之,"辽东兵先纵""辽东豕""辽东妖妇"三者与"辽泽"间的关系耐人寻味。

## 三 "王贲击燕"进军路线蠡测

无论秦统一的整体战略规划如何,偏安辽东一隅的燕国必须攻灭。秦始皇二十五年(前222),秦军在平魏、灭楚后兵指辽东,"王贲击燕,虏王喜","秦灭燕"。随之而来的是中国古代军事史、交通史上难以回避的问题——王贲率领的这支军队究竟如何渡过"辽泽"?有没有途经于"东北诸郡濒海之处,地势平衍"之地修筑的"并海道"呢?

可以肯定的是,秦军必然会循"并海道"抵达今医巫闾山一带。然而,闾山以东便是广袤的"辽泽"。史籍中有关"王贲击燕"战役的略载,使我们无法获知其渡过"辽泽"的详情。然而,还是有学者就此提出己见。如,王绵厚、李健才二位先生认为:

> 当年,秦击弱燕东取辽东之路,当是:由关中入燕下都"易",经今河北蓟县入辽西傍海之"孤竹—屠何"道。然后东渡古"辽泽",由后来汉之辽水下游的"辽队",攻陷燕辽东郡首府"襄平"。……公元前三世纪初,秦师东征灭燕之路,即是战国前

后辟行于辽西和辽东郡际间的重要军旅交通干线。①

他们虽注意到"辽泽"在战国时期东北南部交通中的影响,但关于"秦灭燕"之具体行经"辽泽"的路线,仅有"东渡古'辽泽'"的简略说明。如何"东渡",从"辽泽"以南或以北绕行,还是横跨"辽泽",并未谈及。

肖忠纯先生认为:"隋唐以前辽河平原主干交通线绕开辽泽,走南北两条线路,而且因为北路过于迂远,以南线为主干交通线。"并且举例论述说:"燕国秦开率军进入东北,击败东胡,开拓'辽西道'","说明辽河平原交通走的是辽泽南部路线";"汉元封二年(前109)秋,汉武帝分水陆两路出击卫氏朝鲜政权","这条陆路行军路线,是走辽泽南路到达辽东襄平的";"魏景初二年(238),司马懿灭公孙渊之战役中,司马懿""进军路线是走南路路线";"公元342年,慕容皝击败高句丽,攻入丸都山城。其进军路线大致是从""北道佯攻,慕容皝亲率精兵从南路攻入辽东地区,再攻占丸都城"。② 虽然没有提及"王贲击燕"一事,但是从文意上看,秦军取道所谓的"主干交通线"——南线——的可能性很大。

关于历史上经行"辽泽"的交通线,以上两家都曾谈及。《东北古代交通》一书认为:"汉魏以来,由辽西渡'辽泽'东趋襄平、平郭的陆路,实分南北二道。南道经'辽队',北道则经'险渎'。"③ 肖先生则认为:"由于'辽泽'的阻碍,古时辽河平原的主干交通线理论上存在三条路线:一是沿着沼泽北部而行的北路,二是跨越辽泽的中路,三是沿着沼泽南部而行的南路。……唐朝对于跨越辽泽道路的创新对后世产生较大的影响,以后辽、金、元时期跨越辽泽的道路已成为辽河平原的主干通道,并且沿途设置了驿站。"④ 比较两家观点,对于经过"辽队"的南线的认定基本一致;肖文所说的"跨越辽泽的中路"当即

---

① 王绵厚、李健才:《东北古代交通》,第15页。
② 肖忠纯:《辽河平原主干交通线路的历史变迁》,《东北史地》2009年第6期。
③ 王绵厚、李健才:《东北古代交通》,第31页。
④ 肖忠纯:《辽河平原主干交通线路的历史变迁》,《东北史地》2009年第6期。

《东北古代交通》勾勒的经过"险渎"的"北道",故而肖文对所谓"中路"开拓时代的判断可能不妥;肖文所说的"北路"在《东北古代交通》中并未提及,应属后者研究中之缺憾。

若"王贲击燕"的进军路线选择了南线,即"沿着沼泽南部而行的南路",就表明"秦灭燕"曾利用"并海道"之辽东段。不过,由于该道北近"辽泽"、南傍诸河流注入的今之辽东湾,通行状况依然较为艰难。对此,张士尊、肖忠纯等先生在研究"辽泽"文中引用之古籍、《行程录》文字所述详细,可供参看,此不赘述。

实则,从考古学方面看,时至今日,在古"辽泽"所及地带和其周边地区(主要是中南部),发现的战国遗址、遗迹十分稀少,能否勾勒出当时已开拓的交通线路,证据明显不足。因此,对于秦汉之前辽东交通面貌和相关历史事件的判断,应持谨慎态度。

不过,还是从考古学方面看,秦汉之前辽东与燕国其他地区乃至广大中原地域的往来,已开辟有较为成熟的交通路线,并且该路线并不需要以点状的考古遗存加以连接而呈现,因为它本身就是线状的——燕北长城。

王子今先生较早注意到长城与交通之间的关系,指出"秦汉长城防御体系由北边道连贯为一体","北边道又有其特殊的与其他交通道路系统不同的结构",如"城上道路","推想秦汉时人在周围遍布流沙、草甸不利于交通的条件下,大都会利用城上道路通行",此外,"紧傍长城往往有交通大道通行"。[①] 这无疑为探讨"王贲击燕"进军路线提供了巨大帮助,因为秦汉长城在很大程度上是对战国秦、赵、燕长城的继续利用,依托长城防线的交通发展应该在战国即已有之。

结合燕北长城的考古发现情况,上述观点可以得到更加清晰的印证。燕北长城分为内、外两线,在今辽宁省境内:内线长城由内蒙古赤峰市美丽河乡自西向东进入建平县,经过热水乡、二十家子乡等地进入内蒙古敖汉旗四德堂乡,之后继续向东延伸,由王家营子乡一带东南去,与北票市境内的长城相接,从北塔乡起向东南去,经台吉营子乡,

---

① 王子今:《秦汉长城与北边交通》,《历史研究》1988年第6期。

秦统一的进程与意义

至六合城村，抵牤牛河西岸，过河进入阜新县，基本向东北去……外线长城则由内蒙古库伦旗境内，折向东南进入阜新县境。①

阜新地处医巫闾山北麓，燕北长城在该县八家子村一带两线合一，东南行贯穿彰武县全境。据当地考古工作者调查，阜新县境这段长城约长148华里，在长城两侧，曾出土筒瓦、板瓦、人或兽面瓦当、红褐夹砂陶鼎、豆、壶、罐、瓴、甑等战国器物。彰武县境这段燕北长城，经六个乡二十七个自然屯、250华里（直线距离），在沿线的阿尔乡章古台等村落中，出土数千斤燕国"襄平"布币，"明"字刀币和多类陶器。②

燕北长城在彰武县以东的走向，尚未见正式刊发的调查报告。有学者认为，燕长城出彰武县后，大体沿彰武与新民两地交界处东行，进入法库县叶茂台镇再继续东行进入今铁岭地区；并且还介绍说，1973年铁岭地区文物干部培训班所发现的叶茂台镇马鞍山遗址，出土了许多绳纹灰瓦和灰陶器片，还有红褐色绳纹陶片，确认是一处战国、汉代遗址。③

至于燕北长城在铁岭、抚顺、本溪等地的走向及相关战国遗存的发现，因与本文探讨内容关系不大，故不再详细介绍。根据上文所述的阜新、彰武、新民、法库等地的燕北长城遗迹分布，再结合有关学者划定的汉代以前"辽泽"地理范围，很明显，长城修筑在"辽泽"北部或以北，最大限度地避开了不利于通行的多水、泥淖地带。如果战国时期当地生态环境良好而利于交通往来的话，这里理应有"紧傍长城"的"交通大道通行"。

退而言之，如果战国时期长城所经地区是多水、泥淖的生态环境而不利于交通往来的话，时人完全可以"利用城上道路通行"。在燕北长城行经的今冀、蒙、辽地区，当地人至今多称之为"石龙""土龙"或是"边大道"。据说，从牤牛河东岸至鸡冠山有一段约5公里长的"土

---

① 冯永谦：《东北燕秦汉长城的考古调查与研究》，辽宁省文物考古研究所《辽宁考古文集（二）》，科学出版社2010年版，第72、79页。
② 孙杰：《阜新地区燕北长城调查》，《辽海文物学刊》1997年第2期。
③ 箫景全：《辽东地区燕秦汉长城障塞的考古学考察研究》，《北方文物》2000年第3期。

龙",其被视为燕北长城在阜新县境内的开端,其宽6米、高5米左右;在彰武县十力宝至马家屯间,因树木和沙丘的作用,尚存一道明显的"土龙"遗迹,其宽4米、坍高1米左右。① 今宽4米或6米的"土龙"于两千多年前很可能会更宽阔些,而这样的宽度应该可以保证军队往来、辎重运输等大规模交通行为。夯筑的长城墙体成了一条穿过"辽泽"的坚实大道。

"王贲击燕"完全可以利用这条依托长城的大道,在新民一带东西走向的长城与南北流向的"辽水"接临之处,舍长城大道而循大河近岸平阔之地南下,不久便能进抵辽东中心城市"襄平"。从此层面上看,《史记·匈奴列传》所言"燕亦筑长城,自造阳至襄平",可能隐含交通史的重要信息。

即使穿过"辽泽"的中线和从"辽泽"南部经过的南线在战国时期已经开辟,两者与利用"燕北长城"而行的北线在路况、通行效率等方面也是很难相比的,即便北线路程相对迂远些。更关键的是从考古发现来看,中线、南线沿途至今少见战国遗存,而北线沿途战国遗存较为丰富、长城遗迹犹在。"王贲击燕"时,北线的开通毋庸置疑,既然业已开通且路况相对较好,秦军就有可能借此进入辽东。而秦军经中线、南线渡过"辽泽"进入辽东的推测,目前来看证据更加不足。

综上所述,燕国在成为东北亚主导势力之后,东北亚走廊交通体系进一步发展完善,今渤海湾、辽东湾岸线之"并海道"路段和"燕北长城"沿线之"北边道"路段得到初步开发。在后来的"秦灭燕"历程中,东北亚走廊发挥着正反两方面的作用。"王翦将击燕"取得阶段性速胜,燕蓟和渔阳、右北平、辽西等地很快被占领,这应该与秦军利用"并海道""北边道"进兵有关。"辽泽"的存在成为影响东北亚走廊南部交通的重要自然因素,更成为燕国统治者战略大转移、"东收辽东而王之"的交通史背景;"后五年,秦卒灭燕,虏燕王喜",表明燕国的战略大转移取得了一定的预期效果。然而,"秦灭燕"的历史步伐并未停止不前。"王贲击燕"很可能再次借助"北边道",即利用"燕

---

① 孙杰:《阜新地区燕北长城调查》,《辽海文物学刊》1997年第2期。

北长城"而行的路况、通行效率相对较好的交通道路,最大限度地降低了"辽泽"的交通阻碍作用。探讨被学界长期忽视的"秦灭燕"过程中东北亚走廊发挥的历史作用,可能会有助于秦汉交通史、边疆史等领域的研究。

(渤海大学历史学系)

# 秦统一过程中的"间使"往来与用间机制探微

李 斯

秦统一是中国历史上的重大事件。关于这一复杂而曲折的历史进程及其成因,以往学界多瞩目于政治、军事、经济等传统宏观领域的研究,而马非白先生在《秦集史·尉缭传》按语中曾指出:"世但知始皇帝以武力征经营天下。而岂知武力之外,尚有其最毒辣之间谍政策哉!"[①] 近年来又有学者从情报和间谍角度予以探讨,但主要关注其应用与效果,对于秦国用间机制及其具体设置似乎着墨不多。[②] 考察间谍起源及其发展历程,外交使者与间谍的角色往往是重合的,秦统一过程中频繁的"间使"往来正是其体现。到了战国后期,敌国针对秦的间谍活动更为频繁,也曾收到一定效果。秦国的间谍理论主要来源于先秦兵书,用间机制的设立与运作也有专人负责,初步形成理论化和制度化体系。探讨这一时期的间谍往来与用间机制,有助于增进秦统一进程的具体细节与中古早期间谍史的认识。

## 一 敌国"间使"及其"间秦"活动

秦始皇完成统一大业之后,在巡游途中刻石记功,其中特别提到:

---

① 马非白:《秦集史》,中华书局1982年版,第378页。
② 参见郑玲童《论秦国统一过程中的间谍战》,《秦汉研究》2008年第1期;熊剑平《浅析战国时期纵横家的间谍活动》,《军事历史》2010年第3期;付金才《论战国时期秦国的间谍战》,《石家庄学院学报》2011年第4期;吉家友《间谍战在秦统一中的应用及效果》,《信阳师范学院学报》(哲学社会科学版)2013年第3期。

秦统一的进程与意义

"六王专倍，贪戾憿猛，率众自强。暴虐恣行，负力而骄，数动甲兵。阴通间使，以事合从，行为辟方。内饰诈谋，外来侵边，遂起祸殃。"①所谓六国"阴通间使""内饰诈谋"等语，不仅是历史真实的反映，也可视为秦人总结统一事业中成败得失与经验教训的历史记忆。

史籍所见"间使"虽有使者之名，但其身份实为敌国间谍，这与其身负"间秦"使命有关。到了战国后期，由于秦的实力增长迅速，关东六国针对秦的间谍活动也日趋频繁。派往秦国的使者，并非都是单纯的外交使节，其目的也并不仅止于完成礼节性的外交任务，有些人甚至带有极为险恶的政治阴谋。以韩国为例，《史记·河渠书》：

> 而韩闻秦之好兴事，欲罢之，毋令东伐，乃使水工郑国间说秦，令凿泾水自中山西邸瓠口为渠，并北山东注洛三百余里，欲以溉田。中作而觉，秦欲杀郑国。郑国曰："始臣为间，然渠成亦秦之利也。"秦以为然，卒使就渠。渠就，用注填阏之水，溉泽卤之地四万余顷，收皆亩一钟。于是关中为沃野，无凶年，秦以富强，卒并诸侯，因命曰郑国渠。②

《汉书·沟洫志》记载略同，但郑国之语多了一句："臣为韩延数岁之命，而为秦建万世之功。"③ 所谓"为韩延数岁之命"等语，可能并非只是阴谋败露之后的遁词，也是韩人的缓兵之计。其目的仍然是希望通过修筑大规模水利设施以消耗秦的国力，"毋令东伐"。但值得注意的是，在郑国的间谍身份暴露后，秦人的反应耐人寻味。正如王子今先生所指出的："为什么在其'间秦'的阴谋已经败露之后，却依然可以让他负责这一工程？为什么在工程完成之后，竟然命曰'郑国渠'来纪念这样一个原本要危害秦国的外国阴谋分子？唯一的解释是：秦人对经济的重视、对水利的重视、对实用技术的重视，超越了政治偏见，

---

① 《史记》卷6《秦始皇本纪》，中华书局1959年标点本，第261页。
② 同上书，第1408页。
③ 《汉书》卷29《沟洫志》，中华书局1962年标点本，第1678页。

这体现了秦人具有很强的科学精神、开放意识和宽阔的胸襟。"① 注重实际效用的功利主义精神，是秦文化中浓墨重彩的一笔，也是秦统一天下的重要因素之一。这一实用理念也反映在对待敌国间谍的处理上，即不是首先考虑将其消灭，而是尽量使其为己所用。

《史记·李斯列传》也提到郑国渠事件："会韩人郑国来间秦，以作注溉渠，已而觉。秦宗室大臣皆言秦王曰：'诸侯人来事秦者，大抵为其主游间于秦耳，请一切逐客。'李斯议亦在逐中。"② 于是便催生了名垂千古的《谏逐客书》，秦王读后，深为折服，"乃除逐客之令，复李斯官，卒用其计谋③"。将"诸侯人来事秦者"一律视为"为其主游间于秦"固然可能有些反应过激，但从另一方面也反映出当时敌国在秦活动间谍人数之多、范围之广、影响之深。由于间谍活动而引起秦国政局巨大动荡，水工郑国功不可没。不妨试想，如果逐客之议得以实行，秦国所损失的将不仅是宝贵的人才资源，而且战国历史乃至整个中国历史的走向恐怕都会发生偏转，其后的历史面貌也必将与我们现在所知道的迥然有异。

作为韩国上层贵族代表的韩非，也曾出使秦国，其时间当在李斯上《谏逐客书》后不久。《史记·秦始皇本纪》："十年，……大索，逐客。李斯上书说，乃止逐客令。李斯因说秦王，请先取韩以恐他国，于是使斯下韩。韩王患之，与韩非谋弱秦。"④ 可见韩国间谍阴谋败露，反而加速了秦攻韩的步伐。但据《史记·老子韩非列传》，热衷权术和志在一统的秦始皇读到韩非著作后，颇为欣赏，因而产生了将其收为己用的念头，"秦因急攻韩。韩王始不用非，及急，乃遣非使秦⑤"。韩非是荀子门下高足，早年曾为国事屡次上书韩王，但均不见用，失意之余，只得退而著书立说。虽然如此，韩非想要挽救其国于危难之中的志向并未改变，而他也终于在人生的暮年得到韩王任用，作为"弱秦"的使者

---

① 王子今、郭诗梦：《秦"郑国渠"命名的意义》，《西安财经学院学报》2011年第3期。
② 《史记》卷87《李斯列传》，第2541页。
③ 同上书，第2546页。
④ 《史记》卷6《秦始皇本纪》，第230页。
⑤ 《史记》卷63《老子韩非列传》，第2155页。

来到了秦国。史称韩非"为人口吃，不能道说"①，恐怕不能像舌辩之士那样取悦君王，但他一到秦国，便向秦王提出伐赵以存韩的建议，今本《韩非子·存韩》即是明证。然而，《韩非子·初见秦》却有劝秦王攻韩之语，有学者以此为据，加上《韩非子·亡征》中的片言只语，便断定韩非其实是不忠于韩国，而有事秦之心，却被人陷害致死②，恐怕有失偏颇。事实上，《初见秦》篇不太可能全为韩非自作，而《存韩》篇所载劝秦攻赵以存韩是可信的。对此，林剑鸣先生早已辨之甚明③。

显而易见，韩非使秦与郑国说秦的意图并无本质区别，都是韩人借使秦之名，而行"间秦"之实。秦始皇固然欣赏韩非的政治学说，但绝不可能接受其"存韩"的提议。因为韩是秦之东邻，秦若想要东进，就必须先灭韩。只要秦致力于天下统一，韩的灭亡就只是时间问题。纵使韩人先以修郑国渠为名妄图损耗秦之国力，后又劝秦伐赵以求遗祸他国，这一历史趋势都不会因此改变。秦、韩不能并存，正是地缘政治使然。然而，韩非对此形势似乎始终缺乏足够清楚的认识，也许其自恃文笔了得，便毫无顾忌地向秦王兜售其包括"弱秦"在内的诸多主张，秦王虽"悦之"，但"未信用"。也许正是看出了韩非终有存韩之念而无事秦之心，李斯、姚贾向秦王进言："韩非，韩之诸公子也。今王欲并诸侯，非终为韩不为秦，此人之情也。今王不用，久留而归之，此自遗患也。不如以过法诛之。"对此，"秦王以为然，下吏治非"④。韩非终于因此见杀，客死于秦。又据《战国策·秦策五》，韩非因害怕姚贾出使会破坏四国合纵攻秦，故极尽造谣中伤之能事，但事泄被杀⑤。类似言行，是与其图谋"弱秦"，进而"存韩"的使命相符合的。关于韩非离间秦国君臣之事，很可能并非仅姚贾一例，只是见诸史籍的甚少而已。

---

① 《史记》卷63《老子韩非列传》，第2146页。
② 龚维英：《试析韩非之死》，《中国史研究》1983年第2期。
③ 参见林剑鸣《秦史稿》，中国人民大学出版社2009年版，第284页。
④ 《史记》卷六63《老子韩非列传》，第2155页。
⑤ 《战国策》（全三册），上海古籍出版社1985年版，第293—299页。

关东六国为了达成合纵反秦之目的，不仅在外交上结为联盟，而且有针对性地进行了大量的侦察与间谍活动。特别是与秦为近邻的韩、赵、魏三国，采取了多种方式以求"弱秦"和"间秦"。

赵国之所以能在战国后期与秦抗衡一时，也与一批善用间谍的名将有关。例如，赵奢巧妙利用"秦间"传递假情报，"纵兵击之，大破秦军，秦军解而走。遂解阏与之围而归。"① 又如，李牧"日击数牛飨士，习射骑，谨烽火，多间谍，厚遇战士"，故能屡次"击破秦军，南距韩、魏"②。

长平之战后，白起趁势进击，韩、赵两国危在旦夕。此时赵国派苏代离间白起与范雎的关系，不仅成功地使秦国暂时罢兵，还使两人互生嫌隙，间接导致了后来白起被赐死。《史记·白起王翦列传》记范雎言于秦王曰："秦兵劳，请许韩、赵之割地以和，且休士卒。"秦因此撤兵。"武安君闻之，由是与应侯有隙。"③ 此后，白起因与秦王意见不合，对多次征召都以病推辞。秦王与范雎等商议，决定令其"自裁"。白起之死固然有其复杂性，但赵国间谍的离间活动确实起到关键作用。正如有学者所说："范雎受到赵国间谍的离间，在关键时刻为了个人利益帮助秦王害死白起，以除掉政敌，这是白起之死的重要原因之一。"④

值得一提的是，范雎本来以用间见长。正是"昭王用应侯谋，纵反间卖赵。赵以其故，令马服子代廉颇将"，才取得"秦大破赵于长平，遂围邯郸"之战果⑤。而当赵国以类似的手段"间秦"时，秦国君臣也因此付出了沉痛的代价，这其中的经验与教训又是发人深省的。

## 二 "上智为间"：用间机制的理论来源与实际运作

间谍活动的主要内容是收集情报和伺机破坏。情报与信息并不完全

---

① 《史记》卷81《廉颇蔺相如列传》，第2445页。
② 同上书，第2451页。
③ 《史记》卷73《白起王翦列传》，第2336页。
④ 黄富成：《中国古代间谍史》，中国人民公安大学出版社1989年版，第49页。
⑤ 《史记》卷79《范雎蔡泽列传》，第2417页。

等同，从广义上来说，情报基本上可以定义为经过处理的信息。① 收集情报的侦察间谍可能起源很早，无论是出于侦察兽群动向的狩猎需要②，还是为了原始部落之间的生存战争，都依赖于情报的准确获取。

中国历史上有明确记载的间谍，可以追溯到夏朝少康"使人诱之，遂灭有过氏"。《史记索隐》引《左传》云："使女艾谍浇，遂灭过、戈。"杜预曰："谍，候也。"③ 清人朱逢甲所编著之《间书》引用大量史料，对中国历史上的间谍活动予以概略评述，堪称第一部中国古代间谍史话，其开篇便提到："用间始于夏之少康，使女艾间浇"④。

先秦时已有专门的间谍机构与职官。《周礼·秋官》："士师之职，……掌士之八成，一曰邦汋，二曰邦贼，三曰邦谍。"郑玄注："汋读如酌"，因上古"邦"即"国"，故"国汋者，斟酌盗取国家密事。"而郑玄又注"邦谍"云："为异国反间。"孙诒让释曰："为异国反间者，谓以邦谍之密谋输入异国。"可见"邦汋"与"邦谍"具体在分工上又有不同，前者以侦察情报为主，后者以反间破坏为主。先秦兵书《六韬》也提到军中专门的间谍职官："耳目七人，主往来听言视变，览四方之事，军中之情。……羽翼四人，主扬名誉，震远方，摇动四境，以弱敌心。游士八人，主伺奸候变，开阖人情，观敌之意，以为间谍。"⑤

《孙子·用间篇》是中国古代第一部专门论述间谍理论及其实际运作的兵家著作，也是世界间谍史上最早的专门文献，对古今中外的间谍思想与实践都产生了极为深远的影响。书中对间谍种类有较为细密的划分："故用间有五：有因间，有内间，有反间，有死间，有生间。五间俱起，莫知其道，是谓神纪，人君之宝也。"⑥ 在尚无专门间谍训练的

---

① ［美］厄内斯特·沃克曼：《间谍的历史》，刘彬、文智译，文汇出版社2009年版，第3页。
② 在法国旧石器晚期的岩洞笔画中，还画有戴着兽面的假面具的猎人，以更有效地"侦察"和伏击野兽。参见刘家和《世界上古史》，吉林人民出版社1980年版，第32页。
③ 《史记》卷31《吴太伯世家》，第1469页。
④ （清）朱逢甲：《间书》，黄岳校注，群众出版社1979年版，第1页。
⑤ 《六韬译注》，河北人民出版社1992年版，第73页。
⑥ 《十一家注孙子校理》（增订本），中华书局1999年版，第291页。

古代，如何选拔和招募间谍是一大难题。《孙子》未言其详，后世注家则多有发挥。例如，生间"必取内明外愚、形劣心壮、矫捷劲勇、闲于鄙事、能忍饥寒垢耻者为之"。还应"有贤材智谋，能自开通于敌之亲贵，察其动静，知其事计，彼所为己知其实①"。间谍任务的复杂性和危险性，对执行者的脑力、体力及其综合素质都提出很高要求。

《史记·李斯列传》在记载其狱中上书时，曾提到："臣为丞相治民，三十余年矣，逮秦地之陕隘。先王之时秦地不过千里，兵数十万。臣尽薄材，谨奉法令，阴行谋臣，资之金玉，使游说诸侯，阴修甲兵，饰政教，官斗士，尊功臣，盛其爵禄，故终以胁韩弱魏，破燕、赵，夷齐、楚，卒兼六国，虏其王，立秦为天子，罪一矣。"②所谓"阴行谋臣，资之金玉，使游说诸侯"等应是间谍活动的具体内容，而"终以胁韩弱魏，破燕、赵，夷齐、楚，卒兼六国，虏其王，立秦为天子"等语则反映出间谍活动的巨大成效。为了完成这些使命，客观上要求担任间谍的人员具备较高的综合素质。故《孙子·用间篇》云："明君贤将，能以上智为间者，必成大功。"③可见"上智"与"谋臣"是先秦时"为间"人选的主要来源。

早期间谍的使命兼具"谍报"和"用间"，而其身份往往与外交使者有关，如郑国"间说秦"、韩非"谋弱秦"等皆属此类，是间谍史上值得注意的重要现象。

韩国间谍事件在当时的秦国内部引起了剧烈动荡，统治阶层的反应是在全国范围内进行搜查行动，并以驱逐一切外来人士的极端方式来保障国家安全，史称"大索，逐客"。后因李斯上书，秦王才收回逐客令。这可能是中国历史上第一次有明确记载的由政府主导的国家反间谍行为。

虽然逐客之议未能实行，但敌国间谍的威胁仍然存在。如何解决这一难题？此时大梁人尉缭向秦王献计："以秦之强，诸侯譬如郡县之君，臣但恐诸侯合从，翕而出不意，此乃智伯、夫差、湣王之所以亡

---

① 《十一家注孙子校理》（增订本），中华书局1999年版，第296页。
② 《史记》卷87《李斯列传》，第2561页。
③ 《十一家注孙子校理》（增订本），第301页。

秦统一的进程与意义

也。愿大王勿爱财物，赂其豪臣，以乱其谋，不过亡三十万金，则诸侯可尽。"秦王采纳其计策，且卑辞厚礼待之，但尉缭认为秦王为人"少恩而虎狼心"，因而"不可与久游"，故亡去。"秦王觉，固止，以为秦国尉，卒用其计策。而李斯用事。"①

尽管尉缭其人在秦史上的活动几乎湮没无闻，但这番言辞却对秦国用间机制的设立有重要影响。魏国本有"用间"的传统，例如信陵君在邻国部署了众多间谍，因此边境若有任何军事行动都能很快得知：

> 公子与魏王博，而北境传举烽，言"赵寇至，且入界"。魏王释博，欲召大臣谋。公子止王曰："赵王田猎耳，非为寇也。"复博如故。王恐，心不在博。居顷，复从北方来传言曰："赵王猎耳，非为寇也。"魏王大惊，曰："公子何以知之？"公子曰："臣之客有能探得赵王阴事者，赵王所为，客辄以报臣，臣以此知之。"②

这里虽然只提到信陵君之"客"能够"探得赵王阴事"，但以其门客数千人的规模推想，秦国内部很有可能也存在其间谍网络。清人朱逢甲《间书》也注意到魏国信陵君善用间："信陵用客为间，能先知赵猎非寇，倘赵寇非猎，信陵亦必先知也。信陵长于用间，与《孙子》之言英雄所见略同。考《史记》，信陵所著有《魏公子兵法》。其书言用间必精，今《孙子》十三篇传，而《魏公子兵法》不传，可惜也。且信陵善间，而后魏王中秦间，信陵竟以间废，亦可慨也。"③ 所谓"魏王中秦间，信陵竟以间废"，可能正是秦国仿效魏人之间谍机制的具体成果。

《汉书·艺文志》著录《尉缭》二十九篇，"兵形势"条下又有《尉缭》三十一篇。其中提到"形势者，雷动风举，后发而先至，离合

---

① 《史记》卷6《秦始皇本纪》，第230页。
② 《史记》卷77《魏公子列传》，第2377页。
③ （清）朱逢甲：《间书》，第15页。

背乡，变化无常，以轻疾制敌者也①"。《隋书·经籍志》著录《尉缭子》五卷，注曰："梁并录六卷。尉缭，梁惠王时人。"宋代《武经七书》也收入《尉缭子》，其军事理论以计谋和智取为主，即用较小的代价以获得战争的胜利，"用间"是重要手段之一。

尽管《尉缭子》的具体作者尚存一定争议，但从史籍中残存不多的尉缭言论与行事来看，其人可谓秦国构建间谍理论的先行者，而李斯等人则负责用间机制的实际运作。

由于当时外交使者充当间谍的现象较为多见，秦国负责间谍活动的职官，可能就是"典客"，即汉代负责外交事务的"大行令"（史籍有时简称为"大行"），后又改称"大鸿胪"。《汉书·百官公卿表上》："典客，秦官，掌诸侯归义蛮夷，有丞。景帝中六年（前144）更名大行令，武帝太初元年更名大鸿胪。属官有行人、译官、别火三令丞及郡邸长丞。武帝太初元年更名行人为大行令，初置别火。"②景帝中六年更名典客为大行，《史记索隐》引韦昭云："大行，官名，秦时云典客，景帝初改云大行，后更名大鸿胪，武帝因而不改，故《汉书·景纪》有大鸿胪。"③然而《汉书》又有"大鸿胪"与"大行"同时出现的记载，颜师古注曰："大鸿胪者，本名典客，后改曰大鸿胪。大行令者，本名行人，即典客之属官也，后改曰大行令。故事之尊重者遣大鸿胪，而轻贱者遣大行也。据此纪文，则景帝已改典客为大鸿胪，改行人为大行矣。而《百官公卿表》乃云景帝中六年更名典客为大行令，武帝太初元年更名大行令为大鸿胪，更名行人为大行令。当是表误。"④但无论"大行"是大鸿胪的别称还是其属官，值得注意的是，武帝时期针对匈奴用间的"马邑之谋"，就是由"大行"王恢谋划并负责具体实施的：

> 其明年，则元光元年，雁门马邑豪聂翁壹因大行王恢言上曰：

---

① 《汉书》卷30《艺文志》，第1759页。
② 《汉书》卷19上《百官公卿表上》，第730页。
③ 《史记》卷11《孝景本纪》，第446页。
④ 《汉书》卷5《景帝纪》，第145页。

"匈奴初和亲，亲信边，可诱以利。"阴使聂翁壹为间，亡入匈奴，谓单于曰："吾能斩马邑令丞吏，以城降，财物可尽得。"单于爱信之，以为然，许聂翁壹。聂翁壹乃还，诈斩死罪囚，县其头马邑城，示单于使者为信，曰："马邑长吏已死，可急来！"于是单于穿塞将十余万骑，入武州塞。①

尽管此次用间因情报泄露而未能成功，但为我们认识秦汉用间机制的实际运作提供了重要参考信息。又据新出简牍的记载，李斯在担任丞相之前，曾担任"典客"一职。我们认为，这与秦王采用尉缭计策而设立用间机构以及"李斯用事"等记载是相吻合的。②

## 三 "间言"与"间金"：用间的主要方式

《孙子·用间篇》曾提及用间客观原则及其重要性："明君贤将，所以动而胜人，成功出于众者，先知也。先知者，不可取于鬼神，不可象于事，不可验于度，必取于人，知敌之情者也。"随后对于"五间"也有具体说明："因间者，因其乡人而用之。内间者，因其官人而用之。反间者，因其敌间而用之。死间者，为诳事于外，令吾间知之，而传于敌间也。生间者，反报也。"其中尤以"反间"最为关键："五间之事，主必知之，知之必在于反间，故反间不可不厚也。"③ 反间指使敌方间谍为我所用，有将计就计的意味，但尚未上升到主动防御的高度，可视为早期反间谍的一种手段。但史籍中对于"反间"的概念不如《孙子》明晰，往往将用间都说成反间，专指用计使敌人内部产生矛盾与分化。

考察秦统一过程中的间谍活动，可以说"间言"与"间金"是用

---

① 《史记》卷108《韩长孺列传》，第2861页。
② 笔者于2015年6月7日在中国人民大学国学院参加"出土文献与中国古代文明"会议时，承湖南省考古研究所张春龙先生教示，待刊布的里耶秦简中有明确简文记载李斯曾担任过秦国"典客"一职，自觉于此说似又多了一点佐证，谨致谢忱。
③ 《十一家注孙子校理》（增订本），第290—300页。

间的主要方式。例如,《史记·廉颇蔺相如列传》:

> 七年,秦与赵兵相距长平,时赵奢已死,而蔺相如病笃。赵使廉颇将攻秦,秦数败赵军,赵军固壁不战。秦数挑战,廉颇不肯。赵王信秦之间,秦之间言曰:"秦之所恶,独畏马服君赵奢之子赵括为将耳。"赵王因以括为将,代廉颇。蔺相如曰:"王以名使括,若胶柱而鼓瑟耳。括徒能读其父书传,不知合变也。"赵王不听,遂将之。①

由于秦"间言"的成功,赵王不顾重臣反对,执意派缺乏实战经验的赵括取代廉颇为将,导致后来长平之战的惨败。赵国最后的名将李牧也因秦国间谍散布流言而被杀,赵旋即为秦所灭:"赵王迁七年,秦使王翦攻赵,赵使李牧、司马尚御之。秦多与赵王宠臣郭开金,为反间,言李牧、司马尚欲反。赵王乃使赵葱及齐将颜聚代李牧。李牧不受命,赵使人微捕得李牧,斩之。废司马尚。后三月,王翦因急击赵,大破杀赵葱,虏赵王迁及其将颜聚,遂灭赵。"②又如《史记·田敬仲完世家》所载秦以"间金"贿赂齐国重臣之事:"始,君王后贤,事秦谨,与诸侯信,齐亦东边海上,秦日夜攻三晋、燕、楚,五国各自救于秦,以故王建立四十余年不受兵。君王后死,后胜相齐,多受秦间金,多使宾客入秦,秦又多予金,客皆为反间,劝王去从朝秦,不修攻战之备,不助五国攻秦,秦以故得灭五国。"③《战国策·秦策四》亦载秦王派遣顿弱携重金从事间谍活动:"乃资万金,使东游韩、魏,入其将相;北游燕、赵,而杀李牧。齐王入朝,四国毕从,顿子说也。"可见李牧被杀、合纵破裂等与秦统一有重大关联的历史事件背后,都有秦国间谍活动的身影。

类似的例子还有信陵君"窃符救赵"后,因秦国间谍散布谣言而被魏王罢黜之事:

---

① 《史记》卷81《廉颇蔺相如列传》,第2446页。
② 同上书,第2451页。
③ 《史记》卷46《田敬仲完世家》,第1902页。

秦王患之，乃行金万斤于魏，求晋鄙客，令毁公子于魏王曰："公子亡在外十年矣，今为魏将，诸侯将皆属，诸侯徒闻魏公子，不闻魏王。公子亦欲因此时定南面而王，诸侯畏公子之威，方欲共立之。"秦数使反间，伪贺公子得立为魏王未也。魏王日闻其毁，不能不信，后果使人代公子将。公子自知再以毁废，乃谢病不朝。与宾客为长夜饮，饮醇酒，多近妇女。日夜为乐饮者四岁，竟病酒而卒。其岁，魏安釐王亦薨。秦闻公子死，使蒙骜攻魏，拔二十城，初置东郡。其后秦稍蚕食魏，十八岁而虏魏王，屠大梁。①

所谓"行金万斤"，体现出间谍活动的具体资金耗费，而这也是离间活动得以顺利实行并获得成功的重要经济基础。

由于间谍工作的隐秘性，用间过程中还需要时刻保持警惕，防止泄密。对此，《孙子·用间篇》提出具体要求："故三军之事，亲莫亲于间，赏莫厚于间，事莫密于间，非圣智不能用间，非仁义不能使间，非微妙不能得间之实。微哉，微哉，无所不用间也。间事未发而先闻者，间与所告者皆死。"② 这与《孙子》所谓"兵者诡道"的主张是相符的，保密原则是关系用间成功与否的关键所在。

在复杂多变的隐蔽斗争中，也逐渐发展出种类繁多的间谍技术手段。有学者回顾中国古代间谍史，将其总结为十五种："窃听、通讯、密码、代号、秘语、暗器、毒药、摹迹、密写、化装、查验、伪造、判析、拆封、密藏。"③ 具体到秦汉时期，传世文献所见较多的是窃听技术。例如，范雎初见秦王，"左右多窃听者"，其中可能就潜伏有敌国间谍，故"范雎恐，未敢言内，先言外事，以观秦王之俯仰"④。又如秦相甘茂（一说樗里疾）曾运用窃听手段刺探国君与大臣之谈话内容，

---

① 《史记》卷77《魏公子列传》，第2384页。
② 《十一家注孙子校理》（增订本），第296—297页。
③ 褚良才：《中国古代间谍史话》，中州古籍出版社1998年版，第414—457页。
④ 《史记》卷79《范雎蔡泽列传》，第2409页。

## 秦统一过程中的"间使"往来与用间机制探微

事见《韩非子·外储说右上》：

> 甘茂相秦惠王，惠王爱公孙衍，与之间有所言，曰："寡人将相子。"甘茂之吏道穴闻之，以告甘茂。甘茂入见王，曰："王得贤相，臣敢再拜贺。""寡人托国于子，安更得贤相？"对曰："将相犀首。"王曰："子安闻之？"对曰："犀首告臣。"王怒犀首之泄，乃逐之。
>
> 一曰：犀首，天下之善将也，梁王之臣也。秦王欲得之与治天下，犀首曰："衍人臣者也，不敢离主之国。"居期年，犀首抵罪于梁王，逃而入秦，秦王甚善之。樗里疾，秦之将也，恐犀首之代之将也，凿穴于王之所常隐语者。俄而王果与犀首计曰："吾欲攻韩，奚如？"犀首曰："秋可矣。"王曰："吾欲以国累子，子必勿泄也。"犀首反走再拜曰："受命。"于是樗里疾已道穴听之，见郎中皆曰："兵秋起攻韩，犀首为将。"于是日也，郎中尽知之；于是月也，境内尽知之。王召樗里疾曰："是何匈匈也，何道出？"樗里疾曰："似犀首也。"王曰："吾无与犀首言也，其犀首何哉？"樗里疾曰："犀首也羁旅，新抵罪，其心孤，是言自嫁于众。"王曰："然。"使人召犀首，已逃诸侯矣。①

甘茂（樗里疾）能够探知政敌与秦王的"隐语"，并最终以此除去竞争对手，有赖于"凿穴"及窃听技术的使用。《墨子·备穴》记载了"凿穴"人员选拔与设备情况："令陶者为罂，容四十斗以上，固幎之以薄皮革，置井中，使聪耳者伏罂而听之，审知穴之所在，凿穴迎之。"《墨子·备穴》又提到"穴听"的具体设置："戒持罂，容三十斗以上，貍穴中，丈一，以听穴者声。"② 类似的技术，可能在秦统一过程的间谍活动中已经得到应用。

---

① （清）王先慎：《韩非子集解》，钟哲点校，中华书局1998年版，第319—320页。
② （清）孙诒让：《墨子间诂》（下册），中华书局2001年版，第561—562页。

秦统一的进程与意义

## 四　间谍活动在秦统一过程中的作用及其评价

　　回顾秦统一的历史进程，主要是通过军事和外交手段完成的。战争虽然能够较为迅速和彻底地击败敌人，但由此造成的成本损耗也是惊人的，而这些主要还得由民众来承担。《孙子·用间篇》首先便说："凡兴师十万，出征千里，百姓之费，公家之奉，日费千金，内外骚动，怠于道路，不得操事者，七十万家，相守数年，以争一日之胜，而爱爵禄百金，不知敌之情者，不仁之至也，非人之将也，非主之佐也，非胜之主也。"《孙子·作战篇》又曰："凡用兵之法，驰车千驷，革车千乘，带甲十万，千里馈粮。则内外之费，宾客之用，胶漆之材，车甲之奉，日费千金，然后十万之师举矣。"《孙子》有关战争的出发点是相当谨慎的，只有当别无选择时才诉诸战争，而用间是确保战争胜利的重要前提。如果仅仅因为"爱爵禄百金"而不愿派出间谍，不仅决策者要背负"不仁"之名，从军事动员成本的角度考量，显然也是得不偿失的。

　　如果单纯从经济角度考虑，战争并非解决纷争的最优选择。清人朱逢甲《间书》提出："夫主战斗力也，用间斗智也。斗力何如斗智？战胜仅能杀贼党，用间可以擒贼王。……用间可不战而屈人之兵。"[①] 尉缭当时向秦王建议设立专门用间机制，其花费"不过亡三十万金，则诸侯可尽"。如果以《孙子》中"兴师十万"需要"日费千金"来计算，"三十万金"仅仅相当于十万人的部队出征三百天的花费，还省却了至少七十万民众的休耕备战之劳。战国后期的战争规模，不仅远远超过十万人，而且某些重大战役持续时间也很长。例如，秦赵长平之战，仅仅赵国就被坑杀四十万人，而秦获胜的代价也并不轻松，为了弥补人力不足，竟至于"发年十五以上悉诣长平"。用间活动减少了士卒伤亡和民众负担，其收益是很显著的。

　　秦国间谍活动的成功便在于以较少代价瓦解了敌国合纵联盟，减少

---

① （清）朱逢甲：《间书》，第187页。

142

了统一过程中的阻力。事实上，六国的国力总和要远远强于秦国，而六国破灭也并非因为整体战斗力不强。正如苏辙《六国论》所说，六国"贪获尺寸之利，背盟败约，秦兵不出，而天下自困矣"，最终亦不能独完。秦国通过用间，发展壮大了敌国统治阶层内部的亲秦势力，也为秦逐一击破六国创造了有利条件。对此，苏轼曾有一番透彻论述："齐、秦不两立，秦未尝须臾忘齐也，而四十余年不加兵者，岂其情乎！齐人不悟而与秦合，故秦得以其间取三晋。三晋亡，齐盖岌岌矣。方是时，犹有楚与燕也。三国合，犹能以拒秦。秦大出兵伐楚，伐燕，而齐不救，故二国亡，而齐亦虏不阅岁，如晋取虞、虢也，可不谓巧乎？二国既灭，齐乃发兵守西界，不通秦使，呜呼！亦晚矣。"[1]

总之，间谍活动对于秦国瓦解敌对势力并最终完成统一起到了促进作用，比较显著地减少了士卒伤亡和民众负担，其积极意义应当予以肯定。而有关此时期的间谍往来与用间机制等问题，不仅是早期间谍史的重要内容，而且对后世间谍理论及其实践产生了深远影响。

（湘潭大学历史系）

---

[1] （宋）苏轼：《苏轼文集》（第一册），孔凡礼点校，中华书局1986年版，第142页。

# 秦统一合理化宣传策略的形成及改进

## ——以初并天下诏为中心的探讨

崔建华

在中国古代历史上,建构政权存在的合理性,是历代执政者孜孜以求的。即便是"取天下多暴"的秦朝①,亦有此等作为。秦人经过长久的努力,终于并吞六国,实现天下一统。针对亘古未有的政治局面,秦始皇在发布第一道诏书(以下简称"初并天下诏")时就对其合理性进行了宣示,字里行间透射出秦王朝独特的政治思维。在展开讨论之前,先录诏文于下:

> 异日韩王纳地效玺,请为藩臣,已而倍约,与赵、魏合从畔秦,故兴兵诛之,虏其王。寡人以为善,庶几息兵革。赵王使其相李牧来约盟,故归其质子。已而倍盟,反我太原,故兴兵诛之,得其王。赵公子嘉乃自立为代王,故举兵击灭之。魏王始约服入秦,已而与韩、赵谋袭秦,秦兵吏诛,遂破之。荆王献青阳以西,已而畔约,击我南郡,故发兵诛,得其王,遂定其荆地。燕王昏乱,其太子丹乃阴令荆轲为贼,兵吏诛,灭其国。齐王用后胜计,绝秦使,欲为乱,兵吏诛,虏其王,平齐地。寡人以眇眇之身,兴兵诛暴乱,赖宗庙之灵,六王咸伏其辜,天下大定。今名号不更,无以称成功,传后世。其议帝号。②

---

① 《史记》卷15《六国年表》,中华书局1982年版,第686页。
② 《史记》卷6《秦始皇本纪》,第235—236页。

## 一　初并天下诏所谓"暴乱"

初并天下诏说"寡人以眇眇之身，兴兵诛暴乱，赖宗庙之灵，六王咸伏其辜"，所谓"暴乱"、有"辜"，是秦始皇对东方六国的历史评判。从中不难体会到，秦始皇很希望从政治道义的角度来论证其并吞六国的正当性，他认为宣示了六国的"暴乱"行径，秦统一的合理性将会得到增强。关于这一点，李斯对初并天下诏的回应，可以作为一个旁证。李斯说："今陛下兴义兵，诛残贼"[1]，实际上重申了秦始皇"兴兵诛暴乱"的说法。君臣发言若一，在某种程度上说明，李斯并不认为始皇所谓"兴兵诛暴乱"完全是应景之语，他很清楚，秦始皇对建构统一政权的存在合理性，还是有所措意的。

客观来讲，通过宣示敌国的"暴乱"来树立己方的正当性，并非初并天下诏的创意。据《尚书》记载，三代更替皆用此法。夏启伐有扈氏，宣言曰："有扈氏威侮五行，怠弃三正，天用剿绝其命，今予惟恭行天之罚。"所谓"威侮五行，怠弃三正"，尚比较抽象。到商汤革命之时，对桀的指责就没有止步于"有夏多罪，天命殛之"，以及"予畏上帝，不敢不正"的玄言层面，还着力描述了桀与民众"弗协"的态势，通过援引民众对桀的控诉："我后不恤我众，舍我穑事，而割正夏"，以及民众对桀的诅咒："时日曷丧，予及汝皆亡"，商汤伐桀的正当性在顺天命、合人情两方面得以成立。及至商周革命，类似的论述越发精致化、具体化。如果说所谓"商王受（纣）狎侮五常，荒怠弗敬，自绝于天，结怨于民"尚显笼统，那么，相关誓词中"斮朝涉之胫，剖贤人之心""弃厥遗王父母弟""作奇技淫巧以悦妇人""惟妇言是用"等说法，则是不厌其烦地申述纣王有罪的具体事实。[2] 由此看来，秦始皇将六国视为"暴乱"，将它们的灭亡视为"伏其辜"，这种对政治成功的表述模式属于对古老传统的延续。

---

[1] 《史记》卷6《秦始皇本纪》，第236页。
[2] 见《尚书》之《夏书·甘誓》《商书·汤誓》《周书·泰誓》及《牧誓》。阮元校刻《十三经注疏》，中华书局1980年版，第155、160、182、183页。

## 秦统一的进程与意义

不过，需要特别指出的是，三代革命的宣言书中虽然未见"暴乱"一词，但字里行间充斥着对敌方暴乱的论述，其主要内容是意在表明对方违背天意、民心。相比之下，初并天下诏似乎走向了另一个极端：虽然明确使用了"暴乱"一词，但通观诏书全文，不见对天意、民心的吁求。读史者所能看到的，是以违约为由而展开的对东方六国连篇累牍的指责。秦始皇声称，韩国"倍约"，赵国"倍盟"，魏国"始约服"而后"谋袭秦"，楚国"畔约"，因此，诸国的灭亡只能是咎由自取，怪不得秦国。

当然，我们不能就此断定，秦国政治理论家们头脑中的"暴乱"一词指的就是违约背盟的行为。先秦时期的"暴乱"一词有其相对固定的含义，可指暴力刑事犯罪、扰乱社会秩序，甚至可能包括以下犯上的武装斗争。《尚书·周书·周官》："司寇掌邦禁，诘奸慝，刑暴乱。"孔安国曰："秋官卿主寇贼法禁，治奸恶，刑强暴作乱者。"[1]《周礼》记载"小行人"一职的权责，其中包括将"悖逆暴乱作慝犹犯令者为一书"[2]。《吕氏春秋·当务》："尧有不慈之名，舜有不孝之行，禹有淫湎之意，汤、武有放杀之事，五伯有暴乱之谋，世皆誉之，人皆讳之，惑也。"[3]《韩非子·奸劫弑臣》："不忍诛罚，则暴乱者不止"。"奸私之臣愈众，而暴乱之徒愈胜"。"夫严刑者，民之所畏也；重罚者，民之所恶也。故圣人陈其所畏以禁其邪，设其所恶以防其奸，是以国安而暴乱不起。"同书《说疑》："舜逼尧，禹逼舜，汤放桀，武王伐纣，此四王者，人臣弑其君者也，而天下誉之。察四王之情，贪得人之意也；度其行，暴乱之兵也。"[4]

除此之外，先秦时期的"暴乱"一词还有另一种用法，具有更为鲜明的政治文化内涵与政治伦理色彩。《韩非子·饰邪》："凡败法之人，必设诈托物以来亲，又好言天下之所希有，此暴君乱主之所以惑

---

[1] 阮元校刻《十三经注疏》，第235页。
[2] 同上书，第894页。
[3] 许维遹：《吕氏春秋集释》，中华书局2009年版，第250—251页。
[4] 王先慎：《韩非子集解》，中华书局1998年版，第104、105、406—407页。

也，人臣贤佐之所以侵也。"① 所谓"暴君乱主"，就是对另一种"暴乱"的恰当注解。《墨子·非儒》："意暴残之国也，圣将为世除害，兴师诛罚，胜将因用儒术令士卒曰：'毋逐奔，掎函勿射，施则助之胥车。'暴乱之人也得活，天下害不除。"② 所谓"暴乱之人"实即"暴残之国"、暴残之君，实际语境中，被贴上这一标签的常常是桀纣。如《吕氏春秋·先识》："夏太史令终古出其图法，执而泣之。夏桀迷惑，暴乱愈甚，太史令终古乃出奔如商。"③《韩非子·五蠹》："近古之世，桀、纣暴乱，而汤、武征伐。"如果诸侯有类似行为，亦可视为"暴乱"，如《韩非子·难二》："（晋）献公没，惠公即位，淫衍暴乱，身好玉女，秦人恣侵，去绛十七里"④，意谓晋惠公"暴乱"。

至于"暴乱"具体是对何种政治行为的评价，如果对传统中国的政治伦理有所了解，这个问题便不难回答。《韩非子·难势》："桀、纣为高台深池以尽民力，为炮烙以伤民性，桀、纣得乘四行者，南面之威为之翼也。使桀、纣为匹夫，未始行一而身在刑戮矣。势者，养虎狼之心，而成暴乱之事者也，此天下之大患也。"⑤ 很明显，所谓"暴乱"，是就统治者"尽民力""伤民性"而言的，其立论的基点在于具有民本色彩的政治理念。这与起于民间、下级的"暴乱"相比，大异其趣。

由于"暴乱"一词在先秦时代具有上层与下层的两种内涵，秦始皇在诏书中使用该词，便不一定仅仅表现某一种政治思维。笔者推测，秦始皇可能有这样的心态：首先，他并没有将东方六国视为地位平等的政治实体，而是以居高临下的姿态，认为由秦国来主导政局发展、塑造未来的国家秩序是天经地义的事情，那些不甘服从的挑战者，在秦始皇看来，就是以下犯上，属于"暴乱"之流。其次，他知道指责六国"暴乱"是建构政权合法性的捷径，但是，在他心目中，究竟何为"暴乱"，什么行径称得上"暴乱"，择取什么样的"暴乱"行径写进

---

① 王先慎：《韩非子集解》，第127页。
② 孙诒让：《墨子间诂》，中华书局2001年版，第295页。
③ 许维遹：《吕氏春秋集释》，第395页。
④ 王先慎：《韩非子集解》，第442、368页。
⑤ 同上书，第390页。王先慎曰："'四'当作'肆'。'肆行'，即指尽民力伤民性言。"

诏书中，似乎是令人犹疑的事情。从初并天下诏的最终文本来看，再考虑到秦人居高临下的政治心态，秦始皇视违约背盟为六国"暴乱"的表现之一，并不是没有可能。至于六国君主如何失德，如何丧失上天庇佑，如何丧失民意支持，通常而言，本应当是论述六国"暴乱"时大书特书的，然而，秦始皇及其理论家们的关注焦点显然不在此处。

为什么初并天下诏执约以责，却忽视了对天意、民心为基点的传统政治道义的论述？这便是本文的核心问题。

## 二 约盟的异化：初并天下诏执约以责的历史背景

秦始皇执约以责，理论建设采取这样的模式，以后世的眼光看来，并不高明，甚至显得有些笨拙。不过，放在战国时代的特定历史环境中，秦始皇的做法自有其缘由。要理解这一点，我们应当关注约誓会盟在战国政局演进过程中所扮演的角色。

有学者在对先秦会盟活动进行统计之后指出，春秋时代是会盟约誓行为发生的高峰期，战国时代，会盟"发生的次数与地位日益下降"，共有41次。即便如此，战国时代会盟的发生频次仍然存在极为明显的阶段性差异：第一个阶段是"公元前468年至公元前362年。百年内仅有2次会盟的记载，会盟处于低潮期"。第二个阶段是"公元前361年至公元前255年。这一时期，以公元前361年秦孝公即位变法、谋霸诸侯为导火索，会盟次数出现小高潮，41次有记载的会盟中37次发生于这个时期"。第三个阶段是"公元前254年至公元前221年。这一时期，会盟见于史册的有2次"。[①]

上述统计或许在分期以及完备程度上存在值得商榷之处[②]，但从统

---

① 吕亚奇：《先秦会盟与政治秩序的交互性建构》，硕士学位论文，华东理工大学，2014年，第26、29页。

② 比如第二阶段的起始时间定在秦孝公任用商鞅变法的公元前361年，就值得商榷。李伟山在讨论战国会盟时即以公元前334年为节点，原因在于此年魏、齐于徐州相王，否定了周天子的共主地位，与春秋及战国前期打着"尊王攘夷"旗号的会盟相比，此次会盟发生了质变。参见李伟山《论东周会盟争霸的发展演变》，《贵州社会科学》2008年第7期。笔者以为，如果这个看法能够成立，那么，对战国会盟进行统计时，以公元前334年为时间节点，或许更为合理。

计结果当中大体可以感觉到，会盟约誓对战国政治局势的演进并不是无足轻重的。第二阶段是合纵连横的极度活跃期，会盟大量发生于这个阶段，绝非偶然。正如有的学者所言："秦、齐打破七强并立局面后，战国会盟开始向合纵、连横演变，并一直持续到战国末。"① 也就是说，合纵连横的策略得以实现，很大程度上就是依赖于大批策士游走于列国之间进行的约会盟誓活动。

据记载，苏秦曾在赵王面前表达了对合纵约盟的设想："故窃为大王计，莫如一韩、魏、齐、楚、燕、赵，六国从亲以畔秦，令天下之将相相与会于洹水之上，通质，刑白马以盟之。约曰……诸侯有先背约者，五国共伐之。"② 对于此事，主张连横的张仪亦曾提及："合从者，一天下约为兄弟，刑白马以盟于洹水之上，以相坚也。"③ 由此推测，合纵策略应当是在经过庄重的约盟仪式后方才得到了落实。

合纵局面形成后，对于主张连横策略的国度及策士而言，为达到分离合纵诸国的目的，往往也诉诸约盟，只不过是以新盟冲击旧约而已。比如秦国为拆散齐、楚同盟，许诺割商于之地六百里给楚国，楚国最终在利益的诱惑下，与齐国断交，便是一个有名的例子。在合纵连横大行其道的战国时代，类似的事件屡见不鲜，无须繁文征引。笔者在这里要着意强调的是，合纵连横时代的约盟已丧失了原有的内核。有学者说："盟誓以守信为本"④，还有学者认为，"人类对于神灵的崇拜和敬畏心情，正是盟誓行为发生的原动力"，而"战国中后期开始，随着各国律制和法令的酝酿和形成"，"盟誓曾经具有的维持社会秩序的作用完全丧失了"⑤。

当盟誓行为"信""敬畏"的精神内核丧失之后，盟誓不再能够达到先前的积极效果，这是必然的。但战国政治生活中仍然离不开它，有

---

① 张二国：《先秦时期的会盟问题》，《史学集刊》1995 年第 1 期。
② 诸祖耿：《战国策集注汇考（增补本）》，凤凰出版社 2008 年版，第 941 页。
③ 同上书，第 1168 页。
④ 田兆元、罗珍：《论盟誓制度的伦理与孔子信义学说的形成》，《湖北民族学院学报》（哲学社会科学版）2006 年第 6 期。
⑤ 吕静：《中国古代盟誓功能性原理的考察——以盟誓祭仪仪式的讨论为中心》，《史林》2006 年第 1 期。

## 秦统一的进程与意义

学者说,"春秋霸主的盟约还有其相对的神圣性,而战国诸侯的'人质'便成了危机的标帜了"①,事实诚然如此。不过,从另外的角度观之,战国诸侯面对盟约的信用危机,所采用的应对办法是以互派质子为方式的改进策略,而非彻底放弃盟约,这正说明盟约在当时仍有不小的市场。只是此时的约盟行为的政治功用与之前相比有所变化。如果说春秋时代的约盟是实现霸主梦想的工具、手段的话,那么,进入战国时代,约盟的工具特征已臻于极致。

春秋时代齐鲁会盟之时,鲁臣曹沫在仪式当中以匕首胁迫齐桓公答应归还原本属于鲁国的土地。事后桓公"欲倍其约",管仲曰:"不可。夫贪小利以自快,弃信于诸侯,失天下之援,不如与之。"桓公从之。②对这段历史典故,即便是在战国末年兵强为雄的政治语境中,仍有人感叹道:"凡人主必信。信而又信,谁人不亲?""夫九合之而合,壹匡之而听,从此生矣。"③ 的确,在春秋时代打着尊王攘夷旗号以谋求霸权的潮流之中,约盟虽是一种政治工具,但信义的内核往往不可或缺。战国时代则不然,信义被抽离,盟约大多数以精心算计的赤裸裸的利益交换为内容。在这个"谋略外交""实力外交"甚嚣尘上的历史阶段,"一定情况下,盟约可以信守,如实力对比变化,径加推翻也无不可"④。

《战国策·秦策四》:"楚魏战于陉山,魏许秦以上洛,以绝秦于楚。"秦国如约,但魏国胜楚后便反悔。于是"秦责赂于魏,魏不与",策士营浅建议秦王作出复与楚约和的姿态,以此恫吓魏王。"魏王闻之,恐,效上洛于秦。"此例中的约盟之所以成立,是以土地交易为要

---

① 侯外庐、赵纪彬、杜国庠:《中国思想通史》(第一卷),人民出版社1957年版,第637页。
② 《史记》卷86《刺客列传》,第2515、2516页。
③ 许维遹:《吕氏春秋集释》,第535、538页。
④ 阎步克:《春秋战国时"信"观念的演变及其社会原因》,《历史研究》1981年第6期。生活在战国末年的荀子曾主张:"刑赏已、诺,信乎天下矣,臣下晓然皆知其可要也。政令已陈,虽睹利败,不欺其民;约结已定,虽睹利败,不欺其与。如是,则兵劲城固,敌国畏之,国一綦明,与国信之,虽在僻陋之国,威动天下,五伯不是也。"见王先谦《荀子集解》,中华书局1988年版,第205页。荀子强调遵守约结、保守信义对于政治成功的重要性,但这只是思想家的一厢情愿而已,并不代表战国时代现实政治的主流。

件的。而违约抑或守约，完全是在对敌我双方力量进行考量之后进行抉择。又，《魏策四》记载："长平之役，平都君说魏王曰：'王胡不为从？'魏王曰：'秦许吾以垣雍。'平都君曰：'臣以垣雍为空割也！'魏王曰：'何谓也？'平都君曰：'秦、赵久相持于长平之下而无决，天下合于秦，则无赵；合于赵，则无秦；秦恐王之变也，故以垣雍饵王也。秦战胜赵，王敢责垣雍之割乎？'"① 此例中，秦魏之约仍以土地交易为前提，而在策士看来，此约是否能兑现，亦是取决于敌我双方的力量对比。

当然，战国时代也有看似因在意自身信义而守约者，如《魏策三》记载，服务于魏国的策士芒卯建议魏王将"长羊、王屋、洛林之地"献给秦国，以此促成秦魏联合攻齐。秦国先是应允，然而"地入数月而秦兵不下"。芒卯告诫秦王曰："后山东之士，无以利事王者矣！"秦王懔然曰："国有事，未澹下兵也，今以兵从。"十天后，终于发兵。② 从记载来看，策士所谓违约则天下"无以利事王"的恫吓，使秦王感受到了遭遇政治孤立的危险，因而选择如约。但仔细玩味此事始末，再联系山东诸国对秦"虎狼之国"的评价，秦王更担心的恐怕是已经到手的土地在所有权的交割上再起纠纷。因为芒卯的到来显然表明，魏国是绝不甘心吞下秦人单方面违约的苦果的。

约盟在脱离信义内核而沦为权宜为之的逐利策略的过程中，一种以约盟为绝对是非准则的政治思维形成了，只要盟约的内容于己方有利，就执约以责之。至于事情的来龙去脉、是非曲直、前因后果，概不顾念。

秦昭王时代的《诅楚文》记载："昔我先君穆公及楚成王，是戮力同心，两邦若壹，绊以婚姻，袗以斋盟，曰：'世万子孙，毋相为不利。'亲卬丕显大神巫咸而质焉"，"今楚王熊相""不畏皇天上帝及丕显大神巫咸之光列威神，兼倍十八世之诅盟，率诸侯之兵以临加我，欲践伐我社稷，伐灭我百姓"，"遂取吾边城"。"又悉兴其众，张矜意怒，

---

① 诸祖耿：《战国策集注汇考（增补本）》，第367—368、1314页。
② 同上书，第1240—1241页。

饰甲底兵,奋士师以偪吾边境,将欲复其凶迹",于是秦王乃"礼使介老将之以自救也"。①

《诅楚文》大意是说秦楚有盟,楚背盟侵边,秦国有权自卫。这当然是站在秦人的角度看待问题的,实际上,在此之前的秦惠王时代,秦人攻秦岭以南的汉中、巴蜀地区,触动了楚人的利益,这才是导致秦楚交恶的深层次原因。如果秦楚之间确如秦人所言有十八代的盟友关系,那么,最先背约的应是秦人,秦昭王对楚国的诅咒显然是混淆了事情的前因后果。或许在一些战国政治人物看来,违约没有什么值得解释的,也不需要解释。至于为什么要表现出这样颇有些掩耳盗铃意味的态度,其原因并不深奥,欲加之罪,何患无辞?对于实力强大的政治实体而言,指责敌方违犯约定,只是为下一步动作寻找由头而已。至于究竟孰是孰非,本来就不是崇尚诈力的战国列强所关心的。

## 三 暴力合法:初并天下诏的理论基石

先秦时期有"要盟可犯"的说法②,所谓"要盟",即在受到压力的情况下非自愿地订立的盟约。以这个标准而言,韩国"纳地效玺,请为藩臣",赵国"来约盟",魏国"约服入秦",楚国立约割地,显然并非自愿,实际上是迫于秦国施加的巨大政治军事压力,不得已而为之,因此可以视为"要盟"。按照"要盟可犯"的理念,诸国违约在政治道义上无可厚非,而秦国对此完全无视。至于齐国,只不过在生死存亡的关键时刻选择了消极自保的策略,与秦国断绝来往,结果依然被秦人视为罪状。秦国上述作为,说明它根本不承认东方六国有自卫的权利。这是一种强权政治思维,植根于战国时代普遍崇奉暴力的政治文化

---

① 据姜亮夫《秦诅楚文考释——兼释亚驼、大沈久湫两辞》,《兰州大学学报》(社会科学版)1980年第4期。为便于阅读,某些异体字、通假字,根据姜先生的考释意见,径以现今通行字写出。

② 《春秋公羊传》庄公十三年,阮元校刻《十三经注疏》,第2233页。《史记》卷47《孔子世家》记载,孔子去陈适卫,"过蒲,会公叔氏以蒲畔,蒲人止孔子","谓孔子曰:'苟毋适卫,吾出子。'与之盟,出孔子东门。孔子遂适卫。子贡曰:'盟可负邪?'孔子曰:'要盟也,神不听。'"所言与《公羊传》"要盟可犯"的意思相同,只是孔子此言未见于先秦记载。

秦统一合理化宣传策略的形成及改进

氛围之中。对于秦国而言，尤其如此。

司马迁指出："秦杂戎翟之俗，先暴戾，后仁义"①，不过，秦人的政治风格并非一直如此。实际上，在不同的历史条件下，秦人的行为方式会发生一定的变动。顾炎武论及"周末风俗"时曾说："春秋时犹尊礼重信，而七国则绝不言礼与信矣。春秋时犹宗周王，而七国则绝不言王矣。春秋时犹严祭祀，重聘享，而七国则无其事矣。春秋时犹论宗姓氏族，而七国则无一言及之矣。春秋时犹宴会赋诗，而七国则不闻矣。春秋时犹有赴告策书，而七国则无有矣。"② 由此可见，春秋时代的重要特点是重礼，秦国虽杂戎狄之风，在春秋时代亦曾致力于塑造尊礼重信的良好形象。秦穆公与晋国通婚，即便是在两国龃龉的情况下，仍坚持向遭遇饥荒的晋国发粟接济，是其典型表现。

战国时代，政治形势发生了变化，"务在强兵并敌，谋诈用而从衡短长之说起。矫称蜂出，誓盟不信，虽置质剖符犹不能约束也。"③ 对此，亲历战国时代的策士有着更为切身的体会，比如苏秦论战国时代的复杂局面，"约从连衡，兵革不藏，文士并饬，诸侯乱惑。万端俱起，不可胜理"，在这种情况下，文明的、柔性的治理手段都难以奏效："科条既备，民多伪态。书策稠浊，百姓不足。上下相愁，民无所聊。明言章理，兵甲愈起。辩言伟服，战攻不息。繁称文辞，天下不治。舌弊耳聋，不见成功。行义约信，天下不亲。"有鉴于此，刚性的、强力的策略便成为政治成功的必由之路，"于是乃废文任武，厚养死士，缀甲厉兵，效胜于战场。""兵胜于外，义强于内，威立于上，民服于下。今欲并天下，凌万乘，诎敌国，制海内，子元元，臣诸侯，非兵不可。"④

苏秦以雄辩的纵横家语调揭示了以战争为首的强力手段在战国时代的必要性，而曾对秦国政治发生主要影响的法家学说也强调"力"之重要性。商鞅主张将礼乐、孝悌、诚信、仁义等儒家倡导的理念归为

---

① 《史记》卷15《六国年表》，第685页。
② 黄汝成：《日知录集释》，上海古籍出版社2006年版，第749页。
③ 《史记》卷15《六国年表》，第685页。
④ 诸祖耿：《战国策集注汇考（增补本）》，第118、119页。

153

"六虱",在否定柔性教化的基础上,大力颂扬"力"之效能:"国好力,日以难攻;国好言,日以易攻。国以难攻者,起一得十;以易攻者,出十亡百。"① 又言:"故凡明君之治也,任其力,不任其德,是以不忧不劳而功可立也。"② 韩非说:"上古竞于道德,中世逐于智谋,当今争于气力。"③

需要注意的是,战国人物对"力""兵"的合理性的论述并非止步于时势的要求。苏秦在行说时曾援引历史:"昔者神农伐补遂;黄帝伐涿鹿而禽蚩尤;尧伐驩兜;舜伐三苗;禹伐共工;汤伐有夏;文王伐崇;武王伐纣;齐桓任战而伯天下。由此观之,恶有不战者乎?"④ 商鞅解释变法的依据时说:"三代不同礼而王,五伯不同法而霸","治世不一道,便国不法古。故汤武不循古而王,夏殷不易礼而亡。反古者不可非,而循礼者不足多。"⑤ 有学者就此指出:"这仍是以夏、商、周三代之道解释'变法'的合法性,不过逆而用之耳。"而之所以采取这样的论述方式,乃在于"战国时代的各国君主多少都感到需要一套具有历史渊源的理论来强化他们的政治权威的合法性",于是,很多策士便"以'托古'为干禄的手段"⑥。《吕氏春秋·孟秋纪·荡兵》:"古圣王有义兵而无有偃兵","兵所自来者久矣,黄、炎故用水火矣,共工氏固次作难矣,五帝固相与争矣。递兴废,胜者用事。人曰'蚩尤作兵',蚩尤非作兵也,利其械矣。未有蚩尤之时,民固剥林木以战矣,胜者为长。长则犹不足治之,故立君。君又不足以治之,故立天子。天子之立也出于君,君之立也出于长,长之立也出于争。争斗之所自来者久矣,不可禁,不可止,故古之贤王有义兵而无有偃兵。"⑦ 通过这样的论述,传达出生民以来即有兵事、三皇五帝难绝兵事的认识,如此一

---

① 蒋礼鸿:《商君书锥指》,中华书局1986年版,第30页。类似说法又见同书《靳令》:"以力攻者,出一取十;以言攻者,出十亡百。国好力,此谓以难攻;国好言,此谓以易攻。"
② 蒋礼鸿:《商君书锥指》,第66页。
③ 王先慎:《韩非子集解》,第445页。
④ 诸祖耿:《战国策集注汇考(增补本)》,第118页。
⑤ 《史记》卷68《商君列传》,第2229页。
⑥ 余英时:《士与中国文化》,上海人民出版社2003年版,第65、33页。
⑦ 许维遹:《吕氏春秋集释》,第157—159页。

来，战国时代兵强为雄的政治规则便拥有了历史合理性。

无论是现实需要，抑或历史传统，均局限于人事范畴的论证。而《吕氏春秋》实际上还有更深层次的思考。《孟秋纪》曰："孟秋之月，日在翼，昏斗中，旦毕中。其日庚辛，其帝少皞，其神蓐收，其虫毛，其音商，律中夷则，其数九，其味辛，其臭腥，其祀门，祭先肝。凉风至，白露降，寒蝉鸣，鹰乃祭鸟。始用刑戮。""是月也，以立秋。先立秋三日，大史谒之天子，曰：'某日立秋，盛德在金。'天子乃斋。立秋之日，天子亲率三公九卿诸侯大夫以迎秋于西郊。还，乃赏军率武人于朝。天子乃命将帅选士厉兵，简练桀俊；专任有功，以征不义；诘诛暴慢，以明好恶，巡彼远方。"① 有学者指出，《吕氏春秋》思考问题的方式是"根据人们从天文季节的迁移与地下物候的变迁中得来的联想，将'天'与'地'的某些现象挪移到'世道'与'人道'之中，以天地的变化为不言自明的依据，论证人世中个人与社会的道理"②。这样的论证思路，无疑是在人事之外，为人君用兵、重兵的行事方式找到了以天地之道、自然之理为标榜的终极理论支撑。

暴力的合理性在现实需要、历史传统、天地自然之理等方面得到全方位论证的情况下，秦人以违约为借口，"蛮横"地剥夺东方诸国的自卫权，也就具备了一定的理论基础，最低限度，也会减轻不少的罪恶感。

## 四 振救黔首：秦政权合理化论述的改进

对政权存在合理性的追寻，历代有之。不过，有学者指出，随着时代发展，执政者、理论家们的论证思路曾发生变化。"自秦汉以来，确立皇权合法性和权威性的手段主要有四种，一是符谶，二是德运，三是封禅，四是传国玺"，而到了宋代，"宋儒以道德批评的新规则取而代

---

① 许维遹：《吕氏春秋集释》，第154—156页。
② 葛兆光：《中国思想史》（第一卷），复旦大学出版社2013年版，第218页。

之"①。此说自是卓识，但需要注意的是，它只是强调政权合理性论证思路的侧重点在宋代发生转移了，并不是说自宋代开始，理论建设者方才体会到政治道德批评在论证权力合理性时的重要功用。

前已言及，《尚书》记载的三代更替已经高扬天意民心的旗帜，体现出对暴君乱主的严厉谴责。秦始皇虽然在政治理论建设上标榜六国"暴乱"，只是习得传统政治文化的皮毛，未得其精髓，但我们注意到，秦始皇的先祖也曾有过以敌国国君内政失德无道为理由而兴兵征讨的先例。《诅楚文》曰："今楚王熊相康回无道，淫失甚乱，宣奢竞纵"，"暴虐不辜，刑戮孕妇，幽刺亲戚，拘圉其叔父，置诸冥室椟棺之中"，即是其例。而统一前夜成书的《吕氏春秋》曾对战国诸侯纷争发表了这样的看法："当今之世，浊甚矣。黔首之苦，不可以加矣。天子既绝，贤者废伏，世主恣行，与民相离，黔首无所告诉。世有贤主秀士，宜察此论也，则其兵为义矣，天下之民且死者也而生，且辱者也而荣，且苦者也而逸。"② 此处所谓的"兵为义矣"，与初并天下诏的内涵存在明显差异。初并天下诏简单地以讨伐违约者为义，而《吕氏春秋》先认定列国"世主恣行，与民相离"，导致"黔首之苦，不可以加"。如果有人能够解民倒悬，则为义兵。

不仅如此，《吕氏春秋》还进一步提出，占据拯救万民于水火的政治道义的制高点，对于谋求霸权十分重要。《孟秋纪·怀宠》曾设身处地为有志征伐者草拟了一份檄文："兵之来也，以救民之死。子之在上无道，据傲荒怠，贪戾虐众，恣睢自用也，辟远圣制，警丑先王，排訾旧典，上不顺天，下不惠民，征敛无期，求索无厌，罪杀不辜，庆赏不当。若此者，天之所诛也，人之所仇也，不当为君。今兵之来也，将以诛不当为君者也，以除民之仇而顺天之道也。"③ 这篇典范性檄文先通过列举种种导致天怒民怨的罪行，将敌国君主定位于不义，以此建构己方吊民伐罪的正义性。

---

① 刘浦江：《"五德终始"说之终结——兼论宋代以降传统政治文化的嬗变》，《中国社会科学》2006 年第 2 期。
② 许维遹：《吕氏春秋集释》，第 162 页。
③ 同上书，第 172—173 页。

按理说，《吕氏春秋》由吕不韦召集门客编成，吕氏又是对秦国历史施加很大影响的人物，秦廷君臣从《吕氏春秋》中提取理论资源来论证秦兼天下的正当性，本属近水楼台之事。但历史却不是这样，初并天下诏根本没有奉天承运、解民倒悬的意思。何以如此？嬴政对吕氏的清算或许是一个因素，不过，笔者更愿意相信，秦执政者受制于自身的政治实践以及战国时代高尚诈力的基本社会氛围，这才使得他们的理论建设还显得比较机械，没有很好地粉饰暴力统一的实情。在统一局面既定之后，不同政治主体反复进行利益较量的会盟活动不再有市场，而用兵方向在南北两边，总体上看，武力的应用力度已大为收敛。伴随着整体局势由行武转向守文，秦统一理论建设的思路发生调整，是可以想见的，而事实也的确如此。

就在议定帝号之后不久，发生了郡县制与分封制的争论。始皇曰："天下共苦战斗不休，以有侯王。赖宗庙，天下初定，又复立国，是树兵也，而求其宁息，岂不难哉！"所谓"天下共苦战斗不休"，已经透露出以民心为基准来考虑国家制度建设的走向。几年后，秦廷君臣开始直斥六国君主不道，以此表明己方乃是为百姓福祉而战。如始皇二十九年（前218）东巡刻石："六国回辟，贪戾无厌，虐杀不已。皇帝哀众，遂发讨师，奋扬武德。义诛信行，威燀旁达，莫不宾服。烹灭强暴，振救黔首，周定四极。普施明法，经纬天下，永为仪则。大矣哉！"①三十七年（前210）刻石："六王专倍，贪戾慠猛，率众自强。暴虐恣行，负力而骄，数动甲兵。阴通间使，以事合从，行为辟方。内饰诈谋，外来侵边，遂起祸殃。义威诛之，殄熄暴悖，乱贼灭亡。"②统一之后的纪功刻石一再指责六国君主"贪戾""虐杀""暴虐"，使用这类价值评判极为鲜明的字眼进行挞伐，与执着于"倍约""倍盟"却将六国"暴乱"虚悬一格的初并天下诏相比，其政治宣传的旨趣显然发生了变化。

毋庸讳言，秦王朝政治宣传的新气象，根本意图在于说明吞灭六国

---

① 《史记》卷6《秦始皇本纪》，第239、249页。
② 同上书，第261—262页。

是应天顺民的。三十二年（前215）刻石曰："遂兴师旅，诛戮无道，为逆灭息。武殄暴逆，文复无罪，庶心悦服。"所谓"庶心悦服"，即意在点明统一战争得到了民众的支持。对此，汉人贾谊大体认同："秦并海内，兼诸侯，南面称帝，以养四海，天下之士斐然乡风，若是者何也？曰：近古之无王者久矣。周室卑微，五霸既殁，令不行于天下，是以诸侯力政，强侵弱，众暴寡，兵革不休，士民罢敝。今秦南面而王天下，是上有天子也。既元元之民冀得安其性命，莫不虚心而仰上"。[1]然而，事实或许并非如此。据《战国策》记载，春申君曾对秦昭王说："王既无重世之德于韩、魏，而有累世之怨焉！夫韩、魏父子兄弟接踵而死于秦者，百世矣。本国残，社稷坏，宗庙隳，刳腹折颐，首身分离，暴骨草泽，头颅僵仆，相望于境，父子老弱系虏相随于路，鬼神狐祥无所食。百姓不聊生，族类离散，流亡为臣妾，满海内矣。韩、魏之不亡，秦社稷之忧也。"[2]而战国末年"楚虽三户，亡秦必楚"的说法似乎也表明，六国对秦统一战争的敌对情绪比较强烈。

由此看来，秦人政治宣传的新思维实属自欺欺人。况且，秦代执政者唯指摘六国暴虐无道，自身却没有吸取教训，最终导致政权覆灭，这个历史结局也表明，秦朝执政者只是将以仁德、民本为内容的政治宣传功利化、工具化、权宜化，对政治道义真正而深入的思索，尚付之阙如。

## 结语

尽管存在缺陷，但由秦人改进的政治宣传策略还是被后世继承了。远的不说，楚汉之际的刘邦与项羽决裂时，老者董公遮说汉王曰："臣闻'顺德者昌，逆德者亡'，'兵出无名，事故不成'。故曰：'明其为贼，敌乃可服。'项羽为无道，放杀其主，天下之贼也。夫仁不以勇，义不以力，三军之众为之素服，以告之诸侯，为此东伐，四海之内莫不

---

[1] 《史记》卷六《秦始皇本纪》，第283页。
[2] 诸祖耿：《战国策集注汇考（增补本）》，第380—381页。

仰德。此三王之举也。"① 随后，刘邦为义帝发丧，发使者告诸侯曰："天下共立义帝，北面事之。今项羽放杀义帝于江南，大逆无道。寡人亲为发丧，诸侯皆缟素。悉发关内兵，收三河士，南浮江汉以下，愿从诸侯王击楚之杀义帝者。"② 通过"明其为贼"的方式，刘邦占据了政治道义的制高点。而刘邦即位时，功臣联名上疏曰："先时秦为亡道，天下诛之。大王先得秦王，定关中，于天下功最多。存亡定危，救败继绝，以安万民，功盛德厚。""大王德施四海，诸侯王不足以道之，居帝位甚实宜，愿大王以幸天下。"刘邦讨巧地说："诸侯王幸以为便于天下之民，则可矣。"③ 又以"安万民""便于天下之民"为由登上了帝位。

汉代以后，以天意民心为由头，几乎成为改朝换代政治宣传的定式。这种情形或许正如有学者所指出的，虽然秦王朝行政的特征"与儒学理想的'德治'相距甚远"，但"秦王朝作为第一个'大一统'的专制主义政权，因'秦德'宣传所肇始的政治虚荣、政治伪装、政治欺骗的风气，传递千百年而成为一种传统。"④

（原载《人文杂志》2015 年第 11 期）
（陕西师范大学历史文化学院）

---

① 《汉书》卷 1 上《高帝纪上》，中华书局 1962 年版，第 34 页。
② 《史记》卷 8《高祖本纪》，第 370 页。
③ 《汉书》卷 1 上《高帝纪上》，第 52 页。
④ 王子今：《"秦德"：秦汉社会政治意识考察的一个标本》，《秦汉社会意识研究》，商务印书馆 2012 年版，第 23 页。

# 秦始皇"议帝号"诏评议

曾 磊

一

秦王政二十六年（前221），39岁的秦王嬴政终于平灭六国，完成了帝国的一统。《史记》在记录秦灭六国后的第一件事，即是秦始皇与群臣议帝号之举。《秦始皇本纪》载：

> 秦初并天下，令丞相、御史曰："异日韩王纳地效玺，请为藩臣，已而倍约，与赵、魏合从畔秦，故兴兵诛之，虏其王。寡人以为善，庶几息兵革①。赵王使其相李牧来约盟，故归其质子。已而倍盟，反我太原，故兴兵诛之，得其王。赵公子嘉乃自立为代王，故举兵击灭之。魏王始约服入秦，已而与韩、赵谋袭秦，秦兵吏诛，遂破之②。荆王献青阳以西，已而畔约，击我南郡，故发兵

---

① 崔适以为"寡人以为善，庶几息兵革"一句当在"赵王使其相李牧来约盟"之后（崔适著，张烈点校：《史记探源》，中华书局1986年版，第55页）。泷川资言则以为此句当在"请为藩臣"之后（司马迁撰，[日] 泷川资言考证，[日] 水泽利忠校补：《史记会注考证附校补》卷6，上海古籍出版社1986年版，第159页下）。

② 《史记会注考证》："张文虎曰：'"诛遂"疑衍。'李笠曰：'下文"故发兵诛得其王"与此同。诛字断句。诛，谓声其罪而伐之。张说未确。'"（司马迁撰，[日] 泷川资言考证，[日] 水泽利忠校补：《史记会注考证附校补》卷6，第159页下）王叔岷《史记斠证》卷6："案张说较胜。此本作'秦兵吏遂诛破之。'下文'兵吏诛灭其国。''兵吏诛虏其王。'《考证》并从诛字断句，非。'诛破'连文，与'诛灭''诛虏'连文同例。《说文》：'诛，讨也。'"（王叔岷：《史记斠证》卷6，中华书局2007年版，第200页）

诛，得其王，遂定其荆地。燕王昏乱，其太子丹乃阴令荆轲为贼，兵吏诛，灭其国。齐王用后胜计，绝秦使，欲为乱，兵吏诛，虏其王，平齐地。寡人以眇眇之身①，兴兵诛暴乱，赖宗庙之灵，六王咸伏其辜，天下大定。今名号不更，无以称成功，传后世。其议帝号。"丞相绾、御史大夫劫、廷尉斯等皆曰②："昔者五帝地方千里，其外侯服夷服，诸侯或朝或否，天子不能制。今陛下兴义兵，诛残贼③，平定天下，海内为郡县，法令由一统，自上古以来未尝有，五帝所不及④。臣等谨与博士议曰：'古有天皇，有地皇，有泰皇，泰皇最贵。'臣等昧死上尊号，王为'泰皇'。命为'制'，令为'诏'，天子自称曰'朕'⑤。"王曰："去'泰'，著'皇'，采上古'帝'位号，号曰'皇帝'。他如议。"制曰："可。"⑥

一些学者认为，司马迁在此处记载"议帝号"之事是极具深意的。李景星《史记评议》说，《史记》"书初并天[下]令，记其成功"等事，"随笔插叙，不繁不简，各得其宜。"又说："（《秦始皇本纪》）开首'欲以并天下'五字，已提动通篇。灭六国后，又特书'秦初并天下'，与此处作收应，机局最灵，而意旨亦最显。"⑦ 牛运震《空山堂史记评注》亦以为，"特书'秦初并天下'与篇首'欲以并天下'作收应，此一篇大关键也。"⑧

---

① 泷川资言指出，"以眇眇之身"本自《尚书·顾命》，"遂为后世制诏套语。"（司马迁撰，[日]泷川资言考证，[日]水泽利忠校补：《史记会注考证附校补》卷6，第160页上）
② 王叔岷案："《书钞》三二引'皆'作'奏'。"（王叔岷：《史记斠证》卷6，第200页）
③ 王叔岷案："《书钞》'诛'下有'戮'字。"（王叔岷：《史记斠证》卷6，第200页）
④ 王叔岷案："《书钞》引'有'下有'之'字，'不及'下有'也'字。"（王叔岷：《史记斠证》卷6，第200页）
⑤ 王叔岷案："《御览》引'曰'作'为'，义同。"（王叔岷：《史记斠证》卷6，第200页）另，里耶秦简"秦更名方"载："以王令曰［以］皇帝诏""承［命］曰承制""受（授）命曰制""□命曰制。"参见陈伟主编《里耶秦简牍校释（第1卷）》，武汉大学出版社2012年版，第156页。
⑥ 《史记》卷6《秦始皇本纪》，中华书局1959年版，第235—236页，又见2013年修订本，第299—300页。
⑦ 李景星著，陆永品点校：《史记评议》，上海古籍出版社2008年版，第98页。
⑧ （清）牛运震撰，崔凡芝校释：《空山堂史记评注校释》卷1，中华书局2012年版，第40页。

秦统一的进程与意义

还有学者对诏书中体现的秦代文风赞叹不已。吴见思《史记论文》以为《秦始皇本纪》"载诸诏书、石刻、奏辞，俱极古雅浑朴，足为篇中生色"。① 牛运震指出，"《初并天下令》不过二百余字，而跌顿遒拗，中有无数波澜曲折，朴浑之气，雄武之态，森动如生。"② 凌稚隆《史记纂》引茅鹿门曰："次六国罪案如掌，与项羽定诸侯而自立西楚霸王约，文并宕逸。"③ 明江用世辑《史评小品》卷七《秦项》引明瑞评论："荆轲固是剑术不精，始皇良自天命，岂可杀也。即无论生平，只二三诏令，非盖世之雄能哉。"他评论秦始皇"议帝号"和"议置诸侯不便"之语说："只数言，宛转曲折，简尽而荡气直吞天地古今。彼之荡扫群雄，诬灭千百圣而自为制，有以也。"④ 清史珥《四史勘说》卷一又说："秦初并天下令御史、丞相文，不过二百许语，用'已而'者四，用'乃'、用'遂'者各二，便觉声状俱出，姿质横生。"⑤ 清姚苎田的《史记菁华录》所录第一篇文字，即是"议帝号"诏，其眉批又载："先儒谓：秦时诏令，杂以吏牍，自是一种文字。然《谟》《诰》之下，汉诏之前，实另具一段精严伟丽光景，此其第一令也。绝不大群。"⑥ 郭嵩焘《史记札记》卷一说："案此诏令御史之文，历叙兼并六国情事，雄直高简，足见鹰扬虎视之概。"⑦ 诸多研究者均注意到此诏，其重要性可见一斑。

侯生、卢生说秦始皇"天性刚戾自用"，"以为自古莫及己"⑧。"皇帝"名号的确立，正是秦始皇"以为自古莫及己"的表现。帝国统治者的威仪，也借此得以确立。蔡邕《独断》将"皇帝"名号释为："皇帝，至尊之称。皇者，煌也。盛德煌煌，无所不照。帝者，谛也。

---

① （清）吴见思著，陆永品点校：《史记论文》，上海古籍出版社2008年版，第13页。
② （清）牛运震撰，崔凡芝校释：《空山堂史记评注校释》卷1，第41页。
③ （汉）司马迁著，（明）凌稚隆编纂，马雅琴整理：《史记纂》卷1，商务印书馆2013年版，第12页。
④ （明）江用世辑：《史评小品》卷7《秦项》，明末刻本。
⑤ （清）史珥：《四史勘说》，清乾隆二十九年清风堂刻本。
⑥ 司马迁原著，姚苎田节评，王兴康、周旻佳标点：《史记菁华录》卷1，上海古籍出版社1988年版，第1页。
⑦ （清）郭嵩焘：《史记札记》卷1，商务印书馆1957年版，第40页。
⑧ 《史记》卷6《秦始皇本纪》，第258页，修订本第324、325页。

能行天道，事天审谛，故称皇帝。"① 秦始皇曾在不同的文字载体反复宣传自己立号为"皇帝"之事。如秦始皇二十六年（前221）法度量诏：

> 廿六年，皇帝尽并兼天下诸侯，黔首大安，立号为"皇帝"，乃诏丞相状、绾："法度量，则不壹。歉疑者，皆明壹之。"②

这样的做法在秦二世即位后还在不断强化，秦二世元年（前209）诏载：

> 元年制诏丞相斯、去疾："法度量，尽始皇帝为之，皆有刻辞焉。今袭号而刻辞不称始皇帝，其于久远也如后嗣为之者，不称成功盛德。刻此诏故刻左，使毋疑。"③

颁布以上诏书的目的，除了"法度量，则不壹"之外，还特别强调"皇帝"之名，确立帝国权威的意味非常强烈。秦刻石亦反复强调"皇帝"的正统性与合法性。如秦始皇二十八年（前219）峄山刻石：

> 皇帝立国，维初在昔，嗣世称王。讨伐乱逆，威动四极，武义直方。
> 乃今皇帝，壹家天下，兵不复起。④

二十八年（前219）泰山刻石：

---

① （汉）蔡邕：《独断》卷上，清文渊阁四库全书本。下文所引《独断》均本此，以下不再注出。
② 孙慰祖、徐谷甫编著：《秦汉金文汇编》，上海书店出版社1997年版，第29—30页，图版31。此诏断句的最新研究成果见熊长云《释"法度"与"量则"——再读秦始皇廿六年诏书》，待刊。
③ 孙慰祖、徐谷甫编著：《秦汉金文汇编》，第29—30页，图版31。
④ 峄山刻石文字《史记》未载，此据西安碑林博物馆藏宋郑文宝重刻本，此刻据南唐徐铉摹本刊刻。

秦统一的进程与意义

  皇帝临位，作制明法，臣下修饬。
  皇帝躬圣，既平天下，不懈于治。①

二十八年（前219）琅琊刻石：

  维二十八年，皇帝作始。
  皇帝之功，勤劳本事。
  应时动事，是维皇帝。
  皇帝之明，临察四方。
  皇帝之德，存定四极。
  六合之内，皇帝之土。
  维秦王兼有天下，立名为皇帝，乃抚东土，至于琅琊。
  今皇帝并一海内，以为郡县，天下和平。昭明宗庙，体道行德，尊号大成。②

二十九年（前218）之罘刻石：

  皇帝东游，巡登之罘，临照于海。
  皇帝哀众，遂发讨师，奋扬武德。③

二十九年（前218）东观刻石：

  维二十九年，皇帝春游，览省远方。
  皇帝明德，经理宇内，视听不怠。④

三十二年（前215）碣石刻石：

---

① 《史记》卷6《秦始皇本纪》，第243页，修订本第308页。
② 同上书，第245、246、247页，修订本第310、311、312页。
③ 同上书，第249页，修订本第315页。
④ 同上书，第250页，修订本第316页。

皇帝奋威，德并诸侯，初一泰平。①

三十七年（前210）会稽刻石：

皇帝休烈，平一宇内，德惠修长。②

秦刻石的目的是"颂秦德，明得意"③，所颂之"秦德"，其实就是"皇帝功德"④，所明之"得意"，亦是始皇帝"主之得意"⑤。

《史记索隐》"述赞"记录秦始皇功绩时有"并一天下，号为始皇"之句⑥。历代对秦始皇功绩的评价，许多都涉及对皇帝名号的讨论。《朱子语类》卷一三四载："秦之法，尽是尊君卑臣之事，所以后世不肯变。且如三皇称'皇'，五帝称'帝'，三王称'王'，秦则兼'皇帝'之号。只此一事，后世如何肯变！"⑦ "皇帝"之号恰与秦法"尊君卑臣之事"相适应，也极合后世统治者胃口。朱熹"后世如何肯变"之语，可谓中的之论。凌稚隆《史记评林》引丘濬曰："帝王称号之咸，至是无以加矣。盘古以来称皇者三，称帝者五，称王者三。始皇初并天下，自以德兼三皇，功过五帝，乃兼用之。后世袭而称之，而以王封其臣子，遂为万世不可易之制，是亦世变之一初也。"⑧ 帝王的称号在专制帝国体制创立之初，就已经到了"无以加矣"的程度。宋人胡寅对秦始皇"皇帝"的称号则有所非议，其《致堂读史管见》卷一载："古之圣人应时称号，有曰'皇'，曰'帝'，曰'王'而止矣。非帝贬于皇，王贬于帝也。惟不知此义，遂以皇帝为尊称而以自居，以

---

① 《史记》卷6《秦始皇本纪》，第252页，修订本第318页。
② 同上书，第261页，修订本第328页。
③ 同上书，第244页，修订本第309页。
④ 同上书，第247页，修订本第312页。
⑤ 同上书，第2561页，修订本第3090—3091页。
⑥ 同上书，第295页，修订本第365页。
⑦ （宋）黎靖德编，王星贤点校：《朱子语类》卷134，中华书局1986年版，第3218页。
⑧ （明）凌稚隆辑校：《史记评林》卷6，明万历吴兴凌氏自刊本。

秦统一的进程与意义

王为降等而以封其臣子，失之矣。"① 不过，胡寅对"皇""帝""王"的理解显然有所偏颇。吕思勉《秦汉史》说"君""王"之称"皆由来已久，战国时又有凌驾诸王之上者，则称为帝"。他认为"秦人之称帝，盖所以顺时俗，又益之以皇，则取更名号耳。"② 在战国至秦汉的大变动中，专制帝国体制确立后，必须要有一位统治者掌控最高权力。皇帝名号作为"万世不可易之制"，是整个专制集权统治的根本，它从制度上确保了国家机器的正常运转，的确是与"世变"相适应的、"顺时俗"的一大创举。

以上诸家从《史记》的行文结构、文字风格以及对皇帝名号的评议等方面，对"议帝号"诏进行了多方位的讨论。但大家均未注意到"制曰可"这最后三个字。

## 二

"议帝号"诏所载是嬴政与丞相王绾等人的对话。开始是嬴政陈述秦灭六国的原因，随后下令丞相、御史"议帝号"。丞相王绾、御史大夫冯劫、廷尉李斯等与博士商议后上书，建议嬴政称"泰皇"，并更改与嬴政有关的一系列名称。最后嬴政改"泰皇"为"皇帝"，并接受了其余建议。可以说，"王曰"之句结束后，整个对话即已完成。为何其后又多出"突兀"的"制曰可"三个字？难道还有比嬴政更高的文书批示者吗？如果没有，这三个字会不会是衍文呢？

后代文献在引用此条诏书时，大多照录最后"制曰可"三字。但亦有省略者，如吕祖谦《史记详节》卷四引录此诏时，即录至"他如议"结束，未录"制曰可"三字，也许以"制曰可"为衍文而删去③。

---

① 胡寅对秦始皇颇有微词，他又说："凡言不师古而立私义者，未有不以秦为首称。秦焚诗书坑儒士，废谥法，行三族罪、妖言令，以十月为正，后世监之不寻其辙矣。至于兼皇帝之号，用三德之运，坏井田、开阡陌，郡县天下，大作宫室，巡游四出，登山告功，是皆可更改废绝，则自汉以来遵用而未改，是何也？"（胡寅：《致堂读史管见》卷1，宋嘉定十一年刻本）
② 吕思勉：《秦汉史》，上海古籍出版社1983年版，第6页。
③ （汉）司马迁原著，（宋）吕祖谦编纂，周天游导读，完颜绍元整理：《史记详节》卷4，上海古籍出版社2007年版，第71—78页。

166

又如孙楷《秦会要》卷六"上尊号"条,也仅录至"他如议"①。看来,历代学者对"制曰可"三个字的理解并不统一。

牛运震《空山堂史记评注》卷一说"议帝号"诏"上接三代誓语,而下开两汉诏令者也。"② 也有学者指出,"秦代革新先秦文书体例,创立了新的文书制度。而这些革新皆为汉所承袭"。③ 在秦代文献资料有限的情况下,我们或可以通过汉代诏书来窥测秦代诏书的形式。蔡邕《独断》卷上载:

> 诏书者,诏诰也,有三品。其文曰"告某官",官如故事,是为诏书。群臣有所奏请,尚书令奏之,下有"制曰",天子答之曰"可"若"下某官"云云,亦曰诏书。群臣有所奏请,无尚书令奏"制"之字,则答曰:"已奏,如书。"本官下所当至④,亦曰诏。

《独断》所说诏书第二品的格式,与"议帝号"诏最为接近。代国玺认为:

> 诏书第二品,是由皇帝批复章奏文书而形成的。汉代的章奏文书,都要经过尚书台,才能到皇帝手里。一般而言,尚书令在上转之前,会在章奏文书末题"制曰"二字,以俟皇帝批答。这即《独断》所谓"尚书令奏之,下有'制曰'"的涵义。"制曰"是皇帝批答的标志。章奏文书、"制曰"和皇帝的批答三者就构成了诏书第二品。⑤

---

① 《秦会要》卷6"制诰"条中,又节录诏书后半为:"始皇二十六年,丞相绾等与博士议曰:'命为制,令为诏。'王曰:'如议。'制曰:'可。'"此处又载录"制曰可"三字,与"上尊号"条的做法并不一致。参见(清)孙楷著,徐复订补:《秦会要订补(修订本)》,中华书局1959年版,第67—68、71页。
② (清)牛运震撰,崔凡芝校释:《空山堂史记评注校释》,第41页。
③ 代国玺:《汉代公文形态新探》,《中国史研究》2015年第2期,第40页。
④ 按,疑此处"本官下所当至"即是简牍中常见的"承书从事下当用者"。
⑤ 代国玺认为,由于章奏文书所言之事有千般万种,因此皇帝的批答肯定是纷繁多样的……绝不止《独断》所说的"可"或"下某官"而已。参见代国玺《汉代公文形态新探》,第39、40页。马怡认为,经皇帝批复而下的诏书为第二品。此类诏书由两部分组成:前为臣子的奏文,后为皇帝的批复。批复通常在"制曰:可",表示准许;或作"下……(某官)",表示批转某官。与代国玺观点略有不同。参见马怡《汉代诏书之三品》,北京大学中国古代史研究中心编《田余庆先生九十华诞颂寿论文集》,中华书局2014年版,第65—83页。

对于"制曰可",元人方回也指出:"二典都俞吁咈,此古君臣相可否之称也。秦始以天子之命为制,当时秦皇帝口可之,而史官书'制曰'二字也。下文制曰'除谥法','制曰'二字亦史官所书也。"①方回的说法与代国玺对《独断》的理解基本一致,均认为"制曰"二字由侍从官员书写,皇帝只需在奏章批答即可②。而书写"制曰"的侍从官员,当以尚书令为是。

诏书中记录议事内容和过程③,是汉代第二品诏书的习惯做法。如居延汉简"元康五年诏书":

> 御史大夫吉昧死言:丞相相上大常昌书言:大史丞定言:元康五年五月二日壬子日夏至,宜寝兵,大官抒井,更水火,进鸣鸡。谒以闻,布当用者●臣谨案:比原泉御者,水衡抒大官御井,中二=千=石=令官各抒。别火(10·27)
> 
> 官先夏至一日,以除隧取火,授中二=千=石=官在长安、云阳者,其民皆受,以日至易故火。庚戌,寝兵不听事,尽甲寅五日。臣请布。臣昧死以闻。(5·10)
> 
> 制曰:可。(332·26)④

肩水金关"永始三年诏书"也含有议事内容和过程的详细记录:

---

① 方回认为,"制曰可"与"昧死再拜""命为制令为诏""天子自称曰朕"等制度,皆"自秦始"[(元)方回续:《古今考》卷22,清文渊阁四库全书本]。目前所见秦诏,有"昧死言""昧死请"的说法,未见"昧死再拜"之语。

② 需要指出的是,代国玺的说法稍有瑕疵。据《汉书·百官公卿表上》,尚书承自秦官,属少府,但在秦及西汉前期并无尚书台设置。

③ 目前所见第二品诏书中不仅有臣下的章、奏,有的还包括皇帝下令议事的诏书,并不仅是代国玺所说的"章奏文书"。

④ 释文引自谢桂华、李均明、朱国炤《居延汉简释文合校》,文物出版社1987年版,第16、8、522页。简册编排参见[日]大庭脩著《汉简研究》第一篇《册书研究》序章《汉简的文书形态》第五节《册书复原操作实例——元康五年诏书册的复原》,徐世虹译,广西师范大学出版社2001年版,第13—20页。

丞相方进、御史臣光昧死言：

明诏哀闵元=。臣方进、御史臣光：往秋郡被霜，冬无大雪，不利宿麦，恐民☐☒

调有余给不足，不民所疾苦也。可以便安百姓者，问计长吏，守丞条封☒

臣光奉职无状，顿=首=，死=罪=，臣方进、臣光前对问上计，弘农太守丞☐☒

令堪对曰：富民多畜田，出贷☐☐☐移☐

……

郡国九谷最少，可豫稍为调给。立辅预言民所疾苦，可以便宜☒

弘农太守丞立、山阳行太守事湖陵☐☐上谷行大守事

来去，城郭流亡，离本逐末，浮食者浸☐……☒

与县官并税，以成家致富，开并兼之路。阳朔年间☒

治民之道，宜务兴本，广农桑☐☐☐☐

来出贷，或取以贾贩。愚者苛得逐利☐☒

言预可许，臣请除贷钱它物律。诏书到，县、道官得假贷钱☐☐☒

县官还息与贷者，它不可许。它别奏。臣方进、臣光愚憨，顿=首=，死=罪=☒

制：可。☒（74EJF1：1—8[①]）

类似的例子又有悬泉汉简《使者和中所督察诏书四时月令五十条》：

大皇大后诏曰：往者阴阳不调，风雨不时，降农自安，不堇作[劳]，是以数被菑害，

恻然伤之。惟☐帝明王，靡不躬天之历数，信执厥中，钦顺阴阳，敬授民时，

---

[①] 释文据甘肃简牍博物馆、甘肃省文物考古研究所、甘肃省博物馆、中国文化遗产研究院古文献研究室、中国社会科学院简帛研究中心编：《肩水金关汉简（肆）》，中西书局2015年版，第276—277页。

秦统一的进程与意义

□劝耕种，以丰年□，盖重百姓之命也。故建羲和，立四子，……时以成岁，致憙……
其宜□岁分行所部各郡。
（诏条略）
羲和臣秀、和叔[臣]晏等对曰：尽力奉行。
安汉公、[宰衡]、大傅、大司马[莽]昧死言，臣闻帝……【之（?）治天下也。】
□□□□□……
历象日月□……以百工允厘□□□……
[大] 皇大（太）后圣德高明，□……□遭古□□……
序元气以成岁事，将趋□□□□□……□☑
今羲和中叔之官初置，监御史、州牧、闾士……[大]农、农部丞修□□复重。臣谨☑
羲和四子所部京师、郡国、州县，至……岁竟行所不到者，文对……
牒□。臣昧死请。
大　皇大后[制曰]：可。①

悬泉汉简《使者和中所督察诏书四时月令五十条》实际是由两份诏书构成的。第一份诏书是太皇太后的诏书及所颁之月令诏条，其后是羲和臣秀、和叔臣晏等人的奏答。第二份诏书是安汉公王莽的上奏，太皇太后批答为"可"。由此，我们可以将第二品诏书的程式总结为：议事内容和过程＋制曰＋批答。

我们再来看秦代的例子。《史记·秦始皇本纪》所载焚书事件说：

始皇置酒咸阳宫，博士七十人前为寿。仆射周青臣进颂曰……始皇悦。博士齐人淳于越进曰……始皇下其议。丞相李斯曰："五帝不相复，三代不相袭，各以治，非其相反，时变异也。今陛下创

---

① 释文据中国文物研究所、甘肃省文物考古研究所编《敦煌悬泉月令诏条》，中华书局2001年版，第4—8页。

大业，建万世之功，固非愚儒所知。且越言乃三代之事，何足法也？异时诸侯并争，厚招游学。今天下已定，法令出一，百姓当家则力农工，士则学习法令辟禁。今诸生不师今而学古，以非当世，惑乱黔首。丞相臣斯昧死言：

古者天下散乱，莫之能一，是以诸侯并作，语皆道古以害今，饰虚言以乱实，人善其所私学，以非上之所建立。今皇帝并有天下，别黑白而定一尊。私学而相与非法教，人闻令下，则各以其学议之，入则心非，出则巷议，夸主以为名，异取以为高，率群下以造谤。如此弗禁，则主势降乎上，党与成乎下。禁之便。臣请史官非秦记皆烧之。非博士官所职，天下敢有藏《诗》《书》、百家语者，悉诣守、尉杂烧之。有敢偶语《诗》《书》者弃市。以古非今者族。吏见知不举者与同罪。令下三十日不烧，黥为城旦。所不去者，医药卜筮种树之书。若欲有学法令①，以吏为师。"

制曰："可。"②

李斯的奏言在《李斯列传》中亦有记载：

古者天下散乱，莫能相一，是以诸侯并作，语皆道古以害今，饰虚言以乱实，人善其所私学，以非上所建立。今陛下并有天下，别白黑而定一尊。而私学乃相与非法教之制，闻令下，即各以其私学议之，入则心非，出则巷议，非主以为名，异趣以为高，率群下以造谤。如此不禁，则主势降乎上，党与成乎下。禁之便。臣请诸有文学《诗》《书》百家语者，蠲除去之。令到满三十日弗去，黥为城旦。所不去者，医药卜筮种树之书。若有欲学者，以吏为师。③

就文本来看，《李斯列传》的内容更加原始，《秦始皇本纪》则在

---

① 修订本校勘记："王念孙《杂志史记·第一》：'欲有'当作'有欲'。《李斯传》作'若有欲学者'，《通鉴·秦记二》正作'若有欲学法令者'。"
② 《史记》卷6《秦始皇本纪》，第254—255页，修订本第321—322页。
③ 《史记》卷87《李斯列传》，第2546页，修订本第3075页。

秦统一的进程与意义

文辞上进行了修饰。如"莫能相一"作"莫之能一","以非上所建立"作"以非上之所建立","白黑"作"黑白","闻令下"作"人闻令下","非主"作"夸主","异趣"作"异取","不禁"作"弗禁",等等。更重要的是,《李斯列传》中的"陛下"《秦始皇本纪》作"皇帝"。此外,《李斯列传》并未提及焚书,而《秦始皇本纪》则明确要"烧之",并且其所载的具体法令比《李斯列传》更加完备。这说明《李斯列传》记载的很可能是李斯上奏的原文,而《秦始皇本纪》所载则是在李斯奏文基础上的修订。"丞相臣斯昧死言"之后的文字,极可能是录自焚书诏原文。而"制曰可"则是整份诏书的结束。

又如秦二世刻金石诏书:

  皇帝曰:"金石刻尽始皇帝所为也。今袭号而金石刻辞不称始皇帝,其于久远也如后嗣为之者,不称成功盛德。"丞相臣斯、臣去疾、御史大夫臣德昧死言:"臣请具刻诏书刻石,因明白矣。臣昧死请。"
  制曰:"可。"①

此诏首先载录了秦二世的诏书,其后又载李斯等人的奏请,最后是秦二世的批答。可见,焚书诏、秦二世刻金石诏的程式与汉代第二品诏书相同,均为议事内容和过程 + 制曰 + 批答。

"议帝号"诏正符合第二品诏书的程式。诏书中的"令丞相、御史曰""丞相绾、御史大夫劫、廷尉斯等皆曰""臣等谨与博士议曰""王曰"等内容均是议帝号的具体过程。其后是"制曰"和皇帝的批答。《秦始皇本纪》抄录了"议帝号"诏的全部内容,包括最后的"制曰可"。②由此看来,"议帝号"诏中"突兀"的"制曰可"并不是衍文。

"议帝号"诏中还有一些值得玩味之处。诏书中秦王叙述平灭六国

---

① 《史记》卷6《秦始皇本纪》,第267页,修订本第335页。
② 韩兆琦认为,"从'令丞相、御史曰'至'他如议',是由丞相、御史等共同起草的一个文件,其中记载了帝王与诸臣讨论该问题的过程;文件形成后,交由帝王审批,'制曰可'中的'可'字,即帝王最后在该文件上的批语,犹如清代皇帝朱批的所谓'知道了'。"(韩兆琦编著:《史记笺证》,江西人民出版社2004年版,第438—439页)按,"可"字有批准之意,与"知道了"并不能等同。

原因的部分，牛运震称之为《初并天下令》，是与嬴政"令丞相、御史曰"之"令"相对应。此时"议帝号"诏尚未形成，"令"字的使用十分准确。此诏颁布之前，《秦始皇本纪》中除篇首几句介绍秦始皇身世的文字和秦王政十八年（前229）"始皇帝母太后崩"一句特例之外，皆称嬴政为"秦王"。在"议帝号"诏中，嬴政仍被称作"王"。但在《秦始皇本纪》"议帝号"诏之后的文字中，皆称嬴政为"始皇"。实际上，在颁布"议帝号"诏的同时，其中的规定即已经生效。因此，诏书最后的批答之处，已经改用"制曰"一词。在其后的"除谥法"诏中，也使用了"制曰"一词。此外，"议帝号"诏中嬴政仍自称"寡人"，紧随其后的"除谥法"诏，也已改称为"朕"：

> 制曰："朕闻太古有号毋谥，中古有号，死而以行为谥。如此，则子议父，臣议君也，甚无谓，朕弗取焉。自今已来，除谥法。朕为始皇帝。后世以计数，二世三世至于万世，传之无穷。"①

可见，"议帝号"诏中的规定，立即得到了有效的实施。

1959年7月中华书局编辑部所作《〈史记〉点校后记》说：

> 篇中比较重要的大段引文，如《秦始皇本纪》中的《泰山刻石文》和赞语后面引的贾谊《过秦论》，《屈原贾生列传》中的《怀沙赋》、《服鸟赋》，《鲁仲连邹阳列传》中的邹阳狱中《上梁王书》等等，都给提行，并低两个字排。②

上引秦二世刻金石诏，中华书局点校本即按照"提行，并低两个字排"处理。"议帝号"诏应当也属于"比较重要的大段引文"，当如秦二世刻金石诏、《泰山刻石文》等，"提行，并低两个字排"。此外，中华书局点校本在"议帝号"诏后紧接"追尊庄襄王为太上皇"一句

---

① 《史记》卷6《秦始皇本纪》，第236页，修订本第300页。
② 《史记》附录《点校后记》，第21页，修订本附录四《史记点校后记》，第4075页。

173

## 秦统一的进程与意义

及"除谥法"诏,并未分段。整理者当在"制曰可"后另起一段,这样才能保持诏书原貌,以免引起误解。

秦祚短促,再加史籍所限,我们今天能看到的秦代诏书十分稀少。而"议帝号"诏由于涉及专制帝国元首称号的确立,很可能是秦朝建立后第一份诏书,属于帝国的"一号文件"。如此珍贵的一份诏书,能够几乎完整地保留于《史记》之中,很可能是司马迁意识到其重要性而有意为之的。

最后,笔者尝试复原"议帝号"诏如下(加粗字体为笔者据诏书格式修补部分):

廿六年,秦王尽并兼天下,令丞相、御史①:"异日韩王纳地效玺,请为藩臣,已而倍约,与赵、魏合从畔秦,故兴兵诛之,虏其王。寡人以为善,庶几息兵革。赵王使其相李牧来约盟,故归其质子。已而倍盟,反我太原,故兴兵诛之,得其王。赵公子嘉乃自立为代王,故举兵击灭之。魏王始约服入秦,已而与韩、赵谋袭秦,秦兵吏诛,遂破之。荆王献青阳以西,已而畔约,击我南郡,故发兵诛,得其王,遂定其荆地。燕王昏乱,其太子丹乃阴令荆轲为贼,兵吏诛灭其国②。齐王用后胜计,绝秦使,欲为乱,兵吏诛虏其王,平齐地。寡人以眇眇之身,兴兵诛暴乱,赖宗庙之灵,六王咸伏其辜,天下大定。今名号不更,无以称成功,传后世。其议帝号。"

丞相绾、御史大夫劫、廷尉斯等昧死言③:"昔者五帝地方千里,其外侯服夷服,诸侯或朝或否,天子不能制。今陛下兴义兵,诛残贼,平定天下,海内为郡县,法令由一统,自上古以来未尝有,五帝所不及。臣等谨与博士议曰:'古有天皇,有地皇,有泰皇,泰皇最贵。'臣等昧死上尊号,王为'泰皇'。命为'制',令为'诏',天子自称曰'朕'。"

---

① 按,此句格式模仿秦始皇廿六年法度量诏。
② 此句与下文"兵吏诛虏其王"断句从王叔岷说。
③ 《独断》卷上:"汉承秦法,群臣上书皆言'昧死言'。王莽盗位,慕古法,去'昧死',曰'稽首'。光武因而不改。"

王曰:"去'泰',著'皇',采上古'帝'位号,号曰'皇帝'。他如议。"

制曰:"可。"

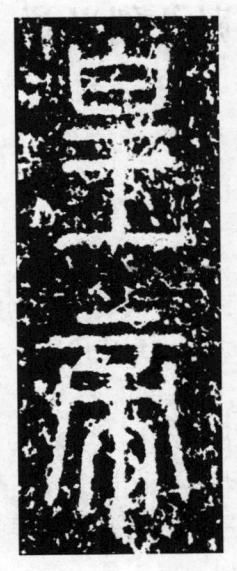

图1　秦泰山刻石二世诏"皇帝"① 　图2　秦峄山刻石二世诏"制曰可"②

附:本文的写作,得到中国社会科学院历史研究所张欣、翟金明,北京大学历史系熊长云的帮助,谨此致谢!原载《西安财经学院学报》2016年第4期,收入本论文集时有所修订。

(中国社会科学院历史研究所;出土文献与中国古代文明研究协同创新中心)

---

① 明安国旧藏宋拓一百五十六字本秦泰山刻石,后由中村不折购得,现藏日本东京台东区立书道博物馆,引自上海书画出版社编《秦刻石三种》,上海书画出版社2013年版,第23页。裘锡圭认为此拓本并非原拓,见裘锡圭《秦汉时代的字体》,刘正成主编《中国书法全集》卷7《秦汉刻石一》,荣宝斋1993年版,其中部分章节曾以《安国旧藏〈秦泰山刻石〉宋拓本真伪辨》为题载于《中国书法》1992年第3期,全文收入《裘锡圭学术文集》第4卷《语言文字与古文献卷》,复旦大学出版社2012年版,第205—229页。

② 清端方藏清拓本,此即西安碑林博物馆藏宋郑文宝重刻本。端方拓本现藏朵云轩,引自上海书画出版社编《秦刻石三种》,第49页。

# 秦始皇"久者不赦"剩义说

汪华龙

大赦制度，或称赦免制度、恩赦制度、刑罚消灭制度，在中国起源较早，在春秋战国时期就已大致成型，到汉代则渐成常法，以后历代沿用不废。传统对中国古代大赦制度的研究，先后有《通典》《文献通考》的《赦宥》篇，以及清末沈家本的《赦考》[①]。近世以来，直至1981年以后，相关研究才渐成规模。其中，关于先秦至魏晋的大赦制度，较为重要的是佐竹昭、陈俊强的研究[②]。

在大赦制度的发展史上，一个特别的事实是，秦始皇在位期间数十年不赦。司马迁在《秦始皇本纪》中称：

> 始皇推终始五德之传，以为周得火德，秦代周德，从所不

---

[①] （唐）杜佑撰，王文锦、王永兴等点校：《通典》卷169《刑法·赦宥》，中华书局1988年校点本，第4384—4387页；（元）马端临：《文献通考》卷171下至卷173《刑考·赦宥》，中华书局1986年影印本，第1485—1499页；（清）沈家本撰，邓经元、骈宇骞点校：《历代刑法考》之《赦考》12卷，中华书局1985年点校本，第521—805页。

[②] ［日］佐竹昭：《中国古代における赦について——日中比較のための試論》，收入《地域文化研究》广岛大学总合科学部纪要I第7卷，1981年；陈俊强：《魏晋南朝恩赦制度的探讨》，台北，文史哲出版社1998年版（按，本文引陈氏观点、页码都出于此书，不再特别说明）。此外，相关研究还有徐式圭：《中国大赦考》，商务印书馆1931年版；刘令舆：《中国大赦制度》，收入中国法制史学会出版委员会编《中国法制史论文集》，台北，中国法制史学会1981年版；[美] 马伯良：《慈悲的质量——恩赦及传统中国司法》(Brain E. Mcknight: *The Quality of Mercy-Amnesties and Traditional Chinese Justice.* Honolulu: University of Hawaii, 1981)；邬文玲：《汉代赦免制度研究》，博士学位论文，中国社会科学院研究生院历史系，2003年，另参氏著《大赦制度研究》，收入孙家洲主编《秦汉法律文化研究》，中国人民大学出版社2007年版；王辉《赦宥制度与魏晋南北朝政治》，硕士学位论文，上海师范大学人文与传播学院，2009年；等等。

胜。方今水德之始，改年始，朝贺皆自十月朔。衣服旄旌节旗皆上黑。数以六为纪，符、法冠皆六寸，而舆六尺，六尺为步，乘六马。更名河曰德水，以为水德之始。刚毅戾深，事皆决于法，刻削毋仁恩和义，然后合五德之数。于是急法，久者不赦。①

后来的研究者多据此将"急法"作为秦始皇不赦的解释，并沿袭了司马迁将不赦视为秦暴政的倾向性判断，认为"急法不赦"加速了秦帝国的崩溃②。就始皇帝的"久者不赦"，其实仍有探讨的余地。

## 一 "赦"与"不赦"——先秦制度与思想的分野

就大赦制度的形成与发展而言，早期的赦免制度，存在仅适用特定人群（幼弱、老耄、蠢愚）与特定情境（不识、过失、遗忘）的限制，其主旨在赦免"过失犯"。赦宥对象、条件的渐次放宽，约发展于春秋战国时期，至秦二世"大赦天下"，才"显示出新时代的来临"。到汉初以后，大赦制度才作为常行的制度得到确立。③

那么，应当注意的是评述者与秦始皇立场上的差异。司马迁所称的"（始皇）于是急法，久者不赦"，是在大赦制度已渐成常法、"过秦"之说流行的汉代，对秦政的负面评述。这一立场，实际也为后来的研究者所继承。而当秦始皇所处的时代，大赦制度虽已大致成型，但并未成为通行的常法，赦与不赦，仍存在较大分歧。

自马端临至陈俊强，先秦诸子对赦制的态度已得到较好的梳理。概言之，支持大赦的言论，多见于儒家的经典；明确反赦的，则以法家为主，如管子、商鞅、韩非等。在赦宥对象上，也存在赦大过（管子）

---

① 《史记》卷6《秦始皇本纪》，中华书局1959年标点本，第238页。
② 如陈俊强："在法家眼中求治与肆赦根本就是背道而驰的"；"急法不赦的秦朝，仅享国短短十五年，便在天下汹汹下灭亡。"（第14、23页）邬文玲："战国末期的秦国已屡见赦宥之事，但秦始皇时期'急法不赦'，在一定程度上加速了秦朝的崩溃。"（《汉代赦免制度研究》，第1页）
③ 参见沈家本《赦考·原赦》，第521—527页；陈俊强《赦制的源与流》，第9—38页。

秦统一的进程与意义

与赦小过（孔子）的分歧。①

其实不仅如此，从支持赦免制度的诸子言论中，还可以看到他们对厉行不赦者的抨击，试举两例为证：

《庄子》：夫楚王之为人也，形尊而严；其于罪也，无赦如虎。②

《淮南子》：郑子阳刚毅而好罚，其于罚也，执而无赦。③

也就是说，秦始皇绝不是先秦以来第一位厉行不赦的君主。赦与不赦，不论是在先秦诸子的著述中，还是在先秦各国的实际政治中，都存在着较大的分歧。赦与不赦，绝不是常法与逆流的关系，而是围绕赦制的两种不同主张。在此意义上，就秦始皇不赦的问题，在价值判断之外，更值得关注的应当是秦始皇在这两种主张中何以选择了后者。

## 二　秦始皇不赦与阴阳学说的关系

司马迁在始皇本纪中，将始皇"急法不赦"系在"推终始五德之传"之下，"事皆决于法""急法不赦"似乎都是为了"合五德之数"，这提示我们注意到秦始皇"不赦"与阴阳学说的关系。

先秦阴阳家的著述，多已湮灭无闻，清儒以来虽或有辑佚，但成果

---

① 参见陈俊强《反赦的言论》，第14页。可以补充的是马王堆帛书《五行》篇，据池田知久的研究，其成书年代约在高帝、惠帝时期以前（前206—前188），抄写年代在高祖至吕后时期（前206—前180），见［日］池田知久《马王堆帛书五行研究》之《〈马王堆汉墓帛书五行〉的抄写年代》《〈马王堆汉墓帛书五行〉的成书年代》，王启发译，线装书局、中国社会科学出版社2005年版，第6—8、23—70页。《五行》篇第20章《经》："不简不行，不匿，不辩于道。有大罪而大诛之，简。有小罪而赦之，匿也。有大罪弗诛，不行。有小罪而弗赦，不辩于道。"（第364页）同样是支持诛大罪而赦小罪。

② （清）郭庆藩撰，王孝鱼点校：《庄子集释》外篇《则阳》，中华书局1961年点校本，第877页。

③ （清）何宁：《淮南子集释》卷13《氾论训》，中华书局1998年点校本，第936页。

毕竟有限①。因此,《吕氏春秋》与《淮南子》所保留的阴阳家的学说,或许是在新的简帛材料出土之前,能够一窥先秦阴阳学说最好的路径。在阴阳家的学说中,所能见到的最早论及反赦的,即《淮南子·时则训》对"五位"中"北方之极"的记载:

> 北方之极,自九泽穷夏晦之极,北至令正之谷,有冻寒积冰,雪雹霜霰,漂润群水之野,颛顼玄冥之所司者万二千里。其令曰:申群禁,固闭藏,修障塞,缮关梁,禁外徙,断罚刑,杀当罪,闭关闾,大搜客,止交游,禁夜乐,蚤闭晏开,以塞奸人,已得执之必固。天节已几,刑杀无赦。虽有盛尊之亲,断以法度。毋行水,毋发藏,毋释罪。②

那么,文中的"刑杀无赦""毋释罪",是否就是秦始皇不赦所依据的阴阳学说呢?"五位"的观念,是阴阳学与五行学发展融合后的产物,引文中对"北方之极"的论述,实际与《时则训》前文中对"孟冬之月"的论述极为相近,甚而可以说是由后者衍生而出:

> 孟冬之月……其位北方……命有司,修群禁,禁外徙,闭门闾,大搜客,断罚刑,杀当罪,阿上乱法者诛……于是天子始裘,命百官谨盖藏,命司徒行积聚,修城郭,警门闾,修楗闭,慎管籥,固封玺,修边境,完要塞,绝蹊径,饰丧纪,审棺椁衣衾之薄厚,营丘垅之小大高痺,使贵贱卑尊各有等级。③

两段引文中所提及的法令,完全一致的见下表:

---

① 《汉书·艺文志》阴阳家载《邹子》四十九篇,《邹子终始》五十六篇,其书多亡佚,清人以来,辑佚者有(清)马国翰《玉函山房辑佚书》子编阴阳类《邹子》一卷、(清)顾观光《武陵山人遗稿》古书逸文《邹子》、(清)王仁俊《玉函山房辑佚书续编》子编阴阳类《邹子书》一卷、李峻之《邹子》(《古史辨》第6册《〈吕氏春秋〉中古书辑佚》)等,通计诸家所辑,除其重复,计约11节,并无与赦制相关的言论。
② 《淮南子集释》卷5《时则训》,第436—437页。
③ 同上书,第421—425页。

表1

| 北方之极 | 申群禁 | 禁外徙 | 闭关闾 | 大搜客 | 修障塞，缮关梁 | 断罚刑，杀当罪 |
| 孟冬之月 | 修群禁 | 禁外徙 | 闭门闾 | 大搜客 | 修城郭，完要塞 | 断罚刑，杀当罪 |

这种相似性的由来，其史源应当都是《吕氏春秋·十二纪》中的《孟冬纪》。《淮南子·时则训》对一年的划分，即沿用《吕氏春秋》十二纪的划分方法，而每月下的解读，也大致承袭《吕氏春秋》而来，试看《吕氏春秋·孟冬纪》：

> 孟冬之月……其帝颛顼，其神玄冥……是月也，天子始裘。命有司曰："天气上腾，地气下降，天地不通，闭而成冬。"令百官谨盖藏。命司徒循行积聚，无有不敛，附城郭，戒门闾，修楗闭，慎关籥，固封玺，备边境，完要塞，谨关梁，塞蹊径，饬丧纪，辨衣裳，审棺椁之厚薄，营丘垄之小大高卑薄厚之度，贵贱之等级。①

可见，前引《孟冬之月》与《孟冬纪》相比，在"天子始裘"以下，法令的排列，几乎一模一样，其区别仅仅在于修辞上有所差别而已，认为《孟冬之月》是将《孟冬纪》改写而来，应当并无疑问。如再将《北方之极》纳入对比，《北》之"颛顼、玄冥之所司者"，即《孟冬纪》之"其帝颛顼，其神玄冥"，在前表之外，亦仍可见其传承性。

然而，对比三段引文，《时则训》的两段记载，较《吕氏春秋·孟冬纪》有明显的溢出，亦即《北》之"大搜客"以下至"毋释罪"，《孟》之"大搜客，断罚刑，杀当罪，阿上乱法者诛"。这种溢出，应当即是所谓"层累的古史"。相较之下，《孟》的冬月断刑，应当仍是承先秦旧说而来。然而两者并有的"大搜客"，其源头应当即秦王政十

---

① 许维遹撰，梁运华整理：《吕氏春秋集释》第10《孟冬纪》，中华书局2009年点校本，第215—217页。

年（前237）的"大索，逐客"①，也就是说，是将秦始皇的政治举措，纳入阴阳学说"北方之位""水德之君"的政治特征中，是阴阳学说对始皇之政的比附，而不能认为阴阳学说是始皇"逐客"的理据。同样的，《北》之"止交游，禁夜乐，蚤闭晏开""刑杀无赦""毋释罪"，恐怕也应当是将秦始皇的政治举措，总结归纳到阴阳学说中。

总之，目前所能见到的《淮南子》中对"不赦"的讨论，应当视为后起的、将始皇之政纳入为五德学说中"北方""水德"的典型政治风格，而不能将其视为司马迁所说的始皇政治的阴阳学依据。《淮南子》的纂成，在《史记》之先，在新材料出土前，有理由怀疑司马迁以阴阳学说总领始皇政治的方式，或许即受到《淮南子》相关论述的影响，然而，对于这一叙述模式，恐怕仍应当持审慎的态度。

## 三 秦始皇不赦的现实因素——劳役

佐竹昭最早将赦制与对刑徒劳动力的掠夺相联系，认为西汉多赦，是为缓解国家工程对刑徒的过度役使所引发的矛盾。陈俊强将这一推断推扩至秦，指出役使刑徒是秦大型工程与官署杂役的主要劳动力来源，秦偶尔的大赦，是为缓和政府与刑徒间的紧张，这一情形，至秦始皇治下出现的逆转，是秦始皇过度掠夺刑徒劳动力的体现。②

而当二世即位之初，即于"二世元年十月戊寅，大赦罪人"③，一年以后，当反秦义军蜂起时，再度"大赦天下，使章邯将"④。元年大赦的情形，史书记载无多，幸而在2013年末公布的湖南益阳兔子山遗址出土的二世元年十月甲午所下"元年文告"中，有"元年与黔首更始，尽为解除流罪，今皆已下矣"。吴方基、吴昊已指出，文告中的赦

---

① 《史记》卷6《秦始皇本纪》，第230页。
② 参见陈俊强《魏晋南朝恩赦制度的探讨》，第23页。
③ 《史记》卷15《六国年表》，第758页。
④ 《史记》卷6《秦始皇本纪》，第270页。

诏，所指正是约半月前所下的戊寅赦书①。至于"流罪"究竟何指，他们认为"是秦二世以前所流传下来的所有的罪"，然而，将"流"解释为"流传下来的"，恐怕并不妥当。"流罪"可能仍是与刑徒相关的罪名，如睡虎地《封诊式》中的"丁与戊去亡，流行毋所主舍②"。当然，对"流罪"的解读，或许仍须留待兔子山遗址简牍的公布。此外，吴方基、吴昊与孙家洲③，都认为《二世文告》的性质，是具有欺骗性的政治宣传，以宣示二世即位的合法性。由此而论，二世在即位之初的大赦罪人，恐怕也是出于结惠天下从而稳固其地位的考虑。而二年冬的"大赦天下"，则明白是赦骊山刑徒为军，以对抗反秦义军。在此意义上，将秦始皇的不赦，视为对劳动力的掠夺，应当能够成立了。

(扬州大学社会发展学院)

---

① 吴方基、吴昊：《释秦二世胡亥"奉召登基"的官府文告》，武汉大学简帛研究中心简帛网：http://www.bsm.org.cn/show_article.php?id=2025，2014年5月27日。
② 睡虎地秦墓竹简整理小组：《睡虎地秦墓竹简》，文物出版社1990年版，第152页。
③ 孙家洲：《兔子山遗址出土〈秦二世元年文告〉与〈史记〉纪事抵牾释解》，"出土文献与中国古代文明"学术研讨会论文，北京，2015年6月，第174—179页。

# 项羽与秦统一政体的探索*

吕 方

秦楚之际的政治体制探索一直为学界所忽略。《史记》卷一六《秦楚之际月表》："太史公读秦楚之际，曰：初作难，发于陈涉；虐戾灭秦，自项氏；拨乱诛暴，平定海内，卒践帝祚，成于汉家。"从秦末农民战争直至西汉王朝建立，"天下未定，参错变易"。[①] 秦王朝对全国的政权统治覆灭，以皇帝为首脑的中央集权制不再被奉行，分封与分权制度在较大范围内施行。这个时代的国家政权组织处于"未定""变易"的探索状态，全社会对政体选择呈现出不确定、迷惘倾向是最突出的时代特征。项羽的政治活动和命运与这个时代特性之间深刻的关联性，还未引起学界的关注。本文试图梳理项羽在秦楚之际的政治活动为视角，借以认识早期王制向帝制转变的发展路径。敬请方家指正。

## 一 秦楚之际的分封制潮流

秦王朝在农民战争中迅速灭亡，失去了对天下的统治权。在"秦失其政"[②] 与"天下皆叛（秦）"[③] 的局势下，"海内为郡县，法令由一统"[④] 的中央集权体制发生动摇。山东六国旧贵族复自立之后，秦"立

---

\* [基金项目]：陕西教育厅专项科研计划项目（14JK1121），陕西理工学院校级科研基金项目（SLGQD13－35）。
① 《史记》卷16《秦楚之际月表》，中华书局1982年标点本，第759页。
② 《史记》卷7《项羽本纪》，第338页。
③ 同上书，第313页。
④ 同上书，第236页。

183

## 秦统一的进程与意义

二世之兄子公子婴为秦王"①，放弃了皇帝的称号，即相当于放弃了中央集权体制。陈胜刚入陈地时，当地豪杰父老曰："愿将军立为楚王"。张耳、陈馀反对这个提议，以为"今始至陈而王之，示天下私"，二人建议："急引兵而西，遣人立六国后……诛暴秦，据咸阳以令诸侯。诸侯亡而得立，以德服之，如此则帝业成矣。"② 二人并非反对陈胜自立为一方诸侯，而是主张复立山东六国旧贵族为王共同反秦，灭秦并扩展自身实力，成就所谓"帝业"，即"据咸阳以令诸侯"，成为各路诸侯的盟主。张耳、陈馀的最高理想是成为春秋战国时代的方国联盟的领袖。武臣号召地方势力起义时规划目标："因天下之力而攻无道之君，报父兄之怨而成割地有土之业，此士之一时也！"③ 他受到时人的一致的热烈拥护，"豪桀皆然其言"④。"割地有土"的分封制度成为秦楚时期的时代潮流。人们普遍认为秦灭六国并废除分封制度不符合道义。"今秦失德弃义，侵伐诸侯社稷，灭六国之后，使无立锥之地"。因而他们"复立六国后世"，以实现"德义""南乡称霸"。⑤ 在当时人们的意识中，"南乡称霸"是最高的政治目标，方国联盟的霸主是最高政治领袖。陈馀写信劝章邯联合诸侯共同灭秦，并展望了未来政治格局："何不还兵与诸侯为从，约共攻秦，分王其地，南面称孤。"⑥ 齐人蒯通对韩信进言："足下为汉则汉胜，与楚则楚胜……莫若两利而俱存之，参分天下，鼎足而居……以立诸侯，诸侯已立，天下服听而归德于齐……则天下之君王相率而朝于齐矣。"⑦ 他为韩信谋划的目标也是占据齐国称霸诸侯。张良认为："天下游士离其亲戚，弃坟墓，去故旧，从陛下游者，徒欲日夜望咫尺之地。"⑧ 范增积极促成项羽实行分封，曰："今君起江东，楚蜂午之将皆争附君者，以君世世楚将，为能复立

---

① 《史记》卷6《秦始皇本纪》，第275页。
② 《史记》卷89《张耳陈馀列传》，第2573页。
③ 同上。
④ 同上书，第2574页。
⑤ 同上书，第2040页。
⑥ 《史记》卷55《留侯世家》，第2040页，卷7《项羽本纪》，第308页。
⑦ 《史记》卷92《淮阴侯列传》，第2623—2624页。
⑧ 《史记》卷55《留侯世家》，第2041页。

楚之后也。"① 可见，割地分封成为当时人们的普遍认识和主流选择。"中国再次掌握在几个王的手中而不是在唯一的君主的手中。"② 翦伯赞提到项羽分封的政权形式，"天下大局，又回复了战国时代的局面"，"旧贵族的政权复活了"③。人们普遍选择分封制，建立以诸侯王为首的相对独立的政治实体，并从诸侯国中推选出盟主。

赵翼回顾这段历史，曰："四海鼎沸，草泽竞奋，于是汉祖以匹夫起事，角群雄而定一尊……天之变局，至是始定。然楚、汉之际，六国各立后。"他对这一时代选择的解释是："人情习见前世封建故事，不得而遽易之也。"他以为"数千年世侯世卿"的分封制，已经存在上千年，方国联盟体制有着顽固的历史惯性，所以强大的保守力量将秦楚之际的人们拉回春秋战国时代的政治体制。④ 实际上，秦楚之际，历史提供给人们可资借鉴的国家政权统治模式大致有两种：秦王朝的中央高度集权政体以及先秦的方国联盟政体。秦政权土崩瓦解的现实促使人们反思秦亡教训的同时，也动摇了时人对秦所建中央高度集权制的信心，因此出现了先秦方国联盟政体的"复活"。对于秦末战争到汉初政治体制的摸索过程，钱穆认为"当时山东豪杰，一呼百应，亦为恢复封建之迷梦所驱"。所谓"民间六国重立之迷梦"⑤，实际上反映了整个时代对政体选择的迷惘状态。

项羽深陷在这样的时代性迷惘中。他"引兵西屠咸阳，杀秦降王子婴，烧秦宫室，火三月不灭"⑥，显示出对秦王朝的决绝态度。以他对秦宫室的决绝，大致可以推知他对秦帝国政权建制的态度。在时代潮流的强力推动下，"灭秦之后，各分其地为三，……项羽为西楚霸王，主命分天下王诸侯，秦竟灭矣"。⑦ 他的最高政治追求是"霸天下而臣

---

① 《史记》卷7《项羽本纪》，第300页。
② [英]崔瑞德、鲁惟一编，杨品泉等译：《剑桥中国秦汉史》（前221—220），中国社会科学出版社1992年版，第110页。
③ 翦伯赞：《秦汉史》第2版，北京大学出版社1999年版，第116页。
④ 赵翼著，王树民校正：《廿二史劄记校正》，中华书局2013年版，第37—38页。
⑤ 钱穆：《秦汉史》，北京三联书店2004年版，第37页。
⑥ 《史记》卷7《项羽本纪》，第315页。
⑦ 《史记》卷6《秦始皇本纪》，第275—276页。

秦统一的进程与意义

诸侯"①，选择了分封与分权的政权组织形式。这个选择影响了项羽的政治活动、政治决策。传统观点多从项羽的性格角度来解释他在重大政治事件中的表现，是有失偏颇的。

## 二 "霸天下而臣诸侯"与不杀刘邦的决策

《史记》卷九二《淮阴侯列传》记述项羽派武涉劝说韩信自立为王，提及他对国家政权组织形式的设想："天下共苦秦久矣，相与戮力击秦。秦已破，计功割地，分土而王之。"他对全国政权组织的选择是"分土而王之"。他很不理解刘邦"已破三秦，引兵出关，收诸侯之兵以东击楚，其意非尽吞天下者不休"②。项羽入关之后，"西屠咸阳，杀秦降王子婴，烧秦宫室"，随后，"欲自王，先王诸将相"，③分封天下诸侯，"自立为西楚霸王，王九郡，都彭城"④。项羽已经完成了全部目标，准备"出之国"，富贵还乡。⑤从这些言行可见，韩信所谓"霸天下而臣诸侯"，准确道出了项羽全部的政治目标，灭秦而实施分封制是他对国家政体始终如一的选择。宋代黄震注意到这一点，说："世谓羽与汉争天下，非也。羽曷尝有争天下之志哉？羽见秦灭诸侯而兼有之，故欲灭秦，复立诸侯如曩时，而身为盟主尔。故既分王，即都彭城；既和汉，即东归；……羽曷尝有争天下之志哉？"⑥他还提到："项王非特暴虐，人心不归，亦从来无统一天下之心。"⑦有学者指出，项羽采取了改组中国政治结构的措施。"项羽显然远不是把中央集权的帝国作为理想的政体形式来考虑，而是意在恢复大一统以前，甚或恢复公元前3世纪和4世纪七雄并峙以前盛行的那种局面。项羽设法建立不少于18个小国，由它们组成一个联合

---

① 《史记》卷92《淮阴侯列传》，第2612页。
② 同上书，第2622页。
③ 《史记》卷7《项羽本纪》，第315页。
④ 同上书，第317页。
⑤ 同上书，第320页。
⑥ （宋）黄震：《黄氏日抄》卷46《读史一·史记·项羽纪》，乾隆三十三年刻本。
⑦ （宋）黄震：《黄氏日抄》卷47《读史二·汉书·项籍》，乾隆三十三年刻本。

体",他自己"是这个联合体的盟主"。① 项羽对政权组织形式的选择较大程度影响他政治活动中的重大决策。

项羽在鸿门宴选择不杀刘邦,是他政治生涯中的一个重要决定。学者多从项羽性格因素来理解这一决定。他们认为项羽"优柔寡断","在他看来,暗算前来赔礼道歉的人算不得英雄手段"②,"矜骄任情的举动""缺乏政治目光"。③ 也有学者将这个决策与政治体制选择联系在一起,比如邢怒海认为:"项羽的政治理念与追求是'霸业',刘邦表示臣服后,项羽也就将他纳入了自己的政治体制之中,与其他诸侯一样看待,从而在鸿门宴上放过了刘邦。"④ 这个分析为项羽研究提供了新视角,本文将对此观点作出补充。项羽对刘邦军事集团的处置,可以参照鸿门宴之后的一段记载:"项王、范增疑沛公之有天下,业已讲解,又恶负约,恐诸侯叛之。"可见,项羽对待刘邦,是将其看作臣服于自己的各路诸侯之一。由于对刘邦的处置极可能对其他诸侯造成刺激和影响,项羽不得不顾忌如果处置过于残酷,"恐诸侯叛之",反过来威胁自己诸侯盟主的地位,动摇自身"分天下"的控制权。⑤ 这是项羽在鸿门宴上最终放过刘邦的主要原因。此时的项羽"为诸侯上将军","诸侯皆属焉",天下英雄"莫敢仰视"。⑥ 他完全有理由相信刘邦及其武装集团处于自己可掌控的范围之内,不必进行你死我活的斗争。

从史籍中考察项羽对刘邦问题的处理始末,可以看出他最关注的问题。所在事件的起因是怀王与诸将有约在先,"先入定关中者王之"。⑦

---

① [英]崔瑞德、鲁惟一编,杨品泉等译:《剑桥中国秦汉史》,第111页。
② 王克奇:《中国历史上最后一个贵族——项羽论》,《文史哲》2012年第5期;王治涛:《项羽"善遇"刘邦原因析——兼与韩兆琦先生商榷》,《信阳师范学院学报》(哲学社会科学版)2009年第3期。
③ 王光照:《亦论刘邦与项羽》,《安徽史学》1992年第2期。
④ 邢怒海:《试论刘邦、项羽的战略政治理念之冲突——从鸿门宴上项羽不杀刘邦说起》,《许昌学院学报》2009年第4期。
⑤ 《史记》卷7《项羽本纪》,第316页。
⑥ 同上书,第307页。
⑦ 《史记》卷8《高祖本纪》,第356页。

秦统一的进程与意义

当项羽听闻"沛公已破咸阳"[①],因关中特殊的地理条件优势,具有成就王霸之业的基础,"关中阻山河四塞,地肥饶,可都以霸"[②],而且,项羽听到传言:"沛公欲王关中,使子婴为相,珍宝尽有之"。刘邦在关中称王,有称霸天下的可能性,这一点令项羽"大怒",决定"旦日飨士卒,为击破沛公军"。[③] 项羽不能容忍在没有自己这个"诸侯上将军"的授权下,作为臣属的诸侯刘邦擅自称王、觊觎自己诸侯首领的地位。但是当听到刘邦解释:先入关破秦之后,"秋豪不敢有所近,籍吏民,封府库,而待将军"[④],没有称王的意思,而是在恭候项羽处置。他的怒意就基本平息下来。所以,对鸿门宴中范增多次杀刘邦的提示,项羽都"默然不应"。即使最后刘邦不辞而别,"项王则受璧,置之坐上",基本默认了刘邦前来讲和与"不敢倍德"的归附之意,并不再提攻打刘邦集团。[⑤]

即便在范增的影响下,项羽"疑沛公之有天下",意识到刘邦有威胁他称霸天下的实力与可能性,他也只是对其采取了抑制、隔绝的措施。"巴、蜀道险,秦之迁人皆居蜀","故立沛公为汉王,王巴、蜀、汉中,都南郑"。[⑥] 显然,项羽把刘邦控制在边远巴蜀地区,不妨碍他对天下的分割也就达到目的了。由于项羽"远不是把中央集权的帝国作为理想的政体形式",而是选择了"分土而王"的政权组织形式。因此,只要刘邦表示了臣服的态度,项羽就愿意放任刘邦成为一方诸侯,不再与之为敌。刘邦的存在只要不妨碍他"霸天下而臣诸侯"的政权组织大局,就是可以容忍的。这是项羽在鸿门宴中放过刘邦的根本原因。项羽对重大政策和策略的选择并非出于性格原因,而是受到政体选择的深刻影响。

---

[①] 《史记》卷7《项羽本纪》,第310页。
[②] 同上书,第315页。
[③] 同上书,第311页。
[④] 同上书,第312页。
[⑤] 同上书,第312—314页。
[⑥] 同上书,第316页。

## 三　项羽对封国的经营

　　《史记》卷七《项羽本纪》记述项羽"乃分天下，立诸将为侯王"的情形，大致分封了十八个封国。① 项羽所进行的分封停留在低层次，是既得政治利益的分割，缺乏制度建设工作。项羽的分封主要有两大明显缺陷。其一，缺失"诸侯四方纳贡职"② 的建制，诸侯的民事、经济管理方面完全独立。其二，缺乏西周分封制中诸侯盟主控制军事的建制。西周分封制"礼乐征伐自天子出"③，"天子作师，公帅之，以征不德。元侯作师，卿帅之，以承天子"。调遣军队，发号施令的军政大权掌握在天下盟主的手中。只有这样的制度才能保障"上能征下，下无奸慝"。④ 项羽分封仅仅限于简单的封地地盘的分割，没有从建制层面规范权力运行模式。霸主项王与封国的诸侯王之间也无明确的制度保障的权利和义务关系，在经济与军事上对封国没有丝毫的控制力。盟主与诸侯之间只有一个口头上的相互承认关系。项羽建立的是松散的诸侯联盟体制，这个政权组织特征也为其后"王侯叛己"⑤ 埋下了严重隐患。

　　有学者论及项羽实行分封制："满以为他这样一安排，封国局面就可以再建，天下就可以大定。他不知道，在当时的条件下，破坏统一的分封制是违反历史发展的要求的。这就注定他要失败。"⑥ 这在一个时期内也是学界的主流看法。此论触及项羽的命运与制度选择之间的深刻关联，但未及展开论证。项羽以"近古以来未尝有"的气魄"将五诸侯灭秦"⑦，但他似乎并没有意识到如何重建社会秩序和统治秩序的问题。他对封国的经营也显示出在社会建制方面的空白。

---

① 《史记》卷7《项羽本纪》，第316—317页。
② 《史记》卷99《刘敬叔孙通列传》，第2716页。
③ 杨伯峻：《论语译注》，中华书局2005年版，第174页。
④ 徐元诰撰；王树民、沈长云点校：《国语集解》卷5《鲁语下》，中华书局2002年版，第181—182页。
⑤ 《史记》卷7《项羽本纪》，第339页。
⑥ 何兹全：《秦汉史略》，上海人民出版社1955年版，第31页。
⑦ 《史记》卷7《项羽本纪》，第339、338页。

## 秦统一的进程与意义

项羽对封国经济没有干预权,封国的反叛因此拥有了物质基础。刘邦便是依据关中雄厚的经济条件崛起,并与他抗衡的。在楚汉对峙荥阳的关键时刻,"萧何亦发关中老弱未傅悉诣荥阳,复大振"。萧何征集关中物资、人力源源不断地补给汉军,汉军因此恢复士气振作起来,并且促成楚汉军事实力的消长,造成"汉兵盛食多,项王兵罢食绝"的后果。① 关内侯鄂君回顾楚汉战争:"上与楚相距五岁,常失军亡众,逃身遁者数矣。然萧何常从关中遣军补其处,非上所诏令召,而数万众会上之乏绝者数矣。夫汉与楚相守荥阳数年,军无见粮,萧何转漕关中,给食不乏。陛下虽数亡山东,萧何常全关中以待陛下,此万世之功也"。② 他认为汉王朝的基业是由于萧何"给馈饷,不绝粮道"③ 所奠定的,这一认识得到汉高帝与群臣的认同。可见,汉王刘邦封国的经济独立,是与项羽抗衡并最终打败项羽的主要因素。项羽虽是名义上的诸侯霸主,但诸侯国的内政、经济完全独立,每一个有条件的诸侯国都存在与霸主争雄甚至消灭霸主的可能性。

由于时代的局限,刘邦也没有建立中央高度集权政治体制的自觉意识,但他对前代的政权构成形式均有所继承。刘邦占领了关西地区之后,设置了陇西郡、北地郡、上郡、渭南郡、河上郡、中地郡,在关外地区设置了河南郡。刘邦攻下河内,俘虏了项羽所封的殷王司马卬,在那里设置河内郡。之后,刘邦在韩信的帮助下平定魏地,设置河东、太原、上党三郡。④ 刘邦经历了秦末起义,以为不实行分封是秦亡的教训。因此建立了王侯二等爵制,功臣封侯,王室子弟封王,他们的封地遍及全国。⑤ 可见,刘邦实施郡国并行的政权组织结构,没有完全放弃战国以来逐渐形成的中央集权化的郡县制。

项羽缺乏对封国诸侯军政的控制权,造成他在军事上的孤立。他所

---

① 《史记》卷7《项羽本纪》,第324—330页。
② 《史记》卷53《萧相国世家》,第2016页。
③ 《史记》卷8《高祖本纪》,第381页。
④ 同上书,第369—372页。
⑤ (汉)班固著,(唐)颜师古注:《汉书》卷14《诸侯王表》,中华书局1962年标点本,第393—394页。

做的战略部署,调兵遣将得不到落实和贯彻。"(田荣)自立为齐王,而西杀击济北王田安,并王三齐。荣与彭越将军印,令反梁地。"陈馀认为"项羽为天下宰,不平",不愿意接受项羽对赵国的安排,"悉发三县兵,与齐并力击常山,大破之。张耳走归汉。陈馀迎故赵王歇于代,反之赵。赵王因立陈馀为代王"。紧接着,"汉还定三秦。项羽闻汉王皆已并关中,且东,齐、赵叛之",齐、赵和汉三个封国同时武装反叛,项羽想先集中力量攻打齐国,"北击齐。征兵九江王布,布称疾不往,使将将数千人行",①"汉之败楚彭城,布又称病不佐楚","(黥布)垂拱而观其孰胜"。② 项羽对诸侯军队的安置与调遣完全不能令行禁止,陷入了多线作战的狼狈境地。项羽在这样的态势下仍企图以霸主身份维护分封的格局与秩序显然是缘木求鱼,徒劳无功。有学者认为:"这种由分封制政体结构所带来的军事上的孤立,是造成项羽在战争中败亡的一个明显的因素。"③

可见,项羽分封是对春秋、战国时代松散的诸侯方国联盟政治体制的回归。作为盟主的项羽与诸侯国之间是一种联合、并列和平等的关系。无论在经济上还是在政治、军事上,盟主对诸侯国均没有控制权。因此,项羽的霸主地位也是极其脆弱的,完全随着战争形势的发展而变化,而没有任何制度上的保障。作为霸主的项羽与其他诸侯国之间,也回复到战国时期群雄相互兼并状态。此时,军事谋略的失误与战争失败便导致了项羽命运的最后走向。太史公评价他:"欲以力征经营天下",纯粹依赖武力征伐来保有天下,是极其脆弱的。"自矜功伐,奋其私智而不师古"。④ 项羽过分重视自己的战功与武力,而缺乏对历史上政权管理形式的反思与继承,这是导致他败亡的重要原因。在整个时代难以甄别分封制与集权制之优劣的迷惘中,项羽被这股浪潮冲击前行,他实施的分封只是表面的权益分割,缺乏深层制度建设,这一点加速了他的

---

① 《史记》卷7《项羽本纪》,第320—321页。
② 《史记》卷91《黥布列传》,第2599—2600页。
③ 宋公文:《论楚汉战争时期项羽和刘邦的分封》,《秦汉史论丛》,陕西人民出版社1981年版,第一辑,第93页。
④ 《史记》卷7《项羽本纪》,第339页。

败亡。

## 四 "霸天下而臣诸侯"与人才战略

项羽在用人方面历来受到较多批评,多数学者认为他任人唯亲,骄傲自大,嫉贤妒能。事实上,项羽所追随的政治体制与他的人才政策有很大关联。

韩信能够"连百万之军,战必胜,攻必取"[1],是秦楚之际不可多得的军事天才。韩信早年隶属项羽军事集团,"淮阴侯韩信者,淮阴人也。……及项梁渡淮,信杖剑从之,居戏下,无所知名。项梁败,又属项羽,羽以为郎中。数以策干项羽,羽不用。汉王之入蜀,信亡楚归汉。"[2] 可以看出项羽失去韩信的关键原因在于"羽不用"。韩信也提到离开项羽的原因是"不用":"臣事项王,官不过郎中,位不过执戟,言不听,画不用,故倍楚而归汉"[3]。韩信还进一步总结了项羽在用人方面的一贯特征:"项王喑噁叱咤,千人皆废,然不能任属贤将。"[4] 从韩信在项羽军中的经历看,很难说项羽骄傲、目中无人,也谈不上嫉贤妒能,而是无法为韩信施展军事才能提供更多的机会和舞台。韩信人生际遇的重大转折点起于萧何举荐:"至如(韩)信者,国士无双。王必欲长王汉中,无所事信。必欲争天下,非信无所与计事者。顾王策安决耳……能用信,信即留。不能用,信终亡耳。"[5] 萧何指出,韩信这样的人才的潜能发挥与去留完全取决于刘邦的事业方向。如果刘邦满足于"长王汉中",维持一方诸侯的政治格局就不需要、用不着韩信这样的国士,但是假如"必欲争天下",意图建立全国统一的事业,就非韩信这样的奇才不可了。能否留住韩信的关键在于"能用"或者"不能用"。萧何为刘邦所做的战略人才规划从反面证明,项羽集团流失韩信

---

[1] 《史记》卷 8《高祖本纪》,第 381 页。
[2] 《史记》卷 92《淮阴侯列传》,第 2609—2610 页。
[3] 同上书,第 2622 页。
[4] 同上书,第 2612 页。
[5] 同上书,第 2611 页。

的根本问题在于"不能用"。项羽本身是威震天下诸侯的勇猛将领，征服了秦军主力，成为各路诸侯的首领之后，他无意在此基础上进一步建立一个统一、集中的政权组织。而仅仅在分封制的政治格局中，项羽的确无法为韩信提供更高的奋斗目标、更广阔的用武之地。

陈平也经历了类似的"倍楚而归汉"过程。"项羽略地至河上，陈平往归之，从入破秦，赐平爵卿……居无何，汉王攻下殷。项王怒，将诛定殷者将吏。陈平惧诛，乃封其金与印，使使归项王，而平身间行杖剑亡。……平遂至修武降汉。"① 陈平担心项羽会因殷地反叛而迁怒自己，不得不另谋出路。他的出走并非偶然事件所致，他对自己的选择有过冷静的分析："项王不能信人，其所任爱，非诸项即妻之昆弟，虽有奇士不能用"，他认为"汉王之能用人，故归大王"。② 项羽用人局限在自己关系亲密的人之中，而不能举贤任能和提拔任用"奇士"。所谓"非常之功，必待非常之人"③，项羽与时人普遍选择分封制步调一致，没有异于常人、建立统一政权的要求，因此并不依赖陈平这样奇才大略的智谋之士。陈平感觉自己被当作普通官僚对待，不仅没有更多的发展机会，还有被杀的危险。为了保护自己和获得更广阔的发展空间，他选择了离开。

范增是项羽集团的资深谋臣，项羽与他的分歧凸显于鸿门宴中对刘邦的处置。项羽没有听从范增的策划，按照自己的意愿放走了刘邦。范增愤怒地说："竖子不足与谋！"④ 实际上暴露出他与项羽在如何"谋"天下方向上的巨大分歧。范增所谓"夺项王天下者，必沛公也"⑤，言下之意他以辅佐项羽统一天下作为事业的目标。然而，项羽满足于分封割据，"从来无统一天下之心"，在鸿门宴中君臣自然无法意见一致了。楚汉争锋发展到对峙荥阳之时，刘邦战败，请求以荥阳为界分土讲和。在范增的强烈坚持下，项羽继续与汉军作战。后在陈平离间计作用之

---

① 《史记》卷56《陈丞相世家》，第2053页。
② 同上书，第2054页。
③ 《汉书》卷6《武帝纪》，第197页。
④ 《史记》卷7《项羽本纪》，第315页。
⑤ 同上书，第315页。

193

下，范增与项羽彻底反目，在辞职还乡的路上病死。① 范增彻底离开了项羽。二人决裂表面上是由于陈平的离间，而实质上是因为项羽赞成以荥阳为界分割天下，而范增则主张彻底消灭刘邦集团。当时形式对楚军有利，"诸侯皆复与楚而背汉"，汉王刘邦也惊恐"请和"，② 这正是项羽想要的结局：分割天下，臣服诸侯成为霸主。因此，项羽与范增之间已经失去共同的事业方向。项羽已经达成自己的政治目标满足于分封和称霸诸侯的政局，范增的谋略与智慧显得可有可无，甚至有些多余。最后他放弃范增，批准其辞职还乡也就很自然了。

王夫之以为"羽非尽不知人"，"以诈兴者也；事怀王而弑之，属宋义而戕之，汉高入关而抑之，田荣之众来附而斩艾掠夺之。积忮害者，以己度人而疑人之忮己。轻残杀者，大怨在侧而怨不可狎。左顾右盼，亦唯是兄弟姻党之足恃为援"③。项羽在用人方面的确表现出较多的轻率与多疑，这并非人格素质造成的。项羽凭借武力迅速实现"霸天下而臣诸侯"的政权目标，各类人才与他的政治事业没有结合点，由此项羽走上了与战略人才相疏离的道路。论及项羽的人才政策，说他骄傲自大、目中无人就有些夸大了，他对人才漠视倒是比较符合实际。他既然凭"功伐"取得霸主地位，也准备"以力征经营天下"，认为凭借自己的武力便可维持诸侯联盟与自身盟主地位。所以，他看不到这些人才在自己政治事业中能够发挥的作用。无论是"战必胜，攻必取"的军事天才韩信，还是擅长"奇谋"的陈平、范增、安期生、蒯通等，项羽都"不能用"其才。④ 项羽用了三年时间，"将五诸侯灭秦"，迅猛而成功灭秦，然后主持分封，为反秦诸将领划分地盘、各自为政，简单地分割了灭秦的政治成果，他无法再为这些人才的提供更加广阔的用武之地。一些对秦楚之际政局有战略性影响的人物，在项羽的漠视中流向

---

① 《史记》卷7《项羽本纪》，第325页。
② 同上。
③ （清）王夫之：《读通鉴论》卷2，中华书局1975年版，第11页。
④ 《史记》卷94《田儋列传》曰："蒯通者，善为长短说，论战国之权变，为八十一首。通善齐人安期生，安期生尝干项羽，项羽不能用其策。已而项羽欲封此两人，两人终不肯受，亡去。"第2649页。

了刘邦集团，在客观上造成战略资源从项羽集团向刘邦集团的转移，从而对楚汉实力此消彼长发生重大作用。刘邦军事集团很大程度上在这些人才智慧的支持下，一步步由明显弱势走向与项羽集团相抗衡，并最终消灭项羽集团。

## 五 结语

秦楚之际，"秦失其政"，秦王朝确立的高度集权体制受到质疑与摒弃，分封制成为全国反秦诸侯普遍的选择。项羽在时代潮流的推动下主持了政体选择，"分土而王"，并且"霸天下而臣诸侯"，以分封制为政权组织形式建立起方国联盟，并成为方国联盟的霸主。然而，项羽与各诸侯只是简单分割了既得政治利益，与封国之间没有建立经济、军事上的隶属体制。作为盟主的项羽，完全失去对封国经济、军事的控制权，陷入危险的孤立境地。项羽满足于以"功伐"实现的分封政权格局，漠视众多人才作用，造成人才战略资源的严重流失。项羽企图以诸侯盟主身份维持分封的权力格局与政权组织形式，最终不可逆转地走向了败亡。我们无法要求项羽超越时代性的迷惘与局限，对政体做出符合历史大势的清醒选择，然而，分析他在这个时代中的位置与经历，则有助于我们深化对秦楚之际历史转型的认识与了解。

（陕西理工大学两汉三国研究所）

# "匡饬异俗"：秦始皇天下同风的奢求[*]

## 党 超

公元前221年，秦"并海内，兼诸侯，南面称帝"[①]，天下终归一统。但是，战国时代"七国异族，诸侯制法，各殊习俗"[②]的风俗状况却没有发生什么根本性的变化。[③] 在秦朝"东至海暨朝鲜，西至临洮、羌中，南至北向户，北据河为塞，并阴山至辽东"[④]的辽阔疆域上，风尚习俗千差万别。如郑卫地区男女之防较为宽缓，两情相悦即可往来甚至同居；燕赵之地慷慨豪放，尚武之风盛行；齐鲁大地"怯于众斗，勇于持刺"；荆楚之域"剽轻，易发怒"，"清刻，矜己诺"，等等。[⑤] 而这些都和秦统一前本国内所原有的风俗有着很大的差异[⑥]。为此，秦始皇在进行政治、经济改革的同时，继承"孝公用商鞅之法，

---

[*] [基金项目] 本文为国家社科基金重大项目"秦统一及其历史意义再研究"（14ZDB028）、天津社科后期资助项目"两汉风俗观念与社会软控制研究"（TJZLHQ1404）阶段性成果。

① 《史记》卷6《秦始皇本纪》，中华书局1982年标点本，第283页。
② 《淮南子》卷6《览冥训》，何宁《淮南子集释》，中华书局1998年版，第492页。
③ 如李学勤曾将东周列国划分为七个不同的文化圈（参见李学勤《东周与秦代文明》，文物出版社1991年版，第11—12页）。
④ 《史记》卷6《秦始皇本纪》，第239页。
⑤ 《史记》卷129《货殖列传》，第3265、3267页。
⑥ 周振鹤就曾试图从区域文化的角度，来揭示秦文化的特征及其与其他六国文化的差异（参见周振鹤主著《中国历史文化区域研究》，复旦大学出版社1997年版，第282—294页）；李学勤则以秦文字为例，指出这"是秦与关东长期隔绝的结果"，其实这一论断用在风俗上也是妥当的（参见李学勤《东周与秦代文明》，第366页）。

"匡饬异俗":秦始皇天下同风的奢求

移风易俗"① 的传统,"悉内六国礼仪,采择其善"②,重订礼仪,"匡饬异俗"③,试图建立起一个新的社会文化秩序,来巩固自己的新政权,实现天下同风的目的。本文不揣浅陋,试图对秦始皇"匡饬异俗"的措施做一初步梳理和论析,不当之处,尚请专家学者批评指正。

## 一 宣省习俗,刻石垂扬

关于统一六国之前秦国原有的风俗状况,荀子依据自己对秦国百姓风俗与百官、士大夫以至朝廷德行的观察,曾有过一段十分详细的描述:

> 入境,观其风俗,其百姓朴,其声乐不流污,其服不挑,甚畏有司而顺,古之民也。及都邑官府,其百吏肃然莫不恭俭、敦敬、忠信而不楛,古之吏也。入其国,观其士大夫,出于其门,入于公门,出于公门,归于其家,无有私事也,不比周,不朋党,倜然莫不明通而公也,古之士大夫也。观其朝廷,其间听决百事不留,恬然如无治者,古之朝也。

上述荀子的所见所闻正是当时秦国以咸阳为中心的关中地区的情况。该地民风质朴,秩序井然,俨若无治之治。在荀子眼里,这种政治状况甚至已臻于"治之至"的境界。④ 但同时,作为儒家学者,荀子仍

---

① 《史记》卷87《李斯列传》,第2542页。商鞅变法实际上就是一次对秦国传统礼俗的改革。在商鞅所颁布的变法命令中,有许多内容涉及了移风易俗,例如其中有"民有二男以上不分异者,倍其赋","令民父子兄弟同室内息者为禁","始秦戎翟之教,父子无别,同室而居。今我更制其教,而为其男女之别,大筑冀阙,营如鲁卫矣。"(《史记》卷68《商君列传》,第2230、2232、2234页)
② 《史记》卷23《礼书》,第1159页。
③ 《史记》卷6《秦始皇本纪》,第245页。
④ 《荀子》卷11《强国》,(清)王先谦撰,沈啸寰、王星贤点校《荀子集解》,中华书局1988年版,第303页。

197

秦统一的进程与意义

以"无儒"为缺憾去批评秦国①，可见，其对秦国的评论大致还是比较客观、符合历史实际的。

然而，在战国晚期东方六国多数人的眼里，西部的秦国却被视为虎狼之国，进而对秦国的风俗亦持贬斥态度，认为其"杂戎狄之俗，诈而无信"。有学者考证，"虎狼之秦"的观念正是东方六国专门针对秦国而形成的。它的产生，除与秦有军事上对抗的因素外，还表明六国对秦国的风俗文化存在着抵制和对抗情绪。②而且，六国在军事上的抵抗虽然随着秦的统一以失败告终，但是文化上的冲突和对抗，并没有随之消解。

秦始皇统一六国后，采取一系列措施来巩固自己的统治。但即便如此，秦的统一还只是文字、货币、道路等器物制度层面上的统一，而心态文化层面仍是分裂的，秦文化、楚文化和中原文化尚成鼎足之势，并没有真正得到融合。因此，摆在秦始皇面前最为紧迫的问题虽已不再是国之存亡，但如何采用一种全新的统治之道，真正臣服源自异质文化的六国臣民，把他们整合到新的国家政权中来，却已迫在眉睫，仍然关乎国之存亡。

为此，秦始皇多次巡行天下，考察各地风情，所到之处，往往刻石纪功，宣省习俗。相关石刻文字史籍所载有七，其中六篇见于《史记》卷六《秦始皇本纪》③。这些文字意在"颂秦德"④，里面自然充满夸张誉美之辞，不尽可信，但其中不少关于整饬风俗的内容，却在一定程度上表露出秦始皇改革各地风俗的意图，反映了秦始皇对风俗问题的高度重视。

---

① 荀子认为秦国治理得虽然很好，"然而县之以王者之功名，则倜倜然其不及远矣。是何也？则其殆无儒邪"。[《荀子》卷11《强国》，（清）王先谦撰，沈啸寰、王星贤点校：《荀子集解》，第304—305页。]

② 何晋：《秦称"虎狼"考》，《文博》1999年第5期。

③ 今西安碑林藏有一块《峄山刻石》，其内容虽见于《金石录》等后代金石著作，但《史记》卷6《秦始皇本纪》却未曾记载。由于其为宋人据摹本重刻，可靠性难以确定（参见雒长安：《秦"峄山刻石"》，《文博》1984年第2期），有鉴于此，本文未加采用。故本文所引刻石文字均见于《史记》卷6《秦始皇本纪》，下文引用不再出注。

④ 《史记》卷6《秦始皇本纪》在记载每次刻石时都提到了这一目的，可见其应为秦始皇刻石的本意之一。

## "匡饬异俗":秦始皇天下同风的奢求

公元前219年,秦始皇称帝后首次"亲巡远方黎民",巡视全国,在封禅泰山时,"与鲁诸儒生议,刻石颂秦德"①。泰山刻石的第一句话就是"皇帝临位,作制明法,臣下修饬"。在秦始皇看来,一个皇帝最重要的工作就是"作制明法",使"治道运行,诸产得宜,皆有法式。大义休明,垂于后世"。但他也意识到礼义、教化的作用,主张"建设长利,专隆教诲。训经宣达,远近毕理,咸承圣志"。认为只有法礼结合,才能达到"贵贱分明,男女礼顺,慎遵职事。昭隔内外,靡不清净,施于后嗣。化及无穷"的目标。

琅琊刻石对风俗的关注更为明显。如"皇帝之功,劝劳本事。上农除末,黔首是富",体现了对重农风俗的提倡;"尊卑贵贱,不逾次行。奸邪不容,皆务贞良",则是对礼制习俗做出的规定,等等。更为重要的是,秦始皇在历数其混一宇内、整齐制度、造福万民的丰功伟绩时,还提到"匡饬异俗,陵水经地"的内容,并把"匡饬异俗"作为其历史功绩之一。在礼法关系上,秦始皇的态度也发生了一些细微的变化,除第一句提出"端平法度,万物之纪"外,其余则言"以明人事,合同父子","圣智仁义,显白道理",俨然一派儒家的教导口气。

公元前215年,秦始皇至碣石,刻碣石门,讲的尽是自己的道义功德以及对民众的恩惠,如"诛戮无道,为逆灭息","惠论功劳,赏及牛马,恩肥土域","德并诸侯,初一泰平"等,认为在自己的统治下,天下风俗达到了"黎庶无繇,天下咸抚。男乐其畴,女修其业,事各有序"的境地。

公元前211年的会稽刻石更是以大半篇幅记载了禁绝伤风败俗的内容:

> 饰省宣义,有子而嫁,倍死不贞。防隔内外,禁止淫泆,男女絜诚。夫为寄豭,杀之无罪,男秉义程。妻为逃嫁,子不得母,咸化廉清。大治濯俗,天下承风,蒙被休经。皆遵度轨,和安敦勉,莫不顺令。黔首修絜,人乐同则,嘉保太平。后敬奉法,常治无

---

① 《史记》卷6《秦始皇本纪》,第242页。

极,舆舟不倾。

这可以说是秦始皇在"宣省习俗"过程中所发布的最为重要的一篇通告。其前四句铭文分别规定:男女要礼顺,"防隔内外,禁止淫泆,男女絜诚",以防淫乱事件发生;婚姻要忠贞,"夫为寄豭,杀之无罪,男秉义程",做丈夫的如与妻子以外的女性发生性关系,就如同跑到不属于自己的圈里的猪一样,任何人都可将其杀死;家庭要稳固,"饰省宣义,有子而嫁,倍死不贞","妻为逃嫁,子不得母,咸化廉清",寡妇有子后不准再嫁,女子嫁人后随情夫私奔更是罪大恶极。

对于会稽刻石的理解,有一种说法长期以来一直占据主导地位。这种意见认为,会稽地区"教化习俗还很落后,氏族社会偶婚制习俗尚未清除","男女群婚","落后的风俗习惯""严重","刻石的主要内容'是禁止此地的淫风',力图用严厉的制裁办法来纠正"。[①] 也就是说,秦始皇在会稽刻石中之所以写下制裁淫泆的内容,主要是针对当地风俗习尚相当落后、淫泆之风十分严重而提出的。

对这一说法,林剑鸣首先提出了比较有力的质疑。他认为,仅据此刻石铭文就下这样的结论似过于武断。会稽绝非落后之地,"淫泆"之类的不实之词更属无稽之谈。秦始皇会稽刻石中禁止淫泆的文句并非仅针对会稽"当地"情况而写,而是面向全国而立,其法律效力的生效范围应遍及全国。[②] 这一观点应引起我们的充分重视。其实,关于会稽刻石中禁止淫泆的文句"并非针对当地情况,而是面向全国而立"的证据,我们还可以再举出一例证,那就是上述引文后四句的内容。特别是"大治濯俗,天下承风,蒙被休经"一句,应该可以理解为会稽刻石中禁止淫泆的规定是对全国生效的。

在刻石中,秦始皇还一再提到"圣"和"德",如"大圣作治""长承圣治""秦临圣国""圣法初兴""承顺圣意"等,认为"存定四极"是"皇帝之德","经理宇内,视听不怠"是"皇帝明德","六合

---

[①] 《秦始皇大传》,上海三联书店1903年版,转引自林剑鸣《秦始皇会稽刻石辨析》,《学术月刊》1994年第7期。

[②] 林剑鸣:《秦始皇会稽刻石辨析》,《学术月刊》1994年第7期。

"匡饬异俗":秦始皇天下同风的奢求

之中,被泽无疆"是"圣德广密","昭明宗庙"是"体道行德"。由此可见其对"圣""德"的重视程度。特别是公元前218年的之罘刻石,更直接透露了秦始皇对理想政治的要求:"大圣作治,建定法度,显着纲纪。外教诸侯,光施文惠,明以义理。"

顾炎武在论"秦纪会稽山刻石"时特别提出,"秦之任刑虽过,而其坊民正俗之意固未始异于三王也"①,认为秦始皇是提倡三代礼教来矫正各地传统风俗的。这个判断无疑是正确的。从泰山、琅琊、之罘、碣石门以及会稽刻石中这些文字里头,我们可以想象出秦始皇希望走的一个政治路向,似乎是向世人昭示其试图以礼乐道德来治理天下的意图。由此可见,在文化、社会政策方面,秦始皇倾向于对儒家学说的汲取。"始皇之治,兼用法儒"② 应是一种较为合理的说法。也许,儒家的"太平"理想这时在一定程度上已经成为秦始皇的价值理念和政治追求:"大治濯俗,天下承风,蒙被休经。皆遵度轨,和安敦勉,莫不顺令。黔首修絜,人乐同则,嘉保太平。"在秦始皇规划的太平世界里,"黔首安宁""六亲相保""不用兵革""终无寇贼",并且"施于后嗣,化及无穷",自己的王道理想和美俗秩序得到实现,"黔首改化,远迩同度,临古绝尤"。面对秦始皇的这种宣扬,以至于有学者甚至认为,秦始皇是在依照儒家理想来建造社会秩序,"中国皇帝的霸王杂糅之道和儒法并用之术最初正是源自于始皇帝的统治模式和思想原型"③。

## 二 矫端民心,除其恶俗

为纠肃民风、清除恶俗,秦始皇主张实行严刑峻法,试图以立法的形式整饬恶风陋俗。如睡虎地秦简《法律答问》中就有"擅兴奇祠,

---

① 《日知录》卷13《秦纪会稽山刻石》,(清)顾炎武著,(清)黄汝成集释《日知录集释(外七种)》,上海古籍出版社1985年版,第1008—1009页。
② 萧公权:《中国政治思想史》,新星出版社2005年版,第191页。
③ 雷戈:《秦汉之际的政治思想与皇权主义》,上海古籍出版社2006年版,第132页。

货二甲"① 的记载。而对私斗风气的严厉禁止则是秦始皇整饬风俗中比较典型的内容。

战国时期,"诸侯力政,强侵弱,众暴寡"②,尚武之风盛行,民勇于私斗。秦统一六国后,尚武、私斗之风犹存。特别是六国旧贵族以及亡命之徒等仍负隅顽抗,有的甚至直接威胁到秦始皇的人身安全和国家统治。如高渐离隐名埋姓,伺机为荆轲报仇,"举筑朴秦皇帝"③;张耳、陈馀乃变名姓,躲在陈地,"自以其名而号令里中"④;张良得力士,"狙击秦皇帝博浪沙中,误中副车"⑤,等等。

针对上述风俗状况,秦始皇在"夷郡县城,销其兵刃,示不复用"⑥ 的同时,把原有严禁私斗的法律推向全国。如睡虎地秦简《法律答问》有私斗律十二条,又有父子、祖孙、臣主、夫妻斗殴杀伤律十条。⑦ 为吏者私斗更在重处之列。据《史记》卷九五《樊郦滕灌列传》:"高祖(刘邦)戏而伤(夏侯)婴,人有告高祖。高祖时为亭长,重坐伤人"。裴骃《集解》注引如淳曰:"为吏伤人,其罪重也"。⑧《法律答问》亦载:"士五(伍)甲斗,拔剑伐,斩人发结,可(何)论?当完为城旦。"⑨ 由此可见,秦律禁止私斗的法网可谓密如凝脂。

这些法律在秦始皇时代也得到了严格执行。如上述刘邦被人揭发在嬉戏中误伤夏侯婴,幸亏夏侯婴否认自己受伤才使刘邦免除牢狱之灾。但即便如此,夏侯婴后来仍因作伪证而入狱一年多,"掠笞数百"⑩。对

---

① 《法律答问》,睡虎地秦墓竹简整理小组编《睡虎地秦墓竹简》,文物出版社1990年版,图版第62页,释文第131页。"奇祠"即后世所谓的"淫祠",是官方祭祀系统之外的民间信仰。在官方看来,其惑乱人心,败坏风俗。
② 《史记》卷6《秦始皇本纪》,第283页。
③ 《史记》卷86《刺客列传》,第2537页。
④ 《史记》卷89《张耳陈余列传》注引司马贞《索隐》,第2572页。
⑤ 《史记》卷55《留侯世家》,第2034页。
⑥ 《史记》卷87《李斯列传》,第2546页。
⑦ 相关详细内容参见陈苏镇《汉代政治与〈春秋〉学》,中国广播电视出版社2001年版,第31—32页。
⑧ 《史记》卷95《樊郦滕灌列传》及注引裴骃《集解》,第2664页。
⑨ 《法律答问》,睡虎地秦墓竹简整理小组编《睡虎地秦墓竹简》,图版第55页,释文第113页。
⑩ 《史记》卷95《樊郦滕灌列传》,第2664页。

## "匡饬异俗"：秦始皇天下同风的奢求

带有政治复辟性质的游侠活动，秦始皇更是毫不手软，坚决进行打击。如高渐离被诛杀；张耳、陈馀遭悬重金缉拿；为捕张良，秦始皇更是大索天下。可见，汉人形容秦朝"赭衣塞路，囹圄成市"① 或许并不完全是夸张之辞。

在这种"以法为教"统治思想的指导下，地方官员也以行政法令的方式来匡正、统一地方风俗。《语书》② 就是这样一篇旨在严禁恶俗的法律文告。它由南郡郡守腾于秦始皇二十年（前227）发布，其中明确要求当地官吏严守法令以改变旧习。

《语书》认为，法律具有移风易俗、改造人心的作用。它指出，民众本来的风俗（"乡俗"），"其所利及好恶不同，或不便于民，害于邦"，不利于百姓，甚至危害国家，因此圣王为之立法，"以矫端民心，去其邪避（僻），除其恶俗"。也就是说，法律制度是圣王所制定实施的，其目的是用来统一"乡俗"，并且不断地补充完善（"后有间令下者"），最终"以教道（导）民，去其淫避（僻），除其恶俗，而使之之于为善殴（也）"。关于"恶俗"，周振鹤认为："（《语书》）所谓恶俗就是不利于国家稳定、社会安定的习俗与风气，包括热衷商贾，不务正业，包括奢靡之风、淫僻通奸，甚至包括刚武、尚气力等（这一习俗容易引起各种刑事犯罪）。"③ 秦朝郡县官吏治民，全以中央律令为依据，而将民间与秦法不合之习俗视为必须"除"之的"恶俗"。

在这种信念的基础上，《语书》进而指责说，"今法律令已具矣，而吏民莫用"，结果导致当地风俗不正，"乡俗淫失（泆）之民不止，是即法（废）主之明法殴（也），而长邪避（僻）淫失（泆）之民，甚害于邦，不便于民。"黄盛璋认为，"乡俗淫泆之民"，"主要是指地方的男女风俗习惯"，是完全保守楚国原有风俗习惯、抵制秦文化渗

---

① 《汉书》卷23《刑法志》，中华书局1962年标点本，第1096页。
② 《语书》，睡虎地秦墓竹简整理小组编《睡虎地秦墓竹简》，图版第9—12页，释文第11—16页，下文引用不再出注。
③ 周振鹤：《从"九州异俗"到"六合同风"——两汉风俗区划的变迁》，《中国文化研究》1997年第4期。

## 秦统一的进程与意义

透、不服从秦法律的楚国旧民。① 现在颁行的律令是古代君王做法的延续，是"明主之法"，百姓却不去遵守，"甚害于邦，不便于民"。为此，南郡守腾在文告中宣布：官吏的职责不仅是"修法律令"，而且要"明布，令吏民皆明智（知）之，毋巨（岠）于罪"，"令人案行之"，严令县、道啬夫等加强对地方习俗的考察和整肃，要求从即日起有违反法律者，"举劾为从令者，致以律，论及令、丞"，即追究县令、丞的责任。也就是说，秦时郡县各级官吏中所谓"啬夫"者，负有考察民间"私好、乡俗之心"，惩治"吏民犯法为间私者"的职责，并须督促基层加强教化，随时报告上司。

《语书》还规定，对法律的执行情况以及实施效果，应该作为评价官吏工作的重要标准："今法律令已布，闻吏民犯法为间私者不止，私好、乡俗之心不变，自从令、丞以下智（知）而弗举论，是即明避主之明法殹（也），而养匿邪避（僻）之民。如此，则为人臣亦不忠矣。若弗智（知），是即不胜任、不智殹（也）；智（知）而弗敢论，是即不廉殹（也）。此皆大罪殹（也）。"如果官吏不能很好地使用法律来管理民众、整顿风俗，那肯定就是"不忠""不智""不廉""不胜任"，而这些"皆大罪殹（也）"。所以《语书》进一步要求必须根据法律来衡量官僚是否称职和合格："凡良吏明法律令，事无不能殹（也）"，而"恶吏不明法律令，不智（知）事"。

显然，这种吏治思路说明，秦朝试图利用法律来移风易俗、统一文化，"并非只是秦廷少数高层人物的一种主张，而是实实在在地变成了基层官吏治民行政的指导思想"②。日本学者工藤元男也认为："就《语书》的内容来看，其基调反映了秦统一六国实行集权政治的强烈意志，为此，要彻底清除各地在原有价值体系上存在的风俗习惯，全面施行秦的法律。"③ 因此，统一六国之后，这些律令自然会被秦始皇推行到齐鲁之邦、燕赵之地等全国其他地区。

---

① 黄盛璋：《云梦秦简辨正》，《考古学报》1979年第1期。
② 陈苏镇：《汉代政治与〈春秋〉学》，第28页。
③ ［日］工藤元男著，莫枯译：《云梦秦简〈日书〉所见法与习俗》，《考古与文物》1993年第5期。

"匡饬异俗":秦始皇天下同风的奢求

当然,严刑峻法并不是秦始皇整顿风俗的唯一手段,他也试图利用儒家思想来改善社会风俗。如《为吏之道》[①] 提出为吏的五个标准,即"吏有五善":"一曰中(忠)信敬上,二曰精(清)廉毋谤,三曰举事审当,四曰喜为善行,五曰龚(恭)敬多让。"认为"五者毕至,必有大赏",而这些标准大都是儒家所倡导的。它还对官僚的不良行为提出警告:"临事不敬,倨骄毋(无)人,苛难留民,变民习浴(俗),须身遽过,兴事不时,缓令急征,夬狱不正,不精于材,法置以私。"

《为吏之道》还主张官吏爱民。为此,它提出官吏要"审智(知)民能,善度民力,劳以率之,正以桥(矫)之","除害兴利,兹爱万姓"。这固然只是表明一种理想,"然而它跟秦始皇几次东巡刻石文字中表现的忧恤黔首的精神颇相一致,所以它至少应是当时秦国上下一体努力想做到的目标"[②]。

同时,《为吏之道》还认为官吏应该以身作则,示民表率,只有这样才能赢得民心,移风易俗,"凡戾人,表以身,民将望表以戾真。表若不正,民心将移乃难亲"。但秦始皇本人似乎对这一层还并没有比较明确的认识。有学者说:"秦人致败之由,在严酷,尤在其淫侈。用法刻深,拓土不量民力,皆可诿为施政之误,淫侈则不可恕矣。"[③] 实际上就是对秦始皇虽大力"匡饬异俗"却不以身作则的强烈谴责。

## 三 "行同伦":天下同风的奢求

如何统一六国旧俗并使之归化于秦,是秦始皇面临的一个难题。秦始皇通过"匡饬异俗",试图完成对六国风俗的整合,建立起一个新的社会文化秩序,实现"行同伦"即天下同风的愿望。在多次巡行中,他不断地宣省习俗,刻石垂扬;在日常行政中,他推行严刑峻法,以立

---

[①] 《为吏之道》,睡虎地秦墓竹简整理小组编《睡虎地秦墓竹简》,图版第79—86页,释文第165—176页,下文引用不再出注。

[②] 管东贵:《秦汉封建与郡县由消长到统合过程中的血缘情结》,收入侯仁之、周一良主编《燕京学报》新5期,北京大学出版社1998年版,第17页。

[③] 吕思勉:《秦汉史》,上海古籍出版社2005年版,第14页。

## 秦统一的进程与意义

法形式纠肃民风、清除恶俗。通过上述努力,秦始皇"匡饬异俗"取得了不小的成效,改变了一些陋风恶俗,其影响也很深远。正如顾炎武所云:"秦之任刑虽过,而其坊民正俗之意固未始异于三王也。汉兴以来,承用秦法以至今日者多矣。"① 然而,让秦始皇始料不及的是,"匡饬异俗"最终却也成为秦朝迅速灭亡的原因之一。

秦朝是以武力的方式完成对六国的统一的,即章太炎在《秦政记》中所说"战胜而有其地,非其民倒戈也"。因此,其统治基础并不牢靠,离心因素处处存在,"六国公族散处闾巷之间,……欲复其宗庙,情也"②。同时,又因"秦取天下多暴"③,也造成六国民众对其一定程度上的敌视。前已指出,统一前六国贵族阶层和士大夫群体就视秦为"虎狼",对秦国的政风民俗持歧视和贬斥的态度,受其影响,六国普通民众也心存疑虑,只希望能各随其"乡俗私好"。再加上全国自然条件千差万别,社会经济极不平衡等诸多客观因素,这就预示并要求秦始皇的"匡饬异俗"必须是一个长期的历史过程。如南郡本属楚故地,《语书》发布时,秦治南郡已达半个世纪,但南郡百姓仍"私好、乡俗之心不变",按故俗行事而对秦朝的律令持抵触态度。因此,如果秦始皇不顾上述因素,只是一味强调迅速、严厉地向全国推行新法来"匡饬异俗",其结果必然是欲速则不达,反而会把六国民众推向自己的对立面。令人遗憾的是,历史的轨迹正是朝着这一方向演进。

秦始皇本就欣赏法家思想,见韩非的《孤愤》《五蠹》篇而欲与其游④;称帝后,他更是"事皆决于法,刻削毋仁恩和义"⑤,禁私学焚诗书,以吏为师。但事实上,"文化传统的改变,仅凭法律的强制是不够

---

① 《日知录》卷13《秦纪会稽山刻石》,(清)顾炎武著,(清)黄汝成集释《日知录集释(外七种)》,第1008—1009页。
② 《太炎文录初编·秦政记》,章太炎《章太炎全集》(四),上海人民出版社1985年版,第72页。
③ 《史记》卷15《六国年表》,第686页。
④ 《史记》卷63《老子韩非列传》载:"秦王见《孤愤》《五蠹》之书,曰:'嗟乎,寡人得见此人与之游,死不恨矣。'"(第2155页)
⑤ 《史记》卷6《秦始皇本纪》,第238页。

的，还要有一个文化上的认同过程才能内化为统一的行为"①。秦治南郡的经验已经表明，仅凭法律、制度在短时期内难以做到"行同伦"，当百姓对统治者推行的风俗政策持疑惧乃至敌视态度时尤其如此。只有在秦文化获得六国广泛认同的基础之上才能真正地实现秦始皇"行同伦"的愿望。

因而，后人不约而同地批评秦政严苛，或谓秦始皇"毁先王之法，灭礼谊之官，专任刑罚，躬操文墨"②，或称其"弃仁义而尚刑罚"③，认为秦始皇夺取天下后，一味强调严刑峻法而完全摈弃了礼治，致使"攻守之势异也"，是秦朝二世而亡的根本原因。

"焚书坑儒"一直被认定为秦始皇"繁法酷诛"、独尊法家的确证。然而，这一结论其实尚有讨论的余地。如萧公权曾说："焚书之举，不过恐私学乱教，非欲消灭儒术也。"④ 冯友兰也认为，"焚书，禁私学，亦未尝不合于儒家同道德，一风俗之主张，不过为之过甚耳"⑤。"坑儒"亦非秦始皇有意而为之，《史记》卷六《秦始皇本纪》载："始皇闻（卢生、侯生）亡，乃大怒曰：'吾前收天下书不中用者尽去之。悉召文学方术士甚众，欲以兴太平……卢生等吾尊赐之甚厚，今乃诽谤我，以重吾不德也。'"⑥ 可见，"坑儒"之举，仅是对卢生、侯生这种人的打击，不似秦始皇对儒生的一贯态度和行为。秦始皇实际上还是比较重视儒者的，梁启超就认为，始皇"未尝与儒教全体为仇也。岂惟不仇，且自私而自尊之"⑦。

事实上，"焚书坑儒"前后秦始皇也一直在宣扬和利用儒家的伦理思想。从秦始皇"匡饬异俗"的风俗改革中，我们不难发现，他在教

---

① 臧知非：《周秦风俗的认同与冲突——秦始皇"匡饬异俗"探论》，载入《秦文化论丛》（第十辑），三秦出版社2003年版，第14页。
② 《汉书》卷23《刑法志》，第1096页。
③ 《盐铁论》卷4《褒贤》，王利器《盐铁论校注（定本）》，中华书局1992年版，第242页。
④ 萧公权：《中国政治思想史》，第190页。
⑤ 冯友兰：《中国哲学史》，中华书局1961年版，第487页。
⑥ 《史记》卷6《秦始皇本纪》，第258页。
⑦ 梁启超：《论中国学术思想变迁之大势》，《饮冰室合集》文集之七（第1册），中华书局1989年版，第42页。

## 秦统一的进程与意义

化天下的实际过程中往往对儒家思想大量地加以采纳。如《会稽刻石》满篇都是儒家贞节伦常的说教,主张以儒家倡导的礼教去除旧俗,整饬社会。可见,秦始皇已试图运用儒家的礼义教化来确立社会道德规范。

《为吏之道》要求人们修行正身,言举谨慎,"以此为人君则鬼(怀也),为人臣则忠,为人父则兹(慈),为人子则孝。……君怀臣忠,父兹子孝,政之本殹(也)。"所谓父慈子孝,君怀臣忠,正是儒家伦理的基本要求,却被秦朝奉为"政之本也"。在处理家庭内部关系上,秦朝强调父慈子孝,视不孝为大逆不道,处以重罪。《法律答问》载:"免老告人以为不孝,谒杀,当三环之不?不当环,亟执勿失",老人控告子女"不孝",可以要求处以死刑,而地方官吏不必经过"三环"的程序,须立即拘捕惩处。[①] 儒家提倡的"孝道"变成了秦朝的法律。因此有学者说,"儒家莫不重孝。秦虽灭儒,然不废孝悌"[②]。

总之,秦始皇在风俗改革中,一方面以法家思想为主,"明法度,定律令"[③],建立以君主专制为核心的统治秩序;另一方面以儒家忠孝仁义思想为依据,对社会各阶层实行伦理教化,通过臣忠、父慈、子孝的倡导,构成一套调节社会关系的道德网络。有学者认为,秦始皇在礼仪习俗上的改革,透露出其在坚持以法家学说治国的同时,已经在悄悄地运用着儒家伦理学说的信息。[④] 秦始皇的思想文化统治中,强烈地表现出儒法并用的倾向,这为汉代儒法合流统治思想的建立作了准备。不过,秦始皇虽试图探求一条纳法于礼的新的政治路向,但享国日浅,终无根本的变革[⑤],治道的格局依然是"以任法为主,列儒术为诸子之一"[⑥]。

从秦始皇的做法来看,他一方面强制性地把原有的制度与文化推广

---

[①] 《法律答问》,睡虎地秦墓竹简整理小组编《睡虎地秦墓竹简》,图版第57页,释文第117—118页。
[②] 齐思和:《西周时代之政治思想》,《中国史探研》,河北教育出版社2000年版,第161—162页。
[③] 《史记》卷87《李斯列传》,第2546页。
[④] 李福泉:《论秦始皇礼俗改革》,《湖南师大社会科学学报》1993年第6期。
[⑤] 谢子平:《秦朝治道与礼乐文化》,《学术论坛》2000年第2期。
[⑥] 萧公权:《中国政治思想史》,第191页。

"匡饬异俗"：秦始皇天下同风的奢求

到关东地区，希望以秦文化化天下；另一方面，他又正视秦与关东六国的矛盾，试图探讨一种适用于全国范围，而不仅仅是秦国本土的统治政策。但是，过度的心急致使秦始皇统一文化的手段仍是向全国推广"秦法"，实质就是企图把秦国的文化秩序推广到全国，以秦的制度来取代六国的制度。有学者说："秦始皇统一后采取的各种措施，从文化的角度来看，实际上就是以秦文化取代、消灭六国文化的文化征服措施。"[1] 因此，秦始皇用秦吏奉秦法来"匡饬异俗"，自然会致使秦法与东方各国固有传统习俗之间的冲突进一步加剧。

不仅如此，有学者还注意到，秦在统一六国后，对关中秦国本土和关东六国故地实行着不同的政策，秦统一后的行政制度"总的来说是以秦人对关东地区的征服、压迫和奴役为前提的"：把天下兵器聚之咸阳加以销毁；又把六国富豪十二万户迁至关中咸阳，使得关中后来十分富庶；而承担帝国繁重徭役的却主要是关东六国人。[2] 这种政策只能导致冲突局面的加剧，进一步把六国民众推向秦政的对立面。

因此，秦朝企图通过严酷法律手段以秦国文化来统一全国文化的策略做得并不成功。在秦朝统一的短时期内，秦文化并没有和东方六国文化融为一体，其作为全国的主导文化的地位，也没有来得及完全确立。有学者就说，秦朝灭亡的主要原因之一就在于秦始皇用武力手段完成了对六国的军事征服和政治统一后，却未能够成功地用法律手段实现对六国旧地文化的整合与统一。[3]

秦始皇在"匡饬异俗"中，既在坚决用法律手段强制推行秦国原有的社会礼仪和规范，又在探索用儒家伦理纲常对社会进行教化，以期秦朝统治长治久安。但是，因为独特的历史环境和个人因素，其统治思想发生了严重倾斜，倒向"严而少恩"的法家一边，致使其用法过度，教化无力，"仁义不施"。同时，秦始皇没有充分考虑六国百姓对新的法律政令的认同与否问题，而是雷厉风行地执行新法，急功近利。再加

---

[1] 参见刘文瑞《征服与反抗——略论秦王朝的区域文化冲突》，《文博》1990年第5期。
[2] 详见王子今《秦汉区域文化研究》，四川人民出版社1998年版，第342—345页。
[3] 参阅冯友兰《中国哲学史新编》（第三册），人民出版社1985年版，第20—23页。

上秦始皇本人骄奢多欲[1]，最终致使秦王朝暴虐而速亡，在中国历史上写下了令人遗憾的一章。正如有的学者所说，"历史在这里和秦始皇开了一个真实的玩笑，这就是'匡饬异俗'的目的是建立新的政治和社会秩序，结果则是导致了现实统治秩序的崩溃"[2]。

对秦始皇"匡饬异俗"的行为，汉初诸子则纯粹从秦政"以法为教"所存在的严重弊端出发，展开了一系列的激烈批判和评论。这种批评模式在整个两汉时期基本上得到了延续和发扬，"'秦王朝'作为一个暴政的'象征物'已经形成于儒者的思想世界之中，从而批评秦王朝的腐败和堕落就成为汉儒抨击现状、提倡'礼乐教化'的一个基本话语方式。这一方式一方面将秦王朝永远地钉在了耻辱柱上，另一方面也为汉儒的礼乐教化政策提供了相当坚实的历史背景，使得汉儒的这一政策得到了最大程度的实现"[3]。

（南开大学历史学院）

---

[1] 例如，在统一过程中，秦始皇"每破诸侯，写放其宫室，作之咸阳北阪上，南临渭，自雍门以东至泾、渭，殿屋复道周阁相属。所得诸侯美人钟鼓，以充入之"。秦朝建立后，秦始皇更是大修宫室，咸阳宫、阿房宫、甘泉宫，一个接一个，"关中计宫三百，关外四百余。……咸阳之旁二百里内宫观二百七十复道甬道相连，帷帐钟鼓美人充之"。（《史记》卷6《秦始皇本纪》，第239、256—257页）

[2] 臧知非：《周秦风俗的认同与冲突——秦始皇"匡饬异俗"探论》，第19页。

[3] 向晋卫：《〈白虎通义〉思想的历史研究》，人民出版社2007年版，第206—207页。

# "移风易俗,天下向道":贾谊对商君变法后秦俗的批判

钟良灿

家庭是社会的细胞,是社会的最基本构成单位。欲了解一时代之社会,必先了解其时之家庭。① 而家庭风俗又是一时代之社会风貌的集中体现,故其研究尤显重要。

秦兴于西陲,以尚力首功而霸,最终"并海内,兼诸侯,南面称帝"②,建立秦帝国。然秦帝国却也十分短暂,二世而亡,贾谊谓之"一夫作难而七庙隳"。有关秦之速亡,汉初之人多有深刻认识,此不赘述。

贾谊在《陈政事疏》(亦即《治安策》)中提到秦亡之一因在于商君变法之败秦俗,此点似少有申述者,故笔者以此出发,通过传世文献与出土文献,综合探析贾谊所述商君变法后之家庭风俗是否符合历史事实,它是不是秦速亡的重要一因,以及贾谊"过秦"的原因。

一

史载汉文帝时期,"匈奴强,侵边。天下初定,制度疏阔。诸侯王僭拟,地过古制,淮南、济北王皆为逆诛"③,在这种背景下,贾谊忧心忡忡,遂上书文帝。针对汉初的家庭风俗之弊,贾谊追本溯源,认为

---

① 参见张仁玺《秦汉家庭研究》"前言",中国社会出版社 2002 年版,第 1 页。
② 《史记》卷 6《秦始皇本纪》,中华书局标点本,1982 年,第 283 页。
③ 《汉书》卷 48《贾谊传》,中华书局标点本,1962 年,第 2230 页。

其为商君变法后之结果：

> 商君遗礼义，弃仁恩，并心于进取，行之二岁，秦俗日败。故秦人家富子壮则出分，家贫子壮则出赘。借父耰锄，虑有德色；母取箕帚，立而谇语。抱哺其子，与公并倨；妇姑不相说，则反唇而相稽。其慈子耆利，不同禽兽者亡几耳……囊之为秦者，今转而为汉矣。然其遗风余俗，犹尚未改。①

贾谊所述之秦人家庭之俗，向为学者所重，以此来论秦俗之弊。秦俗果如贾生所述，抑或为贾生"过秦"之论？

所谓"秦人家富子壮则出分"，涉及秦之分异政策。《史记·商君列传》载商鞅变法时有"民有二男以上不分异者，倍其赋"②的规定。张守节的《史记正义》注曰："民有二男不别为活者，一人出两课。"③这一解释无疑十分笼统，我们尚须对上文作具体考察。

这里的"民"指的应该是民户，即一般编户民家庭。"二男"的"男"这里指的是成年儿子，即所谓的"壮"。④"分异"，指的是"别籍异财"。⑤关于"倍其赋"的"赋"，张守节的"一人出两课"，显然认为是以口为单位征发的。史载秦孝公"十四年，初为赋"，《史记集

---

① 《汉书》卷48《贾谊传》，第2244页。
② 《史记》卷68《商君列传》，第2230页。
③ 同上书，第2231页。
④ 杜正胜先生认为"民有二男"指的是家内有两个成年男子，进而认为这种分异政策导致"只允许未成年子女与父母同居"的结论。曾宪礼、李根蟠先生则认为这里的"男"指的是成年儿子，笔者赞同成年儿子之说。参见杜正胜《传统家族试论》，载黄宽重、刘增贵主编《家族与社会》，中国大百科全书出版社2005年版，第18页；曾宪礼《"民有二男以上不分异者倍其赋"意义辨》，《中山大学学报》（哲学社会科学版）1990年第4期；李根蟠《从秦汉家庭论及家庭结构的动态变化》，《中国史研究》2006年第1期。
⑤ 关于"分异"，一般认为是"别籍异财"，韩树峰先生另辟新说，指出秦汉时期"分异"存在法律上与民间习惯上的两种理解，"分异令"强调的是"别籍"。其说颇具新意，然这里的"分异"还很难说只是"别籍"（析户），而应该包括"异财"（分财）。参见韩树峰《汉魏法律与社会——以简牍、文书为中心的考察》，社会科学文献出版社2011年版，第161—167页。有学者对韩氏这一观点作了深入分析，可参见尹成波《传统社会家庭成员户籍与财产法律变迁——从"分异令"到"别籍异财法"的历史考察》，《河南师范大学学报》（哲学社会科学版）2014年第3期。

解》引徐广曰："制贡赋之法也。"《史记索引》引谯周云："初为军赋也。"① 林剑鸣先生认为这里的"初为赋"的"赋"是以人口为计算对象，即按人口征收的，也就是说这里的赋即指人头税。② 然多数学者认为这里的"赋"是以户为单位征发的，它是户赋而非口赋。③"分异令"颁布于秦孝公六年之后、十年之前，④ 显然在"初为赋"之前。从"分异令"内容看，所谓"倍其赋"的"赋"，当指以户为单位征发之赋，说明秦孝公十四年之"初为赋"，乃是在全国（秦国）范围内的普遍推广。

综上可知，商鞅变法时规定，秦个体家庭内有两个及以上成年儿子者，要为其子分家，否则要加倍征收其家之赋税。

所谓"家贫子壮则出赘"，涉及秦之赘婿问题。应劭认为此为"出作赘婿也"，颜师古补充道："谓之赘婿者，言其不当出在妻家，亦犹人身体之有疣赘，非应所有也。一说，赘，质也，家贫无有聘财，以身为质也。"⑤ 颜师古之后说，为钱大昕所批判：

> 曰：《说文》："赘，以物质钱也，从敖贝。敖者，犹放，贝当复取之也。"《汉书·严助传》："岁比不登，民待卖爵赘子以接衣食。"如淳云："淮南俗卖子与人作奴婢，名曰赘子，三年不能赎，遂为奴婢。"然则赘子犹今之典身立有年限取赎者，去奴婢仅一间耳。秦人子壮出赘，谓其父子不相顾，惟利是嗜，捐弃骨肉，降为奴婢而不耻也。其赘而不赎，主家以女匹之，则谓之赘婿，故当时贱之。师古谓"家贫无有聘财，以身为质"者非也。今人以就婿为赘婿，亦失之。若卖妻与人作婢，谓之赘妻，《淮南子》云"赘

---

① 《史记》卷5《秦本纪》，第203—204页。
② 林剑鸣：《秦史稿》，上海人民出版社1981年版，第190页；杨宽先生也持此意见，参见杨宽《从少府职掌看秦汉封建统治者的经济特权》，《杨宽古史论文选集》，上海人民出版社2003年版，第118—120页。
③ 参见林甘泉主编《中国经济通史》秦汉卷（下），第15章《赋税》，经济日报出版社1999年版，第666页；张金光《秦制研究》，上海古籍出版社2004年版，第200—201页。
④ 参见晁福林《商鞅变法史事考》，《人文杂志》1994年第4期。
⑤ 《汉书》卷48《贾谊传》，第2245页。

妻鬻子"是也。太公《阴符》曰:"夺人田宅,赘人妻子。"①

钱大昕从字义及传世文献角度,对赘及赘婿作了精辟的阐述。钱氏认为"赘子""去奴婢仅一间耳",所见甚为卓识。钱氏又认为这种"赘子"若不赎回,则主家以女匹配之,"赘子"也就成了"赘婿"。钱穆更进一步认为:

> 赘婿者,主家以女奴相配,其实奴也,非其婿也。且古人重宗法,孽子庶女本同仆役,故嫁女则娣侄为媵妾。今赘婿,即谓配宗女,固已无夫道,不得与孽庶伍,则其为家奴审矣。今人以就女家为婿曰赘婿,非古之赘婿也……故秦发赘婿贾人,汉时七科谪戍,赘婿与吏有罪亡命者并列,以赘婿之本为奴隶也。②

钱穆认为主家配赘婿的为女奴,因其认为赘婿身份为奴。有的学者并不认可这一观点,认为"赘子"和"赘婿"是两种不同性质的身份,③ 然对于贾谊所说"家贫子壮则出赘"之"出赘"是赘子还是赘婿,又有不同的理解。④

这里且不深究"赘子"与"赘婿"的关系,从贾谊的上书内容看,所谓"家贫子壮则出赘"的"出赘",应以"赘婿"解为宜。为免"倍赋"负担,富家子成年后要分家(别籍异财),贫家子成年后只能选择入赘女家,以减轻家庭的赋税压力。至于"赘婿"的身份地位如何,学界讨论较多,⑤ 此不赘述。

---

① (清)钱大昕撰,吕友仁校点:《潜研堂集》,上海古籍出版社1989年版,第183—184页。
② 钱穆:《先秦诸子系年[新校本]》,九州出版社2011年版,第378页。
③ 参见蒋非非《秦代谪戍、赘婿、闾左新考》,《北京大学学报》(哲学社会科学版)1995年第5期;王绪霞《赘婿非奴新证》,《史学月刊》2013年第3期。
④ 蒋非非认为贾谊所说的乃为赘子,与赘婿无关;王绪霞则以之为赘婿。参蒋非非《秦代谪戍、赘婿、闾左新考》;王绪霞《赘婿非奴新证》。
⑤ 参见黄灿《试论秦汉的养子与赘婿》,《齐鲁学刊》1988年第1期;蒋非非《秦代谪戍、赘婿、闾左新考》;张继海《睡虎地秦墓竹简魏户律再研究》,《中国史研究》2005年第2期;李欣《秦汉时期"赘婿"和"女户"的综合考察》,《文博》2010年第2期;张健《战国与秦汉的"赘婿"》,《淮阴师范学院学报》2011年第2期;王绪霞《赘婿非奴新证》;张伯元《出土法律文献丛考》,上海人民出版社2013年版,第36—39页等。

"移风易俗,天下向道":贾谊对商君变法后秦俗的批判

"借父耰鉏,虑有德色;母取箕帚,立而谇语。"说的是秦的父母与子之关系。贾谊《新书》作"假父耰鉏杖慧,耳虑有德色矣;母取瓢椀箕帚,虑立訊语"。① 颜师古注曰:"耰,摩田器也,言以耰及鉏借与其父,而容色自矜为恩德也。"② 关于"谇",服虔注曰:"谇犹骂也。"张晏曰:"谇,责让也。"颜师古赞同张晏之说,认为"谇"为责让之义,当为正解。③ "谇"与"訊"同义,王先谦注"訊"曰:"訊有告、让之义。"④ 这两句话说的是分家之后,父母向儿子借用些生产、生活用品,子或以为恩,或有责让不满之意。这两句话充分反映出秦"分异令"所产生的负面影响,秦父子分家后,家庭伦理淡漠,父子关系紧张。

"抱哺其子,与公并倨;妇姑不相说,则反唇而相稽。"说的是子妇与姑舅之关系。《新书》作"抱哺其子,与公并踞;妇姑不相说,则反唇而睨"⑤。"倨"即"踞",指蹲坐之姿,颜师古批其为"无礼之甚也"⑥。"稽"者,应劭注曰:"计也,相与计较也。"⑦ "睨","衺视也",⑧ 意即斜视,也是"无礼之甚"者。所谓"抱哺其子,与公并踞;妇姑不相说,则反唇而睨",说的是同室而居的儿媳与姑舅相处之无礼处。

贾谊最后总结说秦人"其慈子耆利,不同禽兽者亡几耳",颜师古注曰:"唯有慈爱其子而贪嗜财利,小异于禽兽也。"因此,《新书》这句又作"其慈子嗜利而轻简父母也,虑非有伦理也,亦不同禽兽仅焉耳"⑨。在贾谊眼里,秦人几无伦理可言,唯有爱子及嗜利之心为其区

---

① (汉)贾谊撰,阎振益、钟夏校注:《新书校注》卷3《时变》,中华书局2000年版,第97页。
② 《汉书》卷48《贾谊传》,第2245页。
③ 同上。
④ (汉)贾谊撰,阎振益、钟夏校注:《新书校注》卷3《时变》,第101页。
⑤ 同上书,第97页。
⑥ 《汉书》卷48《贾谊传》,第2245页。
⑦ 同上。
⑧ (东汉)许慎撰,(清)段玉裁注:《说文解字注》,上海古籍出版社1981年版,第131页。
⑨ (汉)贾谊撰,阎振益、钟夏校注:《新书校注》卷3《时变》,第97页。

215

别于禽兽之仅有者。在贾谊看来,"曩之为秦者,今转而为汉矣",秦人之"弃礼谊,捐廉耻",在汉初甚至变得"日甚",所谓"逐利不耳,虑非顾行也,今其甚者杀父兄矣"[①],此为贾生"长太息者"一也。

## 二

贾谊之批评,涉及秦之家庭风俗之变。所谓风俗,《汉书·地理志》曰:

> 凡民函五常之性,而其刚柔缓急,音声不同,系水土之风气,故谓之风;好恶取舍,动静无常,随君上之情欲,故谓之俗。孔子曰:"移风易俗,莫善于乐。"言圣王在上,统理人伦,必移其本而易其末,此混同天下,一之乎中和,然后王教成也。[②]

班固认为风俗与人之五常音声、地域之水土风气以及君上之情欲有关。班固之后的应劭说得更详细:

> 风者,天气有寒暖,地形有险易,水泉有美恶,草木有刚柔也。俗者,含血之类,像之而生,故言语歌讴异声,鼓舞动作殊形,或直或邪,或善或淫也。圣人作而均齐之,咸归于正;圣人废,则还其本俗。[③]

应劭之解释大抵与班固同,其对俗之解释侧重"含血之类"(人类)而言,强调俗之因像而生,各不相同。北齐之刘昼又曰:

> 风者,气也;俗者,习也。土地水泉,气有缓急,声有高下,谓之风焉;人居此地,习已成性,谓之俗焉。风有厚薄,俗有淳

---

① 《汉书》卷48《贾谊传》,第2244页。
② 《汉书》卷28下《地理志下》,第1640页。
③ (汉)应劭撰,王利器校注:《风俗通义校注·序》,中华书局2010年版,第8页。

"移风易俗，天下向道"：贾谊对商君变法后秦俗的批判

浇。明王之化，当移风使之雅，易俗使之正。是以上之化下，亦为之风焉；民习而行，亦为之俗焉。①

综合诸家之说，大抵都认为风俗与地理环境、风土习性、明王教化等有关，因此有所谓"百里不同风，千里不同俗"者。

风俗之变，有关王朝教化，所谓"为政之要，辩风正俗，最其上者"②，历来为统治者所重视。贾谊认为秦俗之败，在于商君之"遗礼义，弃仁恩"而"并心于进取"。汉初风俗之弊，在贾谊看来，实承自商鞅变法后之秦俗，且有"日甚"之倾向。那么，秦俗在商鞅变法前后究竟经历了怎样的变化？秦俗是否真如贾谊所说的在商鞅变法之后变得"日败"？

我们先看商鞅变法之前的秦俗。关于秦人的起源，学界有东来说、西来说和北来说三种意见，尽管争论不断，近年随着考古材料的不断更新，秦人"缘于东而兴于西"的基本线索和框架大体得以澄清。③秦兴于西陲，长年与西戎相染。王国维先生认为秦"未逾陇以前，殆与诸戎无异"④，所论甚是。其实，晚至秦孝公时期，"秦僻在雍州，不与中国诸侯之会盟，夷翟遇之"。孝公由此感叹"诸侯卑秦，丑莫大焉"，欲"东伐，复缪公之故地，修缪公之政令"⑤。尽管在秦缪公时期，缪公与戎王使者由余对话，满以中国诗书礼乐法度之国自居。⑥但直至商鞅变法前，秦多染戎翟之俗，此即商鞅对赵良所盛夸之"始秦戎翟之教，父子无别，同室而居。今我更制其教，而为其男女之别，大筑冀阙，营如鲁卫矣"。⑦赵良对商鞅多有批评，然对于商鞅所说的移风易

---

① （北齐）刘昼著，傅亚庶校释：《刘子校释》卷九《风俗章》，中华书局1998年版，第443页。
② （汉）应劭撰，王利器校注：《风俗通义校注·序》，第8页。
③ 参见雍际春《近百年来秦人族源问题研究综述》，《社会科学战线》2011年第9期。
④ 王国维：《秦都邑考》，《观堂集林》，中华书局1959年版，第531页。
⑤ 《史记》卷5《秦本纪》，第202页。
⑥ 《史记》载秦缪公问难由余之言曰："中国以诗书礼乐法度为政，然尚时乱，今戎夷无此，何以为治，不亦难乎？"言语中不乏文化之优越感。参见《史记》卷5《秦本纪》，第192页。
⑦ 《史记》卷68《商君列传》，第2234页。

俗之功，却没有正面反驳，可见商鞅之功，为时人所深知。

关于秦的社会制度，李学勤先生认为从秦人相当普遍的保有奴隶制来看，秦与六国相比不是先进而是落后。① 这种落后，或与其长期与西戎杂处，与中原文明交流较少有关。杜正胜先生即指出：

> 秦国的民族和文化与戎狄有很密切的关系，其统治阶级即使出自东土氏族，因为久窜戎狄之间，习俗文化必多受感染；何况他们自西周晚期以来之逐渐茁壮即是与戎狄争胜，并且吸收接纳戎狄的结果。②

杜先生认识到秦与西戎之争胜过程，也是其吸收接纳戎狄的过程，所见甚为卓识。由此，从戎狄的社会习俗角度出发，商鞅和贾谊所说的秦之某些习俗也就很好理解了。如商鞅所说秦"父子无别，同室而居"，贾谊所说的"抱哺其子，与公并倨"，联系到后来匈奴"父子乃同穹庐而卧"③，也就不难理解了。荀子解释秦人"于父子之义，夫妇之别，不如齐、鲁之孝具敬父者"，认为是"秦人之从情性，安恣睢，慢于礼义故也"④。秦人所从之情性，当有戎狄文化之因素。

然秦在与戎狄争胜的同时，也在不断东进，积极与中原文化交流，乃至缪公时期，秦俨然以中原之国自居。商鞅变法之后，秦俗更是大变，所谓"行之十年，秦民大悦，道不拾遗，山无盗贼，家给人足。民勇于公战，怯于私斗，乡邑大治"⑤。战国晚期的大儒荀子一度入秦，并记录其所见：

> 入境，观其风俗，其百姓朴，其声乐不流污，其服不佻，甚畏

---

① 参见李学勤《东周与秦代文明》，上海人民出版社 2014 年版，第 291 页。
② 杜正胜：《编户齐民：传统政治社会结构之形成》，第 459 页。
③ 《史记》卷 110《匈奴列传》，第 2900 页。
④ （清）王先谦撰，沈啸寰、王星贤点校：《荀子集解》卷 17《性恶篇》，中华书局 1988 年版，第 442 页。
⑤ 《史记》卷 68《商君列传》，第 2231 页。

## "移风易俗，天下向道"：贾谊对商君变法后秦俗的批判

有司而顺，古之民也。及都邑官府，其百吏肃然，莫不恭俭、敦敬、忠信而不楛，古之吏也。入其国，观其士大夫，出于其门，入于公门，出于公门，归于其家，无有私事也；不比周，不朋党，倜然莫不明通而公也，古之士大夫也。观其朝廷，其间听决百事不留，恬然如无治者，古之朝也。故四世有胜，非幸也，数也。是所见也。①

荀子所说，是应应侯（范雎）之问，其时距商鞅变法已经数十年。荀子认为秦民、秦吏、秦士大夫、秦朝廷都具古风，故而才能"四世有胜"。这些古风当然有戎狄习俗的朴实，更多的恐怕还是商鞅变法后的结果。所谓民"甚畏有司而顺""百吏肃然""士大夫出入公门而无私""明通而公"、朝廷"听决百事不留"等，显然都是商鞅变法后的"法治"社会风貌。联系商鞅对赵良所盛夸的变革秦俗之言，足见其移风易俗之功。

### 三

综上可知，商鞅变法确有移风易俗之效，它是使秦家庭风俗摆脱戎狄之教的"进步"之举。那么，贾谊对商君的批评，是否真实可靠？所谓"家富子壮则出分，家贫子壮则出赘"说的确是商鞅实行"分异令"之后的社会实情。"分异令"是商鞅变法中一项重要举措，也是理解商鞅变法实质的关键。蒋礼鸿曰："商君之道，农战而已。"② 此即《史记》所载"卫鞅说孝公变法修刑，内务耕稼，外勤战死之赏罚"③者。所谓"国之所以兴者，农战也"④ "国待农战而安，主待农战而尊"⑤，充分说明商鞅变法意在以农战兴国。农战的基础在于个体小农，

---

① （清）王先谦撰，沈啸寰、王星贤点校：《荀子集解》卷11《强国篇》，第303页。
② 蒋礼鸿：《商君书锥指》卷1《农战第三》，中华书局1986年版，第19页。
③ 《史记》卷5《秦本纪》，第203页。
④ 蒋礼鸿：《商君书锥指》卷1《农战第三》，第20页。
⑤ 同上书，第22页。

加强对个体小农的控制和管理是国家实行农战兴国的根本。

"分异令"也并非商君独创，而是时代所趋。其实质在于宗法制的解体，小家庭逐渐从宗族势力中独立出来，成为社会的主流。杜正胜先生指出："只记录个人的名籍和全家男女皆录、老幼靡遗的户籍制度最大的差别是在彻底控制人力，以保证'有人此有土，有土此有财'的国家结构稳固完善。"① 杜氏所论甚是。户籍制度建立后，国家的课役对象是以户为单位的全户，亦即一户之内的全部劳力均在役使之列，所以有所谓的"户赋"。② 显然，商鞅"分异令"的根本在于增加国家的"户赋"收入，故而有"民有二男以上不分异者，倍其赋"的法令规定。

对于个体家庭而言，"出分"不仅出于消极避免"倍赋"的需要，而且是更多获得国家授予土地的捷径。张金光先生认为国家授田制原则上虽是按户计口授田，但具体到一家一户，随着授田家口身份与资格的不同，授田也不尽相同。③ 一般而言，"夫"和"户主"（二者多数是重合的）是主要授田对象。这就意味着"出分"后的成年儿子能分得更多的土地，以承担国家的"户赋"。一般家庭由此也易于接受，这也是商鞅"分异令"能够施行并卓有成效的原因之一。睡虎地日书中有"离日""唯利以分异"的表述，④ 有学者即认为秦时百姓可择日"分异"⑤。"分异"见于日书，正说明它已成为百姓日常生活中的普遍现象。⑥

张金光先生认为以夫为授田标准或代表，正表明"社会上普遍存在着作为主流的、支配形式的家庭形态，乃是各户人口大致均等的以丈

---

① 杜正胜：《编户齐民：传统政治社会结构之形成》，第22页。
② 参见杜正胜《编户齐民：传统政治社会结构之形成》，第28页。
③ 张金光：《战国秦社会经济形态新探》，商务印书馆2013年版，第106—107页。
④ 睡虎地秦墓竹简整理小组编：《睡虎地秦墓竹简·日书甲种》，文物出版社1990年版，第190页。日书中的"分异"，学界多数认为即商鞅"分异令"之"分异"意即分家，笔者以为可从，参见张金光《秦制研究》，第460页；李学勤《〈日书〉中的〈艮山图〉》，《简帛佚籍与学术史》，江西教育出版社2001年版，第146页。
⑤ 张金光：《秦制研究》，第460页；尹成波：《传统社会家庭成员户籍与财产法律变迁——从"分异令"到"别籍异财法"的历史考察》，第52页。
⑥ 张金光：《秦制研究》，第460页。

## "移风易俗，天下向道"：贾谊对商君变法后秦俗的批判

夫为核心的个体小家庭"①，所见甚为独到。因此可以说，以"五口之家"为主的小家庭是战国以来社会发展的主流趋势，而秦在这方面走在时代最前列。其原因既与秦之国家制度有关，也与秦之杂染戎俗有关。富家壮子出分，贫家壮子出赘，是出于实际经济生活的需要，在秦人看来并不以之为耻，钱大昕所批评的"惟利是嗜，捐弃骨肉"，某种程度上是符合秦人文化风貌的。②商鞅"分异令"的成功实施，一定程度上是利用了秦人的这种文化风貌。

所谓"借父耰锄，虑有德色；母取箕帚，立而谇语。抱哺其子，与公并倨；妇姑不相说，则反唇而相稽。其慈子耆利，不同禽兽者亡几耳。"这些说的都是秦人的家庭关系问题。前两句说的是秦人子壮出分后与父母的关系，"分异"导致父子异财，故而出现贾谊所批评的现象。个体小家庭的出现，血缘团体内经济生活单位的逐渐缩小，导致血缘内聚力的范围也越来越小。③贾谊所说当为秦之家庭父子关系的极端现象，这既与秦之"分异"政策有关，也与秦人的文化风貌有关。其实，由于分家而导致的父子兄弟关系的不和谐，历代皆有。顾炎武列举古时各代分家之事，曰："乃今之江南犹多此俗，人家儿子娶妇，辄求分异。"顾炎武当时之人认为"二女同居，易生嫌竞，式好之道，莫如分爨者"④。江南这种父子分居、兄弟异爨的风俗，可上溯至南北朝时期之南朝，⑤此后或为南北之普遍现象，而独以江南为剧。晚清曾国藩也曾感叹："古者大公同财，自秦人子壮出分，后世沿以为俗，兄弟有视如途人者矣。而为之妇者，伺其夫之旨而加刻焉。片语之隙，荆棘丛

---

① 张金光：《战国秦社会经济形态新探》，第107页。
② 关于秦之风俗与周俗乃至东方六国风俗之异同，可参见臧知非《周秦风俗的认同与冲突——秦始皇"匡饬异俗"探论》，《秦文化论丛》第十辑，三秦出版社2003年版。
③ 管东贵：《周人"血缘组织"和"政治组织"间的互动与互变》，《从宗法封建制到皇帝郡县制的演变：以血缘解钮为脉络》，中华书局2010年版，第31页。
④ （清）顾炎武著，黄汝成集释，栾宝群、吕宗力校点：《日知录集释（全本）》，上海古籍出版社2006年版，第809页。
⑤ 参见唐长孺《读陶渊明赠长沙公诗序论江南风俗》，《山居存稿续编》，中华书局2011年版，第108—111页。

生，累世不能泯其嫌。"① 说的是分家后兄弟、妯娌之间的关系的冷淡。章太炎曰："商君行法家，富子壮则出分，家贫子壮则出赘，至今父子异财之习，犹与秦人不异。"② 说的也是分家之后父子异财之遗，可见商鞅"分异"政策对中国传统社会影响之巨。正如有的学者所指出的，"秦统一后历代都沿用了商鞅的办法，并且发展成了一套完整的分家制度体系"。③

前引后两句说的是"妇"与姑舅的关系，所谓"抱哺其子，与公并倨"，说的是秦家人男女共处一室，以致无男女之别。"妇姑不相说，则反唇而相讥"，说的是"妇"对于"姑"无礼，是不孝之行。按商鞅曾与赵良称己之功业："始秦戎翟之教，父子无别，同室而居。""同室而居"的"室"，指的是"卧房"。④ 商鞅认为秦染戎翟之俗，父子、男女同处一卧室内，因此，商鞅在变法时，特"令民父子兄弟同室内息者为禁"⑤。观商鞅之沾沾自喜，欲与五羖大夫（百里奚）比贤之状，则知商鞅这一移风易俗的变法之令得到了推广并见成效。贾谊之批评，或为个别现象，当为"秦戎翟之教"的残存表现，是商鞅改革仍不彻底处。然要言之，贾谊所批评的秦人父子、男女"同室而居"所带来的风俗日败的现象，正是商鞅变法所欲革除之对象，而非其所导致的结果。

贾谊指谪商鞅变法导致家庭伦理丧失，子与妇对父母、公婆不孝之甚，给人印象是秦人不重孝道。商鞅变法虽以法家思想为主导，主张赏刑分明，所谓"亲昆弟有过不违"⑥者，但并不排除孝道。成书于战国末期的《吕氏春秋》即有《孝行篇》，专门阐述孝之贵：

---

① （清）曾国藩著，王澧华校点：《曾国藩诗文集》卷1《何傅岩先生夫妇寿序》，上海古籍出版社2005年版，第164页。
② 《章太炎全集》四《太炎文录·别录》卷2《〈社会通诠〉商兑》，上海人民出版社1985年版，第329页。
③ 邢铁：《唐宋分家制度》，商务印书馆2010年版，第13页。
④ 参见［韩］尹在硕《睡虎地秦简〈日书〉所见"室"的结构与战国末期秦的家族类型》，《中国史研究》1995年第2期。
⑤ 《史记》卷68《商君列传》，第2232页。
⑥ 蒋礼鸿：《商君书锥指》卷4《赏刑第十七》，第104页。

## "移风易俗,天下向道":贾谊对商君变法后秦俗的批判

务本莫贵于孝。人主孝则名章荣,下服听,天下誉。人臣孝则事君忠,处官廉,临难死。士民孝则耕芸疾,守战固,不罢北。夫孝,三皇五帝之本务,而万事之纪也。①

秦始皇在平定天下之后,曾多次巡行天下,并数次刻石纪功,内有"贵贱分明,男女礼顺"(泰山刻石语),"以明人事,合同父子""匡饬异俗,陵水经地""六亲相保,终无寇贼"(琅琊刻石语),"宣省习俗,黔首斋庄""饰省宣义,有子而嫁,倍死不贞。防隔内外,禁止淫泆,男女洁诚。夫为寄豭,杀之无罪,男秉义程。妻为逃嫁,子不得母,咸化廉清。大治濯俗,天下承风,蒙被休经。"(会稽刻石语)② 可见秦最高统治者对家庭风俗之变的重视。

近来出土秦简中有《为吏之道》篇,内多有"为人臣则忠,为人父则兹(慈),为人子则孝"③ 等语,反映出秦之统治者亦十分重视孝道的宣扬。对于不孝之行,④ 父母可将子女告之官府,官府处之以重罪,如《睡虎地秦墓竹简·法律答问》:

免老告人以为不孝,谒杀,当三环之不?不当环,亟执勿失。⑤

有学者指出,免老之人年龄已大,难免昏聩,而这里却规定不须三环(三次原宥),直接执行"谒杀",可见秦律推行孝道维护父权的无条件

---

① 许维遹:《吕氏春秋集释》,中华书局2009年版,第306—307页。
② 刻石内容见《史记》卷6《秦始皇本纪》,第243、245、261、262页。
③ 释文见睡虎地秦墓竹简整理小组编《睡虎地秦墓竹简·为吏之道》,第169页;又见朱汉民、陈松长主编《岳麓书院藏秦简(壹)·为吏之道》,上海辞书出版社2010年版,第37页。
④ 有学者指出不孝之名与不孝之罪并非一回事,所论甚是,见闫爱民《汉晋家族研究》,上海人民出版社2005年版,第335页。法律所治不孝之罪,当有特定范围。然不孝之名亦易于向不孝之罪转化,秦律所治不孝之罪,当属人伦之大者,而贾谊所批秦俗之不孝,虽不构成法律上不孝之罪,然任其发展,则有所谓"杀父兄"者出现。
⑤ 睡虎地秦墓竹简整理小组编:《睡虎地秦墓竹简·法律答问》,第117页。

## 秦统一的进程与意义

性。① 父告子不孝，在《封诊式》中还有一份《迁子》爰书：

> 某里士五（伍）甲告曰："谒鋈亲子同里士五（伍）丙足，迁蜀边县，令终身毋得去迁所，敢告。"告法（废）丘主：士五（伍）咸阳才（在）某里曰丙，坐父甲谒鋈其足，迁蜀边县，令终身毋得去迁所论之，迁丙如甲告，以律包。今鋈丙足，令吏徒将传及恒书一封诣令史，可受代吏徒，以县次传诣成都，成都上恒书太守处，以律食。法（废）丘已传，为报，敢告主。②

这里的丙因不孝而被父"谒鋈"足且被迁往蜀边县，终身不得离开。这种刑罚较之"谒杀"虽较轻，然亦属重惩了。由此可见，秦律对"不孝"之罪惩处十分严厉。秦以法律手段来强制施行"孝道"的现象，既表明了统治者的重视程度，也说明"孝"已成为社会所应普遍遵循的基本准则。③

然而，从《睡虎地秦简·法律答问》《封诊式》中确实可见秦人家庭人伦之乱，有所谓"子盗父""父盗子""父母擅杀子""子殴父、大父母"等现象，说明贾谊所说的情况一定程度上属实。这些情况一直存在，在汉初甚至有愈演愈烈之势，贾谊所谓"今其甚者杀父兄矣"。但这些未必是秦的普遍现象，而且不全是商鞅变法造成的。

## 四

那么，贾谊为何将这些都归结为商君变法之过？南宋学者洪迈认为：

---

① 赵玉沛：《睡虎地秦墓简牍所见秦社会婚姻、家庭诸问题》，《中国社会经济史研究》2003年第4期，第9页。
② 睡虎地秦墓竹简整理小组编：《睡虎地秦墓竹简·封诊式》，第155页。
③ 参见［美］柯马丁著，刘倩译，杨治宜、梅丽校《秦始皇石刻：早期中国的文本与仪式》，上海古籍出版社2015年版，第155页。

## "移风易俗，天下向道"：贾谊对商君变法后秦俗的批判

> 自三代迄于五季，为天下君而得罪于民，为万世所麾斥者，莫若秦与隋。岂二氏之恶浮于桀、纣哉？盖秦之后即为汉，隋之后即为唐，皆享国久长。一时议论之臣，指引前世，必首及之，信而有征，是以其事暴白于方来，弥远弥彰而不可盖也。①

洪氏所论为一般性原因，尚不足以解释贾谊"过秦"之根本。陈苏镇先生认为贾谊的政治学说是主张以礼义治国，贾谊师承荀子，其学说亦以"礼"为核心，但与荀子的"礼"近于法不同的是，贾谊的"礼"更近于仁。② 陈先生所言甚是。观贾谊早期即"以为汉兴二十余年，天下和洽，宜当改正朔，易服色制度，定官名，兴礼乐"③，后虽遭绛、灌等功臣相忌，却仍对通过制作礼乐而实现天下太平孜孜不倦。基于此，贾谊对法家思想多有批判，认为"礼者禁于将然之前，而法者禁于已然之后，是故法之所用易见，而礼之所为生难知也"④。为此，贾谊为申述其"以礼治之"的政治理念，不得不援引"殷、周、秦事以观之也"⑤。在此背景下，对于贾谊对商君的发难，就不难理解了。

事实上，在治国思想问题上，儒法两家的斗争一直在进行，在昭帝时期召开的盐铁会议上，以贤良文学为代表的儒生即对商鞅变法进行了强烈批判：

> 今商鞅反圣人之道，变乱秦俗，其后政耗乱而不能治，流失而不可复，愚人纵火于沛泽，不能复振；蜂虿螫人，放死不能息其毒也。烦而止之，躁而静之，上下劳扰，而乱益滋。故圣人教化，上与日月俱照，下与天地同流，岂曰小补之哉！⑥

---

① 《容斋续笔》卷5"秦隋之恶"条，见（宋）洪迈撰，孔凡礼点校《容斋随笔》，中华书局2005年版，第271页。
② 陈苏镇：《〈春秋〉与"汉道"：两汉政治与政治文化研究》，中华书局2011年版，第146页。
③ 《汉书》卷48《贾谊传》，第2222页。
④ 同上书，第2252页。
⑤ 同上书，第2253页。
⑥ 王利器校注：《盐铁论校注》卷10《申韩》，中华书局1992年版，第579页。

秦统一的进程与意义

这仍可看成贾谊批判之延续，其目的更多地在于批判执政者所执行之"法治"而非商鞅变法本身。以桑弘羊为代表的执政派当然对商鞅变法的功绩给予很高评价，认为"商以法强秦"。在此之前，法家代表人物韩非子即对商鞅变法有过很高的评价：

> 古秦之俗，君臣废法而服私，是以国乱兵弱而主卑。商君说秦孝公以变法易俗而明公道，赏告奸，困末作而利本事。①

联系战国以至汉中后期的儒法之争，对于贾谊等人的批评，我们或许能做综合的、全面的考察。对于贾谊所说秦之家庭风俗，我们认为，秦早期因染戎狄之俗，家庭礼俗比较淳朴，甚至无父子、男女之别。秦孝公因"诸侯卑秦"而发愤改革，"诸侯卑秦"原因之一或为秦染戎狄之俗，不与中原同。在这一背景下，商鞅变法对秦家庭风俗的改革，非但不如贾谊所说是乱秦之源，反而是强秦之术，同时也是向东方礼义之国鲁、卫看齐的过程。

贾谊所批评商鞅变法后之秦俗，有历史大势所趋者如个体小家庭的逐渐流行，有秦所染戎狄之俗的遗留，也有过分强调"法治"所带来的负面影响。秦之"法治"，成果明显，弊端也很明显，荀子早即指出秦"无儒"之忧。贾谊的批评从某种程度上说是在荀子的忧心之处展开的，不同的是，因秦的速亡，在汉初普遍"过秦"的氛围中，贾谊对秦的指谪有些虽为深刻，有些却也难免有偏见之嫌。

历代风俗之变，无不经历一个长时段的过程，如顾炎武认为"自春秋之后，至东京而其风俗稍复乎古"②，所谓的"古"，即"西周"。顾炎武认为东汉儒学之兴，使得其风俗稍复于周俗。对于秦纪会稽刻石，顾炎武指出：

---

① （清）王先慎撰，钟哲点校：《韩非子集解》，中华书局2003年版，第101页。
② （清）顾炎武著，黄汝成集释，栾宝群、吕宗力校点：《日知录集释（全本）》，第750页。

## "移风易俗,天下向道":贾谊对商君变法后秦俗的批判

> 当其时,盖欲民之多,而不复禁其淫泆。传至六国之末,而其风俗犹在,故始皇为之厉禁,而特著于石刻之文。以此与灭六王,并天下之事并提而论,且不著之于燕、齐,而独著之于越,然则秦之任刑虽过,而其坊民正俗之意固未始异于三王也。汉兴以来,承用秦法以至今日者多矣,世之儒者言及秦,即以为亡国之法,亦未之深考乎?[①]

顾炎武虽以儒者之身份认同东京之政,然对于秦法及始皇的正俗之意,能有此了解之同情,实属难能可贵!

历代政权包括秦政权在"坊民正俗"上都颇费心机,如汉宣扬以孝治天下,对"父子别居"等现象进行惩治,如曹魏废除"异子之科",又如"别籍异财法"的逐步推行和完善。[②] 尽管如此,个体小家庭仍为秦以后之传统社会的主流形态,社会上仍不断有父子、兄弟分居及家庭关系淡漠等现象以及有识之士对此的批评的出现。儒家伦理的渗入,当然对移风易俗有很大的帮助,但对于"别籍异财"的父子、兄弟、姑舅乃至妯娌关系的影响,其作用不宜夸大。这其中,经济因素的作用仍不容忽视。

[原载《中国矿业大学学报》(社会科学版) 2016 年第 6 期]
(中国人民大学国学院;出土文献与中国古代文明研究协同创新中心)

---

① (清) 顾炎武著,黄汝成集释,栾宝群、吕宗力校点:《日知录集释(全本)》,第 751—752 页。
② 参见尹成波《传统社会家庭成员户籍与财产法律变迁——从"分异令"到"别籍异财法"的历史考察》。

# 略论秦代移民与中原文化的扩展

董家宁

秦统一的历史功绩,被后世总结为"六王毕,四海一"[1]"六王失国四海归"[2]。但实际上,秦王朝所统治的区域,绝不仅仅限于战国七雄故地。秦统一的意义,更在于"通过军事手段和战争方式实现了中原文化向北边匈奴控制区和岭南越人居住地的扩展"[3],而移民活动,常常伴随军事胜利而进行,为中原文化的扩展发挥了不可替代的作用,这在北边、岭南两地表现得最为突出。

秦国在扩张的过程之中,不断地将本国人口迁入新占领的地区,这一措施可以追溯至秦惠文王八年(前330)。《史记》卷七一《樗里子甘茂列传》载:"秦惠王八年,爵樗里子右更,使将而伐曲沃,尽出其人,取其城,地入秦。"[4] 秦国在攻打六国,扩大疆域的过程中,即使可以暂时由军队驻防,但为了彻底占领新地区,势必要驱逐原来的居民,迁入本国的人口。在秦统一以后,更是移民不绝。从公元前221年秦始皇灭六国,至公元前206年子婴投降于刘邦,统一的秦王朝只存在了短短15年。但在这15年当中,移民的人数之多、距离之远、次数之频繁,是空前的,也是在后世的很多朝代所少见的。因此,秦朝可以称

---

[1] (唐)杜牧:《阿房宫赋》,吴在庆校注《杜牧集系年校注》,中华书局2008年版,第9页。

[2] (宋)莫济:《次韵梁尉秦碑》,(清)厉鹗辑撰《宋诗纪事》卷47,上海古籍出版社1983年版,第1197页。

[3] 王子今推荐序,载鹤间和幸《讲谈社·中国的历史——始皇帝的遗产:秦汉帝国》,广西师范大学出版社2014年版。

[4] 《史记》卷71《樗里子甘茂列传》,中华书局1982年标点本,第2307页。

得上是一个大移民的时代。这与战国后期秦国的移民政策有继承关系，更是出于新统一王朝维护和巩固政权的需要。

从《史记》卷一二九《货殖列传》中可见移民的具体过程："秦破赵，迁卓氏。卓氏见虏略，独夫妻推辇，行诣迁处。诸迁虏少有余财，争与吏，求近处，处葭萌。"[①] 首先由中央政府规定了"迁处"，然后任命官吏负责组织此次移民，执行移民任务。在官吏执行过程中，有人用"余财"向官吏请求优待，迁往"近处"。这体现了秦始皇时期的移民不同于历史上因自然灾害或战乱而产生的自发的人口流动，而是由中央政府有组织有计划地实施，为政治统治服务的政治措施，因而有了值得专门讨论的空间。

秦始皇统治时期以统一的多民族中央集权国家的形成、郡县制度的确立和发展为主要特征，而作为历史上第一个统一的王朝，秦王朝拥有对整个国家范围内的整体控制和协调能力。完成与巩固统一成为秦始皇政策的根本落脚点。因此，对于广袤的土地和众多的臣民，秦始皇具有国家范围的整体考虑和支配能力。作为秦始皇统治政策的重要方面，移民政策突出体现了统一中央集权国家的这种全面的规划和支配力。而中原文化向北边及岭南的扩展，除了军事征服之外，在很大程度上是借助移民进行的。其作用除巩固战争成果之外，也从经济上开发了这些新占领区，并在政治上确保了郡县制的推行，客观上扩展了中原文化，是秦统一的积极成果，并对统一的巩固具有重要作用。对此，值得撰文讨论，并以此为一个侧面，认识秦统一的历史作用和意义。本文即从岭南地区、北边地区入手，对秦代移民及与之相伴随的中原文化的扩展作一集中讨论。

# 一 岭南地区

在秦始皇的徙民实边活动中，当属向岭南的移民规模最大，历时最长。岭南相对于中原而言，经济、文化相当落后。秦始皇平定六国，统

---

① 《史记》卷129《货殖列传》，第3277页。

一中原后，意欲开拓岭南，"利越之犀角、象齿、翡翠、珠玑，乃使尉屠睢发卒五十万，为五军"①。经多次、反复而艰苦的战斗方取得军事上的胜利。征服岭南后，为了实现对这一地区的长期占有，秦始皇在岭南设置了南海、桂林、象郡，且"徙中县之民南方三郡，使与百越杂处"②。

《史记》卷六《秦始皇本纪》载：

> 三十三年，发诸尝逋亡人、赘婿、贾人略取陆梁地，为桂林、象郡、南海，以适遣戍。③

又载：

> 三十四年，适治狱吏不直者，筑长城及南越地。④

"陆梁地"即是岭南。张守节《正义》注："岭南人多处山陆，其性强梁，故曰'陆梁'。"⑤ 岭南之地的移民是伴随着军事征服进行的，"適"通"谪"，"以適遣戍"体现着这些移民承担的军事身份。秦始皇三十三年（前214）条，裴骃《集解》注："徐广曰：'五十万人守五岭。'"⑥ 秦始皇三十四年（前213）条，张守节《正义》注："谓戍五岭，是南方越地。"⑦ 而对于五岭所指，张守节《正义》注："適音直革反。戍，守也。《广州记》云：'五岭者，大庾、始安、临贺、揭杨、桂阳。'《舆地志》云：'一曰台岭，亦名塞上，今名大庾；二曰骑田；三曰都庞；四曰萌诸；五曰越岭。'"⑧

---

① 何宁撰：《淮南子集释》卷18《人间训》，中华书局1998年版，第1289页。
② 《汉书》卷1《高帝纪》，中华书局1962年标点本，第73页。
③ 《史记》卷6《秦始皇本纪》，第253页。
④ 同上。
⑤ 《史记》卷6《秦始皇本纪》，张守节《正义》，第253页。
⑥ 《史记》卷6《秦始皇本纪》，裴骃《集解》，第253页。
⑦ 《史记》卷6《秦始皇本纪》，张守节《正义》，第254页。
⑧ 同上书，第253页。

略论秦代移民与中原文化的扩展

关于"以適遣戍",《淮南子》中将其概括为"谪戍"①,对于"谪戍",《汉书》卷四九《爰盎晁错传》记载:"先发吏有谪及赘婿、贾人,后以尝有市籍者,又后以大父母、父母尝有市籍者,后入闾,取其左。"②"谪戍"即因罪被罚戍边,必须本人亲自履行,不能找人替代。且谪戍者不能计功劳,军功不被承认,谪戍期也不能用来抵消本人原应服的徭役。这些都体现了"谪戍"的强制性和惩罚性特点。《史记》卷一二三《大宛列传》提到谪戍的对象,有"发天下七科谪"③之说。张守节《正义》引张晏语,对"七科谪"解释为:"吏有罪一,亡命二,赘婿三,贾人四,故有市籍五,父母有市籍六,大父母有籍七:凡七科也。"④可见秦代谪戍到岭南之地的对象,在汉代被沿用,发展为"七科谪"制度。这两次向岭南移民的主要来源是"谪"或"谪戍",应当是根据移民的需要和现实情况而决定的对象,一方面与法律当中的迁刑有关,另一方面,由于新占领地区条件艰苦,形势不稳,百姓觉得畏惧,害怕被征发到这些地区,因此只能采取强制手段。

值得提出的是,谪戍对象之中的商人群体在到达岭南后,使岭南越地新增了商人这一社会阶层,发展了当地的商业经济,且把中原地区先进的商业意识带到了岭南地区,借助岭南先天的地理优势,直接促进了汉代"海上丝绸之路"的萌芽和发展。

《秦始皇本纪》之中这两条具有代表性的记载,都属于军事移民的范畴。随移民设桂林、象郡、南海三郡,又证明这种军事移民实属开拓性的,其目的是从军事上巩固战争成果,同时也可以从经济上开发岭南地区。这对于刚刚完成大一统的秦王朝来说,有巩固政权、开疆拓土的作用。

《史记》卷一一八《淮南衡山列传》载:

---

① "杀尉屠睢,伏尸流血数十万,乃发谪戍以备之。"《淮南子集释》卷18《人间训》,第1290页。
② 《汉书》卷49《爰盎晁错传》,第2284页。
③ 《史记》卷123《大宛列传》,第3176页。
④ 《史记》卷123《大宛列传》,张守节《正义》引张晏,第3176页。

231

## 秦统一的进程与意义

> 使尉佗逾五岭攻百越,尉佗知中国劳极,止王不来,使人上书,求女无夫家者三万人,以为士卒衣补。秦皇帝可其万五千人。①

这段记载是伍被与淮南王谋反时,曾提及的秦时史事。对此,王子今先生提出,"虽然这段记载的真实性有待商榷,但西汉时期策士以此作为分析政治形势的辩词,或许反映了秦时远征岭南的历史真实。求中原独身女子'以为士卒衣补'事,暗示远征军成员定居岭南的史实"。②

对于留在岭南的移民大致人数,值得作一讨论。由上文可见,留在岭南的移民主要有两部分:一是出征时的士兵。这支部队出发时人数有 50 万,但分了五路,只有一支到了番禺,且在越人的打击之下损失惨重,最后留下的人数应该不多。汉朝初年,陆贾曾对赵佗说:"今王众不过数十万人,皆蛮夷,崎岖山海间。"③"数十万人"是当时岭南三郡的总人口,"皆蛮夷"说明其中越人占了绝大多数。赵佗向秦始皇请求的"为士卒衣补"的妇女人数是 3 万人,其目的是为手下的戍卒解决婚配问题,一女配一夫,这说明赵佗手下控制的戍卒应该不会比 3 万人多太多。而秦始皇只许可了 1.5 万人而已,这样一来,未分配到中原女子婚配的中原戍卒,就必定会与越人通婚,这直接促进了汉越融合,客观上促进了中原文化在岭南越地的传播。二是秦始皇三十三年(前 214)征发去的"尝逋亡人、赘婿、贾人"以及三十四年(前 213)的"治狱吏不直者",人数不明。岭南交通不便,且秦始皇很快就去世了,二世即位不久就天下大乱,因此续派的人员想必很少,且之前所派遣的强制性移民,也很有可能会借秦亡之机,解除束缚,离越返乡。中原人移民越地,"秦民见行,如往弃市"④,因路途遥远或水土不服等原因死亡造成人数减少也应被考虑进来。从文献中来检视,《汉书》卷二八

---

① 《史记》卷 118《淮南衡山列传》,第 3086 页。
② 王子今:《岭南移民与汉文化的扩张——考古资料与文献资料的综合考察》,《中山大学学报》(社会科学版)2010 年第 4 期。
③ 《史记》卷 97《郦生陆贾列传》,第 2698 页。
④ 《汉书》卷 49《爰盎晁错传》,第 2284 页。

《地理志》载元始二年（2）南海郡人口是 94253 人，相当于秦代桂林、象郡、南海三郡的南海、郁林、苍梧、合浦四郡合计 39 万人。① 葛剑雄先生在《中国移民史》中对此作过推算，他认为，汉朝时期的这 39 万人即使都是秦代移民的后裔，再考虑到赵佗后迁去的人口和统计人数中所包含的当地其他民族，秦代当时的移民应有 10 万—15 万人。② 前文已提到，汉初时的岭南三郡人口中，越人占了大多数，因此，葛剑雄先生所推算出的十几万秦代移民人数，应是有些多估了。

秦对岭南地区的移民及中原文化的传播在考古学上也可以得到印证。

1962 年在广州罗岗发现了两座秦末汉初的秦人墓，据发掘简报③得知，发掘者将两墓分别编号为 M3、M4 号。4 号墓为长方形土坑竖穴，长 3.6 米，宽 1.9 米，深 3.2 米；3 号墓与 4 号墓并排，位于 4 号墓东侧，长 3.9 米，宽 2.66 米，深 2.6 米。可见两墓均属于小型墓，墓主身份显然不高。3 号墓的结构形制与所出土的陶器都和 4 号墓的一样，但 3 号墓有一壁与 4 号墓相叠，表明它是 4 号墓的附葬。依据发表的数据，两墓所出土的除生活用的瓮、罐、壶、盒等器物外，4 号墓还有一把铜戈，刻有"十四年属邦工"等字，为秦代遗物，3 号墓有铜镜一面，铜铃两件。根据上述信息，我们可以大胆推测，4 号墓主因其铜戈，可推知其军事身份，很有可能是当时南下岭南驻守的戍卒，3 号墓墓主应是 4 号墓墓主之妻，至于是 1.5 万名中原女子之一，还是当地的越人，就不得而知了。

在岭南秦汉墓葬中还发现了不少文字材料，除简牍、印章外，这些文字还存在于陶、铜、漆、木等器物上，仅南越文王墓就出土了"文帝行玺"等金、玉印 19 枚。这说明汉字在岭南越地已经得到了传播，并在上层流行。

中原的移民在岭南百越之地似乎并没有数量上的优势，但由于居于统治地位且是来自经济和文化皆先进的地区，所以其造成的影响仍是很

---

① 《汉书》卷 28《地理志》，第 1628—1630 页。
② 葛剑雄：《中国移民史》第 2 卷，福建人民出版社 1997 年版，第 73 页。
③ 麦英豪：《广州东郊罗冈秦墓发掘简报》，《考古》1962 年第 8 期。

大的。移民人群中的商人和犯过罪的官吏，也是具备一定专业知识与文化知识的。这些移民在越地定居，一方面，他们与越人通婚、杂居，慢慢接受了越人的习俗，吸取了越人的长处；另一方面，他们将中原的先进文化和农耕技术带到了岭南。因此，在移民聚居的区域，其经济文化水平同中原的差距已经大幅缩小。更重要的在于，移民在岭南建立了与中原相协同的政治制度和行政区域，并承认了中原政权的主导地位，这就保证了岭南和中原的联系，保证了秦王朝对岭南的控制，因此扩大了秦王朝的统治基础。秦始皇在统一初期采取的这些措施，包括军事征服、移民、新交通道路与灵渠的开凿等，都为赵佗建立南越国，对岭南进行进一步的管理和开发创造了条件。经过一步步的努力，中原文化在岭南逐渐扎下根来，实现了这一地区的长期稳定，真正意义上将岭南越地纳入了中原王朝的统治版图。

## 二 北边地区

秦始皇三十二年（前215），秦始皇派蒙恬率30万人进攻匈奴，略取河南地，对黄河上游，今宁夏以下、内蒙古境内黄河以南的部分进行征服。第二年，蒙恬驱逐了匈奴，对这一地区实施了移民。《史记》卷六《秦始皇本纪》秦始皇三十三年（前214）载：

> 西北斥逐匈奴。自榆中并河以东，属之阴山，以为四十四县，城河上为塞。又使蒙恬渡河取高阙、阳山、北假中，筑亭障以逐戎人。徙谪，实之初县。①

这次移民的对象仍然是"谪"，人数未提及。但要充实在九原郡新设立的44个县，其人数应当十分可观。蒙恬此后留驻上郡，继续负责长城的修筑。这样一来，整个开疆拓土、移民、设置行政区域、巩固边防的过程就清晰可见了。

---

① 《史记》卷6《秦始皇本纪》，第253页。

司马贞在《史记索隐》中对于"徙谪，实之初县"解释说："徙有罪而谪之，以实初县，即上'自榆中属阴山，以为三十四县'是也。故汉七科谪亦因于秦。"① 上文所提到的，秦的谪戍对象范围被汉代沿用，发展为"七科谪"制度，可以在此得到印证。

秦始皇三十六年（前211）又载：

> 迁北河榆中三万家，拜爵一级。②

所谓"爵"，本来是奖励军功的。相对于上文所论述到的"谪"迁而言，这一次移民的对象已是平民，所以才有拜爵的奖励。民爵是身份的标志，虽说不会带来直接的物质利益，但法律允许以爵折罪，③ 特殊情况下官方还出卖爵位，④ 因此，赐爵可以看作对移民的一种名誉奖励和物质奖励。

这次迁入的是河套平原，迁入对象又是平民，显然是出于开垦的便利和巩固边防的双重目的。两次移民，使得至少有几十万人迁入了北边地区，除了充实新设郡县、巩固边疆之外，对这一区域的开垦和农耕尤为重视。这一移民区大多是未开发地区或半开发的游牧地区，以河套平原为代表，该区域水源充足，灌溉便利，土地肥沃，与关中环境相仿，因此被称为"新秦中"。作为新的农区，引入中原的农耕方式，这一地区开始被移民开垦和利用，由此，中国农业区的北界向北大大推进了，阴山南麓成为中国农业区新的北界。实际上，以中原农区为依托不断向四裔推进，通过人口迁移而逐渐形成新的农区，是中国古代农业发展的重要特征之一。

《汉书》卷二四《食货志》注引应劭曰："秦始皇遣蒙恬却匈奴，

---

① 《史记》卷6《秦始皇本纪》，司马贞《史记索隐》，第253页。
② 《史记》卷6《秦始皇本纪》，第259页。
③ 见秦《军爵律》："欲归爵二级以免亲父母为隶臣妾者一人，及隶臣斩首为公士，谒归公士而免故妻隶妾一人者，许之，免以为庶人。"载云梦秦简整理小组《云梦秦简释文（二）》，《文物》1976年第7期。
④ 如《史记》卷15《六国年表》秦始皇四年记载："百姓纳粟千石，拜爵一级。"第751页。

得其河南造阳之北千里,地甚好,于是筑城郭,徙民充之,名曰新秦。"① 这两次移民的范围,包括河套地区和内蒙一带,主要是匈奴控制区。这一区域在汉代成为定襄、云中、五原三郡。《汉书》卷二八《地理志》记载:"定襄、云中、五原,本戎狄地,颇有赵、齐、卫、楚之徙。"② 可以从中了解秦代移民时,移民的来源较广,"四方错杂,奢俭不同"③,数量也比较多。具体移民人数在史书中未见记载,葛剑雄先生推算这两次移民总共应有近 30 万人。④ 但在秦始皇死后,蒙恬被秦二世赐死,"蒙恬死,诸侯叛秦,中国扰乱,诸秦所徙谪边者皆复去。于是匈奴得宽,复稍渡河南与中国界于故塞"⑤。天下大乱,移民逃离返乡,使这一区域的移民人数大大减少了。三十七年(前 210)秦始皇卒,那么三十六年(前 211)迁入的这一批移民,迁入时间短,且是没有政治束缚在身的平民阶层,他们应当是这次逃离浪潮中最为活跃的。三十三年(前 214)的那一批移民,在这个时期应当也有一些流失。

  虽然移民最终还是部分流失了,但其积极作用不应被小觑。作为农业区,这一在整个中国历史上都颇为重要的地区从此开始被中原农耕文明开发利用;作为统治的边疆,对匈奴控制区的这些移民,在边疆地区形成了一道天然的屏障,这对充实边疆,巩固国防以及维护秦王朝统一,都具有积极作用。秦对这一地区所做的军事努力,包括直道的修筑和长城的建造,结合移民所进行的开垦活动,伴随着中原文化的逐渐扩展和深入,使北边地区切实地获得了一段时间的稳定。对于这个新的统一国家,这些举措意义重大。相对于上文论述的对岭南地区的开拓性军

---

  ① 《汉书》卷 24《食货志》注引应劭,第 1162 页。
  ② 《汉书》卷 28《地理志》,第 1656 页。
  ③ 《汉书》卷 24《食货志》注引应劭,第 1162 页。
  ④ 葛剑雄先生在《中国移民史》中如此推算:第一次移民时,要充实新设的 40 多个县,以每县平均 500 户计算,应有 2 万多户,近 10 万人;如每县以千户记,则应有 4 万余户,近 20 万人。三十六年(前 211)的那次移民,来源不详,但上一年已经筑成的关中经云阳至九原的直道,可能是移民迁入的路线。综合考虑两次移民,葛剑雄先生认为"两次移民的结果,至少有近 30 万人迁入了河套地区"(葛剑雄:《中国移民史》,第 69 页)。
  ⑤ 《汉书》卷 94《匈奴传》,第 3749 页。

事移民而言，秦王朝对北边地区的移民，不得不说是明显具有防御性的。这体现出军事移民的多样性，以及在统一初期，秦王朝对于不同地区所采取的不同策略。

## 三　结语

任何朝代的统治阶级所采取的措施和进行的政治活动无不是为了维护统治阶级的利益，秦代的移民同样是为了维护其统治目的而展开的。秦王朝是中国古代移民规模最大的朝代，其移民方式、移民政策对后世影响深远，且具有多样性的特征。但无论是采取怎样的方式，其目的是不变的。本文所论述的岭南及北边地区的移民，是以军事移民为主要特征的，伴随着军事胜利而进行的对新占领区的移民。其主要目的是加强对新占领区和边疆的戍备，解决自先秦以来长期威胁中原农耕民族的游牧势力，拓展秦帝国的疆域和声威。事实上，这些移民的作用远不止这些，而且对政治、经济、文化以及民族融合都有重要作用。这使秦统一的历史意义得以彰显，中原文化得以向南、向北扩展，新的统一国家的各个地区得以在全国范围内协同发展。

（一）秦代向岭南、北边的移民虽然采用了不同的方式，有着不同的目的，但都在客观上促进了中原文化在迁移地区的传播。

在徙民实边活动中，移民都是从经济发达地区迁往落后地区，从而推动了这些地区的经济发展。分别来看，虽同为军事移民，但向岭南和向北边的两种移民方式及其目的是不同的。其不同主要在于：对岭南地区的移民都为谪迁，而对北边的移民也包含了一部分平民；对岭南移民主要目的是开疆拓土，是开拓性移民，而对北边移民主要是为了抵御匈奴，具有明显的防御性。虽有不同，但两地移民都促进了中原先进文化在当地的传播，这主要表现在以下几方面。

1. 岭南地区

（1）岭南的移民充实了岭南的劳动力，带去了北方先进的耕作方式和生产工具，例如铁器和牛耕等，使这片蛮荒之地得到初步的开发。

（2）在中原文化的影响下，岭南的手工业得到了发展，从考古出土文物看，当时的手工业部门，除铜器和陶瓷器制造业外，还有漆器、玉器、金器、银器、竹木器等制造业，造船业也迅速兴起。

（3）移民中的商人群体将先进开放的商业理念带到这里，借助先天的良好地理环境、宽松的贸易环境、丰富的物产和交通线的开辟与畅通，成为汉代海上丝绸之路的萌芽，为这一地区的未来繁荣打下了基础。

（4）中原移民与越人杂居、通婚，将中原地区的精神风貌渗透岭南人民的生活之中，使岭南地区的生活风貌发生了很大变化，走上了文明发展的道路。

（5）赵佗在移民基础上建立南越国，推行开明的民族政策，推广汉文字，仿效中原的政治制度，使当地不少原处于原始社会或奴隶社会的少数民族步入封建社会，大大推进了岭南之地的开发，功不可没。

2. 北边地区

（1）内蒙古和宁夏的河套平原因其得天独厚的自然条件，被移民用中原的农耕方式开垦利用，成为富饶的地区，为后世的进一步发展打下了基础。我国农业区的北界向北大大推进了，阴山南麓成为中国农业区新的北界。

（2）对匈奴控制区的移民在边疆地区形成了一道天然的屏障，充实了边疆，巩固了国防，维持了一个时期的稳定，维护了秦王朝的统一。

（3）在北边地区设郡县，并徙民实边，巩固了对该地区的管辖，使中原王朝对这一地区的控制力度加强，北边地区真正被纳入中原文明的统治版图。

（4）这一地区的移民为长城的修筑提供了劳动力，为中原地区的安全和稳定作出了贡献。

（5）中原移民带去中原地区先进的文化和精神面貌，使北边地区走上了文明发展的道路。

（二）移民承担了中原文化的传播任务，将中原文化带入迁移地区，这在历史上是一个典范。

中国的移民史，至少半部是中原的移民史，中原居民向周边地区的迁移过程往往是先进经济文化的传播过程，这在秦代移民往岭南和北边地区的迁移中也得到了证实。自秦以降，由于中原移民的到来，周边迁移地区的生产力水平有了大幅度的提高，社会文明进程大大加快了，与中原社会的差距也在逐渐缩小。移民对迁徙地最直接的影响是推动了中原文化的传播和中华文化的持续形成与发展。根据文化传播学的理论，人类文化的传播始终是一种由高势位文化向低势位文化流动、辐射、渗透的倾向，而低势位文化在文化的传播过程中则较多地表现了对高势位文化的认同、受容与消解。由于中原文化长期处于中华文化进化的先锋位置，再加上在政治上的优势和民众实用主义的选择，中原文化必然会随着中原移民的迁移活动得到传播，其传播方式是中原移民对于迁入地的文化播散和同化。

（三）秦代移民为后世提供了良好的借鉴和示范，中原文化由此日益扩展，客观上促进了统一的中华文化的形成。

秦王朝因其统治目的而采取的大规模移民政策，客观上对中国历史产生了十分深远和积极的影响，这种影响并不仅仅在于秦代移民本身所带来的对统治和当朝的直接作用，还在于这些措施和政策被后世所学习和效仿，起到了很好的示范作用，使移民政策成为中国历史进程当中始终扮演着重要角色的政策，从而间接地影响了整个中国的历史。从这一时期开始，中原文化真正意义上地向国土边界大大扩展了，与各文明日渐融合，统一的中华文化逐渐形成，这成为秦统一的一大历史功绩。它作为一个开端，开启了后世的历史，绵延不绝，中原文化的号召力日益扩大，越来越多的地区受到影响，被纳入中原文化的统治版图中。

（中国人民大学国学院；出土文献与中国古代文明研究协同创新中心）

# 秦始皇的宗教倾向性与
# 秦汉宗教中的齐楚传统

李玥凝

秦始皇统一六国,建立了一个新型的统一帝国,统一帝国的宗教祭祀制度是国家制度的重要部分,也是文化统一的表现。秦灭六国,车同轨、书同文,虽然有焚书坑儒这一类暴力的文化专制措施,在国家宗教上却接纳了六国传统;西汉继承了秦的制度,同时进一步整合六国的宗教,不断改革与调整,最终成立了儒家导向的新型国家宗教。从秦统一到西汉末期新型国家宗教的确立,秦汉时期国家宗教的变化过程得到了学者的关注,对于国家宗教的制度和仪式、国家祭祀与政治和社会诸多因素的联系、不同类型的国家宗教实施的深层原因等问题都有了相当深入透彻的讨论;秦与西汉的国家宗教对于东方传统的继承也有学者进行了申述,尤其集中于秦汉统治者对齐地文化的认同与向往以及楚文化在汉代的流行等问题。[①] 齐、楚是战国后期的大国,在政治、军事、文化上对战国末期到秦汉前期的社会有重要的影响,这是史学界的一般认

---

① 其中比较重要的研究例如,[日]西嶋定生:《皇帝支配の成立》,《中国古代国家と东アジア世界》,东京大学出版会1983年版,第51—92页;[日]藤川正数:《汉代における礼学の研究(增订版)》,风间书房1985年版;[日]小岛毅:《郊祀制度の变迁》,《东洋文化研究所纪要》第108册,第123—219页;[日]金子修一:《中国古代皇帝祭祀の研究》,岩波书店2006年版;黄胡群:《祈福与教化:西汉国教改革运动与儒教祭祀礼的成立》,《史辙》(东吴大学历史学系研究生学报)2007年第3期;甘怀真:《西汉郊祀礼的成立》,《皇权、礼仪与经典诠释:中国古代政治史研究》,华东师范大学出版社2008年版,第26—58页;杨华:《秦汉帝国的神权统一——出土简帛与〈封禅书〉、〈郊祀志〉的对比考察》,《历史研究》2011年第5期;田天:《秦汉国家祭祀史稿》,生活·读书·新知三联书店2015年版;等等。

同；但是就齐楚的宗教传统在秦始皇统一宗教过程中各自的地位及其因果，前辈学者的阐释仍有未尽之处。齐楚宗教在秦代国家宗教中的地位更能揭示秦统一进程中宗教文化统一的过程，而文化的统一与政治历史的发展息息相关，这一问题能够进一步阐明战国到秦汉时期文化的递进关系，以及文化与政治的互相联系。

## 一　秦代的国家宗教体系与齐、楚宗教

1. 秦代的国家宗教

作为新的统一帝国，宗教祭祀制度的创设是国家制度创设的一个重要环节。《史记·封禅书》对秦代的国家宗教记载颇详，多位学者也进行了比较全面的分析。田天指出秦代的祭祀可以分为国家祭祀、地方性官方祭祀和民间祭祀三个层次；① 我们认为，就官方祠祀而言，也可分成三个层级。

第一层，太祝以岁时致辞，享有常礼的祭祀。这一层级的祠祀由两部分组成：一是雍地诸畤和神祠，二是全国境内的名山大川。雍地诸祠包括四畤、陈宝、日月星辰、杜主祠等，皆由太祝以岁时奉祀。《史记·封禅书》：

> 而雍有日、月、参、辰、南北斗、荧惑、太白、岁星、填星、[辰星]、二十八宿、风伯、雨师、四海、九臣、十四臣、诸布、诸严、诸逑之属，百有余庙。西亦有数十祠。于湖有周天子祠。于下邽有天神。沣、滈有昭明、天子辟池。于（社）[杜]、亳有三社主之祠、寿星祠；而雍菅庙亦有杜主。杜主，故周之右将军，其在秦中，最小鬼之神者。各以岁时奉祠。
>
> 唯雍四畤上帝为尊，其光景动人民唯陈宝。故雍四畤，春以为岁祷，因泮冻，秋涸冻，冬塞祠，五月尝驹，及四仲之月（祠若）月祠，[若]陈宝节来一祠。春夏用骍，秋冬用駵。畤驹四匹，木

---

① 参见田天前引著作。

秦统一的进程与意义

> 禺龙栾车一驷，木禺车马一驷，各如其帝色。黄犊羔各四，珪币各有数，皆生瘗埋，无俎豆之具。三年一郊。①

以上祠畤都是战国时期秦国的祠祀，在秦帝国的国家祭祀中仍享有最高地位。其中牺牲最多、礼仪规定最详细的是雍四畤和陈宝祠，是最高层级的国家祭祀对象。

全国境内的名山大川体系则是对山川祠祀的重新整合，秦始皇"令祠官所常奉天地名山大川鬼神可得而序也"②，建立了一个应用于统一国家的山川祭祀体系。这一体系覆盖全国，却仍存在关东和关西两个层次。华以西主要是秦国故地的祠祀，包括名山七、大川四：

> 自华以西，名山七，名川四。曰华山，薄山。薄山者，衰山也。岳山，岐山，吴岳，鸿冢，渎山。渎山，蜀之汶山。水曰河，祠临晋；沔，祠汉中；湫渊，祠朝那；江水，祠蜀。亦春秋泮涸祷塞，如东方名山川；而牲牛犊牢具珪币各异。而四大冢鸿、岐、吴、岳，皆有尝禾。③

秦国故地的山川祠祀除这十一处名山大川外，还有咸阳附近的小山川，虽然不属于名山大川，但由于地近首都，也得到了与名山大川相近的祭祀牺牲，由太祝岁时祷祠。④ 华以西及咸阳附近的山川祠庙皆位于故秦地，而崤以东仅有名山五、大川二，由东方六国的名山大川组成：

> 于是自崤以东，名山五，大川祠二。曰太室。太室，嵩高也。恒山，泰山，会稽，湘山。水曰济，曰淮。春以脯酒为岁祠，因泮

---

① 《史记》卷28《封禅书》，中华书局1959年版，第1375—1377页。
② 同上书，第1371页。
③ 同上书，第1372页。
④ 《史记·封禅书》："霸、产、长水、沣、涝、泾、渭皆非大川，以近咸阳，尽得比山川祠，而无诸加。汧、洛二渊，鸣泽、蒲山、岳巂山之属，为小山川，亦皆岁祷塞泮涸祠，礼不必同。"

242

冻，秋涸冻，冬塞祷祠。其牲用牛犊各一，牢具珪币各异。①

这一名山大川的祭祀体系有着明显的偏重，故秦国的山川在数量上超越了东方六国山川祠庙的总和。诸祠祀皆由太祝常主，春、秋、冬三次祷祠，但用牲、珪璧则各有不同，鸿冢、岐山、吴山、岳山加有尝禾，关中的名山大川祠祀，享有更高级别的祭祀牺牲。

第二层，"上过则祠，去则已"的祭祀，亦由太祝负责，但是没有常礼。这一部分祭祀主要是"名山诸鬼及八神之属"②，即对齐地八神等皇帝巡狩、封禅过程中路过的山川的祠祀。齐地八神是战国后期齐国的祭祀体系，主要记载亦见于《史记·封禅书》：

> 八神将自古而有之，或曰太公以来作之。齐所以为齐，以天齐也。其祀绝莫知起时。八神：一曰天主，祠天齐。天齐渊水，居临菑南郊山下者。二曰地主，祠泰山梁父。盖天好阴，祠之必于高山之下，小山之上，命曰"畤"；地贵阳，祭之必于泽中圜丘云。三曰兵主，祠蚩尤。蚩尤在东平陆监乡，齐之西境也。四曰阴主，祠三山。五曰阳主，祠之罘。六曰月主，祠之莱山。皆在齐北，并勃海。七曰日主，祠成山。成山斗入海，最居齐东北隅，以迎日出云。八曰四时主，祠琅邪。琅邪在齐东方，盖岁之所始。皆各用一牢具祠，而巫祝所损益，珪币杂异焉。③

八神的具体源流在汉代已经不甚清楚，但是作为战国后期齐国的祭祀体系，被秦始皇所承认，并纳入秦代的国家宗教。齐地八神的祭祀因为"上过则祠，去则已"而有着相当的随意性，祭祀并不固定，但在秦代由于皇帝多次亲巡而兴盛。秦始皇三次巡狩至齐地，礼祠成山日主、之罘阳主、琅邪四时主等齐地神主：始皇二十八年（前219）东巡，"乃遂上泰山，……禅梁父。……于是乃并勃海以东，过黄、腄，穷成山，

---

① 《史记》卷28《封禅书》，第1371页。
② 同上书，第1377页。
③ 同上书，第1367—1368页。

登之罘，立石颂秦德焉而去。南登琅琊，大乐之，留三月"；二十九年（前218），又"登之罘，刻石。旋，遂之琅琊，道上党人"[①]；三十七年（前210），"并海上，北至琅琊。……自琅琊北至荣成山，弗见。至之罘，见巨鱼，射杀一鱼"[②]。秦二世巡游一次，也并海、至齐地，祭祀诸神。其他的"名山诸鬼"，比如始皇二十八年（前219）上邹峄山、三十七年（前210）至九疑山望祀虞舜、在会稽祭祀大禹等等；秦二世巡狩东方，亦沿途祭祀山川鬼神。这一层级的祭祀对象主要是齐地和东方诸神，没有固定的礼仪，其兴盛与否很大程度上取决于皇帝个人的行动。

第三层，"郡县远方神祠者，民各自奉祠，不领于天子之祝官"[③]。这是最低一个层级，不由国家的祝官负责，由郡县、百姓各自奉祀。需要注意的是，虽然这一层级的祠祀不领于天子祝官，但也在官方祭祀的范畴之内，不包括民间祭祀。尽管秦政府对民间祭祀有着严格的限制，但在统一初期很难迅速整肃全国的各类祠祀，新占领地区的大部分民间祭祀仍在继续发展。

秦始皇建立的国家宗教是一个以秦国原有的祭祀为中心，融合了东方六国官方祭祀的祭祀体系。这一体系以分布各地的神祠为基础，通过对各国神祇祭祀权的收编完成政治上对各国主权的拥有，皇帝通过巡狩全国各处祭祀神祠宣示占有"天下"。[④] 秦代的国家祭祀体系是政治的凭借，国家宗教的建立是秦宣告实现对全国统治的一个方式。正因为秦代国家宗教的政治性作用，秦始皇在秦地原有神祠的基础上把东方六国的祠祀都纳入国家宗教，意味着秦对六国之地的主权，而六国祠祀在这一体系中都低于秦国祠祀，彼此之间却未有明确的高下之分。

2. 秦代国家宗教中的齐、楚宗教

齐、楚是战国后期能够与秦抗衡的大国，在秦代的国家祭祀体系

---

[①] 《史记》卷6《秦始皇本纪》，第249—250页。
[②] 同上书，第263页。
[③] 《史记》卷28《封禅书》，第1377页。
[④] 参见甘怀真《西汉郊祀礼的成立》，《皇权、礼仪与经典诠释：中国古代政治史研究》，第37页；杨华《秦汉帝国的神权统一——出土简帛与〈封禅书〉、〈郊祀志〉的对比考察》，《历史研究》2011年第5期。

## 秦始皇的宗教倾向性与秦汉宗教中的齐楚传统

中,齐楚宗教都占有一席之地,相比于三晋诸国,地位更加突出。由于齐文化在战国末期的发达和秦始皇对齐地宗教的礼遇,齐地宗教在秦代国家宗教中的地位得到了众多学者的关注。但是从秦代国家宗教的构成考虑,齐、楚宗教在宗教体系中的地位并没有绝对的差别。

齐地宗教在秦代到西汉前期神祠体系中的重要地位已得到学者的申述,比如周振鹤从《汉书·地理志》与《汉书·郊祀志》所记载祠庙的分布分析,关中和齐鲁是神祠最为集中的两个地区,秦汉两代的神祇体系是战国时期秦齐两国旧有神祇的混合;[1]王子今认为在西汉时期的正统礼祀体系中有东西两个宗教文化的重心;[2]李零也指出,秦始皇、秦二世对东方十分关心,秦代的封禅郊祀主要是齐、秦宗教传统的拼合。[3]就西汉前期祠庙的分布而言,齐地确实是与关中相匹的神祠集中地区,但是我们不能忽略这些神祠的实际祭祀情况。前文述及秦代国家宗教的三个层级,齐地神祠大都属于第二层级,其祭祀有着相当的随机性,并不是太祝以岁时祭祀的对象,不能与常祀的雍地诸祠相提并论,这些祠庙固然存在,却不一定时时享有祭祀。

在第一层级的山川祭祀中,六国的山川都是秦代祭祀体系中的名山大川。华以西诸山川皆为秦代故祠,数量和地位都有绝对优势;崤以东的七处山川祠所中,泰山、济水属齐地,会稽、湘山、淮水在楚地,太室、恒山则在中原与燕赵地区。[4]齐楚之地的山川数量更多,地位上没有明显差别。秦始皇巡行东方,三次祭祀齐地诸神,同时也有两次祭祀湘山祠、登会稽山,齐地与楚地的祠祀都是皇帝巡行祭祀的对象。在秦代的国家宗教中,秦地祠祀始终占据中心位置,东方六国的祠祀次之,六国祠祀彼此则没有明确的地位差距,齐、楚的宗教并无孰轻孰重之

---

[1] 周振鹤:《秦汉时期宗教文化景观的变迁》,《中国历史文化区域研究》,复旦大学出版社1997年版,第64—65页。
[2] 王子今:《史记的文化发掘》,湖北人民出版社1997年版,第229页。
[3] 李零:《秦汉礼仪中的宗教》,《中国方术续考》,东方出版社2000年版,第143—144页。
[4] 秦汉时期的北岳恒山地望与唐代以后不同。秦汉时期的北岳在河北定州,唐代以后则向西北移动到山西浑源附近,直至今日。参见王子今《〈封龙山颂〉及〈白石神君碑〉北岳考论》,《文物春秋》2004年第4期。

分。秦对六国的传统都有吸收，不能简单地说秦的国家宗教是对齐、秦宗教传统的拼合。

然而，我们也不能忽略第二层级的祭祀中主要是齐地诸神这一现象，西汉时期祠庙的分布虽然不一定代表祭祀实施的实际状况，但仍能够反映齐地作为祭祀集中区域的现实。在太祝常礼的范畴中，六国宗教没有明显的差距，齐楚宗教也没有本质的差别，但是齐地宗教的地位在秦代比楚地宗教重要得多，这是必须承认的。齐地宗教在秦代的特殊地位更多与秦始皇个人相关，从巡行祠祀的具体记载，不难发现秦始皇对于齐楚宗教传统的不同态度。秦始皇的倾向性不仅导致齐地祠祀在秦代的兴盛，对秦朝的历史走向也有一定程度的影响。

## 二 秦始皇的宗教倾向性及其因果

秦始皇通过把东方六国的祭祀纳入秦帝国的祭祀体系，构建了一个宗教性的"天下"。在这一体系中，境内各地的神祠都是国家祭祀的对象，六国原有的宗教传统因此在国家宗教中并无明显的高下之分。但是在秦始皇管理、执行祭祀活动的实践中，对待齐地宗教与楚地宗教有着不同的态度，得到普遍关注的齐地宗教在秦代宗教系统中的特殊地位，主要是由秦始皇扬齐抑楚的倾向性所致。这种倾向性有着多重原因，也导致了超越宗教本身的后果。

1. 秦始皇对楚、齐宗教传统的不同态度

秦始皇对楚地方传统是偏向否定的，在统一之前就有所体现。睡虎地秦简《语书》是秦始皇二十年（前227）南郡守腾对下辖县、道官吏颁布的公文，秦国对南郡地区楚国故地的统治政策反映了秦人对楚文化的基本态度。《语书》云：

> 古者，民各有乡俗，其所利及好恶不同，或不便于民，害于邦。是以圣王作为法度，以矫端民心，去其邪避（僻），除其恶俗。法律未足，民多诈巧，故后有闲令下者。凡法律令者，以教道（导）民，

秦始皇的宗教倾向性与秦汉宗教中的齐楚传统

去其淫避（僻），除其恶俗，而使之之于为善殹（也）。①

南郡守腾令县道长官依照法律令整顿原有之"恶俗"，这是秦政府匡正楚地风俗的典型表现。②而《睡虎地秦简·法律答问》可见对"奇祠"的惩罚律令：

"擅兴奇祠，赀二甲。"何如为"奇"？王室所当祠固有矣，擅有鬼位也，为"奇"，它不为。③

这里所谓"奇祠"，是"擅有鬼位"者，即不属于"王室祠"的祠祀，可能是楚地民间本有的祠祀。秦政府运用法律手段限制民间的祠祀，郡守对去除恶俗加以强调，都是秦整顿楚地地方祠祀的表现。《语书》和《法律答问》发现于楚地，虽然不一定代表秦政府仅仅限制楚地的民间祠祀，却能够反映在战国末期秦确实对原楚国地区的地方祭祀活动存在相当的限制，对楚文化并未采取全然开放接纳的态度，秦楚之间存在着相当的文化冲突。

秦统一以后，秦始皇在巡行所到之地刻石颂德，邹峄山、泰山、之罘等刻石大都着重宣扬秦始皇统一天下、消弭兵祸之德，会稽刻石却强调了"宣省习俗，黔首斋庄"④，又云"饰省宣义，有子而嫁，倍死不贞。防隔内外，禁止淫泆，男女絜诚"⑤，是对匡正吴楚风俗的格外重视。对于楚文化的敌视倾向，从统一之前一直延续到统一以后。

在缔造国家祭祀体系的过程中，秦始皇尽管把楚地祭祀纳入国家宗

---

① 《语书》简1—3，参见睡虎地秦简整理小组编《睡虎地秦墓竹简》，文物出版社1978年版，第15页。
② 这一点得到了大多数学者的认同。虽然也有研究指出这一法令可能与当时南郡的战备态势有关，并且不能忽视其中的主观性因素，但《语书》的内容仍能够反映出秦与楚的文化冲突，尽管其具体程度仍可进一步讨论。可参见［日］工藤元男著，曹峰、［日］广濑熏雄译《睡虎地秦简所见秦代国家与社会》，上海古籍出版社2010年版，第357—361页。
③ 《法律答问》简161，参见睡虎地秦简整理小组编《睡虎地秦墓竹简》，第219页。
④ 《史记》卷6《秦始皇本纪》，第261页。
⑤ 同上书，第262页。

## 秦统一的进程与意义

教,却仍表现出对楚地神灵的抗拒心理。有学者注意到,在秦始皇巡行东方、寻求东方神祇认同的过程中,东方的神祇并未完全接纳秦始皇,如杨华指出,秦始皇使徐福带童男童女入海求仙无功、祷祀泗水求周鼎而无所得、在洞庭湖遇大风、泰山封禅过程中遇暴风雨,都是秦始皇未能得到东方神祇认同的表现。[1] 祷祀而无功反映了秦始皇未能得到东方神祇的认同,这一说法或可进一步商榷,毕竟汉文帝也曾祷祀泗水而未能出鼎,[2] 汉武帝比秦始皇更大规模的求仙活动同样徒劳无功;这些历史记录中更加值得注意的,是秦始皇面对风雨的不同态度。秦始皇二十八年(前219)巡游,在洞庭湖遇大风,《史记·秦始皇本纪》云:

> 浮江,至湘山祠。逢大风,几不得渡。上问博士曰:"湘君何神?"博士对曰:"闻之,尧女,舜之妻,而葬此。"于是始皇大怒,使刑徒三千人皆伐湘山树,赭其山。[3]

秦始皇渡江时遇到风浪而迁怒湘山神,问博士湘君是何神,得知湘山神是尧之女、舜之妻而大怒,伐尽湘山树木。《楚辞·九歌》祭祀对象有湘君、湘夫人,湘山是楚地的祭祀对象,在秦代成为东方的名山大川之一,进入了国家祭祀;但是在遇到风浪之时,秦始皇并未礼祀湘山神,而是采取了暴力反对的措施,对湘山神表现出相当的敌对和漠视态度。与之相对应的,是在齐地遇到风波时的态度。秦始皇二十八年(前219)封禅泰山,遇暴风雨而休于大树下,尽管"诸儒生既绌,不得与用于封事之礼,闻始皇遇风雨,则讥之"[4],儒生因此以为秦始皇的封禅没有成功,秦始皇却"因封其树为五大夫"[5],对避雨之树表示了感激之情,并未因为风雨和儒生的讥讽而如对待湘山般尽伐泰山之林木。

---

[1] 杨华:《秦汉帝国的神权统一——出土简帛与〈封禅书〉、〈郊祀志〉的对比考察》,《历史研究》2011年第5期。
[2] 《史记·封禅书》:"(新垣)平言曰:'周鼎亡在泗水中,今河溢通泗,臣望东北汾阴直有金宝气,意周鼎其出乎?兆见不迎则不至。'于是上使使治庙汾阴南,临河,欲祠出周鼎。"
[3] 《史记》卷6《秦始皇本纪》,第248页。
[4] 《史记》卷28《封禅书》,第1367页。
[5] 《史记》卷6《秦始皇本纪》,第242页。

## 秦始皇的宗教倾向性与秦汉宗教中的齐楚传统

在这一事件中，秦始皇对于封禅和齐地神灵仍保有一定的敬畏之心，与对待楚地神灵的态度截然不同。① 秦始皇对待楚地神灵与齐地神灵的行为差别，当然不能排除特殊情境下偶然因素的作用，但也在一定程度上反映了秦始皇本人对于齐楚二地文化传统的倾向性：秦始皇更倾慕齐地文化，却对楚地文化抱有保留态度。

秦始皇三十七年（前210）最后一次出巡时，再次游至湘山，"南至湘山，遂登会稽，并海上"②，可见湘山祠祀并未因为之前的事件而废弃，仍在国家宗教的范畴内，秦始皇的遭遇及暴力行为并未影响湘山祠在国家宗教中的地位；但是秦始皇本人对楚地的神灵并无敬意，得知湘君何神而怒赭其山，以暴力响应神灵的不满。这一事件证明了楚地祠祀始终在秦代的国家宗教之内，秦始皇却不认同楚地神祇，而对齐地神祇则怀有一定的敬意。

2. 扬齐抑楚与政治和宗教的因果

秦始皇对楚文化的压制与对齐文化的追捧有多层次的因素，皇帝个人的喜好是一个方面，更重要的则是政治原因。而秦始皇扬齐抑楚的态度导致了文化与政治的多重后果，这些结果与原因互相呼应，共同造就了秦、楚、汉的递进。

秦与楚的矛盾由来已久。战国后期，秦、楚、齐具备雄厚的实力，都曾作为诸国的盟主。秦与齐距离遥远，不直接接壤，秦齐之间较少出现直接的矛盾；秦楚接壤，关系密切，也曾缔结盟约，但随着楚怀王入秦而亡、白起攻陷郢都，秦楚的关系就一直处于紧张状态，"秦归其丧于楚。楚人皆怜之，如悲亲戚。诸侯由是不直秦。秦楚绝"③。秦统一战争中虽然秦赵之战最为惨烈，秦楚之战则进行得更为持久艰苦，并且楚人多有反复的抗秦斗争，秦楚二国之间的矛盾在战国末期诸国间最为尖锐。秦统一以后，楚国仍保存着相当的军事实力，秦楚之间的矛盾及

---

① 虽然在最后一次齐地巡游过程中秦始皇也有"梦与海神战""射杀一鱼"的活动，但海神并非传统的齐地神灵，不能作为齐地宗教的代表，这一行为表现了秦始皇对风险的积极态度，不一定代表其对齐地宗教的态度。
② 《史记》卷28《封禅书》，第1370页。
③ 《史记》卷40《楚世家》，第1729页。

秦统一的进程与意义

楚人的反抗成为秦始皇的心腹大患。《史记·高祖本纪》云："秦始皇帝常曰'东南有天子气'，于是因东游以厌之"①，表现了秦始皇常以楚地的反秦势力为担忧。秦始皇对楚地传统和宗教的敌意与漠视，与政治上对楚的反感直接相关。

秦楚的矛盾不仅是秦始皇反对楚地传统的原因，同时也是秦对楚文化高压政策的结果。秦末全国蜂起抗秦，楚地的声势最为浩大，秦的文化政策所导致的冲突是其中不可忽视的因素。秦末战争中楚对秦的反抗最为激烈，《史记·项羽本纪》载范增说项梁曰：

陈胜败固当。夫秦灭六国，楚最无罪。自怀王入秦不反，楚人怜之至今，故楚南公曰"楚虽三户，亡秦必楚"也。今陈胜首事，不立楚后而自立，其势不长。今君起江东，楚蜂午之将皆争附君者，以君世世楚将，为能复立楚之后也。②

因此，在对秦亡原因的讨论中，多有学者措意于秦楚两国在战国末期复杂纠缠的关系；③ 而其中文化的因素也不可忽视，陈苏镇指出楚人在秦末战争中成为反秦的主力，不仅因为在武力上楚人有反秦的实力，更因为秦楚文化冲突所导致的楚人对秦统治的强烈反感。④ 秦始皇对楚地文化传统的态度，是秦楚政治冲突的表现；同时，也是秦楚更进一步的文化与政治冲突的原因。

由于这些历史因素的影响，秦始皇对楚地神灵没有敬畏之心，采取暴力措施对待巡行途中的风浪，是易于理解的；秦始皇对楚文化的态度导致了秦楚矛盾的进一步激化，秦最终亡于楚人之手，秦始皇对于楚地反抗情绪的担忧还是成为现实。秦始皇对楚地文化的态度与秦楚的政治

---

① 《史记》卷8《高祖本纪》，第348页。
② 《史记》卷7《项羽本纪》，第300页。
③ 对这一问题的论述最为详尽的是田余庆，从秦末"张楚"之号的原因与作用讨论楚在秦末斗争中的重要作用，参见田余庆《说张楚——关于"亡秦必楚"问题的探讨》，《秦汉魏晋史探微（重订本）》，中华书局2004年版，第1—29页。另外也可参见张金光《秦制研究》，上海古籍出版社2004年版，第831—832页，等等。
④ 参见陈苏镇《〈春秋〉与"汉道"》，中华书局2011年版，第8—37页。

## 秦始皇的宗教倾向性与秦汉宗教中的齐楚传统

关系是互为因果的。

而秦与齐没有直接的矛盾冲突，秦灭齐国也未经历长时间、大规模的战争，秦始皇对于相对遥远的齐文化更抱有好奇与向往之心。秦始皇作为内陆国的君主，表现出对海洋文化的强烈向往，秦始皇五次出行，有四次至海滨，祭祀齐地诸神；用五德终始说、行封禅，都是对齐文化的接纳。秦始皇热衷于巡行齐地，抬高齐地传统宗教的地位，有几个层面的原因：第一，王子今指出秦始皇对沿海地方的关注与当时的海"内"观有关，琅琊刻石中所谓"与议于海上"可能不是指海滨而指海面上，以"海上"作为最高执政集团的议政地点，反映出以海洋文化在秦代政治中的特殊意义，对海洋的探索也是秦始皇行政的一个重要议题。① 对齐地文化的肯定与齐地祠祀在秦代的兴盛，是秦始皇探索海洋的副产品。第二，秦始皇个人对于长生不老有着狂热的追求，齐地流行方仙道之说，秦始皇封禅、并海而行、求三神山等活动，都是以求仙为目的，这一个人目的也使得秦始皇多次巡行齐地，对八神及齐地名山诸神的祭祀有个人目的的直接动力。② 第三，周振鹤曾论及齐与秦的文化差异，指在春秋战国时期多元的文化发展中齐、秦的差别最大，体现在政治、经济、宗教等诸多方面，比如秦国的中央集权制度实行得最彻底，齐国却偏向分权，未实行郡县制；秦国重农抑商，齐国工商业发达；秦行愚民政策，齐国言论自由；秦国的宗教神祠高度集中，齐国却众神平等而且地理分散；秦国风俗节俭古朴，齐国奢侈丰富。③ 这种强

---

① 王子今：《秦汉时期的海洋开发与早期海洋学》，《社会科学战线》2013年第7期；王子今：《略论秦始皇的海洋意识》，《光明日报》2012年12月13日。

② 秦始皇封禅、祭祀齐地八神等活动的个人因素一直以来被学者所重视，甚至有学者认为秦始皇的巡行齐地和封禅活动主要出自个人原因，汉武帝的郊祀和封禅也是如此，这一特点是西汉末期郊祀改革以前皇帝祭祀的主要特征，如藤川正数认为汉初到元帝末年的郊祀是神秘性、功利性的，不为民众利益而为皇帝个人；斋木哲郎也指出汉武帝以前，郊祀和神仙祀区分不明确，郊祀的目的是使皇帝长生不老；李零同样以为秦始皇和汉武帝的封禅、郊祀很大程度上是个人的"蛮干胡来"，等等。参见藤川正数《漢代における礼学の研究（増訂版）》，第197—236页；斋木哲郎《秦漢儒教の研究》，汲古书院2004年版，第519—526页；李零《秦汉礼仪中的宗教》，《中国方术续考》，第131—185页。但更普遍的看法是，个人因素是秦始皇到西汉前期祭祀活动的动因之一，东方的巡行与祭祀仍主要出于政治上的考虑。

③ 周振鹤：《春秋战国时期秦齐文化的差异》，《中国历史文化区域研究》，第283—294页。

烈的文化差异，也许能构成秦始皇对于齐文化持有好奇态度的原因之一。秦始皇接纳了齐地的宗教传统，又由于政治和个人因素多次前往齐地，直接导致齐地宗教在秦代有着显著地位，在国家祭祀实践中的影响远远超过楚地和其他东方诸国的宗教传统。

秦始皇对齐楚宗教传统的不同态度与战国末到秦代的政治形势互为因果，历史、政治与个人因素导致齐地宗教在秦代显赫一时，而"亡秦必楚"最终应验，也有秦始皇敌视楚文化的影响。虽然最后接替秦朝的是汉朝，楚却在其中发挥了不可忽视的作用，汉朝建立以后，尽管在国家制度上继承秦制，在风俗习尚中却不可避免地抬高楚文化的地位，齐楚宗教传统在官方宗教中的地位在汉代有了新的变化。

## 三 汉代楚文化的复兴与齐楚文化的发展

西汉基本继承了秦代的国家宗教，汉高祖二年（前205）下诏云"吾甚重祠而敬祭。今上帝之祭及山川诸神当祠者，各以其时礼祠之如故"①，表示对秦代国家祭祀的全面继承。在继承秦代祭祀体系的基础上，汉代也不断增加新的祭祀对象，对国家宗教进行增扩与改革。在这一过程中，齐地的祠祀与秦代相似，主要仍以"上过则祠，去则已"的形式享有祭祀，楚地的祠祀则在更大程度上被汉代的国家宗教所吸收。

汉高祖六年（前201）即在二年诏书的基础上新增了国家祭祀的内容，在长安置蚩尤祠，并置其他巫祠祝官，《史记·封禅书》云：

> 其梁巫，祠天、地、天社、天水、房中、堂上之属；晋巫，祠五帝、东君、云中［君］、司命、巫社、巫祠、族人、先炊之属；秦巫，祠社主、巫保、族累之属；荆巫，祠堂下、巫先、司命、施糜之属；九天巫，祠九天：皆以岁时祠宫中。其河巫祠河于临晋，而南山巫祠南山、秦中。②

---

① 《史记》卷28《封禅书》，第1378页。
② 同上书，第1378—1379页。

诸巫祠的祭祷对象中出现了大量楚地神灵，晋巫所掌东君、云中君、巫社、族人、先炊、司命，梁巫，荆巫所掌堂上、堂下等都是楚地祭祷的对象，在传世文献和简牍中都有发现。① 楚地神灵在长安巫祠的祭祀对象中占大多数，汉代统治者对于楚地神祇的尊奉在汉代初年即有所体现。

汉武帝到宣帝时期，国家宗教系统有了多方面的变革。汉武帝对于各种祭祀传统兼容并包，立明堂、行封禅，是对齐地宗教传统的继承；越巫、胡巫等在汉武帝朝发挥了重要的作用；② 汉武帝新建的最高级别的国家祭祀对象——太一，则具备一定程度的楚文化内核。③ 在汉武帝时代，齐地宗教、楚地宗教和胡、越等地的宗教传统都得到了肯定，大量神祠勃兴，并未有对某种传统的特别抑制。而汉宣帝则对国家祭祀进行了整合，尊奉汉武帝所建立的甘泉太一、汾阴后土祠，作为国家祭祀的最高级别；确立五岳四渎作为名山大川的祭祀系统，秦代东西二分、以西部名山大川为主的山川祭祀格局被取代；齐地神祠收缩，合祀齐地八神于参山曲成，原有的八神祭祀衰退；在谷口、肤施新建神祠，首都附近兴起一批新的祠庙。④ 田天指出宣帝对祠庙的调整可归结为消解东方与强调首都两个方面，⑤ 齐地祠祀的衰退是汉宣帝消解东方的结果。齐地诸神从秦代开始就是"上过则祠，去则已"的祭祀，靠皇帝的巡狩维持，宣帝未曾亲巡东方，直接导致了齐地八神地位的衰退；新的天

---

① 参见杨华《秦汉帝国的神权统一——出土简帛与〈封禅书〉、〈郊祀志〉的对比考察》，《历史研究》2011年第5期；晏昌贵：《巫鬼与淫祀——楚简所见方术宗教考》，武汉大学出版社2010年版，第77—178页。

② 参见王子今《两汉的"越巫"》，《南都学坛》2005年第1期；王子今《西汉长安的"胡巫"》，《民族研究》1997年第5期。

③ "太一"的来源和性质是相当复杂的问题，有过许多专门的讨论，一般以为"太一"主要有以下几种内涵：第一，楚地简牍中有"太"作为祷词对象，见于包山楚简，这一"太"即"太一"，一般都作为至上神出现；第二，太一是星辰名称；第三，太一在抽象意义上是道的本体。汉武帝以太一为至上神，是多种内涵的混合，其中楚文化的影响不可忽略。参见钱宝琮《太一考》，中国科学院自然科学史研究所编：《钱宝琮科学史论文选集》，科学出版社1983年版，第207—234页；李零《"太一"崇拜的考古研究》，《中国方术续考》，第207—238页；晏昌贵《巫鬼与淫祀——楚简所见方术宗教考》，第80—81页；田天《秦汉国家祭祀史稿》，第121—147页。

④ 参见《汉书》卷25下《郊祀志（下）》，中华书局1962年版，第1249—1251页。汉武帝与汉宣帝的祭祀改革包含多个方面，但并非本文重点，这里不详细论说。

⑤ 田天：《秦汉国家祭祀史稿》，第217—218页。

253

秦统一的进程与意义

地神祭祀的设立，以及类似祭祀在关中的复制，也使得齐地八神中天地、阴阳一类神祇的意义减弱。① 宣帝以后，虽然齐地的祠庙大多得以保留，但是齐地宗教在国家宗教中的地位大大下降。这种情况更多是由于汉代国家宗教改革的需求所致。

另外，汉代官方祭祀中"七祀"与"五祀"的关系和"司命"的祭祀也能反映汉代官方宗教对楚地宗教传统的继承。"五祀"是对五种家居之神的祭祀，是汉代官方祀典内的祭祀系统。"五祀"多指门、户、行、灶、中霤五祀，汉代以后则常以井取代行；②《礼记·祭法》则出现了"七祀"：

> 王为群姓立七祀，曰司命，曰中霤，曰国门，曰国行，曰泰厉，曰户，曰灶；王自为立七祀。诸侯为国立五祀，曰司命，曰中霤，曰国门，曰国行，曰公厉；诸侯自为立五祀。大夫立三祀，曰族厉，曰门，曰行。適士立二祀，曰门，曰行。庶士、庶人立一祀，或立户，或立灶。③

在这一说法中，天子到庶人分别祭祀七祀到一祀，祭祀的对象与等级身份密切相关；而这里祭祀的司命、厉并不见于其他的五祀系统。随着出土简牍文献的发现和释读，学者发现楚地的祭祷简牍中多以"五祀"作为祭祷对象，可见于新蔡葛陵楚简、包山 M2 楚简、望山 M1 楚简、九店楚简和周家台秦简、云梦睡虎地秦简《日书》之中，包山楚墓还有五祀神牌的出土，五祀在战国末期就已经形成了一个祭祀系统；而加

---

① 《汉书·地理志》载临淄有天齐祠、曲城有参山祠、睡有之罘山祠，本来的天主、阴主、阳主之名已不存，泰山梁父的地主祠则完全消失，对天、阴、阳的祭祀都变成了山川祭祀。在宣帝时期，齐地的天地、阴阳作为独立的自然神的信仰已经被整合到齐地八神的整体信仰中了，虽然神祠仍存在，地位与意义则不复从前。这与汉武帝和汉宣帝在西部兴建新的神祠直接相关，汉武帝建甘泉太一祠和汾阴地主祠，新的天地祭祀成立，齐地的天地祭祀就不再是必须。而《汉书·地理志》谷口有"天齐公祠"，可能是齐地的天齐祠在关中的复制。
② "行"与"井"的关系是经学史一直争讼的问题，近年楚地简牍出土，证明战国末期的五祀有"行"而没有"井"，可能因为行、井皆属阴、属水，在汉代以后发生混淆。
③ 《礼记注疏》卷 46《祭法》，影印阮元校刻十三经注疏本，艺文印书馆 1960 年版，第 801 页。

入了司命、厉的"七祀"在汉代以后才出现,是汉代吸收了楚地传统中对司命、厉的祭祀形成的祭祀体系,仅见于《礼记·祭法》。[1] 汉代"七祀"的出现反映出汉代对楚地宗教的继承。而司命从西汉到东汉一直是汉代官方祭祀的对象,汉武帝寿宫太一之祠"其佐曰大禁、司命之属,皆从之"[2],司命是最高神太一的从祀之神;东汉以后,司命不再是中央祠祝官祭祀的对象,但在地方社会仍被广泛崇拜。郑玄注《祭法》云"今时民家,或春秋祠司命"[3],《风俗通·祀典》云"今民间独祀司命耳,刻木长尺二寸为人像,行者檐箧中,居者别作小屋。齐天地大尊重之,汝南余郡亦多有,皆祠以腊,率以春秋之月"[4],可见到东汉时期,司命祭祀不仅流行于荆楚地区,齐、汝南地区亦祭祀司命,在出土文物中亦有疑似司命神像的发现。[5] 汉代对原属于楚地信仰对象的司命祭祷,也可反映出楚地宗教在汉代的广泛接受与流传。

汉代的文化更偏向于楚风,不仅反映在宗教祭祀上,也反映在文学、艺术等领域,楚歌楚舞的流行、楚辞作为汉赋的源头、楚语的使用等等,都是楚文化在汉代流行的体现。张正明指出"在国家统一的格局上,汉承秦制;在文明进步的趋向上,汉承楚风"[6];李长之指出"就政治上说,打倒暴秦的是汉;但就文化上说,得到胜利的乃是楚"[7],汉代文化继承了楚文化的特征也得到了多数学者的认同。

在秦代被压制的楚文化在汉代得到了复兴,但必须指出的是,齐地宗教的地位虽然在宣帝所确立的国家祭祀中有所衰退,齐文化在汉代却并未式微,而是始终保持着强大的影响力。西汉元成时期发生了国家宗庙、郊祀制度的改革,秦代确立的神祠体系被儒家式的国家宗教所取

---

[1] 参见杨华《"五祀"祭祷与楚汉文化的传承》,《江汉论坛》2004 年第 9 期。
[2] 《史记》卷 28《封禅书》,第 1388 页。
[3] 《礼记注疏》卷 46《祭法》,影印阮元校刻十三经注疏本,第 802 页。
[4] (汉)应劭:《风俗通义》卷 8《祀典》,王利器:《风俗通义校注》,中华书局 1981 年版,第 384 页。
[5] 1957 年山东济宁收集到石雕人像,学界认为是保护家居的司命神像,参见孙作云《汉代司命神像的发现》,《光明日报》1963 年 12 月 4 日。
[6] 张正明:《秦与楚》,华中师范大学出版社 2007 年版,第 269 页。
[7] 李长之:《司马迁之人格与风格》,生活·读书·新知三联书店 1984 年版,第 2 页。

代，国家的统治政策、意识形态最终都以儒家作为标准，齐文化的产物成为汉代以后官方的意识形态。事实上，在汉代以后，齐楚文化并无胜败之分，中央祠官的祭祀是以齐文化为基础构建的、楚地传统则更多体现在地方政府的祭祀活动中，齐与楚的文化传统共同作用于社会。

秦代以遍布全国的神祠为基础的国家宗教是统治的凭借，在这一体系中，秦国旧有的祠祀占据中心地位，同时融合了东方六国的祠祀。理论上，六国的祠祀在秦代国家宗教中的地位是平等的，但齐地宗教在秦代的特殊性多被重视与强调，这是由于秦始皇对于齐楚宗教传统的不同态度所致。这一态度是政治与个人因素共同作用的影响，秦始皇对楚地宗教怀有漠视和敌意，是秦楚文化冲突的表现，也构成了秦亡于楚人的一个原因，同时也成为汉代使用不同于秦的统治政策的直接动力；对齐地宗教传统的热情，则引致了齐文化持续的兴盛。汉代以后，楚文化在官方宗教中复兴，齐文化却也一直发挥着作用。有学者指出，文化上的战国时代一直持续到汉代，[①] 齐楚的宗教传统在官方宗教中的地位变革，正是文化上的战国时代的反映；到西汉末期，统一帝国终于找到合适的指导思想，文化上的战国局面到此才告一段落，齐楚的文化传统在这时共同作用于社会文化。秦始皇在统一过程中所寻找的文化统一道路或者并未取得成功，但成为一种有意义的尝试，被汉代统治者所吸收借鉴。而通过秦汉时期统一帝国对齐楚宗教传统的取舍与政局的关系，更能够发现宗教、文化与政治之间千丝万缕的联系。

(原载《人文杂志》2017年第1期，略有删改)
(吉林大学古籍研究所；出土文献与中国古代
文明研究协同创新中心)

---

[①] 参见陈苏镇《〈春秋〉与"汉道"》，第615—616页；胡宝国《〈史记〉与战国文化传统》《汉代政治文化中心的转移》，《汉唐间史学的发展》，商务印书馆2003年版，第1—29、214—229页；等等。

# 再论秦并天下

——认知人类学视野下的统一观念建构

黄 旭

## 一 问题构想

**(一) 选题缘起：天下概念之扩展与统一秩序之传承**

在中国古代历史中，秦朝的建立始终作为极重要的标志性历史事件而存在。春秋战国时期的历史之变，不仅仅是一次王朝的更替，更是一次社会形态的重大演变。尽管后世对这场社会大变局的性质和主要内容做出了不同的阐释与描绘，但有一点是公认的：秦汉的社会政治形态与商周时期相比，存在着明显的差异。在这场历史变革中产生了新的政治制度，在经济、社会、政治、文化的互动过程中，社会生活的各个层面都发生了重大变化。由于历史的偶然，嬴秦家族立家立国、称王称霸、变法改制等一系列举措在这场重大的历史变局中恰逢其会，时至秦王嬴政一代，他凭借优秀的政治素养与能力，最终成为这一番沧桑巨变所造就的千千万万英雄中的一个，作为西周王制衰亡的终结者与新兴皇帝制度的创立者，秦始皇身上承载着毁灭与创造的双重重任，难免成为后代关注之焦点。窃以为后人不应仅将目光停留在其所处时代及秦始皇行为与意识的互相影响之上，更应将其放置在一个更为长远、更为广阔的历史时空中加以考辨，即对"秦始皇现象"进行整体性的研究。

天下思想，可谓中国传统国家思想的集大成者。从中国历史来看，无论是在空间上展开的国家构造，还是时间上推陈的王朝更替，都受到天下思想的深刻影响与制衡。因此，当我们探索中国统一国家思想的起源、追溯中国多民族统一国家的历史传统时，就要首先从其与"天下思想"的关系看起。

### （二）名义辨析：传统文献中论述的"天下"与"一统"

分析诠释天与人之间的关系，从古至今都是中国传统政治哲学的重要命题。从中国历史来看，无论是在空间上展开的国家构造，还是时间上推陈的王朝更替，都受到其深刻影响与制衡。其中又以"天下思想"为重中之重。因此，当我们探索中国统一国家思想的起源、追溯中国多民族统一国家的历史传统时，就要首先从它与"天下思想"的关系看起。

张其贤《"中国"与"天下"概念探源》一文在批评学者 Levenson "文化主义到民族主义论纲（Culturalism-To-Nationalism Thesis）"观点[①]时对"天下"一词进行了名义辩证：首先，"战国时期形成的'天下'概念其实是一种政治地理概念，而不是文化社群概念。其次，他忽略了'天下'其实有广狭二义，狭义的'天下'指'九州'，即'中国'；广义的'天下'指'九州'加上'四海'，即'中国'加上四'夷'，其中广义'天下'虽然是一个包容性的概念，狭义'天下'却是一个区隔性的概念，前者虽然在某种意义上跨越中国与他者之界限，后者却强调中国和他者之界限。"[②] 以上文字中对于"天下"意义的概括，可以代表目前学界的主流观点，即狭义上指"九州"（或"中国"），广

---

[①] "文化主义到民族主义论纲（Culturalism-To-Nationalism Thesis）"观点，指关于中国民族主义产生过程的一种看法，简述如下：在十九世纪以前，中国思想家最高的认同与效忠对象是"天下"，这个"天下"就是中国文化价值体系。这种认同与效忠，可以称为"文化主义"。不过从元、明时期开始，此一传统文化价值体系渐渐式微，中国知识分子对它的疏离感日益增强。到了十九世纪，随着各外"国"对中国的威胁开始出现并日益增强，中国思想家为了挽救中国，便把认同与效忠的对象转换为"国"，即作为一个国家的中国。为了挽救中国而把认同效忠的对象从"天下"转换为"国家"，亦即为了国家利益而抛弃传统文化，恰好为元、明以来对传统文化的疏离感提供了一个出口和正当化的目的，中国民族主义便由此诞生。近代中国的出现，因此是一种从文化主义转向民族主义的过程。Levenson 对于"天下"概念的理解，相当程度地影响了他关于中国族群思想与近代思想史的看法。参见 Levenson 于 1968 年出版的 *Confucian China and its Modern Fate* 一书的第一卷：*The Problem of Intellectual Continuity*。

[②] 张其贤：《"中国"与"天下"概念探源》，《东吴政治学报》2009 年第 27 期，第 239—241 页。

义上指称"九州"和"四海"（或"中国"和"四夷"）。值得注意的是张氏提出的"包容性"与"区隔性"的评述，将论述的中心汇集至"四海"这一"界限"的探讨上面。

何为"天下"？从字面意义上讲，"天下"意指"普天之下"。从经典文献中可以观察到古代中国人所想象的人类世界：《山海经》包含《山经》《海经》两部分，谭其骧先生认为，《山经》叙述的是"九州"范围内的山岳地理，《海经》之"海"，指四方蛮夷戎狄之地，例如《海内东（西、南、北）经》《海外东（西、南、北）经》《海内经》等卷名所描述的那样。检视这些章节，其内容记载的多为各国的名称，这些国名有许多是其他文献中记载的蛮夷戎狄。[1]《尔雅·释地》云："九夷，八狄，七戎，六蛮，谓之四海。"在这里亦是将"海"与四夷之地相等同起来。

另外，在典籍中还存在着"四海之内"与"九州"并存的现象，且在多数语境中，二者代表的范围并不一致。从历史地理学的角度来看，"九州"是一个不断变化的概念，随着时代变化，其地域与范围，甚至各州的名称都有所改变。王柯在《中国，从天下到民族国家》一书中提出："'四海之内'与'九州'虽然都被称为天下，但在内容上却是两个不同的概念。'四海之内'只是按照正统王朝的政治思想理解出来的，或者说是被理想化、理论化出来的'天下'；而'九州'，才是王朝的政治权力或者像西周初年那样实际上达到，或是像春秋战国时代那样被认为应该达到而事实上没有达到的领域，这才是从西周时代开始以来中国历代王朝每天都要面对的'天下'。"[2]经过分析王氏之论述，除了可以对"天下"的实际执掌范围有所区分，其论证更提示了一个全新的角度，即"天下"的延展性。

饶宗颐先生在《中国史学上之正统论》第二章"汉人之正统说"中归纳董仲舒《春秋繁露·三代改制质文》篇整体论说"统一"（原文称"一统"）的三方面特点："其一为朝必于正月，贵首时也；其二为居必于中国，内诸夏而外夷也；其三，衣必纯统色，示服色之改易也。

---

[1] 谭其骧：《论五藏山经的地域范围》，收入《长水集（续编）》，人民出版社2009年版，第428、431页。

[2] 王柯：《中国，从天下到民族国家》，政大出版社2014年版，第10—11页。

此董生一统之说，太史公采之。夫统正，则其余皆正。"①"统一"亦称"一统"。"一统"一词，《史记》中的《李斯列传》及《秦始皇本纪》已可见之。李斯入秦，说秦王曰："会诸侯服秦，譬若郡县。夫以秦之疆，大王之贤，由灶上骚除，足以灭诸侯，成帝业，为天下一统，此万世之一时也。"②《史记·秦始皇本纪》："海内为郡县，法令由一统。"③又记载廷尉李斯议曰："今海内赖陛下神灵一统，皆为郡县。"④ 因此饶宗颐先生认为："夫一统之事，始于秦，而从空间以言'天下一统'之称，恐亦导源于此。"⑤

孔子在《礼记·礼运》中阐述了"天下一家"的思想："故圣人耐（能）以天下为一家，以中国为一人者，非意之也，必知其情，辟于其义，明于其利，达于其患，然后能为之。"孔颖达疏云："圣人耐以天下为一家，以中国为一人者，此孔子说圣人所能以天下和合共为一家，能以中国共为一人者。问其所能致之意，非意之也者。释其能致之理，所以能致者，非是以意测度谋虑而已。"⑥ 孔子认为只有圣人才能具备"天下一家"的思想境界，而对"天下为家"社会理想的推崇实际上也就是对天下"大一统"的政治理念的倡导。经历了漫长战乱状态的先秦时代，人们渴望着一统以求和平，可以说无论儒、法、兵、墨、道，都有归一（或称集权）的要求。⑦ 而随着始皇横扫六合、平定宇内，最终迎来了真正意义上的"统一"局面。

## （三）研究方式：认知人类学的视角

当文化不再被看作是完全由外在社会决定的符号体系，认知人类

---

① 饶宗颐：《中国史学上之正统论》，宗青图书出版公司1979年版，第4—5页。
② 《史记》卷87《李斯列传》，中华书局1959年标点本，第2540页。
③ 《史记》卷6《秦始皇本纪》，第236页。
④ 同上书，第239页。
⑤ 饶宗颐：《中国史学上之正统论》，第3页。
⑥ （唐）孔颖达：《礼记注疏》卷22，《十三经注疏》，中华书局1980年影印本，第1422页。
⑦ 李华宇：《先秦两汉天下观》，辽宁师范大学，硕士学位论文，2010年，第33页。关于先秦不同学派的天下观主张，可参见文章第9—30页。

学者更加关注到人的心理因素对文化产生着的重要作用，以及与文化形成的互动关系。认知人类学一直在探讨文化知识如何在人脑中协调运转，最近一些年的研究具有着跨民族、跨族群、跨文化的倾向。[1]

作为一种研究隐藏在文字、故事、文化遗物等中的文化知识的学科，认知人类学通过研究心智、语言和文化诸因素的关系，并将终极关怀指向作为群体的人们如何理解和组织周围世界中的物质现象、事件与经验，简言之，即回答"人是怎样认识和思考他们的世界的"这一问题。在人类学众多研究视阈中，结构功能人类学把文化看作制度，象征人类学将文化视作符号，而认知人类学则是把文化看成知识。与传统人类学相反，认知人类学认为文化不是物质现象，而是有关物质现象的认知组织，它主要关注文化知识（Cultural Knowledge）在日常生活中的组织和应用。具体来讲，如何从人类的各种心智过程去掌握文化的性质，以及文化又如何影响人类的认知，成为认知人类学最为关切的主题。

本文仅从认知人类学的观察视角，借由秦代都城营造与秦汉边郡治理两个问题的讨论，关联出秦人看待世界的两种不同的视角，即传统学术研究中的老生常谈："天人观"与"天下观"，将二者转化为对"秦人怎样看待四海之内的关系"与"秦人怎样处理四海之外的事务"两个问题的思考。通过阐述秦人对上述命题的回答，尝试论述秦统一天下对于后世产生的深远影响——天下秩序之建构。

## 二　秦朝的天下秩序建构（一）：以秦代都城建设为例

### （一）秦代都城营造概况

中华文明造就了独特的建筑思想并形成了建筑价值的二重性特征：实用功利与精神象征。进入文明社会，后一种特点日益获得长足发展。在今天看来，中国建筑可以说无处不充塞着观念。而作为重要文化遗存的古代宫殿，飞檐斗拱、画栋雕梁，不论是颜色方位，还是造型比例，

---

[1] 纳日碧力戈：《人类学理论的新格局》，社会科学文献出版社2001年版，第330页。

均是精神语汇的流贯因袭。

秦荡平宇内，结束长期的各国分立状态，开启了一统天下的局面。在都城的建设与规划上，也展现了与战国时代截然不同的气魄。秦孝公十二年（前350）作咸阳城，筑冀阙，徙都之。孝公初建之咸阳，大致位于渭水之北，而后逐渐向渭南发展。至始皇统一天下之后，作朝宫于渭南上林苑中，自阿房前殿为阁道，直抵南山，表南山之巅以为阙。考察建都之初至始皇大兴土木，咸阳的宫殿建筑大致可分为三组，即初期的渭北区，始皇兴建的渭南区，以及始皇命工匠仿造修筑的六国宫室区。

渭北区的核心建筑咸阳宫之修建，大概始于昭王之时，在始皇时期又有增补。《三辅黄图·咸阳故城》云："始皇穷极奢侈，筑咸阳宫，因北陵营殿，端门四达，以则紫宫，象帝居。渭水贯都，以象天汉。横桥南渡，以法牵牛。……更命南信宫为极庙，象天极。"[1] 可谓一宫一室、一殿一堂，均有天象之依据。仿照天象的建筑格局，规模大致在昭王时奠定基础，而始皇时进一步有意识地增建各项设施，使人世间的空间格局设计，愈加上应天象。

渭南为秦苑囿所在，另有兴乐宫、信宫和未完成的阿房宫。信宫作于始皇二十七年（前220），后更名为极庙，象征着天极之所在。自极庙道骊山，作甘泉前殿，筑甬道，自咸阳属之。依据《史记·秦始皇本纪》记载，阿房宫自秦惠文王开始营造，始皇以先王宫廷过于狭小，乃营造朝宫于渭南上林苑中，阿房即为朝宫之前殿。又"为复道，自阿房渡渭，属之咸阳，以象天极阁道绝汉抵营室也[2]"。

而六国宫殿的记载，同样见于《秦始皇本纪》："秦每破诸侯，写放其宫室，作之咸阳北坂上，南临渭，自雍门以东至泾、渭，殿屋复道周阁相属。"[3] 六国宫殿由战国末年方始营修，考其地理位置，或分布于咸阳宫两侧，显现出秦朝气吞宇宙、一统天下的壮举。《秦始皇本

---

[1] 何清谷：《三辅黄图校注》卷1《咸阳故城》，三秦出版社2006年版，第2页。
[2] 《史记》卷6《秦始皇本纪》，第256页。
[3] 同上书，第239页。

纪》又云："于是立石东海上朐界中，以为秦东门。"① 周初以城或封疆域为界，秦统一天下，立石东海，正是象征着秦政权东即于海的气度与理念。

（二）并吞天下，天子以四海为家

秦朝利用天体观念部署城市，以渭河作为"天汉"，各宫殿比拟各个重要星辰，以复道、甬道与桥梁相互联系，将各宫参照天体星象合为一体，形成以咸阳宫为中心的庞大宫城群，有如满天繁星拱卫北辰一般，凸显出皇帝居咸阳宫的核心地位。《秦始皇本纪》记载，"关中计宫三百，关外四百余"②，其规模可以想见。

在宫殿营造、都城建设之外，始皇亦有下令堕坏六国故都的记载，同样可见于《秦始皇本纪》：

> 三十二年，始皇之碣石，使燕人卢生求羡门、高誓。刻碣石门。坏城郭，决通堤防。其辞曰："遂兴师旅，诛戮无道，为逆灭息。武殄暴逆，文复无罪，庶心咸服。惠论功劳，赏及牛马，恩肥土域。皇帝奋威，德并诸侯，初一泰平。堕坏城郭，决通川防，夷去险阻。地势既定，黎庶无繇，天下咸抚。男乐其畴，女修其业，事各有序。惠被诸产，久并来田，莫不安所。群臣诵烈，请刻此石，垂着仪矩。"③

杜正胜先生在《周秦城市的发展与特质》④与《城垣发展与国家性质的转变》⑤二文中，借由比较曲阜、临淄、涧滨东周城在战国与汉代呈现的两种不同规模，指出战国名城在秦汉之后相继变小的转变。可知

---

① 《史记》卷6《秦始皇本纪》，第256页。
② 同上。
③ 同上书，第251—252页。
④ 杜正胜：《周秦城市的发展与特质》，《"中央研究院"历史语言研究所集刊》第51期第4抽印本，1980年，第615—747页。
⑤ 杜正胜：《城垣发展与国家性质的转变》，《古代社会与国家》，允晨文化实业股份有限公司1992年版。

秦统一的进程与意义

尽管秦祚短暂，堕城郭之举应未波及全境，始皇所堕毁的应当是列国的大型城邑，在"崇高咸阳"的同时，削弱故六国的实力根据。堕坏六国故都，在削弱六国反抗实力的同时，亦体现着对其抗争意识的抑制与摧折。

综上所述，秦咸阳城整体的宫殿群规划修筑，体现着上应天象的理念，象征其膺受天命与统一天下的政治现实。春秋战国几百年各自为政的分裂状态，最终结束于始皇之手，第一次成就了中国历史上高度统一的王朝的功业，赋予了秦人奔放与自信。秦王朝的"以天为则"，反映至咸阳宫城建设之中，彰显出其对于"天"的认知，表现为追求绝对的与天同构、与日月争辉的傲岸气度与勃勃生机。

## 三　秦朝的天下秩序建构（二）：以秦代边防政策为例

### （一）秦代边防政策概况

论及秦始皇之武功，世人多概括以东灭六国、北击匈奴以及南平百越。为了维护和巩固其空前统一的封建帝国，始皇陆续采取了一系列国防建设和边防守备的重大战略措施，在我国历史上建立起空前统一而强大的国防。诸如大规模修建万里长城，在内地和边防开筑驰道、直道、新道、五尺道，建立全国性的粮食战略储备体系，以及派重兵屯戍边疆和徙民实边等，不一而足。如果说吞并六国为秦国在中原地区经略之成果，那么后两者则是其针对"四海之外"的异族展开的军事活动。

公元前215年，始皇自方士处听闻"亡秦者胡"的说法，开始发动对周边民族的一系列战争：以公元前215年派遣将军蒙恬北击匈奴、克黄河以南地区为开端，公元前214年，秦军进击黄河以北地区，在与匈奴部族边境交界处设立九原郡；而在南方则平定了南越地区，设置桂林郡、象郡、南海郡与闽中郡。另外，在统一六国的次年便启动了阻隔匈奴的秦长城的修筑工程。分析始皇时期的边疆战略经营，可知其具备相当程度的整体性布局观念，并且进行了多种大胆的尝试。

首先来看徙民实边这一秦汉时代连贯性的中央政权边疆地区经营模式。徙民实边常作为战争之先导要素存在，以秦始皇时期发动的三征岭南之战为例,《淮南子·人间训》①与《史记·平津侯主父列传》②记载了第一次征伐:公元前221年,秦始皇统一中国。当时在五岭以南及越南北部地区,统称"南越",居住着百越族人。秦始皇欲求百越地区出产的"犀角、象齿、翡翠、珠玑"等珍宝,遂遣尉屠睢率军五十万进攻该地,但遇到激烈反抗,秦军出师不利,屠睢战死。其后,依据《史记·秦始皇本纪》③之记录,公元前214年,秦朝发逋亡人、赘婿、贾人等,平定南越,设置南海、桂林、象郡,进行直辖统治。秦代对于南越地区,采取徙民实边的政策,"徙中县之民南方三郡('中县'指中原地区,'三郡'指南海、桂林、象郡),使与百粤杂处"。第三次征伐乃见于《史记·南越列传》,④公元前210年,秦将赵佗发动攻瓯骆之战。以上三次战役,史称"秦瓯三战"。针对征伐之中具体策略的考虑可知,秦始皇徙民三郡,体现了一种徙民实边的政治考量。

---

① (汉)刘安编著,高诱注:《淮南子》卷18《人间训》,上海古籍出版社1989年标点本,第203页。原文如下:"秦皇挟录图,见其传曰:'亡秦者,胡也。'因发卒五十万,使蒙公、杨翁子将,筑修城。西属流沙,北击辽水,东结朝鲜,中国内郡挽车而饷之。又利越之犀角、象齿、翡翠、珠玑,乃使尉屠睢发卒五十万,为五军,一军塞镡城之岭,一军守九疑之塞,一军处番禺之都,一军守南野之界,一军结余干之水。三年不解甲驰弩,使临禄无以转饷。又以卒凿渠而通粮道,以与越人战,杀西呕君译吁宋。而越人皆入丛薄中,与禽兽处,莫肯为秦虏。相置桀骏以为将,而夜攻秦人,大破之。杀尉屠睢,伏尸流血数十万,乃发谪戍以备之。"
② 《史记》卷112《平津侯主父列传》,第2958页。原文如下:"又使尉屠睢将楼船之士南攻百越,使监禄凿渠运粮,深入越,越人遁逃。旷日持久,粮食绝乏,越人击之,秦兵大败。秦乃使尉佗将卒以戍越。当是时,秦祸北构于胡,南挂于越,宿兵无用之地,进而不得退。"
③ 《史记》卷6《秦始皇本纪》,第234页。原文如下:"三十三年,发诸尝逋亡人、赘婿、贾人略取陆梁地,为桂林、象郡、南海……以适遣戍。"
④ 《史记》卷113《南越列传》,第2967—2968页。原文如下:"南越王尉佗者,真定人也,姓赵氏。秦时已并天下,略定杨越,置桂林、南海、象郡,以谪徙民,与越杂处十三岁。佗,秦时用为南海龙川令。至二世时,南海尉任嚣病且死,召龙川令赵佗语曰:'闻陈胜等作乱,秦为无道,天下苦之,项羽、刘季、陈胜、吴广等州郡各共兴军聚觽,虎争天下,中国扰乱,未知所安,豪杰畔秦相立。南海僻远,吾恐盗兵侵地至此,吾欲兴兵绝新道,自备,待诸侯变,会病甚。且番禺负山险,阻南海,东西数千里,颇有中国人相辅,此亦一州之主也,可以立国。郡中长吏无足与言者,故召公告之。'即被佗书,行南海尉事。嚣死,佗即移檄告横浦、阳山、湟溪关曰:'盗兵且至,急绝道聚兵自守!'因稍以法诛秦所置长吏,以其党为假守。秦已破灭,佗即击并桂林、象郡,自立为南越武王。高帝已定天下,为中国劳苦,故释佗弗诛。汉十一年,遣陆贾因立佗为南越王,与剖符通使,和集百越,毋为南边患害,与长沙接境。"

## （二）四海之外的治理创想——战争、城防、徙民与羁縻

边郡地区的治理，历来呈现出复杂的面貌。以上文所述为例，分析其中应用的治理模式，当有战争讨伐（秦瓯三战）、城防建设（修筑长城）与徙民实边（"徙中县之民南方三郡"）三种。前两者于历代多有讨论，在此仅对最后一种"徙民实边"进行分析。

所谓"徙民实边"，乃是指迁徙中原地区人民至边疆地区以充实边境。历代史书中多见，例如《汉书·晁错传》："以陛下之时，徙民实边，使远方无屯戍之事，塞下之民父子相保，亡系虏之患，利施后世，名称圣明。"①《晋书·傅玄传》言及治边策略时谈道："宜更置一郡于高平川，因安定西州都尉募乐徙民，重其复除以充之，以通北道，渐以实边。"②《宋史·食货志上二》亦有"使田畴尽辟，岁收滋广，一遇丰稔，平籴以实边，则所省漕运亦博"③之论，将徙民实边与边疆生产结合。清末郑观应《盛世危言·垦荒》言东北地区移民实边之事："自吉林、黑龙江袤延以达于西藏三万里，安能日日应敌，处处设防，除此移民实边，更无善策。"④

综合以上例证可知，史传记载中的徙民实边多与军垦屯田相连，多为战争筹备之前导工事。采取徙民的政策，既能迅速征调兵士、保障战力输送，又能率先探查敌情、克敌制胜，甚至可以通过长期、自然的人口融合，达到化解战争、消弭争端的效果。

而对于边境之外、与本国所辖范围接近或相连的地区，在政策上又有不同的对待。这一类在后世被称为"羁縻"（后世称为"羁縻州府制度"者）的制度建构，当确立于唐代。⑤ 然而"羁縻"一词，最早见于

---

① 《汉书》卷49《爰盎晁错传》，中华书局1964年标点本，第2286页。
② （唐）房玄龄等撰：《晋书》卷47《傅玄传》，中华书局1974年标点本，第1322页。
③ （元）脱脱等撰：《宋史》卷174《食货志上二》，中华书局1977年标点本，第4218页。
④ （清）郑观应：《盛世危言》卷8《工政·垦荒》，内蒙古人民出版社1996年标点本，第968页。
⑤ 羁縻州府制度：唐代周边少数民族地区设置的一种带有自治性质的地方行政机构。由少数民族首领充任刺史或都督，并允许世袭其职，并拥有财政上的自主权，但必须接受唐代在地方设置的最高行政机构都护府的监领。

《史记·司马相如列传》:"盖闻天子之于夷狄也,其义羁縻勿绝而已。"索隐案曰:"羁,马络头也;縻,牛缰也。汉官仪:'马云羁,牛云縻。'言制四夷如牛马之受羁縻也。"最早点明了最初对夷狄实施羁縻政策的目的,乃是在于"使其勿绝(于中国)而已"①。《尚书正义·周官》对"六服"内容进一步补充:"《周礼》九服,此惟言六者,夷、镇、蕃三服在九州之外夷狄之地,王者之于夷狄,羁縻而已,不可同于华夏,故惟举'六服'。"② 由此可知,在对待四海之外,受到"羁縻"的地区,使用的礼仪"不可同于华夏",二者之间应有着明确的区分。

若要了解二者之间究竟有何不同,便要将考察对象落在史籍所记录的与外事有所关联的机构之上。史传典籍之中曾记载了一种涉及秦国外事的执掌,即《汉书·百官公卿表上》中记录的"典属国"机构。所谓"典属国","秦官,掌蛮夷降者。"③ 这个专门管理降服的或被征服的异族事务的中央官厅,在秦代称为"典属邦",由于避汉高祖之名讳,故在汉代改成"典属国"。释义"典属邦/国",当为动宾短语,典为治理之意,而"属邦/国"不论是其在全国的地位,还是区域的性质,直至1975年湖北省云梦县睡虎地秦简的发现之前,一直没有得到清晰的描述。

关于"属邦"与"臣邦"等问题的讨论,前代学者已有关注,例如于豪亮《秦王朝关于少数民族的法律及其历史作用》④、工藤元男《睡地虎秦墓竹简の属邦律をめぐって》⑤、陈力《试论秦邦之"属邦"与"臣邦"》⑥ 以及王柯《文明论の华夷观——中国における民族思想

---

① 《史记》卷117《司马相如列传》,第3049—3050页。
② (汉)孔安国传,(唐)孔颖达正义:《尚书正义》卷22《周官》,上海古籍出版社2007年标点本,第701页。
③ 《汉书》卷19上《百官公卿表上》,第735页。
④ 于豪亮:《秦王朝关于少数民族的法律及其历史作用》,收录于《云梦秦简研究》,中华书局1981年版,第319页。
⑤ [日]工藤元男:《睡地虎秦墓竹简の属邦律をめぐって》,《东洋史研究》43卷1号,第81页。
⑥ 陈力:《试论秦邦之"属邦"与"臣邦"》,《民族研究》1997年第4期。

の起源》①、王柯《三重の天下——中国多民族国家思想の起源》②。参考前人观点，并依据睡虎地秦简之中一条同名的法令记载："道官相输隶臣妾、收人，必署其已禀年日月，受衣未受，有妻毋（无）有。受者以律续食衣之。"③ 可知其意为：各道官府输送隶臣妾或被收捕的人，必须写明已领口粮的年月日数，有没有领过衣服，有没有妻。如系领受者，应依法继续给予衣食。至此可以确认，秦王朝在其所降服的周边民族地区设置有"属邦"。④

《法律答问》记载了另一条法令："可（何）谓'真'，臣邦父母产子及产它邦而是谓'真'。可（何）谓'夏子'，臣邦父秦母谓殴（也）。"⑤ 反映出秦王朝辨别秦人或是属邦之人的法律标准，亦说明属邦并未获得与王朝中的其他郡县的一般对待。

秦代属邦与一般郡县不同之处首先在于其拥有自治权，秦王朝仅对其实行间接的统治："臣邦人不安其主长而欲去夏者，勿许。可（何）谓夏，欲去秦属是为夏。"⑥ 这条材料提示了属邦之民禁止移居至秦王朝所直接统治的郡县之中，秦代的属邦实际上或许是类似由异族管理的特别区域，秦王朝或许通过改换、控制属邦地区行政长官的方式对该地区加以控制。例如《史记·张仪列传》记载："（秦惠王）遂定蜀，贬蜀王更号为侯，而使陈庄相蜀。"⑦

综上所述，所谓"属邦"／"臣邦"，意指归顺于秦王朝的某个周边民族，其首领从秦获得官位，成为臣属；其民则向秦王朝纳赋；其领

---

① 王柯：《文明论の华夷观——中国における民族思想の起源》，神户大学国际文化学部纪要《国际文化学研究》第 7 号，1997 年 3 月。

② 王柯：《三重の天下——中国多民族国家思想の起源》，神户大学《近代》发行会《近代》第 82 号，1997 年 12 月。

③ 睡虎地秦墓竹简整理小组：《睡虎地秦墓竹简》，《秦律十八种·属邦》，文物出版社 1990 年版，第 65 页。

④ 关于"属邦"之用法，学者孙闻博提出不同看法，认为依据《秦律十八种》其余数种条目类比可知，"属邦"或与"司空"等相类，为官职名目而非机构称名，需待新证据补充。特此列出，聊备一说。

⑤ 睡虎地秦墓竹简整理小组：《睡虎地秦墓竹简·法律答问》，文物出版社 1990 年版，第 135 页。

⑥ 同上。

⑦ 《史记》卷 70《张仪列传》，第 2284 页。

土也成为秦的一部分，称为"属邦"/"臣邦"。这也印证了秦帝国与周边民族集团的关系亦作为帝国秩序的组成部分存在这一历史真实。

## 四　秦代天下秩序与统一观念生成

### （一）天人观念与秦并天下的权力自赋

对于秦并天下的原因，历代学人已有较为明确的结论：一为自三代时期发迹的思想准备；二为春秋战国时期漫长战乱的现实背景导致民众亟思一统的政治诉求；三为秦国国力的积蓄与政策导向。然而为何中华民族会选择"统一"这一历史趋势，以及历代"一统"取向的生成原因，似乎更应该获得深思与探讨。这一问题不仅作为学术讨论的命题存在，更与国民性格之体认，乃至国家民族之兴衰紧密关联。

在古代先民的想象中，浩渺的星空俯视着人事代谢，朝代兴替，并被逐渐完善成为一种独特的天人观念。《史记·天官书》借由上古时期星象的诠释揭示出了一种天人同构的创想。所谓天人同构，指天上群星的运行流转与人世间的政治秩序逐一对应的情态。根据《天官书》的记载可知，在上古先民的认知中，天上群星皆被赋予了人世间各种重要处所或是人物角色的意涵。既有宫室、阁道、清庙之区域，亦有三公、正妃、藩臣、上将之角色，还有军工之布置与祭祀之铺排。《天官书》司马贞索隐援引张衡之论，亦言"众星排布，体生于地，精成于天，列居错峙，各有所属。在野象物，在朝象官，在人象事①"。生于地之"体"构成了人事秩序，而成于天之"精"则构成了天体秩序，天人相应、相通的理由由此生发。

由上文论述可知，秦人"以天为则"这一种体现着上应天象的理念，象征其膺受天命与统一天下的政治观，并使其"吞并天下"的权力得到了自我赋予。

---

① 《史记》卷27《天官书》，第1289页。

## （二）法家"王化"之德对于处理边疆问题的启示

随着天下秩序逐步建立完善，"以德抚远，羁縻怀化"便成了中国帝制时代边疆政策的纲领性方针。《论语·季氏》有"夫如是，故远人不服，则修文德以来之"①的说法，《尚书·旅獒》亦云："明王慎德，四夷咸宾。无有远迩，毕献方物。"孔颖达疏曰："自古明圣之王，慎其德教，以柔远人，四夷皆来宾服，无有远之与近尽。"② 这种以"德"教化天下的德治观念，成为儒家遵从并提倡的理想境界。当儒家思想在汉代武帝后逐渐占据统治思想主流，儒家精神被推广至政治、社会、经济、文化生活的方方面面，"以德抚远"亦成为历代王朝处理边疆问题的基本原则。

然而，尽数历史上的边疆经营与战略部署，可知"以德抚远"不可被单纯理解为借由道德与教化使得化外之民臣服，亦包含法家德治观念。《韩非子·二柄》提示了法家的德治，尝与刑并用，韩非子称其为"二柄"：

> 明主之所导制其臣者，二柄而已矣。二柄者，刑、德也。何谓刑、德？曰：杀戮之谓刑，庆赏之谓德。为人臣者畏诛罚而利庆赏，故人主自用其刑德，则群臣畏其威而归其利矣。③

以"庆""赏"为德，更近于利，"德"在此处或通于"得"。由此可知，法家所述之德治，是刑罚的补充，与儒家讲求的礼乐教化截然不同。因此，在诠释始皇统一经营时所倡之"德"时，亦应当注意到其中的区别。

《史记·秦始皇本纪》④记录了始皇巡行各地并刻石立碑的史实。始皇二十八年（前219）琅琊刻石曰：皇帝之德，存定四海。……人迹

---

① 杨伯峻：《论语译注》卷16《季氏》，中华书局1980年标点本，第172页。
② （汉）孔安国传，（唐）孔颖达正义：《尚书正义》卷12《旅獒》，第486—487页。
③ （清）王先谦撰：《韩非子集解》卷2《二柄》，中华书局1998年标点本，第39页。
④ 《史记》卷6《秦始皇本纪》，第242—253页。

所至，无不臣者。功盖五帝，泽及牛马。莫不受德，各安其宇。二十九年（前218）东观刻石曰：武威旁畅，振动四极，……皇帝明德，经理宇内，视听不怠。三十二年（前215）碣石刻石曰：皇帝奋威，德并诸侯，初一泰平。始皇刻石之上所述之德，并非指修治礼乐教化，而是标榜彰显始皇之武功与威势。高明士《中国中古政治的探索》[①]一书指出："秦朝皇帝所统治的天下秩序，只有单线的君臣王化关系，在制度上要表现的，便是'人迹所至，无不臣者'，也就是彻底实施郡县制，以及'王者无外'（《春秋公羊传》隐公元年十一月条）的王化论。"

在始皇完成统一前，秦国便长期秉持着"能攻逐戎，即有其地"的宗旨不断征伐周边少数民族。春秋时，"秦穆公得戎人由余遂霸西戎，开地千里"[②]，"故自陇以西有绵诸、绲戎、翟、豲之戎，岐、梁山、泾、漆之北有义渠、大荔、乌氏、朐衍之戎[③]"。公元前461年，秦灭大荔，赵灭代戎。韩、魏灭伊洛、阴戎，"其遗脱者皆逃走，西越汧、陇。自是中国无戎寇，唯余义渠种焉。"[④] 一系列军事举措的开展，使秦国扩大领地、充实国力、完善防卫体系、获得政治稳定，不仅完成了西北地区的统一，更为统一天下的东进奠定了基础。

秦国在实现统一功业之后，在边疆地区经营的丰富经验，对其建构新的天下秩序产生了极大影响，不论是北定匈奴之后修筑以长城为主的一系列防御工事，还是徙民实边、发动三次战争平定南越地区，均体现出较为长远的边疆经略考量。

## （三）结语：再论秦并天下——兼容并蓄的文明取向

王朝与周边民族之间的关系，自古以来都是中国历史的重要组成部分。如何对待与传统中华文明有区隔的"异族"（指边缘地带的文化共同体），成为亟待解决的问题。尽管天下秩序在中国早期国家社会形态

---

① 高明士：《中国中古政治的探索》"汉唐开国与危机处理"条，五南图书出版股份有限公司2006年版，第36—37页。
② 《后汉书》卷87《西羌传》，中华书局1965年标点本，第2873页。
③ 《史记》卷110《匈奴列传》，第2883页。
④ 《后汉书》卷87《西羌传》，第2874页。

的背景下产生，并且在其后漫长的历史进程中不断被修正完善，但其原理与根源却始终植根于中华民族的传承经验中，即人类社会所表现的形式与内容都反映或应当反应"天"的意志，历任政权的盛衰存亡亦最终由"天"所决定。而受到"天人观"与"天下观"的深刻影响，中国始终保有着多民族统一国家的传承：历代王朝或政权都将"统一"作为王朝建构的基础，将边疆地区不同的文化共同体视作"天下"不可或缺的一部分，并建构出使"异族"进入"中国"的可能性对策，承认并推动"中国化"的发生。

（台湾成功大学中国文学系）

# 秦的统一是文字、疆域和华夏族三个层面的统一

洪春嵘

为什么中国的第一次统一完成于秦,而不是三代(夏、商、周)?

秦又统一了什么,仅仅是统一了文字、车轨、度量衡、法令、疆域么?

为什么囊括了地中海区域的古罗马帝国不称为统一,而秦称为统一?

这三个问题,概括起来,就是秦统一的中国史和世界史的意义。对这三个问题的探讨,史学界走过了将近一个世纪的时间。

## 一 "层累地"构造是文学再创作的规律,不是史学的规律

首提中国统一于秦的是顾颉刚。

20世纪20年代,顾颉刚《答刘胡两先生书》中就提出,要"打破民族出于一元的观念","要打破地域向来一统的观念"。

(一)打破民族出于一元的观念。在现在公认的古史上,一统的世系已经笼罩了百代帝王、四方种族,民族一元论可谓建设得十分巩固了。但我们一读古书,商出于玄鸟,周出于姜嫄,任、宿、须句出于太皞,陈出于颛顼,六、蓼出于皋陶、庭坚,楚、夔出于祝融、鬻熊(恐是一人),他们原是各有各的始祖,何尝要求统一!自从春秋以来,大国攻灭小国多了,疆界日益大,民族日益并

## 秦统一的进程与意义

合,种族观念渐淡而一统观念渐强,于是许多民族的始祖的传说亦渐渐归到一条线上,有了先后君臣的关系,《尧典》、《五帝德》、《世本》诸书就因此出来。中国民族的出于一元,俟将来的地质学及人类学上有确实的发见后,我们自可承认它;但现在所有的牵合混缠的传说我们决不能胡乱承认。我们对于古史,应当依了民族的分合为分合,寻出他们的系统的异同状况。

(二)打破地域向来一统的观念。我们读了《史记》上黄帝的"东至于海""西至于空桐""南至于江""北逐荤粥",以为中国的疆域的四至已在此时规定了;又读了《禹贡》、《尧典》等篇,地域一统的观念更确定了。不知道《禹贡》的九州,《尧典》的四罪,《史记》的黄帝四至乃是战国时七国的疆域,而《尧典》的羲和四宅以交阯入版图更是秦、汉的疆域。中国的统一始于秦,中国人民的希望统一始于战国;若战国以前则只有种族观念,并无一统观念。看龟甲文中的地名都是小地名而无邦国种族的名目,可见商朝天下自限于"邦畿千里"之内。周有天下,用了封建制以镇压四国——四方之国——已比商朝进了一步,然而始终未曾没收了蛮貊的土地人民以为统一寰宇之计。我们看,楚国的若敖、蚡冒还是西周末东迁初的人,楚国地方还在今河南、湖北,但他们竟是"筚路蓝缕以启山林"。郑国是西周末年封的,地在今河南新郑,但竟是"艾杀此地,斩之蓬蒿藜藿而共处之"。那时的土地的荒芜如此,哪里是一统时的样子!自从楚国疆域日大,始立县制;晋国继起立县,又有郡;到战国时郡县制度普及;到秦并六国而始一统。若说黄帝以来就是如此,这步骤就乱了。所以我们对于古史,应以各时代的地域为地域,不能以战国的七国和秦的四十郡算做古代早就定局的地域。①

---

① 顾颉刚:《答刘胡两先生书》,载顾颉刚《古史辨自序》(上册),商务印书馆 2011 年版,第 12—13 页。

秦的统一是文字、疆域和华夏族三个层面的统一

此前不久，顾颉刚发表了《与钱玄同先生论古史书》①，提出"层累地造成的中国古史"："时代愈后，传说的古史期愈长"，"时代愈后，传说中的中心人物愈放愈大"。一时间，"《古史辨》不胫走天下，疑禹为虫，信与不信，交相转述，三君者，或仰之如日星之悬中天，或畏之如洪水猛兽之泛滥纵横于四野，要之凡识字之人几于无不知三君之名"。②

笔者平心而论，"层累地造成的"学说，在民俗学和文学领域，比如神话传说、民间故事、演义小说、戏剧等的流传，确有这个规律。举例：《三国志》中诸葛亮在赤壁之战中的功劳只是出使东吴，说服孙权，借来救兵。据鲁迅考据，北宋始有"说《三国志》"的，金、元杂剧中有《赤壁鏖兵》等三国曲目，元代始有小说《全相三国志平话》，而到明代就有了罗贯中的小说《三国演义》。今本《三国演义》是清毛宗岗删定的120回本，又非明弘治年间的240回本。③ 在《三国演义》中，诸葛亮在赤壁之战中几乎一个人唱了半台戏，先有舌战群儒，再有草船借箭、七星坛借东风、智算华容道。这样，经过《三国演义》的添油加醋（舌战群儒）、张冠李戴（草船借箭）和无中生有（借东风和华容道），诸葛亮的形象也就变得亦儒亦道，半人半妖，鲁迅评道："欲显刘备之长厚而似伪，状诸葛之多智而近妖。"

但这种"层累地"构造是文学的再创作的规律，并非史学的规律。上古史学是史学的童年。上古时期是一个文史不分的时代，也是宗教、神话、传说（口耳相传）和信史不分的时代。这一点，中外皆然。古希腊的历史源于《荷马史诗》，古罗马的历史源于两个狼孩的传说，古印度的历史源于四部《吠陀》的宗教神话。1871年，考古学家在小亚细亚发现了特洛伊城，从而证明口耳相传的《荷马史诗》所记载的特洛伊城的毁灭确有其事；1917年，王国维发表了《殷卜辞中所见先公

---

① 顾颉刚：《与钱玄同先生论古史书》，载顾颉刚《古史辨自序》（上册），商务印书馆2011年版，第2页。
② 钱穆：《崔东壁遗书序》，载钱穆《中国学术思想史论丛（八）》，（台北）东大图书有限公司1980年版，第283—294页。
③ 鲁迅：《中国小说史略》，上海古籍出版社1998年版，第85—90页。

先王考》及《续考》二文①，用出土的甲骨文材料证明了《史记·殷本纪》所记载的殷商世系的正确性（仅有一处错误），证明了司马迁的《史记》的确是一部信史，"进而说明《世本》《竹书纪年》等向来被学者怀疑成伪书的古籍，实际上全是实录"。②

正因上古史这种文史不分，神话、传说与信史不分的特殊性，20世纪初中国学界形成了"疑古派"与"反疑古派"。所谓仁者见仁，智者见智，对于上古史的材料，"疑古派"认为是神话、传说，不足信；"反疑古派"则认为是信史，因为古代的文献相互印证。回头来看这一段史学公案，倒是一个"局外人"的话是击中要害的：

> 其实，他是有破坏而无建设的，只要看他的《古史辨》，已将古史"辨"成没有。③

这个人便是鲁迅。抛开鲁迅与顾颉刚的个人恩怨不论，顾颉刚的"层累"的理论其实只适用于文学史，而不适用于史学史，因为史学讲求最原始的出处和版本的流传——仅此一条，就可以杜绝大面积、有目的性的"层累地""造史运动"。而顾颉刚所考据的"孟姜女""三皇五帝""姜戎"，基本上属于神话、传说的范畴，于上古史的夏、商、周世系等主干历史脉络并未伤筋动骨；而鲁迅恰恰是文学巨匠、中国小说史的奠基人，若论对神话、传说的流传规律的了解，其实鲁迅要比历史学家还要专业。

那么，上古材料中是否只有神话传说而无信史呢？

显然是有信史的。

如果将一部上古史考辨成全是神话传说，没有一点信史的材料，则过犹不及，近乎虚妄之言了。鲁迅的评价还是有分寸的。

---

① 王国维：《殷卜辞中所见先公先王考》，载王国维《观堂集林》（二），中华书局1984年版，第409—410页。
② 陈其泰：《20世纪中国历史考证学研究》，北京师范大学出版社2005年版，第62—63页。
③ 鲁迅：《至郑振铎/1934年7月6日》，载《鲁迅全集》（第13卷），人民文学出版社2005年版，第170页。

但信史需要用文献以外的材料来证明！[①] 这也是后来"二重证据法"被越来越多的史学家自觉接受并运用的原因。"古史辨派"破，"二重证据法"立——不破不立。这大概是"古史辨派"对 20 世纪中国历史学所做的建设性贡献。

## 二 顾颉刚的"民族并非出于一元说"中的"民族"是指华夏族

那么，顾颉刚所称打破了的"民族出于一元"和"地域向来一统"的说法，是不是也有问题呢？

其实，顾颉刚所谓的"民族"与我们今天所说的"中华民族"不是一个概念，与"中国是由 56 个民族组成的多民族国家"的"民族"也不是一个概念。他说：

> 商出于玄鸟，周出于姜嫄，任、宿、须句出于太皞，陈出于颛顼，六、蓼出于皋陶、庭坚，楚、夔出于祝融、鬻熊（恐是一人），他们原是各有各的始祖。

他把商、周、任、宿、须句、陈、六、蓼、楚、夔都认为是"民族"，以此来论证这些"民族"并非出于一元。其实，商、周……楚、夔只是氏族、部落或部落联盟，它们都是汉民族的前身华夏族的组成部分。所以，顾氏的论点其实是：华夏族并非出于一元。

这种概念之间混用的情形在当时的学界非常普遍。仅举两例。

其一，"中华民族"有大概念和小概念之分。1902 年，梁启超在《中国学术思想之变迁之大势》[②] 一文首先使用"中华民族"一词；

---

[①] "崔述还相信经书是信史"，顾颉刚则连经书也不相信，但苦于"既没有实物的证明，单从书籍上入手"进行考辨。见顾颉刚《与钱玄同先生论古史书》，载顾颉刚《古史辨自序》（上册），第 1 页。

[②] 梁启超：《中国学术思想变迁之大势》，《新民丛报》1902 年 3 月 10 日第 3 号。

秦统一的进程与意义

1905年，梁氏在《历史上中国民族之观察》①一文中称"今之中华民族，即普遍俗称所谓汉族者"；1922年，梁氏在《历史上中国民族之研究》②称：中华民族包括中国各民族认同的一体特征，"凡遇一他族而立刻又'我中国人'之观念浮于斯脑际者，此人即中华民族之一员也。"并具体指出"故凡满州人今皆中华民族之一员"。

其二，"民族"与"氏族""部落"、王朝不区分。20世纪30年代，学界推出了三种民族史专著，分别是：吕思勉《中国民族史》（世界书局，1934年）、王桐龄《中国民族史》（北平文化学社，1934年）、林惠祥《中国民族史》（商务印书馆，1936年）。在这三本书中，在讨论各族群变迁时，对诸如"族""民族""部落""中国民族"、"××人"（比如夏人、周人、匈奴人）没有任何界定；尤其是：史前的黄帝、炎帝、三苗是否可以称之为民族？夏、商、周三个王朝是否可以称之为三个民族？还有，东夷、西戎、南蛮、北狄分别对应着东、西、南、北四个方向的部落，是一个集合名词，比如，东夷内部各个氏族（或部落）也是不一样的，是否东夷就是一个民族？凡此种种"民族"的概念与我们今天"民族"的概念是不一样的。

所以，顾颉刚所谓的"民族"其实是华夏族。

但顾颉刚本人并没有系统地考证。只是在信中列举了几个疑点，充其量只能算是一种假说。两个"打破"之所以被后来的史学界奉为圭臬，是因为此后十几年间，中国学者在史前史与考古学领域所取得的进展，给顾颉刚的"民族并非出于一元"的假说以强证。

## 三 "夷夏东西说"和"仰韶、龙山文化二元对立说"支持了顾氏假说

1927年，蒙文通在《古史甄微》③中认为：三代是由江汉（共工、三苗、炎帝、神农）、河洛（黄帝、颛顼、尧、舜、禹）、海岱（燧人、

---

① 梁启超：《历史上中国民族之观察》，《新民》第65—66号。
② 梁启超：《中国历史上民族之研究》，《史地丛刊》1923年4月。
③ 蒙文通：《古史甄微》，巴蜀书社1999年版。

伏羲、女娲、少昊）三民族组成。

1932年，徐旭生在《中国古史的传说时代》[①]中认为：华夏（源自陕西，东至黄河两岸）、东夷（源自山东，西至河南）、苗蛮（湖北、湖南）实为秦汉间所称中国人的三个来源。

1933年，傅斯年撰文《夷夏东西说》[②]，论证"三代及三代以前，大体上有两个不同的系统，这两个系统，因对峙而生争斗，因争斗而起混合，因混合而文化进展。夷与商属于东系，夏与周属于西系。"

这三个学说都能很好地佐证顾颉刚民族并非出于一元的观念。这三个学说其实也是有交叉的地方，即今河南西部与山东北部为对立的双方：河南西部，蒙文通说认为是河洛民族所居，徐旭生说认为是华夏民族所居，傅斯年说认为是夏系统所居；山东北部，蒙文通说认为是海岱民族所居，徐旭生说认为是东夷民族所居，傅斯年说认为是夷系统所居。

非常巧合的是：1921年，在河南省渑池县发掘了仰韶文化；1928年，在山东省历城县发掘了龙山文化。

就在刊载《夷夏东西说》的《庆祝蔡元培先生六十五岁论文集》上，梁思永撰文《小屯、龙山与仰韶》，从考古学的角度，第一次提出了仰韶文化自西向东发展，龙山文化自东向西发展，两者的中心分别位于黄河流域的偏西和偏东部分，实际上即是说在中国东西部存在着仰韶文化与龙山文化二元对立的史前文化。[③]

不仅如此。1931年秋，梁思永组织发掘河南省安阳县后岗遗址时，发现了殷墟、龙山和仰韶直接叠压的地层关系。这表明：仰韶文化早于龙山文化，龙山文化又早于殷商文化。[④] 梁思永认为：

> 仰韶彩陶文化自黄河上游向下游发展到河南北部的安阳县楼庄

---

[①] 徐旭生：《中国古史的传说时代》，广西师范大学出版社2003年版。
[②] 傅斯年：《夷夏东西说》，《国立中央研究院历史语言研究所集刊》外编第一种《庆祝蔡元培先生六十五岁论文集》（下册），1935年。
[③] 陈星灿：《中国史前史考古学史研究》，生活·读书·新知三联书店1997年版，第221页。
[④] 张学海：《龙山文化》，文物出版社2006年版，第17—18页。

后岗和渑池县仰韶村之后，自黄河下游向上游发展的龙山文化才侵入河南北部。这先到后岗，占领了彩陶文化早期就废弃的遗址。后到仰韶村，遇着了发达已过了最高点的彩陶文化。①

这等于说，殷商文化源自东方的龙山文化，与傅斯年殷人来自东方之说呼应。考古发现与文献的关系如此严丝合缝，加之傅斯年在学界如日中天的声誉，"夷夏东西说"得到了学界的普遍认同：认为仰韶文化是（西）夏人所建，而龙山文化是（东）夷人所建。傅斯年的"夷夏东西说"与梁思永的"仰韶文化——龙山文化二元对立说"客观上给予了顾颉刚的"民族并非出于一元说"证明。直到20世纪60年代以前，中国和西方的史学家多以"夷夏东西说"来解释中国的史前史。

## 四　20世纪50年代至今的史前考古和基因考古的进展不支持三种假说

但1957年河南省陕县庙底沟遗址的发掘，否定了殷人来自东方的假说。

> 在复原的60余件容器中，有鼎、盆、罐、碗、杯、瓶、斝、豆、灶等，器形具有由仰韶文化到龙山文化的过渡性质，是中原地区最早的龙山文化，而且两者地层交叠关系明确，首先为豫西地区仰韶文化与龙山文化的定性与分界，提供了极为珍贵的资料，证明该地区的龙山文化是由仰韶文化直接发展成的。②

庙底沟二期文化的发现，首次为仰韶文化、龙山文化的性质与分界提供了一个重要线索，证明了两者的传承关系，说明河南与陕西地区的龙山文化可能是由仰韶文化经庙底沟二期文化发展成的，这也为中原地区古文化发展的连续性作出了重要证明，也在解决中

---

① 梁思永：《小屯、龙山与仰韶》，载于《国立中央研究院历史语言研究所集刊》外编第一种《庆祝蔡元培先生六十五岁论文集》（下册），1935年版。
② 张学海：《龙山文化》，第22页。

国文明起源的大课题上前进了一大步,同时也说明山东地区的龙山文化很可能自有来源。①

尽管山东龙山文化的渊源仍有待未来的考古发现来探明,但历经史前考古界的努力,已经建立了完整的史前遗址的序列:

裴李岗文化→仰韶文化→庙底沟二期文化→龙山文化→二里头文化(夏)→二里岗文化(早商)→(尚有断点待发现)→殷墟(晚商)→周原(先周)②

从而证明中国的史前史并非一片混沌,全是后人"层累地"编造出来的神话和传说。尤其是1959年,中国科学院考古研究所组织"夏墟"的调查,发现了偃师的二里头遗址。二里头发现了青铜鼎,这和古文献所记载"禹铸九鼎"可以对上号;同时发现了宗庙基址,学术界普遍认为二里头是一处夏都遗址。③

在1983年,在河南省偃师县发现了偃师商城遗址。偃师商城属二里岗文化,但最早的年代则相当于二里头文化四期。④ 这表明偃师商城由不同文化背景的古人所控制。二里岗是商文化,二里头是夏文化。考古学上,一般认为不同的文化即代表着不同文化背景的古人。所以,这表明所谓东夷西夏两种系统早已融合。

1999年,山东省垣台县唐山遗址出土了一鬲一盒两豆:

> 其中的一件鬲,薄胎磨光黑陶,宽卷沿,弹头形袋足无足跟;一件磨光黑灰陶盒,圆形有盖,两器均为实用器,陶系和龙山文化完全一致。另有两件泥质灰陶豆,一为浅盘细柄,柄下部隐起凸棱;另一件为浅碗豆,细柄。均素面,未磨光,形体小,系明器,

---

① 张学海:《龙山文化》,第23页。
② 李友谋:《裴李岗文化》,文物出版社2003年版,第20—25页;陈旭:《夏商考古》,文物出版社2001年版,第2—4页;张学海:《龙山文化》,第23页;陈全方、陈敏:《周原》,文物出版社2007年版,第38—41页。
③ 陈旭:《夏商考古》,文物出版社2001年版,第55—66页。
④ 同上书,第144—147页。

是岳石文化常见的磨光浅盘豆与浅碗豆的祖型。这组陶器是目前所见最早的岳石文化遗物,大致填补了龙山文化与岳石文化之间百年左右的缺环,证明公元前2000年是龙山文化和岳石文化的大致年代界标。①

龙山文化:公元前2600—前2000年。
商朝:公元前16世纪—前11世纪。
两者在时间上没有交集,断点长达4个世纪!

换言之,龙山文化的主人不是殷人,殷人并不来自东方。"夷夏东西说"等学说不能成立,"打破民族出于一元的观念"失去了最重要的依据。

进入21世纪,一份来自人类基因学科的检测报告再次把这个"打破民族出于一元的观念"的假说放到了科学的天平上称量。

2007年,由复旦大学生命科学学院现代人类学MOE主实验室、人文学院、美国耶鲁大学医学院的九名学者联合署名的文章《长江沿岸史前人类的Y染色体》刊登在美国权威学术杂志 Human Genetic(《人类遗传》)2007年11月第122期上。② 文章称:通过对5例距今4500—4000年山西陶寺遗址(龙山文化)出土的远古时期男性人骨DNA的研究,可以确定,龙山文化的古人,其Y染色体SNP单倍型是$O_{3-M122}$,并且只含有$O_3$和子类型$O_{3e}$,没有其他类型,和现代汉族的主体部分完全一致。也就是说,汉族主体部分其父系远祖完全是来自龙山人。

石破天惊的结论。

陶寺遗址位于山西省襄汾县境内,于1956年被发现③。1978—1985年中国科学院对陶寺遗址进行了连续14个季度的发掘。2001年至今,

---

① 张学海:《龙山文化》,第120页。
② Li H., Huang Y., Mustavich L. F., Zhang F., Tan J. Z., Wang L. E., Qian J., Gao M. H., Jin L., "Y chromosomes of prehistoric people along the Yangtze River" *Human Genetic*, Vol. 122, Nov. 2007.
③ 山西省文物管理委员会:《晋南五县古代人类文化遗址初步调查简报》,《文物参考资料》1956年第9期;杨富斗:《山西省襄汾县发现的两处遗址》,《考古》1959年第2期。

陶寺遗址是国家重大科研项目"中华文明探源工程"的研究重点。①

陶寺文化是灰陶文化，晚于仰韶文化（彩陶文化），但与龙山文化（黑陶文化）并不完全一样，其遗址普遍存在着釜灶、矮足鼎、直口肥足鬲等陶器，被中国考古界认为"龙山文化的陶寺类型"。② 据碳十四年代测定，陶寺文化的年代上限为公元前2500—前2400年，下限不晚于公元前2000年。③ 山西陶寺遗址的发掘表明，当时已经有：代表早期文明的货币（货贝）④、文字、青铜器、城市、宫殿；代表礼乐文化的鼓、磬等乐器；代表历法的观象台；代表王权的钺、鼎等实物。学术界普遍认为陶寺是一处不晚于夏代初期的都城遗址⑤，但对其族属问题分歧较大。主要有三种说法：一是尧都⑥；二是夏都⑦；三是虞都⑧。

## 五　基因考古证明：汉族的父系远祖是龙山人，但尚不能证明其唯一性

对陶寺遗存的基因检测表明：中华民族的主体——汉族人群的父系祖先是陶寺（龙山）人。这就印证了《史记·五帝本纪》所载远古时期黄帝部落、炎帝部落、蚩尤部落的大融合。海内外中华民族自称炎黄子孙，其依据即来自《竹书纪年》《史记》等汉代以前的典籍所记载的

---

① 郑逸：《陶寺遗址发掘成果发布与尧都记载高度契合》，2015年6月18日，光明网（http://economy.gmw.cn/2015-06/18/content_16024539.htm）。
② 高炜等：《龙山文化陶寺类型的年代与分期》，《史前研究》1984年第3期。
③ 张江凯、魏峻：《新石器时代考古》，文物出版社2004年版，第228—231页。
④ 山西省考古研究所官网（http://www.sxkaogu.net/webshow/aritcleDetail.shtml?articleId=1123）。
⑤ 张江凯、魏峻：《新石器时代考古》，文物出版社2004年版，第228—231页。
⑥ 李民：《尧舜时代与陶寺遗址》，《史前研究》1985年第4期；田昌五：《先夏文化探索》，《文物与考古论集》，文物出版社1987年版；王文清：《陶寺遗存可能是陶唐氏文化遗存》，《华夏文明》（1），北京大学出版社1987年版。2015年6月18日，中国社会科学院考古研究所所长王巍在"山西陶寺遗址发掘成果发布会"上认为：陶寺很可能是尧的都城。
⑦ 徐殿魁：《龙山文化初探》，《中原文物》1982年第2期；高炜等：《关于陶寺墓地的几个问题》，《考古》1983年第6期；张长寿：《陶寺遗址的发现和夏文化的探索》，《文物与考古论集》，文物出版社1986年版；高炜：《试论陶寺遗址和陶寺类型龙山文化》，《华夏文明》（1），北京大学出版社1987年版。
⑧ 黄崇岳：《虞代与龙山文化》，《中原文物》1987年第2期。

## 秦统一的进程与意义

这段历史。

汉族占中华民族总人口的 90% 以上。汉族的前身华夏族大约形成于远古时期黄帝、炎帝、蚩尤三大部落融合时期。到了夏、商、周三代，华夏族也以礼乐文化而与蛮、夷、戎、狄相区别。自春秋战国至秦汉，许多蛮、夷、戎、狄通过与华夏族通婚、通商、杂居、学习，适应了农耕定居的生产生活方式，完成了与华夏族的融合。这个融合的过程，有些是和平完成的，有些不是。后者比如春秋战国时期，各国为了扩大兵员和税基，不断地征讨或掳掠境内的蛮夷戎狄，让他们和华夏族一样承担服役、纳税的义务，成为编户齐民。司马迁写《史记》的时候，正是汉民族形成的时期。《史记》所讲的历史是从黄帝统一中原部落一直到汉武帝时的历史，是华夏族的历史。《史记》中有华夏族起于一元的观点，没有错。

那么，秦汉两代境内有没有蛮夷呢？

有。

第一种在边境上，当时叫保塞蛮夷。比如，汉景帝时，羌人就要求内迁，归附汉朝，羌人开出的对价是：替汉朝戍守陇西郡的关塞。[1] 汉宣帝时，匈奴呼韩邪单于内附，史称南匈奴。这些蛮夷虽在境内，却是化外之民，不是编户齐民，不承担服役和纳税的义务。第二种在境内。比如，东汉一代，累计从湟中、广汉、蜀郡、河曲迁出羌人 57 万多人[2]，占东汉极盛时总人口的 1%。相比汉民族，两汉时期的蛮夷的人口也是很少的。史称，匈奴为夏人后裔[3]，羌人实是"姜姓之别"[4]，与华夏族是有血缘联系的。

---

[1] 《后汉书》卷 87《西羌传》，中华书局 1965 年标点本，第 2876 页："景帝时，研种留何率种人求守陇西塞，于是徙留何等于狄道、安故，至临洮、氐道、羌道县。"

[2] 《后汉书》卷 87《西羌传》，第 2898 页："建武十三年，广汉塞外白马羌豪楼登等率种人五千余户内属，光武封楼登为归义君长。至和帝永元六年，蜀郡徼外大牂夷种羌豪造头等率种人五十余万口内属，拜造头为邑君长，赐印绶。至安帝永初元年，蜀郡徼外龙桥等六种万七千二百八十口内属。明年，蜀郡徼外羌薄申等八种三万六千九百口复举土内属。冬，广汉塞外参狼种羌二千四百口复来内属。"若以每户 5 口计算，在公元 37—108 年，累计内迁羌人 57 万余口。

[3] 《史记》卷 110《匈奴列传》，第 2879 页："匈奴，其先祖夏后氏之苗裔也，曰淳维。"

[4] 《后汉书》卷 87《西羌传》，第 2869 页："西羌之本，出自三苗，姜姓之别也。"

秦的统一是文字、疆域和华夏族三个层面的统一

到了唐代，两晋南北朝时期的许多少数民族，比如曾经入主中原的匈奴人、氐人、鲜卑人、羯人，又与汉族融合。据王桐龄、陈寅恪研究，隋朝和唐朝的皇室均有胡人的血统，但他们都自称是汉人，甚至不惜为此伪造家谱。①

当然，由于基因考古是20世纪90年代才发展起来的新技术，目前国内外相关的成果也很有限。而仰韶文化、红山文化、齐家文化等的许多新石器时代的遗存尚未运用此项技术进行研究，因此本文的结论——汉族的父系远祖是距今4500—4000年的龙山人——尽管已经得到证明，但是否具有唯一性，即排除其他文化的可能性，尚有待于更多基因考古成果的问世。终有一天，学界可以在基因水平上绘制中华民族的族源路线图，而不仅仅是依据古文献"人言言殊"的考据。

## 六　基因考古及文字表明：殷商晚期的疆域南跨长江

那么，"打破地域向来一统"的假说又如何呢？

何为统一？对统一的定义的讨论容后再叙，先来看两处考古发现。

1973年，发现江西樟树吴城文化。主要有：樟树筑卫城遗址、大洋洲商墓、瑞昌铜岭商周矿冶遗址、吴城遗址（祭祀台座）。吴城文化的第一、第二期相当于二里岗（早商），第三期相当于殷墟（晚商）。②从有祭祀台座来看，吴城是商代诸侯国都邑所在地；从能冶炼青铜且青铜器纹饰多有与殷墟出土青铜器相同或相似来看，吴城是商朝影响力所及的诸侯国，否则，商朝不可能传授青铜冶炼技术，更不可能影响吴城的审美观。

三期文化的陶文，多数为单个个体，有少数几个个体也属于唐

---

① 王桐龄：《隋唐之先世系统》，载王桐龄《中国民族史》，吉林出版集团责任有限公司2010年版，第275—289页；陈寅恪：《唐代政治史述论稿》，载陈寅恪《隋唐制度渊源略论稿 唐代政治史述论稿》，商务印书馆2014年版，第183—201页。
② 彭明瀚：《吴城文化》，文物出版社2005年版，第99页《吴城文化各遗址分期对应关系表》。

兰先生所说的另一种文字系统。这些陶文大多数与偃师二里头和藁城台西的陶文形体完全相同。四期文化的陶文则全部与甲骨文中的同类字相类。吴城文化陶文中两种文字系统的存在和消长，说明夏末商初，中原文字传入此地，使这里的原始文化开始发生变化。至商代晚期，中原文字系统已在这里推广，为下层陶工所接受、熟知。①

其实，文字的传播在于人。若没有来自中原的移民，怎么可能持久地传播中原的文字呢？如唐兰先生所说无误，存在除夏、商文字之外的另一种文字，那么，假以时日，即便中原的文字不传入，也会形成成熟的文字系统。三期的文字"大多数"与中原的文字相同，四期的文字"完全"与中原的文字相同，说明四期的时候，原来的另一种文字已经消亡了。只有一种可能性，四期时，原来的方国已经被商朝灭了，之后，商朝在原址另建一诸侯国。

前引美国《人类遗传》杂志的文章《长江沿岸史前人类的Y染色体》也测试了吴城文化的男性人骨，结论是三分之一系今汉族的祖先，三分之二系壮族——泰国人的祖先。如果只是地域性的政权，不可能有三分之一的古吴城人来自中原！这也说明，吴城文化并不是长江下游所建的地域性文化，而是殷商文化的一部分，至少在晚商时期是这样。

《诗经·商颂·玄鸟》：

> 武丁孙子，武王靡不胜。龙旗十乘，大糦是承。邦畿千里，惟民所止。肇域彼四海，四海来假。②

武丁执政时期（前1250—前1129），商的疆域已经扩张到四海（包括东海和南海）了，而不是只有一千里地。畿，是京郊的意思，不是疆域的意思。类似的还有1934年发现的四川广汉三星堆文化，纵跨

---

① 彭明瀚：《吴城文化》，文物出版社2005年版，第156页。
② 《诗经·商颂·玄鸟》，载于《四书五经》，中华书局2009年版，第210页。

龙山时代和夏、商两代，其出土青铜器的纹饰也与殷墟类似，是商文化在南方扩张的实例①，就不再赘述了。

考古发现和古人类基因测序均表明，商的疆域南跨长江，到达今天江西省境内，与《诗经·商颂·玄鸟》所谓"邦畿千里，惟民所止。肇域彼四海"互证。而不是顾颉刚所谓"商朝天下自限于'邦畿千里'之内"。

## 七　龙山文化的范围证明了《史记》中黄帝时期的疆域

顾颉刚所谓黄帝时代中国的地域到不了的"四至"是："东至于海""西至于空桐""南至于江""北逐荤粥"。

黄帝时代是哪个年代，是距今4000年还是5000年？

据中国社会科学院考古研究所、北京大学考古系、中国文物研究所等截至公元2000年所公开发表的碳十四测年数据看，整个仰韶文化的绝对年代当为公元前5000—前2900年②；龙山文化的绝对年代当为公元前2600—前2000年③。

笔者姑且按距今4500年算。那时，龙山文化东到今山东半岛，南到今安徽省长江北岸，西到今陕西的渭河、泾河流域，北到今北京以北。④那么，"东至""南至""西至""北至"都有了吧。

所以，按今天的考古学和人类基因测序来看，顾颉刚的"两个打破"都不能成立。

那么，我们今后还提秦的统一是中国历史上的第一次统一么？我们会不会提商、周的统一？

这就要看统一的定义了。

---

① 宋治民：《蜀文化》，文物出版社2008年版，第33—52页。
② 巩启明：《仰韶文化》，文物出版社2002年版，第166—169页附表《仰韶文化区系类型与年代分期表》。
③ 张学海：《龙山文化》，第120页。
④ 谭其骧主编：《简明中国历史地图集》，中国地图出版社1991年版，第3—4页《原始社会遗址图》。

## 八 谭其骧、葛剑雄在疆域上定义统一

《现代汉语词典》对"统一"的解释是：合成整体，与"分裂"相对。

然而，这只是语言学对"统一"的定义，并不是历史学对"统一"的定义。与历史学对"统一"的界定相关联的，是对历史上的中国的范围的界定。

1981年，谭其骧在回答编绘《中国历史地图集》时如何界定历史上的中国范围时说：

> 我们既不能以古人的"中国"为历史上的中国，也不能拿今天的中国范围来限定我们历史上的中国范围。我们应该采用整个历史时期，整个几千年来历史发展所自然形成的中国为历史上的中国。我们认为18世纪中叶以后，1840年以前的中国范围是我们几千年来历史发展所自然形成的中国，这就是我们历史上的中国。

谭其骧的演讲，后来被整理成《历史上的中国和中国历代疆域》一文发表。[①] 当时，国际上有一派历史学家是把现在的国境当作历史上的国境来对待的。对此，谭其骧解释道：

> 有人主张拿今天的国土作为历史上中国的范围，我们认为那是不恰当、不应该的。要是那样的话，岂不等于承认沙俄通过《瑷珲条约》《北京条约》割占的乌苏里江以东、黑龙江以北的地方，本来就不是我们的地方吗？事实上在清朝以前，乌苏里江以东、黑龙江以北已有几百年是在中原王朝直接统治之下的。再如大漠以北的蒙古高原，现在属于蒙古人民共和国。这个国家是不是历史自然发展形成的呢？不是。1911年、1921年两次蒙古独立，都是后面

---

[①] 谭其骧：《历史上的中国和中国历代疆域》，《中国边疆史地研究》1991年第1期。

有第三者插手的。历史上所有的北方民族，匈奴也好，鲜卑也好，柔然也好，突厥也好，回纥也好，全都是同时分布在漠南和漠北的。要是我们以今国界为依据处理历史上的民族，那该怎么办？同一个政权统治之下的一个民族，漠北的不算中国，漠南的才算中国，这就没法办了。但我们要是采用1840年以前的清朝版图为历史上中国范围就好办。出现在漠南漠北的蒙古以及历史上所有的民族，都是中国的少数民族，不能因为在蒙古人民共和国之内就不算历史上中国的民族。当然，我们讲中国史的时候应当把这些民族作为中国史上的民族。①

福柯说：一切话语背后都有权力。"领土无疑是地理学的概念，但它首先是一个法律政治的概念：某一权力所控制的地域。"② 在任何一幅历史地图的背后，其实还存在更为现实的国际政治关系。中国近代遭受帝国主义的侵略和压迫的历史，使得中国学者——不论其学术观点如何——总能在爱国主义的旗帜下站在同一的立场上。

谭其骧还特别讲到了统一的观念：

> 春秋时期，黄河中下游的周王朝、晋、郑、齐、鲁、宋、卫等，这些国家他们自认为是中国，他们把秦、楚、吴、越看成夷狄，不是中国。这就是春秋时期的所谓"中国"。但是这个概念到秦汉时候就推翻了，秦汉时候人所谓"中国"，就不再是这样，他们是把秦楚之地也看作中国的一部分。这就是后一个时期推翻了前一个时期的看法。
>
> 同样，在宋朝也把辽、金、夏都看成外国，看成夷狄。但是元朝人已经不这样了，已经把辽、金、夏跟宋朝一样看成"中国"。元朝人已经不用宋朝的看法了，难道我们还要做宋朝人？所以我们

---

① 谭其骧：《历史上的中国和中国历代疆域》，《中国边疆史地研究》1991年第1期。
② ［法］福柯：《权力的地理学》，载［法］福柯著，严锋译《权力的眼睛》，上海人民出版社1997年版，转引自葛兆光《宅兹中国——重建有关"中国"的历史论述》，中华书局2011年版，第91页。

秦统一的进程与意义

说现代人不能以古人的"中国"为中国。①

汉人眼中的七国，唐人眼中的南北朝，元人眼中的宋、辽、金、夏，都是中国的一部分。谭其骧的视野，是一个统一的中国的视野。

但如果按谭其骧对"历史上的中国"的标准，只有清的统一才能算"统一"。中国史上的王朝：夏、商、周、秦、西汉、东汉、西晋、隋、唐、北宋、元、明，还能不能算是统一的王朝了？

为了解决这一困扰，葛剑雄提出了一严一宽两种统一的标准。

如果以历史上中国最大的疆域为范围，统一的时间为八十一年。如果把基本上恢复前代的疆域、维持中原地区的和平安定作为标准，统一的时间是九百五十二年。②

表1　　　　　　　　　　历代统一时间起讫③

| | 第一标准统一时间 | 第二标准统一时间 |
|---|---|---|
| 年代起讫 | 1759—1840年（清） | 前221—前209年（秦）<br>前110—22年（西汉、新）<br>50—184年（东汉）<br>280—301年（西晋）<br>589—616年（隋）<br>624—755年（唐）<br>1279—1351年（元）<br>1382—1618年（明）<br>1683—1850年（清）<br>1865—1869年（清）<br>1881—1894年（清） |
| 合计 | 81年 | 952年 |

---

① 谭其骧：《历史上的中国和中国历代疆域》，《中国边疆史地研究》1991年第1期。

② 葛剑雄：《分久必合，合久必分》，载于葛剑雄《统一与分裂——中国历史的启示》，商务印书馆2013年版，第253页"附录三"。

③ 葛剑雄：《统一与分裂——中国历史的启示》，商务印书馆2013年版，第48页原有《历代统一时间起讫表》。在原书成文后，作者对西汉、唐、明、清的统一时间重新做出修订，并以《分久必合，合久必分》为题附录于后。今按原书48页的格式与"附录三"的修订时间重新制表。

秦的统一是文字、疆域和华夏族三个层面的统一

统一的第一标准，毫无疑义，是师承谭其骧的观点。

统一的第二标准，即"恢复前代的疆域，维持中原地区的和平安定"，则对接了当代中国人对国家统一的认识。按照这个标准，其实商、周（至少是周）是统一的王朝，因为商恢复了夏的疆域，周恢复了商的疆域，而无论商、周疆域的大小。当然，前提是我们需要做更细化的夏、商、周的疆域考证。

葛剑雄在书中还有一个说明：

> 毫无疑问，我们所要讨论的统一是指国家之间或政权之间、一个国家或一个政权内部在政治上的一致、集中及结合为一个整体，而不是文化、民族、语言、风俗、经济、思想、宗教、血统甚至地理环境等的一致性或整体性。说明这一点是非常重要的，因为有人所指的统一并不是本书所要讨论的范围。当然，我并不认为其他方面的统一与国家的统一毫无关系，或者认为政治上的统一可以孤立于其他方面的统一之外，但两者毕竟是不同的方面，并没有直接的因果关系。[①]

尽管葛剑雄认为他的标准是政治上的统一，其实依然是从疆域上着眼的。但葛剑雄并没有说清楚的地方是：政治上的统一是否包含了行政上的统一？

## 九 秦的行政统一并非铁板一块，商、周或可称统一

西周的册封制。在周的疆域内遍布着大大小小的公国、侯国、伯国、子国、男国。这些诸侯国的公、侯、伯、子、男对周王效忠，并有定期上贡、朝天子的义务；但周中央政府并不干涉各诸侯国内部的行政事务，比如官吏的任免、征税、征兵，与别国的宣战、求和、结盟等外交事务。西周政治上是统一的，但行政上并不统一，各诸侯国拥有很大

---

[①] 葛剑雄：《统一与分裂——中国历史的启示》，第68页。

的独立性和自主权。

秦的郡县制。秦的中央政府直接控制郡官的任免，郡控制县吏的任免。征兵、征税、宣战、求和、结盟等权力收归中央。秦在政治上是统一的，在郡、县两级行政上也是统一的。但乡、亭以下的小吏就不是上级任命的了，而是"推责为吏"①，或由豪民"主办"②，也就是半自治（官督民办）。此后历代行政上的统一也只是做到县一级，乡以下基本是自治或半自治，包括征兵、征税、户籍土地登记，都是这样。

许多学者可能把统一理解为行政上的高度一统，就像秦那样。但其实秦的行政统一不仅做不到县以下，而且也不是铁板一块。秦也有"特区"，有"军管"。在中原，秦始皇时代一直保留着卫国这样一个诸侯③；辽东郡还代管着一块名为"外徼"的地方（朝鲜）④；秦军在公元前222年就进入岭南了⑤，但只到公元前214年，秦才在岭南设桂林、象郡、南海三郡。在公元前222—前215年前后八年的时间里，秦在岭南实行的是军管，没有地方行政，甚至于为士兵缝衣补裤这样的事情都需要打报告给秦始皇⑥！其实，在"邦畿千里"的范围内，商、周王朝也是在行政上高度统一的。只是商、周王朝能够直接控制的范围比后世的秦、汉要小很多。

将来总有一天，我们能够画出很详细的商、周的疆域来。那时，再按照政治上统一，疆域恢复前朝的标准，商、周很可能就是统一的王朝。

---

① 《史记》卷92《淮阴侯列传》，第2609页："淮阴侯韩信者，淮阴人也。始为布衣时，贫无行，不得推择为吏，又不能治生商贾，常从人寄食饮，人多厌之者。"

② 《史记》卷7《项羽本纪》，第296页："吴中贤士大夫皆出项梁下，每吴中有大徭役及丧，项梁常为主办，阴以兵法部勒宾客及子弟，以是知其能。"

③ 《史记》卷37《卫康叔世家》，第1605页："君角九年，秦并天下，立为始皇帝。二十一年，二世废君角为庶人，卫绝祀。"

④ 《史记》卷115《朝鲜列传》，第2985页："朝鲜王满者，故燕人也。自始全燕时尝略属真番、朝鲜，为置吏，筑鄣塞。秦灭燕，属辽东外徼。"

⑤ 《史记》卷113《南越列传》，第2967页："秦时已并天下，略定杨越，置桂林、南海、象郡，以谪徙民，与越杂处十三岁。"此时的时间是"闻陈胜等作乱"，即文中的时间为公元前210年，则秦军入岭南当在公元前222年。

⑥ 《史记》卷118《淮南衡山列传》，第3086页："又使尉佗逾五岭攻百越。尉佗知中国劳极，止王不来，使人上书，求女无夫家者三万人，以为士卒衣补。秦皇帝可其万五千人。"

## 十　钱穆、陈寅恪、葛兆光：从文化上界定华夏民族

近年来，文化建设在民族认同中的作用渐为一些学者所发现。葛兆光就认为，文化上的统一对于宋代形成近代民族国家的中国居功厥伟：

> 我一直很反对把本来是来自欧洲历史的描述方式作为普遍历史的统一尺度。和欧洲不同，中国的政治疆域和文化空间是从中心向边缘弥漫开来的，即使不说三代，从秦汉时代起，"车同轨，书同文，行同伦"，语言文字、伦理风俗和政治制度就开始把民族在这个空间中逐渐固定下来，这与欧洲认为"民族原本就是人类历史上晚近的新现象"不同。[1]
>
> 宋代形成的文化、历史、伦理形态，构成了汉族中国自我认同的民族主义意识形态。所谓"华夷"之辨、所谓"正统"之争、所谓"遗民"意识，本身就是国家意识的产物。[2]

古书上所谓"夷夏之防""华夷之辨"，其实就是古人的民族观。值得注意的是：古人的民族观并不在于血统，而在于文化。

> 在古代观念上，四夷与诸夏实在有一个分别的标准。这个标准，不是"血统"而是"文化"。所谓"诸侯用夷礼则夷之，夷狄进于中国则中国之"，此即是以文化为华夷分别之明证，这里所谓文化，具体言之，则只是一种"生活习惯与政治方式"。[3]

举例：上古时期的服饰和发型，古书中所谓华夏衣冠，关乎夷夏的区分。

---

[1]　葛兆光：《宅兹中国——重建有关"中国"的历史论述》，第28页。
[2]　同上书，第29—30页。
[3]　钱穆：《中国文化导论》（修订本），商务印书馆1994年版，第41页。

秦统一的进程与意义

> 管仲相桓公，霸诸侯，一匡天下，民到于今受其赐。微管仲，吾其被发左衽矣！①

孔子真正感激管仲的是什么？是保留了华夏的文化。所谓"左衽"，就是前襟向左掩，这是当时夷族的装扮和服饰风格。与华夏族的宽袖大袍、前襟向右掩，截然不同。

饮食、建筑，也关乎夷夏的区分。比如，汉武帝时，曾以细君公主与乌孙和亲。

> 公主至其国，自治宫室居，岁时一再与昆莫会，置酒饮食，以币、帛赐王左右贵人。昆莫年老，言语不通，公主悲愁，自为作歌曰："吾家嫁我兮天一方，远托异国兮乌孙王。穹庐为室兮旃为墙，以肉为食兮酪为浆。居常土思兮心内伤，愿为黄鹄兮归故乡。"天子闻而怜之，间岁遣使者持帷帐锦绣给遗焉。②

甚至于乐器、旗帜、印绶，古书中所谓衣服制度，也关乎夷夏的区分。汉宣帝时，乌孙公主的女儿来朝，汉宣帝特地赠送了套"汉家制度"，公主回龟兹国后，也以汉家制度显摆。一些西域的胡人为此看不惯，称"似驴非驴，似马非马，龟兹国王，就是头骡！"

> 元康元年，遂来朝贺。王及夫人皆赐印绶。夫人号称公主，赐以车骑旗鼓，歌吹数十人，绮绣杂缯琦珍凡数千万。留且一年，厚赠送之。后数来朝贺，乐汉衣服制度，归其国，治宫室，作檄道周卫，出入传呼，撞钟鼓，如汉家仪。外国胡人皆曰："驴非驴，马非马，若龟兹王，所谓骡也。"③

当然，所谓夷夏之间的更重要的区别在于礼、乐。礼是正式场合的

---

① 《论语·宪问》，载于《四书五经》，中华书局2009年版，第32页。
② 《汉书》卷96下《西域传下》，中华书局1965年版，第3903页。
③ 同上书，第3916—3917页。

仪式，乐是指宗庙和祭祀音乐。

在充满自信的古代中国，很多儒家学者一直倾向于夷夏之间的分别在于文明，不在于地域、种族，比如汉代杨雄《法言问道》在谈到"中国"时就说，这是以有没有"礼乐"也就是"文明"来分别的，"无则禽，异则貉"，《三国志·乌丸朝鲜东夷传》在说到夷夏之分的时候也说，"虽夷狄之邦，而俎豆之象存。中国失礼，求之四夷，犹信"。而唐代皇甫湜在《东晋元魏正闰论》中也说"所以为中国者，礼义也，所谓夷狄者，无礼义也。"显然，在中国古人的心目中，由于相信天下并没有另一个足以与汉族文明相颉颃的文明，因此相当自信地承认，凡是吻合这种文明的就是"夏"，而不符合这种文明的就是"夷"。①

## 十一　秦的统一是文字、疆域和华夏族三个层面的统一

秦完成了文字的统一。陶寺、山东龙山遗址都发现了原始的文字；吴城文化则有两种文字；出土的越王勾践剑上的鸟篆文，与当时中原的文字不同；即便是中原地区，三晋的文字与齐、楚、秦的文字也不尽相同。可见，文字的不统一由来已久。尽管各区域的方言一直存在到今天，但由于秦统一了文字，书面交流是没有问题的。这就为政令下达、民情上达、区域间的文化、商贸交流扫清了障碍。至于语言，各地方言的声母一般是相同的，所不同的是韵母。所以说，文字的统一是秦对中国历史最大的贡献。

秦恢复了周代的疆域，完成了疆域的统一。如果看一下地图就会发现，秦长城基本是位于农牧分界线上。在这条线的南方，是华夏族适宜繁衍生息的地方；在这条线的北方，是游牧部落适宜放牧的地方。秦筑长城，某种意义上是一种"止戈为武"的行为。当然，秦的统一，应

---

① 葛兆光：《宅兹中国——重建有关"中国"的历史论述》，第46页。

## 秦统一的进程与意义

该不是"恢复前朝边界"这么简单的逻辑,而是囊括华夏族所有的生存的空间。在琅琊刻石中有:

> 六合之内,皇帝之土。西涉流沙,南尽北户。东有东海,北过大夏。人迹所至,无不臣者。①

而在当时中原的观念当中,对待夷狄,并不将其视为人类。② 那么,所谓"人迹所至",是否可以理解为华夏族的生存空间呢?

从此后历代王朝来看,华夏族生存空间以外的地方,称之为"化外之地";夷狄,称之为"化外之民"。而历代放弃所谓"化外之地",比如西汉昭帝时期放弃珠崖郡,东汉光武帝时期放弃西域,均无损于大一统王朝的声誉。但放弃华夏族的农业区,则会面临朝野的舆论压力。这也是此后历代王朝开疆拓土的终极边界所在。

所以,笔者认为:秦的统一,在疆域上,还有穷尽华夏族生存空间的含义,而不仅仅是恢复前朝的疆域这么简单。

如果我们顺着文化而不是血缘这个思路往下看,秦的统一其实是华夏族统一的里程碑,但这个进程在秦没有最后完成。试看秦统一后各种整齐划一的制度安排:

秦完成了计量单位(度量衡)的统一。

秦完成了货币的统一。

秦完成了历法的统一。

秦完成了礼制的统一:"至秦有天下,悉内六国礼仪,采择其善,虽不合圣制,其尊君抑臣,朝廷济济,依古以来。"③

秦完成了法律的统一。

秦完成了爵位的统一。

秦完成了官名的统一。

---

① 《史记》卷6《秦始皇本纪》,第245页。
② 《汉书》卷94上《匈奴传上》,第3755页:"且夷狄譬如禽兽,得其善言不足喜,恶言不足怒也。"
③ 《史记》卷23《礼书》,第1159页。

秦完成了国道规格的统一。

秦基本完成了郡县二级的行政统一。

这样，由秦开始、由汉最终完成了华夏族日常行为规范的统一，而这种行为规范就是所谓的文化；对这种华夏文化的自豪，是相当长时期内华夏族的向心力、凝聚力所在。从这一点上讲，我们这个民族的国家意识觉醒很早，向心力很强。这也是波斯帝国、马其顿帝国、古罗马帝国等上古帝国所不能比拟的——这些帝国是依靠武力兼并形成的，内部的离心力足够强，一旦土崩瓦解，就再也无法恢复从前的疆域了。

至于华夏族血缘的融合，其实早在龙山文化后期就实现了。本文之所以要引入基因考古的材料，是因为现代科技可以依据人类雄性Y染色体的代际遗传来追溯到史前人类的远祖，这就有了科学的依据。较之文献记载和学者们自创的"族""种族""系统""民族""部落""××人""××民"要来得明确。

华夏族的认定，或在血缘，或在文化：血缘一统（不晚）于夏，文字和行为规范一统于秦，学术一统于汉。至秦，华夏族完成了第一次大一统，其统一之内涵的丰富程度要远超夏、商、周，并以此奠定了包括华夏族在内的中华民族在世界史上的地位。

# 秦的灾异与符应：历史记录与史家建构

杨继承

据《史记·秦本纪》载，秦文公"十三年，初有史以纪事"[①]，一般认为，这便是秦国历史记录的开端，而由这些记录所形成的文本，便是司马迁所见到的《秦记》。[②] 我们知道，无论是鲁国的《春秋》，还是出自魏国系统的《竹书纪年》[③]，灾异记事都是各国编年史中的重要事项。王子今以为，"《秦记》的作者，仍然基本继承着中原文化传统，其学术资质，至少应大致和东方史官相当，在纪史的原则上，也坚持着与东方各国史官相类同的文化倾向。"[④] 可见，《秦记》中也应当有着类似于《春秋》《竹书纪年》的灾异记事。与秦史的灾异记录相仿，在周天子不断衰微、秦不断崛起这一大背景之下，以"五德终始说"为理论依托，一些有关秦的受命之符也开始涌现。秦史本身对这些灾异、符应的记录已难以考察，然而，通过司马迁、刘向、班固等人对这些灾异、符应的再编撰，并以"史源学"的方法加以深入考辨的情况下，我们不仅能够在一定程度上窥探到秦史所书写的灾异、符应，更能够清晰地理解秦灾异、符应是如何编撰成我们现

---

[①] 《史记》卷5《秦本纪》，中华书局1959年标点本，第179页。

[②] 参见金德建《〈秦记〉考征》，《司马迁所见书考》，上海人民出版社1963年版，第419页。

[③] 关于《竹书纪年》的灾异记事，李学勤、陈侃理都有过相关论述，分别参见李学勤《走出疑古时代》，辽宁大学出版社1994年版，第49页；陈侃理《儒学、数术与政治：灾异的政治文化史》，北京大学出版社2015年版，第12—13页。

[④] 王子今：《秦史的灾异记录》，秦始皇兵马俑博物馆编《秦俑文化研究——秦俑学第五届学术讨论会论文集》，陕西人民出版社2000年版，第254页。

在看到的模样，同时也能够使我们更为深刻地理解汉人对秦之统一及其灭亡的认识。

## 一 秦史的灾异记录与司马迁的编撰

《秦记》虽早已失传，但司马迁在撰写秦代历史时参考了这部重要的史书，我们还能够通过《史记》的秦史部分来考察《秦记》灾异记录的某些特征，只是这些特征已经很明显地打上了司马迁的个人烙印。在包括《秦本纪》《秦始皇本纪》《十二诸侯年表》《六国年表》以及《秦始皇本纪》所附世系资料中，都有一定数量的灾异记事。而无论是从史源还是从编撰方式上，这些材料都各有特征，需要区别对待。

最早的秦代灾异记录来自《史记·十二诸侯年表》中有关秦史的一栏：

> 秦惠公元年，彗星见。①

而这一记录，则是《史记·十二诸侯年表》的一种例外情况。据《读史记十表》一书的意见：

> 表于日食灾异必书，谨天戒也。书于鲁表，从《鲁史》也。外此惟三川震，彗星入斗属周，梁山崩，星出婺女属晋，彗星见属齐属秦，陨石鹢飞，荧惑守心属宋，于其境也。②

《十二诸侯年表》列周为第一栏，鲁为第二栏，可见对于鲁国的特殊重视，这种重视无疑是和鲁与周文化之密切关系相关的；而且，春秋一代的系统记事也只有鲁《春秋》可以遵循，因此举凡日蚀灾异，都

---

① 《史记》卷14《十二诸侯年表》，第668页。
② （清）汪越撰，徐克范补：《读史记十表》卷2《十二诸侯年表》，（清）梁玉绳等撰《史记汉书诸表订补十种》，中华书局1982年版，第20页。

秦统一的进程与意义

书于鲁表。至于秦惠公元年的这次彗星,只是因为刚好发生在秦国,所以才记录在秦这一栏中,所谓"于其境"是也。不过,这种情况到了《六国年表》中就发生了很大的改变。为方便讨论,我们先将《六国年表》中秦表的灾异记录辑出,制成表1:

表1 《六国年表·秦表》所见灾异①

| 序号 | 公元纪年 | 秦史纪年 | 灾异 | 备注 |
| --- | --- | --- | --- | --- |
| 1 | 前470 | 秦厉共公七年 | 彗星见 | |
| 2 | 前443 | 秦厉共公三十四年 | 日食,昼晦。星见 | 此次日蚀当系于秦厉共公三十三年② |
| 3 | 前435 | 秦躁公八年 | 六月,雨雪。日、月食 | 此次日食当系于秦躁公七年③ |
| 4 | 前410 | 秦简公五年 | 日食 | 当系于秦简公四年④ |
| 5 | 前397 | 秦惠公三年 | 日食 | |
| 6 | 前382 | 秦献公三年 | 日食,昼晦 | |
| 7 | 前375 | 秦献公十年 | 日食 | |
| 8 | 前369 | 秦献公十六年 | 民大疫,日食 | |
| 9 | 前368 | 秦献公十七年 | 栎阳雨金,四月至八月 | 《秦本纪》:"十八年,雨金栎阳。" |
| 10 | 前361 | 秦孝公元年 | 彗星见西方 | |

---

① 本表之制作,乃基于王子今《秦史的灾异记录》、李楠《秦的灾异考略》(硕士学位论文,曲阜师范大学,2013年4月)二文的统计,但二者都稍有疏漏;此外,备注一栏利用了朱文鑫、新城新藏、渡边敏夫、杨宽等人的考证,对日食的具体系年有所校正;同时,对于其互见《秦本纪》及《秦始皇本纪》的情况,也加以注明。

② 此据朱文鑫、新城新藏、渡边敏夫、杨宽等人考证,见杨宽《战国史料编年辑证》,上海人民出版社2001年版,第126页。

③ 杨宽:《战国史料编年辑证》,第135页。

④ 杨宽:《战国史料编年辑证》,第165页。

秦的灾异与符应：历史记录与史家建构

续表

| 序号 | 公元纪年 | 秦史纪年 | 灾异 | 备注 |
|---|---|---|---|---|
| 11 | 前341 | 秦孝公二十一年 | 马生人 | |
| 12 | 前305 | 秦昭襄王二年 | 彗星见 | 《秦本纪》同 |
| 13 | 前303 | 秦昭襄王四年 | 彗星见 | 《秦本纪》同 |
| 14 | 前301 | 秦昭襄王六年 | 日食，昼晦 | 《秦本纪》同，当系于秦昭襄王七年① |
| 15 | 前296 | 秦昭襄王十一年 | 彗星见 | 《秦本纪》同 |
| 16 | 前280 | 秦昭襄王二十七年 | 地动，坏城 | |
| 17 | 前248 | 秦庄襄王二年 | 日食 | 《秦本纪》：三年"四月日食" |
| 18 | 前243 | 始皇帝四年 | 七月，蝗蔽天下 | 《秦本纪》："十月庚寅蝗虫从东方来，蔽天，天下疫。"② |
| 19 | 前240 | 始皇帝七年 | 彗星见北方西方 | 《秦本纪》："七年，彗星先出东方，见北方，五月见西方……彗星复见西方。"③ |
| 20 | 前238 | 始皇帝九年 | 彗星见，竟天……彗星复见 | 《秦始皇本纪》："彗星见，或竟天……彗星见西方，又见北方，从斗以南八十日。" |
| 21 | 前234 | 始皇帝十三年 | 彗星见 | 《秦始皇本纪》："正月彗星见东方。" |
| 22 | 前211 | 始皇帝三十六年 | 石昼下东郡，有文言"地分" | 《秦始皇本纪》："有坠星下东郡，至地为石，黔首或刻其石曰'始皇帝死而地分'。" |

据司马迁《六国年表序》："余于是因《秦记》，踵《春秋》之后，

---

① 杨宽：《战国史料编年辑证》，第653页。
② 杨宽以为，十月庚寅当作七月庚寅，《资治通鉴》《周季编略》皆从《六国年表》，参见《战国史料编年辑证》，第1071页。
③ 杨宽：《战国史料编年辑证》，第1082页。按，此彗星当为哈雷彗星。

起周元王，表六国时事。"① 可见《六国年表》基本上是以《秦记》为基础而撰成的，这一点已基本上成为学界共识。② 而在因《秦记》所撰作的《六国年表》中，灾异记事不再是像《十二诸侯年表》那样书于鲁表，而是转移到秦表了。对于秦表中的灾异记录，前人多有所措意。如孙德谦《太史公书义法》一书中，就注意到了只见于《六国年表》之秦表而不见于本纪、世家的十一件灾异。又如杨宽注意到："《史记》上详细记载有彗星出现的年代，都是依据《秦记》的。"③ 这里的《秦记》，即是《六国年表》《秦本纪》《秦始皇本纪》中的材料。此外，杨宽还对这些日食纪年有过进一步的验证工作。④ 藤田胜久也注意到："《六国年表》中只有秦表记载了彗星和日蚀等天文记事。""这暗示《史记·六国年表》只有秦纪年有天文史料。"⑤ 不过，这些学者大都只是注意到这些现象及其与《秦记》，也就是其史料来源的关系。然而，司马迁所撰之《史记》，并不是一部秦国的编年史，而是寄寓了"究天人之际，通古今之变"这一理想的通史。因此，司马迁将战国之际的灾异记事系于秦国这一做法，除因袭秦国国史《秦记》而来之外，仍旧有其他的意图。徐克范提出的一种见解，很值得我们重视：

> 日食灾异不书于周，书于秦表者，非独见于秦分也，以周不足系天下之存亡，亦无与天戒云耳。⑥

在徐克范看来，日食灾异之所以不书于周表而书于秦表，不仅仅是

---

① 《史记》卷15《六国年表》，第678页。
② 对于这点，已经有了较多的研究，可以参见以下论述：金德建《司马迁所见书考》，第416页；王子今《〈秦记〉及其历史文化价值》，秦始皇兵马俑博物馆《论丛》编委会编《秦文化论丛》第5辑，西北大学出版社1997年版，第44—45页；王子今《〈秦记〉杂识》，《史学史研究》1997年第1期，第71页；[日]藤田胜久：《〈史记〉战国史料研究》，曹峰、[日]广濑熏雄译，上海古籍出版社2008年版，第103—110页；倪晋波《失落的秦人国史——〈秦记〉探赜》，《咸阳师范学院学报》2010年第1期，第2—3页。
③ 杨宽：《战国史（增订本）》，上海人民出版社2003年版，第561页。
④ 参见杨宽《战国史料编年辑证·引论》之《秦日食纪年之验证》部分，第38—41页。
⑤ [日]藤田胜久：《〈史记〉战国史料研究》，第109页。
⑥ （清）汪越撰，徐克范补：《读史记十表》卷3《六国年表》，第29页。

这些日食灾异只能在秦之分野见到,而且因为衰微的周王室不足以系天下之存亡,因此也就和这些灾异所预示的天戒没有什么干系了。这种意见,我们可以从《六国年表》的编排上看出一些端倪。司马迁在编撰此表时,仍旧与《十二诸侯年表》一样,将周表放在第一栏;不过,秦表却由第五栏升到了第二栏,也就是《十二诸侯年表》中鲁表的位置。这种位置的变更,与司马迁眼中秦地位的上升是不无关系的,他在《六国年表序》中叙述道:

> 太史公读《秦记》,至犬戎败幽王,周东徙洛邑,秦襄公始封为诸侯,作西畤用事上帝,僭端见矣。《礼》曰:"天子祭天地,诸侯祭其域内名山大川。"今秦杂戎翟之俗,先暴戾,后仁义,位在藩臣而胪于郊祀,君子惧焉。及文公逾陇,攘夷狄,尊陈宝,营岐雍之间,而穆公修政,东竟至河,则与齐桓、晋文中国侯伯侔矣。……秦始小国僻远,诸夏宾之,比于戎翟,至献公之后常雄诸侯。论秦之德义不如鲁卫之暴戾者,量秦之兵不如三晋之强也,然卒并天下,非必险固便形执利也,盖若天所助焉。①

在司马迁的叙述中,秦从作西畤祭祀上帝开始,便已经有取周而僭越之的端倪,之后实力日渐强盛,与齐桓、晋文相侔,常雄诸侯,最后兼并天下,并不仅仅在于"险固便形执利",而且是天之所助。②而这种天之所助的看法,必然让司马迁留心于这一过程中的灾异记事。如果春秋之际尚能系之于鲁史的话,到了战国之际,便不得不将这些天变系之于嬴秦了。尽管司马迁不认同秦的暴戾,但最终还是接受了秦在历史上的合理地位。因此,《六国年表》的记事到始皇帝元年(前246)时,

---

① 《史记》卷15《六国年表》,第685页。
② 可以明确的是,司马迁是极为看重人事之作用的,然而在世代嬗变之时,司马迁还是会将之系于天命,因此当他面对秦汉之际的大变局时,只能在《秦楚之际月表》中发出"岂非天哉,岂非天哉!非大圣孰能当此受命而帝者乎"的慨叹。(《史记》卷16《秦楚之际月表》,第760页)关于司马迁对于秦亡汉兴的理解,可参见侯旭东的相关论述,见《逐鹿或天命:汉人眼中的秦亡汉兴》,《中国社会科学》2015年第4期,第192页。

303

秦统一的进程与意义

秦表升为第一栏，正式取代了周的位置。而在本纪这一编年体系中，司马迁便为秦设立了《秦本纪》与《秦始皇本纪》，将相关灾异散入了秦的编年当中。为方便考察，我们将依照表1，将《秦本纪》《秦始皇本纪》中的灾异记录制成表2、表3。此外，《秦始皇本纪》后面附有一种秦的世系编年史料，其中尚有几种灾异，因此将之制成表4。

表2　　　　　　　　　　《秦本纪》所见灾异

| 序号 | 公元纪年 | 秦史纪年 | 灾异 | 备注 |
| --- | --- | --- | --- | --- |
| 1 | 前443 | 秦厉共公三十四年 | 日食。 | 《六国年表》："日蚀，昼晦。星见"。 |
| 2 | 前369 | 秦献公十六年 | 桃冬花①。 | |
| 3 | 前367 | 秦献公十八年 | 雨金栎阳。 | |
| 4 | 前305 | 秦昭襄王二年 | 彗星见。 | 《六国年表》同。 |
| 5 | 前303 | 秦昭襄王四年 | 彗星见。 | 《六国年表》同。 |
| 6 | 前301 | 秦昭襄王六年 | 日食，昼晦。 | 《六国年表》同。 |
| 7 | 前296 | 秦昭襄王十一年 | 彗星见。 | 《六国年表》同。 |
| 8 | 前247 | 秦庄襄王三年 | 日食。 | 《六国年表》为庄襄王二年。 |

表3　　　　　　　　　　《秦始皇本纪》所见灾异

| 序号 | 公元纪年 | 秦史纪年 | 灾异 | 备注 |
| --- | --- | --- | --- | --- |
| 1 | 前243 | 始皇帝四年 | 十月庚寅，蝗虫从东方来，蔽天。天下疫。 | 《六国年表》："七月，蝗蔽天下。" |
| 2 | 前242 | 始皇帝五年 | 冬雷。 | |
| 3 | 前240 | 始皇帝七年 | 彗星先出东方，见北方，五月见西方……彗星复见西方。 | 《六国年表》："彗星见北方西方。" |
| 4 | 前239 | 始皇帝八年 | 河鱼大上。 | |
| 5 | 前238 | 始皇帝九年 | 彗星见，或竟天……彗星见西方，又见北方，从斗以南八十日。 | 《六国年表》："彗星见竟天……彗星复见。" |
| 6 | 前238 | 始皇帝九年 | （四月）是月寒冻，有死者。 | |

---

① 董说以为，此与孝公时期的"桃李冬花"是一事，"孝献音相讹耳"。参见（明）董说著，缪文远订补《七国考订补》卷13《秦灾异》，上海古籍出版社1987年版，第728页。

续表

| 序号 | 公元纪年 | 秦史纪年 | 灾异 | 备注 |
|---|---|---|---|---|
| 7 | 前235 | 始皇帝十二年 | （秋）当是之时，天下大旱，六月至八月乃雨。 | |
| 8 | 前234 | 始皇帝十三年 | 正月，彗星见东方。 | 《六国年表》："彗星见。" |
| 9 | 前232 | 始皇帝十五年 | 地动。 | |
| 10 | 前230 | 始皇帝十七年 | 地动。 | |
| 11 | 前226 | 始皇帝二十一年 | 大雨雪，深二尺五寸。 | |
| 12 | 前215 | 始皇帝三十二年 | 燕人卢生使入海还，以鬼神事，因奏录图书，曰："亡秦者胡。" | |
| 13 | 前214 | 始皇帝三十三年 | 明星出西方。 | |
| 14 | 前211 | 始皇帝三十六年 | 荧惑守心。 | |
| | | | 有坠星下东郡，至地为石，黔首或刻其石曰："始皇帝死而地分。" | 《六国年表》：石昼下东郡，有文言"地分"。 |
| | | | 秋，使者从关东夜过华阴平舒道，有人持璧遮使者曰："为吾遗滈池君。"因言曰："今年祖龙死。"使者问其故，因忽不见，置其璧去。 | |
| 15 | 前207 | 秦二世三年 | 二世梦白虎啮其左骖马，杀之，怪问占梦。曰："泾水为祟。" | |

表4　　　　　《秦始皇本纪》附世系资料所见灾异

| 序号 | 公元纪年 | 秦史纪年 | 灾异 | 备注 |
|---|---|---|---|---|
| 1 | 前467 | 秦厉共公十年 | 彗星见。 | |
| 2 | 前442 | 躁公元年 | 彗星见。 | |
| 3 | 前346 | 孝公十六年 | 时桃李冬花。 | 杨宽系于秦孝公十五年① |
| 4 | 前336 | 惠文王二年 | 有新生婴儿曰"秦且王"。 | |
| 5 | 前308 | 悼武王三年 | 渭水赤三日。 | |

---

① 杨宽：《战国史料编年辑证》，第350页。

秦统一的进程与意义

《秦本纪》与《秦始皇本纪》中的灾异，与《六国年表》虽大体相同，但仍旧有着较大的差异，这一点王子今已经注意到，并做过一定的分析。① 这一判断大体是正确的，但通过表2、表3、表4的细致对比，我们发现：（1）秦本纪之灾异，基本上与《六国年表》相同；（2）《秦始皇本纪》中的灾异，有较多不见载于《六国年表》，即便同一件灾异记事，其具体叙述也有着较大的差异；（3）《秦始皇本纪》所附世系资料中的灾异，既不见于《六国年表》，也不见于《秦本纪》《秦始皇本纪》。因此，这些不同篇章中的灾异记事，差异还是比较大的，这尤其体现在《秦始皇本纪》所附世系资料灾异记事的唯一性上。

在《秦始皇本纪》末引完贾谊《过秦论》之后，开始出现了一段突兀的秦国历代先王世系记录，这一点司马贞在做《索隐》时便已经注意到，并表明了自己的判断："此已下重序列秦之先君立年及葬处，皆当据《秦纪》为说，与正史小有不同，今取异说重列于后。"② 司马贞认为，这些世系资料当来自"秦纪"。一般而言，"秦纪"都会被直接理解为《秦记》。如梁玉绳《史记志疑》"秦厉共公七，彗星见"条下云："《始皇纪》末《秦记》云'其十年，彗星见'，与《表》合，疑因十年彗星见而误重也。"③ 即是将《秦始皇本纪》末的编年资料理解为《秦记》。又如杨宽《战国史料编年辑证》在"周贞定王二年，秦厉共公十年"条下"其十年，彗星见"后注曰："《秦始皇本纪》附《秦记》，《六国表》同。"④ 也直接将这部分看作《秦记》。然而，司马贞在认识《秦记》时，态度并不是十分明确。在《六国年表》开篇"太史公读《秦记》"下，司马贞注曰："即秦国之史记也"⑤。"秦国之史记"，则只不过是泛称的秦国历史记录罢了。还值得注意的是，《七国考》在"桃李花""新生婴儿言"两个条目下，《七国考》引作"史

---

① 王子今：《秦史的灾异记录》，第254—256页。
② 《史记》卷6《秦始皇本纪》，第285页。
③ （清）梁玉绳：《史记志疑》卷9《六国年表》，中华书局1981年版，第391页。
④ 杨宽：《战国史料编年辑证》，第81页。但《六国表》并没有这条，只在厉共公七年条下有"彗星见"，参见《史记》卷15《六国年表》，第690页。
⑤ 《史记》卷15《六国年表》，第685页。

记秦始皇本纪附秦别纪"①，称作"秦别纪"，即是不将其作《秦记》看待。而事实上，凭借现有的资料，我们确实难以判断这些世系数据就是司马迁所见之《秦记》。如藤田胜久注意到，这些资料"关于王号，从将当初称'君'的惠文君改称为'惠文王'开始，到秦二世皇帝，都用死后的谥号来表示。因此，这批数据最后编集的年代至少是楚汉以后。"而且，通过与《秦本纪》《秦始皇本纪》的比较，这些数据"分量实在少得可怜。这说明，它只是秦国君主之世系资料，而不是以秦国的历史事件为主的、包含有其他各国记事的大事记"。② 因此，这批数据的性质就更加接近后世所流传下来的《世本》，或者是清华简中的《系年》《楚居》等篇章了。③

而且，就这一世系数据所保存的五项灾异而言，都不见于《史记》中的本纪与年表；这恰好说明，这一资料与《六国年表》所取材的《秦记》在灾异记录方面没有重合之处，二者有不同的史源。同样，《秦本纪》《秦始皇本纪》中也存在着一些不见于《六国年表》的灾异记事。就《秦始皇本纪》而言，司马迁应当运用了超出于《秦记》的资料。如《秦始皇本纪》载始皇帝十七年（前230）的"地动"，在《赵世家》中记载了同一件事，"五年代地大动，自乐徐以西，北至平阴，台屋墙垣太半坏，地坼东西百三十步"④，明显较《秦始皇本纪》更为详细，极有可能出自赵国系统的史书。⑤ 又如秦始皇三十六年（前

---

① （明）董说著，缪文远订补：《七国考订补》卷13《秦灾异》，第728、729页。
② ［日］藤田胜久：《〈史记〉战国史料研究》，第225、228页。
③ 关于《史记》及《楚居》《系年》之关系，可参见［日］藤田胜久《〈史记〉的年代学与清华简〈楚居〉、〈系年〉》，刘弘毅译，载《史林挥麈——纪年方诗铭先生学术论文集》，上海古籍出版社2015年版，第21—42页。
④ 《史记》卷43《赵世家》，第1832页。
⑤ 由于《史记》记载了秦始皇烧各国史记而独剩《秦记》一事，因此很容易让人产生各国史记都已不存，关于秦国历史的记录也只来源《秦记》的印象，对于这一误解，赵生群有过很好的辩证，参见《〈史记〉取材于诸侯史记》，《人文杂志》1984年第2期，第92—94页；徐建委也认为："《史记》所言秦火对早期史料的破坏主要就是对各诸侯称王之前存于周室的周史和各诸侯史的破坏。部分卿大夫家史由于特殊的历史机缘而流传了下来"，参见《〈说苑〉研究：以战国秦汉之间的文献累计与学术史为中心》，北京大学出版社2011年版，第270页。而且，从《秦始皇本纪》后面的世系资料来看，即便秦国也不止留下了一部秦史记录，而且有多种系统的史料供司马迁择取。

211)"有坠星下东郡,至地为石,黔首或刻其石曰'始皇帝死而地分'"① 一事,《六国年表》的记载极为简单,只是"石昼下东郡,有文言'地分'"数字;尽管《秦始皇本纪》中对此事有大段的记载,却缺少了"昼"这一具体的时间信息。这种记事的差异,正说明司马迁在撰写每一部分时都有不同的史料来源。当然,尽管司马迁能够见到多种记述秦代的历史数据,但在焚书之后,即便是保存得比较完整的《秦记》也都是"其文略不具"②,因而缺乏足够的材料加以辩证整合,因此司马迁只能在不同的文本中保留来自不同史源的灾异记录;而这也是司马迁撰写《史记》的惯常做法。因此,我们现在见到的秦灾异,便分散在四种不同系统或篇章之中了。

而可以肯定的是,这些被记录下的灾异绝不是秦代灾异的全部。如放马滩秦简所出土的志怪故事③,便被《秦会要》专门收录秦灾异的《历数下》篇所收录,题为"死而复生"。④ "死而复生",在《洪范五行传》这一灾异体系中,属于"下人伐上之痾"这一灾异类型。此外,从里耶所出秦代文书中,亦可寻找到秦始皇时期的两件灾异记录。⑤ 第一件为"天雨血":

　　☐天雨血,赐有病身疾,后书牒☐ ☐ 8 – 1786 + 8 – 1339 + 8 – 225⑥

《里耶秦简校释》以为:"天雨血,古人认为灾异。"并引《汉书·

---

① 《史记》卷6《秦始皇本纪》,第259页。
② 《史记》卷15《六国年表》,第686页。
③ 甘肃省文物考古研究所编:《天水放马滩秦简》,中华书局2009年版,第107页。
④ 孙楷著,杨善群校补:《秦会要》卷13《历数下》,中华书局2004年版,第234页。
⑤ 这两件文书都没有纪年,不过里耶秦简的时间范围为秦始皇二十五年到秦二世二年[据湖南省文物考古研究所编《里耶秦简(一)》之《前言》,文物出版社2012年版,第4页],因此,这两件灾异也当发生在这个时间范围内。
⑥ 湖南省文物考古研究所编:《里耶秦简(一)》,文物出版社2012年版,第84、67、24页。按,此缀合、标点依据何有祖之意见,参见何有祖《里耶秦简牍缀合(七)》,2012年6月5日,简帛网,http://www.bsm.org.cn/show_article.php?id=1712。

五行志》所载汉惠帝二年"天雨血于宜阳"一事为证①，可见校释是以"天雨血"为灾异的。此外，"赐有病身疾"一句，类似于正史中记载的因灾异赐予百姓某种福利的辞例②，也能够进一步断定这次"天雨血"为灾异现象。另外一条为"冬多雨"：

☐☐获敢言之乃四月乙未言曰☐☐
☐☐更缮治致今弗遣步冬多甬韩☐☐（正）
☐☐发【获】☐（背）8 - 2161③

这里的"甬"字，《里耶秦简校释》改为"雨"④，若《校释》意见不误，则这里就可以读为"冬多雨"。在灾异文献中，则一般称作"淫雨"。如《汉书·五行志》引"说"解释"水不润下"这一灾异类型时，曾这样提到："十二月咸得其气，则阴阳调而终始成。如此则水得其性矣。若乃不敬鬼神，政令逆时，则水失其性。雾水暴出，百川逆溢，坏乡邑，溺人民，及淫雨伤稼穑，是为水不润下。"⑤ 在季风气候区的中国而言，冬季多雨自然不是风调雨顺的表现，因而被看作异常现象。

当然，上述简牍文献中所见的灾异现象，并不一定能够上达到中央并成为国史的记录，但这种溢出于史书的灾异记录仍旧能够说明，我们所能够见到的存在于秦代编年记录中的灾异，是史家选择性地记录下来的。而这种选择性的记录，必定灌注了史家的意图或理念，如前文提及

---

① 陈伟主编：《里耶秦简校释》（第一卷），武汉大学出版社2012年版，第391页。
② 如光武帝建武二十二年：九月戊辰，地震裂。制诏曰："日者地震，南阳尤甚。夫地者，任物至重，静而不动者也。而今震裂，咎在朕上。鬼神不顺无德，灾殃将及吏人，朕甚惧焉。其令南阳勿输今年田租刍稿。遣谒者案行，其死罪系囚在戊辰以前，减死罪一等；徒皆弛解钳，衣丝絮。赐郡中居人压死者棺钱，人三千。其口赋逋税而庐宅尤破坏者，勿收责。吏人死亡，或在坏垣毁屋之下，而家赢弱不能收拾者，其以见钱谷取佣，为寻求之。"（《后汉书》卷1下《光武帝纪下》，第74页）如果里耶简中的这条材料可以理解为因灾异而赐民福利的话，其意义则不是一次简单的灾异记事可比了。
③ 湖南省文物考古研究所编：《里耶秦简（一）》，第98页。
④ 陈伟主编：《里耶秦简校释》（第一卷），第439—440页。
⑤ 《汉书》卷27《五行志上》，中华书局1962年标点本，第1342页。

的司马迁在编撰《六国年表》时的特殊考虑。不过，司马迁仍旧是一个极为客观的史家，他重视秦在历史上所应有的地位，也对秦史中的灾异进行着颇为客观的记录。然而，在汉人对秦王朝的彻底否定过程中，后世灾异家对秦的灾异进行了新的编撰，同时也产生了新的理解。因此，一种与司马迁大不相同的秦代灾异撰述，出现在了刘向与班固的著作中。

## 二 秦灾异的再书写：从《洪范五行传论》到《汉书·五行志》

汉人对于早期灾异的系统整理，当以董仲舒最早。据《史记·儒林传》载："中废为中大夫，居舍，著《灾异之记》。"① 不过，一般来说，都把这部《灾异之记》看作专门解说《春秋》的灾异之作②；而且，现存《汉书·五行志》中，也未见董仲舒对秦的灾异有过论说，因此《灾异之记》可能与秦灾异并没有什么关联。不过，这种对前代灾异的系统整理仍在继续，尤其是在夏侯始昌编著《洪范五行传》之后③，灾异家们有了系统的灾异理论框架，全面整理前代灾异也就成为可能。据《楚元王传》所附刘向本传：

> 时数有大异，向以为外戚贵盛，凤兄弟用事之咎。而上方精

---

① 《史记》卷121《儒林列传》，第3128页。
② 陈侃理：《儒学、数术与政治：灾异的政治文化史》，第46页。
③ 关于《洪范五行传》的作者，旧以伏生说为主，可参见王世舜《尚书大传评议》中的论述，见彭林主编《中国经学》第4辑，第115—144页；迄今为止对这一问题最充分的论述，为徐兴无《经典阐发与政治数术——〈洪范五行传〉考论》，该文对历史上的伏生旧说、现代学者及西方汉学界对于伏生说的坚持进行了检讨，同时据赵翼，尤其是缪凤林《汉书五行志凡例》之说，证成《洪范五行传》为夏侯始昌所作，又以《中兴书目》、陈振孙、《四库全书总目》、袁钧等说，证成《尚书大传》与《洪范五行传》相区别，可成定说，见《古典文献研究》第15辑，第31—41页；不过，徐氏此文发表于2012年，在此前，陈侃理即根据当时《尚书》学的情况，论证以灾异说《尚书》为夏侯氏一家之学，与伏生并无关系，见《〈洪范五行传〉与〈洪范〉灾异论》，《国学研究》第26卷，第95—100页；又见《〈洪范〉灾异说与正史〈五行志〉的创立》，《儒学、数术与政治》附录二，第246—250页。

秦的灾异与符应：历史记录与史家建构

于《诗》《书》，观古文，诏向领校中《五经》秘书。向见《尚书·洪范》，箕子为武王陈五行阴阳休咎之应。向乃集合上古以来历春秋六国至秦汉符瑞灾异之记，推迹行事，连传祸福，著其占验，比类相从，各有条目，凡十一篇，号曰《洪范五行传论》，奏之。①

对于"上古以来历春秋六国至秦汉福瑞灾异"，刘向都在《洪范五行传论》②一书中"比类相从"，推演其行事与祸福，其中便包括本文所关注的秦灾异。由于刘向所撰《洪范五行传论》并未流传至今，我们已经无法直接考察秦灾异在这部书中的位置以及刘向对这些灾异的态度。不过，在刘向的一篇上疏中，我们可以知道刘向对秦始皇及秦二世时期灾异的总体看法。

秦始皇之末至二世时，①日月薄食，山陵沦亡，辰星出于四孟，太白经天而行，无云而雷，枉矢夜光，荧惑袭月，孽火烧宫，野禽戏廷，都门内崩，②长人见临洮，石陨于东郡，星孛大角，大角以亡。③观孔子之言，考暴秦之异，天命信可畏也。③

这篇上书作于元延三年（前10），张溥《汉魏六朝百三家集》题为《论星孛山崩疏》。④而《洪范五行传》则完成于河平三年（前26）或之后的数年之内⑤，此时，刘向已经对上古以至于秦汉的灾异进行了系统的整理，据常理推断，这些灾异应当都会在《洪范五行传论》中

---

① 《汉书》卷36《楚元王传》，第1950页。
② 按，此书在《汉书·艺文志》中题为"刘向《五行传记》十一卷"，杨树达、张舜徽等认为即《洪范五行传论》，参见张舜徽《汉书艺文志通释》，《张舜徽集》，华中师范大学出版社2004年版，第192页。
③ 《汉书》卷36《楚元王传》，第1964页。
④ （明）张溥辑：《汉魏六朝白三家集》卷7《刘子政集》，光绪己卯年信述堂重刻本。
⑤ 刘向此书的完成，钱穆将之系于成帝河平三年，（钱穆：《刘向歆父子年谱》，《两汉经今古文平议》，商务印书馆2011年版，第45页）也就是刘向开始校中秘书的那年。虽然并不一定就完成于当年，但其完成当在河平三年或之后的几年间。

311

秦统一的进程与意义

出现。而且，在刘向所编撰的《说苑》一书中，也有一段极为相似的言辞：

> 逮秦皇帝即位，①彗星四见，蝗虫蔽天，冬雷夏冻，石陨东郡，大人出临洮，妖孽并见，荧惑守心，星茀大角，大角以亡，终不能改。二世立，又重其恶。及即位，②日月薄蚀，山林沦亡，辰星出于四孟，太白经天而行，无云而雷，枉矢夜光，荧惑袭月，孽火烧宫，野禽戏庭，都门内崩。③天变动于上，群臣昏于朝，百姓乱于下，遂不察，是以亡也。①

为方便对比，我们将两段材料分为了三个部分，并分别加以编号。在同属刘向撰述的这两段材料中，其叙述方式是不一样的，在《论星孛山崩疏》中，是将"秦始皇之末至二世时"的灾异综括在一起描述，而《说苑·辨物》篇则分别为秦始皇、秦二世两个时期。然而，除了叙述之不同外，两种材料所涉及的灾异现象及其具体表达，都是极为相似的。《辨物》篇中叙述的秦始皇时期的灾异①，与《论星孛山崩疏》编号为②的部分正好对应，只是《论星孛山崩疏》少了"彗星四见，蝗虫蔽天，冬雷夏冻，石陨东郡"这四项灾异。《辨物》篇中叙述秦二世时期的灾异②，则与《论星孛山崩疏》中的①完全一致。而两种材料的③部分，都是刘向对秦始皇与秦二世时期灾异的看法，由于一个是向皇帝的上疏，一个是自己编撰的著作，因其撰述情形有所不同，观点的表述也有所差异，但主要都是对秦暴政导致天变，终至于灭亡的批判。

据王应麟之考证，《说苑》成书在鸿嘉四年（前17）②，则在刘向上《论星孛山崩疏》之前七年。由于《说苑·辨物》篇所述灾异更为

---

① （西汉）刘向撰，向宗鲁校证：《说苑校证》卷18《辨物》，中华书局1987年版，第445页。

② 据宋本《说苑》，有"鸿嘉四年三月己亥，护左都水使者光禄大夫臣向上"数字，当为刘向所撰《说苑叙录》，为王应麟所采纳，参见（南宋）王应麟《汉书艺文志考证》，《二十五史补编》，中华书局1956年影印版，第1410页；又可参考向宗鲁《说苑校证》卷1，第1页。

312

秦的灾异与符应：历史记录与史家建构

详细，《论星孛山崩疏》这段历数秦代灾异的论述，或即源自《说苑》。而由于刘向《洪范五行传》的撰作更早，《说苑》《论星孛山崩疏》或都源自这一更为完备的灾异之作；因为无论是《说苑》还是《论星孛山崩疏》中对于秦灾异的列举，或是刘向对这些灾异的具体看法，都应当形成于刘向系统整理历代灾异的过程之中，也应当会写进《洪范五行传论》这部系统的灾异之作中。

对于《论星孛山崩疏》及《说苑》中的秦代灾异，或即《洪范五行传论》中的秦代灾异，有许多就是直接源自《史记》的。如"彗星四见，蝗虫蔽天，冬雷夏冻，石陨东郡"，在《史记·秦始皇本纪》中都可以找到具体的灾异事例。但刘向提及的大部分秦代灾异，都溢出了《史记》的记事范围。据前人之考察，刘向撰作此书所利用的资料包括《尚书》《国语》《春秋》经传、《史记》等书①，由于前面三类书籍不大涉及秦之灾异，那么这些不见于《史记》的灾异从何而来？一个较为合理的推测是，刘向在校理群书之时能够见到更多涉及灾异的记事，如《汉书·艺文志》所著录的"《务成子灾异应》十四卷，《十二典灾异应》十二卷，《钟律灾异》二十六卷"②。这种灾异记事的出现，与自夏侯始昌、董仲舒之后汉代说灾异者蜂起的情形是分不开的。③ 此外，到刘向进行撰述的年代，战国秦汉之际的文献也已经累计到了一定的程度，其中不乏汉人新撰写的秦代故事。这种文献的累积，造成了史料的空前丰富，甚至超过了能够亲见《秦记》的司马迁。

其实，从后世逐步多出的秦灾异记录来看，也很可以说明刘向那些超出《史记》的秦灾异是以怎样的方式出现的。如通过考察晚出的类书或史书，我们可以看到一些据说是出自《洪范五行传》的秦灾异。如《太平御览》卷九百五十引《洪范五行传》曰："秦昭王三十

---

① 参见黄启书《试论刘向、刘歆〈洪范五行传论〉之异同》，《台大中文学报》第 27 期，2007 年 12 月，第 135—138 页；张书豪《〈汉书·五行志〉所见刘向灾异论》，《先秦两汉学术》第 10 期，2008 年 9 月，第 87—91 页。
② 《汉书》卷 30《艺文志》，第 1768 页。
③ 可参考陈侃理《刘向、刘歆的灾异论》，《中国史研究》2014 年第 4 期，第 72—78 页。

秦统一的进程与意义

八年,上郡大饥,山木尽死,人无所食,蜂食田苗。"① 又如《七国考》所载:"秦惠王四年,狼入咸阳市。昭王六年,狼又入咸阳市。见《洪范五行传》。"② 这些灾异并不见于早期文献所征引,晚出的几率非常之大。如秦昭王三十八年之事,《太平御览》同卷又有记录,作:"秦昭王委政于太后弟穰侯,穰侯用事,山木尽死,蜂食人苗稼,时大饥,人相食,穰侯罢免归第。"③ 但这里却是引自《广五行记》,为隋唐之际的一部志怪小说,由此可见这一材料之不可依据。然而,有关秦之灾异记录,恰恰就是以这种形式不断增加的。如《秦会要订补》一书所辑的秦灾异较之于《史记》《汉书》《说苑》多出许多,但这些灾异却大都来自《神异经》《录异传》《燕丹子》《神仙传》等志怪小说。④ 因此,关于秦之灾异记录,也在某种程度上有着"层累地"造成的特征。刘向《说苑》中不见于《史记》的某些秦代灾异,或即来自秦汉之际形成的那些"文不雅驯"的故事之书。而刘向在《说苑·辨物》篇以及《论星孛山崩疏》中排列秦代灾异的做法,只是要增强天变之酷烈程度,借以增强秦代灭亡的合理性罢了。到了班固撰《汉书·五行志》对秦灾异重新加以编排时,对秦政的批判就更为强烈了。

《汉书·五行志》是以《洪范五行传》为框架撰写的,其灾异类型统摄于"五行+五事"再配以"皇极"的灾异模式当中。而其撰写的基础之一则是刘向的《洪范五行传论》,这从《汉书·五行志》的序文及对刘向观点的引述中可以很明显地看出。然而,纵览班固是篇,却只有十件秦灾异,涉及七个灾异类型,远远少于司马迁与刘向的记录。不过,《汉书·五行志》却引述了刘向等人之意见,运用各类灾异理论进行了深入的分析;据此,我们可以了解从刘向到班固之际的汉儒是如何理解秦的灾异,又是如何将这些灾异与秦亡汉兴联系起来的。为此,我

---

① 李昉等撰:《太平御览》卷950《虫豸部七》,中华书局1962年版,第4216页。
② 董说原著,缪文远订补:《七国考订补》卷13《秦灾异》,第727页。
③ 李昉等撰:《太平御览》卷950《虫豸部七》,第4217页。
④ 孙楷著,徐复订补:《秦会要订补(修订本)》卷13《历数下》,中华书局1959年版,第180—198页。

秦的灾异与符应：历史记录与史家建构

们先将《汉书·五行志》中的秦灾异辑出，制成表5。

表5　　　　　《汉书·五行志》所见秦灾异

| 序号 | 时间 | 灾异类型 ||灾异情形 | 史源 |
|---|---|---|---|---|---|
| | | 五事 | 类型 | | |
| 1 | 始皇帝三十六年 | 言之不从 | 白祥 | 郑客从关东来，至华阴，望见素车白马从华山上下，知其非人，道住止而待之。遂至，持璧与客曰："为我遗镐池君。"……忽不见 | 《史记·秦始皇本纪》 |
| | | | | 是岁，石陨于东郡，民或刻其石曰："始皇死而地分" | 《史记·秦始皇本纪》 |
| 2 | 二世元年 | 听之不聪 | 鼓妖 | 天无云而雷 | 《说苑·辨物》《论星孛山崩疏》 |
| 3 | 始皇八年 | 听之不聪 | 鱼孽 | 河鱼大上 | 《史记·秦始皇本纪》 |
| 4 | 武王三年 | 听之不聪 | 火沴水 | 渭水赤者三日 | 《秦始皇本纪》后所附世系资料 |
| | 昭王三十四年 | | | 渭水又赤三日 | 不知所出 |
| 5 | 孝文王五年 | 思心不容 | 牛祸 | 有献五足牛者 | 不知所出 |
| 6 | 孝公二十一年 | 皇极 | 马祸 | 有马生人 | 《史记·六国年表》 |
| | 昭王二十年 | | | 牡马生子而死 | 不知所出 |
| 7 | 始皇帝二十六年 | 皇极 | 下人伐上之痾 | 有大人长五丈，足履六尺，皆夷狄服，凡十二人，见于临洮 | 《说苑·辨物》 |

《五行志》对于秦灾异记录的疏略，王子今在讨论司马迁与班固生态环境观异同的时候就曾涉及，他认为，班固对秦灾异记录不如司马迁完整，是因为"秦史本不是一部断代史专著《汉书》记述的对象[①]"。

---

① 王子今：《秦汉时期的生态环境研究》，北京大学出版社2007年版，第411页。

秦统一的进程与意义

虽然班固所撰《汉书》是一部记载西汉历史的断代体史书,但八表十志却充满了通史精神[1],如《艺文志》载历代典籍,《古今人表》则载上古以至于秦汉的各色人物,而《五行志》则遍记历代灾异,秦自然就包括其中。因此,当清人王鸣盛注意到《五行志》日食记录中对有秦一代的缺失时,表现得相当不满:

> 《五行志》说春秋及汉兴以来日食详矣。七国及秦始皇二世之时,生民之祸甚烈,宜日食不胜书,而志无之,史失其官,不可考耳。《秦本纪》《始皇本纪》所书灾祥甚多,而独无日食。[2]

《五行志》的日食记录,以春秋时期、汉兴以来为两个单元,中间独独缺少七国及秦;而按照一般的灾异理论,在生民惨烈的时代,天变必当见之于上,按王鸣盛的话来说,便是"日食不胜书"。另外,尽管不像王鸣盛认为的《秦本纪》《始皇本纪》完全没有日食记录,但从表2、表3中的大量灾异中来看,战国及秦代的日食记录却仅有秦昭襄王六年(前301)、秦庄襄王三年(前247)这两次。那么,司马迁、班固在日食记录的缺失,是否是史失其官呢?

根据张培瑜《中国十三历史名城可见日食表(前1500—2050)》,从秦始皇即秦王之位到秦二世亡国,西安地区(即秦都咸阳地区)可见之日蚀有14起,其中秦统一之后的有4起[3];而现在可考的文献中,对于秦代的日食记录,只有前文提及的刘向《论星孛山崩疏》与《说苑·辨物》篇中的"日月薄蚀"一条。而"日月薄蚀"这种写法则过于模糊,缺乏具体的时间,更像是一种追记,或者只是为了强调天变的酷烈程度而随意增加的套话。如此而言,司马迁、班固对秦代日食记录的缺失,似乎是缺乏可供取材的材料了。

---

[1] 这一点,刘家和言之已详,参见刘家和《论断代史〈汉书〉中的通史精神》,《北京师范大学学报》(社会科学版)2012年第3期,第58—68页。

[2] (清)王鸣盛撰,黄曙辉点校:《十七史商榷》卷13《七国秦无日食》,上海古籍出版社2013年版,第152页。

[3] 张培瑜:《三千五百年历日天象》,大象出版社1997年版,第993—994页。

秦的灾异与符应：历史记录与史家建构

然而，同样是异常天象，尚不如日食严重的彗星，在《史记》一书中却有着详细的记载。如《史记·天官书》所载："秦始皇之时，十五年而彗星四见"①，而其出现的方位与延续的时间，《秦始皇本纪》亦有详细的记载，足见当时的史官并非忽略了天象资料。而在班固的《汉书·五行志》的"星孛""长星"记录中，仍旧是分为春秋与汉兴以来两个部分，对于有着详细彗星记录的秦史无所措意。事实上，班固并非不知道秦时所发生的彗星。在"元延元年七月辛未"的一次"星孛"记录中，班固就引刘向"三代之亡，摄提易方；秦、项之灭，星孛大角"②来进行说明。如此说来，班固的《五行志》对于秦代彗星记录的缺失并非缺失史料，也不是刘知几所谓的"网罗不尽"③，而是一种故意遗漏。而且，这种遗漏也并不仅仅是天象异常；比较《史记》各篇章与《五行志》所记录的秦灾异，就知道这种缺失是相当严重的。而在选择性地采入《五行志》的秦灾异，都是以不同的方式论证秦政之残暴及其灭亡的合理性。

这些选择采入《汉书·五行志》的灾异，又被班固以重新编排、解说两种方式进行再书写。因此，为了了解班固是怎样再次书写这些灾异的，明确其史源就显得十分重要。在《五行志》所见的七类灾异中，除了"有献五足牛"这一条外，其余灾异记事文字都声称来自"史记"。对于这里的"史记"，从颜师古的《汉书注》开始便多有误解。如颜师古在"史记成公十六年"下注曰："此志凡称史记者，皆谓司马迁所撰也。"④ 对于"史记成公十六年，公会诸侯于周，单襄公见晋厉公，视远步高"这条，刘知几也认为是"《春秋》、史记杂乱难别"⑤。或者正因为"杂乱难别"，颜师古才会误以为是司马迁之《史记》。对

---

① 《史记》卷27《天官书》，第1348页。
② 《汉书》卷27下之下《五行志第下之下》，第1518页。
③ 刘知几在讨论《汉书·五行志》的错误时有"古学不精"一科，其中就有"博引前书，网罗不尽"的说法，见（唐）刘知几著，（清）浦起龙通释《史通通释》卷19《汉书五行志错误》，上海古籍出版社，2009年，第513页；然而，"网罗不尽"只是未曾用力搜罗之故，但班固实际却已经搜罗到却未曾编撰到《五行志》中。
④ 《汉书》卷27中之上《五行志中之上》，第1355页。
⑤ （唐）刘知几著，（清）浦起龙通释：《史通通释》卷19《汉书五行志错误》，第500页。

317

此，王鸣盛在"五行志所引"条下有十分激切的批评："愚谓师古注此书成，年已六十一，六十五而卒，学识本不甚高，又已老悖，故舛谬颇多，此注以左氏为司马迁，竟如不辨菽麦者。"① 而据苏舆之考证，这条材料既不见于《史记》，也非源自《春秋》，而是出自《国语》。② 而凡引自《国语》的，在《汉书·五行志》中皆称之为"史记"。因此，这里的"史记"不过是一般意义上的历史记录，其中包括司马迁所撰之《史记》，同时亦包括《国语》等其他体裁的史书。而就《五行志》所载秦灾异而言，这里的"史记"大部分取自司马迁之《史记》，亦有从刘向《说苑·辨物》《论星孛山崩疏》中取材者，同时也有一些不知出处的情况。

不知出处的灾异共三件，具体情况则如表5所见；由于资料匮乏，因此暂时难以论述。取材于刘向《说苑·辨物》篇及《论星孛山崩疏》的为"天无云而雷"及"大人见临洮"二项。"天无云而雷"条在《五行志》中作"史记秦二世元年，天无云而雷"，记载极为简单，与《说苑》《论星孛山崩疏》中的"无云而雷"大体相同；不过，鉴于班固将此事系于二世元年（前209），也就等同于《说苑》中的所谓二世即位后，因此班固大体是直接取自《说苑·辨物》篇。而引自《说苑》一书，也较引自《论星孛山崩疏》更适合称作"史记"。"大人见临洮"一事不见于《史记》，也只在《说苑》与《论星孛山崩疏》中出现，不过《论星孛山崩疏》中"大人"作"长人"，因此此事可能也是依据《说苑》而来。不过，因为我们现在只能见到《说苑》一书，更为可能的情形，应当是班固直接取自刘向的《洪范五行传论》。

《五行志》中的其余秦灾异，都来自司马迁的《史记》。对《史记》中的秦灾异，班固进行了大幅度的改写。苏德昌曾注意到，秦始皇三十六年（前211）的"白祥"虽然取材于《史记·秦始皇本纪》，但二者行文叙事却有相当明显的出入。③ 在苏德昌研究的基础上，我们再对《五行志》与《秦始皇本纪》在处理这两次灾异上的差异重新加

---

① （清）王鸣盛撰，黄曙辉点校：《十七史商榷》卷13《汉书七》，第149页。
② （清）王先谦：《汉书补注》卷27中，中华书局1983年版，第606页。
③ 苏德昌：《〈汉书·五行志〉研究》，国立台湾大学出版中心2013年版，第252页。

以对比。此事在《秦始皇本纪》中作：

> 三十六年，荧惑守心。有坠星下东郡，至地为石，黔首或刻其石曰"始皇帝死而地分"。始皇闻之，遣御史逐问，莫服，尽取石旁居人诛之，因燔销其石。始皇不乐，使博士为《仙真人诗》，及行所游天下，传令乐人歌弦之。秋，使者从关东夜过华阴平舒道，有人持璧遮使者曰："为吾遗滈池君。"因言曰："今年祖龙死。"使者问其故，因忽不见，置其璧去。使者奉璧具以闻。始皇默然良久，曰："山鬼固不过知一岁事也。"退言曰："祖龙者，人之先也。"使御府视璧，乃二十八年行渡江所沉璧也。于是始皇卜之，卦得游徙吉。迁北河榆中三万家。拜爵一级。①

而在《汉书·五行志》中则作：

> 史记秦始皇帝三十六年，郑客从关东来，至华阴，望见素车白马从华山上下，知其非人，道住止而待之。遂至，持璧与客曰："为我遗镐池君。"因言"今年祖龙死"。忽不见。郑客奉璧，即始皇二十八年过江所湛璧也。与周子晁同应。是岁，石陨于东郡，民或刻其石曰："始皇死而地分。"此皆白祥，炕阳暴虐，号令不从，孤阳独治，群阴不附之所致也。一曰，石，阴类也，阴持高节，臣将危君，赵高、李斯之象也。始皇不畏戒自省，反夷灭其旁民，而燔烧其石。是岁始皇死，后三年而秦灭。②

《五行志》与《秦始皇本纪》的差异主要有三。其一，《史记》中秦始皇应对两次灾异的措施，都被《五行志》删除干净，这些措施包括"使博士为《仙真人诗》，及行所游天下，传令乐人謌弦之"；在"卦得游徙吉"之后，秦始皇于三十七年（前210）十月出游巡行。此

---

① 《史记》卷6《秦始皇本纪》，第259页。
② 《汉书》卷27中之上《五行志中之上》，第1399—1400页。

外，秦始皇还"迁北河榆中三万家。拜爵一级"，亦算是一种惠民政策。由于灾异是可以通过修德以及其他方式进行救禳去除的，因此始皇帝的举措或多或少减轻了这两次灾异的危害。其二，《五行志》增加了"望见素车白马从华山上下，知其非人，道住止而待之"等细节。值得注意的是，增加的"素车白马"与《秦始皇本纪》中"子婴为秦王四十六日，楚将沛公破秦军入武关，遂至霸上，使人约降子婴。子婴即系颈以组，白马素车，奉天子玺符，降轵道旁"中的"素车白马"相同，班固很有可能就是将子婴之事与秦始皇之事杂糅在了一起，这种处理大概是因为"素车白马"是秦亡国意象之一。而除了"素车白马"外，"知其非人"等描述，也增加了这件事的神秘性。① 其三，《五行志》在时间叙述顺序方面进行了改变，"祖龙"一事被置换到"始皇帝死而地分"一事的前面，这无疑是与事实相去较远的，因为在两件事中间，司马迁特意用了一个"秋"来明确"祖龙"一事的时间，显然应该是在"地分"之后；然而，这种时间的调换却能让"始皇死而地分"与后面的解说"是岁始皇死，后三年而秦灭"的联系更为紧密。正是通过对《史记》中史实的改动，这次被《五行志》称为"白祥"的灾异才显得更加严重。

对史料的重新编撰虽可以在某种程度上强化秦灾异的危害性，却无法直截了当地表达班固本人的看法；而在班固借助刘向等人的意见对这些秦灾异进行解说时，班固的个人意见才有比较明显的表达。在《汉书·五行志》中的七组秦灾异中，有五组是采用了刘向的解说，四组引证了京房的《易传》。比较典型的如秦武王与秦昭王时期的"渭水赤"：

> 史记曰，秦武王三年渭水赤者三日，昭王三十四年渭水又赤三日。刘向以为近火沴水也。秦连相坐之法，弃灰于道者黥，罔密而

---

① 另外，在《秦始皇本纪》中的子婴即位四十六日而亡国的意象，王子今曾做过专门研究，认为"司马迁'四十六日'的记述，似暗示'究天人之际'的史学追求作为潜意识的某种影响。"（王子今：《神秘的"四十六日"：〈史记〉时间寓言试解读》，《王子今学术经典文集》，山西人民出版社2014年版，第104页）再加上这里的"素车白马"，或者可以让我们更为深刻地认识司马迁、班固在叙述秦亡这一变革时的某种内在意图。

秦的灾异与符应：历史记录与史家建构

刑虐，加以武伐横出，残贼邻国，至于变乱五行，气色谬乱。天戒若曰，勿为刻急，将致败亡。秦遂不改，至始皇灭六国，二世而亡。昔三代居三河，河洛出图书，秦居渭阳，而渭水数赤，瑞异应德之效也。京房《易传》曰："君湎于酒，淫于色，贤人潜，国家危，厥异流水赤也"。①

在这组灾异中，班固依照刘向的判断，将之归为"水沴火"这一灾异类型。刘向认为，对秦的各种暴政致使五行悖乱，这是天向秦发出告诫，莫要行刻急之政。但秦终究不改，以至于灭亡六国，二世而亡。为了与秦做出对比，三代居三河之时，是出现了河出图洛出书这样的至上符命，而秦居渭水，却导致渭水数次变赤，这自然要归结到秦之暴政与三代之德政上去。最后，班固引用了京房《易传》的一段论证"流水赤"的理论，再次证成秦政所导致的国家危亡。这组解说既有刘向、京房的解说与理论印证，又有三代之符应与秦之灾异的对比，无疑是有着充分的说服力的。然而，即便是从灾异学本身的立场来说，秦武王、秦昭王时期的灾异的"事应"晚至于秦二世之时，间隔过于悬远。苏德昌以为，"时间跨度显然过度长久，对于灾异模块确立的合理性多少产生妨害"。② 另外，就"事应"而言，秦武王、秦昭王之后，秦一直是在走上坡路的，即便是刘向的解说，也无法逃避"至始皇灭六国"这一事实。因此，刘向、班固多少是站在自身立场上强加解说的。③ 而除了对于秦之灾异与秦之灭亡强作解说，以符合汉代士人的政治要求或心理安慰外，一种对秦灾异的更为极端的理解也出现了，那便是将秦之符命转变为灾异。

---

① 《汉书》卷 27 中之下《五行志中之下》，第 1438—1439 页。
② 苏德昌：《〈汉书·五行志〉研究》，第 372 页。
③ 除此组灾异外，苏德昌在对《汉书·五行志》的灾异事例进行分类论析的时候，还对其他秦灾异解说的不合理有所揭示，如秦始皇八年"河鱼大上"一事的解说"严重破坏《洪范五行传》灾异条例最初设立的感应原则"，"事应征验晚至三十余年后始皇宰已宰制宇内，传位二世后方'终用急亡'，时间跨度略嫌过长，对于灾异模块合理性的确立亦有妨碍"；又如，对于秦的两次"马祸"，苏德昌以为"刘向此说与《洪范》五行灾异理论仍有相当距离，于物象引喻与论述逻辑亦不甚周密"（分别见苏德昌《〈汉书·五行志〉研究》，第 354、437 页）。

321

## 三　从符应到灾异：秦属"闰位"及其相关符应的解构

对于秦的符应，陈槃在《秦汉间所谓"符应"论略》一文中有过整体的论说：

> 《秦本纪》中，符应之说屡见，疑始皇好方士，方士引古，因为渲染。其间伪讬，信亦不免。《封禅书》记秦上世福祥，祠祭之类，是其例也。然则《秦本纪》多符应之记异于他国者，史公取材未审，为方士之徒所欺也。①

在对《秦本纪》《封禅书》中秦的"感生说""神示说""史占"等与符应近似的现象进行分析时，陈槃有这样的判断："春秋、战国间则灾异之记多于符应。秦、赵之事，经方士涂附，宜为例外矣。"②在陈槃看来，春秋战国之际的秦符应，只不过是方士的比附之说；司马迁所以写进《史记》一书中，也不过是受到了方士之说的蒙蔽罢了。对于陈槃的这种意见，胡晓明表达了一些质疑，他认为："将战国时期日益盛行的符瑞之说，完全'归功'到战国后期阴阳五行家和方士身上，未免有失偏颇。"③那么，秦之符应到底所从何来，司马迁所撰《史记》对这些符应又是怎样的态度？为了解答这些疑惑，我们选取了秦祠祀体系建立过程中出现的诸般符应作为主要研究对象，加以考辨与分析。

在秦的历史记录中，祠庙建立的记录是非常重要的部分，这些记录保留在《十二诸侯年表》《六国年表》《秦本纪》《秦始皇本纪》所附世系资料、《封禅书》等不同系统的史料中。在两种年表中，或许是年

---

① 陈槃：《秦汉间所谓"符应"论略》，《古谶纬研讨及其书录解题》，上海古籍出版社 2010 年版，第 90 页。
② 陈槃：《秦汉间所谓"符应"论略》，第 92 页。
③ 胡晓明：《符瑞研究：从先秦到魏晋南北朝》，博士学位论文，南京大学历史系，2011 年 4 月，第 47—48 页。

秦的灾异与符应：历史记录与史家建构

表记事本过于简单之故，因此一般都只是在这些祠庙建立的年代一栏中有着简单的记录，一般都是"作鄜畤""作祠陈宝""作密畤"①"作上下畤"② 等，像"初立西畤，祠白帝"③ 这种有祭祀对象的描述都是极少的。在《秦本纪》中，"作密祠"等祠祀记录仍旧和年表中类似，但某些祠祀却多出了一些信息。如"十年，初为鄜畤，用三牢"，即是用三牢这种规格的祭品来祭祀鄜畤。又如关于"西畤"，"襄公于是始国，与诸侯通使聘享之礼，乃用骝驹、黄牛、羝羊各三，祠上帝西畤"④，则可知秦作"西畤"是发生在秦立国后与中原诸侯通使聘享这一大背景下，其祭品为骝驹、黄牛、羝羊，祭祀对象则为"上帝"。而在《封禅书》中，对于西畤建立时的情形，则又多了一些新的描述：

  自周克殷后十四世，世益衰，礼乐废，诸侯恣行，而幽王为犬戎所败，周东徙雒邑。秦襄公攻戎救周，始列为诸侯。秦襄公既侯，居西垂，自以为主少皞之神，作西畤，祠白帝，其牲用骝驹黄牛羝羊各一云。⑤

对于西畤的建立，司马迁加入了周世衰微、东迁洛邑从而导致秦列为诸侯这一大的背景。这一背景的叙述，并不是对于《秦本纪》中"公于是始国"的详化，它在整个《封禅书》的叙述语境中具有极为重要的地位。在此之前，《封禅书》的叙述主体是舜、禹、商、周，都是五德终始说中的受命之君。在《封禅书》的开篇，司马迁写道："自古受命帝王，曷尝不封禅？盖有无其应而用事者矣，未有睹符瑞见而不臻乎泰山者也。"⑥ 因此，将秦继周的祭祀叙述，便是在德运上以秦继周，这与司马迁以《秦本纪》继《周本纪》的做法是一样。此外，在叙述

---

① 《史记》卷14《十二诸侯年表》，第537、539、575 页。
② 《史记》卷15《六国年表》，第704 页。
③ 《史记》卷14《十二诸侯年表》，第532 页。
④ 《史记》卷5《秦本纪》，第179 页。
⑤ 《史记》卷28《封禅书》，第1358 页。
⑥ 同上书，第1355 页。

秦统一的进程与意义

西畤建立的具体情况中,也较《秦本纪》多出了"自以为主少皞之神"一句,无疑加强了此事的神秘性,有着某种天命蕴含其中。因此,对于西畤的建立,司马迁论述道:

> 太史公读《秦记》,至犬戎败幽王,周东徙洛邑,秦襄公始封为诸侯,作西畤用事上帝,僭端见矣。《礼》曰:"天子祭天地,诸侯祭其域内名山大川。"今秦杂戎翟之俗,先暴戾,后仁义,位在藩臣而胪于郊祀,君子惧焉。①

从司马迁的叙述中,我们知道西畤的建立是在《秦记》中有所记载的,司马迁以为,身为诸侯的秦却作西畤以祭祀上帝,这是不符合礼法的,是秦僭越的开端。② 而自西畤建立之后,《封禅书》中所记录的秦代祠祀,亦多与符应之事件相伴相随。如作西畤后十六年:

> 秦文公东猎汧渭之间,卜居之而吉。文公梦黄蛇自天下属地,其口止于鄜衍。文公问史敦,敦曰:"此上帝之征,君其祠之。"于是作鄜畤,用三牲郊祭白帝焉。③

作鄜畤后九年:

> 文公获若石云,于陈仓北阪城祠之。其神或岁不至,或岁数来,来也常以夜,光辉若流星,从东南来集于祠城,则若雄鸡,其声殷云,野鸡夜雊。以一牢祠,命曰陈宝。④

---

① 《史记》卷15《六国年表》,第685页。
② 对于秦作西畤祭祀的对象,亦有称"白帝"者,据此,一些学者认为祭祀"白帝"并不算僭越,具体可参看杨英《祈望和谐——周秦两汉王朝祭礼的演进及其规律》,商务印书馆,2009年,第250页。然而,司马迁此处的语言极为清楚,是不需要后世加以怀疑、弥合的。
③ 《史记》卷28《封禅书》,第1358页。
④ 同上书,第1359页。

324

秦文公时期出现的所谓"上帝之征""陈宝",一是以梦见黄蛇的形式出现,二是一块被命名为"陈宝"的石头,尽管对诸如"陈宝"是何物一直存在着不同的理解,但其作为祥瑞却是得到后人认可的。[①]此外,在秦始皇并天下之后,有人向秦始皇说道:"今秦变周,水德之时。昔秦文公出猎,获黑龙,此其水德之瑞。"[②] 秦文公所获黑龙,即与黄帝、夏、商、周之符应相当,成为秦的受命之符。对于这一点,顾颉刚曾有所注意,认为秦的符应不出在始皇而远在秦文公时,乃是由于"秦文公造了两个大庙,又初置史官以记事,是秦的文化的创造者,故常为后人所纪念[③]。"于是这个向始皇进言的邹衍之徒,便造作了这么一个符应。而在笔者看来,或者正是因为秦文公时期本就集中地出现过两次符应,后人才会在这个时间段造作秦的受命之符。

此种受命之符,在秦献公之时又有出现。据《封禅书》所载:

> 后四十八年,周太史儋见秦献公曰:"秦始与周合,合而离,五百岁当复合,合十七年而霸王出焉。"栎阳雨金,秦献公自以为得金瑞,故作畦畤栎阳而祀白帝。[④]

依照周太史儋的史占,秦本出自周,后当为霸王。这与出自《秦始皇本纪》后所附世系资料中"惠文王生十九年而立。立二年,初行钱。有新生婴儿曰'秦且王'"[⑤]极为类似,都是以谶言的形式出现。依照谶言,秦在未来不过是有成为霸王之运,而不是像邹衍五德终始说一般,获得尚不知由谁家所得之"水德",即与夏、商、周那般成为天子的符命。由此言之,这两种符命的出现时间应较秦文公时期获黑龙为先;加之《秦始皇本纪》所附世系资料较为原始、质朴,不像

---

① "陈宝"作为祥瑞,出现在《宋书·符瑞志》中,见《宋书》卷27《志第十七瑞上》,第770—771页;秦文公作鄜畤、陈宝祠时所出现的神秘事件,亦为《秦会要》之"符瑞"条所收入,参见孙楷著,杨善群校补《秦会要》,第199页。
② 《史记》卷28《封禅书》,第1366页。
③ 顾颉刚:《五德终始说下的政治和历史》,《清华学报》1930年第6卷第1期,第87页。
④ 《史记》卷28《封禅书》,第1364—1365页。
⑤ 《史记》卷6《秦始皇本纪》,第289页。

是方士伪托之作,因此在《秦本纪》《秦始皇本纪》所附世系数据中出现一定数量的预言秦将成为霸王的符应,是符合春秋时期大国争霸的历史语境的。与这次谶言相伴随的,乃是"栎阳雨金"一事。"栎阳雨金"亦见于《秦本纪》之秦献公十八年,但这里并没有"秦献公自以为得金瑞"的说法,更不曾将之看作立畤时以祭祀白帝的缘由,正可以说明《秦本纪》所记较《封禅书》可信。后来司马贞正义用"言雨金于秦国都,明金瑞见也"注释此事①,明显是受到了《封禅书》的影响。

对于《封禅书》材料来源及其处理,学者们有过相当的讨论。逯耀东以为:"在《封禅书》里云云特别多,所谓云云,也就是人云亦云,司马迁将这些人云亦云而无法考证的材料,保持原来的形式叙述出来,有姑妄言之、姑妄听之的意思,至于其真伪是非,就待后有君子自己判断了。"② 所谓"云云"者,如"其牲用骝驹黄牛羝羊各一云"之类即是。司马迁无法判断真伪,亦只能说前面的文献便是这般说的。此外,除了"云云"之类,秦祠祀系统建立过程中的诸般符瑞,司马迁亦曾用"自以为"这样的语句来撰述,秦襄公"自以为主少皞之神""秦献公自以为得金瑞"等,亦是自以为是的观点;其实究竟如何,司马迁就不再做考证了。田天在研究秦雍地诸祠的祭祀对象时也发现,这些祠畤一开始并非像《封禅书》叙述的那样是祭祀整齐而系统的五色帝,因此也认为:"《六国年表》及《秦本纪》与《秦记》有直接关系,内容相对可信,《封禅书》的来源较为驳杂,可能采取了其他素材。"③ 言下之意即是《六国年表》《秦本纪》的内容更为单纯,这与我们上面述及的秦符应记录是相一致的。较之于年表与本纪而言,《封禅书》确实增加了大量带有神秘性的细节,这些细节应该就是陈槃所谓的来自方士之说。

但是,司马迁采用了方士之说,到并不一定是"为方士之徒所

---

① 《史记》卷5《秦本纪》,第201页。
② 逯耀东:《武帝封禅与〈封禅书〉》,《抑郁与超越:司马迁与汉武帝时代》,生活·读书·新知三联书店2008年版,第164页。
③ 田天:《秦汉国家祭祀史稿》,生活·读书·新知三联书店2015年版,第30页。

欺",而是在当时普遍流行的一种看法,目的不过是增强司马迁论证秦统一六国、一并天下的效力。在《封禅书》中,当叙述完周的祠祀后,司马迁写道:"其后百二十岁而秦灭周,周之九鼎入于秦。"按照《墨子》的说法,"九鼎既成,迁于三国。夏后氏失之,殷人受之。殷人失之,周人受之"。① 《墨子》中九鼎的迁移并不是人力所得,而是"不迁而自行"的。对于这种所谓的"不迁而自行",巫鸿解释道,"不同王朝之所以拥有九鼎并非是他们有能力获取九鼎,而是因为这些神秘的器物愿意被其合法所有者拥有,因此'自迁'至下一个所有者的统治中心。"② 因此,司马迁以"周之九鼎入于秦"这种叙述语境,多少是延续其叙述秦符应的思路而来的,这与班固在《五行志》中所谓"其后秦遂灭周,而取九鼎"③ 所不同的,后者强调是武力的夺取,而前者则是一种天命的归属。最后,司马迁用"其后百一十五年而秦并天下"④ 这样的叙述,结束了秦始皇之前秦的祠祀记录,这无疑在某种程度上认可了秦之代周是有其祯祥、有其天命的。

然而,这种对秦符应的认识,在刘向父子建立新的五德终始说之后发生了改变。刘向父子以为:

> 帝出于《震》,故包羲氏始受木德,其后以母传子,终而复始,自神农、黄帝下历唐虞三代而汉得火焉。故高祖始起,神母夜号,著赤帝之符,旗章遂赤,自得天统矣。昔共工氏以水德间于木火,与秦同运,非其次序,故皆不永。⑤

其实,在汉朝建立后的很长一段时间内,汉并没有明确自己在德运上的归属。直到汉武帝时,才将汉定为土德,色尚黄。以汉为土德,无

---

① (清)孙诒让撰,孙启治点校:《墨子间诂》卷11《耕柱》,中华书局2001年版,第426页。
② 巫鸿:《九鼎传说与中国古代的"纪念碑性"》,《中国古代艺术与建筑中的"纪念碑性"》,上海人民出版社2009年版,第9页。
③ 《汉书》卷27中之上《五行志中之上》,第1401页。
④ 《史记》卷28《封禅书》,第1365、1366页。
⑤ 《汉书》卷25下《郊祀志下》,第1270—1271页。

## 秦统一的进程与意义

疑是利用的邹衍五德相胜的五德说,以汉土克秦水。而这,"意味着承认秦为合乎宇宙运行的一代合法政权,同时也承认了秦政所依据的五德相克的宇宙观基础"。① 而当刘向父子新五德说建立后,开始确立五行相生的五德顺序,并且将秦始皇所确立的"水德"间于周之木德与汉之火德中间,"非其次序",沦落成与共工氏一般的"闰位";汉则重新确立为火德,直接继周,成为正统。由此,前面所叙述到的秦符命,汉人便拥有了可以重新检讨的理论依据。如应劭注《汉书·高帝纪》中刘邦斩白蛇一事曰:

> 秦襄公自以居西,主少昊之神,作西畤,祠白帝。至献公时栎阳雨金,以为瑞,又作畦畤,祠白帝。少昊,金德也。赤帝尧后,谓汉也。杀之者,明汉当灭秦也。②

对于此事,王荣商有过一番较为通达的看法:"史迁录妪此言,本取秦为水德,汉据土而克之。太初元年,改服色,上黄,数用五,即迁等所议也。至刘向父子,始明汉为火德,应氏又据《郊祀志》以秦为金德,大抵五行家之言,其龃龉不合多此也。"③ 从王荣商的叙述中,大抵可以看出从司马迁到刘向的转变。而且,应劭的叙述虽然将少昊之神、栎阳雨金作为秦得金德的符应,但实际上秦已经在这套符应系统中失去了其应有的地位。与此相应,一些本被看作符应的现象,逐步被理解成了秦二世而亡的灾异了。这当以"大人见临洮"为代表。在《汉书·五行志》中,班固对这一本为秦的符应做出了这样的解读:

> 史记秦始皇帝二十六年,有大人长五丈,足履六尺,皆夷狄服,凡十二人,见于临洮。天戒若曰,勿大为夷狄之行,将受其

---

① 王爱和:《中国古代宇宙观与政治文化》,[美]金蕾、徐峰译,徐峰校,上海古籍出版社2011年版,第176页。
② 《汉书》卷1《高帝纪上》,第8页。
③ (清)王荣商:《汉书补注》卷1,光绪十七年刻本。

祸。是岁始皇初并六国，反喜以为瑞，销天下兵器，作金人十二以象之。遂自贤圣，燔《诗》《书》，阬儒士；奢淫暴虐，务欲广地；南戍五岭，北筑长城，以备胡越；堑山填谷，西起临洮，东至辽东，径数千里。故大人见于临洮，明祸乱之起。后十四年而秦亡，亡自戍卒陈胜发。①

"大人见临洮"一事，其实并不见于《史记》，《史记》中只是在二十六年（前221）始皇并天下之后的一系列举措中叙述道："收天下兵，聚之咸阳，销以为钟鐻，金人十二，重各千石，置廷宫中。"② 而在《三辅黄图》中，对此事有这样的记载：

> 销锋镝以为金人十二，以弱天下之人，立于宫门。坐高三丈，铭其后曰："皇帝二十六年，初兼天下，改诸侯为郡县，一法律，同度量，大人来见临洮，其大五丈，足迹六尺。"铭李斯篆，蒙恬书。③

在《水经注》中，亦有类似的记载，"以为善祥"，铭文亦基本相同④，都是将大人见临洮看作善祥，并将此事刻于这十二铜人上，以为纪念。铜人上的铭文，真实性应当没有太大的问题，据《王莽传》："莽梦长乐宫铜人五枚起立，莽恶之，念铜人铭有'皇帝初兼天下'之文，即使尚方工镌灭所梦铜人膺文。"⑤ 可见王莽时尚且能够见到此铭文。而且，即便是在班固的语境中，这些铜人的铸造，是因为在临洮见到了十二大人之后，秦始皇"反喜以为瑞"，可见当时是看作祥瑞的。

---

① 《汉书》卷27下之上《五行志下之上》，第1472页。
② 《史记》卷6《秦始皇本纪》，第239页。
③ 何清谷：《三辅黄图校注》卷1，三秦出版社2006年版，第54页。值得注意的是，陈直不把"大人来见临洮，其大五丈，足迹六尺"看作是铭文的一部分，但何清谷综合《水经注》与《三辅黄图》，认为这部分也是铭文的一部分，见《三辅黄图校注》，第55页。
④ （北魏）郦道元著，陈桥驿校证：《水经注校证》卷4《河水》，中华书局2007年版，第114页。
⑤ 《汉书》卷99下《王莽传下》，第4169页。

## 秦统一的进程与意义

那么，这一祥瑞是怎样被理解成灾异的呢？首先，班固增加"皆夷狄服"这一大人的服饰特征，从而将之与"勿大为夷狄之行"相联系；接着，班固又历数秦焚书坑儒等诸多暴政，并通过长城西起临洮一事，将之与大人见于临洮加以联系。由此，"后十四年而秦亡，亡自戍卒陈胜发"成了这次灾异的事应。而颇为有趣的是，在后人的理解中，始皇帝二十六年（前221）所见的十二大人，又成为汉兴的祥瑞了。在《宋书·符瑞志》中：

> 初，秦始皇世，有长人十二，身长五丈，足跡六尺，见于陇西临洮，前史以为秦亡之征，史臣以为汉兴之符也。自高帝至于平帝，十二主焉。①

我们虽不知道这里的"史臣"是谁，但据文中所谓"前史""十二主"之言，当是东汉以后之人了。而这种理解，正符合《符瑞志》"将来之休征，当今之怪异也"②的论断。如此一来，被班固理解成了灾异的秦代符应，转而成了沈约眼中的汉代祥瑞了。类似的情形，又可以从《七国志》"黑龙见"一条中得见：

> 秦文公出猎，获黑龙，以为水德之瑞。见《史记〈封禅书〉》，刘氏《灾异略》曰："秦获黑龙，黑龙者秦也。天若曰：'秦毋成虐，将为人获。'秦人昧而谓之祥。"○〔订〕董氏引秦获黑龙事，既以为祥瑞，又以为灾异，矛盾不可究理，真所谓"吉凶由人"也。③

《七国考》所引刘氏《灾异略》，不知何书，其中所引，亦不知所

---
① 《宋书》卷17《符瑞上》，第769页。
② 同上书，第781页。
③ （明）董说著，缪文远订补：《七国考订补》，第727页。

从何来①，但其模仿《五行志》的写法还是很明显的。② 在这部所谓的《灾异略》看来，秦所谓得黑龙之瑞，也是由于秦人愚昧，误将之看作祥瑞了。对于这种看法，订补者缪文远难以认同，认为是"吉凶由人"的做法，没有坚实的历史或逻辑依据。而事实上，董说将秦的祥瑞转看作灾异的还不止这一条，如对于秦惠文王时新生婴儿曰"秦且王"这一事，董说就认为："秦史笔之，以为祯祥，然不恒为妖，故附庸于《灾异》。"③ 董说的这种做法，无非是因为秦非正统，因此便可以肆意将之编排了。对于这类做法，马端临曾说道：

> 诛杀过当，其应为恒寒，故秦始皇时有四月雨雪之异。然汉文帝之四年，亦以六月雨雪矣，而汉文帝非淫刑之主也。斩蛇夜哭，在秦则为妖，在汉则为祥，而概谓之龙蛇之孽，可乎？④

因此，在马端临的《文献通考》中，便设立《物异考》，而不分孰为灾异，孰为祥瑞了。然而，马端临的通达意见，乃是产生在五德终始说行将终结的宋代。⑤ 在此之前，灾异、祥瑞说乃是一个王朝获得正统性的重要依据。而如何进行诠释，则全在于史家的思想背景与政治意图了。或者正如孙英刚所说的，"在政治合法性的构建中，灾异与祥瑞之区别仅在一线之间，往往取决于现实政治的需要。"⑥ 而通过上述研究则可以表明，当面对现实的政治需要而完成了某种对灾异或祥瑞的一致

---

① 《七国考》中常有一些不知所来的材料，颇为值得我们重视。如王子今就注意到《七国考》曾十引《别录》，（参见王子今《秦汉称谓研究》，中国社会科学出版社 2014 年版，第 152 页）而经笔者考察，这些所谓的《别录》佚文，大部分都是仅见于此书，而诸如姚振宗、马国翰、严可均等所辑《别录》，亦皆不加择取。
② 这类仿照《洪范五行传》的灾异之后世多有，流传下来的则有《谯子五行志》等，可参看游自勇《国家图书馆藏〈谯子五行志〉略考》，《文献》2005 年第 4 期。
③ （明）董说著，缪文远订补：《七国考订补》，第 729 页。
④ （元）马端临：《文献通考》之《自序》，中华书局 1986 年版，第 9 页。
⑤ 参见刘复生《宋朝火运"论略"——兼谈"五德转移"政治学说的终结》，《历史研究》1997 年第 3 期；第 92—106 页；刘浦江《"五德终始"说之终结——兼论宋代以降传统政治文化的嬗变》，《中国社会科学》2006 年第 2 期，第 177—190 页。
⑥ 孙英刚：《祥瑞抑或羽孽：五色大鸟与中古时代的政治宣传》，《神文时代：谶纬、术数与中国政治研究》，上海古籍出版社 2014 年版，第 239 页。

理解后，这种理解很快会成为一种具有极大惯性的意见，并成为后人乐道的话语与传统，而不再需要服从或服务于现实政治了。因此，对于一个已经沦为"闰位"，并被汉人塑造成暴虐典型的秦代来说，其灾异祥瑞也只好任由后人诠解发挥了。

（原载《文史》2016 年第四辑）

（中国人民大学国学院）

# 有关"秦记"的几个问题

吕 壮 向燕南

《史记》述秦史多次提及"秦记",而"秦记"一名也屡见于秦汉文献,究竟是特指一部史著,还是泛指秦国的历史记注材料的总称,由于史料不足,史学界尚未形成统一认识。然而,"秦记"所记为秦国历史这是公认的。本文即在此基础上,探讨"秦记"的记事特征、流传下限以及成书问题,希望能够推进对秦国历史记事的研究。

## 一 从《史记》记秦事多用"初"说起

有秦一代文献流传至今者极少,以致了解秦史,于传世文献,除司马迁《史记》外,几别无依凭。然读《史记》相关秦史部分,有一以往研究者未曾注意的史实颇令人困惑:即为何其中常见一种"'初'+谓语+(宾语)"构成的句式,而这种句式于《史记》他处则不常见用?此问题的解决,庶几可以为我们认识"秦记"的属性提供一丝线索。

按《史记》集中记载秦事者计有《秦本纪》《秦始皇本纪》《十二诸侯年表》《六国年表》等。其中《秦本纪》"'初'+谓语+(宾语)"构成的句式凡19见,具体如下:

秦文公十年,初为鄜畤。
秦文公十三年,初有史以纪事。二十年,法初有三族之罪。
秦武公十年,伐邽、冀戎,初县之。十一年,初县杜、郑。二

## 秦统一的进程与意义

> 十年，初以人从死，从死者六十六人。
> 德公元年，初居雍城大郑宫。二年，初伏，以狗御蛊。
> 厉共公二十一年，初县频阳。
> 简公六年，令吏初带剑。
> 孝公十四年，初为赋。
> 惠文君十二年，初腊。
> 武王二年，初置丞相。
> 昭襄王三十五年，初置南阳郡。五十年，初作河桥。五十二年，周初亡。
> 庄襄王元年，初置三川郡。三年，初置太原郡。
> 秦王政二十六年，初并天下为三十六郡。

《秦始皇本纪》正文及附录此句式凡9见，计如下：

> 秦王政五年，初置东郡。十六年，初令男子书年。
> 襄公……初为西畤。
> 德公……初伏，以御蛊。
> 宣公……初志闰月。
> 简公……其七年，百姓初带剑。
> 献公立七年，初行为市。
> 惠文王立二年，初行钱。
> 昭襄王立四年，初为田开阡陌。

《十二诸侯年表》《六国年表》记秦事，使用此句式凡16见，详如下：

> 襄公八年，初立西畤，祠白帝。
> 武公二十年，初以人从死。
> 德公二年，初作伏，祠社，磔狗邑四门。
> 灵公八年，初以君主妻河。

有关"秦记"的几个问题

简公六年，初令吏带剑。七年，初租禾。

献公六年，初县蒲、蓝田、善明氏。

孝公十二年，初聚小邑为三十一县，令。十三年，初为县，有秩史。十四年，初为赋。

惠文君十二年，初腊。

武王二年，初置丞相。

庄襄王元年，初置三川郡。三年，初置太原郡。

秦王政五年，初置东郡。二十六年，初并天下，立为皇帝。

除上述外，《史记》另有两处"初"字句，也与秦国史事有关。一是《卫世家》"秦初置东郡，更徙卫野王县"①。二是《魏公子列传》"秦闻公子死，使蒙骜攻魏，拔二十城，初置东郡"②。这样合计起来，《史记》中共有46处"初"字句式与秦史有关。

按"初"虽依不同语境而有形、名、副、动等不同词性和词义，但最主要仍是与"始"互训作"凡始之称"③，即表示事务的开始或第一次。《史记》述秦史主要也是在这个意义上使用。秦事之外，《史记》在记先秦其他诸侯国史事中，也有6处使用，分别是：《十二诸侯年表·鲁表》记鲁宣公十五年"初税亩"；《六国年表》周威烈王二十三年，分记赵魏韩三家"初为侯"；《六国年表·赵表》记赵武灵王八年"初胡服"；《齐太公世家》记载，齐顷公十一年，"晋初置六卿"。④ 相较而言，要比述秦事时的使用少得多。

"初"字句式在《史记》汉史的记述中，使用最多的是《汉兴以来诸侯王年表》表示郡国初置，如初置鲁国、初置常山国等。除此之外，仅有"初与郡国守相为铜虎符、竹使符"，"帝初幸甘泉"⑤，"初作长

---

① （汉）司马迁：《史记》，中华书局1959年点校本，第1604页。
② 同上书，第2384页。
③ （清）段玉裁：《说文解字注》，上海古籍出版社1981年影印本，第178页。
④ 《史记》，第1498页。
⑤ 同上书，第424、425页。

## 秦统一的进程与意义

安城","初置南陵"①,"初置酒泉郡以通西北国"② 等5处。这样,若将汉史以前的"初"字句式,与汉史的"初"字句式比较,则后者不及前者的一半。这也就是说,倘若不计"初置郡国"这种形式的话,《史记》记载汉史与记载秦以前史事使用的"初"字句式之比是5:52,可以说记载汉史时使用该句式次数之少,几乎可以忽略不计。于此形成鲜明对照的,是《史记》所记秦统一前的史事中,"初"字句,在有关秦国的记事中占了绝大多数。也由此推知,在表示事件"初始""初创"义时使用"初"字,应该不是司马迁的写作习惯。因为在《史记》中,除了秦史外,其他绝大部分行文,在表示"初始"义时,司马迁更常用"始"字。例如"晋始作三行"③ "晋始作六军"④ "始都咸阳"⑤ "始作长安城西北方"⑥ "始广诸宫室"⑦ "上始郊见雍五帝"⑧ "上始郊见渭阳五帝"⑨ "南夷始置邮亭"⑩ "始用兵车"⑪ "始厚葬"⑫ "始立后土祠汾阴脽上"⑬ "天子始巡郡县"⑭ "始令吏得入谷补官"⑮ 等等。"始"虽与"初"互训,但当一个句式在一部史书中如此集中地使用于某一部分而几乎不见用于其他部分时,其背后的史实仍值得我们思考。

何以一书中会有如此明显差别?于此我们是否可以这样推测:以"初"字句式记述历史,尤其是记述具有创始意义的事件或者制度,本

---

① 《史记》,第1122、1127页。
② 同上书,第3170页。
③ 同上书,第1669页。
④ 同上书,第1678页。
⑤ 同上书,第288页。
⑥ 同上书,第1122页。
⑦ 同上书,第479、1400页。
⑧ 同上书,第1128页。
⑨ 同上。
⑩ 同上书,第1135页。
⑪ 同上书,第1477页。
⑫ 同上书,第1630页。
⑬ 同上书,第461页。
⑭ 同上书,第461、1389页。
⑮ 同上书,第1433页。

是秦国史官特有的记事体例，表明秦国的史官非常重视事件初始发生的时间定位。臆司马迁撰《史记》采用秦史料时，因意义并无区别，也就很自然地将"初"字句式的材料，直接移录至己文中。而在表述非秦国史事时，其文字或司马迁自撰，或另采自他源史料，没了统一规定下的"初"字句式体例，司马迁也就较随意地用"始"等自己习惯的句式表示与"初"相同的意义了。或唯如此，才可解释为什么司马迁叙述秦事时，如此规律统一地使用"初"字句式了。

## 二 司马迁撰秦史有多种史源

根据上文可知，《史记》中与秦国有关的"初"字句式的叙事方式，基本上出自《十二诸侯年表》《六国年表》《秦本纪》和《秦始皇本纪》附录秦世系等四处，且各部分之间也存在差异。[①] 于是，在推定《史记》中与秦史相关的"初"字句式多为秦国旧有的历史记录之后，我们很自然会追问：上述"初"字句式所引出的秦史内容，是否就是《六国年表序》太史公自称所读之"秦记"？

按司马迁《六国年表序》起首即以"太史公读《秦记》"揭其所论，其后又云："余于是因《秦记》，踵《春秋》之后，起周元王，表六国时事，讫二世，凡二百七十年，著诸所闻兴坏之端。后有君子，以览观焉。"[②] 于此可以断定，司马迁撰《六国年表·秦表》时参考了"秦记"。[③] 然而值得注意的是，除上述所谓"因《秦记》"外，司马迁还说道："秦既得意，烧天下《诗》《书》，诸侯史记尤甚，为其有所刺讥也。诗书所以复见者，多藏人家，而史记独藏周室，以故灭。惜哉，惜哉。独有《秦记》，又不载日月，其文略不具。"[④] 这也就是说，因战

---

[①] 由于司马迁称"秦记"记载下限为秦二世，因此这里将《秦本纪》和《秦始皇本纪》的正文部分，视作一个整体。下文所讲的《秦本纪》战国部分也包含《秦始皇本纪》的正文部分。

[②] 《史记》，第685—687页。

[③] 藤田胜久推测，"《史记·六国年表》的结构是以秦国的记录为基础，将这些记录分散在各国年表之中。"详见［日］藤田胜久《〈史记〉战国史料研究》，曹峰等译，上海古籍出版社2008年版，第110页。

[④] 《史记》，第686页。

国各国史书仅有"秦记"保存了下来,那么《秦本纪》远比《秦表》丰富的材料,包括大量带"初"字句式的材料,也只能是源于"秦记"。但是揆之《史记》,其事实远非如此简单。

首先我们考察一下《六国年表·秦表》与《秦本纪》中有关战国的记事,在文本分析的基础上,看看二者取材是否同源。按照常识推断,《六国年表·秦表》与《秦本纪》相关战国的记事,如果都脱胎于一份史料的话,那么两者之间必然不存在矛盾。然而比较的结果显示,二者记事有较大不同。

首先,《秦本纪》所记四位秦君在位年数与《秦表》明显不同,其中《秦表》记灵公在位十年,《秦本纪》记灵公在位十三年;《秦表》记简公在位十五年,《秦本纪》记简公在位十六年;《秦表》记献公在位二十三年,《秦本纪》记献公在位二十四年;《秦表》记庄襄王在位三年,而《秦本纪》记庄襄王在位四年。除此之外,《秦表》记为"出公",而《秦本纪》却记作"出子"。

其次,同一事件,两者所记时间不同,或者详略、表述不同[①]。兹选取部分列表如下:

表1

|  | 《六国年表·秦表》 | 《秦本纪》 |
| --- | --- | --- |
| 厉共公三十四年 | 日食、尽晦、星见 | 日食 |
| 躁公十三年 | 义渠伐秦,侵至渭阳 | 义渠来伐,至渭南 |
| 简公六年 | 初令吏带剑 | 令吏初带剑 |
| 简公七年 | 堑洛,城重泉。初租禾 | 堑洛,城重泉 |
| 献公十八年 | 栎阳雨金,四月至八月 | 栎阳雨金 |
| 二十三年 | 与魏战少梁,虏其太子 | 与魏战少梁,虏其将公孙痤 |
| 孝公八年 | 与魏战元里,斩首七千,取少梁 | 与魏战元里,有功 |
| 十二年 | 初聚小邑为三十一县,令 | 并诸小乡聚,集为大县,县一令,四十一县 |

---

① 详略、表述不同亦有可能是因为司马迁的简写或误写。

有关"秦记"的几个问题

续表

|  | 《六国年表·秦表》 | 《秦本纪》 |
|---|---|---|
| 二十年 | 会诸侯于泽 | 秦使公子少官率师会诸侯逢泽，朝天子 |
| 二十二年 | 封大良造商鞅 | 封鞅为列侯，号商君 |
| 二十三年 | 与晋战岸门 | 与晋战雁门，虏其将魏错 |
|  | （惠文王十三年四月戊午，）君为王 | （惠文君十三年四月戊午，）魏君为王，韩亦为王 |
| 初更二年 | 相张仪与齐楚会啮桑 | 张仪与齐、楚大臣会啮桑 |
| 三年 | 张仪免相，相魏 | 张仪相魏 |
| 五年 | 王北游戎地，至河上 | 王游至北河 |
|  | （十一年，）伐义渠，得二十五城 | （十年，）伐取义渠二十五城 |
|  | （十二年，）公子繇通封蜀 | （十一年，）公子通封于蜀 |
| 昭襄王 | （八年，）楚王来，因留之 | （十年，）楚怀王入朝秦，秦留之 |
|  | （十年，）楚怀王亡之赵，赵弗内 | （十一年，）楚怀王走之赵，赵不受，还之秦，即死，归葬 |
| 二十四年 | 与楚会穰 | 与楚王会鄢，又会穰 |
|  | （三十年，）白起封为武安君 | （二十九年，）白起为武安君 |
|  | （三十四年，）白起击魏华阳军，芒卯走，得三晋将，斩首十五万 | （三十三年，）客卿胡阳攻魏卷、蔡阳、长社，取之。击芒卯华阳，破之，斩首十五万 |
| 四十年 | 太子质于魏者死，归葬芷阳 | 悼太子止魏，归葬芷阳 |
| 庄襄王 | （二年，）蒙骜击赵榆次、新城、狼孟，得三十七城。日食 | （三年，）蒙骜攻赵榆次、新城、狼孟，取三十七城。四月日食 |

再次，《秦本纪》战国记事要比《秦表》丰富，但也有些较为重要的事件，仅仅在《秦表》中出现，而《秦本纪》战国记事却不载。此外，在牵扯到灾异时，《秦表》所记，大多远比《秦本纪》丰富且详细，但也存在一些《秦本纪》详于《秦表》的情况。

通过上述对比，尽管我们依然无法完全肯定二者出自不同史料，但至少可以肯定，司马迁在编纂秦史时，见到过两种或者两种以上的秦史记录，以至于出现上述差异。

## 秦统一的进程与意义

与《六国年表·秦表》不同，《十二诸侯年表》所记秦事与《秦本纪》所记几乎相同。不仅秦君在位年数、君主名号，两者几无差异，而且《年表》所记大事，在《秦本纪》中也都能找到，且更为详细。[1] 因此藤田胜久曾推测，《十二诸侯年表》所记秦事材料，大致不出《秦本纪》所用材料。[2] 二者比较，《十二诸侯年表》所记大事，基本上没有溢出《秦本纪》范围，一些虽稍有差异，也多是采自《左传》的结果，这也就意味着，《十二诸侯年表》所用秦史史料与《秦本纪》同源。

今传《史记》中几篇多采"初"字句式叙事方式的材料中，问题较多的是《秦始皇本纪》附录的秦世系。

关于《秦始皇本纪》附录文字，究竟是在何时被收入《史记》，今已不可得知。至于"附录"材料是否属于司马迁所见之"秦记"，学界自古有不同观点。其中肯定者，如唐张守节、司马贞，南宋吕祖谦等，皆以附录文字出自司马迁所见之《秦记》，然诸人皆无详细论证。至近代，有金德建据"附录"秦世系所记年数与《秦表》相合而推断："《始皇本纪》后面的这篇附录既然能够符合《六国年表》中的《秦年表》，便也可以断定它实际就是《秦记》的节要梗概无疑。"[3] 在金氏之前，孙德谦和王国维也持此种观点，只是没有金氏论述细密。此外，清代梁玉绳在肯定"附录"史料出自司马迁所见之《秦记》的同时，也认为"附录"乃东汉人附加，非司马迁亲为，并引《史诠》及《丹铅录》称："（《史记》）古本自'襄公立'以下低两字别于正文，今本平头刻，殊失其旧矣。而《索隐》以为马迁重列，则误也。"[4]

在否认"附录"为司马迁所撰的论述中，日本学者栗原朋信的考辨最细。栗原朋信认为《秦始皇本纪》附载的记事不会是司马迁看到的"秦记"。从"附录"所记之事的性质看，其或许源自不同系统的

---

[1] 《十二诸侯年表》所记秦事与《秦本纪》相比，有几处不同。如秦灭梁，《秦本纪》在穆公二十年，而《年表》在十九年。但这几处不同，《年表》所记基本上都和《左传》所记相同。
[2] ［日］藤田胜久：《〈史记〉战国史料研究》，第233页。
[3] 金德建：《〈秦记〉考征》，《司马迁所见书考》，上海人民出版社1963年版，第417页。
[4] （清）梁玉绳：《史记志疑》，中华书局1981年版，第193页。

"秦记"。① 此后，日本藤田胜久又进一步论证说："《史记》卷六的《秦始皇本纪》的末尾附载了秦世系资料。这批资料记录了君主名称、享国（在位）年数、生子、都邑、特殊大事等，可以说是一种秦国世系资料。与《史记·秦本纪》《十二诸侯年表》《六国年表》相比，除了若干不同之处，秦君的世系大致上是一致的。不过看其他记载方式，《史记 秦本纪》写为'A生B'、'A卒，子B立'、'几年A卒'等，秦世系则写为'A享国年，葬地，生B'，这表明它们不是同一个资料。而且这批世系资料对秦国以外的其他国家的大事完全没有记载。与《史记》相比记载少得多。根据这一分析可以推测，它虽然是秦国的世系资料，但不是司马迁所利用的《秦记》，是后世附加的资料。"② "但其可信度很高，是在考察"秦记"的性质时可供比较的珍贵资料。"③ 此外，近来还有李开元将"附录"直接称作《别本秦世系》、李零将这部分认为是别本《秦记》④，显然也属于不同意"附录"材料出自司马迁所读之"秦记"的学术阵营。

　　那么应该怎样认识《秦始皇本纪》"附录"的材料所自呢？通过史文的比较，我们发现有两点证据可以用来说明这个问题：其一，比较"附录"的文字，可知其有着不同于《秦本纪》和《六国年表·秦表》的史料来源；其二，比较《史记》史文，可见"附录"所记秦史事具有相当的可靠性。

　　关于第一点，我们认为，如果先不讨论《秦始皇本纪》附录秦世系是否"秦记"的问题，仅辨证"附录"的文字是否与《秦本纪》《秦表》同源的话，答案则是显而易见的，即"附录"显然是别有史源。其理由至少有四点：其一是"附录"记载了一些《秦本纪》《年表》未记之事，如"宣公初志闰月""献公初行为市""献公为户籍相

---

① ［日］藤田胜久：《〈史记〉战国史料研究》，第225页。
② 同上书，第133页。
③ 同上书，第259页。
④ 李开元：《解构〈史记·秦始皇本纪〉——兼论3+N的历史学知识构成》，《史学集刊》2012年第4期；李零：《简帛古书与学术源流》，生活·读书·新知三联书店2008年修订版，第283页。

伍""孝公始都咸阳""惠文王初行钱""昭襄王初为田开阡陌"等等。此外还有惠文王至庄襄王的即位年龄,也是《秦本纪》和《秦表》未记的内容。其二是"附录"部分的历代秦君享国年数、首都、葬地、生子等,与《秦本纪》《秦表》所记相比,更加详细。其三是"附录"部分记有"文公生静公","静公不享国而死,生宪公"等事,而《秦本纪》的记载则是:"文公太子卒,赐谥为竫公。竫公之长子为太子,……文公卒,竫公子立,是为宁公。"其四是从记载方式上看,《史记·秦本纪》的世系形式写为"A生B""A卒,子B立""几年A卒"等,"附录"秦世系则写为"A享国年,葬地,生B",也表明它们不是来自同一个资料。①

关于第二点,即"附录"所记秦史可信的问题。具体证据也有两点:第一,"附录"所记的秦君纪年与《年表》仅差一年,昭襄王以后的秦君在位年数则与《编年记》一致。② 因此,从年数上讲,"附录"所记要比《秦本纪》更准确。第二,"附录"所记静公、宪公的谥号与《秦本纪》《秦表》不同,但1978年陕西宝鸡出土的秦武公时代的秦公钟镈的铭文已证明"附录"所记正确。因该铭文在追述秦先君谱系时称:"秦公曰:我先祖受天命,赏宅受国。烈烈昭文公、静公、宪公,不坠于上,昭合皇天,以虩事蛮方。"③ 与"附录"一致,而不同于《秦本纪》和《秦表》的记载。④

以上两点分析说明,"附录"与《秦本纪》《秦表》记载源于不同史源,且十分可信。同时也证明了藤田胜久所认为的《秦始皇本纪》"附录"部分,是出自司马迁未见或未利用的一份秦史材料的观点。⑤ 当然,这里需要说明的是,"附录"的秦史记录也不是完本,仅仅是被后人用来补充《史记》秦史的材料。

---

① 此说法为吉本道雅先生最先提出,转引自藤田胜久《〈史记〉战国史料研究》,第227页。
② 1975年在湖北云梦睡地虎十一号秦墓出土的竹简《编年纪》(又称《大事记》),编年记载了秦昭王至秦始皇三年(前306—前217)的史事。
③ 卢连成、杨满仓:《陕西宝鸡县太公庙村发现秦公钟、秦公镈》,《文物》1978年第11期。
④ "静""竫"二字亦可能只是写法的区别,而"宁"字为"宪"字传抄误写。
⑤ 藤田胜久:《〈史记〉战国史料研究》,第233页。

有关"秦记"的几个问题

结合上节所考之涉及"初"字句的秦史记录，其《十二诸侯年表》与《秦本纪》所记相同，所参考的秦史材料亦多相同。而《秦本纪》与《六国年表·秦表》则多有抵牾之处，可见司马迁在编纂这一部分历史时，至少参考了两份秦史记录。《秦始皇本纪》附录秦世系，则是司马迁未曾利用的一种秦史记录。于是我们亦可以循此对司马迁所说的"秦记"作进一步思考。

## 三 "秦记"非特称乃泛指秦历史记录

若讨论"秦记"的属性，就必须先对《史记》中最早出现的"秦记"进行分析。按《史记》中"秦记"二字出现凡四次。第一次在《秦始皇本纪》中，李斯曰："臣请史官非秦记皆烧之。"① 后三处则皆见于《六国年表》序文，迻录如下：

> 太史公读《秦记》，至犬戎败幽王，周东徙洛邑，秦襄公始封为诸侯，作西畤用事上帝，僭端见矣。
> 
> 秦既得意，烧天下《诗》《书》，诸侯史记尤甚，为其有所刺讥也。《诗》《书》所以复见者，多藏人家，而史记独藏周室，以故灭。惜哉，惜哉！独有《秦记》，又不载日月，其文略不具。
> 
> 余于是因《秦记》，踵《春秋》之后，起周元王，表六国时事，讫二世，凡二百七十年，著诸所闻兴坏之端。②

关于《秦始皇本纪》中出现的"秦记"，学者们似乎有不同的理解。《史记》校点本仅于"秦"字侧加竖线，表示泛指秦国历史记录之义。显然，校点者不认为这里的"秦记"与《六国年表》中的"秦记"相同，因为后者是被校点者施以书名号表示特定书籍的。但是，也有学者或许认为《秦始皇本纪》中提到的"秦记"是部特定史著，

---

① 《史记》，第255页。
② 《史记》，第685—687页。

343

秦统一的进程与意义

因而在引用《史记》此段文字时即不以点校本为准而施之以书名号。①

除《秦始皇本纪》中出现的"秦记"外,关于《六国年表》中出现的"秦记"的属性,学界的意见也不尽相同。其中唐司马贞肯定地说,《秦记》"即秦国之史记也"。②金德建亦称:"《秦记》是西周末年至春秋战国时期,秦国的史官们所纪载下来的一部史籍。"③王子今也认为:"现在已知秦国官修史书,是所谓《秦记》。"④这部分学者基本上认同《六国年表》所说的"秦记"是特指秦国官修的一部史书。⑤

较早对"秦记"特指一部史著表示怀疑的是宋元之际的马端临。他在《文献通考》中曾怀疑道:"今下令焚《诗》《书》而曰'史官非秦记皆烧之',则《秦誓》《秦风》亦'秦记'也,独非《诗》《书》乎。"⑥似乎认为"秦记"应是指秦国的历史文献,并非特指一部史著。但马端临毕竟只是隐约怀疑而非肯定。到了近代后就不同了,先是日本学者栗原朋信对"秦记"的性质明确表示怀疑并作出论证。其后是藤田胜久,通过分析《秦本纪》《秦始皇本纪》附录秦世系、《十二诸侯年表》《六国年表》等篇章,明确指出:"'秦记'不是一种贯通秦史且性质统一的资料,而是一种资料群,这些资料的性质根据时代背景而有变化。这些资料是秦侯以后一直可以看到的世系资料,文公以后秦国内部祭祀、讨伐为主要内容的'史'记录,献公、孝公、惠文王以后的大事记形式的记录。"⑦支持这种观点的还有李开元等。⑧

概括说,围绕着"秦记"属性质认识,存在两种对立的意见:一

---

① 如王子今:《〈秦记〉及其历史文化价值》,载秦始皇兵马俑博物馆(论丛)编委会编《秦文化论丛选辑》,三秦出版社2004年版,第231页;张文立:《秦始皇的文化思想与文化政策》,载秦始皇兵马俑博物馆(论丛)编委会编《秦文化论丛选辑》,第118页。
② 《史记》,第688页。
③ 金德建:《〈秦记〉考征》,《司马迁所见书考》,上海人民出版社1963年版,第415页。
④ 王子今:《〈秦记〉及其历史文化价值》,载秦始皇兵马俑博物馆(论丛)编委会编《秦文化论丛选辑》,第230页。
⑤ 此外,何汉《秦史述评》等著作也持这种观点。
⑥ (宋)马端临:《文献通考》,中华书局1986年影印本,第1502页。
⑦ 藤田胜久:《〈史记〉战国史料研究》,第258页。
⑧ 李开元:《解构〈史记·秦始皇本纪〉——兼论3+N的历史学知识构成》,《史学集刊》2012年第4期。

是认为《秦记》就是秦国一部系统性史书;二是认为"或许'秦记'指的并不是经过某种编纂而形成的书籍,只是'秦国的记录'"。① 比较两种意见,我们更认同第二种意见。因为第一种观点存在一个无法解决的问题,即"秦记"若是一部系统的秦史记录,那为什么《史记》在记载不与其他国家相涉的秦史事时,会有如此之多的抵牾。相反,如果按第二种意见,将"秦记"视为秦国历史记录的总称,对于《史记》秦史的抵牾也就有了相对合理的解释。因为司马迁撰《史记》本来就有一个"疑则传疑"的原则,通常在遇到不同史料记载冲突抵牾时,并不轻易改动史料,而是保留不同史料记载的矛盾。这个原则虽然有时会使一些史事的叙述在不同篇章间存在矛盾,在一定程度上影响到整体叙述的统一性和连贯性,但这也确实是司马迁"盖其慎也",为古今中外许多史家激赏的科学态度。

论证"秦记"是泛指秦国的历史记录而非特指一部名《秦记》的史著,除了正面比较《史记》各部史实叙述是否存在抵牾矛盾外,还可循着史官制度的途径迂回考察秦国是否存在不同的史官体系,迂回证明秦存在有多种历史记录的可能性。

就制度层面讲,先秦诸侯国皆设众多史官,且随史学文化的发展,至春秋之时,"历史记载的内容和形式出现多方面发展的倾向"②,这是学界的共识,秦国自然也不例外。有关秦的史官制度,史籍并无明确记载。《史记》只称秦于文公十三年(前753)"初有史以纪事"③,并记载当时有史敦为秦文公解梦④。缪公初立时,曾经过病卧五日不寐,寐即梦上帝命之平晋乱之事,此遂为"史书而记藏之府"⑤。当然关于此时之"史"的设置详情及"史"的记事形式,史籍并没有具体的记载,

---

① 藤田胜久:《〈史记〉战国史料研究》,第224页。
② 白寿彝主编:《中国史学史》,北京师范大学出版社2004年版,第13页。其时历史著述形式多样化的趋势是很突出的,如《国语·楚语上》记载,楚大夫申叔教导太子曾有《春秋》《世》《诗》《礼》《乐》《令》《故志》《语》《训典》等多种教材,其中《春秋》《世》《令》《故志》《语》《训典》等,都是与历史有关的记录。
③ 《史记》,第179页。
④ 《史记》,第1358页。
⑤ 《史记》,第1360页。

但我们从相关史籍中透露的点滴消息，仍能拼凑出一些大致面目。其中明确者，如《史记·张丞相列传》称："张丞相苍者，阳武人也，好书律历，秦时为御史，主柱下方书。"《集解》引如淳曰："方，版也，谓书事在版上也。秦以上置柱下史，苍为御史，主其事。或曰四方文书。"[1] 又《史记·廉颇蔺相如列传》记秦、赵渑池会盟，有"秦御史前书曰：某年月日，秦王与赵王会饮，令赵王鼓瑟"[2] 的记载。可知秦曾仿周制设柱下史，以御史为长官，"所掌及侍立恒在殿柱之下"，或记王言行，或"明习天下图书计籍，主郡上计"[3]。又有太史令，属奉常。《汉书·百官公卿表》云："奉常，秦官……属官有太乐、太祝、太宰、太史、太卜、太医六令丞。"秦太史见载者有胡母敬，曾撰《博学》七章，著录于《汉书·艺文志》[4]。又有内史。《史记·秦本纪》有"（秦）缪公退而问内史"的记载[5]；《秦始皇本纪》有秦王政九年平嫪毐、车裂内史肆"灭其宗"和"十七年，内史腾攻韩"的记载[6]。当然，这里面的内史，从记载的情况看，其职责已从掌书王命转向或参谋机要，或派出参掌军政之职了，但从设置之初衷乃效仿周王室而为，以及宗周内史乃掌郊祀而秦始"作西畤用事上帝"是在秦襄公"始封诸侯"之时，两点来看，掌祭祀的内史之设，很可能也是在襄王时期，即较秦文公十三年"初有史以纪事"还要早。而若从秦始有确切君王在位年数始于秦侯时期这点推断，则秦有专门"记载统治者的世系和昭穆关系的""世"类史书的时间[7]，可能会更早。司马迁所谓秦文王十三年"初有史以纪事"或特指专门的成体系、成规模的史著，而秦亦因此"民多化之"——秦文明发展进入一个新阶段？

---

[1] 《史记》，第 2675 页。
[2] 《史记》，第 2442 页。
[3] 《史记》，第 2675—2676 页。
[4] （汉）班固：《汉书》，中华书局 1962 年点校本，第 1721 页。又《史通·史官建置》亦有"至秦有天下，太史令胡母敬作《博学章》"之说。见（清）蒲起龙《史通通释》，上海古籍出版社 1978 年版，第 305 页。
[5] 详见《史记》，第 193 页。
[6] 详见《史记》，第 227、232 页。
[7] 王树民：《中国史学史纲要》，中华书局 1997 年版，第 11 页。

不管如何认识秦"初有史以纪事",上述事实表明,秦大致从秦侯时开始仿宗周设置史官,从简单记述世系到后来逐渐完备成不同的史官系统,各自承担着互不统属的历史记录,其结果是留下了多种不同的秦史记录,而这点也是有事实支持的,至少《汉书·艺文志》著录有《奏事》二十篇,注称"秦时大臣奏事及刻石名山文也"①,即记言之史籍。而 1975 年在湖北云梦睡地虎十一号秦墓出土的竹简《编年纪》(又称《大事记》),编年记载了秦昭王至秦始皇三年间(前 306—前 217)的史事,则为秦存在多种史籍提供了有利的物证。这些当然都可能是司马迁《史记》秦史部分的史料来源,即皆可能是"秦记"——秦国的历史记录。表明"秦记"不是特指一部秦史还有一个证明,就是《汉书·艺文志》在著录《奏事》的同时,于所谓《秦记》却无只言片语言及,后代的《隋书·经籍志》亦未著录《秦记》。

当然也有学者,如金德建、马非百等认定《秦记》在魏晋时尚流传于世。金先生称:"挚虞、常璩都是晋时候的人,都曾经看见过《秦记》,这说明《秦记》这部史籍到魏、晋时候还是保存的。"②马先生称:"《秦记》一书,不仅为《史记》之所自出,且其本书,直至魏晋时,犹未废也。"③按金、马二先生引用的证据都有《太平御览》卷六八〇引挚虞《决疑录要注》:"世祖武皇帝因会问侍臣曰:'旄头之义何谓耶?'侍中彭权对曰:'《秦记》云:国有奇怪,触山截水,无不崩溃,唯畏旄头。故使虎士服之,卫至尊也。'中书令张华言:'有是言而事不经。臣以为壮士之怒,发踊冲冠,义取于此也。'"④

对于金、马二先生对《秦记》的论证,有学者,如倪晋波,明确反对,而证据则基于对挚虞所引材料的质疑。按关于挚虞所引,《宋书》亦有类似记载,且录有徐爰评论,曰:"彭、张之说,各有意义,

---

① 《汉书》,第 1714 页。
② 金德建:《〈秦记〉考征》,《司马迁所见书考》,第 423 页。
③ 马非百:《秦集史》,中华书局 1982 年版,第 530 页。
④ (宋)李昉等撰:《太平御览》卷 680《仪式部一·旄头》,中华书局 1985 年影印本。《三国志》裴松之注、《后汉书》李贤注、《隋书·经籍志》皆作《决疑要注》。

无所承据。"① 反对者即据此认为："徐爰明白地指出彭推所言的秦国怪兽故事'无所乘据'，就是说，它并不是来自《秦记》。"并通过樊绰《蛮书》引《秦纪》之语，与《史记集解》引徐广注相同，且徐广并未言其说出自《秦纪》为据，论证说："以此观之，挚虞《决疑要注》所谓'《秦记》'云云，很可能也是据前人之言附会而成的。"②

挚虞引《秦记》所云怪诞之事是否真的"无所乘据"，是否"是据前人之言附会而成"？我们认为事实并非如此简单。按樊绰为唐懿宗时人，所著《蛮书》曾说："按《秦纪》，始皇十八年，巴郡（都）出大人，长二十五丈，一夫两妻，号曰左右也。"③而《史记》"秦始皇本纪十八年"条下《集解》引徐广注亦有"巴郡出大人，长二十五丈六尺"④之说。说明挚虞所引并非无据。至于沈约《宋书》，乃在徐爰所撰宋史基础上编纂而成。且挚虞生活年代要早徐爰近百年，故用徐爰之语否定挚虞，显然不太有说服力。至于张华所谓"有是语而事不经"，仅仅否定彭权所引《秦记》内容"不经"，并未否定"有是语"。而《蛮书》所引，也较徐广所述多"一夫两妻，号曰左右也"等语，显然并非直接引自徐广，或另有所本。⑤况且王子今通过对秦纪事的分析，亦认为秦人记事有语颇"不经"的文化现象。⑥这正说明，倪晋波所驳魏晋时有《秦记》流传的论证并不那么有力。

魏晋时提及《秦记》的，除了《决疑要注》外，还有《胡综别传》也讲到了《秦记》。《太平广记》卷一九七《博物一》引《胡综别传》称："胡综博物多识。吴孙权时犹掘地得铜匣长二尺七寸，以琉璃为盖，雕镂其上。得一白玉如意，所执处皆刻龙虎及蝉形，时莫能识其

---

① （南朝）沈约：《宋书》，中华书局1974年版，第500页。
② 倪晋波：《失落的秦人国史——〈秦记〉探赜》，《咸阳师范学院学报》2010年第1期。
③ （唐）樊绰著，向达原校，木芹补注：《云南志补注》，云南人民出版社1995年版，第142页。《云南志》《云南记》《蛮书》《南蛮志》等，均为同书异名。
④ 《史记》，第233页。
⑤ 在《年表》及《秦本纪》中，《集解》所引徐广注，曾记载有多处秦君即位的具体干支，而他处均未见，或许是徐广引自"秦记"。如《秦本纪》记"献公元年"，徐广即加注释，称"丁酉"。
⑥ 王子今：《〈秦记〉及其历史文化价值》，载秦始皇兵马俑博物馆（论丛）编委会编《秦文化论丛选辑》，第230页。

所由者。权以综多悉往事，使人问之。综云：'昔秦始皇东游，以金陵有天子气，乃改县名，并掘凿江湖，平诸山阜，处处辄埋宝物以当王土之气，事见于《秦记》。此盖是乎？'众人咸叹其洽闻而怅然自失。"①

魏晋时如此多的著述皆提到《秦记》，而我们前面通过对《史记》所述秦事的考证，并以《汉书·艺文志》未著录《秦记》为辅证，确切地论证了所谓"秦记"并不是特指一部史著，而应是泛指秦国的历史记录，于是这样便有一个如何解释魏晋人所说的《秦记》的问题。合理的解释只能是班固以后，汉及魏晋人确实曾裒辑秦国史料辑集为书，名曰"《秦记》"，而其中的一些故事，因各种原因又被收入一些魏晋著作，胡综等三人所称引的"《秦记》"或即从这些著作转引而来。

最后还要说明一点，即统称为"秦记"的秦国历史记录其实是残缺不全的。首先，秦仲以后，献公以前，仅记有穆公、康公二君之名。其次，《秦本纪》记载有宁公即位年龄，再次出现秦君即位年龄的是秦孝公。②《秦始皇本纪》附录秦世系将《秦本纪》未录的惠文王至庄襄王的即位年龄，采用"生××年而立"的形式，都进行了记载。然而，宁公以后、孝公以前的，也并没有记载。这两点说明，秦国历史记录，或许确实因为秦末战乱，毁掉了一部分。抑或也是司马迁称所谓"独有'秦记'，又不载日月，其文略不具"的缘由？

(原载《史学史研究》2016年第4期)
(北京师范大学历史学院)

---

① 然《胡综别传》并不见于正史艺文志。
② 《秦本纪》记载了惠公子出子的出生时间及立年，但未采用"生××年而立这种形式。"《六国年表》记载，怀公元年生灵公，四年以后灵公元年生献公，明显有误。

# 进山还是入海：战国秦汉海洋隐逸的历史记载[*]

曲柄睿

## 一 进山与入海：战国秦汉隐逸的地域特征

战国秦汉时期的文献中出现了大量的隐逸人士。上有尧舜时代的巢、由，中有殷周之际的伯夷、叔齐，下有汉代大量的节士与处士，构成规模颇为可观的逸民群体。至晋皇甫谧作《高士传》，录入著名者约96人，可以视作对战国秦汉隐逸的总结。

这些隐士往往隐居于山林。如许由隐居在箕山，后代以"箕山之志"形容士人高隐。伯夷、叔齐隐居首阳山，义不食周粟。范晔《后汉书》载东汉郡守举孝廉，要寻访所谓"山泽隐滞"[①]。山林、山谷、山泽和隐逸紧密联系，成为一种经典的文化符号[②]。《韩诗外传》写作"朝廷之士为禄，故入而不能出。山林之士为名，故往而不能返"[③]。隐逸和山林的关系，被解释经典的传记采纳而定型。同样在诗人笔下，山林成为归隐的当然居所。所谓"少无适俗韵，性本爱丘山"；所谓"采

---

[*] [基金项目] 本文是国家社科基金重大项目"秦统一及其历史意义再研究"（14ZDB028）及中国博士后科学基金面上资助项目"先秦史论的形成及其影响"（2015M581014）的研究成果。

① 《后汉书》卷56《张王种陈列传》，中华书局1965年版，第1826页。

② 范书中隐逸所居之处有所谓"山泽不必有异士，异士不必在山泽"，早于范晔的袁宏《后汉纪》则表述为"夫异士必居山谷，但其居处异耳，德未必有也。处人间而有异人不知，己独知之，乃奇耳"。袁宏撰，李兴和点校：《袁宏后汉纪集校》卷22，云南大学出版社2008年版，第267页。

③ 韩婴撰，许维遹校释：《韩诗外传集释》卷5，中华书局1980年版，第200页。

## 进山还是入海：战国秦汉海洋隐逸的历史记载

菊东篱下，悠然见南山"，都是将山林作为寄情骋怀的理想之处加以书写讴歌的。

战国秦汉，另有一类隐逸却不为人所重视，那便是海洋隐逸。《韩非子》载吕尚初封于齐，便斩杀齐东海上居士狂矞、华士。据说二人"不臣天子，不友诸侯，耕作而食之，掘井而饮之"[①]，正是隐逸之流。"东海"的地理信息，标识出二人隐逸类型的独特。

海洋隐逸多出现在齐地等滨海地域。虽然齐国早已通鱼盐之利，但海岸附近仍是绝远之地，人烟稀少。《史记·田敬仲完世家》载田氏流放齐康公于海上，食一城[②]。战国时鲁仲连劝说燕将不成，亦"逃隐于海上"[③]。齐地也是浮海隐逸的主要目的地。范蠡在勾践灭吴以后，便"自与其私徒属乘舟浮海以行"，他隐居的地点，便是齐地[④]。

齐地以外辽阔的海洋，是容纳政治斗争失败者的天然场所。战国时期的田横五百士[⑤]、新莽时期的琅琊吕母[⑥]都是在天下大乱之际隐匿于海洋，并伺机参与到中原的战争中来。类似的例子还有吴楚七国之乱时胶西王太子刘德。其时吴王刘濞已然身死，汉兵围临淄。胶西王准备降汉，太子刘德反对，理由是"汉兵远，臣观之已罢，可袭，愿收大王

---

[①] 王先慎撰，钟哲点校：《韩非子集解》卷13，中华书局1998年版，第315页。
[②] 《史记》卷46《田敬仲完世家》，第1886页。
[③] 《史记》卷83《鲁仲连邹阳列传》，第2469页。
[④] 《史记》卷41《越王勾践世家》，第1752页。
[⑤] 汉王朝初立之际，齐国贵族田横率领"徒属五百余人入海，居岛中"，试图脱离汉的管理。用田横自己的话说便是"臣亨陛下之使郦生，今闻其弟郦商为汉将而贤，臣恐惧，不敢奉诏，请为庶人，守海岛中"（《史记》卷94《田儋列传》，中华书局1959年版，第2647页）。这追随田横的五百人，后来都表现出对田横坚定的忠诚，并非普通的仆役驱使之辈。可以推测，为他们从事生产服务的人员应该远非此数。
[⑥] 吕母纠合贫穷少年百余人，攻海曲县，遇官府围剿则"引兵入海"，数量发展至万余人。《后汉书》记载此事更详细，其文曰"（少年）因与吕母入海中，招合亡命，众至数千。吕母自称将军，引兵还攻破海曲，执县宰……遂斩之，以其首祭子冢，复还海中"（《后汉书》卷11《刘玄刘盆子列传》，第477页）。海洋在吕母的军事行动中同时发挥了反攻基地和战略纵深的作用。成百上千的叛军不会都生活在海岛中，必然与沿岸居民互通有无。沿岸居民为隐居于海岛上的叛军提供物资和军事信息，叛军则相机登陆作战，失利则返回海岛。海岛与滨海沿岸的军事互动情形，参见王子今《战国秦汉即墨形势的海洋地理学分析》，《重庆师范大学学报》2014年第6期。

余兵击之,击之不胜,乃逃入海,未晚也"①。

海洋也是隐居避世的当然之选。最为著名的例子是孔子所言"道不行,乘桴浮于海"。在孔子发表此类决心以前,鲁国已经有"少师阳、击磬襄入于海"的事件发生②。看来浮海隐逸,对齐鲁之人来说并不陌生。

少师阳、击磬襄和孔子的浮海充满一种彻底的放逐感。隐逸者丧失对政治的信心,决定走上自我流亡道路。山林隐逸身上虽然同样存在类似感觉,但是体现得不那么明显。而且,有许多山林隐逸往往在寄托山水之间关注朝野动态,时机成熟时便会回到世俗之中。而浮海之后似乎很难获得陆地上的消息,相比之下,海洋隐逸有着更坚强的决心。

与之相匹配的是,战国秦汉文献和观念中,海洋是多与仙人联系在一起。走向海洋,或多或少都有寻求解脱的意味。如卢敖寻访仙人的故事,可以反映出海洋与仙界的紧密联系。此仙人隐居于北海之外。《淮南子》载卢敖"游乎北海,经乎太阴,入乎玄关,至于蒙谷之上",在那里他见到了仙人。据说仙人看见卢敖后,旋隐匿于山后,"方倦龟壳而食蛤梨"③。根据高诱注,蛤梨即是海蚌。仙人的居所和饮食非常符合典型沿海居民的特征。

大规模探索海洋的记录出现在文献中,始于秦始皇统一六国。同样根据高诱注,卢敖是秦始皇的求仙使者,《史记·秦始皇本纪》称其为卢生。他先后为秦始皇入海寻找羡门、高誓等仙人,甚至还从海中带回了"亡秦者胡也"的鬼神图书。至东晋葛洪的《神仙传》,直接将《淮南子》中的记录写为"燕人卢敖,秦时游于北海"④。葛洪清楚交代了卢生的姓名、籍贯以及活动时代,使这个故事不再是零散的片段,而成为秦统一之后探索海洋历史记忆的一个有机构成。

---

① 《史记》卷106《吴王濞列传》,第2835页。汉武帝时征伐闽越,其国王子与大臣相谋,亦有类似的逃海计划。见《史记》卷114《东越列传》,第2981页。
② 《论语·微子》记载诸人散于四方,孔安国注:"鲁哀公时,礼坏乐崩,乐人皆去。"(《十三经注疏》,中华书局1980年版,第2530页)则鲁地亦有浮海隐逸的先例。
③ 刘文典撰,冯逸、乔华点校:《淮南鸿烈集解》卷12,中华书局1989年版,第406页。
④ 葛洪撰,胡守为校释:《神仙传校释》,中华书局2010年版,第5页。

进山还是入海：战国秦汉海洋隐逸的历史记载

卢敖遇见仙人之处乃是"北阴"之地，远在六合之外，并非皇权掌控的"海内"之地①。仙人对卢敖所说"子中州之民，宁肯而远至此"，表现出海洋与内陆的对立，这种对立成为解读种种关于海洋隐逸书写的钥匙。文献中的海洋，似乎是通往另一个世界的大门，或者海洋就是一个不同于内陆的独立王国。浮海，可以视作隐逸的终极选择。

## 二 遭到批判的海洋隐逸

记载海洋隐逸的文献最早形成于战国时期。此时诸侯纷争不断，各国为统一天下，争取军事、政治上的胜利，往往鼓吹政权应加强对基层民众的控制，国家必须增强集权，正所谓"民齐者强，民不齐者弱"②。

相应的，隐逸之士如果能顺应这一潮流，则能够在历史记载中获得积极的评价；反之，则被目为无用之民被贬抑。海洋隐逸或是不容于朝的政治斗争失败者，或是彻底丧失了政治信心者，或是修仙求解脱者——都被归入被批判贬抑的行列。

《韩非子》记载的吕尚诛杀海边隐士狂矞、华士一事，透露出战国时各国加强人口控制的痕迹，很可能是虚构的。《战国策》中赵威后建议齐王诛杀隐士於陵子仲之事与之类似。赵威后口中的於陵子仲，"上不臣于王，下不治其家，中不索交诸侯"，是"率民而出于无用者"，与《韩非子》中的狂矞、华士"不臣天子，不友诸侯"相同。可以推测，这是战国时期历史记载，对海洋隐逸或类似不能为国所用的隐士，所采取的通行书写模式。

赵威后对齐国另一位处士钟离子却有截然相反的态度。她描述钟离子"有粮者亦食，无粮者亦食；有衣者亦衣，无衣者亦衣"③，助王养民，乃是国家安定的有利因素。很明显，国家并不反对隐逸，但要求隐

---

① 王子今：《上古地理意识中的"中原"与"四海"》，《中原文化研究》2014 年第 1 期。王子今：《秦汉人世界意识中的"北海"和"西海"》，《史学月刊》2015 年第 3 期。
② 王先谦撰，沈啸寰、王星贤点校：《荀子》卷 10《议兵篇》，中华书局 1988 年版，第 271 页。
③ 刘向集录：《战国策》卷 11，上海古籍出版社 1998 年版，第 418 页。

逸能为国所用。

在战国征伐的背景下，历史记载中的隐逸之士，以能否保证国家富强，于不断的军事行动中起到稳定后方民众的作用为第一使命。所谓的山林隐士，往往是那些在地方上有很大影响力之人，他们在一定程度上可以帮助国家安集地方。相比较而言，海洋隐逸不仅人数少，且多处于人迹罕至的滨海地域，更在精神上与国家政权对立，显然不能发挥代替国家团结地方民众的作用。他们与战国时期的社会发展潮流相违背，处在被批判的地位[①]。

## 三 战国秦汉东西对立格局与海洋隐逸记载

战国时出现的批判海洋隐逸的声音，固然与海洋隐逸不符合诸侯们追求统一的潮流有关。但也并非只有这一种声音存在。前文引述的齐地等滨海地域，对待海洋隐逸的态度就宽容得多。对待海洋隐逸的不同态度，反映了东西方政治文化的对立。海洋隐逸代表了东方齐鲁地区崇尚舒缓阔达的政治传统，这一传统与三晋、秦地严整急促的政治风格迥然有别[②]。

秦汉及以前的中国政区地理格局，以东西对立最为明显[③]。秦始皇虽然统一了六国，但是对于东方各国，仍抱有敌对态度。秦人的历史书写中，六国以非正义的面貌出现，它们"贪戾无厌，虐杀不已"。秦始皇则是广阔海洋以内百姓的拯救者，他"烹灭彊暴，振救黔首"，由此实现了"甾害绝息，永偃戎兵"的太平境界。

秦刻石中，往往强调秦始皇抵达海滨，突出表明秦对滨海地域的控

---

[①] 阎步克指出，法家对官僚帝国的设计，使"一切非秩序的活动都应加厉禁"，特别是"隐居不仕者也应加诛杀"。阎步克：《士大夫政治演生史稿》，北京大学出版社1996年版，第177页。

[②] 《荀子·议兵篇》描述秦国"其生民也陿阸，其使民也酷烈"，民众战斗力强；而齐国则提倡个人勇力，不重视民众排编选练，遇恶战"若飞鸟然，倾侧反覆无日"（《荀子》卷10，第271、273页）。王子今指出战国秦汉之际，秦俗刻薄，齐俗舒缓，两地文化存在明显差异。王子今：《秦汉区域文化研究》，四川人民出版社1998年版，第283—289页。

[③] 傅斯年：《夷夏东西说》，《民族与古代中国史》，河北教育出版社2002年版。史念海：《论我国历史上东西对立的局面和南北对立的局面》，《中国历史地理论丛》1992年第1期。

制。如琅琊刻石"东抚东土,以省卒士。事已大毕,乃临于海";之罘刻石"皇帝东游,巡登之罘,临照于海"①。海洋更是以秦统治的极限的面貌出现的②。征服海洋,征服临近海洋、依托海洋的东方列国,才能彻底标志秦国的统一。

秦始皇统一以后,推衍五德,定秦为水德,"更名河曰德水,以为水德之始"③。秦君臣没有将百川汇流之大海作为德运之始。秦始皇心中的海洋,似乎是异文化的代表,以对立的形象出现。据说秦始皇梦与海神战,而后便"令入海者赍捕巨鱼具,而自以连弩候大鱼出射之"④。东西文化的对立,至此得到为最形象的书写。

中国早期的政区地理东西对立的格局,造就了文献撰述模式的差异。蒙文通注意到,《韩非子》载吕尚事为"文王举太公于渭滨",而后《吕氏春秋》和《史记·齐世家》亦承袭《韩非子》的记载。由此他勾稽战国时期史学传统略有三系,东系以《孟子》为代表,北系以《韩非子》为代表,南系以《楚辞》为代表。三系之差异,在于对相同历史人物、历史事件或历史世系解释不同⑤。将此讨论置于古代中国东西对立格局下加以观察,东系和北系的差异可视作内陆与海洋,西方与东方的差异。

《战国策》《韩非子》中批评於陵子仲、华士的论说,在《荀子》中亦有体现。《荀子》中於陵子仲又作田仲、陈仲,是一个欺世盗名之徒。《不苟》称"盗名不如盗货。田仲、史䲡不如盗也";《非十二子》称"其持之有故,其言之成理,足以欺惑愚众,是陈仲、史䲡也";《宥坐》托孔子之口称自古如华仕(士)者七人,与鲁之少正卯异世同心,为"小人之桀雄",不可不诛⑥。《荀子》不留情面地批评海洋隐逸,同样是站在东西方对立的立场上。考虑到韩非与荀子的师承关系,

---

① 《史记》卷6《秦始皇本纪》,第245、249页。
② 王子今:《略论秦始皇的海洋意识》,《光明日报》2012年12月13日。
③ 《史记》卷6《秦始皇本纪》,第238页。
④ 同上书,第263页。
⑤ 蒙文通:《中国史学史》,上海古籍出版社2006年版,第19—22页。
⑥ 王先谦撰,沈啸寰、王星贤点校:《荀子》卷2《不苟篇》、卷3《非十二子篇》、卷20《宥坐篇》,第52、92、521页。

以及二人的三晋背景,《韩非子》批评於陵子仲与华士之论,很可能本诸《荀子》,二书对海洋隐逸的批判,亦根源于东西方的对立格局。

比较而言,孟子虽然不赞成於陵子仲忽视礼而追求廉洁的极端作法,但仍认为他是齐国士之巨擘①,与《荀子》《韩非子》《战国策》的态度有所区别。东方的话语体系中,类似於陵子仲的行为还被认为值得鼓励。《吕氏春秋·士节》载齐有贤曰北郭骚者,"其义不臣乎天子,不友乎诸侯,于利不苟取,于害不苟免",为晏子所重。《不侵》载齐士公孙弘,向秦昭王称赞孟尝君好士,有"义不臣乎天子,不友乎诸侯,得意则不惭为人君,不得意则不肯为人臣"者三人②。所谓"不臣乎天子,不友乎诸侯"乃是赵威后口中的"率民而出于无用者",反而成为晏子、孟尝君的座上宾。足见东西方对类似人物态度的不同,亦能看出不同地域文献记载的倾向。

东方滨海地域的历史记录顽强保留着海洋隐逸的传统。《孟子》的例子值得讨论,其文曰:

> 伯夷辟纣,居北海之滨。闻文王作,兴曰:"盍归乎来,吾闻西伯善养老。"太公辟纣,居东海之滨。闻文王作,兴曰:"盍归乎来,吾闻西伯善养老。"③

《孟子》设定伯夷隐居之处是"北海之滨",此种说法不见于先秦其他诸子的记载,应该是存在齐鲁之地的传说。同样,《史记》载齐人刘敬游说刘邦应都关中时说道:"吕望、伯夷自海滨来归之"④,也是本诸《孟子》和齐鲁之地固有的说法。

《孟子》中对舜的隐逸记载也值得玩味。其文曰:

---

① 见《孟子·滕文公下》、《尽心上》,《十三经注疏》,第 2715、2769 页。
② 许维遹撰,梁运华整理:《吕氏春秋集释》卷 11《士节》、卷 12《不侵》,中华书局 2009 年版,第 262、271 页。
③《孟子·离娄上》,《十三经注疏》,第 2768 页。
④《史记》卷 99《刘敬叔孙通列传》,第 2715—2716 页。

> 舜视弃天下犹弃敝蹝也。窃负而逃，遵海滨而处，终身䜣然，乐而忘天下。①

这是孟子回答桃应，如若瞽瞍杀人，舜将何以自处的答案。孟子心中，隐居于海滨，应该是人生至乐的生活境界了。孟子对待海洋隐逸的态度，和内陆学者截然不同。

## 四　海洋隐逸记载的更改与消解

秦汉以后，政治上的东西一统已经完成，文化上的东西一统也有所推进②。这一过程中，东方的滨海地域和海洋隐逸，是以被压抑和被弱化的形象出现的。

部分涉及海洋的记载，往往采取内陆胜过海洋的立场。从内陆视角入手，解释海洋上种种异象，通过与内陆情况相比附得出结论。而且记载中的解释者多是内陆的学者。种种作法似乎表明，内陆终究是胜过海洋一筹的。

比较明显的改动海洋隐逸的例子，是伯夷、叔齐隐居之所的变化。据《孟子》，伯夷、叔齐逃避王位，先隐居于"北海之滨"，而后西行从周文王。《史记》从《韩诗外传》和《吕氏春秋》记载传统，书伯夷、叔齐为孤竹君之子。孤竹国在辽西，确为滨海之地③。这一记录与《孟子》并无龃龉。之后《史记》记录了伯夷叔齐见周文王不果，遂隐居首阳山。

只不过，综合《孟子》和《史记》的记载，伯夷、叔齐有两次隐居。《孟子》记载二人隐居于北海之滨，《史记》记载二人为耻武王伐纣而隐。伯夷、叔齐北海之滨这次隐居被《孟子》记录为"避纣"，实

---

① 《孟子·尽心上》《十三经注疏》，第2769页。
② 胡宝国在《史记与战国文化传统》一文中指出，政治上结束战国实在秦代，而文化上结束战国却是在汉代。胡宝国：《汉唐间史学的发展》，商务印书馆2003年版，第8页。
③ 参见李学勤《试论孤竹》，(《社会科学战线》1983年第2期)及王玉亮《试论孤竹的地望及"疆域"》(《沈阳教育学院学报》2000年第4期)两文。

际是二人互相推让国君之位后的隐居。这以后二人听说周文王善养老，才前往西岐，方有隐居首阳之事。自《史记》以来，学者或者忽视了《孟子》记载的二人北海之滨的这次隐居，或将两次隐居混为一谈。

《史记》是忽视伯夷、叔齐第一次隐居最有影响力的文献，它记载伯夷、叔齐隐居史实如下：

> 伯夷、叔齐，孤竹君之二子也。父欲立叔齐，及父卒，叔齐让伯夷。伯夷曰："父命也。"遂逃去。叔齐亦不肯立而逃之。国人立其中子。于是伯夷、叔齐闻西伯昌善养老，盍往归焉。及至，西伯卒，武王载木主，号为文王，东伐纣……而伯夷、叔齐耻之，义不食周粟，隐于首阳山，采薇而食之。①

二人逃父命后隐居何处呢？《史记》未表，且从行文看来，似乎二人径直追随周文王。如此就将《孟子》关于二人隐居海滨的记载轻轻带过。

《史记正义》则将西部的首阳和东部的北海之滨联系起来，将伯夷、叔齐两次隐居合而为一。张守节列举学者讨论"首阳"之地究竟位于何处的见解有五种两类：庄子的岐阳西北说，曹大家的陇西说，戴延之的洛阳说，都认定首阳山在内陆；《孟子》"夷、齐避纣，居北海之滨"，《说文》称首阳在辽西，二者相合而证首阳山在海滨②。很明显张守节对《说文》理解有误。《说文》载位于辽西的是"崵山"，而不是"首阳山"；反倒是在"渭"下注明"水出陇西首阳渭首亭南谷"③，与曹大家认识的首阳位置一致。张守节将伯夷、叔齐两次隐居地混为一谈的失误提供了一种思考方向：学者们似有意若无意地忽视伯夷和叔齐曾隐居海滨的事实。

伯夷、叔齐隐居海滨一事，在强大的山林隐逸记载传统面前，逐渐

---

① 《史记》卷61《伯夷列传》，第2123页。
② 此外还有马融的河东说，为《集解》所引，亦将首阳位置定于内陆。《史记》卷61《伯夷列传》，第2124页。
③ 许慎撰：《说文解字》9下、11上，中华书局1963年版，第190、225页。

消镕,乃至瓦解,预示着在天下一统,西胜于东的政治环境下,海洋隐逸的记载终究要向内陆传统回归。

东方朔的例子亦可以作为佐证。褚先生所补《史记·滑稽列传》直接称东方朔为"齐人"①,《汉书》记载东方朔是"平原厌次人"②。王子今判断厌次县治距离当时的海岸约30公里,东方朔生活在"以海洋为背景的文化生态之中"③。即便他不是非常熟悉滨海地区的情况,也不一定完全陌生。供职于长安时,东方朔非常清楚地指出"古之人,乃避世于深山之中",并以避世金马门自居。他没有提及浮海隐逸,恐怕不是因为不了解,而是明白内陆之人更能接受避世深山的例子。

东方朔也是博闻多识的代表。《三辅黄图》载汉武帝穿池得黑土,问东方朔此为何物,东方朔称"西域胡人知"④。这个传说中来自齐地的东方朔与来自西域的胡人构成了二元对立的双方,他们都了解黑土为何物。比较而言,装作无知的东方朔,显得比胡人更为高明。不过从形式上看,对于异物的解释权,还是属于来自西部更深内陆的胡人。历史撰述者自觉或不自觉地表示,西方比东方更为优异。

这一书写习惯延续至西晋。张华《博物志》记载:

> 旧说云:天河与海通。近世有人居海渚者,年年八月有浮槎去来,不失期。人有奇志,立飞阁于槎上,多赍粮,乘槎而去。十余日中,犹观星月日辰,自后芒芒忽忽,亦不觉昼夜。去十余日,奄至一处,有城郭状,屋舍甚严,遥望宫中多织妇,见一丈夫牵牛渚次饮之。牵牛人乃惊问曰:"何由至此?"此人见说来意,并问此是何处。答曰:"君还至蜀郡,访严君平则知之。"竟不上岸,因还如期。后至蜀,问君平,曰"某年月日,有客星犯牵牛宿"。计年月,正是此人到天河时也。⑤

---

① 《史记》卷126《滑稽列传》,第3205页。
② 《汉书》卷65《东方朔传》,第2841页。
③ 王子今:《论东方朔言"海上""仙人"事》,《南都学坛》2015年第4期。
④ 何清谷撰:《三辅黄图校释》,中华书局2005年版,第257页。
⑤ (晋)张华撰,范宁校证:《博物志校证》卷10,中华书局2014年版,第111页。

滨海地域之人误入天河，至天宫得见星辰仙人。此事虽起于海洋，而仙人却住在河边水次，与海洋并无直接关联。故事中最为关键之处是仙人隐匿自己身份，让滨海之人入蜀，于严君平处求解。严君平是西汉末著名隐士[①]，他虽不至海滨，却对天文颇为了解，足以解释海滨之人的行迹。

此事作为历史实证的价值并不存在，但作为传说探讨汉晋时期人们观念的价值却很充足。汉晋时期，内陆地区的隐士对神异知识的解释有充分的权威，即便没有神奇的经历，却也了解天象的变化。滨海之人虽身经其事，反而只能通过内陆士人，才可能对自身事迹的意义有所了解。海滨之人被有意刻画为无知者，而内陆士人则以沟通天人的形象出现，弱化了海洋及滨海居民在类似传说中的主角地位。

## 五　结论

海洋隐逸在以齐地为代表的滨海地域盛行，实际上是当地舒缓阔达的政治风格与风俗文化的一种反映。正因为如此，齐地浮海或隐逸于海洋的风俗，不能见容于战国大争之世，也遭致以三晋地区为基础的法家的严厉批评。

伴随秦的统一，秦始皇将征服海洋作为武功的极限。海洋与内陆，东方与西方不同的政治文化发生直接碰撞。汉承秦制，汉代的主流学者和经典文献依然对海洋隐逸保持压制的态度，此风气延续至西晋仍未改变。

司马迁在《史记·货殖列传》中记载齐地风俗"宽缓阔达，而足智，好议论，地重，难动摇，怯于众斗，勇于持刺"[②]。班固在《汉书·地理志》中描述，齐地之人"舒缓阔达而足智。其失夸奢朋党，言与行缪，虚诈不情，急之则离散，缓之则放纵"[③]。司马迁与班固提

---

① 《汉书》卷72《王贡两龚鲍传》，中华书局1962年版，第3057页。
② 《史记》卷129《货殖列传》，第3265页。
③ 《汉书》卷28下《地理志下》，第1661页。

供了内陆史家观察滨海人群生活习性的直观报告。不过，除了这些材料之外，他们也改写了海洋隐逸的记载，与在地人士的记录不同。所谓"怯于众斗，勇于持刺""言与行缪，虚诈不情"，承袭《荀子·议兵》中齐人"遇大敌坚则焉涣离耳"的描述而来①，都是内陆史家外部观察的结果。如同被后现代主义诟病的"知识论"的民族志一样，上述记录一定程度上带有观察者的主观意见和情绪，从本质上讲是支配权力的体现②。内陆传统主导的文献中，本来在滨海地区受到容忍与歌颂的海洋隐逸，面临强大统一政权的话语威压，只能向内陆传统回归与低头。

此后的中古时期，滨海地域的人群逐渐被纳入国家版籍③。伴随经济开发的深入与国家权力不断扩张，海洋的神秘面纱被揭开。海洋作为想象中世外桃源的意味，也随之冲淡。隐逸们义无反顾走向海洋的气概，也渐次失去了。海洋隐逸的记载，在内陆传统的冲击和国家权力的深入双重作用下，渐渐消解于无形。

（原载《浙江学刊》2016年第5期）
（北京师范大学历史学院）

---

① 《荀子》卷10《议兵篇》，第271页。
② 王铭铭：《当代民族志形态的形成：从知识论的转向到新本体论的回归》，《民族研究》2015年第3期。
③ 鲁西奇：《中古时代滨海地域的"水上人群"》，《历史研究》2015年第3期。

# 《仙真人诗》考*

## ——兼说秦帝国的思想控制

### 董 涛

## 一 《仙真人诗》源流考

秦始皇三十六年（前211）命博士作《仙真人诗》，所谓"仙真人"，指的是仙人和真人，这两者其实并没有本质不同。《说文解字》说："仙，长生仙去也"①，《释名·释长幼》说："老而不死曰仙。仙，迁也，迁入山也。故制其字，人旁作山也。"②《说文解字》和《释名》的解读指出了仙的最主要特点——长生不死。不死而成仙并不是太过久远的观念，顾炎武指出"仙论起于周末，鬼论起于汉末……三代以上无仙论"③，这一观点为学者们所认同。徐中舒也认为西周以前人们只是祈求能够长寿，然而到了春秋时期，人们开始变得贪心，祈求"难老"和"毋死"④。杜正胜考察生命观念，认为直到春秋时期的人们开

---

\* ［基金项目］重庆大学"中国高校基本科研业务费专项基金项目"（106112015CDJSK 47XH 22）
① 段玉裁：《说文解字注》，上海古籍出版社1982年版，第383、384页。
② 毕沅疏证，王先谦补：《释名疏证补》，中华书局2008年版，第150页。
③ 顾炎武著，黄汝成集释，栾保群、吕宗力点校：《日知录集释》，上海古籍出版社2006年版，第1718—1719页。
④ 徐中舒：《金文嘏辞释例》，《中央研究院历史语言研究所集刊》第四本，（南京，1936），第24—25页。

始认为自己的生命不再完全掌握于天神手中，突破生理的限度进行某些养生行为。① 有学者指出，"真"字与"贞"字同源，"真人"也就是甲骨卜辞中的"贞人"②，或可备一说。《说文解字》释"真"说："真，仙人变形而登天也，从匕目乚，丨丨所以承载之"，也就是说，真人是仙人的一种，所谓"变形而登天"，与方术中的尸解之术极为类似。另外，"眞"字被拆分成上下两个部分，段玉裁解释上半部分匕和目是眼睛，并引道书说，养生之道耳目为先，耳目为寻真之阶梯，乚读隐，仙人能隐形；下半部分的两个竖是根基，并引《抱朴子》中所谓"乘蹻以周流天下"，认为这两个竖可能是仙人所乘之蹻。③

《庄子》较早开始讨论什么是"真人"，《大宗师》说："何谓真人？古之真人，不逆寡，不雄成，不谟士。若然者，过而弗悔，当而不自得也。若然者，登高不慄，入水不濡，入火不热。是知之能登假于道也若此。"④ 庄子所谓的真人登高不会恐惧，进入水中不会弄湿身体，进入火中不会燃烧，"翛然而往，翛然而来"，强调真人具有跨越空间的特性。另外，庄子还说真人"不忘其所始，不求其所终"，也可以说真人是超越了时间的存在。应当注意，庄子并没有直接说真人具有"不死"的特征，所谓"不知说生，不知恶死"⑤，是说真人对于生死的本质已经看透，但并不是说真人不死，这是庄子描述的真人与后世卢生等所谓真人最主要的不同。

在《庄子》中除真人之外，还有至人、神人、圣人以及仙人。其中《齐物论》说至人"大泽焚而不能热，河、汉冱而不能寒，疾雷破山、风振海而不能惊。若然者，乘云气，骑日月，而游乎四海之外"，《逍遥游》说："藐姑射之山，有神人居焉，肌肤若冰雪，淖约若处子。

---

① 杜正胜：《从眉寿到长生——中国古代生命观念的转变》，《"中央"研究院历史语言研究所集刊》第六十六本第二分，（台北，1995.7）。另参见氏著《从眉寿到长生——医疗文化与中国古代生命观》，台北三民书局2005年版。
② 河永三：《"贞""真"同源考》，《中国文字研究》2014年第1期。
③ 段玉裁：《说文解字注》，第384页。
④ 郭庆藩：《庄子集释》，中华书局1961年版，第226页。
⑤ 同上书，第229页。

不食五谷，吸风饮露。乘云气，御飞龙，而游乎四海之外"①，庄子所谓的至人、神人，与真人、仙人极为类似，同样具备超越时间和空间的特征，但庄子也没有强调他们不死。

汉代人所说的"真人"通常指的也就是仙人，例如《淮南子》提到真人与至人，和《庄子》中的论述并没有本质的不同。②另外，贾谊《鵩鸟赋》说："真人淡漠兮，独与道息"③，贾谊对真人"淡漠"的印象，与卢生所谓真人"恬倓"的性格如出一辙。再者，司马相如《大人赋》说："邪绝少阳而登太阴兮，与真人乎相求"，从后文来看，司马相如是把伯侨、羡门、岐伯、祝融、句芒等都当成了"真人"④。再如《王子乔碑》说"王子乔者，盖上世之真人也"，而《列仙传》中的《老子》《毛女》《负局先生》《朱璜》等篇中都提到了"真人"，他们也都被认为是仙人，或者与仙人有关，而在传说中这些人已经具备了不死或者长寿的特性。

然而在秦汉史料中，也有把最高统治者称为"真人"的记载，如《吕氏春秋·季春纪》记载商汤和伊尹讨论如何取天下，伊尹说："精气日新，邪气尽去，反其天年，谓之真人也"⑤，同样《焦氏易林·否之》"豫：南山之峻，真人所在；德配唐虞；天命为子；保佑饮享，身受大庆"⑥，这两处所谓的真人显然指的是统治者，而并不是所谓具有不死特征的仙人。再如《史记·秦始皇本纪》提到"楚兵已屠关中，真人翔霸上"⑦，《秦楚之际月表》《索隐述赞》云"真人霸上，卒享天禄"，这两处"真人"很明显指的是后来的汉高祖刘邦。使用"真人"这个词汇指代最高统治者，很可能与秦始皇自称"真人"以及命博士

---

① 郭庆藩：《庄子集释》，第28页。
② 参见李建光《论〈淮南子〉的真人信仰及其证明》，《湖南省社会科学》2010年第3期。
③ 《史记》，中华书局1982年标点本，第2500页。
④ （汉）司马迁：《史记》，第3085页。
⑤ 许维遹：《吕氏春秋集释》，中华书局2009年版，第70页。
⑥ 尚秉和：《焦氏易林注》，光明日报出版社2005年版，第125页。
⑦ 《史记》，第293页。

作《仙真人诗》有关。①

秦始皇对于真人的认识来源于方术士卢生，据《史记·秦始皇本纪》载，秦始皇三十五年（前212）：

> 卢生说始皇曰："臣等求芝奇药仙者常弗遇，类物有害之者。方中，人主时为微行以辟恶鬼，恶鬼辟，真人至。人主所居而人臣知之，则害于神。真人者，入水不濡，入火不爇，陵云气，与天地久长。今上治天下，未能恬倓。愿上所居宫毋令人知，然后不死之药殆可得也。"于是始皇曰："吾慕真人，自谓'真人'，不称'朕'。"②

真人入水不湿，入火不被燃烧，可以在云气中飞行，显然卢生对真人的认识与《庄子》同源。然与庄子不同的是，卢生着重强调了真人"与天地久长"的特征，这也就是所谓的长生不死，而恰恰正是这点打动了秦始皇，所以他才会羡慕真人，而且自称"真人"，不称朕。作为方术士，卢生真正擅长的是某些养生之术，其基本要求是"恬倓"，也就是不能过分劳动精神，包括不能过分操劳行政等"俗务"。另外，卢生所擅长的方术中也应当包含一些饮食方面的注意事项，例如蔬食辟谷之类，这也是秦汉时代人们对养生求仙的基本认识。比较著名的例子是留侯张良入关以后"性多病，道引不食谷，杜门不出岁余"③，张良修行的辟谷之术大概与治愈疾病有关，为了修行此术，张良杜门不出，不过问政务，目的即在于修养精神。然而这些是秦始皇难以做到，也不愿意做的，他更希望能找到一劳永逸的办法，也就是传说中的不死之药，服用之后即可长生不死。但方术士们也只是听说过，并没有谁真正见到过不死之药，于是这就形成了一种矛盾，即皇帝需要不死之药，但方术士们希望皇帝养生。为了解决这个矛盾，方术士们一方面宣称确实有不

---

① 至于《后汉书》中提到"刘氏真人，当更受命"，这里真人的含义应是"真其人也"，与秦始皇仰慕的真人并不相同。
② 《史记》，第257页。
③ 同上书，第2044页。

死之药的存在，也在多方努力求取这种仙药，但另一方面也在试图劝说皇帝注意养生，所以卢生在秦始皇三十五年（前212）的时候提出真人的生活方式，根本目的还是劝皇帝不要过分操劳工作，所谓"时为微行"恐怕不是为了避恶鬼，而是为了避免过多政务烦扰。

同年卢生和侯生逃亡，真实的原因很可能是他们已经意识到自己的方术和皇帝需求之间矛盾的不可弥合，而所谓不死之药迟早会被证明不存在。秦始皇大为震怒，并由此引发著名的"坑儒"事件。然而至少从能够看到的材料推测，秦始皇对真人的羡慕并没有因为卢生的逃亡而减少，例如次年秦始皇就命博士作《仙真人诗》：

> 三十六年，荧惑守心。有坠星下东郡，至地为石，黔首或刻其石曰"始皇帝死而地分"。始皇闻之，遣御史逐问，莫服，尽取石旁居人诛之，因燔销其石。始皇不乐，使博士为《仙真人诗》，及行所游天下，传令乐人歌弦之。[1]

《仙真人诗》的创作背景是荧惑守心和陨石下东郡事件。在传统的占星术中，荧惑守心预示最高统治者的死亡，是极不吉利的星象。然而有学者研究发现，秦始皇三十六年（前211）并没有发生所谓荧惑守心的星象[2]，那么编造这则预言的政治意图就十分明显了。与之类似，"始皇帝死而地分"也是一个不吉利的预言，同样带有极为明显的政治信号，即秦始皇一旦死去，大一统的局面就会终结，秦帝国会立即陷入分崩离析。这两则预言都暗示皇帝可能不久于人世，大一统帝国即将崩塌。为了应对可能出现的糟糕局面，抵消预言的负面影响，秦始皇继续相信真人说，并命令博士作《仙真人诗》，向民众表明求仙已经获得了成功，皇帝不会死去。基于此可以认为，无论仙人还是真人指的都是秦始皇，《仙真人诗》的基本内容应当是歌咏和赞叹皇帝成仙。

也就是说，所谓《仙真人诗》其实是官方采用弦歌的形式进行宣

---

[1]《史记》，第259页。
[2] 黄一农：《中国星占学上最凶的天象："荧惑守心"》，收入氏著《社会天文学史十讲》，复旦大学出版社2004年版，第23页。

传，从而影响民间舆论。在秦始皇之前，知识阶层理想中民间对统治者的赞美形式被称为"讴歌"，或者"歌讴"，例如《史记·五帝本纪》说："诸侯朝觐者不之丹朱而之舜，狱讼者不之丹朱而之舜，讴歌者不讴歌丹朱而讴歌舜"①，得到百姓的讴歌与朝觐、狱讼一样，被认为是获得民众拥戴的重要标志之一。另外，《荀子·儒效》也提到："故近者歌讴而乐之，远者竭蹶而趋之，四海之内若一家，通达之属莫不从服"，同样在《议兵》中荀子也说："故近者歌讴而乐之，远者竭蹙而趋之，无幽闲辟陋之国莫不趋使而安乐之，四海之内若一家，通达之属莫不从服，夫是之谓人师"②，同样以歌讴为统治者获得民众拥戴的重要标志。秦始皇的《仙真人诗》也具有类似歌讴的性质，只不过这种讴歌是官方制定的，属于自我赞美。

而从先秦秦汉的文献记载来看，歌也是人们较为熟悉的表达感情的方式，例如孔子就非常喜欢歌，《论语·述而》说："子于是日哭，则不歌"，《阳货》说："孺悲欲见孔子，孔子辞以疾。将命者出户，取瑟而歌。使之闻之"，孔子最认可的生活状态就是《论语·先进》所云"风乎舞雩，咏而归"③，是雩祭之后的歌咏。另外，孟子说齐国人最善于歌，所谓"緜驹处于高唐而齐右善歌"④。而楚国人对于歌舞也有特殊的爱好，项羽被围垓下曾悲歌慷慨，《史记·留侯世家》载高祖令戚夫人楚舞，"为我楚舞，吾为若楚歌。"歌曰："鸿鹄高飞，一举千里。羽翮已就，横绝四海。横绝四海，当可奈何。虽有矰缴，尚安所施。"⑤荆轲刺秦临行曾为"羽声慷慨"，并为歌曰："风萧萧兮易水寒，壮士一去兮不复返"⑥，司马迁说赵、中山之地人们好"悲歌慷慨"⑦，虽地域不同，但人们以歌表达悲凉慷慨豪迈的情绪是大致相同的。而西部的秦人鼓缶而歌，则是另外一种情绪的表达方式了。可见在当时包括秦

---

① 《史记》，第30页。
② 王先谦：《荀子集解》，中华书局1988年版，第121、279页。
③ 程树德：《论语集释》，中华书局1990年版，第449、1229页。
④ 焦循：《孟子正义》，中华书局1987年版，第831页。
⑤ 《史记》，第2047页。
⑥ 同上书，第2534页。
⑦ 同上书，第3263页。

367

## 秦统一的进程与意义

国、齐国、楚国、赵国、中山国在内各地人们都非常习惯以歌来表达感情，而秦始皇的《仙真人诗》就是用"歌"这种各地人们都比较习惯的形式，来引起人们的注意，并进而引起思想上的共鸣。

可以推测，陪同秦始皇巡游天下的应当是一支具有一定规模的謳弦队伍，当然除了弦歌者，抑或有舞者存在，他们所到之处表演歌舞，势必吸引当地民众围观，这样做确实能够起到很好的宣传效果。另外，在秦汉时代某些重要的仪式中歌者或者舞者通常都有儿童的身影。前引《论语·先进》说："莫春者，春服既成。冠者五六人，童子六七人，浴乎沂，风乎舞雩，咏而归"，阎步克指出雩就是祈雨的仪式，儿童受教于乐师，并参与以舞祈雨，而这就是儒的起源①。《史记·高祖本纪》提到刘邦作《大风歌》："悉召故人父老子弟纵酒，发沛中儿得百二十人，教之歌"②，《史记·乐书》也说："高祖过沛诗《三侯之章》，令小儿歌之。"③汉惠帝时在沛立高祖原庙，这一百二十个歌童被保留下来在祭祀高祖时为"吹乐"。汉武帝时祭祀太一、后土，也征召歌儿，在祭祀时歌唱。儿童的声音轻灵悠远，一百多人的合唱无疑会给人的心灵带来较为强烈的震撼，这也被认为是神灵所欣赏和愉悦的，所以也符合包括宗庙祭祀迎送神音乐的要求。我们并不清楚謳弦《仙真人诗》的是否有孩童，但并不能完全排除这种可能性。

秦始皇博士所作《仙真人诗》的内容已不可知，但先秦秦汉典籍中保存有当时人们的歌词，例如著名的接舆之歌："凤兮！凤兮！何德之衰？往者不可谏兮，来者犹可追。已而，已而！今之从政者殆而。"④垓下之围项羽慷慨悲歌："力拔山兮气盖世，时不利兮骓不逝。骓不逝兮可奈何，虞兮虞兮奈若何。"⑤高祖归故乡自作《大风歌》云："大风起兮云飞扬，威加海内兮归故乡，安得猛士兮守四方。"⑥前引高祖楚

---

① 阎步克：《乐师与"儒"之文化起源》，收入氏著《乐师与史官：传统政治文化与政治制度论集》，生活·读书·新知三联书店2001年版，第1页。
② 《史记》，第389页。
③ 同上书，第1177页。
④ 同上书，第1933页。
⑤ 同上书，第333页。
⑥ 同上书，第389页。

歌也是这样歌词较短的歌,而且一般都是韵文。可以推测,秦博士所作的《仙真人诗》的歌词应当与前引歌词类似,都为韵文。

也有学者指出,《楚辞》就是楚人的歌词,和《诗经》、汉乐府一样,具有可以歌唱的特质。[①]《仙真人诗》和《楚辞》都是歌,而且都有对非现实世界的描写,所以认为《离骚》和《仙真人诗》有关,也并非全然是无稽之谈。[②] 民国时期学者廖平最早提出《离骚》就是秦始皇时代博士所作的《仙真人诗》,他的主要证据是《离骚》开头几句:"帝高阳之苗裔兮,朕皇考曰伯庸,名余曰正则兮,字余曰灵均",秦的祖先是高阳氏,而秦始皇名政,所以廖平认为这几句说的就是秦始皇自己。然而廖平否定《离骚》为屈原所作,并认为《离骚》就是秦博士《仙真人诗》的判断明显过于武断了,闻一多就非常尖锐地批评了廖平的观点,他认为《离骚》是秦博士所作属于无稽之谈。但闻一多并没有全然否定廖平的观点,他认为《离骚》虽然不是秦博士所作,但在性质上确实可以归类于"仙真人诗",也就是说《离骚》是屈原所作的"仙真人诗"。之所以会得出这样的结论,是因为闻一多在《离骚》中读到了很多与神仙及神仙世界有关的内容,例如在《离骚解诂》中闻一多对《离骚》的诠释,就是以神仙及游仙为主题进行的。

闻一多实际上是把"仙真人诗"当成了一种特殊的文学形式,而这种文学形式很可能就是后世游仙诗的滥觞,例如闻一多说"仙真人诗"就是"游仙诗不祧之祖"。由于秦始皇《仙真人诗》仅有其名,所以暂时没有办法根据内容判断它的性质,以及是否就如同《离骚》以及游仙诗那样有描绘神仙生活的内容,但如果做出这样的推测,想来也不会有太大的问题。

再者,秦乐府编钟和乐府封泥的发现,让人们相信秦已经设置了乐

---

[①] 郭纪金:《楚辞可歌刍论》,《文学评论》2000年第6期。
[②] 闻一多:《屈原问题——敬质孙次舟先生》《廖季平论离骚》,收入氏著《神话与诗》,上海人民出版社2005年版,第200、261页。

府机构。① 根据学者们的研究，秦的乐府机构主要负责在宗庙和陵寝祭祀中使用音乐。虽然《仙真人诗》歌词的作者是博士，但是招募歌者以及弦乐人员，编队训练应当都是乐府的职责，史料中并未明言，但秦乐府与《仙真人诗》的关系是不容忽视的。

总的来说，《仙真人诗》在形式上和《离骚》以及后世的游仙诗有相似之处，归于同一文学类别并无不可。但要注意《仙真人诗》背后错综复杂的政治背景，它是官方用音乐和歌咏的形式进行宣传，歌颂和赞美的仙人和真人就是秦始皇帝本人。这样做其实是在向民众宣示皇帝已经成为仙人，获得了长生不死的能力，以此影响民众思想，打击那些期望"始皇死而地分"的各地分裂势力。也就是说，《仙真人诗》是带有维护统一目的的作品，也是秦始皇统治晚期面对日渐严重的政治危局不得已采用的应对措施。而且《仙真人诗》缘起于秦始皇时代的求仙活动，它们的背后同样都是秦帝国试图影响和控制民众思想的努力。

## 二 求仙与秦帝国的信仰控制

对死亡的恐惧和规避几乎是人类的本能，但秦始皇三十二年（前215）以后发生的一系列事件，令这位皇帝对死亡的规避行为带有浓厚的神秘色彩，并影响了秦代后期的政治走向。

以往的学者们在讨论秦始皇求仙的时候，倾向于认为是皇帝个人对于长生的欲望导致了一场看似荒诞，却是以国家为主体推动的重大工程。也有学者认为秦始皇在统一天下之后志得意满，他所没有得到的就只剩下不死，所以倾国家之力求不死之药。然而也有学者指出，秦始皇的求仙可能和他自己的欲望关系并不十分密切，他因为是有史以来第一位皇帝，跟"煌煌上帝"一样处于生死之外，所以他不应该死。② 然而

---

① 相关研究参见寇效信《秦汉乐府考略——由秦始皇陵出土的"乐府"编钟谈起》，《陕西师范大学学报》1978年第1期。周天游《秦"乐府"新议》，《西北大学学报》1997年第1期。陈四海《从秦"乐府"封泥的出土谈秦始皇建立乐府的音乐思想》，《中国音乐学》2004年第1期。陈瑞泉《秦"乐府"小考》，《天津音乐学院学报（天籁）》2005年第4期。

② 西嶋定生：《白话秦汉史》，台北，文史哲出版社1983年版，第24页。

细心梳理秦始皇二十八年（前219）以后的历史可以发现，政治局势的演变迫使秦始皇必须不死，因为在他看来只有这样才能够维持帝国的继续统一。①

二十八年（前219）秦始皇第一次来到海边，就开始支持齐人徐市海外求仙，一直到三十七年（前210）秦始皇最后一次到海滨，求仙活动都没有结束，可见始皇帝对于求仙的热衷，《史记·封禅书》说：

> 及至秦始皇并天下，至海上，则方士言之不可胜数。始皇自以为至海上而恐不及矣，使人乃赍童男女入海求之。船交海中，皆以风为解，曰未能至，望见之焉。其明年，始皇复游海上，至琅邪，过恒山，从上党归。后三年，游碣石，考入海方士，从上郡归。后五年，始皇南至湘山，遂登会稽，并海上，冀遇海中三神山之奇药。不得，还至沙丘崩。②

也就是说，始皇帝至死都没有完全放弃求仙的希望。而且被秦始皇派出求仙的队伍并非只有徐市一支，三十二年（前215）秦始皇再次来到海边，派遣燕人卢生求羡门、高誓，同年又派遣韩终、侯公、石生求仙人不死之药。根据记载，卢生确实曾经入海，后返回咸阳给秦始皇带去"亡秦者胡"的谶语；韩终应当就是韩众，秦始皇说他去不报，可能求仙不得逃亡了，或者在海中遇到事故也未可知。侯公可能就是侯生，《史记集解》引《说苑》认为他是韩国人，他后来也回到咸阳，跟卢生密谋诽谤秦始皇后逃亡。石生身份不详。

根据以往学者的研究，神界和不死药的传说来自西部《山海经》神话系统，后来逐渐向东传播，到达东部海滨之后与当地固有的仙人传说以及特殊的海市蜃楼景致结合，就有了蓬莱海上仙山传说系统③。而

---

① 王绍东认为秦始皇的不死成了秦政权的政治需要，此说可从，见氏著《论神仙学说对秦始皇及其统治政策的影响》，《内蒙古大学学报》（人文社会科学版）2000年第1期。
② 《史记》，第1369—1370页。
③ 顾颉刚：《〈庄子〉和〈楚辞〉中昆仑和蓬莱两个神话系统的融合》，《中华文史论丛》1979年第2辑。

秦统一的进程与意义

方术士们又继承了邹衍以来的阴阳五行学说，使得海上仙山及仙药的传说更加完整，正如《史记·封禅书》所言：

> 自齐威、宣之时，驺子之徒论著终始五德之运，及秦帝而齐人奏之，故始皇采用之。而宋毋忌、正伯侨、充尚、羡门高最后皆燕人，为方仙道，形解销化，依于鬼神之事。驺衍以阴阳主运显于诸侯，而燕齐海上之方士传其术不能通，然则怪迂阿谀苟合之徒自此兴，不可胜数也。①

邹衍的五德终始说为秦始皇所采用，秦人自以为得水德，也可见秦始皇对滨海燕齐文化的尊崇。可以说，传说生活于海外的仙人，其原型都是方术士，例如宋毋忌、正伯侨、充尚、羡门高，包括到汉代比较著名的海外仙人安期生，他们原本可能都是曾经在滨海地域活跃的方术士，其中的一些人以医药为事，不排除其中的一些人为了神化自己的药方，谎称是来源于海外仙山，于是一整套海外仙境的说法就这样一点一点地建构起来。②

根据司马迁的说法，方术士们的学问来自邹衍的阴阳学说，但这些人传邹衍之术不通，逐渐走向了怪迂阿谀苟合。这一方面是学术传承自身的问题，另一方面也是为了迎合齐威、宣以及后来秦始皇求仙的需要。当秦始皇来到东部海滨的时候，方术士们纷纷向他描述海外仙境以及神仙和仙药，以取得他的支持出海求仙。没有材料显示方术士们关于不死之药的描述都是刻意为之的谎言，在古老相传海外仙山的思想背景下，甚至是某些奇异幻境如海市蜃楼的刺激之下，方术士们也并不确定是否真的有仙山和仙药，所以在当时情况下出海求仙就有实际的必要。只是后来在仙药一时不可得的情况下，方术士们不断编造出类似大风引船而去、仙药有大鲛鱼守护等谎言，则确实是刻意的欺瞒。

---

① 《史记》，第1368—1369页。
② 相关研究参见朱钢《"安期生"考》，《文化遗产》2008年第1期；洪伟民《松乔考——关于赤松子和王子乔的传说》，《复旦学报》（社会科学版）1996年第4期；魏代富《太子晋与王子乔的融合——兼论"天下王氏出太原"的形成》，《甘肃社会科学》2013年第3期。

如果进一步考察相关史料，可以发现秦始皇对于不死传说始终都是将信将疑的态度。秦王朝建立之初，秦始皇对未来继承方式的设计是"二世三世至于万世，传之无穷"[1]，个人的生命终将终结，始皇帝并非没有意识到这一点，他把希望寄托于后人，希望后世能够继承自己的事业。生命通过繁衍后代的方式延续，这是符合自然规律的认知。只是在秦始皇统治的最后几年，几件事情的发生对他有不小的触动，让他对"不死"有了更为浓厚的兴趣。首先是秦始皇三十二年（前215）"亡秦者胡"的谶语：

> 因使韩终、侯公、石生求仙人不死之药。始皇巡北边，从上郡入。燕人卢生使入海还，以鬼神事，因奏录图书，曰"亡秦者胡也"。始皇乃使将军蒙恬发兵三十万人北击胡，略取河南地。[2]

根据《蒙恬列传》的说法，秦并天下之后，蒙恬就率领三十万人北逐戎狄，而且说蒙恬"暴师于外十余年"[3]，则可以肯定蒙恬出击匈奴在卢生奏录图书之前。另外，作为帝国的基本政策，出击匈奴和修筑长城在秦统一之后不久就已经开始进行，似均与"亡秦者胡"的所谓谶语无关。[4] 然这则谶语的出现让秦始皇意识到他辛苦建立的帝国仍然有覆亡的危险，为了消除这种潜在的危险，强化在北边的军事行动，也是有的。所以，如果卢生奏录图书这件事是确实存在的，那么它对秦始皇最大的触动恐怕是帝国的安全方面，尽管谶语图书事颇虚妄，但皇帝还是相信，然后采取了相应的行动。当然帝国内外的安全、统一局面的维持等问题，可以说是秦始皇统治时期一系列政策制定的基本出发点，这是考察秦始皇统治后期历史不能不留意的。

第二件事情是侯生和卢生的逃亡，这也是影响极为深远的所谓"坑儒"事件的直接导火索。就在之前不久，卢生向秦始皇介绍了所谓

---

[1] 《史记》，第236页。
[2] 同上书，第252页。
[3] 同上书，第266页。
[4] 陈苏镇：《两汉之际的谶纬与〈公羊学〉》，《文史》2006年第3辑。

## 秦统一的进程与意义

"真人"的生活方式：

> 卢生说始皇曰："臣等求芝奇药仙者常弗遇，类物有害之者。方中，人主时为微行以辟恶鬼，恶鬼辟，真人至。人主所居而人臣知之，则害于神。真人者，入水不濡，入火不爇，陵云气，与天地久长。今上治天下，未能恬倓。愿上所居官毋令人知，然后不死之药殆可得也。"于是始皇曰："吾慕真人，自谓'真人'，不称'朕'。"乃令咸阳之旁二百里内官观二百七十复道甬道相连，帷帐钟鼓美人充之，各案署不移徙。行所幸，有言其处者，罪死。①

前文提到，有关真人的说法早已存在，然而把真人和恶鬼结合起来，同时强调真人具有不死的特性，确实可以算作卢生的创造。而且正如前文所述，侯生等方术士或许擅长一些养生之术，其基本内容在休养精神，获得身体和心灵的平静和愉悦，当然也包括导引辟谷等方面的内容，这些方术对于避免疾病、强身健体以及长寿方面可能确实有一定作用，或者被当时的人们认为能够升仙，但实际上和长生不死关系不大。卢生一直坚持修仙需要"恬倓"，之所以提出"恶鬼辟，真人至"的说法，以及让皇帝隐藏行踪的建议，其用意在迫使秦始皇放弃繁重的行政工作，放松身心，以便修仙。

而秦始皇之所以听从了卢生的建议，在很大程度上是被所谓"真人"能够长生不死的特性打动，但是如果让他放弃维持帝国运行的行政工作，恐怕是不现实的。秦始皇希望的求仙，并不是成为仙人，或者到另外的世界生活，而是从仙人那里获得长生不死之药，服用后即可以实现长生不老。与其说秦始皇羡慕仙人的生活，还不如说他更向往能够像仙人那样能够长生不死。② 很显然，侯生等方术士们擅长的方术和秦始皇的需求之间存在一定程度的冲突，而这种冲突会随着求仙过程的延

---

① 《史记》，第 257 页。
② 余英时也认为仙是彼世和隐居的，传统的帝王对这样的成仙没有兴趣，见氏著《东汉生死观》第一章《生于不朽》，侯旭东译，上海古籍出版社 2005 年版，第 17 页；另见闻一多《神仙考》，收入氏著《神话与诗》，第 128—147 页。

长、秦始皇支持的持续以及耐心的消耗而逐渐增长,当然这也正是后来卢生逃亡和秦始皇怒而"坑儒"的直接原因。

卢生在和侯生的密谋时提到秦始皇不注意休息,而且贪于权势,所以不可以为他求仙药:

> 始皇为人,天性刚戾自用,起诸侯,并天下,意得欲从,以为自古莫及己。专任狱吏,狱吏得亲幸。博士虽七十人,特备员弗用。丞相诸大臣皆受成事,倚辨于上。上乐以刑杀为威,天下畏罪持禄,莫敢尽忠。上不闻过而日骄,下慑伏谩欺以取容。秦法,不得兼方,不验,辄死。然候星气者至三百人,皆良士,畏忌讳谀,不敢端言其过。天下之事无小大皆决于上,上至以衡石量书,日夜有呈,不中呈不得休息。贪于权势至如此,未可为求仙药。①

在听闻侯生卢生逃亡之后,秦始皇大为愤怒:

> 吾前收天下书不中用者尽去之。悉召文学方术士甚众,欲以兴太平,方士欲练以求奇药。今闻韩众去不报,徐市等费以巨万计,终不得药,徒奸利相告日闻。卢生等吾尊赐之甚厚,今乃诽谤我,以重吾不德也。诸生在咸阳者,吾使人廉问,或为訞言以乱黔首。②

可见在秦始皇看来,文学和方术士其实并没有什么区别,他把这些人召集在身边的主要目的是"兴太平"。所谓"兴太平"可以理解为一种文化上的怀柔政策,有学者认为秦始皇的文化怀柔政策可以追溯到吕不韦编著《吕氏春秋》,此说可从。③而根据前文的说法,秦始皇其实一开始就对方术士们求仙药将信将疑,从所谓"奸利相告日闻"来看,

---

① 《史记》卷6《秦始皇本纪》,第258页。
② 《史记》,第258页。
③ 参见李禹阶《秦始皇"焚书坑儒"新论——论秦王朝文化政策的矛盾冲突与演变》,《重庆师范大学学报》(哲学社会科学版)2004年第6期。

## 秦统一的进程与意义

秦始皇对方术士们的行为也并非完全没有怀疑，但即便如此，他还是只惩罚了其中一部分诽谤他，或者"訞言以乱黔首"的方术士。对于其他的文学和方术士，秦始皇还是愿意继续支持的，例如徐市的出海求仙尽管传出各种不轨行迹，却还是在继续进行。正如钱穆所说："所谓自除犯禁者，即犯诽谤上及妖言祸乱黔首之禁，决非谓兴太平及炼求奇药为犯禁也。诽上之禁，即去年李斯奏请焚书所谓以古非今偶语诗书之类矣。故曰'使天下知之以惩'，正使皆惩于诽上与妖言，决不惩其望星气，炼奇药，为方术，及以文学兴太平也。后世乃谓秦廷所坑尽属术士，亦失其真。"[①] 也就是说，真正令秦始皇愤怒的是所谓的"诽谤"。

然而从相关记载来看，秦始皇确实非常勤于政事，侯生和卢生对他行政风格的评价是符合实际的，这一点即便是秦始皇本人怕是也不会否认。那么秦始皇究竟把什么当成诽谤了呢？

首先，秦始皇把方术士们的诽谤行为导致的结果总结为"重吾不德"，这里的"德"指的是前面所谓的"尊赐之甚厚"，也就是说，秦始皇认为自己给予方术士们极好的待遇，但这些方术士们反而在背后诽谤他，让他的"德"受到了影响。其根本的逻辑还是对于文学和方术士们，或者也可以包含战国以来的"客"的尊崇是秦国一直以来的基本政策，这项政策的本意是展示秦对各地人才的包容态度。然而侯生和卢生以及部分方术士和文学公然挑战帝国的这项政策，无视始皇帝的德政，这才导致了皇帝的盛怒。另外，侯生和卢生的言论也揭示了秦国包容人才政策的虚伪本质，例如侯生和卢生说秦始皇身边有博士七十人，"特备员弗用"，另外还有候星气者三百人，"畏忌讳谀，不敢端言其过"，甚至还说丞相和大臣们都"受成事，倚辨于上"，皇帝真正信任的只有自己。这一点，也让秦始皇极为愤怒。但秦始皇的言论也表明，他会对其中某些无视皇帝德政的人和言论，进行坚决的镇压和打击，但秦国一贯的文化怀柔政策，依然会持续下去。

当然这只是始皇帝盛怒的第一层原因，也是呈现给帝国臣民的表面上的原因。皇帝盛怒的第二层原因是关于求仙和不死之药，前文提到，

---

① 钱穆：《秦汉史》，生活·读书·新知三联书店2005年版，第26页。

当时社会上几乎没有人确切地知道是否真的存在仙人和仙药，在这种情况下求仙和求仙药就有行动的必要。然而作为求仙和仙药的重要负责人，侯生和卢生接受了秦始皇的大力支持，甚至听从他们的建议加强在北边的军事行动，以及自称"真人"，即便如此，侯生和卢生还是否定了秦始皇获取仙药的可能性，这是皇帝不能够接受的。而且应当注意，侯生和卢生并不否认仙人和不死药的存在，他们只是觉得秦始皇过于贪于权势，所以不能给他求仙药，这当然更让秦始皇愤怒。

最后一层原因，侯生和卢生的"诽谤"言论和逃亡事件也让秦始皇意识到，他并没有真正能够控制帝国臣民的思想。正如秦始皇自己所言，他召集文学方术士的目的是"兴太平"，秦始皇关心的"太平"其实是帝国的统一局面。也就是说，文学和方术士们被征召到中央，其实是让他们为统一的帝国服务，当然也包含把他们集中起来以便于控制的意思。对于这些人的思想秦帝国的统治者一直非常重视，就在坑儒前不久发生的焚书事件，也可以说就是对文学方术士言论进行管制的一种特殊方式。侯生和卢生的逃亡让秦始皇意识到，他所进行的努力并没有十分明显的成效，帝国内部的思想统一还未完成，这也是令秦始皇非常愤怒的。

如果说前面两件事情只是引起了秦始皇的警惕和愤怒，那么三十六年（前211）发生的一系列事件则对秦始皇的内心造成了不小的触动。这一系列事件接连发生，包括秦始皇三十六年（前211）的荧惑守心和"始皇帝死而地分"刻石以及山鬼献璧等事件。《史记·秦始皇本纪》载：

> 三十六年，荧惑守心。有坠星下东郡，至地为石，黔首或刻其石曰"始皇帝死而地分"。始皇闻之，遣御史逐问，莫服，尽取石旁居人诛之，因燔销其石。始皇不乐，使博士为《仙真人诗》，及行所游天下，传令乐人歌弦之。①

---

① 《史记》，第259页。

## 秦统一的进程与意义

荧惑守心是对最高统治者极为不利的星象,但后来有学者推算,秦始皇三十六年(前211)实际上并没有发生所谓荧惑守心的天象①,那么,究竟是谁告知秦始皇当年有荧惑守心天象的,他的目的究竟为何,由于史料的欠缺对这个问题很难有确切的回答。但前面提到秦始皇身边有候星气者三百人,他们的政治倾向是否影响他们做出荧惑守心的判断,这应当是一个可以存疑的问题。

然无论如何,荧惑守心这件事给秦朝的君臣一种暗示,即始皇帝可能不久于人世。前面提到,秦始皇对帝国的继承者问题早已有打算,他希望帝国能够有二世、三世以至万世这样统治下去,然史料中并没有提到始皇帝立太子,而就在不久之前,他的长子扶苏也被他派去北方监蒙恬之兵,远离了政治中心。一年后也就是三十七年(前210),秦始皇最后一次出巡,少子胡亥请从,这或许有考察帝国未来继承人的因素。当然秦始皇很可能也已经意识到,再好的继承人也不如依靠自己统治,所以最理想的情况是方术士们能够求得仙药,服用后不死。

紧接着荧惑守心发生的是陨石坠落,附近的百姓在上面刻上了"始皇帝死而地分"字样。陨石坠落的地点是东郡,原属于魏国统治地区,这一地区至迟在秦王政二十二年(前225)的时候就已经被秦占领,在被秦人统治十余年之后,依然有反秦的势力活动,这件事情恐怕对秦始皇也有极大的触动。而且"始皇帝死而地分"这句话透露出来的政治信号极为明显,即秦始皇一直追求的大一统很可能会在他死后化为泡影,所以始皇"不乐",当然这可能会让秦始皇对于不死有更强烈的兴趣。秦始皇对这次刻石事件的处置十分坚决果断,甚至不惜把石旁之人尽皆诛杀,同时燔销其石,以彻底消除这次事件的影响。同时他也使博士作《仙真人诗》,巡游天下的时候令乐人謌弦之。根据前文所述,秦始皇意在通过《仙真人诗》传递这样的政治信号,即方术士们的求仙活动获得成功,或者有可能获得成功,皇帝已然成为仙真人,或者即将成为仙真人,至少皇帝不会很快死去,国家还会在皇帝的统治下

---

① 黄一农:《中国星占学上最凶的天象:"荧惑守心"》,收入氏著《社会天文学史十讲》,第23页。

继续有序运转。其目的自然在消除不安定因素和各地分裂势力的觊觎之心。

三十六年（前211）秋天发生的山鬼献璧事件和荧惑守心以及"始皇帝死而地分"刻石一起，都在暗示皇帝可能会很快死去。据《史记·秦始皇本纪》载：

> 秋，使者从关东夜过华阴平舒道，有人持璧遮使者曰："为吾遗滈池君。"因言曰："今年祖龙死。"使者问其故，因忽不见，置其璧去。使者奉璧具以闻。始皇默然良久，曰："山鬼固不过知一岁事也。"退言曰："祖龙者，人之先也。"使御府视璧，乃二十八年行渡江所沉璧也。于是始皇卜之，卦得游徙吉。迁北河榆中三万家。拜爵一级。①

从"默然良久"这样的反应来看，这次的事件对始皇帝的心理造成了极大的冲击。二十八年（前219）秦始皇在封禅泰山、东游海上、祭祀八神、派遣徐市出海求仙、过彭城祷祠出周鼎之后，南下过淮河到衡山、南郡，在湘山祠附近遇到大风，"几不得渡"这样的字句意味着秦始皇的船有倾覆的危险，这令他非常生气，在听闻湘君乃是尧女舜妻之后，"使刑徒三千人皆伐湘山树，赭其山"②，沉璧于江或者就是此时之事。伐树赭山有着极强的神秘主义意义③，也是对当地神灵极大的不尊重。根据博士的说法，湘山祠中祭祀的湘君神是帝舜的两位妻子，《史记索隐》说："《楚词·九歌》有湘君、湘夫人。夫人是尧女，则湘君当是舜。今此文以湘君为尧女，是总而言之。"④无论如何，这件事对当地楚人是极大的不尊重，也必然会引起楚人思想的反弹，山鬼献璧

---

① 《史记》，第259页。
② 同上书，第248页。
③ 相关问题参见曾磊《秦汉人色彩观念中的神秘象征》，博士学位论文，北京师范大学，2011年。
④ 《史记》，第248页。

## 秦统一的进程与意义

事件或许就是这种反弹的结果。①

总的来说，荧惑守心、"始皇帝死而地分"刻石以及山鬼献璧事都有着非常明显的人为痕迹，联系三十二年（前215）"亡秦者胡"的谶语以及侯生和卢生的逃亡，在秦始皇统治的最后几年中频繁发生这样的事件，至少表明大一统帝国的统治并不十分稳固，各种分裂思想和分裂势力一直都在以各种方式活跃，这一点秦始皇恐怕不会注意不到。这些带有神秘主义性质的预言固然可怕，然而对于一个政治家来说，这背后凸显的大一统帝国内部分裂思想以及离心力可能更加可怕。然而秦始皇意识到这些问题的解决只能依靠自己，他必须通过求仙的方式长寿，以期永远地维持帝国的运转，那么就永远不会出现"始皇帝死而地分"的局面。或者退一步讲，如果秦始皇能够让臣民们相信仙人和不死药确实是存在的，求仙是有可能成功的，皇帝终将会长生不死，那么也可以在一定程度上维系大一统的局面。所以在这种情况下，秦始皇必须尽全力支持方术士们的求仙行为，至于他自己是否真的相信不死药的存在，反而已经不是那么的重要了。

也就是说，秦始皇的求仙行为是和他自己的功业，也就是维持大一统帝国的正常运转是分不开的，这一点和后来的汉武帝截然不同。汉武帝到中年以后似乎对人间的生活颇倦怠，希望能够像黄帝那样升仙，到另外一个世界，也就是天上的世界生活，他甚至说过，如果可以的话，他抛弃妻子会像是丢掉旧的鞋子一样。反观秦始皇虽然羡慕真人，但并没有材料显示他想到真人的世界里生活。事实上自从元封元年（前110）之后，汉武帝就一直觉得自己的事业是成功的，所以他要封禅泰山，让上天知道自己的成功。秦始皇虽然在二十八年（前219）也封禅泰山，但他的所谓封禅更像是一场普通的祭祀行为，在其中我们并没有看出有什么告成功的意思在。二十八年（前219）更像是秦始皇事业的分水岭，如果一定说在这一年他觉得自己的事业比三皇和五帝还要成功，那之后，尤其是三十二年（前215）以后接连发生的一系列事件，

---

① 秦楚之间的矛盾由来已久，统一帝国建立以后在秦人的统治下楚人承受着远比其他各国沉重的痛苦，相关研究参见陈苏镇《〈春秋〉与"汉道"——两汉政治与政治文化研究》第一章第一节《取守异术与亡秦必楚》，中华书局2011年版，第8页。

380

带给秦始皇更多的是危险的信号，迫使他被继续采取各种措施以维持帝国的统一，其中就包括继续巡视各地、发布刻石，继续支持方术士们的求仙行为等。

与求仙活动几乎同步进行的是山川祭祀，秦始皇几乎每次出游都要祭祀经过的名山大川，然而这看上去更像是一种表面上的礼遇，通过考察相关史料可以发现秦始皇对于各地鬼神并不如何尊敬。另外，秦始皇还努力整合统一帝国的山川祭祀系统[1]，事实上山川鬼神祭祀在秦统一之前各国各地普遍存在，秦国也不例外，根据古代典籍的规定，各国君主负责祭祀国内的山川，例如在《诅楚文》中秦王通过祭祀自己国内的水神来诅咒楚王，楚昭王也"祭不越望"[2]。总之人们相信祭祀不属于自己国内的鬼神，不会得到福佑。据《史记·封禅书》，秦统一之后整合国内山川祭祀系统方式是，"令祠官所常奉天地名山大川鬼神可得而序也"[3]，并把祭祀分为太祝常主、上过则祠、民各自奉祠三个等级，其中太常所主的祭祀主要在咸阳和雍附近，主要是秦人原有的祭祀场所；上过则祠，去则已的主要是山东六国的名山大川，例如齐地的八神；民间祭祀则散落在各地。总的来说，秦人原有的鬼神祭祀还是占有主导地位，而且"祭不越望"的传统观念恐怕也不是一朝一夕能够改变的，《史记·蒙恬列传》说："始皇三十七年冬，行出游会稽，并海上，北走琅邪。道病，使蒙毅还祷山川，未反。"[4] 秦始皇自己生病之后还要派近臣返回秦国祭祀山川鬼神，一方面是受传统的"祭不越望"观念的影响，另一方面也是尊崇秦地原有的鬼神祭祀，而对山东六国的鬼神祭祀并不如何重视。

事实上，秦始皇对于传统的鬼神之说并不如何信服，尤其是山东六国的鬼神，秦始皇既不寄希望于这些鬼神能够给自己带来福佑，也不畏

---

[1] 杨华：《秦汉帝国的神权统一——出土简帛与〈封禅书〉、〈郊祀志〉的对比考察》，《历史研究》2011年第5期。
[2] 郭沫若：《诅楚文考释》，《郭沫若全集》第九卷《考古编》，科学出版社1982年版，第177页；杨宽：《秦〈诅楚文〉所表演的"诅"的巫术》，《文学遗产》1995年第5期。
[3] 《史记》，第1371页。
[4] 同上书，第2567页。

## 秦统一的进程与意义

惧他们的威力。前文提到，二十八年（前219）秦始皇行至湘山祠附近遇大风，几不得渡，一怒之下砍掉湘山上的树木，这是一种厌胜巫术，也是对鬼神极为不敬的行为。另外，秦始皇还梦与海神战，并乘船追杀巨鱼，足可见他在心理上并不畏惧神怪，还想要与之一争高下。不仅如此，在政治领域，秦始皇也在尝试放弃通过鬼神之说统治民众，努力摆脱巫鬼之术的影响。

战国秦汉社会巫鬼祭祀之术极为流行，尤其下层民众对于巫术的魔力极为信赖。然而巫术的发展难以解决被证伪的问题，也就是说，人们很快会发现巫术宣称的效果没有办法实现，无论巫者如何改进提高巫术，当人们发现自己的愿望始终无法通过巫术的方式达成的时候，自然也就会抛弃巫术了。这可以说是秦始皇放弃通过鬼神之说统治民众的根本原因，实际上，早在秦始皇二十八年（前219）琅邪刻石秦始皇就批评五帝三王假借鬼神之力："古之五帝三王，知教不同，法度不明，假威鬼神，以欺远方，实不称名，故不久长。"《史记正义》解释说"五帝、三王假借鬼神之威，以欺服远方之民，若苌弘之比也"[①]。秦始皇认为对于远方之民的统治，不能够依靠鬼神之说进行欺骗，五帝三王这么做，与他们的名号是不相称的。当然秦始皇还指出五帝三王不久长的原因还在于法度不明，所以需要明法律，以明确的法律取代假威鬼神，确实也可以说是政治文明的进步。然而就是在二十八年（前219），秦始皇派徐市出海求仙药，为什么秦始皇摒弃巫鬼祭祀，转而相信方术士呢？

巫师和祝官曾经是国君身边非常重要的官员，他们的主要作用是为国君祈福，同时也帮助国君抵御来自臣下和民间的祝诅，刘向《新序》卷一《杂事》就记载了这样一件事，中行寅病重将死，就责怪自己的太祝在祭祀的时候不谨慎，太祝强调说是国君的德行出了问题，而且自己一个人的祝祷抵挡不过一个国家的人对国君的祝诅。[②] 虽然这位太祝巧妙地为自己开脱了责任，但巫祝无法延续国君的性命这个事实是无法

---

[①] 《史记》，第246—247页。
[②] 陈茂仁：《〈新序〉校正》，台北，花木兰文化出版社2007年版，第36—37页

改变的，所以这也是巫祝之术逐渐走向衰落的一个重要原因。早期的方术士们和巫术有着千丝万缕的联系，他们有时候也假借鬼神来神化方术，例如前文提到卢生就曾用恶鬼的说法来渲染真人说，司马迁说他"以鬼神事，奏录图书"①。然而方术士们的高明之处在于修仙和不死之药，正如前文所述，不死的观念虽然早已存在，但不死之药则明显来自西方的神话传说，而无论修仙还是不死之药都提供了长生不死的可能性，这些恰好满足了秦始皇的需要。尤其是不死之药，在不妨碍正常行政和生活的前提下，还能够取得长生的效果，这是秦始皇非常愿意尝试的。这是秦始皇采信方术的原因之一。

第二，与遍布各地民间的巫师不同，方术士们的活动相对来说比较集中，这样就利于控制。从相关记载来看，战国秦汉社会巫者在官方和民间都存在，官方的巫者主要负责官方祠祀活动，而巫者在民间的活动也是非常普遍的，而且民间的巫者在一定程度上挑战了政府在民间的权威，然而政府对这些人却基本上没有办法有效地控制。从齐地八神以及楚地湘山祠这样留存于史料中的原山东六国祠祀地点来看，它们的分布相当广泛，仅就齐地八神来说，就分布于原齐国八个不同的方位。那么如何对这些遍布各地的祠祀进行有效的管理和控制，这对于刚刚统一的秦帝国可能是一个非常棘手的问题。然而方术士们的活动相对集中，秦始皇二十八年（前219）第一次到海边的时候，他们就纷纷来到皇帝周围，后来他们中的一部分如侯生、卢生等也来到秦的首都咸阳，秦始皇把召集文学和方术士到中央去当成一种"兴太平"的手段，其实也就是为了便利控制。

第三，与巫师比，方术士们并没有较为明显的地域性特征。巫师祭祀的是当地的鬼神，与本土势力有千丝万缕的联系，这也构成了统一集权政府的离心力。在魏文侯时西门豹治邺的故事中，巫祝和地方势力三老、廷掾勾结，所谓为河伯娶妇，其实就是以人为祭品，祭祀河伯。作

---

① 相关研究参见陈槃《战国秦汉间方士考论》，《中央研究院历史语言研究所集刊》第十七本，（台北，1948）；酒井忠夫《方术与道术》，东京教育大学东洋史研究室《东洋史学论集》第1卷，1953年，第263—265页；李零《战国秦汉方士流派考》，《传统文化与现代化》1995年第2期。

秦统一的进程与意义

为邺令的西门豹打击巫祝和地方势力,其背后是逐渐成熟的中央政府开始尝试控制民众的信仰行为①。方术士们宣言的仙人和仙药都在"海上",其地域性特征并不十分明显,也就不会囿于地域之见而排斥统一。他们曾为齐宣王、齐威王和燕昭王求仙,秦始皇来到海边他们又纷纷建议皇帝资助他们入海求仙。前文提到卢生的活动,他给秦始皇"亡秦者胡"的谶语以及建议皇帝要像真人那样生活,这些对于秦的政治都是有利的,也就是说,方术士们在政治上是倾向于维护秦帝国的统一的。

## 三 结论

由于刻意的隐瞒,史料中极少见到秦始皇身体健康状态的记载,只是提到他最后一次巡游时患病,但学者们愿意相信和普通人一样秦始皇晚年也饱受疾病的困扰,郭沫若推测秦始皇患有鸡胸哮喘病②,李开元则推测秦始皇有高血压和脑溢血之类的疾病③。那么秦始皇的求仙应该带有求医问药的意味,或许也寄希望于仙药维持健康,延长寿命。

秦始皇求仙自然首先着眼于为自己求福佑,但他更为真实的目的还应从政治角度进行考察。秦统一之后分裂思想和分裂势力在山东各地乃至秦政权中央都普遍存在,他们慑于秦始皇的权威暂时还不敢有所作为,但秦始皇一旦去世,局面就会一发不可收拾。后来秦二世统治时期秦帝国的迅速崩溃即证实了这一点。为了应对可能出现的严重危局,秦始皇在中央强力钳制思想言论,大力镇压不利统一的"异端"思想和学说,无论焚书还是坑儒都可以从这个角度进行理解。另外,秦始皇做的最重要的工作就是求仙。秦始皇支持方术士们的求仙活动,如果当真能获得仙药最好,即便仙药一时不可得,求仙也有利于控制人们的思想,是对期盼皇帝去世的分裂势力的有力回击;另一方面秦始皇召集文

① 《史记》,第3211页。
② 郭沫若:《吕不韦与秦王政的批判》,收入氏著《十批判书》,人民出版社2012年版,第301页。
③ 李开元:《秦崩——从秦始皇到刘邦》,生活·读书·新知三联书店2015年版,第87页。

学和方术士以"兴太平",相比于留存各地的传统巫祝势力,方术士不仅具有一整套"先进"的神仙和不死之药理论,在政治倾向上也更认同统一的秦帝国,所以秦始皇刻意提高方术士的地位,借以压制传统巫祝势力。在以上种种原因的共同影响下,秦始皇的求仙活动一直持续到他去世还未结束。

《仙真人诗》是求仙活动中极为精彩而又无奈的举措。秦始皇意在通过《仙真人诗》的弦歌表演告诉各地百姓,求仙即将成功,皇帝是很有可能升仙的,抑或说皇帝已经是仙人。这种努力在当时所取得的成效不可知,但一切都会随着秦始皇的去世而终结。

秦始皇死后不久帝国重新陷入分裂,"秦始皇死而地分"的预言被证实。不能说秦始皇没有意识到分裂思想和分裂势力的普遍存在,但在消除他们对民众思想影响的过程中,秦始皇的很多努力后来被证明无效,例如求不死之药能够在短时期内维系民心,但终究还是一场空,而《仙真人诗》的弦歌表演最终也被证明是一场闹剧。但也并不能因此而否定秦始皇在试图影响和控制民众思想方面的努力,统一终于还是获得普遍的接受和认可,不过这已经是汉代建立以后的事了。

(重庆大学人文社会科学高等研究院)

# 从《焦氏易林》看汉代人的秦史观

刘志平

　　《焦氏易林》是一部大致成书于西汉中晚期至东汉初期的特殊文化典籍①，具有重要的史学价值。其中对秦兼六国、扶苏、商鞅和秦昏暴之政的记载，为我们生动展现了汉代人的秦史观，也为我们提供了诸多有价值的政治文化启示。

## 一　对秦兼六国的肯定

《焦氏易林》对秦兼六国有如下记载：

　　《大畜·离》："车辚白颠，知秦兴起。卒兼其国，一统为主。"（《焦氏易林》卷二）②
　　《坎·剥》："车邻白颠，知秦兴起。卒兼其国，一统为主。"（《焦氏易林》卷二）
　　《否·否》："秦为虎狼，与晋争强。并吞其国，号曰始皇。"（《焦氏易林》卷一）

---

　　① 关于《焦氏易林》的作者和成书年代，笔者已进行过相关阐述，详见拙文《〈焦氏易林〉所见西汉农业自然灾害及牛耕和粮食亩产量》，《咸阳师范学院学报》2013年第5期。
　　② 《焦氏易林》卷4《旅·泰》同。关于《焦氏易林》的版本及笔者所引《焦氏易林》林辞的来源，笔者亦已进行过相关阐述，亦见拙文《〈焦氏易林〉所见西汉农业自然灾害及牛耕和粮食亩产量》，《咸阳师范学院学报》2013年第5期。

## 从《焦氏易林》看汉代人的秦史观

《焦氏易林》所谓"车辚白颠"和"车邻白颠"①,是对《诗经·秦风·车邻》"有车邻邻,有马白颠"的化用。《毛诗正义·秦风·车邻》序云:"《车邻》,美秦仲也。秦仲始大,有车马礼乐侍御之好焉。"孔颖达《疏》:"正义曰:作《车邻》诗者,美秦仲也。秦仲之国始大,又有车马礼乐侍御之好焉,故美之也。言秦仲始大者,秦自非子以来,世为附庸,其国仍小。至今秦仲而国土大矣。由国始大,而得有此车马礼乐,故言'始大'以冠之。"②细观《焦氏易林》林辞,亦言"秦之兴",义同《毛诗》③。而紧接着"卒兼其国,一统为主"的表述,无疑表明了对秦兼六国的客观积极意义的肯定。对秦兼六国的这种肯定态度也可从《震·困》"六明并照,政纪无统。秦楚战国,民受其咎"(《焦氏易林》卷四)的表述中看出。不过,《否·否》所言"秦为虎狼",又似乎表现出对"秦"及"秦始皇"的贬斥④。

在"过秦"思潮盛行的汉代,对秦兼六国的客观积极意义似乎多持肯定态度。汉初辩士陆贾曾对刘邦说:"居马上得之,宁可以马上治之乎?且汤武逆取而以顺守之,文武并用,长久之术也。昔者吴王夫差、智伯极武而亡;秦任刑法不变,卒灭赵氏。乡使秦已并天下,行仁

---

① 《经典释文》卷5《毛诗音义上》:"'车邻',本亦作'隣',又作'辚'。"(唐)陆德明撰,黄焯汇校:《经典释文汇校》,中华书局2006年版,第157页。
② (清)阮元校刻:《十三经注疏(附校勘记)》,中华书局1980年影印本,上册,第368页下栏。
③ 另据王先谦《诗三家义集疏》,《齐》《韩》于此与《毛》义同。参见(清)王先谦撰,吴格点校《诗三家义集疏》(上),中华书局1987年版,第435页。
④ 先秦秦汉时人在贬斥"秦"及"秦最高统治者"时,常以"虎狼"为喻。尉缭就曾批评秦王嬴政"少恩而虎狼心"(《史记》卷6《秦始皇本纪》,中华书局1982年标点本,第230页);楚昭雎在劝阻楚怀王赴秦时也说"秦虎狼,不可信"(《史记》卷40《楚世家》,第1728页);屈原在劝阻楚怀王赴秦时也说秦为"虎狼之国,不可信"(《史记》卷84《屈原贾生列传》,第2484页);魏信陵君无忌也认为"秦与戎翟同俗,有虎狼之心,贪戾好利无信,不识礼义德行"(《史记》卷44《魏世家》,第1857页);苏秦也说秦是"虎狼之国"(《史记》卷69《苏秦列传》,第2261页);樊哙在鸿门宴上也说"秦王有虎狼之心,杀人如不能举,刑人如恐不胜"(《史记》卷7《项羽本纪》,第313页);仲长统也说"秦政乘并兼之势,放虎狼之心,屠裂天下,吞食生人,暴虐不已,以招楚汉用兵之苦,甚于战国之时也"(《后汉书》卷49《仲长统列传》,中华书局1965年标点本,第1649页)。而《焦氏易林》对"秦"及"秦始皇"的这种贬斥,似可理解为对秦只以诈力统一六国的批评。

387

义，法先圣，陛下安得而有之？"① 陆贾在此并未否定"秦并天下"本身，只是批评其在并天下之后不行仁义，不法先圣。汉初政论家贾谊在批评统一六国之后的秦始皇"怀贪鄙之心，行自奋之智，不信功臣，不亲士民，废王道而立私爱，焚文书而酷刑法，先诈力而后仁义，以暴虐为天下始"以及秦二世"繁刑严诛，吏治刻深；赏罚不当，赋敛无度"②的同时，也对"秦统一"结束了"诸侯力正，强凌弱，众暴寡，兵革不休，士民罢弊"③的局面表示了肯定。对此，司马迁也是赞同的，所谓"善哉乎贾生推言之也"④。晁错在对文帝之诏策时有言："臣闻秦始并天下之时，其主不及三王，而臣不及其佐，然功力不迟者，何也？地形便，山川利，财用足，民利战。其所与并者六国，六国者，臣主皆不肖，谋不辑，民不用，故当此之时，秦最富强。夫国富强而邻国乱者，帝王之资也，故秦能兼六国，立为天子。当此之时，三王之功不能进焉。及其末涂之衰也，任不肖而信谗贼；宫室过度，奢欲亡极，民力罢尽，赋敛不节；矜奋自贤，群臣恐谀，骄溢纵恣，不顾患祸；妄赏以随喜意，妄诛以快怒心，法令烦憯，刑罚暴酷，轻绝人命，身自射杀；天下寒心，莫安其处。"⑤ 晁错虽批评秦兼六国后的"暴酷"之政，但对秦兼六国有"三王之功不能进焉"的赞扬。主父偃在向汉武帝"谏伐匈奴"时说道："夫务战胜穷武事者，未有不悔者也。昔秦皇帝任战胜之威，蚕食天下，并吞战国，海内为一，功齐三代。务胜不休，欲攻匈奴，……使蒙恬将兵攻胡，辟地千里，以河为境。地固泽卤，不生五谷。然后发天下丁男以守北河。暴兵露师十有余年，死者不可胜数，终不能踰河而北。是岂人众不足，兵革不备哉？其势不可也。又使天下蜚刍挽粟，起于黄、腄、琅邪负海之郡，转输北河，率三十锺而致一石。男子疾耕不足于粮馕，女子纺绩不足于帷幕。百姓靡敝，孤寡老

---

① 《史记》卷97《郦生陆贾列传》，第2699页。
② （汉）贾谊撰，阎振益、钟夏校注：《新书校注》，中华书局2000年版，第14—15页。
③ 同上书，第14页。
④ 《史记》卷6《秦始皇本纪》，第276页。
⑤ 《汉书》卷49《爰盎晁错传》，中华书局1962年标点本，第2296页。

弱不能相养，道路死者相望，盖天下始畔秦也。"① 主父偃在此虽对秦始皇用兵匈奴进行了批评②，但对其"并吞战国，海内为一"，作了"功齐三代"的赞扬。严安在给汉武帝的上书中说道："臣闻周有天下，其治三百余岁，成康其隆也，刑错四十余年而不用。及其衰也，亦三百余岁，故五伯更起。五伯者，常佐天子兴利除害，诛暴禁邪，匡正海内，以尊天子。五伯既没，贤圣莫续，天子孤弱，号令不行。诸侯恣行，强凌弱，众暴寡，田常篡齐，六卿分晋，并为战国，此民之始苦也。于是强国务攻，弱国备守，合从连横，驰车击毂，介胄生虮虱，民无所告愬。及至秦王，蚕食天下，并吞战国，称号曰皇帝，主海内之政，坏诸侯之城，销其兵，铸以为钟虡，示不复用。元元黎民得免于战国，逢明天子，人人自以为更生。向使秦缓其刑罚，薄赋敛，省繇役，贵仁义，贱权利，上笃厚，下智巧，变风易俗，化于海内，则世世必安矣。秦不行是风而循其故俗，为智巧权利者进，笃厚忠信者退；法严政峻，谄谀者众，日闻其美，意广心轶。欲肆威海外，乃使蒙恬将兵以北攻胡，辟地进境，戍于北河，蜚刍挽粟以随其后。又使尉屠睢将楼船之士南攻百越，使监禄凿渠运粮，深入越，越人遁逃。旷日持久，粮食绝乏，越人击之，秦兵大败。秦乃使尉佗将卒以戍越。当是时，秦祸北构于胡，南挂于越，宿兵无用之地，进而不得退。行十余年，丁男被甲，丁女转输，苦不聊生，自经于道树，死者相望。及秦皇帝崩，天下大叛。"③ 严安也是虽对秦始皇统一六国后"急刑罚，厚赋敛，重繇役，贱仁义，贵权利，下笃厚，上智巧"和"北构于胡，南挂于越"之举表示批评，但对秦兼六国本身有使"元元黎民得免于战国"的肯定。

而汉文帝时的贾山对于"兼六国"之"秦"是这样评价的："秦以熊罴之力，虎狼之心，蚕食诸侯，并吞海内，而不笃礼义，故天殃已加

---

① 《史记》卷112《平津侯主父列传》，第2954页。
② 主父偃后在汉武帝出兵进击匈奴的情势下，又改变了看法，"盛言朔方地肥饶，外阻河，蒙恬城之以逐匈奴，内省转输戍漕，广中国，灭胡之本也"。同上书，第2961页。
③ 同上书，第2957—2958页。

## 秦统一的进程与意义

矣。"① 虽以"虎狼"为喻，表示对"秦"及"秦始皇"的贬斥②，又对其"并吞海内"后"不笃礼义"提出批评，但未明确否定秦兼六国的客观积极意义。班固也说："若秦因四世之胜，据河山之阻，任用白起、王翦豺狼之徒，奋其爪牙，禽猎六国，以并天下。穷武极诈，士民不附，卒隶之徒，还为敌雠，烕起云合，果共轧之。斯为下矣。凡兵，所以存亡继绝，救乱除害也。……汉兴，高祖躬神武之材，行宽仁之厚，总擥英雄，以诛秦、项。任萧、曹之文，用良、平之谋，骋陆、郦之辩，明叔孙通之仪，文武相配，大略举焉。……鞭扑不可弛于家，刑罚不可废于国，征伐不可偃于天下；用之有本末，行之有逆顺耳。……文德者，帝王之利器；威武者，文德之辅助也。夫文之所加者深，则武之所服者大；德之所施者博，则威之所制者广。"③ 又说："至于秦始皇，兼吞战国，遂毁先王之法，灭礼谊之官，专任刑罚，……而奸邪并生，赭衣塞路，囹圄成市，天下愁怨，溃而叛之。"④ 可见班固和贾山一样，也未明确否定秦兼六国的客观积极意义，只是以"豺狼"为喻，表示对秦将的贬斥⑤，并对秦统一天下后"穷武极诈""专任刑罚"而不以"文武相配"提出批评。这与张耳、陈馀所言"秦为无道，破人国家，灭人社稷，绝人后世，罢百姓之力，尽百姓之财"⑥ 是截然不同的，张耳、陈馀于此彻底否定了秦兼六国的客观积极意义。

汉人对秦兼六国的客观积极意义多持肯定态度，是与汉承秦之统一帝国形式分不开的。如果批评"秦统一"本身，就会削弱"汉统一"的合理性和正当性。司马迁不仅对"天下一统"有"盖一统若斯之难也"的感慨，且对刘邦承继"秦统一"而建"汉统一"之帝业有"岂

---

① 《汉书》卷51《贾山传》，第2328页。
② 这种贬斥，可理解为对秦只以诈力统一六国的批评，同《焦氏易林》。
③ 《汉书》卷23《刑法志》，第1089—1091页。
④ 同上书，第1096页。
⑤ 这种贬斥，也可理解为对秦只以诈力统一六国的批评，同《焦氏易林》。
⑥ 《史记》卷89《张耳陈馀列传》，第2573页。

非天哉"的感慨①,足见"天下一统"乃战国秦汉之大势,且来之不易。

## 二 关于扶苏

《焦氏易林》中有同情扶苏的林辞:

> 《大畜·夬》:"太子扶苏,走出远郊。佞幸成邪,改命生忧。慈母之恩,无路致之。"(《焦氏易林》卷2)

扶苏的事迹,载于《史记》卷六《秦始皇本纪》、《史记》卷八十七《李斯列传》及《史记》卷八十八《蒙恬列传》。扶苏的政治风格和文化取向似乎不同于其父秦始皇,据《史记》卷6《秦始皇本纪》记载,在"坑儒"一事上,扶苏曾对秦始皇有这样的建议:"天下初定,远方黔首未集,诸生皆诵法孔子,今上皆重法绳之,臣恐天下不安。唯上察之。"② 可见,扶苏很重视以孔子为宗师的儒家的社会文化影响力,且将其提高到能影响"天下安否"的政治高度。亦可见以孔子为宗师的儒家在秦代有广泛的影响。而对于扶苏的建议,秦始皇的反应是:"怒,使扶苏北监蒙恬于上郡。"③ 这或许是秦始皇在"大怒"之下而做出的情绪化举动,因为后来秦始皇在死前还是清醒地想到了长子扶苏,有让扶苏以太子继承帝位的意思。但因赵高、胡亥、李斯的阴谋

---

① 《史记》卷16《秦楚之际月表》,第759—760页。而关于司马迁对"秦统一"的认识,日本学者藤田胜久曾指出:"司马迁并未对战国时代秦国持否定态度,而是认为秦之所以一统天下,既是因为地势坚固,亦是因为得到天助。……《秦本纪》《秦始皇本纪》和各战国世家,两者配合协调,通过叙述地上的天下统一行动,来说明秦统一之天命。"([日]藤田胜久著,曹峰、[日]广濑薰雄译:《〈史记〉战国史料研究》,上海古籍出版社2008年版,第458页)可见,司马迁认为"秦统一"和"汉统一"皆为"天意"。
② 《史记》卷6《秦始皇本纪》,第258页。
③ 同上。

## 秦统一的进程与意义

而使嬴政的遗愿未能实现①。而扶苏的仁义忠孝又从其接到"赐其死"的假诏书后的言行中得到了淋漓尽致的表现:"使者至,发书,扶苏泣,入内舍,欲自杀。蒙恬止扶苏曰:'陛下居外,未立太子,使臣将三十万众守边,公子为监,此天下重任也。今一使者来,即自杀,安知其非诈?请复请,复请而后死,未暮也。'使者数趣之。扶苏为人仁,谓蒙恬曰:'父而赐子死,尚安复请!'即自杀。"②当然,扶苏是在不知其父秦始皇已死和赐死诏是假诏的情况下自杀的,若知其父已死,并知赐死诏是假诏,想必不会有自杀之举,历史就可能是另一种走向。可见,赵高等人对秦始皇去世这一消息的封锁是成功的。

扶苏的事迹不久就在社会上传播开来,不过关于扶苏之死,当时民间似多未知晓,又加上扶苏的政治口碑很好,故陈胜起事时利用了这点,他说:"天下苦秦久矣。吾闻二世少子也,不当立,当立者乃公子

---

① 《史记》卷6《秦始皇本纪》:"上病益甚,乃为玺书赐公子扶苏曰:'与丧会咸阳而葬。'书已封,在中车府令赵高行符玺事所,未授使者。……高乃与公子胡亥、丞相斯阴谋破去始皇所封书赐公子扶苏者,而更诈为丞相斯受始皇遗诏沙丘,立子胡亥为太子。更为书赐公子扶苏、蒙恬,数以罪,赐死。"(《史记》卷6《秦始皇本纪》,第264页)《史记》卷87《李斯列传》:"始皇帝至沙丘,病甚,令赵高为书赐公子扶苏曰:'以兵属蒙恬,与丧会咸阳而葬。'书已封,未授使者,始皇崩。书及玺皆在赵高所,独子胡亥、丞相李斯、赵高及幸宦者五六人知始皇崩,余群臣皆莫知也。李斯以为上在外崩,无真太子,故祕之。……赵高因留所赐扶苏玺书,而谓公子胡亥曰:'上崩,无诏封王诸子而独赐长子书。长子至,即立为皇帝,而子无尺寸之地,为之奈何?'胡亥曰:'固也。吾闻之,明君知臣,明父知子。父捐命,不封诸子,何可言者!'赵高曰:'不然。方今天下之权,存亡在子与高及丞相耳,愿子图之。且夫臣人与见臣于人,制人与见制于人,岂可同日道哉!'胡亥曰:'废兄而立弟,是不义也;不奉父诏而畏死,是不孝也;能薄而材谫,强因人之功,是不能也。三者逆德,天下不服,身殆倾危,社稷不血食。'高曰:'臣闻汤、武杀其主,天下称义焉,不为不忠。卫君杀其父,而卫国载其德,孔子著之,不为不孝。夫大行不小谨,盛德不辞让,乡曲各有宜而百官不同功。故顾小而忘大,后必有害;狐疑犹豫,后必有悔;断而敢行,鬼神避之,后有成功。愿子遂之!'胡亥喟然叹曰:'今大行未发,丧礼未终,岂宜以此事干丞相哉!'赵高曰:"时乎时乎,间不及谋!赢粮跃马,唯恐后时!'……高乃谓丞相斯曰:'上崩,赐长子书,与丧会咸阳而立为嗣。书未行,今上崩,未有知者也。所赐长子书及符玺皆在胡亥所,定太子在君侯与高之口耳。事将何如?'……于是乃相与谋,诈为受始皇诏丞相,立子胡亥为太子。更为书赐长子扶苏曰:'朕巡天下,祷祠名山诸神以延寿命。今扶苏与将军蒙恬将师数十万以屯边,十有余年矣,不能进而前,士卒多耗,无尺寸之功,乃反数上书直言诽谤我所为,以不得罢归为太子,日夜怨望。扶苏为人子不孝,其赐剑以自裁!将军恬与扶苏居外,不匡正,宜知其谋。为人臣不忠,其赐死,以兵属裨将王离。'封其书以皇帝玺,遣胡亥客奉书赐扶苏于上郡。"(《史记》卷87《李斯列传》,第2548—2551页)

② 《史记》卷87《李斯列传》,第2551页。

扶苏。扶苏以数谏故，上使外将兵。今或闻无罪，二世杀之。百姓多闻其贤，未知其死也。项燕为楚将，数有功，爱士卒，楚人怜之。或以为死，或以为亡。今诚以吾众诈自称公子扶苏、项燕，为天下唱，宜多应者。"①

赵高谋害扶苏之事多次被汉人提及，如樊哙在刘邦因病"恶见人，卧禁中"的情势下，曾带领群臣直入禁中并对刘邦说："始陛下与臣等起丰沛，定天下，何其壮也！今天下已定，又何惫也！且陛下病甚，大臣震恐，不见臣等计事，顾独与一宦者绝乎？且陛下独不见赵高之事乎？"②终使"高帝笑而起"③。又如叔孙通在刘邦"欲以赵王如意易太子"时向刘邦进谏曰："昔者晋献公以骊姬故，废太子，立奚齐，晋国乱者数十年，为天下笑。秦以不早定扶苏，胡亥诈立，自使灭祀，此陛下所亲见。今太子仁孝，天下皆闻之；吕后与陛下攻苦食啖，其可背哉！陛下必欲废适而立少，臣愿先伏诛，以颈血污地。"④加上"留侯所招客从太子入见"，刘邦"遂无易太子志"⑤。看来刘邦对扶苏之事是心知肚明的。其实，刘邦多方面吸取秦亡教训，其中很早就注意到立太子这一问题。其在彭城之战惨败后的高帝二年（前205）六月，就立刘盈为太子，"令太子守栎阳，诸侯子在关中者皆集栎阳为卫"⑥。

扶苏的悲剧后又警醒着戾太子刘据，最终促使刘据斩杀江充及其同党。《汉书》卷六十三《武五子传·戾太子据》有详细记载："充典治巫蛊，既知上意，白言宫中有蛊气，入宫至省中，坏御座掘地。上使按道侯韩说、御史章赣、黄门苏文等助充。充遂至太子宫掘蛊，得桐木人。时上疾，辟暑甘泉宫，独皇后、太子在。太子召问少傅石德，德惧为师傅并诛，因谓太子曰：'前丞相父子、两公主及卫氏皆坐此，今巫与使者掘地得征验，不知巫置之邪，将实有也，无以自明，可矫以节收

---

① 《史记》卷48《陈涉世家》，第1950页。
② 《汉书》卷41《樊哙传》，第2072—2073页。
③ 同上书，第2073页。
④ 《汉书》卷43《叔孙通传》，第2129页。
⑤ 同上。
⑥ 《史记》卷8《高祖本纪》，第372页。

捕充等系狱,穷治其奸诈。且上疾在甘泉,皇后及家吏请问皆不报,上存亡未可知,而奸臣如此,太子将不念秦扶苏事耶?'太子急,然德言。征和二年七月壬午,乃使客为使者收捕充等。按道侯说疑使者有诈,不肯受诏,客格杀说。御史章赣被创突亡,自归甘泉。太子使舍人无且持节夜入未央宫殿长秋门,因长御倚华具白皇后,发中厩车载射士,出武库兵,发长乐宫卫,告令百官曰江充反。乃斩充以徇,炙胡巫上林中。"① 不过最后戾太子刘据还是被追逼自杀,这同扶苏的结局一样,但汉高层并未因戾太子自杀而产生乱局,这无疑是因为戾太子死时汉武帝仍活着,能有机会掌控残局,最终做出如司马光所说的"晚而改过,顾托得人"等"免亡秦之祸"之举②。而秦高层之乱首先源于秦始皇暴崩,而后扶苏之死又加深了混乱的程度。

东汉时人也有言及扶苏之事的,如光武帝刘秀的儿子广陵思王刘荆,在写给刘强的书信中,愿刘强"无为扶苏、将闾叫呼天"③,使"强得书惶怖,即执其使,封书上之"④,而明帝刘庄因刘荆为其同母弟,故"祕其事,遣荆出止河南宫"⑤。又如汉冲帝刘炳崩后,梁太后"欲须所征诸王侯到乃发丧",李固表示反对,言及"昔秦皇亡于沙丘,胡亥、赵高隐而不发,卒害扶苏,以至亡国",终使"太后从之,即暮发丧"⑥。

汉人在将扶苏之事作为政治警示的同时,对扶苏表现出广泛的政治同情,《焦氏易林》所谓"太子扶苏,走出远郊。佞幸成邪,改命生忧。慈母之恩,无路致之",也体现了对扶苏浓厚的怜悯之情。以汉人对扶苏的肯定与同情为基调,汉以后之人明确提出一种强烈肯定扶苏的

---

① 《汉书》卷63《武五子传·戾太子据》,第2742—2743页。
② 参见《资治通鉴》卷22"武帝后元二年"条"臣光曰",中华书局1956年版,第747—748页。
③ 《后汉书》卷42《光武十王列传·广陵思王荆》,第1447页。
④ 同上。
⑤ 同上书,第1448页。
⑥ 《后汉书》卷63《李固列传》,第2082—2083页。

历史假设,所谓"使扶苏嗣位,则秦祚尚可延"①;"若扶苏嗣位,三五载即世,而子婴承之,秦社岂墟乎哉"②;"使扶苏嗣位,即二世、三世传之无穷,何所不可"③。

## 三 对商鞅的态度

《焦氏易林》中有批评商鞅的林辞:

《升·需》:"商子无良,相怨一方。引斗交争,咎以自当。"(《焦氏易林》卷三)
《丰·遁》:"商子酷刑,鞅丧厥身。"(《焦氏易林》卷四)

《史记》卷六十八《商君列传》记载:"公子虔之徒告商君欲反,发吏捕商君。商君亡至关下,欲舍客舍。客人不知其是商君也,曰:'商君之法,舍人无验者坐之。'商君喟然叹曰:'嗟乎,为法之敝一至此哉!'"④《升·需》林辞言此事,而所谓"咎以自当",则透露了对商鞅的批判态度。《丰·遁》林辞乃"言商鞅用酷刑,终自害也"⑤,可见对商鞅的重刑主张是持否定态度的。

不过,汉人对商鞅似既有批评,也有赞扬,如司马迁对商鞅就是这种态度,他在《太史公自序》中说:"鞅去卫适秦,能明其术,强霸孝公,后世遵其法。作《商君列传》第八。"⑥ 赞扬商鞅强秦之法。而在《商君列传》中又说:"商君,其天资刻薄人也。跡其欲干孝公以帝王

---

① (宋)胡寅:《致堂读史管见》卷1,北京爱如生数字化技术研究中心《中国基本古籍库》本。
② (明)沈长卿:《沈氏日旦》卷1,北京爱如生数字化技术研究中心《中国基本古籍库》本。
③ (明)李贽:《史纲评要》卷4,北京爱如生数字化技术研究中心《中国基本古籍库》本。
④ 《史记》卷68《商君列传》,第2236—2237页。
⑤ 尚秉和注,常秉义点校:《焦氏易林注》(修订版),光明日报出版社2006年版,第544页。《史记》卷68《商君列传》记载:"秦发兵攻商君,杀之于郑黾池。秦惠王车裂商君以徇,……灭商君之家。"《史记》卷68《商君列传》,第2237页。
⑥ 《史记》卷130《太史公自序》,第3313页。

术，挟持浮说，非其质矣。且所因由嬖臣，及得用，刑公子虔，欺魏将卬，不师赵良之言，亦足发明商君之少恩矣。余尝读商君开塞耕战书，与其人行事相类。卒受恶名于秦，有以也夫！"① 又对商鞅的"刻薄少恩"提出批评。又如《盐铁论·非鞅》集中反映了汉人对商鞅两种截然不同的态度：桑弘羊极力肯定商鞅，而文学儒生对商鞅进行了尖锐批评②。盐铁会议是汉昭帝始元六年（前81）召开的国家高层会议，从这次会议讨论的内容我们可知当时汉人的重大关切。故对商鞅的评价能成为这次会议讨论的内容，足以说明此问题关涉重大。大概是因秦兴于商鞅之霸道政治，又亡于商鞅之霸道政治，故汉人对商鞅产生了极端矛盾的看法。对商鞅这种极端矛盾的看法，实际上只是为"本以霸王道杂之"③的汉家制度提供一种理论警示，以使其在政治实践层面根据不同历史阶段和社会现实状况动态性地保持"王道"与"霸道"的合理搭配。"王霸问题"在中国古代政治史上是一个长期被关注的话题④。"王霸问题"（"儒法问题"）在中国近现代政治史上也曾受到关注，这令人印象深刻。

## 四 对秦昏暴之政的批判

《焦氏易林》中多有批判秦昏暴之政的林辞：

《乾·大壮》："隙大墙坏，蠹众木折。狼虎为政，天降罪罚。高弑望夷，胡亥以毙。"（《焦氏易林》卷一）⑤
《坤·大壮》："岁饥无年，虐政害民。乾溪骊山，秦楚结冤。"

---

① 《史记》卷68《商君列传》，第2237页。
② 王利器校注：《盐铁论校注（定本）》，中华书局1992年版，第93—97页。
③ 《汉书》卷9《元帝纪》载汉宣帝言："汉家自有制度，本以霸王道杂之，奈何纯任德教，用周政乎！且俗儒不达时宜，好是古非今，使人眩于名实，不知所守，何足委任！"《汉书》卷9《元帝纪》，第277页。
④ 见王利器《盐铁论校注（定本）·前言》，第19—22页。
⑤ 卷2《剥·中孚》同。

从《焦氏易林》看汉代人的秦史观

(《焦氏易林》卷一)①

《蛊·贲》:"转作骊山,大失人心。刘季发怒,禽灭子婴。"
(《焦氏易林》卷二)

《大壮·需》:"君不明德,臣乱为惑。丞相命马,胡亥失所。"
(《焦氏易林》卷三)

《睽·井》:"井堙木刊,国多暴残。秦王失戍,坏其太坛。"
(《焦氏易林》卷三)

《夬·噬嗑》:"长城骊山,生民大残。涉叔发难,唐叔为患。"
(《焦氏易林》卷三)

《中孚·姤》:"老悑多邻,弊政为贼。阿房骊山,子婴失国。"
(《焦氏易林》卷四)

　　对秦昏暴之政的批判,是汉人一致的态度,如前述陆贾、贾谊、晁错、主父偃、严安、贾山和班固等人皆持此态度。而汉初"与民休息""无为而治"的政治举措正是基于对秦昏暴之政的批判而推行的,这可说是对秦亡诸多教训中最具根本性的教训的吸取②,此即《蛊·贲》所谓"人心"问题,《夬·噬嗑》所谓"生民"问题,亦即"民心"问题。

　　汉人对"民心"③多有重视。贾谊曾说:"是以国不务大而务得民心,佐不务多而务得贤者;得民心而民往之,得贤者而贤者归之。"④又说:"闻之于政也,民无不为本也。国以为本,君以为本,吏以为本。故国以民为安危,君以民为威侮,吏以民为贵贱。此之谓民无不为

---

① 《焦氏易林》卷1《谦·睽》同。
② 从汉人的理论总结及政治实践可知,汉人除了对"昏暴之政失民心"这一根本性教训的吸取,还有对"不早定太子而灭祀""不封子弟功臣而无以承卫天子"等教训的吸取。
③ "民心"一词在先秦文献里已频繁出现,如《管子·牧民》:"政之所兴,在顺民心;政之所废,在逆民心。"(黎翔凤撰,梁运华整理:《管子校注》,中华书局2004年版,第13页)《孟子·尽心上》:"善教得民心。"((清)焦循撰,沈文倬点校:《孟子正义》,中华书局1987年版,第897页)《吕氏春秋·顺民》:"先王先顺民心,故功名成。夫以德得民心以立大功名者,上世多有之矣。失民心而立功名者,未之曾有也。"(许维遹撰,梁运华整理:《吕氏春秋集释》,中华书局2009年版,第199—200页)
④ (汉)贾谊撰,阎振益、钟夏校注:《新书校注》,第392页。

## 秦统一的进程与意义

本也。闻之于政也,民无不为命也。国以为命,君以为命,吏以为命,故国以民为存亡,君以民为盲明,吏以民为贤不肖。此之谓民无不为命也。闻之于政也,民无不为功也。故国以为功,君以为功,吏以为功。国以民为兴坏,君以民为强弱,吏以民为能不能。此之谓民无不为功也。闻之于政也,民无不为力也。故国以为力,君以为力,吏以为力。故夫战之胜也,民欲胜也;攻之得也,民欲得也;守之存也,民欲存也。故率民而守,而民不欲存,则莫能以存矣;故率民而攻,民不欲得,则莫能以得矣;故率民而战,民不欲胜,则莫能以胜矣。……故夫灾与福也,非粹在天也,又在士民也。呜呼,戒之!戒之!夫士民之志,不可不要也。呜呼,戒之!戒之!"[1] 强调"民"是"国""君""吏"之"本""命""功"与"力"。贾谊还认为对"民"不善,必受"天殃","自古至于今,与民为仇者,有迟有速,而民必胜之",故强调对"民"的态度应为"至贱而不可简""至愚而不可欺"[2]。《淮南子·氾论训》也说:"治国有常,而利民为本。"[3] 而对贾谊所言"民欲"和"民心"在军事上的重要性,《淮南子·兵略训》也有详细阐述:"古之用兵者,非利土壤之广而贪金玉之略,将以存亡继绝,平天下之乱,而除万民之害也。……得道之兵……因民之欲,乘民之力,而为之去残除贼也。故同利相死,同情相成,同欲相助。顺道而动,天下为向;因民而虑,天下为斗。……故明王之用兵也,为天下除害,而与万民共享其利,民之为用,犹子之为父,弟之为兄,威之所加,若崩山决塘,敌孰敢当!故善用兵者,用其自为用也;不能用兵者,用其为己用也。用其自为用,则天下莫不可用也;用其为己用,所得者鲜矣。……兵之胜败,本在于政。政胜其民,下附其上,则兵强矣。民胜其政,下畔其上,则兵弱矣。故德义足以怀天下之民,事业足以当天下之急,选举足以得贤士之心,谋虑足以知强弱之势,此必胜之本也。……善为政者积其德,善用兵者畜其怒,德积而民可用,怒畜而威可立也。……千人同心,则得千人之力;万人异心,则无一人之

---

[1] (汉)贾谊撰,阎振益、钟夏校注:《新书校注》,第338—339页。
[2] 同上书,第339页。
[3] 何宁:《淮南子集释》,中华书局1998年版,第921页。

用。……兵之所以强者，民也；民之所以必死者，义也；义之所以能行者，威也。……主之所求于民者二：求民为之劳也，欲民为之死也。民之所望于主者三：饥者能食之，劳者能息之，有功者能德之。民以偿其二责，而上失其三望，国虽大，人虽众，兵犹且弱也。"① 其实，刘邦在灭秦的军事行动中早已很好地实践了这一兵学思想，刘邦接受秦王子婴投降后，"召诸县父老豪桀曰：'父老苦秦苛法久矣，诽谤者族，偶语者弃市。吾与诸侯约，先入关者王之，吾当王关中。与父老约，法三章耳：杀人者死，伤人及盗抵罪。余悉除去秦法。诸吏人皆案堵如故。凡吾所以来，为父老除害，非有所侵暴，无恐！且吾所以还军霸上，待诸侯至而定约束耳。'乃使人与秦吏行县乡邑，告谕之。秦人大喜，争持牛羊酒食献飨军士。沛公又让不受，曰：'仓粟多，非乏，不欲费人。'人又益喜，唯恐沛公不为秦王。"②

汉代皇帝的诏书对"民心"也多有言及，如《汉书》卷六《武帝纪》所载元朔元年（前128）十一月诏书有"祈进民心"③一语；《汉书》卷九《元帝纪》所载永光二年（前42）三月诏书有"至今有司执政，未得其中，施与禁切，未合民心"④之语；《汉书》卷九《元帝纪》所载永光四年六月诏书又有"政令多还，民心未得"⑤之语。可见，"民心"确实受到汉代最高统治者的重视。

《焦氏易林》在批判秦昏暴之政时说到"骊山""长城""阿房"，这是秦汉时人批评秦昏暴之政时所使用的标志性语词。

贾山曾有言："死葬乎骊山，吏徒数十万人，旷日十年。"⑥ 刘向在建议汉成帝实行薄葬时也说："天下苦其役而反之，骊山之作未成，而周章百万之师至其下矣。"⑦ 谷永在批评汉成帝"改作昌陵"之举时言

---

① 何宁：《淮南子集释》，第1043—1090页。
② 《史记》卷8《高祖本纪》，第362页。
③ 《汉书》卷6《武帝纪》，第166页。
④ 《汉书》卷9《元帝纪》，第289页。
⑤ 同上书，第291页。
⑥ 《汉书》卷51《贾山传》，第2328页。
⑦ 《汉书》卷36《楚元王传附刘向传》，第1954页。

## 秦统一的进程与意义

其"役百乾谿，费疑骊山"①。

秦末大乱时，武臣在作反秦动员时说道："秦为乱政虐刑以残贼天下，数十年矣。北有长城之役，南有五岭之戍，外内骚动，百姓罢敝。"②司马迁对蒙恬"为秦筑长城亭障"之举有"轻百姓力"③的批评。伍被曾批评秦"遣蒙恬筑长城，东西数千里，暴兵露师常数十万，死者不可胜数，僵尸千里，流血顷亩，百姓力竭，欲为乱者十家而五"④。严尤在批评秦始皇对匈奴的政策时也言及"长城"，他说："秦始皇不忍小耻而轻民力，筑长城之固，延袤万里，转输之行，起于负海，疆境既完，中国内竭，以丧社稷，是为无策。"⑤班固也曾批评秦"奢淫暴虐，务欲广地；南戍五岭，北筑长城以备胡越，堑山填谷，西起临洮，东至辽东，径数千里"⑥。东汉时人杨终也曾向汉章帝上书说："秦筑长城，功役繁兴，胡亥不革，卒亡四海。"⑦贾谊曾孙贾捐之在批评秦"兴兵远攻，贪外虚内，务欲广地，不虑其害"时，说到"《长城之歌》至今未绝"⑧。秦汉时人以歌谣的形式表达对"秦修长城"的批判，足见批判"秦修长城"的观念深入时人之心。

而对于"阿房宫"的修建，秦末大乱时，秦右丞相冯去疾、左丞

---

① 颜师古注："言劳役之功百倍于楚灵王，费财之广比于秦始皇。"（《汉书》卷85《谷永传》，第3462页）这与《坤·大壮》所言"乾谿骊山，秦楚结冤"一样。
② 《史记》卷89《张耳陈馀列传》，第2573页。
③ 《史记》卷88《蒙恬列传》，第2570页。
④ 《史记》卷118《淮南衡山列传》，第3086页。
⑤ 《汉书》卷94下《匈奴传下》，第3824页。
⑥ 《汉书》卷27下之上《五行志下之上》，第1472页。
⑦ 《后汉书》卷48《杨终列传》，第1598页。
⑧ 《汉书》卷64下《贾捐之传》，第2831页。关于《长城之歌》的内容，清人王先谦《汉书补注》引沈钦韩曰："《河水注》引扬泉《物理论》曰：'秦筑长城，死者相属，民歌曰："生男慎勿举，生女哺用脯。不见长城下，尸骸相支拄。"'"［（清）王先谦：《汉书补注》，书目文献出版社1995年版，第1265页］汉末陈琳的《饮马长城窟行》引用到《长城之歌》，其诗曰："饮马长城窟，水寒伤马骨。往谓长城吏，慎莫稽留太原卒。官作自有程，举筑谐汝声。男儿宁当格斗死，何能怫郁筑长城。长城何连连，连连三千里。边城多健少，内舍多寡妇。作书与内舍，便嫁莫留住。善侍新姑嫜，时时念我故夫子。报书往边地，君今出语一何鄙？身在祸难中，何为稽留他家子？生男慎莫举，生女哺用脯。君独不见长城下，死人骸骨相撑拄。结发行事君，慊慊心意间。明知边地苦，贱妾何能久自全？"［（清）沈德潜选：《古诗源》卷6，中华书局2006年版，第111页］

400

相李斯、将军冯劫就已经表示反对，主张"止阿房宫作者"①。秦二世胡亥不但不采纳这一建议，反而要治冯去疾、李斯和冯劫的罪，最终冯去疾和冯劫自杀，李斯被抓进监狱，最后也被杀②。汉人多有对秦修阿房宫的批评。贾山曾有言："（秦）为阿房之殿，殿高数十仞，东西五里，南北千步，从车罗骑，四马骛驰，旌旗不桡。为宫室之丽至于此，使其后世曾不得聚庐而讬处焉。"③伍被在批评"秦为无道，残贼天下"时，也说到秦"作阿房之宫"④。东方朔也曾说"秦兴阿房之殿而天下乱"⑤。班固也说秦"离宫三百，复起阿房，未成而亡"⑥。

《大壮·需》所谓"君不明德，臣乱为惑。丞相命马，胡亥失所"，是对赵高专权、胡亥昏聩的斥责。《史记》卷六《秦始皇本纪》记载："赵高欲为乱，恐群臣不听，乃先设验，持鹿献于二世，曰：'马也。'二世笑曰：'丞相误邪？谓鹿为马。'问左右，左右或默，或言马以阿顺赵高。或言鹿，高因阴中诸言鹿者以法。后群臣皆畏高。"⑦ 而《史记》卷八十七《李斯列传》有不完全一样的记载："李斯已死，二世拜赵高为中丞相，事无大小辄决于高。高自知权重，乃献鹿，谓之马。二世问左右：'此乃鹿也？'左右皆曰'马也'。二世惊，自以为惑，乃召太卜，令卦之。太卜曰：'陛下春秋郊祀，奉宗庙鬼神，斋戒不明，故至此。可依盛德而明斋戒。'于是乃入上林斋戒。"⑧ 陆贾《新语·辨惑》又有这样的记载："秦二世之时，赵高驾鹿而从行，王曰：'丞相何为驾鹿？'高曰：'马也。'王曰：'丞相误邪，以鹿为马也。'高曰：'乃马也。陛下以臣之言为不然，愿问群臣。'于是乃问群臣，群臣半言马半言鹿。当此之时，秦王不能自信其直目，而从邪臣之言。鹿与马

---

① 《史记》卷6《秦始皇本纪》，第271页。
② 同上书，第271—273页。
③ 《汉书》卷51《贾山传》，第2328页。
④ 《史记》卷118《淮南衡山列传》，第3090页。
⑤ 《汉书》卷65《东方朔传》，第2851页。
⑥ 《汉书》卷27下之上《五行志下之上》，第1447页。
⑦ 《史记》卷6《秦始皇本纪》，第273页。
⑧ 《史记》卷87《李斯列传》，第2562页。

之异形，乃众人之所知也，然不能别其是非，况于闇昧之事乎？"①

作为一部"体现在汉代这一特殊历史时期经典文化与民俗文化相交接的特质"②的文化典籍，《焦氏易林》对秦的态度无疑表现了一种较具普遍意义的民间性。而通过细致分析《焦氏易林》对秦的态度，我们可知汉人对秦的反思是理性的，对秦既有肯定，也有否定。汉人对秦的这种理性反思无疑是为了使汉帝国的存在更具合理性、更能持久。我们还可以说，汉人对秦的这种理性反思掀起了中国帝制时代"以史为鉴"这一政治思潮和政治实践的第一个波峰。当然，从长时段的角度看，历史上的中国执政者最终似未做到"以史为鉴"，王朝周期循环就是很好的说明。但尽管如此，我们还是不能否定这样一个历史事实：于一朝一代之现世中，由于执政者注重"以史为鉴"，在一定历史时期确实收到了值得肯定的积极效果。我们甚至还可以这样大胆设想：王朝周期循环若能因某种强大的力量和高超的智慧而停止，则"以史为鉴"将只在这种力量与智慧维持的秩序内进行，这应是值得期待的。因为这意味着，我们将会以和平的方式而不是以战争的方式向我们所追求的更美好时代积极迈进。而毫无疑问，我们更美好的追求不能以牺牲和平为代价。

（原载《东方论坛》2016年第6期）
（西北大学历史学院）

---

① 王利器：《新语校注》，中华书局1986年版，第75—76页。
② 王子今：《秦汉社会意识研究》，商务印书馆2012年版，第255页。

# 战国时期秦领土扩张及置郡背景

[韩] 琴载元

本文要讨论秦占领地统治的各种核心要素及其机制。战国时期，秦首先占领上郡及巴蜀、汉中等"大关中"以内地区，在此基础上开始扩张到关外地区。截至韩灭亡（前230）的时候，秦所占领并设置郡县的关外地区包括河东、河内、太原、上党、三川、南阳、南郡、东郡。同关中以内的占领地结合起来，总体可以分为三种典型区域：汉中郡的一部分及巴郡、蜀郡，可以称为"巴蜀"；上郡、河东、河内、太原、上党、三川、东郡以及南阳郡的一部分，可以称为"三晋"；汉中郡和南阳郡的一部分以及南郡一带的占领地都可以称为"楚地"。以上三种区域因为占领时期及人口地理情况有些区别，需要探讨各地所包含的特殊情形。但是，以往学界在研究战国秦人口政策及郡县制的时候，只是一概而论，忽略了各地区的特殊性。[①] 因此，按照以往的研究观点进行关于秦占领地研究，就会不能正确地把握客观事实，所以还需要设定关于战国秦领土扩张史的新视角。本文是这一系列研究之一，试图探索战国时期秦向关外地区扩张这段时间内，对占领地的人口政策及该地郡县制的发展过程。进而会发现"三晋""巴蜀"以及"楚地"的异同。与此同时，对这些地区人口流动及置郡的机制，在战争与外交、人口政

---

① 赵化成曾经对于秦占领地各自不同文化特点进行过研究，他主要通过考古墓葬的分析说明各地列国文化及与秦文化融合的过程（《秦统一前后秦文化与列国文化的碰撞及融合》，《苏秉琦与当代中国考古学》，科学出版社2001年版）。本文在他研究的基础上，按照历史学的视角进一步探讨战争和外交及地方统治等因素。

策、反秦情绪等方面进行考察,力图说明它怎样影响到各地的人口地理形势。

## 一 《商君书·徕民》所见韩、魏人口情况与其实际

为了了解战国时期秦人口政策,首先要探讨《商君书·徕民》。《商君书·徕民》被认为是反映出秦土地及人口政策的主要资料,所谓"徕民",主要指令占领地的人口迁到内地从事农业生产,这样可以期待提高军事力量的同时,确保强大的经济实力。"夫秦之所患者,兴兵而伐则国家贫,安居而农则敌得休息。此王所不能两成也,故三世战胜而天下不服。今以故秦事敌,而使新民事本,兵虽百宿于外,竟内不失须臾之时,此富强两成之效也。"[1] 即为了改变军事和农事不能同时发展的情况,让故秦民集中去外地参加战争的同时,招徕新民从事稳定的农业活动,这样可以获得同时发展军事和经济的效果。以后很多史籍广泛引用这则史料,多数学者认为这是对秦富强起推动作用的主要政策。[2]

不过,目前学界都认定商鞅不是《商君书·徕民》的作者。像钱穆所质疑的那样[3],"今三晋不胜秦四世矣。自魏襄以来,野战不胜,守城必拔,小大之战,三晋之所亡于秦者,不可胜数也"[4],"且周军之

---

[1] 《商君书》卷4《徕民》,(蒋礼鸿撰:《商君书锥指》,中华书局1986年标点本,下同),第92页。
[2] 《通典》卷1《食货一》,中华书局1988年标点本,第6页:"秦孝公任商鞅,鞅以三晋地狭人贫,秦地广人寡,故草不尽垦,地利不尽出。于是诱三晋之人,利其田宅,复三代无知兵事,而务本于内,而使秦人应敌于外。故废井田,制阡陌,任其所耕,不限多少。数年之间,国富兵强,天下无敌。"《新唐书》卷215《突厥传上》,中华书局1975年标点本,第6025—6026页:"秦地旷而人寡,晋地狭而人夥,诱三晋之人耕而优其田宅,复及其子孙,使秦人应敌于外,非农与战不得入官。大率百人以五十人为农,五十习战,故兵强国富。"
[3] 钱穆:《商鞅考》,《先秦诸子系年》,商务印书馆2005年版。
[4] 《商君书》卷4《徕民》,第90页。

胜，华军之胜，长平之胜，秦之所亡民者几何？"① 等记载都是商鞅死后的事情。尤其"长平之胜"是秦昭襄王四十七年（前260）发生的对赵之战，距商鞅去世（前338）已有78年的时间。所以，《商君书·徕民》非商鞅著作毫无疑问，可能是秦昭襄王末期商鞅的后学或者另一论者的作品。②

虽然对《商君书·徕民》书写年代有疑问，但是它比较明确地分析了三晋地区（尤其是韩、魏地区）的形势及对秦关系，有重要的史料价值。按照以往的研究，我们可以提出关于《商君书·徕民》的三种话题。第一，关于秦及韩、魏人口情况。史料往往用"地广民寡"或"地狭民众"的说法，来表示土地对比人口的密度，从以农业为基础的古代户籍制度来看，能否按人口合理安排土地是左右国家力量的关键要素。通过《商君书·徕民》及相关资料，可以知道秦政府非常看重人口及土地问题。第二，秦朝廷为解决土地与人口间的不均衡而施行的人口政策。笔者区分人口情况和人口政策，是因为怀疑秦实际上施行了《商君书·徕民》所提及的徕民政策。第三，被统治者的反秦情绪。这一问题在《商君书·徕民》里没有明确提出，但是以往研究一般认为，三晋民不愿做秦民就是反秦情绪的表现，对此需要重新讨论。

首先通过《商君书·徕民》的内容，找出相关的客观事实。在《商君书·徕民》提到韩、魏的人口情况，如下：

---

① 《商君书》卷4《徕民》，第94页。"周军之胜""华军之胜""长平之胜"分别指称秦昭襄王十四年（前293）的伊阙之战、秦昭襄王三十四年（前273）的华阳之战、秦昭襄王四十七年（前260）的长平之战。有人说，"周军之胜"是秦昭襄王五十一年（前255）的灭周之战，甚至还有些学者支持这一说法［徐勇：《〈商君书·徕民篇〉的成书时代和作者蠡测》，《松辽学刊》（社会科学版）1991年第2期，第50页；黄佳梦：《秦移民及相关问题研究》，东北师范大学，硕士学位论文，2006年5月，第13页］。不过，这三个战役按理说来有可能是按时间顺序排列的，而且文脉上强调经过大规模的战役发生严重的人口损失，但是西周攻略很容易进行并没有发生过大规模的人口损失。于是"周军之胜"也应该是大规模的战役，斩敌军首24万的"伊阙之役"就符合这一条件，因此笔者赞同"周军之胜"为"伊阙之役"之说（《商君书锥指》，第94页注释；仝卫敏：《〈商君书·徕民篇〉成书新探》，《史学史研究》2008年第3期，第80页）。

② 对《商君书·徕民》的编撰时期及作者大概有三种说法：第一，秦昭襄王末期在前255年与前251年之间商鞅的后学说；第二，孝文王或庄襄王时期（前250年与前247年之间）吕不韦说；第三，秦始皇即位以后（前242年与前230年之间）尉缭子说（对研究成果的整理参考，仝卫敏：《〈商君书·徕民篇〉成书新探》，第80—81页）。一般认为该篇章于秦昭襄王末期成书，但另外的说法也有各自的说服力，还是一个悬而未决的难题。不过，总结所有的说法，至少可以确定《商君书·徕民》成书于秦昭襄王末期长平之战（前260）以后。

秦统一的进程与意义

> 今秦之地，方千里者五，而谷土不能处二，田数不满百万，其薮泽、溪谷、名山、大川之财物货宝又不尽为用，此人不称土也。秦之所与邻者，三晋也；所欲用兵者，韩、魏也。彼土狭而民众，其宅参居而并处。其寡萌贾息，民上无通名，下无田宅，而恃奸务末作以处。人之复阴阳泽水者过半。此其土之不足以生其民也，似有过秦民之不足以实其土也。①

这条记录是关于秦和三晋地区人口情况的生动反映。秦当时虽已占领广大的土地，但是实际能增加税收的田数却不到一百万。相反，韩、魏人口过密，导致很多百姓不能保有自己的田宅。从事奸务、末作的人可以说是非农业人口，这些没有田宅的人群为了回避赋税，居住在山地的"阴阳泽水"，其数已超过一半。以上的内容可以概括为，秦"地广民寡"而韩、魏"地狭民众"，两地不同情况是作者所提出徕民政策的基本前提。

提出政策与实际执行是两回事，学界对于徕民政策的施行与否还在争论不休。我们至少可以知道《商君书·徕民》的书写年代明确是秦昭襄王末期长平之战以后，所以商鞅生前施行徕民政策的说法值得商榷。《史记》卷六十八《商君列传》里说的商鞅变法，只提及重农抑商、军功授爵、"开阡陌"等内容，而并没有提到关于"徕民"的规定。② 而且《徕民》的基本形式是向秦王献上书奏，指出当时秦所面临的困难形势，为解决它提出所谓"徕民"的蓝图。由此可见，那时秦政府并没有施行徕民政策。③ 这一事实还可以从《商君书》所言及的内容找到证明。当时秦朝廷的主流相信"爱爵重复"路线，如："三晋之所以弱者，其民务乐而复爵轻也。秦之所以强者，其民务苦而复爵重也。今多爵而久复，是释秦之所以强，而为三晋之所以弱也。"④ 认为减少爵位的赐予及赋役的免除才是富国强兵的策略。《徕民》的作者批评秦朝廷坚持"爱爵重复"的路线导致不能招徕三晋民的情形。

---

① 《商君书》卷4《徕民》，第87—89页。
② 《史记》卷68《商君列传》，中华书局1959年标点本，第2230—2232页。
③ 黄佳梦：《秦移民及相关问题研究》，第14页。
④ 《商君书》卷4《徕民》，第89页。

《商君书·徕民》的作者认为三晋民不愿来秦的理由是"而晋之无有也信,秦之有余也必。如此而民不西者,秦士戚而民苦也"①,这就与秦政府坚持"爱爵重复"的路线有关。即使对三晋多次获得胜利,却面临"秦能取其地而不能夺其民"②的情况。有些研究认为,两地区不同的文化背景和价值观导致了这一现象③,在六国地区蔓延的反秦情绪会与此有些关联④。不过,只根据文献资料,还无法判断集体人群的情绪。不但不容易解读当时人们的情绪,而且不能断定所有的三晋民共有同样的情绪。所以,对于反秦情绪的问题应该把视角限定为更实在的方面,明确地把握反秦情绪形成的实际原因。

根据以上分析可以认为,《商君书·徕民》比较正确地反映了当时秦及韩、魏地区的形势。与秦"地广民寡"相比,韩、魏"地狭民众",作者认为这是由秦坚持"爱爵重复"路线引起的,因此提出徕民政策。不过,我们还不能知道秦以后是否改变路线而以徕民政策代之。此外,有些研究认为三晋民不愿归降秦与在六国蔓延的反秦情绪有关,但还不能证明这两者之间有什么具体的关系。可以简单地说,通过《商君书·徕民》明确看到的只有当时的人口情况,对政策的施行及反秦情绪还需要补充研究。

另外,为了以史料来用《商君书·徕民》所见人口情况,还要对时间及空间作限制。首先,《商君书·徕民》的成书时间限定在长平之战以后某一时期,因此它不能反映整个战国时期三晋的情况。秦自孝公以来推行富国强兵政策,在领土扩张方面从惠王时期开始有了明显的成果,到昭襄王时期已拥有韩、魏的大规模领土。然而,《商君书·徕民》说"秦之所与邻者,三晋也;所欲用兵者,韩、魏也"⑤,据此可以说此时所指的三晋是秦未占领的区域。大约以长平之战(前260)为

---

① 《商君书》卷4《徕民》,第89页。
② 同上书,第90页。
③ 欧阳凤莲:《〈商君书·徕民〉篇的移民思想及其实践》,《史学月刊》2008年第6期,第125—126页。
④ [韩]李成珪:《秦帝國의 舊六國統治와 그 限界》,《閔錫泓博士華甲紀念史學論叢》,首爾三英社1985年版,第776页。
⑤ 《商君书》卷4《徕民》,第87页。

下限，能整理出来秦所进行战役以及由此占领的地区，见表1。

战国时期领土角逐都由内政和外交的原因交叉而展开，很难找出系统的脉络。不过，将视角限定在秦领土扩张并把握其宏观的脉络，可以提出两大区分点。第一，区分秦惠王时期与武王即位以后。秦惠王时期占领魏河西地、上郡及陕，然后灭蜀并且从楚夺取汉中地区，完成了"大关中"的领土区划。可以将这一系列过程称为关中领土扩张。从武王即位后，秦主要试图往关外扩张，而武王死后昭襄王时期开始实现了其大部分成果，大概包括河东、河内、南阳以及江汉地区。总括这些可以称为关外领土扩张。第二，以昭襄王在位时期为限，可以区分三大战役前后领土扩张的异同。从表1能看到，自武王即位至伊阙之战秦对韩、魏展开激烈的领土角逐。在伊阙之战大败韩、魏联军后终于实现了大规模的领土扩张，将宛一带的南阳以及魏河东、河内开始编入在秦领土内。相反，华阳之战及长平之战之后没发生飞跃的领土转换。在发动华阳之战的时候，因为韩、魏已处于明显缩小的状况，从此不能期待大量的领土割让。而秦在长平之战后，由于秦朝廷内部发生矛盾并且各国的反秦情绪达到了顶峰，对赵战争以彻底失败而告终。

按照秦置郡而言，秦昭襄王时期从韩、魏获得的领土，包括上郡、河东郡、河内郡、南阳郡一部分地区。即这些地区应被排除在《商君书·徕民》所说的韩、魏地区以外。而且，文书的成书年代可能是在长平之战的几年后，因此，庄襄王元年（前249）设置的三川郡①也有可能被排除在外。如上假定的话，当时的韩、魏地区已相当缩小，"地狭民众"的人口情况就与那些长期被秦逐渐吞并领土的史实有关。

《商君书·徕民》所指的"地狭民众"主要以韩、魏为对象，它不仅不能反映战国时期所有韩、魏地区的情况，当然也不能反映其他秦占领地的情况。惠王和昭襄王时期秦除韩、魏之外，还从巴蜀及楚获得了大规模的领土。如果秦真的在全国范围内施行过徕民政策，这就意味着所有的占领地也与战国末期韩、魏地区一样"地狭民众"。不过，根据战国时期的文献记载，其他地区跟韩、魏的差别还比较明显。所以，秦在各地所进行的人口政策乃至被统治民的情绪不可能都相同。秦占领地

---

① 《史记》卷5《秦本纪》，第219页："庄襄王元年……秦界至大梁，初置三川郡。"

战国时期秦领土扩张及置郡背景

表1 秦惠王—昭襄王时期领土扩张年表

| 前330 | 前328 | — | — | 前324 | — | 前316 | 前312 | 前310—前301 |
|---|---|---|---|---|---|---|---|---|
| 魏纳河西地 | 魏纳上郡十五县 | | | 使张仪伐取陕，出其人与魏 | | 司马错伐蜀灭之 | 攻楚汉中，取地六百里，置汉中郡 | 拔韩宜阳，斩首6万（前307）拔魏蒲坂、晋阳，封陵（前303）取韩武遂（前303）归魏蒲坂韩取韩穰（前301） |
| 前298 | 前296 | 前295 | 前294 | 前293 | 前292—291 | 前290 | 前286 |
| 齐、韩、魏共击秦 | 秦与韩魏武遂和 | 秦击魏襄 | 魏与秦战 | 伊阙之战：白起破韩、魏军。斩首24万 | 攻楚，取宛秦拔韩宛城 | 魏人河东400里韩与武遂地方200里 | 魏献安邑，出其人，募徙河东赐爵 |
| 前278 | 前275 | 前274 | 前274（或前273） | 前272 | | 前268 | 前266 |
| 白起拔郢，置南郡 | 秦拔魏两城，军大梁下，秦暴鸢救魏、韩暴鸢败走开封 | 秦拔魏四城，斩首4万 | 华阳之战：白起破魏军，斩首15万，魏与秦南阳以和 | 初置南阳郡 | | 秦拔魏怀城 | 秦拔魏廪丘 |
| — | 前264 | 前263 | 前261 | 前260 | | 前257 | 前256 |
| | 秦拔韩陉 | 秦拔太行 | 赵使廉颇拒秦于长平 | 长平之战：使赵括代廉颇将。白起破赵军45万 | | 秦围赵邯郸，楚、魏救赵 | 韩、魏、楚赵救新中，秦兵罢 |

资料来源：《史记》卷5《秦本纪》，第206—213页；卷15《六国年表》，第729—747页。

409

中，巴蜀地区早期被秦占领，然后轮到汉中及江汉平原一带的楚地。《商君书·徕民》所言及的韩、魏，在秦占领巴蜀、江汉地区后逐渐失去领土并最终灭亡。通过分析这些被占领地的异同，也能够追踪秦占领地人口政策多样的面貌及其演变过程。

## 二 广地政策的开头——蜀地[①]攻略

蜀地于秦惠王九年（前316）被占领。"苴蜀相攻击，各来告急于秦"[②]，趁苴侯与蜀王纷争的时机，秦惠王发动占领蜀地的战争，这是秦攻略蜀地的开端。对秦来说蜀地是以后进行领土扩张的根据地，在蜀地经营的基础上秦可以继续向关外方向发展。王子今对此评价为，"秦人兼并蜀地，是首次实现大规模的领土扩张，为后来统一中国事业的成功奠定了最初的基础"[③]，这样的评价很妥当。自孝公以来秦一直执行富国强兵政策，其成果在领土扩张方面凸显。因为蜀地的占领是其最初的成果，为了分析对以后领土扩张带来的影响，首先需要了解秦占领蜀地的全程。

很多学者做过这方面的研究，这里不再赘述[④]，但关于蜀地的人口情况还有几点需要补充。尤其是关于蜀地与其他地区的区别乃至演变过程，以往的研究关注较少。因此，本节在说明蜀地与上一节所分析的韩、魏地区的区别同时，还要探究与楚地的关系，以了解秦领土扩张过

---

① 蜀地一般跟巴地一起被并称为"巴蜀"。但是，战国时期，秦在巴地与蜀地占领并设置郡县方面有不同的历史经验。还有人认为巴地的川东地区到秦昭襄王时期还属于楚国（孙华：《巴蜀为郡考》，《社会科学研究》1985年第2期）。因此，对于当时的巴、蜀还要加以区分，本节讨论的蜀地主要限定在以后成为"蜀郡"的地区。
② 《史记》卷70《张仪列传》，第2281页。
③ 王子今：《秦兼并蜀地的意义与蜀人对秦文化的认同》，《四川师范大学学报》（社会科学版）1998年第2期。
④ 有关秦占领巴蜀的研究，主要有以下成果：罗开玉：《秦在巴蜀地区的民族政策试析——从云梦秦简中得到的启示》，《民族研究》1982年第4期；孙华：《巴蜀为郡考》；冯一下：《战国后期至秦朝四川地区民族融合的基本趋势》，《西南民族学院学报》（哲学社会科学版）1985年第4期；王子今：《秦兼并蜀地的意义与蜀人对秦文化的认同》；胡绍华、赵建忠：《战国后期秦国统治蜀之政策研究》，《渝西学院学报》（社会科学版）2002年第3期；赖华明：《秦汉移民与巴蜀文化的变迁》，《西南民族学院学报》（哲学社会科学版）2002年第11期。

程中蜀地所独有的特点。

关于蜀地与中原地区的不同,可以参考张仪和司马错的争论,并与《商君书·徕民》所说的秦"地广民寡"和韩、魏"地狭民众"的情况比对。其中,对当时秦人口情况的描述应该尤其注意。秦惠王想抓住占领蜀地的机会,但是后方还有韩的威胁,对于攻蜀还是攻韩举棋不定。张仪主张先讨伐韩,因为"臣闻争名者于朝,争利者于市。今三川、周室,天下之朝市也,而王不争焉,顾争于戎翟,去王业远矣"①,王业的名分在中原,应该在中原进行与王业符合的战争。但是,司马错反对张仪的意见,认为攻打蜀地是比较现实的措施:

> 臣闻之,欲富国者务广其地,欲强兵者务富其民,欲王者务博其德,三资者备而王随之矣。今王地小民贫,故臣愿先从事于易。夫蜀,西僻之国也,而戎翟之长也,有桀纣之乱。以秦攻之,譬如使豺狼逐群羊。得其地足以广国,取其财足以富民缮兵,不伤众而彼已服焉。拔一国而天下不以为暴,利尽四海而天下不以为贪。是我一举而名实附也,而又有禁暴止乱之名。今攻韩,劫天子,恶名也,而未必利也,又有不义之名,而攻天下之所不欲,危矣。臣请谒其故:周,天下之宗室也;齐,韩之与国也。周自知失九鼎,韩自知亡三川,将二国并力合谋,以因乎齐、赵而求解乎楚、魏,以鼎与楚,以地与魏,王弗能止也。此臣之所谓危也。不如伐蜀完。②

司马错分析了秦的国情及当务之急,蜀的形势及占领的可能性,韩的形势及占领的不可能性。首先通过他对秦国情的说明,可以了解当时秦大概的人口地理形势。尤其应该关注"今王地小民贫"这句,这里司马错提到秦"地小",与《商君书·徕民》所曰"秦民之不足以实其土"的"地广"情况正好相反。秦惠王时期的领土只限于渭水平原一

---

① 《史记》卷70《张仪列传》,第2282页。
② 同上书,第2283页。

## 秦统一的进程与意义

带及上郡地区,此后秦从攻打蜀地(前316)到编撰《徕民》的时期(以长平之战为上限,公元前260年以后)经过50余年的时间。根据"今秦之地,方千里者五,而谷土不能处二,田数不满百万,其薮泽、溪谷、名山、大川之财物货宝又不尽为用,此人不称土也"①的内容,秦面临的问题不是土地不足,而是土地荒芜,无人开发。其间,秦从"地小"转变为"地广",有可能因为在巴蜀、楚地等的领土扩张。由此,秦惠王时期所要追求的国家发展方向也不会是"徕民"。司马错说,"欲富国者务广其地,欲强兵者务富其民","广地"和"富民"是富国强兵的基本要素。为了解决秦"民贫"的情况,公元前316年时秦不需要"徕民"而需要"广地"。到秦昭襄王末期领土已扩大到原来的几倍的时候,才形成了施行"徕民"政策的社会环境。通过了解这一段史实,也可以证明商鞅执政时期没有施行过"徕民"政策。

在司马错看来,蜀地就是符合秦广地目标的地区。首先,蜀地正好经历与"桀纣之乱"相当的政治混乱,可以用较少兵力来占领。而占领后会获利甚丰,"得其地足以广国,取其财足以富民缮兵"。其次,司马错还强调说"欲王者务博其德",占领蜀地符合王业的名分,秦会容易占领,因为"拔一国而天下不以为暴,利尽四海而天下不以为贪",各国应当都会承认秦占领蜀地。从现实的层面来说,作为"西僻之国""戎翟之长"的蜀是"边地",与中原诸侯国没有紧密的利害关系,所以不用考虑周边国家的干涉及阻挠。这样的特点与韩、周不同,"周自知失九鼎,韩自知亡三川,将二国并力合谋,以因乎齐、赵而求解乎楚、魏,以鼎与楚,以地与魏,王弗能止也"。因为中原各国的关系太紧密,占领并不容易。对于这一点下一节将进一步分析,这里仅简单提出中原与蜀地的不同点。与顺利占领蜀地相比,秦在攻略三晋时,因为中原国家紧密的外交关系总是遭遇困难。

秦王采纳司马错的建议,成功地占领了蜀地,这有可能极大地缓解了秦"地小"的情况。同时可以推测秦人口不断向蜀地迁徙,史籍中有很多关于蜀地人口流动的事例:

---

① 《商君书》卷4《徕民》,第87页。

（周赧王元年）……以张若为蜀国守。戎伯尚强，乃移秦民万家实之。①

尽得毒等……及夺爵迁蜀四千余家，家房陵。②

……乃赐文信侯书曰："君何功于秦？秦封君河南，食十万户。君何亲于秦？号称仲父。其与家属徙处蜀！"③

巴、蜀道险，秦之迁人皆居蜀。④

（韩）信对曰："项羽背约而王君王于南郑，是迁也。"注引如淳曰："秦法，有罪迁徙之于蜀汉。"⑤

初，秦徙吕不韦子弟宗族于蜀。汉武帝开西南夷，置郡县，徙吕氏以充之，因置不韦县。⑥

爰书：某里士五（伍）甲告曰："谒鋈亲子同里士五（伍）丙足，罨（迁）蜀边县，令终身毋得去罨（迁）所［四六简］，敢告。"告法（废）丘主：士五（伍）咸阳才（在）某里曰丙，坐父甲谒鋈其足，罨（迁）蜀边县，令终身毋得［四七简］去罨（迁）所论之，罨（迁）丙如甲告，以律包。今鋈丙足，令吏徒将传及恒书一封诣令史，可受［四八简］代吏徒，以县次传诣成都，成都上恒书太守处，以律食。法（废）丘已传，为报，敢告主［四九简］。⑦

以上史料，学界都做过详细分析，这里不再重复。值得一提的是，蜀地的人口流动基本上是从秦故地迁往蜀地的单方向的人口移动，而目

---

① 《华阳国志》卷3《蜀志》，任乃强校注，《华阳国志校补图注》，上海古籍出版社1987年版，第128页。
② 《史记》卷6《秦始皇本纪》，第227页。
③ 《史记》卷85《吕不韦列传》，第2513页。
④ 《史记》卷7《项羽本纪》，第316页。
⑤ 《汉书》卷1《高帝纪上》，第30—31页。
⑥ 《后汉书》卷86《南蛮西南夷列传》注孙盛《蜀谱》，中华书局1965年点校本，第2847页。
⑦ 睡虎地秦墓竹简整理小组：《睡虎地秦墓竹简》，文物出版社1990年版，第155页。

前还找不到蜀地人口流向秦故地或其他地区的记录。到汉武帝时期才有蜀地人口向外迁徙的记录，即《后汉书》卷八十六《南蛮西南夷列传》注释引用《蜀谱》提到的吕不韦宗族迁徙到西南地区定居开发的事实。但是，吕不韦家族的事例与其他迁徙记录一样，间接反映出秦占领时期人口流入蜀地的事实。而且，蜀地"贬蜀王更号为侯"①，蜀地的统治阶层完全被秦控制，实际上不可能发生大量的人口流出。由此可以推测，蜀地在吸收以往人口的基础上，不断接受秦迁移人口，自秦占领以来一直保持人口增加的趋势。据此可知，蜀地被占领前不会处于"地狭民众"的状态。

在此基础上，还有一个问题需要考虑。公元前316年秦占领蜀地，但此地没有立刻被设为制度上完整的郡县体制。占领地统治方式可以分为分封和置郡，秦在公元前314年设置巴郡和蜀郡的同时，还册封蜀侯。② 在占领蜀地的4年后，秦还把从楚获得的汉中及巴蜀的一部分地区加起来设为汉中郡（前312）。③ 与这些周围地区的事例相比，在蜀地维持分封国是比较独特的现象。蜀国经过"（惠王十四年）蜀相壮杀蜀侯来降"④；"（武王元年）诛蜀相壮"⑤；"（秦昭襄王）六年，蜀侯煇反，司马错定蜀"⑥ 这一系列的事件后，"（赧王）三十年，疑蜀侯绾反，王复诛之。但置蜀守"⑦，到公元前285年才单独经营蜀郡。至于秦昭襄王六年（前301）司马错征讨蜀地，《史记》卷一五《六国年表》曰："蜀反，司马错往诛蜀守煇，定蜀。"⑧ 即认为煇不是蜀侯而是

---

① 《史记》卷70《张仪列传》，中华书局1959年标点本，第2284页。
② 《华阳国志》卷3《蜀志》，任乃强校注，《华阳国志校补图注》，第128页："秦惠王封子通国为蜀侯，以陈壮为相，置巴郡，以张若为蜀国侯。"任乃强认为在这一记载里的"巴郡"这一字中间当有"蜀"字，而且"蜀国"的"国"字应为衍字。据此可以说蜀郡和巴郡同时被设置。游逸飞参考这一记载确定蜀郡的设置年度为公元前314年（《战国至汉初的郡制的变革》，台湾大学，博士学位论文，2014年6月，第30页）。
③ 《华阳国志》卷3《蜀志》，第128页："（周赧王）三年，分巴、蜀置汉中郡。"
④ 《史记》卷5《秦本纪》，第207页。
⑤ 同上书，第209页。
⑥ 同上书，第210页。
⑦ 《华阳国志》卷3《蜀志》，任乃强校注，《华阳国志校补图注》，第129页。
⑧ 《史记》卷15《六国年表》，第736页。

蜀守。据此可以判断秦昭襄王六年（前301）平定蜀郡守的叛乱。然而，在《华阳国志》里明确记载他是蜀侯（其名为"恽"，与《史记》有些区别），而且曰："十五年，王封其子绾为蜀侯。"① 可以知道恽死后还册封蜀侯，到公元前285年诛蜀侯绾后才"但置蜀守"。那么，在此30年期间可能并行封国和郡制，蜀地建立起完善的郡县体制的过程并不顺利。蜀地的设郡时间较晚，是因为它不像巴郡及汉中郡那样与楚国接境，不必急于进行直接管理。而且，由于当地势力的抵抗，还没形成严格实施郡制的成熟环境。秦人口迁徙蜀地不仅可以缓解秦故地人口压力，而且还可以削弱当地势力。占领蜀地初期"戎伯尚强，乃移秦民万家实之"②，迁徙的目的就是牵制蜀地残存的戎伯势力。以后在册封、叛乱与讨伐的反复过程中，蜀地民对秦统治持续抵抗。尽管如此，蜀地并没有摆脱对秦的藩属关系，秦最终在此地确立了郡县统治。这比中原地区还早50余年。秦这么早实现"灭国"，因为蜀地是"边地"。占领地的侯国"附属"的期间，还存在脱离宗藩关系的可能性，但是蜀地在反复叛乱与斗争中却不能脱离秦的控制。这与其他六国通过合纵连横不断抵抗秦国的事实相反。尤其是，战国末期韩、魏的国力已经沦为秦"藩国"的地步，但是还继续强烈地对抗，拒绝成为秦的附属国。正如司马错所说，由于蜀地是"边地"，其他国家没有关注，在周围的抵抗极少的情况下，很容易攻下。

不过，虽然蜀地跟中原国家没有紧密的外交关系，但是还不能完全排除其周边国家的影响。尤其是，紧邻的楚国会与它有一定的关系，事实上在巴蜀地区发掘的战国墓葬中就可以发现楚文化特点，表明这些地区之间有过比较活跃的交流。③ 而且，在军事战略方面巴蜀与楚的关系也不可忽略，楚威王采纳苏秦的合纵政策时说："寡人之国西与秦接境，秦有举巴蜀并汉中之心。"④ 秦占领汉中在楚怀王十七年（前312），虽然楚威王在位时汉中还属于楚国，但是他已经开始忧虑秦举

---

① 《华阳国志》卷3《蜀志》，任乃强校注，《华阳国志校补图注》，第129页。
② 同上书，第128页。
③ 徐中舒、唐嘉弘：《古代楚蜀的关系》，《文物》1981年第6期。
④ 《史记》卷69《苏秦列传》，第2261页。

## 秦统一的进程与意义

巴蜀攻占汉中的可能性。结果楚不能解决这一问题，秦占领蜀地刚过4年就夺取了汉中地区，将此地编入汉中郡。楚失去汉中首要的原因是楚怀王的外交失败，但是也与秦事先控制蜀地，能确保后方安全有关。

秦占领巴蜀、汉中，并完成了"大关中"的地理基础，也意味着打通了向楚本土进军或补给的交通路线。张仪曾向楚王提出连横政策说："秦西有巴蜀，大船积粟，起于汶山，浮江已下，至楚三千余里。舫船载卒，一舫载五十人与三月之食，下水而浮，一日行三百余里，里数虽多，然而不费牛马之力，不至十日而距扞关。扞关惊，则从境以东

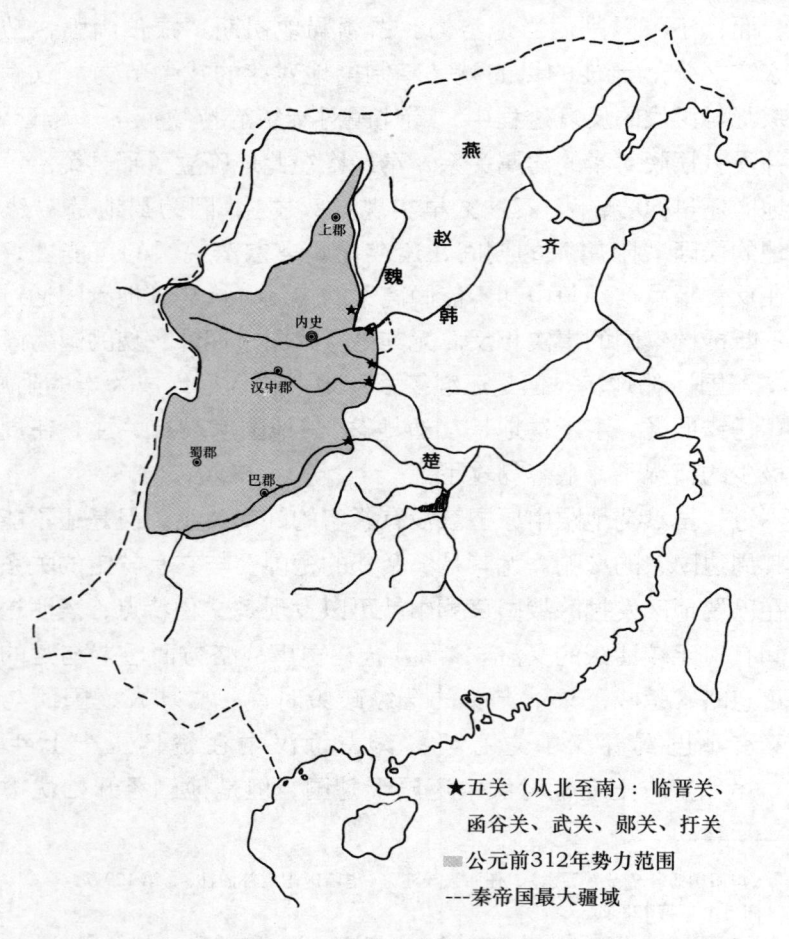

★五关（从北至南）：临晋关、函谷关、武关、郧关、扞关
▨ 公元前312年势力范围
--- 秦帝国最大疆域

图1 秦惠王十三年（前312）秦势力范围

416

尽城守矣，黔中、巫郡非王之有。"① 尽管当时的游说一般都有夸张的特点，但也能反映出秦对楚这一军事战略方面的优点。大概30余年后，秦就实行经过蜀地的交通路线进攻楚中心地。秦昭襄王时攻击楚地，"二十七年，……司马错发陇西，因蜀攻楚黔中，拔之"；"三十年，蜀守若伐楚，取巫郡，及江南为黔中郡"②。就这样，秦占领蜀地在"大关中"地理区划乃至楚地攻略方面，起到桥头堡的作用，有很重要的意义。

## 三 广地政策的延续——楚地攻略

战国时期秦占领的楚地可以分为汉中地区与江汉平原一带，这两地分别被设置汉中郡（前312）与南郡（前278）。在丧失汉中地区这件事上，楚最严重的失误是被张仪欺瞒而与齐毁约的外交失策。③ 至于江汉平原的丧失，虽然表面上看不出明显的失误，但通过具体的分析就能发现，这主要也是由错误的外交政策引起的。然而，南郡与汉中郡有明显的区别，是秦在关外地区早期设置的郡，它本身表明秦领土扩张的另一阶段。秦从"楚地"的攻略开始广地政策有所改变，即在动用武力的同时，还要考虑外交手段，甚至外交手段成为决定领土扩张成败的关键要素。本节在上节分析的基础上，对比南郡与蜀地，说明引起获得南郡地区的外交局面的转换。

关于秦攻略楚地的问题，在《战国策》里有一篇值得关注的议论，也可以跟司马错所说的"蜀地占领论"比较。内容如下：

> [阙文] 献书秦王曰："昔窃闻大王之谋出事于梁，谋恐不出于计矣，愿大王之熟计之也。梁者，山东之要也。有蛇此，击其尾，其首救；击其首，其尾救；击其中身，首尾皆救。今梁王，天下之中身也。秦攻梁者，是示天下要断山东之脊也，是山东首尾皆

---

① 《史记》卷70《张仪列传》，第2290页。
② 《史记》卷5《秦本纪》，第213页。
③ 《史记》卷70《张仪列传》，第2287—2288页。

秦统一的进程与意义

救中身之时也。山东见亡必恐，恐必大合，山东尚强，臣见秦之必大忧可立而待也。臣窃为大王计，不如南出。事于南方，其兵弱，天下不①能救，地可广大，国可富，兵可强，主可尊。王不闻汤之伐桀乎？试之弱密须氏以为武教，得密须氏而汤之服桀矣。今秦国与山东为仇，不先以弱为武教，兵必大挫，国必大忧。"秦果南攻蓝田、鄢、郢。②

这里说的所谓"梁"（魏）的形势部分需要关注。论者将魏及其周围地区比喻为一条蛇，如果秦要征伐魏，由于在头部和尾部的国家都来救在中身的魏，对其的征伐就会失败。这种逻辑与司马错所主张的不可征伐周、韩的说法很类似。司马错曰："周自知失九鼎，韩自知亡三川，将二国并力合谋，以因乎齐、赵而求解乎楚、魏，以鼎与楚，以地与魏，王弗能止也。"③ 周、韩、魏等都处于中原要地，随时会受到军事威胁，自然要结成强固的外交同盟。秦为了回避这样的冒险，选择占领边地。然而，这里所说的"边地"与司马错所指的边地有所不同。司马错说的是蜀地，而按"秦果南攻蓝田、鄢、郢"的论述看，它指的可能是楚地。不过，该书作者不明，而且因为各种原因不能把它当作史料使用。首先，文书的首部存在阙文，而最后一句"秦果南攻蓝田、鄢、郢"有可能是后来插入的。鄢、郢同一时期被占领，但是蓝田的占领比鄢、郢更早，不是一回事。其次，从献书的内容来看，不能断定它是关于征伐楚地的。文书里只提到"不如南出"，并没有直接把楚地指定为攻打的对象。再次，楚的兵力与韩、魏等相比还要强大。根据当时纵横家的说法楚是天下强国④，楚"兵弱"的说法并不符合当时的常

---

① "不"原文为"必"，但是其文义不通。注曰："鲍本'必'上补'不'字。补曰：作'必不'语顺。又'必'字，恐当作'不'。"何建章：《战国策注释》，中华书局 1990 年版，第 926 页，说"据文意，此'必'字当作'不'"，可从。
② 《战国策》卷 25《魏四》，上海古籍出版社 1988 年点校本，第 887 页。
③ 《史记》卷 70《张仪列传》，第 2283 页。
④ 《史记》卷 69《苏秦列传》，第 2259 页："楚，天下之强国也……夫以楚之强与王之贤，天下莫能当也。"；卷 70《张仪列传》，第 2290 页："凡天下强国，非秦而楚，非楚而秦，两国交争，其势不两立。"

识。由此可见，文书的内容并不符合楚地的实际，而从文脉来看司马错所涉及的蜀地更符合其占领的对象。所以，此文可能是在占领蜀地前后一段时间司马错或者赞同他主张的论客写的。

尽管此文对指定的占领对象有些疑问，但是编辑者从书奏的内容联系到楚地并且最后加一句"秦果南攻蓝田、鄢、郢"，在一定的程度上是有道理的。秦在占领鄢、郢的时候，楚确实没有跟三晋结成紧密的外交关系。秦占领巴蜀地区以后，为了继续执行"广地"的发展路线，还要找另外的"边地"，楚地就是最合适的对象。但是，楚地并不是像蜀地那样的"边地"。蜀地在人口、地理方面简直是天生的"边地"，而楚地是由于外交战略而被认定为"边地"的。

楚怀王时期，随着汉中地区的失去与怀王在武关内被劫持[①]等事件的发生，秦楚关系不断恶化。楚顷襄王七年（前292）通过政治婚姻订立和约[②]后，两国关系进入10年左右的稳定期。在当时的局面下，除楚以外能与秦敌对的强国是齐，秦王自立为西帝的时候，齐王同时自称东帝，表明齐就是山东的盟主，实际也是常常作为合纵的宗主来牵制秦的力量。然而，当时外交上发生了很意外的事情，打破了秦、齐均衡的局面。齐用武力吞并宋，引发中原各国的轰动，最后所有国家都联合起来攻打齐国（前284）。[③] 在各国外交形势中保持均衡作用的齐没落，天平突然向秦倾斜了。

首当其冲的是韩、魏两国，它们在讨伐齐以后立刻与秦会合以寻找生路。[④] 尽管如此，秦却撕毁了与魏国的同盟，攻略魏都大梁。但是，由于魏周围的燕、赵前来救援，秦只好放弃大梁，匆匆撤军。[⑤] 上面所说的所谓魏"山东之要"的地理特点，被事实所证明。当时孟尝君留在魏国，自己作为使者去赵、燕游说，曰："今赵不救魏，魏歃盟于

---

① 《史记》卷40《楚世家》，第1727—1728页。
② 同上书，第1729页："（楚顷襄王）七年，楚迎妇于秦，秦楚复平。"
③ 《史记》卷46《田敬仲完世家》，第1900页。
④ 《史记》卷15《六国年表》，第740—741页：秦昭襄王二十三年（前284）（魏）"与秦击齐济西。与秦王会西周。"[韩]"与秦击齐济西。与秦王会西周。"
⑤ 《史记》卷5《秦本纪》，第212页："二十四年……秦取魏安城，至大梁，燕、赵救之，秦军去。"

## 秦统一的进程与意义

秦,是赵与强秦为界也,地亦且岁危,民亦且岁死矣","而燕不救魏,魏王折节割地,以国之半与秦,秦必去矣。秦已去魏,魏王悉韩、魏之兵,又西借秦兵,以因赵之众,以四国攻燕,王且何利?"① 孟尝君的这些说法都反映出当时中原国家的共同危机。然而,在魏、赵、燕的联合格局里,韩、楚却没有参与。于是可以判断出当时的"合纵连横"大约再编为秦、韩、楚的联合对抗魏、赵、燕的联合。不过,韩、魏已沦为小国,不能实施主动的外交战略,而且燕与秦相距甚远,其对峙事实上成为秦对赵的局面。在这种情况下楚的立场就重要起来,而楚没有跟赵联合,还继续跟秦和亲。众所周知,楚这次的外交措施引发了破灭的结果。

然而,秦、楚同盟破裂的事实,从秦昭襄王二十七年(前280)"错攻楚",同年"又使司马错发陇西,因蜀攻楚黔中,拔之"②,"秦击我,与秦汉北及上庸地"③ 等记载可以确认。值得注意的是,从"白起攻赵,取代光狼城"④ "击赵,斩首三万" "秦败我军,斩首三万"⑤ 等记录能看到,秦昭襄王二十七年(前280)时赵秦之间展开战争,一年以后秦才与赵缔结和约。⑥ 即,在开始进攻楚的时候,秦军还在三晋地区发动对赵战争。有趣的是,这两场战争之间没有关于赵、楚联盟的任何信息,表明在诸国的牵制力量失衡的情况下,秦能施行各个击破的军事战略。但是,对此仔细考察就可以发现,秦军对赵方面的进攻还隐瞒着最终进攻楚地的目标。众所周知,在攻略楚地时"白起拔郢"而设置南郡,白起所率的秦军在楚地的战场里立下了最大的功劳。所以,通过追踪白起军的移动路线,可以了解"白起拔郢"成功的秘诀。

---

① 《战国策》卷24《魏三》,第866—867页。
② 《史记》卷5《秦本纪》,第213页。
③ 《史记》卷15《六国年表》,第741—742页。
④ 《史记》卷5《秦本纪》,第213页。
⑤ 《史记》卷15《六国年表》,第741—742页。
⑥ 同上书,第742页:[赵]惠王二十年(前279)"与秦会黾池,蔺相如从。"

表 2　　　　　　　　秦对外战争及白起从军年表

| | 对魏战争 | 对赵战争 | 对楚战争 |
|---|---|---|---|
| 前 293 | 伊阙之战：白起统率 | | |
| 前 290 | 取河东 400 里 | | |
| 前 289 | 白起、错取 61 个城 | | |
| 前 288 | 白起、错攻占垣城（新垣、曲阳城） | 攻占桂阳城 | |
| 前 287 | | | |
| 前 286 | 魏献给安邑以及河内，结束战争 | | |
| 前 285 | | | |
| 前 284 | | 与魏、韩、燕联合在济西击败齐（赵获取齐的昔阳；楚获取齐的淮北） | |
| 前 283 | 包围大梁城，由于赵、燕救援而撤军 | | |
| 前 282 | | 取两城 | |
| 前 281 | | 取石城 | |
| 前 280 | | 白起攻占光狼城（斩首赵军三万） | 司马错征伐楚黔中；献给汉北及上庸地 |
| 前 279 | | 在黾池达成和约，结束战争 | 白起拔鄢城 |
| 前 278 | | | 白起拔郢（设置南郡） |

《史记》卷五《秦本纪》说秦昭襄王二十七年（前 280）"白起攻赵，取代光狼城"①，记录白起此时还参与对赵战争。《史记》卷一五《六国年表》说公元前 289 年"客卿错击魏，至轵，取城大小六十一"②，这一事件可以理解为公元前 286 年以魏献出安邑及河内地区来结束的对魏战争的一部分。然后，秦从公元前 282 年发动对赵战争，经过"秦拔我两城"、公元前 281 年"秦拔我石城"、公元前 280 年"秦败我军，斩首三万"，到公元前 279 年"与秦会黾池"结束战争。③ 白

---

① 《史记》卷 5《秦本纪》，第 213 页。
② 《史记》卷 15《六国年表》，第 739 页。
③ 同上书，第 741—742 页。

## 秦统一的进程与意义

起从军的光狼城战斗在这场对赵战争的脉络下发生，表明这期间白起军驻屯在赵地。楚没有防备白起军的袭击而狼狈败退，因为没有预料到在赵地驻屯的白起军会南下进攻楚都。

《战国策》里有此时庄辛上谏楚顷襄王楚都即将面临危险的记载。如："君王左州侯，又夏侯，辇从鄢陵君与寿陵君，专淫逸侈靡，不顾国政，郢都必危矣"，谴责楚王依靠宠臣，不理朝政，而楚王却反问"先生老悖乎？"无视庄辛的谏言。① 作为史料值得注意的是庄辛的行迹，他为了观望形势前往赵国。他在赵国驻留 5 个月后，楚都及周围地区彻底陷落。② 然而，按照《史记》的记载，从秦开始战争到攻陷楚都郢，经过两年多的时间。那么，在庄辛给楚王谏言的时候，楚国早就进入战争状态了，即使楚王不理朝政，但是没认识到秦威胁的可能性比较小。楚王的失误不是从一开始忽略秦的攻击，而是在战争进行中没有认识到秦与赵签订和约后战争的局面会转变。在与赵议和之前，秦获取楚汉北及上庸地而征伐楚黔中地区。至于汉北及上庸地，《六国年表》里说"秦击我，与秦汉北及上庸地"③，这不是通过战争占领的，而是以和议的手段来割让的。至于楚黔中的征伐，只有在《秦本纪》里有记载，而《六国年表》里并没提到。而且，秦昭襄王三十年（前 277）"蜀守若伐楚，取巫郡，及江南为黔中郡"④，表明秦后来又一次占领长江以南地区。据此可以推测，这中间有可能省略楚收复黔中地的事实。总的来说，在战争发生初期，楚对以司马错为前锋的秦军轮番做抵抗与协商，还算持续防守了。况且，楚王此时没认识到问题的严重性，反映了秦的威胁还限制在局部。其实，秦军路过巴蜀攻击扞关以及黔中、巫郡一带的战略很容易被预料到，所以楚不会没有防备。秦惠王时期张仪早就说："秦西有巴蜀，大船积粟，起于汶山，浮江已下，至楚三千余里。舫船载卒，一舫载五十人与三月之食，下水而浮，一日行三百余

---

① 《战国策》卷 17《楚四》，第 555 页。
② 同上书，第 555 页："庄辛去之赵，留五月，秦果举鄢、郢、巫、上蔡、陈之地，襄王流揜于城阳。"
③ 《史记》卷 15《六国年表》，第 741—742 页。
④ 《史记》卷 5《秦本纪》，第 213 页。

里，里数虽多，然而不费牛马之力，不至十日而距扞关。扞关惊，则从境以东尽城守矣，黔中、巫郡非王之有。"① 由此可见，这一进军路线连楚王都可以告诉，互相都很熟悉，并没有给楚造成多大的打击。然而，张仪接下来说"秦举甲出武关，南面而伐，则北地绝"这一句，可见从南阳进攻江汉平原的战略也不是出乎意料的。但是，秦在赵地展开激烈战争的情况下，可能没有再次兴发兵力南下楚地的余力。秦为了实现攻略楚都的计划，首先要与中原国家和约让楚陷入孤立，将兵力集中在对楚战役。楚王的错误就在于没有敏锐地观察到此时外交局面与战争联动的影响。

秦从巴蜀进攻楚地就是"声东击西"战略。楚军的主力应对从西进攻的秦军，可能集中防守扞关以及巫郡、黔中一带，从而使得从南阳至江汉平原间道的防御露出空白。秦趁这次机会迅速地与赵缔结和约，派白起的精锐军南下袭击楚地。庄辛对楚王谏言受到拒绝后去赵观望形势，或许他早已预测到战争局面由于赵而转换的可能性，所以把避难场所选在赵国。或许他在秦与赵议和前后，为了防止楚陷入孤立到赵国展开外交活动，但找不到相关证据。从战争的结果来看，赵与秦订立和约，以示默认秦占领楚地。白起军在秦与赵缔结和约时就驻扎在赵地，以后南下攻楚时，还要路过韩、魏的领土。白起军此时没有碰到赵以及韩、魏军的阻止，不到一年就攻陷鄢城及周围各城，这没有三晋的默认和帮助是无法实现的。总之，秦军先攻打楚国西部，分散了北部的防御力量后，运用外交手段隔开三晋与楚之间的联系，最后在楚没充分准备的时候就迅速派白起的精锐部队攻陷楚都。

秦比较顺利地获得了南郡地区，但以后不能持续对楚战争。攻略楚地成功的原因是外交，中断战争的原因也是外交。秦打算继续攻打楚国的时候，春申君作为使者访问秦国并建议与楚签订和约。他对秦昭襄王说："昔智氏见伐赵之利而不知榆次之祸，吴见伐齐之便而不知干遂之败。"② 将秦目前的情况比作智伯与吴王夫差的故事，即警告如果秦持

---

① 《史记》卷70《张仪列传》，第2290页。
② 《史记》卷78《春申君列传》，第2389页。

秦统一的进程与意义

续攻击楚，会遭到韩、魏的反攻。

> 且王攻楚将恶出兵？王将借路于仇雠之韩、魏乎？兵出之日而王忧其不返也，是王以兵资于仇雠之韩、魏也。王若不借路于仇雠之韩、魏，必攻随水右壤。随水右壤，此皆广川大水，山林谿谷，不食之地也，王虽有之，不为得地。是王有毁楚之名而无得地之实也。
>
> 且王攻楚之日，四国必悉起兵以应王。秦、楚之兵构而不离，魏氏将出而攻留、方与、铚、湖陵、砀、萧、相，故宋必尽。齐人南面攻楚，泗上必举。此皆平原四达，膏腴之地，而使独攻。王破楚以肥韩、魏于中国而劲齐，韩、魏之强，足以校于秦。齐南以泗水为境，东负海，北倚河，而无后患，天下之国莫强于齐、魏，齐、魏得地葆利而详事下吏，一年之后，为帝未能，其于禁王之为帝有余矣。①

秦不可攻击楚的原因简单整理如下。首先，韩、魏对秦有深怨，总是要警戒。然而，如果秦要继续攻打楚地，不得不向韩、魏借路，中间韩、魏背叛就会面临退路被断绝的可能性。而自己开拓进军路线也行不通，失比得还要大。其次，即使秦攻打楚国取得胜利，但战果可能会都归于魏、齐等周边国家。劳民伤财发动战争却使得魏、齐成为强国，还不如接受和议的建议结束对楚战争。于是，秦听从春申君的主张不再对楚用兵，把矛头转向了三晋地区。有趣的是，春申君的外交战略居然类似于赵国的外交战略。赵把三晋的危机转嫁给楚，这次楚反而把危机转嫁给三晋。楚迁到江淮地区后默认秦对三晋进行的战争，一心休养生息恢复国力。但是，也事实上放弃了收复江汉地区，于是南郡很顺利地变为秦地。相反，秦以后对三晋的攻略没有像南郡那样顺利。尽管秦在华阳击败魏军（前274），并且在长平大败40多万的赵军（前260），但是三晋居然重新联合坚持抵抗。三晋地区与蜀地及楚地不同，是各国的

---

① 《史记》卷78《春申君列传》，第2391—2392页。

利害关系纵横交叉的"中原"。"边地"与"中原"可以以外交关系的紧密程度来区分，外交关系越紧密，征服的难度越高。秦碰到再也没有"边地"的情况，领土扩张的局面就开始发生转变。下一节将做一小结，附带评论决定各地，特别是形成关外占领地不同特点的几种机制。

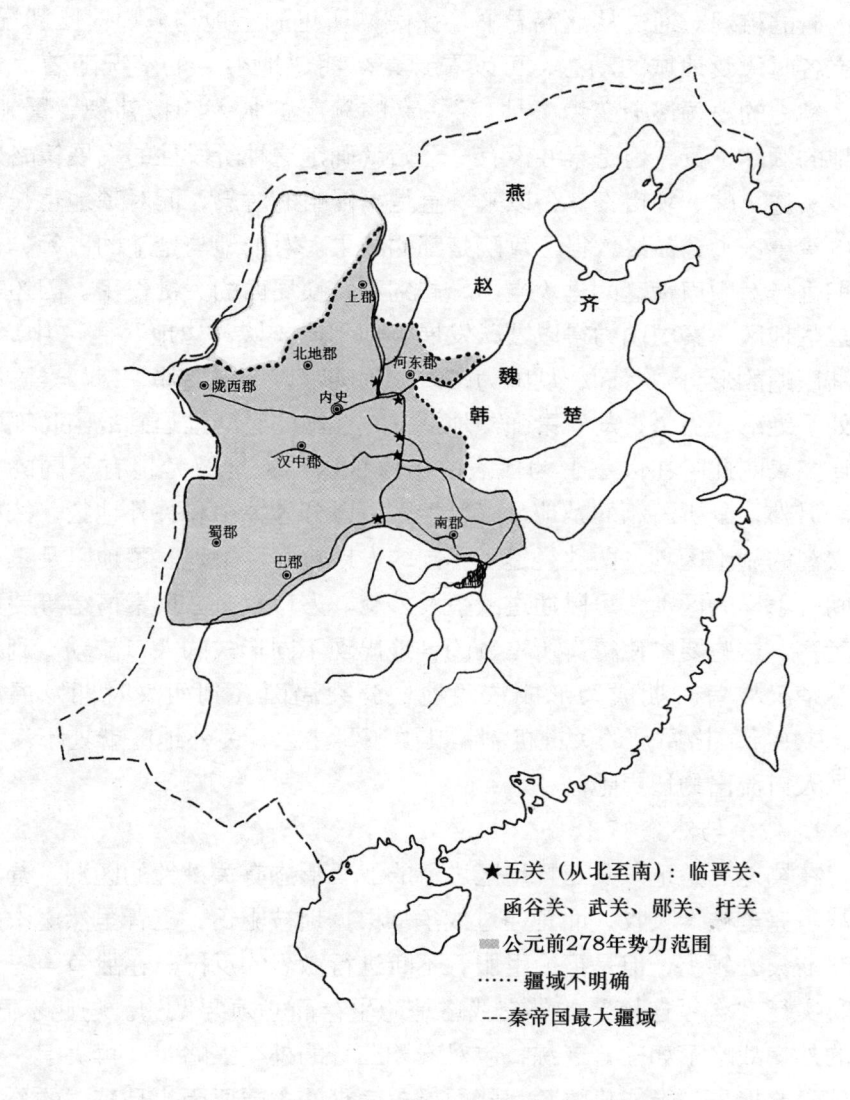

★五关（从北至南）：临晋关、函谷关、武关、郧关、扞关
■ 公元前278年势力范围
…… 疆域不明确
--- 秦帝国最大疆域

图2  秦昭襄王二十九年（前278）秦势力范围

## 四 战国秦占领地异同的主要机制

以上对战国时期秦领土扩张的历程，以三晋、蜀地、楚地的事例做了大概的梳理。通过从《商君书·徕民》所见的土地与人口对比状况，追究各时代及地域的动态，可以看到秦初期"地小"的情况随着对蜀地、楚地的占领逐渐变为"地广"。秦的领土扩张大约按韩魏、蜀地、楚地的顺序进行，但是秦并没有一开始就确定这种阶段性的发展策略来逐步实施。韩、魏自秦孝公以来一直是秦侵略的对象，而对楚地也长期施以军事压力，最终取得了攻陷楚都的战果。对蜀地与楚地的占领，在长期进行对中原地区的进攻当中，起到了转换局面的关键作用。因为获得这些地区，秦国国力得以飞跃发展，顺利造成从"边地"到"中原"逐渐压迫的形势。然而，从国力来看，到秦昭襄王末期韩、魏与秦国相比处于绝对的劣势，却对秦强烈地抵抗，亡国的时间推迟到战国时期的终局，表明此时在以三晋为代表的中原地区与蜀地及楚地有不同的特点。另外，秦所占领的楚地及三晋地区可以分为关中和关外地区，按照秦宏观的领土区划，两地经过了不同的发展过程。蜀地、楚地以及三晋之间有怎样的区别，可以通过战争及外交、人口政策、反秦情绪等要素来考察。这些要素使得秦所占领的各地出现不同形式的人口流动，到反秦、楚汉战争时期成为形成东西地域分裂局面（到西汉时期发展成"郡国并行"格局）的关键机制，其中还要注意秦关外地区就处于发生激烈人口流出的边界地区。

1. 战争与外交

在蜀地、楚地以及三晋地区进行的战争形态有关键性的区别。蜀通过战争完全被秦吸收，而楚通过战争从根据地被驱逐，三晋虽然屡次战败逐渐失去领土，但是拒绝臣服，不断进行激烈的反抗。在战争中三晋同时实行"合纵连横"的外交战略是为生存而必须要做的。与此不同，楚的外交战略不如三晋老练，应对秦和三晋的外交谋略时一再失误，引发致命的损失。秦能攻陷楚都郢而设置南郡的主要原因也是楚国的外交失策。

从人口流动方面来看，蜀的领土和人口都归属于秦，基本上没发生大量的人口流出，而秦占领江汉平原对楚国来说是一场动乱，发生了其统治阶层及大量人口的流出。还有，三晋尽管没有发生像楚地那样突然性的人口流出，但是总体来讲也有大量的人口逐渐东迁。尤其是在秦对魏战争中，"出其人"的记录值得关注。公元前325年"使张仪伐取陕，出其人与魏"①，公元前286年，"错攻魏河内。魏献安邑，秦出其人，募徙河东赐爵，赦罪人迁之"②。这些史料里提到的"出其人"明确反映了此时秦人口政策的基本路线，但在另一方面来看这也有可能是魏应对秦侵略领土的一种战略措施。即魏尽管容忍失去领土，但要尽量保全人口以把国力的损失降到最低。这样的措施就符合《商君书·徕民》里所说的从韩、魏获取领土而却没有招徕百姓的情况。韩、魏可能在不断被秦压迫的情况下，要尽量保存力量继续抵抗。与韩、魏不同，在白起军袭击江汉地区时，楚突然丢失首都无法控制人口。国家失去了统治力，楚地的百姓陷入四分五裂。多数的人口可能跟随楚王迁到江淮地区，或者南下到江南，而很多老百姓还是可能留在江汉地区。由于大量的楚人迁移到江淮和江南地区，秦、楚之间形成了以南郡为界的新的战线，留在江汉地区的"楚遗民"可能自然地被纳入南郡的编户。总之，韩、魏与楚地人口流动的形势根本不同，但总体来说都是受到秦武力的威胁，大量外流。

2. 人口政策

秦在占领魏领土的过程中实行"出其人"的政策，因为不但魏以保全人口为目的来进行协商，而且秦此时只追求"广地"并没有关注招徕三晋人口的问题。占领蜀地及楚地也是在这一系列的占领路线上拿到的成果。但是，秦对三晋占领地的"出其人"，在魏割让安邑及河内地区以后，再也没有执行的事例。主要有两种原因：首先，秦内部的情况开始有了变化。随着向蜀地、楚地扩张领土，土地不足、百姓贫穷的问题得以解决，"地小民贫"甚至变成了"地广民寡"。广地政策因此

---

① 《史记》卷5《秦本纪》，第206页。
② 同上书，第212页。

碰到限制,这时候可能开始关注增加人口的方案。其次,随着三晋领土被吞食,三晋逐渐"地狭民众",但其抵抗居然越来越激烈。于是,秦就开始认识到,三晋的实际力量不在于土地,而在于人口。长平之战时秦杀掉40余万的赵军俘虏,就是由于这种想法。白起说:"前秦已拔上党,上党民不乐为秦而归赵。赵卒反覆,非尽杀之,恐为乱。"① 由此可以知道如下事实:第一,秦征伐上党郡的时候不想"出其人",而愿意那里的编户民都归附秦国。这就表明秦不但想扩张领土,还欲增加户口。第二,根据上党郡民不愿作秦民而向赵国归附的事实,40万赵军俘虏也不可能愿意归附秦。因此,白起认为既然不能增加秦人口,还应极力阻止赵人口的恢复。这表明秦痛感需要减少三晋的人口,但是还没有制定相关的完善制度。白起的极端措施对秦人口增加并没有帮助,而且,即使能大大减少赵国的人力,三晋民却抵抗得更为激烈。

徕民政策既可以减少三晋人口,又可以增加秦人口,是一举两得的方案。但是,我们还不能知道《商君书·徕民》中"入出并行"式的人口政策,在战国期间是否真正施行过。在战国文献的记载中,只有让赦免的奴婢及罪人迁到占领地的事例,而找不到占领地的人口迁徙到内地的记录。向内地迁徙的记载,秦统一以后才开始出现,但是《商君书·徕民》所说的"徕民"与统一以后的"徕民"有很多不同之处。前者是以没有归顺的三晋民为对象,而后者指的是已占领地区遗留的旧六国民。而且,前者是诱导三晋民自愿归顺,以追求良性循环的发展,但后者是为抑制当地的反抗势力而进行的强制性举措。就因为有这样的区别,通过施行"徕民"政策有望缓解反秦情绪,但强制迁徙不但不能缓解反秦情绪,反而会激化矛盾。秦强硬的人口政策埋下了秦末反秦起义的种子。

3. 反秦情绪

实际上,我们还不能明确说明反秦情绪。根据表面上突出的实例来看,可以将"反秦"限定为对于秦所进行的战争、外交以及政策等的反感或抵抗。导致反秦情绪的第一原因是秦国发展历程本身。秦自孝公

---

① 《史记》卷73《白起王翦列传》,第2335页。

以来，就被六国论者视为"虎狼之国"①，这不但说明秦的强盛，也说明对秦霸道的反感。反秦情绪在秦昭襄王时期攻打赵国时尤其突出，因为秦领土扩张中六国民对此累积的反感，到此时达到了顶峰。《史记》卷八三《鲁仲连邹阳列传》记载了鲁仲连来赵国阐明三晋要坚决抵抗秦国的理由："彼秦者，弃礼义而上首功之国也，权使其士，虏使其民。"② 秦看重军功授爵而严格执行赋役是富国强兵的秘诀，而这居然引起其他中原国家的强烈反感。而且秦奉行的外交方针是利益至上，很容易抛弃信赖关系而欺瞒各国，到最后再也不能建立以信赖为基础的友谊关系。

三晋在被秦压倒的情况下，于是构建了反秦路线。上党郡民拒绝归附秦国的事件导致了后来的长平之战，明确反映出其民对秦所累积的反感。而且，秦军包围赵都邯郸的时候，魏公子无忌（信陵君）抗命支援赵国，在打退秦军中起了关键作用。③ 这些事例表明，秦国仅仅依靠武力根本无法控制三晋的现实。尽管韩、魏的国力已沦为秦藩国的程度，但是这两国不断反抗，试图摆脱秦国的控制。对于这一问题还要考虑三晋原来有通过"合谋"的方式来抵抗强国的传统。韩、魏、赵氏一起图谋击败智伯的故事，在战国时期作为弱国推翻强国的典范为人津津乐道。诸如，秦昭襄王轻视韩、魏的国力，曰："以孟尝、芒卯之贤，率强韩、魏以攻秦，犹无奈寡人何也。今以无能之如耳、魏齐而率弱韩、魏以伐秦，其无奈寡人何亦明矣。"中旗用智伯的故事回答秦昭襄王："今秦兵虽强，不能过知氏；韩、魏虽弱，尚贤在晋阳之下也。此方其用肘足之时也，愿王之勿易也！"④ 由此可以看到，三晋有应付强国威胁的经验，而且都城中有一批谋士为君主出谋划策，所以，绝不能忽略三晋的传统和潜力。总之，战国时期三晋民之间的反秦情绪，在秦霸权达到顶峰的时候，与三晋的历史经验结合表现出来。

然而，后来使得秦帝国灭亡的反秦起义，在楚地较三晋更激烈和主

---

① 关于"虎狼之国"的研究可参见何晋《秦称"虎狼"考》，《文博》1999 年第 5 期。
② 《史记》卷 83《鲁仲连邹阳列传》，第 2461 页。
③ 《史记》卷 77《魏公子列传》，第 2379—2381 页。
④ 《史记》卷 44《魏世家》，第 1854—1855 页。

秦统一的进程与意义

动地进行，反映出反秦的格局随着时间推移发生了变化。战国末期三晋经过对秦的长期抵抗，不断消耗国力最终灭亡。在韩、魏、赵依次灭亡的时候，秦已经吞食了河东、河内、三川、上党、太原郡等三晋的广大领土，于是三晋的遗民数量与战国时期的人口相比可能大大减少。与它相反，战国时期楚面对秦的进攻无能为力而丧失首都，因此到灭国前反而能保有大量的人口。而且，楚军谋士范增说："夫秦灭六国，楚最无罪，自怀王入秦不反，楚人怜之至今，故楚南公曰'楚虽三户，亡秦必楚'也。"① 据此可以说，楚人由于失败的记忆和亡国的怨恨而形成强大的反秦力量，与三晋为生存而战有所不同。尤其是，楚人的反秦情绪在历史上表现出实际的威力，反映了楚国的力量在亡国后长期保留下来。不过，我们还要注意这样的反秦局面是从楚迁都以后才开始形成的。在楚迁都前后发生严重的人口流动，以后的反秦情绪可能在江淮地区移民人群之间不断蔓延。由此逐渐形成初期被秦占领的汉中、南郡地区与后期被吞并的楚地之间相反的情绪。

总的来说，由于战争中发生大规模的人口外流，秦在占领地实行郡县制并且对边境地带加强军事控制，初期占领地与后期占领地之间形成相异的情绪等，关外各地的反秦活动没有同样展开，形成了分裂的局面。在此基础上，以后的研究需要进一步探讨秦早期置郡的关外地区与保持"反秦"的旧六国区域之间形成的人口地理分界。

[原载《首都师范大学学报》（社会科学版）2016年第4期]

（西北大学历史学院）

---

① 《史记》卷7《项羽本纪》，第300页。

# 秦汉之际九原地区辖域变迁试探

尤 佳

关于秦郡问题，古今众多学者都进行过深入研究，清代学者尤其着力，然终未能形成统一意见。近年来，随着秦简、玺印、封泥等考古资料中新秦郡名的不断出现，秦郡研究再成热点。辛德勇对清季以来秦郡研究的学术史做过仔细的整理和比较[1]，在此恕不赘言。林少平也对清代以来有关秦郡考证的论著进行了系统考察，他认为既有的研究成果在考证方法上至少存在两大问题：一是缺乏时间坐标体系。时间坐标是研究历代政区的基本工具。二是未考虑秦末变革因素。秦末变革虽短促，但对秦代政区的影响不可忽视。秦郡考证必须具有正确的思路，建立科学的方法。[2] 实际上，关于秦郡问题，尤其是秦统一前后置郡问题，学界一些论著已经通过建立时间坐标体系的方法，进行了动态考察，但林氏所强调的这两点确实值得我们在现在及未来的秦郡研究中予以高度重视。

关于九原郡是否为秦始皇二十六年（前221）所分三十六郡之一，始皇三十三年（前214）的秦郡名单中是否还有它，秦末汉初到底有无九原郡的建制？凡此种种，学界目前尚无一致意见。本文拟以始皇十三年（前234）秦攻占赵九原郡至秦始皇二十六年（前221）、始皇二十六年至三十三年（前221—前214）和秦末汉初三个时段，动态考察九原地区的辖域问题，希望能对秦郡问题乃至秦汉边疆政区的研究有所

---

[1] 辛德勇：《秦汉政区与边界地理研究》，中华书局2009年版，第3—59页。
[2] 林少平：《秦郡考辨》（http://www.bsm.org.cn/show_article.php?id=2123）。

助益。

## 一 赵长城的分布与赵九原郡的辖域

　　史念海、辛德勇等先生认为，秦之九原郡沿袭于赵。① 本文赞同其说，其论证过程周详、细密，于此不赘。囿于史料寡少，战国时期赵国九原郡的辖域情况，我们一直不甚明了，但九原辖域及其变化，对我们厘清秦统一前后，九原地区是否置郡，意义重大，是我们研究秦郡、秦边疆政区地理时所无法回避的关键问题。因而，重视使用考古材料与实地调查资料，当是我们进一步廓清九原郡域问题的必然选择。如辛德勇就说，虽然九原确为赵郡，但是不能简单地依据秦九原郡的疆域范围，来推定赵九原郡的境域界线，从而也不能据此确定赵国的西北边界。赵国西北边界的具体走向，还需要通过其他因素来加以确定。九原的疆界，既然不能作为确定高阙位置的依据，那么，依据前引《史记》卷一〇〇《匈奴列传》的记述，当时赵武灵王长城，是"自代并阴山下，至高阙为塞"，要想确定高阙的位置，就只有从高阙所在的赵武灵王长城和阴山山脉的走向入手了。② 其实，关于九原郡域的考察，难点主要在于其西北边界的确定，而赵长城的分布无疑也是我们推测赵九原郡界址的关键。

　　辛德勇依据文献史料，尤其是现代考古调查的成果得出，阴山（今乌拉前山和大青山）南麓的长城遗迹无疑就是赵武灵王所修"并阴山下"的长城，并以此为基础判定，至"并阴山下，高阙为塞"之长城上的高阙，不应是狼山上的石兰计山口，而只能是在乌拉前山上，推测乌拉特前旗张连喜店附近的大沟口很可能即为战国高阙的所在地。既已确定了赵武灵王长城的走向与高阙的位置，辛德勇最终认为，赵九原郡的西北边界也只能是阴山长城。③

---

① 参见史念海《论秦九原郡始置的年代》，《中国历史地理论丛》1993年第2期；辛德勇《秦汉政区与边界地理研究》，第49页。
② 辛德勇：《秦汉政区与边界地理研究》，第191页。
③ 同上书，第199页。

关于辛德勇推定赵九原郡西北境界的思路，我们是赞同的，但关于其论证过程及结论，或许还有进一步商榷的空间。在此，我们需要明晰以下几点认识。

首先，赵国西北边地的长城可能并不只一条，阴山南麓筑有赵武灵王长城，这已是学界的共识，我们并不怀疑，但不宜以这条长城的存在而忽略其他地域抑或有赵长城的分布，如狼山（阳山）脚下的赵武灵王长城。

李晓杰系统研究了战国赵北境之盈缩，他一方面继承了谭其骧、杨宽等先生的意见①，另一方面重视利用现存的长城遗迹，最终认为，赵武灵王在赵北境筑有长城，赵国的北长城大体有内外两条，外长城在今内蒙古乌加河以北，沿今狼山一带而构筑；内长城则从今内蒙古乌拉特前旗向东，经包头北，沿乌拉山向东，沿大青山，经呼和浩特北、卓资和集宁南，一直到今河北省张北以南。②

而且，在赵国这两条内外北长城之间及邻近地域，分布有不少与赵长城防线关系密切的城塞、障燧遗迹。"沿长城内外，凡重要的关口和适于瞭望的地方，都设置了烽台和城障，作为警讯和驻军之用。烽台多设在视野宽广的山巅，与长城的距离不等，有的很近，有的远隔数峰。……在长城以南见到的一些小城，大约即障尉所在的'障'。"③ 其中规模较大的有乌拉特前旗小余太公社的增龙昌古城和固阳县银号公社的三元成古城等。增龙昌古城周约一公里半，开有南门；墙为土筑，残高 1~3 米，城内建筑集中于东、北部，地面遍布生活、建筑用品残片。三元成古城周约 2 公里，墙亦为土筑，夯层 9 厘米，开有西门和南门，西门之外有瓮城遗迹。在烽隧和障城遗址中，常可捡到战国、秦至西汉初年的陶片。④ 唐晓峰根据以上考古遗迹及残存文物认为，这两座古城

---

① 谭其骧先生在标注赵国西北边境阴山与狼山脚下的两条长城时，都注其为赵长城，详参见谭其骧主编《中国历史地图集》（第 1 册），中国地图出版社 1982 年版，第 37—38 页。此外，还可参见杨宽《战国史》，上海人民出版社 1998 年版，第 324 页。

② 周振鹤、李晓杰：《中国行政区划通史》（总论、先秦卷），复旦大学出版社 2009 年版，第 492 页。

③ 唐晓峰：《内蒙古西北部秦汉长城调查记》，《文物》1977 年第 5 期。

④ 同上。

## 秦统一的进程与意义

有关长城使用朝代的实证说明，这里最先是赵长城，后来是秦长城，到西汉初年，秦长城又被修缮使用，因此我们在遗址中可以看到直至汉初的遗物。[1] 乌拉特前旗位于九原郡治九原县（今包头市）以西，处于阴山南麓赵武灵王长城的西向延长线上，这说明赵国的势力已经延及赵武灵王长城防线以西。固阳县的三元成古城则南距阴山赵长城较远，依傍狼山南麓长城，反映出，赵人的势力曾越过阴山南麓的内长城，远涉狼山山脉的外长城。以上这些赵国的城塞、烽燧，当地处九原郡域内。

其次，现在我们视为秦长城的遗迹存在相当一些他国始建、秦国后来修缮而成的长城，若我们要明晰他国长城的分布，还当需要从这类秦长城追根溯源。

唐晓峰系统考察了内蒙古境内战国秦汉时期的长城遗迹，他认为，秦长城的遗迹，是由宁夏伸至内蒙古后，即沿狼山而东，经固阳县北部的西斗铺、银号、大庙等公社，又经武川县南部的南乌不浪等公社，顺大青山而北过集宁市，最后由兴和县北部进入河北省。这些地区的秦长城大多蜿蜒于山岭之上。从秦长城的遗迹可以看出，它的修筑方法是因地制宜，山上用石垒，平地则土夯。石垒的部分保存较好，完整的没落高为4～5米，底厚4米。土夯的部分由于经年风雨，多数仅留一条公路路基似的痕迹，从断面可以看到清晰的夯层。乌拉特中后联合旗红旗店附近，有一处石墙倒塌的地方，露出了墙里面还有一段整齐的墙壁，说明这段城墙是在原有城墙的基础上重修的，而且显然是嫌原来的石墙不够坚固，又用石块加厚了一层。[2]

史籍记载，蒙恬来到这里修筑长城是"因边山险堑溪谷可缮者治之"[3]。显然，内蒙古境内部分地段的秦长城是利用了赵国旧有长城增缮而成，乌拉特中后联合旗红旗店附近处的石墙长城很可能便属这种情形，唐晓峰所考察到的秦长城石墙倒塌后显露出的整齐墙壁应为赵国所建。所以，唐晓峰认为，赵国的长城也曾筑到了狼山，这里有的地段的

---

[1] 唐晓峰：《内蒙古西北部秦汉长城调查记》，《文物》1977年第5期。
[2] 同上。
[3] 《史记》卷100《匈奴列传》，中华书局1982年标点本，第2886页。

秦长城是利用了部分赵国旧塞缮治而成。① 陈序经也说："秦始皇统一天下之后，内战终止，最担心的是北边的匈奴。因此，他一方面派蒙恬率师出征，另一方面修筑长城防御。秦始皇遣蒙恬去筑长城，大体是在战国时边于匈奴的三国所修筑的长城的基础上加以修缮与增建，使首尾连贯起来，成为自东到西的一条防线。"② 陈先生所言的"边于匈奴的三国"为秦、赵、燕三国，而在今内蒙古境内，北边疆界上的战国长城则多为赵国修筑。

综上，既然在阴山南麓赵长城以北，狼山山脉以南，河套内外的广大地域，布列有多处赵国的长城、城塞、烽燧遗迹，那我们或可推断，赵九原郡的西北疆界应当到达了狼山山脉，与匈奴界于此处的赵长城，而不是以阴山南麓的赵长城为界。故李晓杰推定赵国九原郡辖域时就言，九原郡应领有云中郡以西至高阙一带，即今内蒙古自治区后套③及其以东至包头市的地区。④

我们认为，李晓杰关于赵国九原郡域的认识是允当的，但要说明的是，上述情形当为赵国强盛时期九原郡的郡域范围。秦始皇十三年（前234），赵九原郡入于秦；始皇十九年（前228），李牧被害，同年赵国亡；始皇二十六年（前221），秦统一六国；直至始皇三十三年（前214），蒙恬略取"河南地"。自秦占有九原地到复夺"河南地"的这二十年间，九原辖地越出阴山赵长城之外，界于狼山赵长城以内，应是相当时期内的客观事实。再将时间坐标下延至秦末汉初，这几十年间，九原地域并非固定、墨守于某一长城防线之内，而当处于一种复杂的盈缩变化中，而秦与匈奴之间势力的消长应是导致这种变化很重要的

---

① 唐晓峰：《内蒙古西北部秦汉长城调查记》，《文物》1977年第5期。
② 陈序经：《匈奴史稿》，中国人民大学出版社2007年版，第183页。
③ 现在一般所说的"河套地区"，是指历史上的"北河"与"南河"之间这一地带。由于黄河在内蒙古、宁夏、山西几省（自治区）邻接地区的大转弯河段，过去也以其形如绳套而被称为"河套"，相对而言，后者称为"大套"，前者称为"后套"。语详辛德勇《秦汉政区与边界地理研究》，第183页。
④ 周振鹤、李晓杰：《中国行政区划通史》（总论、先秦卷），第493页。史念海也曾考察过赵九原郡之辖域，他认为，赵之九原郡相当广袤，其西部处于南北两派黄河流经之地，语详史念海《论秦九原郡始置的年代》，《中国历史地理论丛》1993年第2期。

秦统一的进程与意义

因素。

## 二 匈奴南下与九原辖域变化

自战国时,北边临近匈奴的秦、赵、燕诸国就经常受到日益强大的匈奴政权的进攻。"介在华、匈之间的其他各族有的也为匈奴所攻破和消灭,匈奴与中国的交涉更加直接、更加频繁。位于北边的秦、赵、燕虽然筑长城以拒胡,但是这时候各国的长城既非连接,恐怕也比较简陋,所以虽有长城,还要有相当的兵力去防守。因为匈奴经常南下侵扰,如果没有相当的兵力去防守,匈奴随时可以越长城而扰乱长城以南的地方。"[①] 史念海也说:"赵国于云中置郡,固在北防匈奴,其西南渡河,又可以防御林胡。九原在云中之西,其北隔着阴山就是匈奴。是九原置郡正与赵国其他诸郡相同,皆是为了防御匈奴。可见云中、九原本应相邻,设之为郡,固各有取意,不尽相同。"[②] 赵之九原、云中、雁门诸郡与匈奴相邻,其设置本寓防御匈奴之意,故在匈奴南下时,这些边郡最先受到攻击与侵占,当可想见。史念海还认为,在李牧被诛,赵国灭亡之后,匈奴曾经乘隙南侵,其南侵之时应在秦始皇二十六年(前221)和三十三年(前214)之间。其时正是秦始皇统一六国之后,踌躇满志之际,匈奴前来侵犯,理所当然地会引起始皇的兴兵北征。北征取得了胜利,为了巩固边围,就城河上为塞。[③] 在此,史念海将匈奴南侵的时段定在了始皇二十六年(前221)至三十三年(前214)这7年间。但陈序经以为,匈奴南下的时间应当更早。他说:"李牧死,秦忙于并吞六国;其他各国,也忙于征伐或应付强秦。匈奴经过十多年的休养生息,到了这个时候,匈奴又必南下到农耕地区进行掠夺。因为这个时候,月氏与东胡仍然强盛,在匈奴之北,又是森林地带,不适宜于游牧,头曼掠夺最好的对象是农耕地区,这个地区既有丰饶的财富,又

---

[①] 陈序经:《匈奴史稿》,第181页。
[②] 史念海:《论秦九原郡始置的年代》,《中国历史地理论丛》1993年第2期。
[③] 同上。

正忙于内战。"① 可见，陈序经认为，始皇十九年（前 228）李牧之后，正值诸国混战之际，匈奴的入侵便以开始，这相比与史念海所界定的时间，提前了七年。两位先生的看法尽管有差异，但也有共识，即肯定始皇二十六年（前 221）至三十三年（前 214）为秦与匈奴大规模交战时期，秦军的北伐终在始皇三十三年（前 214）取得了胜利。

关于战国时期匈奴南下时间，本文更倾向于陈序经的看法，但笔者认为，匈奴南侵的时间或许还当提前，自始皇十三年（前 214）赵九原郡入秦，至始皇十九年（前 228）李牧死、赵国亡的这六年间，应也存在匈奴南下的可能，秦之九原地被侵扰和蚕食可能在这一时期就已发生。尽管《史记》卷一〇〇《匈奴列传》论赵国北边事，曾说过"赵将李牧时，匈奴不敢入赵边"②。《史记》卷八一《廉颇蔺相如列传》也说到自李牧为边将后十余岁，匈奴不敢近赵边城。③ 李牧被杀三月后，赵为秦所灭。但我们需要明晰，李牧被害的六年前，即始皇十三年（前 234），赵国九原郡就以入为秦地。《史记》所言李牧生前的赵国边郡、边城应只限于当时赵国实际统辖的边地郡县，自然不包括已为秦军抢占的九原边地；同时，李牧也没有责任与必要去保卫已沦为秦地的赵国旧有领土。所以，始皇十三年（前 234）至十九年（前 228），秦国九原地区仍然存在被匈奴侵扰的可能，秦廷还能否拥有全赵时的九原郡域，实难保证。

同时，还需要解释的一点是，陈序经言，匈奴南下必定到农耕地区进行掠夺，因为该地区既有丰饶的财富，又忙于内战。我们也赞同，中国历史上匈奴、突厥等北方游牧民族南下牧马，其主要目的是进行掠夺，而非据地固守。④ 但需要强调的是，这是游牧民族绝大多数时候的

---

① 陈序经：《匈奴史稿》，第 182—183 页。
② 《史记》卷 100《匈奴列传》，第 2886 页。
③ 《史记》卷 81《廉颇蔺相如传》，第 2450 页。
④ 如有学者分析汉匈关系时就言："匈奴进攻汉地，并非是以攻城略地为主要目的，即使占有汉地，匈奴也难以利用，以故阏氏有'今得汉地，而单于终非能居之也'之语，平城围解之后，'冒顿遂引兵而去'亦说明匈奴无久居汉地之志。匈奴更倾向于汉地的财物，即所谓'（匈奴）贪汉重币'、'匈奴好汉缯絮食物'是也。"详参赵志强《秦末汉初北部边界考略》，《中国历史地理论丛》2011 年第 3 期。

南下主旨，但非全部时期，有些时候，游牧民族也以攻击和占据土地为目标，譬如河套地区。史念海在分析九原郡的始置时间与境域是说，黄河南、北两河之间的土地相当肥沃，可农可牧。赵武灵王在阴山下筑长城，并至于高阙，就是为了据有这里肥沃的土地，不使之逐于匈奴之手，使它由此向赵国进行骚扰。① 因为河套地区田土肥沃、灌溉便利，匈奴也正是看中了该地区"可农可牧"这一优越的自然地理条件，所以，战国秦汉时期，河套地区遂成为华、匈争夺的核心区域，而这自然也就影响到了九原地区辖域的变化。

已有学者意识到了匈奴南侵与九原辖域变迁的密切关系。赵志强就言："九原、云中两郡位于秦汉王朝的北部边疆，系沿袭战国赵武灵王旧制而来，其地北与匈奴接壤。战国晚期，两郡属赵，与匈奴以赵武灵王长城为界，入秦之后，九原、云中界略有北移，秦末复退守'故塞'，重新恢复到战国末年的赵武灵王长城一线。这种状态一直维持到汉武帝元朔二年（前127）卫青复取'河南地'为止。"② 关于秦末汉初九原地域的变化，赵志强还做了更详细的解释。他认为，入秦之后，九原北部边界仍沿袭赵武灵王长城为边界。秦始皇三十二年（前215），蒙恬略取"河南地"，第二年，继续发动攻势，向西北斥逐匈奴。至此，秦朝边界向西拓展至黄河，向北渐次拓展至阴山和阳山，如此一来，九原、云中两郡的北边也相继向北推进。在这段时间里，上述两郡的区域随秦朝边界的拓展经历了一个迅速扩大的过程。③

我们赞同赵志强将九原境域的变迁与匈奴南下行为相联系，但关于战国秦汉时期九原辖域变化的具体情况，或可再商。如赵志强所言的赵武灵王长城指的是阴山南麓的内长城，而如前文所论，赵武灵王长城有两条：阴山南麓的内长城与狼山脚下的外长城，九原地不少时候是以狼山脚下的赵国外长城为界址或是参考坐标的。

还如他认为，秦始皇二十六年（前221）统一六国时，九原地是以阴山赵长城为界邻于匈奴；至三十三年（前214），始皇帝遣蒙恬率大

---

① 史念海：《论秦九原郡始置的年代》，《中国历史地理论丛》1993年第2期。
② 赵志强：《秦末汉初北部边界考略》，《中国历史地理论丛》2011年第3期。
③ 同上。

军斥逐匈奴后，重又以狼山赵长城为界。笔者以为，赵氏关于这一时期九原地域变化的描述似乎显得过于"齐整"，而非一种动态化的呈现。始皇三十三年（前214），九原郡域确实拓至狼山一线，① 但前文已述，始皇二十六年（前221）至三十三年（前214）是秦、匈大规模交战的时期，三十三年（前214）时西北边境线的最终形成正是这几年双方角逐、秦廷不断拓疆的结果，因此，九原地的边界自然也处于一种不断西进北延的变化中。

而且，关于蒙恬被遣征逐匈奴的时间是否就在始皇三十三年（前214），学界也存在不同意见。尽管《史记》卷十五《六国年表》载此事于始皇三十三年（前214），《资治通鉴》亦采此说，到现在，很多学者也都作如是观，但《史记》卷八八《蒙恬列传》明言，蒙恬暴师在外十余年。面对史籍记载的矛盾，陈序经进行了一番细密、严谨的考证。秦始皇、蒙恬均死于始皇三十七年（前210），他认为，假如蒙恬是在始皇三十三年（前214）被遣去征伐匈奴与修建长城，那么蒙恬在外只有四年的时间，不能谓暴师在外十余年。若说暴师在外十余年是对的，那么蒙恬被遣征伐匈奴与修建长城应在始皇二十六年（前221）或二十七年（前220）。加之，《史记》卷一〇〇《匈奴列传》指出，蒙恬北逐匈奴，头曼抵抗不住，北徙了十余年，这个十余年与蒙恬暴师十余年正相符合。所以，陈序经最终得出，征伐匈奴可能不止一次，而修建长城也非三四年间所能完成，所以暴师在外十余年这句话较为可靠，而蒙恬之被遣到边境备胡筑城似应以始皇二十六年（前221）或二十七年（前220）为合理。② 斥逐势力强大的匈奴，略取如此广袤的"河南地"恐非一年征战能完成，相较而论，我们认为，陈序经的推导过程与结论似更允当。如果此说确实，那么始皇二十六年（前221）或二十七年（前220）至三十三年（前214），九原地的北部边界显然不局限于阴山赵武灵王长城内，秦廷的势力已北越阴山，在广阔的河套平原，

---

① 谭其骧先生考察了始皇三十三年九原郡的境域，他说："今按纪传明言三十三年先收河南地，又渡河而北，知拓地跨河套内外。"语详谭其骧《秦郡新考》，《长水集》，人民出版社1987年版，上册，第10页。

② 陈序经：《匈奴史稿》，第183—184页。

不断向西北挺近，逼近狼山山脉，最终在此与匈奴毗邻。

## 结语

全祖望、王国维、谭其骧等先生皆主张，九原郡置于秦始皇三十三年（前214）。如王国维云：

> （秦始皇）三十三年，略取陆梁地，为桂林、象郡、南海。又前年使蒙恬发兵三十万人，北击胡，略取河南地。是年，又西北斥逐匈奴，自榆中并河以东，属之阴山，以为三十四县〔《匈奴列传》作"四十四县"〕。此三十四县者，优足以置一大郡。以地理准之，实即九原郡之地。三十五年除道，道九原抵云阳。自是九原之名始见于史。故三十二年始皇之碣石，归，巡北边，自上郡入；至三十七年始皇崩于沙丘，其丧乃从井陉抵九原，从直道至咸阳，明始皇三十二年以前，未有九原郡也。①

对王国维关于九原郡设置时间的看法，辛德勇持不同意见，他认为，所谓"九原之名始见于史"的时间，是否确实是在秦始皇三十二年（前215）之后，乃是王国维的结论能否成立的关键因素。② 对此，辛德勇秉持史念海、陈仓等先生关于九原郡始置于赵、秦袭赵规的观点，关于该见解，本文也赞同，其论证翔实、可信，本文不再赘言。但需要对以上各家观点稍作注脚、修正的是，九原郡名确实在始皇三十二年（前215）前就有，但其地入秦后，九原之名也确实如王国维所论，始见于始皇三十五年（前212）。辛德勇认为，秦灭赵后一直沿承其旧有九原郡的建置。③ 设若如此，秦继承赵九原郡后，在始皇三十三年（前214）之前的这二十年中，史乘为何不见九原之名？当然，可能存在史籍失载的情形。加之，始皇十三年（前234）秦据赵九原郡后，由

---
① 王国维：《观堂集林》卷12《秦郡考》，中华书局1959年版，第538页。
② 辛德勇：《秦汉政区与边界地理研究》，第47页。
③ 同上书，第51页。

于匈奴时常南侵,九原境域处于不断变动中,秦廷是否能始终对其保留郡级建制,史无明言,我们似乎也不宜径做肯定的回答。所以,或还存在另一种可能:九原郡确为始置于赵,而非始皇三十三年(前214)始置;但至此时,秦廷终于斥逐匈奴,占有"河南地",遂重现设立九原郡;至于在此之前,秦据有九原地的二十年间,九原郡的置废情况,我们姑且存疑待考。

[原载《中国矿业大学学报》(社会科学版)2016年第6期]

(云南民族大学人文学院历史系)

# 秦汉"北胡南越"战略格局的形成与突破

——兼论秦统一岭南的历史贡献与现实意义

杨倩如

## 一 先秦两汉"强胡劲越"战略格局的形成

《诗》云"戎狄是膺,荆舒是惩"[1],自先秦以来,居于"中国"(此指中原地区)的华夏政权,曾不止一次遭受来自南北两边敌人的进攻。春秋时期,以"蛮夷"自居的楚国攻灭邓、谷等周边小国后,多次出兵中原,威胁郑、蔡等国,其行为被视为与狄人灭邢、卫相呼应,因此先秦文献中有"夷狄也。而亟病中国,南夷与北狄交,中国不绝若线"[2] 之说。"春秋五霸"中的齐桓[3]、晋文[4]两大霸主,正是因为"尊王攘夷",北击戎狄、

---

[1] 《毛诗正义》卷20《鲁颂·閟宫》。注云:僖公与齐桓举义兵,北当戎与狄,南艾荆及群舒,天下无敢御也。《十三经注疏》,北京大学出版社1999年标点本,第1655页。

[2] 《春秋公羊传注疏》卷10《僖公四年》:楚屈完来盟于师。盟于召陵。屈完者何?楚大夫也。何以不称使?尊屈完也。曷为尊屈完?以当桓公也。其言盟于师,盟于召陵何?师在召陵也。师在召陵,则曷为再言盟?喜服楚也。何言乎喜服楚?楚有王者则后服,无王者则先叛,夷狄也。而亟病中国,南夷与北狄交,中国不绝若线。桓公救中国,而攘夷狄,卒怗荆,以此为王者之事也。其言来何?与桓为主也。前此者有事矣,后此者有事矣,则曷为独于此焉?与桓公为主,序绩也。解云:累次桓公之功德,莫大于服楚,明德及强夷最为盛。《十三经注疏》,第212—214页。

[3] 《史记》卷32《齐太公世家》:(桓公)二十三年,山戎伐燕,燕告急于齐。齐桓公救燕,遂伐山戎,至于孤竹而还。燕庄公遂送桓公入齐境。桓公曰:"非天子,诸侯相送不出境,吾不可以无礼于燕。"于是分沟割燕君所至与燕,命燕君复修召公之政,纳贡于周,如成康之时。诸侯闻之,皆从齐。中华书局1959年标点本,第1488页。

[4] 《史记》卷39《晋世家》:(文公五年)五月丁未,献楚俘于周,驷介百乘,徒兵千。天子使王子虎命晋侯为伯。……晋侯三辞,然后稽首受之。……于是晋文公称伯。第1666—1667页。

南服强楚，稳定了摇摇欲坠的周王室，保全了中原邢、曹、卫、燕等实力弱小、缺乏防御能力的"诸姬"政权，才得以成就霸业的。

南北两大强敌的存在，使中央王朝长期处于腹背受敌的威胁之中，此为自先秦以来居于"中国"之地、以"正统"自居的历代华夏政权所面临的严峻外部形势。笔者注意到，春秋时期虽有"南夷"（指楚、吴等国）与"北狄"（兼指北方戎狄政权）交相侵扰，"中国不绝若线"的危机，但并未见到位于楚、吴等国与戎狄政权联合进攻中原国家的记载。推测有两个原因：一是地缘隔绝。当时的交通条件限制，使南北政权无法跨越中原之地结为政治、军事与外交上的盟友；二是族群及文化差异。一方面，以"正统"自居的中原政权，将秦、楚①、吴②、越③等"边缘国家"视为蛮夷；另一方面，长期称霸南方，威胁周王室及"诸姬"政权的吴、越、楚等国，出于对本族群血统、世系和文化的骄傲，在当时也不可能"屈尊"与经济、文化处于落后状态的北方戎狄部族联合。

然而，地处西陲的秦人，自立国之初就面临着强敌环伺、争战不休的险恶地缘格局，更被中原国家"夷翟（狄）遇之"，遭受种族、文化上的歧视，无法获得与中原国家平等的政治地位。④ 为此，秦人历经数

---

① 《史记》卷40《楚世家》：楚之先祖出自帝颛顼高阳。高阳者，黄帝之孙，昌意之子也。高阳生称，称生卷章，卷章生重黎。重黎为帝喾高辛居火正，甚有功，能光融天下，帝喾命曰祝融。……其后中微，或在中国，或在蛮夷。又，成王恽元年，初即位，布德施惠，结旧好于诸侯。使人献天子，天子赐胙，曰："镇尔南方夷越之乱，无侵中国。"于是楚地千里。第1689—1690页，第1697页。

② 《史记》卷31《吴太伯世家》：吴太伯，太伯弟仲雍，皆周太王之子，而王季历之兄也。季历贤，而有圣子昌，太王欲立季历以及昌，于是太伯、仲雍二人乃奔荆蛮，文身断发，示不可用，以避季历。季历果立，是为王季，而昌为文王。太伯之奔荆蛮，自号句吴。荆蛮义之，从而归之千余家，立为吴太伯。又《史记索隐》注：荆者，楚之旧号，以州而言之曰荆。蛮者，闽也。南夷之名；蛮亦称越。此言自号句吴，吴名起於太伯，明以前未有吴号。地在楚越之界，故称荆蛮。第1445页。

③ 《史记》卷41《越王勾践世家》：越王句践，其先禹之苗裔，而夏后帝少康之庶子也。封于会稽，以奉守禹之祀。文身断发，披草莱而邑焉。后二十余世，至於允常。允常之时，与吴王阖庐战而相怨伐。允常卒，子句践立，是为越王。第1739页。

④ 《史记》卷5《秦本纪》：孝公元年，河山以东疆国六，与齐威、楚宣、魏惠、燕悼、韩哀、赵成侯并。……周室微，诸侯力政，争相并。秦僻在雍州，不与中国诸侯之会盟，夷翟遇之。第202页。

秦统一的进程与意义

百年浴血拼杀，自秦穆公用由余计而霸西戎，至秦孝公任用商鞅变法成功，方才彻底摆脱了受困于西陲一隅的被动局面。史载秦人逐渐崛起、称霸之际，其劲敌义渠曾与东方五国联合，意欲脱离秦人控制，结果大败秦军，收复了部分失地。直至秦国在中原战场取胜后，调集重兵从东、南、西三面进攻，才战胜义渠。至秦昭王时，宣太后以计诱杀义渠王，秦人才彻底解决了来自西北方的威胁，从而全力向山东六国推进。① 此外，匈奴也曾与各国联合攻秦。② 由此可见，通过军事手段、政治联盟和联姻等方式，至少保证一条战线上的安全，避免陷入腹背受敌、两线作战的困境，对于地缘居于中央的政权而言，历来是关乎生死存亡的重大战略。

## 二 秦始皇"北击强胡，南取劲越"的战略与成效

自秦始皇统一六国至西汉武帝中期的百余年间，南方的"百越"与北方的匈奴，被视作尚未归附且长期威胁中央王朝边境安全的敌对政权，并称为"强胡劲越"。秦汉时多以"胡越"并称，指代北方匈奴和南方越族（即南越、东瓯、闽越等）建立的政权（着重号为笔者所加）：

(1)《汉书·五行志下》载秦始皇"南戍五岭，北筑长城，以备胡越"。③
(2)《汉书·诸侯王表序》载汉初分封，"诸侯比境，周匝三垂，外接胡越"。④
(3)《汉书·严助传》载淮南王刘安上疏，言"自三代之盛，

---

① 《汉书》卷94《匈奴传上》：义渠之戎筑城郭以自守，而秦稍蚕食之，至于惠王，遂拔义渠二十五城。惠王伐魏，魏尽人西河及上郡于秦。秦昭王时，义渠戎王与宣太后乱，有二子。宣太后诈而杀义渠戎王于甘泉，遂起兵伐灭义渠。中华书局1962年版，第3747页。
② 《史记》卷5《秦本纪》：(惠文王七年) 韩、赵、魏、燕、齐帅匈奴共攻秦。第207页。
③ 《汉书》卷27《五行志下》，中华书局1962年版，第3747页。
④ 《汉书》卷14《诸侯王表序》，第394页。

444

## 秦汉"北胡南越"战略格局的形成与突破

胡越不与受正朔"。①

此外,汉武帝时征伐匈奴、平定南越,史书亦见"出师北讨强胡,南诛劲越"②,"武兴胡越之伐"③,"汉兴,征伐胡越"④,以及"时方外事胡越,内兴制度,国家多事"⑤等记载。

秦始皇平定六国之后,采取了两线出击的战略,取得了重大胜利,笔者将这一战略归纳为"北击强胡,南取劲越"。此段史事,屡见于汉代史籍文献:

（1）贾谊《过秦论》：及至始皇,奋六世之余烈,振长策而御宇内,吞二周而亡诸侯,履至尊而制六合,执敲扑而鞭笞天下,威振四海。南取百越之地,以为桂林、象郡;百越之君,俯首系颈,委命下吏。乃使蒙恬北筑长城而守藩篱,却匈奴七百余里。胡人不敢南下而牧马,士不敢弯弓而报怨。⑥

（2）《史记·匈奴列传》：秦灭六国,而始皇帝使蒙恬将十万之众北击胡,悉收河南地。因河为塞,筑四十四县城临河,徙适戍以充之。而通直道,自九原至云阳,因边山险堑谿谷可缮者治之,起临洮至辽东万余里。又度河据阳山北假中。又当是之时,东胡彊而月氏盛。匈奴单于曰头曼,头曼不胜秦,北徙。⑦

（3）《史记·秦始皇本纪》：三十三年,发诸尝逋亡人、赘婿、贾人略取陆梁地,为桂林、象郡、南海,以适遣戍。西北斥逐匈奴。自榆中并河以东,属之阴山,以为十四县,城河上为塞。又使蒙恬渡河取高阙、山、北假中,筑亭障以逐戎人。徙谪,实之初县。禁不得祠。明星出西方。三十四年,谪治狱吏不直者,筑长城

---

① 《汉书》卷64《严朱吾丘主父徐终王贾传上》,第2777页。
② 《史记》卷20《建元以来诸侯年表序》,第1027页。
③ 《汉书》卷17《景武昭宣元成功臣表序》,第635页。
④ 《汉书》卷64《严朱吾丘主父徐严终王贾传下》,第2838页。
⑤ 《汉书》卷65《东方朔传》,第2863页。
⑥ （汉）贾谊《过秦论上》,《新书》,中华书局2000年标点本,第2页。
⑦ 《史记》卷110《匈奴列传》,第2886—2888页。

## 秦统一的进程与意义

及南越地。①

(4)《史记·南越列传》：秦时已并天下，略定杨越，置桂林、南海、象郡，以谪徙民，与越杂处。②

(5)《淮南子·人间训》：（始皇）乃使尉屠睢发卒五十万，为五军，一军塞镡城之岭，一军守九疑之塞，一军处番禺之都，一军守南野之界，一军结余干之水，三年不解甲弛弩，使监禄无以转饷，又以卒凿渠而通粮道，以与越人战，杀西瓯君译吁宋。③

秦军的南征北讨，有力遏止了匈奴和百越的威胁。后世讹传秦始皇北击匈奴的原因是方士预言"亡秦者胡也"④，又将秦军出征岭南的原因归于秦始皇贪图越地出产的犀角、象齿、翡翠和珠玑⑤，显然不足为凭。此等关系国家内政外交的重大战略，决策过程绝不可能如此轻率虚妄，笔者推测应是司马迁、刘安等汉朝史官、学者刻意贬低之说。以今观之，秦始皇"北击强胡，南取劲越"的战略决策，沉重打击了自先秦以来长期威胁中原农耕民族的游牧势力，使得"胡人不敢南下而牧马，士不敢弯弓而报怨"；降服了尚未归附的岭南"百越"之地，使其首领"俯首系颈，委命下吏"，极大地拓展了秦帝国的疆域和声威，一举扭转了自周初立国，近千年中原政权腹背受敌、被动挨打的不利局面，实现了中国从分裂到统一的历史性突破。无论是对当时还是后世，都具有重大的现实意义和深远的国际影响。

然而，在外部安全形势好转的同时，秦帝国内部却由于连年的穷兵黩武、滥用民力，出现了严重危机。秦始皇猝然崩逝，造成最高权力交

---

① 《史记》卷6《秦始皇本纪》，第253页。
② 《史记》卷113《南越列传》，第2967页。
③ （汉）刘安《淮南子》卷18《人间训》，《淮南子集释》，第三册，中华书局1998年标点本，第1289—1290页。
④ 《史记》卷6《秦始皇本纪》：始皇巡北边，从上郡入。燕人卢生使入海还，以鬼神事，因奏录图书，曰"亡秦者胡也"。始皇乃使将军蒙恬发兵三十万人北击胡，略取河南地。第253页。
⑤ （汉）刘安《淮南子》卷18《人间训》：（秦皇）利越之犀角、象齿、翡翠、珠玑，乃使尉屠睢发卒五十万……以与越人战。《淮南子集释》，第三册，第1289—1290页。

接的剧变，其苦心经营的"子孙帝王万世之业"竟致二世而亡①：

（1）《淮南子·人间训》：当此之时，男子不得修农亩，妇人不得剡麻考缕，羸弱服格于道，大夫箕会于衢，病者不得养，死者不得葬。于是陈胜起于大泽，奋臂大呼，天下席卷，而至于戏。刘、项兴义兵随，而定若折槁振落，遂失天下。②

（2）《汉书·食货志上》：至于始皇，遂并天下，内兴功作，外攘夷狄，收泰半之赋，发闾左之戍。男子力耕不足粮饷，女子纺绩不足衣服。竭天下之资财以奉其政，犹未足以澹其欲也。海内愁怨，遂用溃畔。③

（3）《汉书·严安传》：当是时，秦祸北构于胡，南挂于越，宿兵于无用之地，进而不得退。行十余年，丁男被甲，丁女转输，苦不聊生，自经于道树，死者相望。④

值得注意的是，由于两面作战及战线过长，在秦末农民起义的浪潮中，南北两支远征的秦军，竟无法及时回援朝廷：

（秦二世）二年冬，陈涉所遣周章等将西至戏，兵数十万。二世大惊，与群臣谋曰："奈何？"少府章邯曰："盗已至，众彊，今发近县不及矣。郦山徒多，请赦之，授兵以击之。"二世乃大赦天下。⑤

---

① 《史记》卷6《秦始皇本纪》：始皇崩于沙丘平台。丞相斯为上崩在外，恐诸公子及天下有变，乃祕之，不发丧。……独子胡亥、赵高及所幸宦者五六人知上死。……高乃与公子胡亥、丞相斯阴谋破去始皇所封书赐公子扶苏者，而更诈为丞相斯受始皇遗诏沙丘，立子胡亥为太子。更为书赐公子扶苏、蒙恬，数以罪，赐死。……行从直道至咸阳，发丧。太子胡亥袭位，为二世皇帝。第264—265页。
② （汉）刘安《淮南子》卷18《人间训》，《淮南子集释》，第三册，第1290页。
③ 《汉书》卷24《食货志上》，第1126页。
④ 《汉书》卷64《严朱吾丘主父徐终王贾传下》，第2811—2812页。
⑤ 《史记》卷6《秦始皇本纪》，第270页。

## 秦统一的进程与意义

北征匈奴的三十万秦军和南下征越的五十万秦军,在秦末农民起义时都未能及时回援,秦二世只能将骊山服役的刑徒组成军队,由章邯率领,在巨鹿被项羽的军队打败,最终章邯投降,二十万秦军被坑杀,秦帝国再也无法组织起有战斗力的军队用以防御,以致猝然灭亡。是以后人感叹"秦祸北构于胡,南挂于越",说明秦之"内忧"其实源于"外患"。

如果说,北征匈奴的三十余万秦军未能回援,是太子扶苏和主帅蒙恬被胡亥、赵高和李斯合谋逼迫而死,无法及时做出决策所致;南下的五十万秦军坐视乱局而不救,却是最高军政长官任嚣、赵佗在审时度势之后的有意所为:

> 佗,秦时用为南海龙川令。至二世时,南海尉任嚣病且死,召龙川令赵佗语曰:"闻陈胜等作乱,秦为无道,天下苦之,项羽、刘季、陈胜、吴广等州郡各共兴军聚众,虎争天下,中国扰乱,未知所安,豪杰畔秦相立。南海僻远,吾恐盗兵侵地至此,吾欲兴兵绝新道,自备,待诸侯变,会病甚。且番禺负山险,阻南海,东西数千里,颇有中国人相辅,此亦一州之主也,可以立国。郡中长吏无足与言者,故召公告之。"即被佗书,行南海尉事。嚣死,佗即移檄告横浦、阳山、湟谿关曰:"盗兵且至,急绝道聚兵自守!"因稍以法诛秦所置长吏,以其党为假守。秦已破灭,佗即击并桂林、象郡,自立为南越武王。①

对于秦廷任命任嚣、赵佗平定岭南以及赵佗听取任嚣遗命、拥兵自立的这一段史实,明清之际的岭南学者屈大均论曰:"秦略定扬越,以谪徙民与越杂处,扬越盖自古迁谪之乡也。他日任嚣谓佗曰:'颇有中国人相辅。'中国人,即谪徙民也。佗之王,秦实资之,谪徙民得依佗以长子孙。……尉佗初起,移檄告横浦、阳山、湟溪关曰:'盗兵且至。'急绝道,聚兵自守。……嗟夫!能为始皇之盗者,豪杰也,书盗

---

① 《史记》卷113《南越列传》,第2967页。

亦荣甚矣！如佗者，假秦之土地甲兵以自王，乃真始皇之盗耳！"① 秦末群雄割据、生灵涂炭，赵佗于天下大乱之际，绝道自守、自立为王，保全了岭南一方军民"免于中原之锋镝"，"为秦留其遗民"，确实是福己及人的睿智之举，是故屈氏以为"佗之王，秦实资之"，是极有见地的。

由此可见，秦始皇制定的"北击强胡，南服劲越"的战略决策，在实施过程中确实起到了打击和威慑宿敌之效，解除了秦帝国南北两线的边防威胁，拓展和巩固了大一统中央集权国家的疆域。然而，秦始皇的崩逝和秦帝国的内乱，使这一决策未能长久贯彻下去，"强胡劲越"不仅未被彻底消灭，反而在秦末农民起义和楚汉战争的乱局中崛起，成为新生的汉政权无法回避的两个最具实力的敌手。②

## 三 西汉前期"北御强胡，南抚劲越"的战略与成效

作为秦汉之际独立于中原王朝的地方割据政权，南越国与汉朝的关系历经汉高祖、惠帝、吕后、文帝、景帝和武帝六代，其中历程复杂而曲折。历来考察汉越关系中的实力消长和政策演变，历史学者大多只注重考察具体事件和进程，强调统治者决策中的个体因素，例如赵佗的政治才能、吕后的歧视政策、汉文帝的宽仁大度、汉武帝的强硬路线等，以及双方交往中的一些颇具戏剧化的人物和事件：诸如赵佗对待汉使陆贾的倨傲态度，陆贾两度出使南越的精彩说辞，汉文帝对赵佗恩威并施的赐书，南越王赵兴和樛太后因继位不正所产生的忧惧，樛太后与汉使安国少季的私情，赵兴母子与越相吕嘉的恩怨，等等。对于真正决定双方态势和政策形成的深层动因则阐述不足，尤其忽略了影响双方关系的

---

① （清）屈大均《广东新语》卷9《事语》"南越初起"条，中华书局1985年标点本，第275—276页。
② 《史记》卷110《匈奴列传》：冒顿既立，……大破灭东胡王，而虏其民人及畜产。既归，西击走月氏，南并楼烦、白羊河南王。悉复收秦所使蒙恬所夺匈奴地者，与汉关故河南塞，至朝那、肤施，遂侵燕、代。是时汉兵与项羽相距，中国罢于兵革，以故冒顿得自疆，控弦之士三十余万。……至冒顿而匈奴最疆大，尽服从北夷，而南与中国为敌国。第2889—2990页。

## 秦统一的进程与意义

另一个重要因素——汉匈关系。

秦汉时期的"强胡"与"劲越"之间是否在"中国"之外尚有联系？据《史记·西南夷列传》载，巴蜀商人通过牂柯江（今珠江）把枸酱等蜀地商品，经夜郎贩运至南越国都城番禺。[①] 有学者认为巴蜀和西南夷地区正是沟通匈奴与岭南地区的桥梁，通过这条路线，匈奴与南越国之间曾经有过诸多直接和间接的联系。[②] 此外一些考古成果表明，匈奴的风俗文化和生活用品广泛传播到中原各地，乃至岭南百越地区。[③] 这一史实所反映的是匈奴和南越国之间存在经贸往来，此外是否还有政治、军事上的合作，目前尚无确切记载，但有一条史料耐人寻味：汉武帝派遣张骞出使西域，意欲联合月氏进攻匈奴，过匈奴境时被扣留。单于扣留张骞的理由是："月氏在吾北，汉何以得往使？吾欲使越，汉肯听我乎？"[④] 这一方面说明匈奴单于洞察汉朝意欲隔绝自身与西域诸国联系的战略意图，并着意防范；另一方面可以想见，汉朝对于匈奴与南越国的联系，也必然会高度重视。

值得关注的是，目前已有国际关系学者研究西汉时期以汉朝为中心形成的"国际体系"，将汉匈关系作为构成东亚国际体系两极格局的两大政治行为体加以考察。论者指出，当时南越、闽越、东瓯三个王国只是遥奉汉朝正朔，汉朝在其疆土上并未驻军和征税，这几个国家时而与

---

[①] 《史记》116《西南夷列传》：（汉武帝）建元六年，大行王恢击东越，东越杀王郢以报。恢因兵威使番阳令唐蒙风指晓南越。南越食蒙蜀枸酱，蒙问所从来，曰："道西北牂柯，牂柯江广数里，出番禺城下。"蒙归至长安，问蜀贾人，贾人曰："独蜀出枸酱，多持窃出市夜郎。夜郎者，临牂柯江，江广百余步，足以行船。南越以财物役属夜郎，西至同师，然亦不能臣使也。"蒙乃上书说上曰："南越王黄屋左纛，地东西万余里，名为外臣，实一州主也。今以长沙、豫章往，水道多绝，难行。窃闻夜郎所有精兵，可得十余万，浮船牂柯江，出其不意，此制越一奇也。诚以汉之强，巴蜀之饶，通夜郎道，为置吏，易甚。"上许之。乃拜蒙为郎中将，将千人，食重万余人，从巴蜀笮关入，遂见夜郎侯多同。蒙厚赐，喻以威德，约为置吏，使其子为令。夜郎旁小邑皆贪汉缯帛，以为汉道险，终不能有也，乃且听蒙约。还报，乃以为犍为郡。发巴蜀卒治道，自僰道指牂柯江。第2994页。

[②] 周永卫：《匈奴与南越关系考》，《史学月刊》2009年第3期。

[③] 有学者考证，在两广地区西汉时期的南越王墓中，出土了数量众多的匈奴系北方游牧民族风格的铜牌饰，这说明匈奴民族的物品已经进入了岭南百越地区，并被当地居民所喜欢。详见王庆宪《匈奴与西汉关系史研究》，博士学位论文，内蒙古大学，2003年，第68—69页。

[④] 《史记》卷123《大宛列传》，第3157页。

汉朝兵戎相见，尤其是南越国长期割据一方，虽与汉朝存在名义上的从属关系，但实质上是独立的政治行为体。[①] 笔者在深受启发之余，认为这一观点尚可进一步深入探讨：将当时的东亚国际体系仅视为汉朝和匈奴主导下的两极格局，忽略了"北胡南越"这一长期形成的战略态势，以及南越国这一强有力的政权存在，显然是有所欠缺的。

西汉建国后，吸取秦帝国南北两线同时出击，消耗太大、战线过长，以致国内动乱时无力回援乃至灭亡的教训，对于"北胡南越"这两大劲敌始终采取区别对待、分步解决的长远战略，避免两线作战。具体表现在：一方面，对于军事实力强大、一时难以取胜的匈奴，"约为兄弟"，采取和亲、通关、输送财物等示弱求和的方式，即使面对匈奴在边境地区频繁的侵扰，乃至在外交活动中公然的侮辱挑衅，也保持理性克制态度。另一方面，对于实力相对较弱、亲缘关系更为密切的南越国，建立名义上的君臣关系，对统治阶层采取安抚、怀柔政策，在经济、文化、人口、资源诸多方面施惠于岭南广大地区的汉越民众，其目的在于稳定南部边疆，积聚实力，以便在适当时机全力解决匈奴问题——此成为西汉前中期历任统治者秉持的根本战略（吕后时期除外）。是以笔者以为，在考察汉越关系的演变走向时，不应忽略匈奴和汉匈关系这一重要的变量，因为汉匈关系才是制约汉越关系演变的决定因素。

以下笔者将简要回顾西汉前中期的汉越—汉匈关系，以便更为深入地理解汉朝、南越、匈奴三方实力的消长及各自政治、军事、外交战略演变的深层动因。

**（一）汉高祖统治时期的汉越—汉匈关系**

西汉建国后刘邦即有意解决南越国问题，只是由于海内初定、政权不稳而无力南顾，因此他有意将吴芮册封为长沙王，将今湖南的

---

① 孙力舟：《西汉时期东亚国际体系的两极格局分析——基于汉朝与匈奴两大政治行为体的考察》，《世界经济与政治》2007年第8期。

秦统一的进程与意义

长沙、江西的豫章及岭南的南海、桂林、象郡共五郡之地划归长沙国。[①] 然而，岭南三郡为南越国所控制，所以吴芮立国之初，长沙国仅实领长沙、豫章二郡之地，但刘邦此举旨在"塞岭南之口"，即首先从法令和行政区划层面，将南越国大部疆域划归汉朝所有，以图长远经略。由此长沙国成为汉廷与南越国对峙的最前沿，在汉越关系的演变中发挥着重要作用。此外，刘邦还先后封越人后裔无诸为闽越王，闽越国位于南越国东部，包括今福建大部和浙江、江西的一部分，是当时仅次于南越国的越族地方政权，此亦为汉廷牵制、防御南越国的重要措施。

然而，北方匈奴的威胁迫使刘邦不得不暂时搁置南越国问题。就在汉廷分封长沙国和闽越国的第二年，汉高祖六年（前201），刘邦亲率32万大军与匈奴决战，遭遇平城之围，汉军损失惨重，无力再与匈奴开战，刘邦被迫接受建信侯刘敬献策，以汉宗室公主嫁予匈奴单于，并每年赠送匈奴大量衣食财物，约为兄弟以和亲，各自以长城为界，双方关系得到暂时缓和。此后至刘邦去世，匈奴虽仍不时侵扰汉境，但汉廷始终保持克制态度，将主要精力用于镇压国内各具实力的异姓诸侯王。在此内忧外患的严峻形势下，刘邦直至临终前一年，才被迫承认南越国的地位，遣使册封赵佗为南越王，从此汉越正式建立名义上君臣关系。[②] 史书称"高帝已定天下，为中国劳苦，故释佗弗诛"，"使陆贾即授予玺绶。佗稽首称臣"[③]，实为夸大汉廷实力的溢美之词。当时南越已立国八年，实力强劲，赵佗的政治智慧与军事才能更是不可小视。汉朝只能顺水推舟地接受这一既成事实，根本没有问罪赵佗的资格与实

---

① 《汉书》卷1《高帝纪下》：（高祖五年）诏曰："故衡山王吴芮与子二人、兄子一人，从百粤之兵，以佐诸侯，诛暴秦，有大功，诸侯立以为王。项羽侵夺之地，谓之番君。其以长沙、豫章、象郡、桂林、南海立番君芮为长沙王。"又曰："故粤王亡诸世奉粤祀，秦侵夺其地，使其社稷不得血食。诸侯伐秦，亡诸身帅闽中兵以佐灭秦，项羽废而弗立。今以为闽粤王，王闽中地，勿使失职。"第53页。

② 《汉书》卷1《高帝纪下》：（高祖十一年）五月，诏曰："粤人之俗，好相攻击。前时秦徙中县之民南方三郡，使与百粤杂处。会天下诛秦，南海尉它居南方长治之，甚有文理，中县人以故不耗减，粤人相攻击之俗益止，俱赖其力。今立它为南粤王。"使陆贾即授玺绶。它稽首称臣。第73页。

③ 《汉书》卷95《西南夷两粤朝鲜传》：高帝已定天下，为中国劳若，故释佗不诛。十一年，遣陆贾立佗为南粤王，与剖符通使，使和辑百粤，毋为南边害，与长沙接境。第3848页。

452

力，其目的只是免使"中国"再度遭受战乱，因此必须安抚南越，使其"和集百越，毋为南边患害"，保障汉朝南部边境的安全。南越国问题始终令刘邦难以释怀，在他去世之前（即册封赵佗为南越王数月之后），特意立粤人南武侯织为南海王，虚授以南越国的南海郡，意在进一步牵制南越国。①

### （二）惠帝、吕后时期的汉越—汉匈关系

历来研究汉越关系者均认为刘邦去世后，吕后在称制期间对南越国采取的一系列制裁措施，是由于她听信谗言，采取"别异蛮夷，隔绝器物"的错误政策，关闭边境关市，断绝汉越贸易，而此举又是出于对南越国和越人的歧视。也有人认为这是吕后为了巩固其家族的权力，故而对南越国采取强硬政策。笔者以为这两种观点都有待商榷。首先是第一种观点。指责吕后"别异蛮夷，隔绝器物"之人，是当时正处于敌对状态下的赵佗。在吕后去世后，赵佗在向汉文帝的上书中指责吕后"近细士（小人），信谗臣"，认定这是出于长沙王的计策：

> 老夫故粤吏也，高皇帝幸赐臣佗玺，以为南粤王，使为外臣，时内贡职。孝惠皇帝即位，义不忍绝，所以赐老夫者厚甚。高后自临用事，近细士，信谗臣，别异蛮夷，出令曰："毋予蛮夷外粤金铁田器；马牛羊即予，予牡，毋与牝。"老夫……使内史藩、中尉高、御史平凡三辈上书谢过，皆不反。又风闻老夫父母坟墓已坏削，兄弟宗族已诛论。……故更号为帝，自帝其国，非敢有害于天下也。高皇后闻之大怒，削去南粤之籍，使使不通。老夫窃疑长沙王谗臣，故敢发兵以伐其边。②

---

① 《汉书》卷1《高帝纪下》诏曰："南武侯织亦粤之世也，立以为南海王。"注引文颖曰：高祖五年，以象郡、桂林、南海、长沙立吴芮为长沙王。象郡、桂林、南海属尉佗，佗未降，遥虚夺以封芮耳。后佗降汉，十一年，更立佗为南越王，自此王三郡。芮唯得长沙、桂林、零陵耳。今复封织为南海王，复遥夺佗一郡，织未得王之。第77—78页。
② 《汉书》卷95《西南夷两粤朝鲜传》，第3848页。

秦统一的进程与意义

　　分析这一说法，显然不足采信。当时汉越已断绝往来，一个来自政敌的指责，即使部分属实，也很难反映全部真相。更重要的是，目前所见历史文献仅此一条记载，再无其他相关史料可以佐证赵佗的说法，因此这一孤证显然是其一面之词。笔者推测，极有可能是高祖、惠帝相继去世，赵佗趁着吕后称制、诸吕擅权，大肆迫害刘姓宗室，汉廷内政不稳之际，借机扩张自身实力所寻找的借口。此可从他自号为"南越武帝"，入侵长沙国的举动得到印证。在以武力威慑汉朝边界之后，赵佗又以武力和财物威逼利诱，使周边闽粤、瓯骆等小国臣服于己，并使用与汉朝皇帝相同的服制仪仗。对此赵佗本人的解释是："南方卑湿，蛮夷中西有西瓯，其众半羸，南面称王；东有闽粤，其众数千人，亦称王；西北有长沙，其半蛮夷，亦称王。老夫故敢妄窃帝号，聊以自娱。"① 这一借口显然是掩饰其意欲挑战汉朝权威，在汉朝建立的"封贡体系"之外，构建起以南越国为中心的"次封贡体系"的企图。由此可见，仅以赵佗的指责即认定吕后对南越国采取的政策有误，是难以令人信服的。

　　至于后一种观点则更不足论。吕后下令"禁粤关市铁器"已是其临朝称制五年之时，巩固吕氏权力之举则发生在惠帝去世之初。② 至高后五年诸吕俱已身居要职，何须再巩固权势？更何况，如欲巩固内政，势必需要边境稳定、外交无事，怎么可能向远在边陲的南越国无故寻衅并引发战争？笔者以为，仍须从当时的汉匈关系着眼来寻求答案。

　　汉惠帝三年（前192）春，匈奴冒顿单于致书吕后，极尽侮谩放肆之能事，甚至有"两主不乐，无以自虞，愿以所有，易其所无"的侮辱性言辞。盛怒之下的吕后欲出兵攻击匈奴，却在群臣的劝阻之下

---

① 《汉书》卷95《西南夷两粤朝鲜传》，第3851—3852页。
② 《史记》卷9《吕太后本纪》：孝惠帝崩。发丧，太后哭，泣不下。留侯子张辟强为侍中，年十五，谓丞相曰："太后独有孝惠，今崩，哭不悲，君知其解乎？"丞相曰："何解？"辟强曰："帝毋壮子，太后畏君等。君今请拜吕台、吕产、吕禄为将，将兵居南北军，及诸吕皆入宫，居中用事，如此则太后心安，君等幸得脱祸矣。"丞相迺如辟强计。太后说，其哭迺哀。吕氏权由此起。第399页。

恢复了平静，报以谦卑忍让的回信和丰厚的馈赠，使双方关系不致破裂。① 这种谦卑忍让的姿态，对于"为人刚毅，佐高帝定天下"的吕后而言，显然是为了积聚实力、一雪前耻的权宜之计。吕后必须首先解决实力相对较弱的南越国问题，之后方可全力抗击匈奴，笔者以为，这才是她下决心对南越国采取经济封锁乃至军事打击的真正原因。值得注意的是，吕后下令禁止输出到南越国的是铁器、农具和母畜（包括马、牛、羊）。在冷兵器时代，马匹和铁器是重要的战略物资，吕后对南越国实行战略资源封锁，其目的当然是限制南越国发展军备，且欲斩断南越对中原地区的经济依赖。因此，赵佗虽然三次遣使申诉，但吕后始终不予理会，并扣押南越使者。更有甚者，她还派人赴赵佗故乡，发掘赵佗先人坟墓、诛杀其宗族。这些公然违反外交原则、破坏两国关系的挑衅之举，固然有失道义，应予以谴责；但笔者以为，如仅将此解释为吕后听取谗言后的残忍暴悖之举，显然失于简单。史载惠帝三年（前191）秋七月，赵佗曾专程遣使入朝，称臣奉贡。② 在惠帝统治的七年以及吕后称制的前五年中，也没有任何迹象显示双方关系出现异常。相较之前回复冒顿书信时的理性、克制态度，很难想象以吕后的政治才干，会对态度尚称逊顺的南越国采取如此强硬无理的举动。因此，笔者以为一个最有可能的解释就是，吕后的一系列挑衅之举意在存心决裂，以此逼迫赵佗采取对抗行动。赵佗随即称帝自立，并进攻长沙国，吕后因此有了出兵南越的正当理由。然而，对南越的军事行动最终以汉军失

---

① 《汉书》卷94《匈奴传上》：孝惠、高后时，冒顿寖骄，乃为书，使使遗高后曰："孤偾之君，生于沮泽之中，长于平野牛马之域，数至边境，愿游中国。陛下独立，孤偾独居。两主不乐，无以自虞，愿以所有，易其所无。"高后大怒，召丞相平及樊哙、季布等，议斩其使者，发兵而击之。樊哙曰："臣愿得十万众，横行匈奴中。"问季布，布曰："哙可斩也！前陈豨反于代，汉兵三十二万，哙为上将军，时匈奴围高帝于平城，哙不能解围。天下歌之曰：'平城之下亦诚苦！七日不食，不能彀弩。'今歌吟之声未绝，伤痍者甫起，而哙欲摇动天下，妄言以十万众横行，是面谩也。且夷狄譬如禽兽，得其善言不足喜，恶言不足怒也。"高后曰："善。"令大谒者张泽报书曰："单于不忘弊邑，赐之以书，弊邑恐惧。退日自图，年老气衰，发齿堕落，行步失度，单于过听，不足以自污。弊邑无罪，宜在见赦。窃有御车二乘，马二驷，以奉常驾。"冒顿得书，复使使来谢曰："未尝闻中国礼义，陛下幸而赦之。"因献马，遂和亲。第3754—3755页。
② 《汉书》卷2《惠帝纪》，第89页。

利、吕后去世而告终，这说明汉朝当时仍不具备解决南越问题的实力。①

吕后时期对南越国的政策历来遭到批评和谴责，其中确实存在推行民族和地域歧视、违背外交基本原则的重大错误。然而，笔者以为不应只是简单、孤立地将其视为吕后个人的决策失误，而是应当发掘更为深层的原因，即汉越关系是解决汉匈关系的必要前提。如果说高、惠、文、景四代在匈奴和南越之间的战略选择，是将安抚、结好南越作为全力应对匈奴的必要条件，打算在解除匈奴威胁之后再统一南越国，那么吕后则是将解决南越威胁视为对抗匈奴的前提，有意造成双方关系破裂，试图一举平定南越之后再回头对付匈奴，这一决策在当时必然得到了大臣们的赞同与支持（即便有反对者，也可能慑于吕后的权威而不得不保持沉默）。因此，如果只将这一阶段的汉越关系视为吕后个人的意气用事或决策失误，显然是不全面也不准确的。

### （三）文帝、景帝时期的汉越—汉匈关系

汉文帝即位后，纠正吕后对南越国的强硬政策和挑衅举动，重新恢复高祖以来的怀柔羁縻政策。陆贾的再次出使，使汉越重新恢复中断四年的关系，赵佗再次称臣并去帝号。在后世颇具传奇色彩的历史叙事中，汉文帝的一封赐书，既避免了双方冲突的激化，又维护了中央王朝的声威、实现了汉越之间的长期和平，由此文帝视为"以柔御天下，刚强者皆乘风而靡"的仁德之君。② 然而，在严峻的汉匈关系形势下，此举亦属实力不逮的无奈抉择。史载文帝即位之初，将军陈武就曾提议征伐朝鲜、南越等"外臣"，但文帝以"今匈奴内侵，军吏无功，边民父子荷兵日久，朕常为动心伤痛，无日忘之。今未能销距，愿且坚边设候，结和通使，休宁北陲，为功多矣。且无议军"为由，拒绝了这一

---

① 《汉书》卷95《西南夷两粤朝鲜传》：高后遣将军隆虑侯灶击之，会暑湿，士卒大疫，兵不能隃领。岁余，高后崩，即罢兵。第3848页。
② （宋）苏辙：《栾城后集》卷7"汉文帝"条，四部丛刊本。

动议。① 这说明汉朝当时仍处于内外交困的情势,无力解决南越问题。然而,文、景两代,虽然始终维持和亲、通关市的政策,但匈奴军队对汉朝边境的侵扰掠夺以及在外交活动中对汉朝政治地位的挑衅,始终不绝。例如,匈奴单于给文帝的书信以"天所立匈奴大单于"自称,"汉遗单于书,以尺一牍,辞曰'皇帝敬问匈奴大单于无恙'",单于就"以尺二寸牍"和规格更大的印封,答以"天地所生、日月所置匈奴大单于,敬问汉皇帝无恙"②。对于匈奴的屡次侵犯与挑衅,汉文帝一度出巡汉匈边境的代地,意欲亲自率军还击,但由于国内济北王谋反而被迫中止。③面对自高祖以来对匈奴"通关市,妻以汉女,增厚其赂,岁以千金",但"匈奴寇盗不为衰止,单于反以加骄倨","边境屡被其害"的现实,"文帝中年,赫然发愤,遂躬戎服,亲御鞍马,从六郡良家材力之士,驰射上林,讲习战陈,聚天下精兵,军于广武,顾问冯唐,与论将帅,喟然叹息,思古名臣"④。可见在当时为解决匈奴患害,重新与南越国修好是必行之策。

值得注意的是,虽然汉文帝对于年龄、资历均居父辈的赵佗采取了一系列安抚、怀柔措施,例如整修赵佗先人坟墓并派人按时祭祀,封赏其宗族兄弟并加授官职,甚至罢免了曾与赵佗为敌的长沙国两位将军;并以恭敬谦逊的态度赐书赵佗,表达修好的愿望。但是,凡涉及汉朝核心利益和双方关系的本质问题时,却丝毫不予让步。在他看似谦逊平和的书信中,有两个关键问题:一是要求赵佗去帝号,恢复和汉朝的君臣

---

① 《史记》卷25《律书》:历至孝文即位,将军陈武等议曰:"南越、朝鲜自全秦时内属为臣子,后且拥兵阻阨,选蠕观望。高祖时天下新定,人民小安,未可复兴兵。今陛下仁惠抚百姓,恩泽加海内,宜及士民乐用,征讨逆党,以一封疆。"孝文曰:"朕能任衣冠,念不到此。会吕氏之乱,功臣宗室共不羞耻,误居正位,常战战栗栗,恐事之不终。且兵凶器,虽克所愿,动亦耗病,谓百姓远方何? 又先帝知劳民不可烦,故不以为意。朕岂自谓能? 今匈奴内侵,军吏无功,边民父子荷兵日久,朕常为动心伤痛,无日忘之。今未能销距,愿且坚边设候,结和通使,休宁北陲,为功多矣。且无议军。"第1242页。
② 《史记》卷110《匈奴列传》,第2899页。
③ 《史记》卷10《孝文本纪》:帝自甘泉之高奴,因幸太原,见故群臣,皆赐之。举功行赏,诸民里赐牛酒。复晋阳中都民三岁。留游太原十余日。济北王兴居闻帝之代,欲往击胡,乃反,发兵欲袭荥阳。于是诏罢丞相兵,遣棘蒲侯陈武为大将军,将十万往击之。第425—426页。
④ 《汉书》卷64《匈奴传下》,第3831页。

关系，理由是"吏曰：'得王之地不足以为大，得王之财不足以为富，服领以南，王自治之。'虽然，王之号为帝。两帝并立，亡一乘之使以通其道，是争也；争而不让，仁者不为也。"二是拒绝了赵佗提出的重新划定长沙国与南越国的边界的要求，理由是"朕欲定地犬牙相入者，以问吏，吏曰'高皇帝所以介（界）长沙土也'，朕不得擅变焉①。"文帝以两帝不得并立和不能擅自改变高祖划定的边界为由，要求赵佗去帝号，并杜绝其觊觎汉朝边境之心，可谓有理、有利、有节。此举保证了汉朝领土完整和双方在政治上的君臣统属关系，此为汉越关系中不可触及的国家核心利益底线，显示出汉文帝卓越的政治智慧和高超的外交技巧。

汉文帝拒绝重新划分长沙国与南越国的决策，为此后汉武帝以军事手段解决南越问题创造了有利条件。1972年湖南长沙马王堆汉墓出土的三张西汉地图，其中一张反映了西汉初期长沙国南部的地理形势，图中显示长沙国与南越国的边界应为秦时所划定。著名历史地理学专家谭其骧认为，秦王朝在平定岭南后所设之三郡，并不依照天然分界线——南岭而划界，而是把五岭以南的一部分土地划给长沙国，这种"犬牙相入"的郡界划分方法，无疑是一项有利于巩固统一、防止割据的重要措施。而汉初沿袭秦制，边界未有变化，由此他推断汉武帝平南越国时，汉兵之所以能够轻易跨越南岭、取得成功，应归功于中央王朝划定边界时的深远考虑。② 由此可知，文、景两朝，除劲敌匈奴之外，还面临着国内刘姓诸王的威胁，因此，在"北胡南越"的格局中只能继续采取一边维持现状、积极防御，一边恢复往来、主动交好的策略。这是基于当时汉廷亟须稳定的外部环境来恢复经济、发展国力的客观需求，并非后世史家学者一味歌颂的"圣汉孝文帝"的"仁心"与"德政"所致。

## 四 汉武帝"北讨强胡，南诛劲越"的战略与成效

汉武帝统治时期，汉越关系发生重大转向。从武帝即位之初至元鼎五

---

① 《汉书》卷95《西南夷两粤朝鲜传》，第3849—3850页。
② 谭其骧：《马王堆汉墓出土地图所说明的几个历史地理问题》，《文物》1975年第6期。

年（前112）出征南越的20余年间，双方实力差距日益加大。赵佗身后的三任南越国王，由于自身统治力下降和统治集团越族本土化趋势上升，更趋于依附汉廷。南越文王赵胡继位之初，即遭遇邻国东越的入侵，请求汉朝调停纷争；纷争解除后，他按照汉廷要求送太子赵婴齐入质汉廷。此后赵婴齐与中原女子樛氏所生之子赵兴继位，赵兴母子因为惧怕赵婴齐的长子赵建德（其母为越人）和丞相吕嘉（越人首领）的势力，请求按照汉廷册封的诸侯国待遇，以南越国"内属"汉廷。此时的汉越双方实力消长呈现出有利于汉朝的趋势：一方面，南越统治者对于汉朝的敬畏和依赖与日俱增，不再有威胁边境安全和挑战汉朝声威的实力；另一方面，汉朝国力大幅提升，在南部边疆无患的背景下，得以全力向西、向北出击，在对匈奴作战中取得了决定性胜利。与此同时，汉武帝对待国内诸侯封国的削藩政策也已见成效，中央集权进一步巩固。此时的汉朝，已充分具备了平灭南越国的物质基础。最终由于吕嘉率领越人叛乱，杀赵兴母子，汉军遂以五路出兵，平定吕嘉叛乱，统一岭南。次年，又以平叛军队平定了闽越叛乱，并焚毁闽越宫殿、将其民众内迁。西南夷中势力最强大的夜郎、滇等国也在汉军兵锋威慑下纷纷接受汉朝册封。

元封元年（前110），汉武帝在平定南越、闽越之后，下诏"南越、东瓯咸伏其辜，西蛮、北夷颇未辑睦。朕将巡边垂，择兵振旅，躬秉武节，置十二部将军，亲帅师焉"，开始了规模浩大的巡边活动，"勒兵十八万骑，旌旗径千余里，威震匈奴"[①]。由此可见，汉朝在汉匈、汉越三方关系中的态度和地位，经历了双向示弱，到一方示弱、一方强硬，再到双向强硬的转变。二者相依相生、互为因果：一方面，汉匈关系的实质性转变，成为汉朝解决南越国问题的决定因素；另一方面，南越国、闽越国及西南夷诸国的灭亡和内附，以及岭南九郡、西南八郡的设立，使汉朝在南部、东南和西南的威胁彻底解决，不再有后顾之忧，可以全力应对已遭受重创的匈奴，这又为西汉后期匈奴的分裂和最终臣服奠定了基础。

汉匈—汉越关系是汉朝建国百余年最为重要的对外关系。自汉初至

---

① 《汉书》卷6《武帝纪》，第189页。

武帝平定南越国之前,"北胡南越"的政治格局,使汉朝、匈奴和南越国呈现"三足鼎立"的局面达百余年。因此,自汉高祖至汉武帝的六代统治者,所采取的对外战略,均以预防匈奴与南越国结为盟友,免使汉朝遭受腹背受敌、两线作战的威胁为出发点。具体而言,由于南越国总体实力较匈奴相去甚远,且其统治者赵佗和国中相当数量的中原移民,在亲缘、族属、文化上较汉朝更为亲近,因此在近百年的汉越关系史上,处于断交和战争状态的时间很短(仅有吕后时期的4年和武帝时期的1年),双方关系基本处于平稳、正常状态。而汉匈关系在西汉时期则经历了长期的战争、敌对、相持、亲附,直到东汉前中期,长期困扰汉廷的匈奴问题才彻底得到解决。

纵览汉、匈、越三方关系百年间的互动演变,笔者发现,一个突出的现象是汉朝与南越国关系的亲疏、远近,多与汉匈关系呈反向走势:即汉匈关系紧张之时,即为汉越交好阶段;匈奴威胁呈缓和态势,汉廷对南越国的态度则日趋强硬。在以汉朝为中心的三边关系中,"强胡劲越"这一南一北两大劲敌,看似隔绝,却始终相互关联、制约。总体而言,匈奴始终是导致汉越关系演变的重要因素,以及汉朝对南越政策形成的深层动因,而南越国在汉匈关系和三方格局演变中所起的作用则要小得多。这一方面是由其实力、地位所决定的,另一方面则是由于汉朝在处理三边关系时,为避免陷入两线作战的不利局面,防止一南一北两大劲敌在政治、军事和外交上结为盟友,始终采取"北御强胡、南抚劲越"的策略(吕后时期除外),其成效是显而易见的。这一战略至汉武帝时演变为"北讨强胡,南诛劲越",秦始皇时期制定的战略构想,至此得以实现。后世以"秦皇汉武"并称,正是基于这两位最高决策者的执政风格与对外战略的高度相似。笔者以为,这绝不仅是两位统治者个人相近的性格、心理与行为模式所决定的,而且应归因于秦汉帝国对外战略的一致性与连续性。

## 五　秦统一岭南的历史贡献与现实意义

历史学家许倬云指出,秦统一了当时"四海"之内的天下,从此

## 秦汉"北胡南越"战略格局的形成与突破

"中国"具备了实质的意义,成为同一中心,且整合了行政、经济、文化、教育、国防等多种功能于一体的庞大、复杂的网络。秦人统一中国,是东亚历史的大事,对于"中国"以西的外人,秦成为东方广大世界的代表,其影响极为久远。嗣后两千年,"中国"屡乱而不散,实因秦代打下的基础。[①] 受此启发,笔者以为,从司马迁在《史记·货殖列传》中勾画出的岭南漠北之间的"中国"核心地域及其边陲可以看出,"北胡南越"战略格局的突破,是秦汉"大一统"中央集权国家建立、发展的关键。秦人准确的战略决策、强大的军事实力、高效的行政建制和便捷的交通网络,发挥了至关重要的作用。这一战略格局的突破点,在于南越而非匈奴,此正显示出秦廷对岭南的征服与治理所发挥的长远效用。

史载秦军平定岭南的过程中,越人的激烈反抗曾使秦军付出了巨大代价:"越人皆入丛薄中,与禽兽处,莫肯为秦虏。相置桀骏以为将,而夜攻秦人,大破之,杀尉屠睢,伏尸流血数十万。"[②] 此后越人各部族虽为秦军所败,但仍具有相当的实力。[③] 为了对付随时可能发生的反抗,在平定岭南之初,秦廷着意强化行政、军事统治,故于三十六郡之外,另置岭南三郡。此三郡建制与内地郡县不尽相同:例如南海郡不设郡守,而以主管军事的南海尉任嚣典之,成为"专制一方"的"东南一尉",即集军政大权于一身的最高长官,"视他尉为尊,非三十六郡之比"。"当是时,秦北有蒙恬,威詟漠庭;南有任嚣,恩洽扬越,而始皇乃得以自安"[④],足见秦人长久经略之用心。然而,南海尉大权独掌,固然有利于强化中央政权对于岭南地区的统治,但也为其壮大个人势力、割据一方提供了便利。任嚣之后的赵佗,正是在此种形势下,利用了天时、地利、人和诸多因素,得以称王建国。因此,岭南学者屈大

---

[①] 许倬云:《我者与他者——历史上的内外分际》,生活·读书·新知三联书店2010年版,第34—37页。

[②] (汉)刘安:《淮南子》卷18《人间训》。《淮南子集释》,第三册,第1289—1290页。

[③] 《汉书》卷64《严朱吾丘主父徐严终王贾传下》:(始皇)使尉屠睢将楼船之士攻越,使监禄凿渠运粮,深入越地,越人遁逃。旷日持久,粮食乏绝,越人击之,秦兵大败。秦乃使尉佗将卒以戍越。第2811页。

[④] (清)屈大均:《广东新语》卷19《坟语》"任嚣墓"条,第494页。

## 秦统一的进程与意义

均认为"五岭以南,广运万里,秦直以三郡制之"①,致使朝廷陷入危机时,失去了对岭南大片领土和五十万秦军的控制,是重大的决策失误,笔者亦以为是。

然而,并不能因此低估秦统一、开发岭南的历史功绩。史称"赵佗王南越,稍以诗礼化其民"②,赵佗执政时期的南越国,作为一个出身中原的秦朝官吏所创立的地方政权,必然是以中原王朝的制度文明和大量迁入岭南的中原移民为统治基础的。一方面,南越国在建国之初便"颇有中国人相辅",其官制设置和行政制度的建立多效法秦制。这一时期中原汉人大量南迁,又为华夏与百越民族的融合创造了条件。史载秦始皇三十三年(前214)"谪有罪者五十万人徙居焉,使与其土人杂处",又"徙中县之民于南方三郡,使与百越杂处"③;赵佗还向秦始皇请求"求女无夫家者三万人,以为士卒补衣。秦始皇可其万五千人"。④ 此后不断有中原人为躲避战乱迁入岭南,逐渐改变了这一地区的人口分布和社会结构。另一方面,赵佗在南越推行"和辑百越"的统治政策,通过让越人参政、鼓励汉越通婚、尊重和接受越人习俗、禁止越人相互攻击之陋习等措施,有效缓和了中原民众与越人的矛盾。⑤ 上述措施加速了土著越人的汉化和汉越民族的融合,促进了

---

① (清)屈大均:《广东新语》卷19《坟语》"任嚣墓"条,第275页。
② (越)黎崱:《安南志略》卷11《赵氏世家》,中华书局1995年标点本,第324页。
③ (清)梁廷楠、杨孚:《南越五主传及其他七种·先主传》,广东人民出版社1982年标点本,第3页。
④ 《史记》卷118《淮南衡山列传》,第3086页。
⑤ 《广东新语》记载了赵佗征服岭南土著首领安阳王的传说:"蜀王尝将兵三万。讨雄王灭之。以其子为安阳王。治交趾。其城九重。周九里。士庶蕃富。尉佗窃据番禺。遣兵攻之。安阳王有弩一张。一放杀越军万人。三放杀三万人。佗乃却垒息卒。还戍武宁。遣次子始为质通好。王之女媚珠。见始丰姿闲美。遂私焉。始求观神弩之妙。媚珠示之。因潜毁其机。驰使报佗。复兴师袭之。军至。安阳王如初放弩。弩败。师徒崩散。遂破之。佗遣二使者。典主交趾、九真。即瓯骆也。"此说亦见于《交州外域记》《日南传》《南越志》《广州记》和《南越五主传》等方志文献。按,一次杀人一万的神弩,显然是神话传说,但从中地显示出越人弓弩之锋利。史载赵佗"以兵威财物赂遗闽粤、西瓯骆,役属焉",才得以使南越国疆域拓展至"东西万余里。乃乘黄屋左纛,称制,与中国侔",可见征服越人之难。屈大均感叹曰:"相传安阳王。有神人皋通教为之。其制不可考。使佗子孙能仿佛其大概。为弩以守。则伏波、楼船必不能攻陷石门、寻狭如是之易。嗟乎!幅员虽广。几敌中国之半。而汉偏师一人。国即破灭。绵力薄材。乃一至于是乎!"(清)屈大均:《广东新语》卷16《器语》"弩"条,第445页。

中原文化在岭南地区的传播，实现了这一地区的长期稳定。① 是以刘邦在册封赵佗为南越王的诏书中称赞其功："会天下诛秦，南海尉佗居南方长治之，甚有文理，中县人以故不耗减，越人相攻击之俗益止，具赖其力。"②

虽然"百越"自古与"中国"隔绝（按，古代文献中之"中国"，多指中央王朝所统治的地区，与今日"中国"之含义不同），但"华夏"与"百越"、中原与岭南自秦汉"大一统"格局的推动下，逐渐发展为"六合同风，九州共贯"的民族—文化共同体，作为岭南文明之始的南越国居功至伟。是故屈大均称赞秦始皇置岭南三郡、移民实边，"以中国之人实方外，变其蛮俗，此始皇之大功也"；"盖越至始皇而一变，至汉武而再变。中国之人，得蒙富教于兹土，以至今日"；"今粤人大抵皆中国种……自秦汉以来，日滋月盛，不失中州清淑之气"③。诚如有学者所言，赵佗谙熟秦王朝的封建政治制度，且所建的南越国是沿秦在岭南的三郡旧地而立，因而南越国的政治制度在极大程度上是秦在岭南所实施的政治制度的继承。赵佗控制下的南越国虽然以地方割据政权存在，但其和辑百越、灵活处理内外关系的做法，为两汉治理岭南提供了借鉴。④ 应该说，秦帝国长期有效的军政经略，为岭南的全面开发打下了坚实的基础。

此后，在汉越关系的发展进程中，汉朝在政治、经济、文化方面的"软实力"发挥着日益重要的作用。汉廷在向南越国宣扬国威、输送利益的同时，不断推动其从政治、民族、文化上与中原地区的实现"同化"。一个明显的例证是，相较秦军攻越时，越人的反抗激烈与秦军的惨重损失而言，汉廷平定南越的过程则要顺利得多：五路大军中有两路

---

① 余天炽：《南越国"和辑百越"民族政策初探》，《华南师范大学学报》（社会科学版）1985年第2期。
② 《汉书》卷1《高帝纪下》，第73页。
③ （清）屈大均：《广东新语》卷7《人语》"真粤人"条，第232页。
④ 何海龙：《边缘之拓治——秦汉时期岭南地区的开发》，博士学位论文，厦门大学，2007年，第50—51页。

尚未出发，便已大功告成。① 值得注意的是，当时汉军中已出现了越人将卒：南海人郑严，田甲首归汉，并封归义侯。帝先令选越人善骑射这为"越骑隶，二人号'越侯兵'"。② 这说明越人对于汉文化与汉朝政权的认同，已逐渐深化并呈现汉越融合之势。

事实证明，秦征岭南、汉平南越，促进了岭南地区政治、经济、文化、教育的发展以及汉越民族的融合、交流。岭南越族区域接受华夏文明，成为今日中国坚实、稳定的南部边疆，则又经历了东汉至魏晋南北朝数百年中央王朝的边疆治理、民族融合与文化输出。随着中华民族多元统一国家的形成与发展，秦统一和开发岭南的历史贡献和现实意义日益彰显：尤其在南海局势日益紧张、东南亚国家与中国关系复杂敏感的当下，从西到东、从陆地到海疆，数千平方公里南部疆域的和平、稳定，成为保障中国领土完整、国防安全、经济发展和社会稳定的坚实基础。由此可见，秦人所奠定的"中国"——这一地域、民族、文化共同体上形成的政治共同体，规划了此后数千年中国历史的走向。这一举世无双的宝贵历史遗产，诚如屈大均所言，今人"其可以不知所自乎哉！"③

（河北大学历史学院）

---

① 《汉书》卷95《西南夷两粤朝鲜传》：元鼎五年秋，卫尉路博德为伏波将军，出桂阳，下湟水；主爵都尉杨仆为楼船将军，出豫章，下横浦；故归义粤侯二人为戈船、下濑将军，出零陵，或下离水，或抵苍梧；使驰义侯因巴、蜀罪人，发夜郎兵，下牂柯江；咸会番禺。元鼎五年秋，卫尉路博德为伏波将军，出桂阳，下湟水；主爵都尉杨仆为楼船将军，出豫章，下横浦；故归义粤侯二人为戈船、下濑将军，出零陵，或下离水，或抵苍梧；使驰义侯因巴、蜀罪人，发夜郎兵，下牂柯江；咸会番禺。六年冬，楼船将军将精卒先陷寻陿，破石门，得粤船粟，因推而前，挫粤锋，以粤数万人待伏波将军。伏波将军将罪人，道远后期，与楼船会乃有千余人，遂俱进。……戈船、下濑将军兵及驰义侯所发夜郎兵未下，南粤已平。第3857—3859页。
② （清）梁廷楠、杨孚：《南越五主传及其他七种·五主传》，广东人民出版社1982年标点本，第27页。
③ （清）屈大均：《广东新语》卷7《人语》"真粤人"条，第232页。

# 酉阳县小考

李兰芳

《旧唐书·地理志》载:"彭水,汉酉阳县,属武陵郡。吴分酉阳置黔阳郡。隋于郡置彭水县。周置奉州,寻为黔州。贞观四年,于州置都督府。"① 我们知道,唐彭水县治所在今重庆彭水苗族土家族自治县东北郁山镇,与汉酉阳县无涉。可见,五代时的史家已经不清楚汉酉阳县的地理位置了。尤其是自元朝在今重庆酉阳土家族苗族自治县设置酉阳州后,更有人将其与汉酉阳县混为一谈。明清时期的地理书《五溪蛮图志》即载:"酉溪,在沅陵县西四十五里。其源出自四川酉阳,故名。盖五溪之一也。"② 酉溪即酉水,《水经注》有载,而四川酉阳是元以后才出现的地名,酉溪不可能因四川酉阳而得名。

以上诸种错误说明五代以后,汉酉阳县的地名没有沿用下来,而且可能消失已久。不过,近代以来,已有学者认识到汉酉阳县并非今酉阳县。而自 2002 年里耶秦简出土后,我们关于酉阳县的认识又有很大推进。酉阳县之名始自秦而非汉。笔者不揣鄙陋,试将"汉酉阳县"的历史沿革稍加梳理。

据饶宗颐先生考证,酉水流域是黄帝子孙酉姓的封地,早期的"酉阳"应是酉水流域,并不是明确的政区名。段成式《酉阳杂俎》中

---

① 《旧唐书》卷 40《地理志》,中华书局 1975 年标点本,第 1620—1621 页。
② (明)沈瓒编撰,(清)李涌重编,陈心传补编,伍新福校点:《五溪蛮图志》第 2 集《五溪风土》,岳麓书社 2012 年版,第 58 页。

的"酉阳"与"酉阳逸典"有关,也宜指酉水流域。① 秦王政二十五年(前 222),设洞庭郡,迁陵为县②,酉阳亦属洞庭郡,设县大概也在同一年。③ 目前公布的里耶秦简中,时间最早者为秦始皇二十七年(前 220)八月:

> 或遝。廿六年三月甲午,迁陵司空得、尉乘☐☐卒真薄(簿)☐廿七年八月甲戌朔壬辰,酉阳具狱狱史启敢☐☐启治所狱留须,敢言之。·封迁陵丞☐
> 八月癸巳,迁陵守丞陉告司空主,听书从事☐起行司空☐八月癸巳水下四刻走贤以来。/行半。☐(8-133)④

秦酉阳县的治所在今湖南省永顺县东南,酉水北岸的猛洞河口附近。⑤ 钟炜进一步认为秦酉阳县与汉晋酉阳故城都应在王村一带,是重要的水陆要冲。⑥《乾隆永顺县志》亦载:"王村市,上通川黔,下达辰常诸处,为永郡通衢水陆码头。凡进城货物必于此处雇夫背运。"⑦

酉阳县与迁陵县相邻,并且距离很近。

> 卅二年四月丙午朔甲寅,迁陵守丞色敢告酉阳丞主:令史下络幕(裙)直书已到,敢告主。
> 四月丙辰旦,守府快行旁 欣手。(8-158)⑧

---

① 饶宗颐:《由明代"二酉山房"谈秦人藏书处与里耶秦简》,《中国历史文物》2003年第1期。原勘误将作者名写作"饶宗顾"。
② 里耶秦简8-757:"今迁陵廿五年为县。"陈伟主编:《里耶秦简牍校释》(第1卷),武汉大学出版社2012年版,第217页。
③ 彭雪开认为:"很可能战国中后期,楚置黔中郡时,已置迁陵、沅陵、酉阳三县。"(彭雪开:《永顺地名源流考》,《中国地名》2014年第10期)
④《里耶秦简牍校释》(第1卷),第70页。
⑤ 徐少华、李海勇:《从出土文献析楚秦洞庭、黔中、苍梧诸郡县的建置与地望》,《考古》2005年第11期。
⑥ 钟炜:《里耶秦简所见县邑考》,《河南科技大学学报》(社会科学版)2007年第2期。
⑦ (清)黄德基修,关天申纂:乾隆《永顺县志》卷1《地舆志·土司沿革》,岳麓书社2012年影印本,第47页。
⑧《里耶秦简牍校释》(第1卷),第95—96页。

马怡先生认为,简中的"旁",即应指酉阳。不过,酉阳与迁陵虽然距离很近,但往来交通并不十分方便,这与当地的地形有关,两县地处武陵山区,山险水急。里耶秦简中记载的一起交通事故正说明了这一点。

□□年三月庚申,启陵乡赵爰书:"士五朐忍□㴉居嚻告曰:'居貲署酉阳,传送羣迁陵拔乘马□□牡两□删取□□□前后各一所,名曰犮难。行到暴诏溪,返上,去溪可八十步,马不能上,即堕,今死。敢告。'/乡赵、令史辰、佐见、即、居嚻杂诊,犮难死在暴诏溪中,曲首右卧,伤其右□下一□,它如居嚻告。即以死马属居嚻。"

三月庚申,启陵乡赵敢言之:"上诊一牒,敢言之。"/见手

三月/丞膻之告□□□□□当见,以律令负/朝手/即水下七刻,居嚻行

三月□□□□里士五(伍)敞以来/□□(9-2352)①

据游逸飞、陈弘音考证,这起交通事故发生于二十七年至二十八年,士伍居嚻用马犮难传送羣至迁陵,但没想到走到暴诏溪,马无法渡过,堕死在溪水中。从这起交通事故可以看出,在山路崎岖的酉阳一带,虽然水路运输发挥着重要作用,② 但陆路运输也是不可或缺的交通形式,而马是最重要的交通工具。里耶秦简有"马产子课"(8-490+8-501)③、"马计"(8-481)④ 等记载,也说明了马在日常生活中的重

---

① 游逸飞、陈弘音:《里耶秦简博物馆藏第九层简牍释文校释》,2013年2月22日,简帛网(http://www.bsm.org.cn/show_article.php?id=1968)。最新释文参见里耶秦简博物馆、出土文献与中国古代文明研究协同创新中心中国人民大学中心编著《里耶秦简博物馆藏秦简》,中西书局2016年版,第127、195页。

② 里耶秦简8-167+8-194+8-472+8-1011记录了洞庭卒史从迁陵至酉阳,迁陵县提供船只的情况。《里耶秦简牍校释》(第一卷),第101页。

③ 《里耶秦简牍校释》(第1卷),第168页。

④ 同上书,第164页。

要性。

由于酉阳与迁陵相邻，文书往来频繁，关于酉阳县下的行政区划、官署设置，也可从里耶秦简中管窥一二。其下有盈夷乡："卅五年八月丁巳朔，贰春乡兹敢言之：受酉阳盈夷乡户隶大女子一人，今上其校一牒，谒以从事。敢言之。如意手。"（8-1565）①"盈夷乡"的名字似乎还表明当地多"蛮夷"。还有成里："卅二年日酉阳成里小男子☒☒广☒☒。"（8-713）② 丞（或守丞）是令的助手，曾任酉阳县丞（或守丞）者有扶如、又，如："十一月丙亥（辰），酉阳守丞扶如敢告：尉主问☒"（8-201）③；"☒☒酉阳丞又敢告迁陵丞主"（8-647）④；"九月戊戌朔壬申，酉阳丞如敢告迁陵丞主"（9-1867）⑤。里耶古城一号井内还出土有"酉阳丞印"的封泥。另外，还有金布曹："酉阳金布发。"（8-1130）⑥ 可惜，这只是关于酉阳县的零星记载，相较于迁陵县，我们知道的太少。

西汉高祖五年（前202）置武陵郡，酉阳县属焉。秦汉时期的酉阳县治当为同一地，但西汉时的辖区较之秦朝，有所变化。今龙山县里耶镇是秦迁陵县的县治，西汉时则或属酉阳县。《嘉庆重修一统志》云："龙山县，汉沅陵、酉阳县地。"⑦ 迁陵县县治则迁至今保靖县。同书又载："保靖县，汉置迁陵县，属武陵郡。后汉以后因之。"⑧《里耶发掘报告》也认为："西汉高祖五年（前202），置武陵郡，龙山当属武陵郡酉阳县。"⑨ 张春龙先生指出："今湖南省保靖县城关仍名为迁陵镇，境内之四方城（汉代城址，省级文物保护单位）即汉迁陵县治。……由

---

① 《里耶秦简牍校释》（第1卷），第362页。
② 同上书，第208页。
③ 同上书，第112页。
④ 同上书，第189页。
⑤ 游逸飞、陈弘音：《里耶秦简博物馆藏第九层简牍释文校释》，2013年2月22日，简帛网（http://www.bsm.org.cn/show_article.php?id=1968）。
⑥ 《里耶秦简牍校释》（第1卷），第281页。
⑦ （清）《嘉庆重修一统志》卷372《永顺府》，四部丛刊续编本，上海书店出版社1984年影印本，第22册。
⑧ 同上。
⑨ 湖南省文物考古研究所：《里耶发掘报告》，岳麓书社2007年版，第3页。

简文看，迁陵县秦朝已有，治所或在今龙山县里耶镇。而秦在武陵山腹地的统治只维持了十数年，迁陵县当是沿用楚国的行政设置。"① 这种看法也得到了考古材料的印证。根据"里耶城址主要地层与遗迹分期表"，第⑨层属于第三期（西汉），而"从第⑨层倒塌迹象看，当时的城市可能遭到了一次突变性的毁灭，从而造成了第⑨层大规模的废弃。城址内最后一次建筑应以第⑧层黄土台为代表，这时，城址可能已经废弃，城墙也已不复存在。我们从一号、二号黄土台的布局以及上面的房屋结构可领略这个时期建筑的狭小规模。显然已从城市变为普通的乡村聚落"。②

另外，据周世荣《长沙出土西汉印章及其有关问题研究》一文介绍，曾在长沙近郊出土"酉阳长印"，石质，鼻钮，2.4厘米×2.2厘米，属文景之际。③《汉书·百官公卿表》载："万户以上为令，秩千石至六百石。减万户为长，秩五百石至三百石。"④ 可见，西汉时的酉阳县，人口较少，是不满万户的小县。

《续汉书·郡国志》载，酉阳属武陵郡。⑤ 可见，东汉袭西汉旧制。⑥ 不过，虽然自秦以来，这里就被纳入中央政府的统治下，但至东汉时，统治仍不十分稳固。五溪蛮⑦势力相当强大，并多次发兵反抗中央政府。东汉王朝也不得不多次发动征讨五溪蛮的军事行动，其中最著名的一次是马援出征。光武帝建武二十四年（48），马援请征。军次下隽时，放弃了"涂夷而运远"的从充县进军的路线，选择了"路近而

---

① 湖南省文物考古研究所、湘西土家族苗族自治州文物处：《湘西里耶秦代简牍选释》，《中国历史文物》2003年第1期。

② 《里耶发掘报告》，第33页。

③ 周世荣：《长沙出土西汉印章及其有关问题研究》，《考古》1978年第4期。

④ 《汉书》卷19上《百官公卿表上》，中华书局1962年标点本，第742页。

⑤ 《续汉书》第22《郡国》，中华书局1965年标点本，第3484页。

⑥ 李昭君《两汉县令、县长制度探微》"两汉令长地区分布统计表"据《湖南省博物馆藏古玺印集》，东汉酉阳设县令（《中国史研究》2004年第1期）。但查诸《湖南省博物馆藏古玺印集》，并无相关玺印。

⑦ 《水经注》载："武陵有五溪，谓雄溪、樠溪、无溪、酉溪，辰溪其一焉。夹溪悉是蛮左所居，故谓此蛮五溪蛮也。"（郦道元著，陈桥驿校证：《水经注校证》卷37《沅水》，中华书局2007年版，第868页）

水险"的壶头山。大军行至壶头山，不得进，士卒多疫死，马援也最终命丧于此。① 壶头山，在沅陵县境内。而沅陵县与酉阳县为邻，在酉阳县东南。《后汉书》中虽未言及酉阳，但可推知，它亦是"蛮夷"起兵的据点。如果马援顺利攻下沅陵，必然溯酉水而上，继续攻打酉阳。

三国时期，酉阳仍属武陵郡。建安十三年（208），赤壁之战后，武陵、零陵二郡归蜀汉。二十四年（219），孙权遣将取荆州，杀关羽，武陵、零陵亦转于孙吴治下。但是此后经过一段时间的争夺，孙吴才真正将这一地区纳入自己的版图。蜀昭烈帝章武元年（221），刘备"遣（马）良入武陵招纳五溪蛮夷，蛮夷渠帅皆受印号，咸如意指"②。孙权虽遣陆逊、朱然、潘璋等抵抗，但败给蜀汉。③ 后来，蜀汉"将军吴班、冯习自巫攻破异等，军次秭归，武陵五溪蛮夷遣使请兵"。④ 可见，当时酉阳一带实际处于蜀汉的统治下。直至孙权派潘濬等人出兵，酉阳才真正由蜀入吴。据王素先生考证，吴黄龙三年（231）二月，武陵五溪蛮夷起事，潘濬与镇南将军吕岱率朱绩、吕据等在长沙西北扎营，督军五万人讨五溪蛮夷。战争持续到吴嘉禾三年（234）十一月。⑤ 《三国志·吴书·潘濬传》："五溪蛮夷叛乱盘结，权假濬节，督诸军讨之。信赏必行，法不可干，斩首获生，盖以万数，自是群蛮衰弱，一方宁静。"⑥

《元和郡县图志·江南道》："彭水县，本汉酉阳县地，属武陵郡。自吴至梁、陈，并为黔阳县地。隋开皇十三年蛮帅内属，于此置彭水县。"⑦ 可见，上文所述《旧唐书》之误袭自《元和郡县图志》。而《元和郡县图志》该卷校勘记云：

---

① 《后汉书》卷24《马援传》，中华书局1965年标点本，第843—844页。
② 《三国志》卷39《蜀书·马良传》，中华书局1982年标点本，第983页。
③ 《三国志》卷47《吴书·吴主传》，第1122—1123页。
④ 《三国志》卷32《蜀书·先主传》，第890页。
⑤ 王素：《汉末吴初长沙郡纪年》，载北京吴简研讨班编《吴简研究》［第一辑］，崇文书局2004年版，第74、76页。
⑥ 《三国志》卷61《吴书·潘濬传》，第1397页。
⑦ （唐）李吉甫撰，贺次君点校：《元和郡县图志》卷30《江南道》，中华书局1983年版，第736—737页。

《考证》：官本下按云"此与州叙'本汉涪陵县理'有异"。按顾祖禹曰"酉阳故城在辰州府西北百二十里"，与此无涉，宜从州叙为的。又按洪亮吉云"蜀汉常侨置酉阳县在酉阳州北，此或'汉'上脱'蜀'字。《隋图经》《贞观地志》皆指此为西汉酉阳，误矣"。今按：州叙谓"本汉涪陵县理"，此县注云"郭下"，则当为"本汉涪陵县"，若汉酉阳县在唐溪州大乡界，与黔州相去千里，《舆地纪胜》涪州引《贞观地志》"黔中是武陵郡酉阳地"，此志本之，而先后不照。①

整理者已经指出彭水县非秦汉酉阳县。同时又说蜀汉曾侨置酉阳县在酉阳州北。嘉庆《四川通志》载：酉阳直隶州，"汉为巴郡涪陵、武陵郡迁陵二县地，三国汉尝侨置酉阳县，寻废。晋永嘉后没于蛮獠"。②《嘉庆重修一统志·酉阳直隶州》照抄《四川通志》。③ 民国二十五年（1936）出版的《中国古今地名大辞典》"酉阳县"条："三国蜀侨置，寻废。故城在今四川酉阳县北。晋永嘉后没于蛮獠。"④ 以上诸说以洪亮吉者最早。洪亮吉《补三国疆域志》"武陵郡"条载："《太平寰宇记》又云，'蜀所置酉阳县，非汉酉阳旧地'。今皆附录于此，俟再博考。"⑤ 但《太平寰宇记》云："彭水县，本汉酉阳县地，属武陵郡。吴分酉阳之境置黔阳郡，地即属焉。"⑥ 与洪亮吉所言又不同。当代学者邹明星提出《四川通志》说不足为信，他认为蜀汉侨置的酉阳县在三亭县（今湖南保靖县），西北和龙山县交界处遗有故城。⑦ 可见蜀汉在清酉阳州地侨置酉阳县的说法最早产生于清人的著述，且含糊不清。邹明星的说法亦不足

---

① 《元和郡县图志》卷30校勘记，第756页。
② （清）杨芳灿等著：《四川通志》（二）卷5《舆地·沿革》，中华书局1967年影印本，第627页。
③ 嘉庆《重修一统志》，卷417《酉阳直隶州》，第24册。
④ 谢寿昌等编：《中国古今地名大辞典》，商务印书馆1936年版，第422页。
⑤ （清）洪亮吉：《补三国疆域志》卷下，中华书局1985年版，第97页。
⑥ （宋）乐史撰、王文楚等点校：《太平寰宇记》卷120《江南西道·黔州》，中华书局2007年版，第2396页。
⑦ 邹明星：《酉阳历史之考证》，《涪陵师范学院学报》2006年第2期。

## 秦统一的进程与意义

为信。蜀汉侨置酉阳县，当在孙吴潘濬征服五溪蛮后，而此时今湖南保靖县地区亦属孙吴领地，蜀汉不可能在此侨置酉阳县。因此，蜀汉是否曾侨置酉阳县，若曾侨置，又在何地，已经无法得知。

另外，在孙吴统治时，酉阳县又分置黚阳县，晋袭。《晋书·地理志》"武陵郡"下有黚阳、酉阳。① 前引《元和郡县图志》《补三国疆域志》亦载。但前引《嘉庆重修一统志》云："龙山县，晋分置黚阳县。"② 与以上诸书记载不同。

《三国志·吴书·锺离牧传》还记载了蜀汉亡于曹魏后，曹魏与孙吴反复争夺这一地区的情况：

> 永安六年，蜀并于魏，武陵五溪夷与蜀接界，时论惧其叛乱，乃以牧为平魏将军，领武陵太守，往之郡。魏遣汉葭县长郭纯试守武陵太守，率涪陵民入蜀迁陵界，屯于赤沙，诱致诸夷邑君，或起应纯，又进攻酉阳县，郡中震惧。③

其中，汉葭县在今重庆彭水苗族土家族自治县，沈约曰："汉献帝建安六年，刘璋以涪陵县分立丹兴、汉葭二县。"④《中国历史地名大辞典》说，"三国魏改汉发县置，属涪陵郡"。⑤ 但不管汉葭县何时置，它此时属涪陵郡，被曹魏占领。而且紧邻迁陵、酉阳，所以汉葭县长郭纯试守武陵太守，涪陵郡成为进攻孙吴的战略基地。"蜀迁陵"误，当为"吴迁陵"。若迁陵原属蜀汉，现已归曹魏，自不必言"入蜀迁陵界"。且前已明言，潘濬征服五溪蛮后，迁陵、酉阳已正式并入孙吴。据《三国志》载，针对曹魏已入侵迁陵的军情，锺离牧两次说到"边境见侵""外境内侵"。《资治通鉴》即未言"蜀"："率涪陵民入迁陵界。"胡三省注："迁陵县，属武陵郡，吴境也。"⑥ 赤沙

---

① 《晋书》卷15《地理志》，中华书局1974年标点本，第456页。
② 《嘉庆重修一统志》，卷372《永顺府》，第22册。
③ 《三国志》卷60《吴书·锺离牧传》，第1394页。
④ 《资治通鉴》卷78《魏纪十·元帝景元四年》，中华书局1956年版，第2475页。
⑤ 史为乐主编：《中国历史地名大辞典》，中国社会科学出版社2005年版，第837页。
⑥ 《资治通鉴》卷78《魏纪十·元帝景元四年》，第2475页。

处于迁陵、酉阳间，或属迁陵。其名或与当地盛产丹砂有关。《五溪蛮图志·五溪风土》载当地土产，首列朱砂："生深山石崖间，挖地数十尺始见。"① 此次战争，曹魏是顺酉水而下，且已占据迁陵，孙吴军队则须溯水而上，本处劣势，所以诸将视用兵为险途，主张"宣教慰劳"。虽然锺离牧最终平定五溪，但从"缘山险行，垂二千里，从塞上"看，也是险胜。可见这一地区地形复杂，一向不易控制，但又是兵家必争的战略要地。

三国后，晋、宋、齐不改其名，《晋书》《宋书》《南齐书》均有记载。直至梁隋之际，用于称呼今永顺县地区的"酉阳"在历史中消失。《隋书·地理志》载，沅陵郡有大乡县，梁置②，不言在何处置大乡县。《嘉庆重修一统志》载：永顺县"梁改置大乡县，隋属沅陵郡"③。《旧唐书·地理志》载："大乡，汉沅陵、迁陵二县地，属武陵郡。梁分置大乡县。"④ 二书记载有异。《湖南通史·古代卷》认为，南朝梁时，"黚阳县改大乡县"⑤；隋时，"大乡，省酉阳、迁陵二县并入"⑥，但未言出处。沅陵、迁陵、酉阳距离较近，可能都有土地并入大乡县。但《梁书》没有地理志，具体为何，只能推测。唐时，又分大乡县置三亭县；五代时置永顺州，今天的"永顺县"之名即来源于此。

自秦王政二十五年（前222）至南朝齐灭亡（502），"酉阳"这个县名使用了七百多年，虽然不同历史时期辖区有变化，但仍反映出秦行政建制对后世深远的影响。直至元朝，在今重庆地区，又设酉阳州，也可能借用了秦汉"酉阳"之名。

[原载《鲁东大学学报》（哲学社会科学版）2016年第2期]

（中国人民大学国学院）

---

① 《五溪蛮图志》第2集《五溪风土》，第111页。
② 《隋书》卷31《地理志》，中华书局1973年标点本，第890页。
③ 《嘉庆重修一统志》，卷372《永顺府》，第22册。
④ 《旧唐书》卷40《地理志》，第1628页。
⑤ 伍新福主编：《湖南通史·古代卷》，湖南人民出版社2008年版，第276页。
⑥ 《湖南通史·古代卷》，第343页。

# 放马滩秦简《志怪故事》中的宗教信仰

姜守诚*

1986年6—9月，甘肃省文物考古研究所在天水放马滩发掘了十四座秦汉墓葬（秦墓十三座、西汉墓一座），出土了一批珍贵的竹简和器物。其中，编号M1秦墓属战国晚期，出土秦简共计461枚，包括《日书》（甲、乙种）和《志怪故事》。这篇《志怪故事》分写在数枚竹简上，计三百余字，释文自公布以来就引起了学界的广泛关注和讨论，诸多先贤提出过很好的意见，纠正了许多误释，极大地推进了简文的识读和厘清。[①] 我们现以图版为依据，斟酌诸家意见、采撷他人所长，厘定释文并断句如下：

八年八月己巳，邸丞赤敢谒御史：大梁人王里□□曰丹，□□七年，丹矢伤人垣雝（雍）里中，因自刺殹，弃之于市三日，葬

---

\* 作者简介：姜守诚，男，1975年生，哲学博士、历史学博士后，学术研究方向：道教文献及道教史研究。现任中国社会科学院哲学研究所副研究员，先后在《新史学》《世界宗教研究》《中国哲学史》《成大历史学报》等杂志发表论文百余篇，出版学术专著两部、合著两部。

① 甘肃省文物考古研究所、天水市北道区文化馆：《甘肃天水放马滩战国秦汉墓群的发掘》，《文物》1989年第2期，第10页；何双全：《天水放马滩秦简综述》，《文物》1989年第2期，第28—29页；任步云：《放马滩出土竹简日书刍议》，《西北史地》1989年第3期，第87页；李学勤：《放马滩简中的志怪故事》，《文物》1990年第4期，第43页；雍际春：《天水放马滩木板地图研究》，甘肃人民出版社2002年版，第29页；甘肃省文物考古研究所编：《天水放马滩秦简》，中华书局2009年版，第107页；李零：《秦简的定名与分类·附录：放马滩秦简〈志怪故事〉（今移简6于简7后）》，武汉大学简帛研究中心编《简帛》（第六辑），上海古籍出版社2011年版，第8页；孙占宇：《放马滩秦简〈丹〉篇校注》，首届中国历史学博士后论坛（2012）论文集，北京，2012年10月，第36—37页。此外，有关放简《志怪故事》的释文修订及研究历程，我们已撰文予以介绍。[详见姜守诚：《放马滩秦简〈志怪故事〉考释》，收入杨振红、邬文玲主编《简帛研究（二〇一四）》，广西师范大学出版社2014年版，第118—177页]

之垣雝（雍）南门外。三年，丹而复生。丹所以得复生者，吾（语）犀武舍人，犀武论其舍人尚命者，以丹未当死，因告司命史公孙强，因令白狐穴屈（窟）出丹，立墓上三日，因与司命史公孙强北之赵氏之北地柏丘之上。盈四年，乃闻犬吪（吠）鸡鸣而人食，其状类（颡）益（嗌）、少麋（眉）、墨，四支（肢）不用。

丹言曰：死者不欲多衣。死人以白茅为富，其鬼贱（贱）于它而富。

丹言：祠墓者毋敢嗀（哭）。=（嗀），鬼去敬（惊）走。已，收腏（餟）而臺之，如此鬼终身不食殹。

丹言：祠者必谨骚（扫）除，毋以淘滄祠所。毋以羹沃腏（餟）上，鬼弗食殹。

任何文学作品都离不开特定的历史背景和文化氛围，必然会烙刻鲜明的时代特征。放马滩秦简《志怪故事》亦是如此，简文涉及的语词术语、内容梗概及情节设计等，无不体现了先秦及秦汉社会民众的宗教信仰和风俗观念。这则故事所隐含的复生理念及思维逻辑，是与当时人们的宗教认知有着密切关系，是那个时代集体记忆的一种折射和反映。对古人来说，大多数怪异的现象难免会涉及鬼神灵异，并经由"转相告语"等口耳或书面等传播过程之后，往往由假成真，而建构为一种民间信仰礼俗。所以，分析这篇简文中的宗教内涵，将有助于把握放简《志怪故事》的创作动机及其受众群体的社会心理，通过还原事件发生时所处的情境/语境，从而能够更贴切、更深入地理解文字背后的深层含义，才能领悟这篇复生简文在当时人心目中所特有的权威性、说教力和震慑力。

## 一　数字"三"的神秘性

放简《志怪故事》中共出现了七次表示时间概念的数字，其中

"三"凡计有三次。不难看出,数字"三"作为故事情节设计的重要构成元素,在这篇文学创作中起到了重要作用。下面,我们结合有关文献及前人成果,对这个数字所代表的宗教含义进行分析和梳理。

中国古人很早就形成了某些数字的迷信和崇拜。这些神秘数通常是作为时间概念中的"圣数"而出现,或被认为具有强大的巫术力量,预示了或吉或凶的征兆。[①] 这种心理习惯渗透到了先民的潜意识中,无形地支配了他们的生活和文化,深刻影响了他们的言行、举止和观念,也包括文学创作。我们相信,诸如神话传说、志怪故事之类的文学作品,在貌似荒诞或杜撰的背后,必然有一个真实的观念或礼俗作为理论支撑,那些光怪陆离的虚构和想象却也真实展现了社会民众的内心渴望和理想信念。神秘数字在非写实类文学创作中常常担负了一种信息传递的功能,具有强烈的暗示性和隐喻性。我们所应做的就是揭开笼罩在外层的神秘面纱,读取其中最隐微的信息,探究其背后的文化内涵及核心理念。

远古先民对数字"三"的神秘化,可以说是伴随着人类数字观念同步进行的,原始宗教中已将"三"视为圣数的惯用数字之一。有学者分析《山海经》中的神秘数字,认为"三"与"不死""创生"义有紧密的关系,"三"数可以赐予生命,代表了生命之丰足,同时兼有"光明""完成""超越"之多重意义。[②] 其实,在《周易》《老子》等先秦典籍中,"三"就已象征了宇宙创世、生命初始等含义,是生成发展之基数、阳数。当然也应注意到,古代文献中"三"有时泛指"多",并不是专指确数。

放简《志怪故事》涉及数字"三"的语句计有三次:"弃之于市三日""三年丹而复生""立墓上三日"。我们先来说"三年",次说"三日"。简文谈到主人公丹自刺身亡、埋葬三年后,得以复活。耐人寻味

---

[①] 有关古人神秘数字的研究,详见俞晓群《数术探秘——数在中国古代的神秘意义》,生活·读书·新知三联书店1994年版;曲彦斌:《神秘数》,河北人民出版社1997年版;叶舒宪、田大宪:《中国古代神秘数字》,社会科学文献出版社1998年版。

[②] 邱宜文:《时空之钥——〈山海经〉的神秘数字探析(续)》,《东南大学学报》(哲学社会科学版)2004年第2期,第86—89页。

的是，北京大学藏秦代木牍《泰原有死者》开篇亦言"泰原有死者，三岁而复产，献之咸阳"，随后又云"女子死三岁而复嫁"云云。① 这两篇简文中的主人公均是死后三年而获再生，难道是纯属巧合吗？翻检汉晋传世文献中的复生故事，不乏可见三年复生的其他案例。譬如，《列仙传·谷春》谈到汉成帝时，谷春"病死，而尸不冷。家发丧行服，犹不敢下钉。三年，更著冠帻坐县门上，邑中人大惊。家人迎之，不肯随归。发棺，有衣无尸。留门上，三宿，去之长安，止横门上"。②《搜神记·王道平》则记载了一段凄美的爱情故事：秦始皇时王道平与同村唐叔偕女青梅竹马、私订终身，道平服役久不归，唐女因强嫁他人，忿怨而死。死后三年，道平还家、悲痛不已，女魂出墓相见，感天动地，开冢、破棺而得复活，有情人终成眷属。③ 与之类似者还有《搜神记·紫玉》，故事叙述了吴王夫差小女紫玉与贫家青年韩重相恋，韩重赴外地游学，行前托父母求婚却遭吴王反对，"（紫）玉结气死，葬阊门之外"。三年后，韩重返家，闻知死讯，往吊于墓前，玉魂从墓出，二人在冢中相会三日三夜。④ 上述案例中死而复生的时间选择为何都是"三年"后呢？或者说，"三年"时间段对于复苏者而言，有何特定含义？众所周知，先秦时人已形成了守丧三年期的传统。这一丧制的形成及其被广泛接受，不仅是源于亲情伦理及礼制习俗的渗透和推行，而且也彰显了人们对生命历程的体验——暗示了旧生命的完结和新生命的开始，所以《礼记·三年问》中有"送死有已、复生有节"的说法，汉代郑玄注曰："复生，除丧反生者之事也。"⑤ 有鉴于此，前述四则故事中均将复生的时间点设定在死后三年，显然是有良苦用心的，乃系导源于古人的生命礼俗观念。有趣的是，《墨子·明鬼》收录了冤鬼复仇的案例——杜伯杀周宣王、庄子仪杀燕简公，这两起事件都是主人公死

---

① 李零：《北大秦牍〈泰原有死者〉简介》，《文物》2012年第6期，第81页。
② 王叔岷：《列仙传校笺》卷下，中华书局2007年版，第129页。
③ （晋）干宝撰，汪绍楹校注：《搜神记》卷15，中华书局1979年版，第178页。
④ （晋）干宝撰，汪绍楹校注：《搜神记》卷16，第200—201页。
⑤ 十三经注疏整理委员会整理、李学勤主编：《礼记正义》卷58，北京大学出版社1999年版，第1556页。

后三年时发生的。① 总之,"三年"对于生命历程而言,是有着神秘的影响力和标志性的时间跨度。

放简《志怪故事》中出现两次"三日",一次是初死时"弃之于市三日",一次是从墓中发掘出来后"立墓上三日"。前后两次"三日"均标志了生与死的界限,二者形成了鲜明对照:前次"三日"是在丹自刺身亡后进行的,旨在公开宣示其死亡然后安葬,陈尸示众的"三日"是主人公丹从生到死的过渡阶段(古代丧仪也是人死后三天才装殓入棺的),这就意味着丹终结了人世间的一切联系,从此转入地府世界(坟墓);后次"三日"则旨在宣告其生命的回归,丹从坟墓中发掘出来后,并未被司命史公孙强径直带往"北地柏丘之上",而是先在墓地上放置了三天,这"三日"就是从地府重返人世的过渡阶段,意味着丹彻底告别了鬼蜮冥界,重新回到了人类的怀抱。前引《列仙传》中的谷春在死后三年复生初时驻留城门三日,想必不是哗众取宠之举。城门是荒野/鬼魅与人世/生人的分界点,城门外是荒郊野地、野兽鬼魅潜行之地域,城门内是繁华喧闹、生人栖息之场所。谷春选择在象征人世边际的城门上停留三日,应该与放简《志怪故事》所言"立墓上三日"具有相同的含义。而前引《搜神记·紫玉》中男女主人公在墓中相聚"留三日三夜,尽夫妇之礼"应该也具有时间尺度上的象征意义。②

## 二 "司命史公孙强"是何许人也

有关司命神的最早记载,当推春秋时齐庄王"洹子孟姜壶"铭文。此外,传世文献中《周礼·春官》谈到大宗伯司职祭祀天地神祇,"以

---

① 吴毓江撰,孙启治点校:《墨子校注》卷8,中华书局1993年版,第337—338页。
② 此外,《幽明录》亦收录一则复生故事:会稽郡吏鄞县薛重斩杀淫妻大蛇,"经数日,而妇死,又数日,而重卒。经三日复生,说始死时,有神人将重到一官府,见官寮",辛由冥界府君查明其受妄诬而放还。(鲁迅校录:《古小说钩沉》,齐鲁书社1997年版,第186-187页)引文中主人公薛重卒后三日复生的情节,想必与时人对数字"三"的崇拜心理及"三日"时段的神秘化观念分不开的。其实,西方基督教中的耶稣也是在死后第三天复活。中西方文化差异虽然明显,但在这一点上则有异曲同工之妙。

## 放马滩秦简《志怪故事》中的宗教信仰

槱燎祀司中、司命、风师、雨师。"①《礼记·祭法》所言"王为羣姓立七祀""诸侯为国立五祀",其中"司命"位列诸祀之首。②《庄子·至乐》亦载庄子之楚途中遇一骷髅"枕而卧",夜梦与其对话,庄子曰:"吾使司命复生子形,为子骨肉肌肤,反子父母妻子闾里知识,子欲之乎?"③这就点明了司命的身份——掌控生死寿命之神祇,他可以令人死而复生。值得注意的是,屈原《九歌》中将司命神划分成大、小二神,并撰《大司命》《小司命》两篇分别对其神格形象进行描述和歌颂。④其中,《大司命》篇云:"纷总总兮九州岛,何寿夭兮在予!……愁人兮奈何!愿若今兮无亏。固人命兮有当,孰离合兮可为?"⑤这段文字大略是说,人秉承天命而生,寿夭乃由司命神来执掌。而这一点从名医扁鹊的言论中得到了印证,其诊断齐桓侯病情时说道:"疾之居腠理也,汤熨之所及也;在血脉,针石之所及也;其在肠胃,酒醪之所及也;其在骨髓,虽司命无之奈何。"⑥引文末尾是说扁鹊认为齐侯已是病入膏肓了,即使是执掌寿命的司命神对此也毫无办法了。总之,上述史料充分证实了司命观念在先秦时业已十分流行。

汉代"司命"说承袭先秦传统,并有所推进和发展。据《史记·封禅书》记载:汉高祖刘邦平定天下,诏令"长安置祠祝官、女巫",有梁巫、晋巫、秦巫、荆巫、九天巫、河巫、南山巫等各有奉祀对象、"皆以岁时祠宫中"。其中,司命为晋巫、荆巫所祠祭。⑦汉武帝时置寿宫神君,尊奉太一,佐以大禁、司命。⑧《史记·天官书》则云"司命"是斗魁戴匡六星中的第四颗星。汉代纬书《春秋元命包》则指出这颗

---

① 十三经注疏整理委员会整理,李学勤主编:《周礼注疏》卷18,北京大学出版社1999年版,第451页。
② 十三经注疏整理委员会整理,李学勤主编:《礼记正义》卷46,第1304—1305页。
③ (清)郭庆藩撰,王孝鱼点校:《庄子集释》卷6下,中华书局1961年版,第619页。
④ 详见(宋)朱熹集注《楚辞集注》,上海古籍出版社1979年版,第39—42页。
⑤ (宋)朱熹集注:《楚辞集注》,第38—39页。
⑥ 《史记》卷105《扁鹊仓公列传》,中华书局1959年标点本,第2793页。
⑦ 《史记》卷28《封禅书》,第1378—1379页。
⑧ 《史记》卷12《孝武本纪》,第459页。

479

司命星乃执掌人的寿命①，又云："司命举过，灭除不祥。"② 由此可见，汉代人坚信司命是主寿/命运之神祇（星座）。此外，汉代司命信仰的一个重大进展就是，深入凸显出了人格化和平民化等特征。关于司命之形象，《列仙传·木羽传》给予拟人化处理："（木羽）母贫贱，主助产，尝探产，妇儿生便开目，视母大笑，其母大怖。夜梦见大冠赤帻者守儿，言此司命君也。当报汝恩，使汝子木羽得仙、母阴信识之。"③ 前文描述了司命的衣冠气度，汉代纬书《春秋佐助期》则形象地勾勒出了司命的体貌特征，甚至杜撰了名字，如云："司命神名为灭党，长八尺，小鼻望羊，多髭癯瘦，通于命运期度。"④ 汉季民间供祠司命之风盛行，据《风俗通义·祀典》"司命"条介绍："司命，文昌也。……今民间独祀司命耳，刻木长尺二寸为人像，行者檐箧中，居者别作小屋，齐地大尊重之，汝南余郡亦多有，皆祠以脯，率以春秋之月。"⑤ 如上种种，汉代司命信仰较之先秦时已更为普及和流行，且奉祀人群开始下移，出现了平民化倾向。东汉以降，齐地、汝南等地民众甚至将司命视为日常生活中最重要的神祇，刻木为像，行则置挑担中、居则别设小屋，以便于施祀祭拜，其目的不外乎祈求长寿和福禄。

基于上述分析，我们可以判定放简《志怪故事》中"司命"就是指先秦及秦汉以来专司人们生死夭寿的神祇。那么，"司命史公孙强"又系何人/何种角色呢？李学勤认为"司命史"就是《周礼·大宗伯》中所载神祇"司命"的属下之吏，犹如令有令史，进而将此句译为："（犀武）认为丹罪不应死，便向司命史公孙强祷告。"⑥ 据引文可知，李学勤认为"公孙强"是执掌人寿命"司命"的下属官吏，也是一位神祇，故而犀武向这位在仙界中担任司命史职务的神祇公孙强祷告，请

---

① ［日］安居香山、中村璋八辑：《纬书集成》，河北人民出版社1994年版，第659页。
② 同上书，第651页。
③ 王叔岷：《列仙传校笺》卷下，第163页。
④ ［日］安居香山、中村璋八辑：《纬书集成》，第820页。
⑤ （汉）应劭撰，王利器校注：《风俗通义校注》卷8，中华书局1981年版，第384页。
⑥ 李学勤：《放马滩简中的志怪故事》，《文物》1990年第4期，第44页。雍际春承袭李学勤的说法，将此句译为："'犀首'认为他的舍人丹罪不当死，所以便向主寿之神司命的下属公孙强祷告。"（雍际春：《天水放马滩木板地图研究》，第31页。）

求给予亡者丹以公正的处理。美国学者夏德安（Donald Harper）也认为"司命史公孙强"是地府中的官吏，犀武是由人间向地府递送请求。①不过，也有学者认为公孙强是人而非神，李零将此句译为"（犀武）于是告给司命史公孙强。公孙强盖'其舍人掌命者'之一"。②孙占宇也赞同此说："司命为掌管人间寿命的天神，楚简卜筮祷祠记录亦屡见此神名。……但从后文来看，此司命史公孙强当为人而非神，盖是公孙强欲自神其说而假托为司命神之属官。今甘肃乡间犹有此种自称为某某神'弟子'者，以卜算命运、禳解灾害为职。"③我们认为，李零、孙占宇二氏说法是可取的。本简文中"公孙强"应与犀武关系密切（但恐非李零所言是其手下诸多舍人之一），是人而非神，乃居人世而非仙界，其人应熟知方术神迹或有通灵的本领，是战国秦汉时期活跃在社会各阶层的巫师、方士团体中的一员，故为犀武所推崇和供养。④他们扮演着神媒的角色（南朝陶弘景撰《真诰》中的华侨、杨羲之流），是人与神的中间人、媒介者，其职责就是将世人的想法转呈神祇，或把神旨向世人宣示。"司命史"应是这位"公孙强"自诩或他封（师承密授）的巫术、方术集团内部的神职官阶称谓（犹如后世道士亦有道官位阶）。而这类人物——神媒、通灵者，在汉唐史籍及志怪小说中频繁出现，甚至扮演着较重要的角色。如《史记·魏其武安侯列传》所言汉武帝派去瞻视田蚡病因的视鬼巫者⑤；晋代干宝《搜神记》卷二"白头鹅"条

---

① ［美］夏德安：《战国民间宗教中的复活问题》，陈松长、熊建国译，中国社会科学院简帛研究中心编《简帛研究译丛》（第一辑），湖南出版社1996年版，第28页。
② 李零：《秦简的定名与分类·附录：放马滩秦简〈志怪故事〉（今移简6于简7后）》，第9页。
③ 孙占宇：《放马滩秦简〈丹〉篇校注》，第41页。
④ 夏德安提出放简"司命史公孙强"与《左传》及《史记·管蔡世家》谈到的春秋时代曹国公孙彊是同一个人。这种看法太过牵强附会，是毫无依据的猜测，不足取。夏氏随后断言："在有关丹的叙述中出现的公孙强在地府的官吏地位显示着一种道教信仰，即地下官吏都是历史上的人物再现。"（［美］夏德安：《战国民间宗教中的复活问题》，中国社会科学院简帛研究中心编《简帛研究译丛》第一辑，第28—29页）这种说法也太过武断。事实上，古代民间信仰及道教神谱中的冥界官吏虽有少数的真实历史人物来充任，但更多则是传说及杜撰中的人物。
⑤ 《史记》卷107《魏其武安侯列传》，第2854页。这段文字亦见载于《汉书·灌夫传》。[（东汉）班固撰，（唐）颜师古注：《汉书》卷52，中华书局1962年标点本，第2393页]

中识破吴孙休所设墓中白头鹅真形的觋①，同卷"石子冈"条中从乱葬坟地中甄别吴孙峻所杀朱主冢的两位巫者②；南朝宋刘义庆《幽明录》中剡县陈素家中素能见鬼的老婢和专职"见鬼人"③。

## 三 "白狐"是打通生死两界的灵兽

中国古人的观念中，白狐是灵兽，也是祥瑞之兆。战国古书《穆天子传》（卷一）记载："甲辰，天子猎于渗泽。于是得白狐、玄狢焉，以祭于河宗。"④ 又据《吕氏春秋》所言大禹娶妻涂山之女时即以九尾白狐为吉兆，如谓："禹年三十未娶，行涂山，恐时暮失嗣，曰：'吾之娶也，必有应矣。'已，乃有白狐九尾而造于禹。禹曰：'白者，服也；九尾者，王证也。'于是，涂山人歌之曰：'绥绥白狐，九尾庞庞，成子家室，我都彼昌。'禹乃娶涂山女。"⑤ 又《金楼子·兴王篇》记载：成汤时"有神人身虎首，献玉镜。白狐九尾，诸国贡玉盘。"⑥ 唐代瞿昙悉达撰《开元占经·兽占·兽休征》诠释"白狐"征兆时说："《瑞应图》曰：王者仁智明则白狐出。又曰：王者仁智动，唯法度，则见。《天镜》云：王者德和则白狐来。"⑦《宋书·符瑞志中》："白狐，王者仁智则至。"⑧ 有鉴于此，《魏书·灵征志下》收录了数十条各地郡县进献白狐的记载⑨，借此寓意当朝执政者仁智淳厚、天下太平。

---

① （晋）干宝撰，汪绍楹校注：《搜神记》卷2，第26页。
② 同上。
③ 鲁迅校录：《古小说钩沉》，第163—164页。
④ 王贻梁、陈建敏选：《穆天子传汇校集释》卷1，华东师范大学出版社1994年版，第23页。
⑤ 这段文字为《开元占经》卷116、《艺文类聚》卷99、《太平御览》卷909等转引，今本《吕氏春秋》失载。值得一提的是，东汉赵晔撰《吴越春秋》亦载有此段内容，文字略有差异。（详见周生春《吴越春秋辑校汇考》卷6，上海古籍出版社1997年版，第105—106页；张觉校注《吴越春秋校注》卷6，岳麓书社2006年版，第161—162页）
⑥ （梁）萧绎撰，许逸民校笺：《金楼子校笺》卷1，中华书局2011年版，第128页。
⑦ （唐）瞿昙悉达撰，常秉义点校：《开元占经》卷116，中央编译出版社2006年版，第1167页。
⑧ 《宋书》卷28《志第十八·符瑞中》，中华书局1974年版，第803页。
⑨ 《魏书》卷112下《志第十八·灵征八下》，中华书局1974年标点本，第2928—2929页。

放马滩秦简《志怪故事》中的宗教信仰

耐人寻味的是，白狐或与墓穴联系在一起。[①] 东晋葛洪撰《西京杂记》谈到汉广川王好盗古墓，在发掘栾书冢时见墓室内有白狐一只："栾书冢，棺柩明器朽烂无余。有一白狐，见人惊走，左右遂击之，不能得，伤其左脚。其夕，王梦一丈夫，须眉尽白，来谓王曰：'何故伤吾左脚？'乃以杖叩王左脚。王觉，脚肿痛生疮，至死不差。"[②] 又，明代蒋一葵辑《尧山堂外纪》卷八七"李东阳"条谈到乃父李淳年少微时为渡人，"一叟见李告曰：'闻汝素有善念，必获善报。汝有亲骨未埋，吾当为择吉地瘗之。后当有发。'因与择一山，指曰：'有白狐卧处，即佳壤也。汝可潜舁亲骨埋其中。'李一夕往彼，果见白狐稳眠不起，李恐天明人知，因折树枝有声，狐惊，耸身三立而去，遂即其穴埋之。明日，叟来询葬事，李告以故。叟曰：'俟狐自起，乃为妙尔。今惊去，当中衰，汝子当不失为三公。'后西涯公果大贵。子兆先早卒，年未三十，公竟至无嗣。"[③] 这两则故事中，白狐均扮演了十分重要的角色：前例中白狐是墓室的守护神，后例中白狐是风水宝地的指引者。从中不难看出，白狐颇似有沟通冥界地府与人间鬼魅的神秘力量。所以，放简《志怪故事》"因令白□穴屈（窟）出丹"句中"白"字后是"狐"抑或"狗"字的争议中[④]，我们赞同采纳"狐"说，除了图版字形与"狐"字相似外，且从古人的鬼怪观念及民俗信仰上看也是较为贴切和通顺的。

此外，前文所述"因令白狐穴屈（窟）出丹"简文的含义是说：白狐打洞穿穴进入墓室内，建立起了连接阴阳两界的通道，使丹得以重返人世。这令我们联想起了后世复生故事中的类似情节：三国时吴景帝

---

① 其实，古人眼中的狐狸（并非仅限于白狐）多与墓穴有神秘的联系。据《酉阳杂俎·尸穸》记载："汉平陵王墓，墓多狐，狐自穴出者皆毛上坌灰。魏末有人至狐穴前，得金刀镮、玉唾壶。"[（唐）段成式撰，方南生点校：《酉阳杂俎》前集卷13，中华书局1981年版，第124页]

② （晋）葛洪：《西京杂记》卷6，中华书局1985年版，第42页。东晋干宝撰《搜神记》亦载此则故事，内容大抵相同。[（晋）干宝撰，汪绍楹校注：《搜神记》卷15，第188页] 此外，《太平御览》卷559、卷909及《太平广记》卷389、卷447亦有转录。

③ （明）蒋一葵辑：《尧山堂外纪》卷87，北京大学图书馆藏明万历刻本，四库全书存目丛书编纂委员会编：《四库全书存目丛书》子部第148册，齐鲁书社1995年版，第374页。

④ 此句简文由李学勤最先释出（但对"白狗"二字则持有疑态度），后为诸家所从（亦为《天水放马滩秦简》采纳）。方勇则改释"白狐"，孙占宇承袭此观点，并补充了几则新证据。

483

孙休永安四年（261），"吴民陈焦死，埋之六日更生，穿土而出"。[①] 又《稽神录》卷三"刘鹗"条云："洪州高安人刘鹗少遇乱，有姊曰龚扫，为军将孙金所房；有妹曰乌头，生十七年而卒。卒后三岁，孙金为常州团练副使，龚扫从其女君会葬于大将陈氏，乃见乌头在焉。……江州陈承昭为高安制置使，召鹗问其事，令发墓视之。墓在米岭，无人省视数十年矣。伐木开路而至。见墓上有穴大如碗，测其甚深。众惧不敢发，相与退坐大树下，笔疏其事以白承昭。是岁，乌头病，鹗往省之。乃曰：'顷为乡人百十余辈，持刀仗剑，几中我面，故我大責骂，力拒之，乃退坐大树下，作文书而去。今至举身犹痛。'鹗乃知恒出入墓中也。因是亦惧而疏之。"[②] 后例故事中的主人公乌头卒后三年复生，肉身俱在、言行如常，唯独其坟墓上留有碗大的孔洞，并借此往返墓室与人间。结合此例，我们推测放简所言白狐"出丹"恐怕并非指将丹的尸体发掘出来、搬运到墓室外，而仅是指通过打洞、穿穴的方式将圹室与地面联通，从而使丹重返人世得以可能。

## 四 "柏丘"代表了旺盛的生命力

李学勤对"柏丘"二字并无专门诠释，但从其译文"（丹）于是随司命史公孙强向北经过赵国，到了北地郡的柏丘上面"[③] 可知，他认为"柏丘"是秦国北地郡下面的一个地名。方勇也认为："'柏丘'为地名，应是'北地'所属的一个地方。"[④] 李零承袭了何双全"邦"字释文的看法，并与"柏丘"连读为"邦柏丘"，意为邦县下辖的柏丘——"'邦柏丘'是邦县的柏丘，位置在'赵氏之北'。"[⑤] 无论"柏丘"是隶属于北地郡抑或邦县，都还属于秦国境内。另有学者认为"柏丘"

---

[①] （宋）李昉等编：《太平广记》卷375"陈焦"条，中华书局1961年版，第2980页。
[②] （宋）徐铉撰，白化文点校：《稽神录》卷3，中华书局1996年版，第50—51页。
[③] 李学勤：《放马滩简中的志怪故事》，《文物》1990年第4期，第44页。
[④] 方勇：《读放马滩秦简〈志怪故事〉札记（一）》，复旦大学出土文献与古文字研究中心网站，www.gwz.fudan.edu.cn，2009年11月6日。
[⑤] 李零：《秦简的定名与分类·附录：放马滩秦简〈志怪故事〉（今移简6于简7后）》，第9页。

是在赵国境内，如孙占宇就认为是"柏丘"是赵国的地名，并概括此句简文的主旨是"讲述丹复生后又随司命史公孙强到赵国北方的柏丘一地①。"

值得注意的是，连劭名援引《汉书·东方朔传》"柏者，鬼之廷也"说法来诠释放简"柏丘"是指鬼廷。② 其后，陈侃理沿袭此立场、并有所推进："松柏丘墟，与墓园有关。此柏丘疑是死后世界之称。"③ 耐人寻味的是，他还指出扬州胡场汉墓出土的"文告牍"中"遣自致移楷（诣）穴"释文中的"楷（诣）穴"二字或系"柏丘"之误释，"柏丘，正是死者携带称为'移'的这一文书将要前往的地方。"④ 陈氏对"移"字的解释显系谬误（"移"当为文书传递之用语），但其对"楷（诣）穴"与"柏丘"的辨析则应引起重视，而且从图版来看此二字确似放简中"柏丘"。若此说成立，必将对放简《志怪故事》的解读带来举足轻重的影响。

据史料记载，汉武帝时起"柏梁台"以处"神君"，而这位"神君"原是哀子而亡的长陵女子，后见神、显灵异为民众所祠，并因治愈武帝重症而获礼遇。有关此事之原委，唐代张守节《史记正义》引《汉武帝故事》进行了翔实的介绍："起柏梁台以处神君，长陵女子也。先是嫁为人妻，生一男，数岁死，女子悼痛之，岁中亦死，而灵，宛若祠之，遂闻言宛若为生，民人多往请福，说家人小事有验。平原君亦事之，至后子孙尊贵。及上即位，太后延于宫中祭之，闻其言，不见其人。至是神君求出局，营柏梁台舍之。初，霍去病微时，自祷神君，及见其形，自修饰，欲与去病交接，去病不肯，谓神君曰：'吾以神君精洁，故斋戒祈福，今欲淫，此非也。'自绝不复往。神君惭之，乃去也。"⑤ 翻检《史记》与《汉书》可知，柏梁台及铜柱、承露仙人掌，均是汉武帝晚年崇信神仙、方术达到高潮时的产

---

① 孙占宇：《放马滩秦简〈丹〉篇校注》，第41页。
② 连劭名：《云梦秦简〈诘〉篇考述》，《考古学报》2002年第1期，第24页。
③ 陈侃理：《放马滩秦简〈丹〉篇札记》，简帛网，www.bsm.org.cn，2012年9月25日。
④ 同上。
⑤ 《史记》卷12《孝武本纪》，第453页。

物。柏梁台兴建于元鼎二年（前115）春，以香柏为殿梁，台高数十丈、堪称壮观，太初元年（前104）毁于天火。除了汉武帝"柏梁台"外，战国时齐桓公"柏寝"也是以柏木而闻名的高台建筑，其功用想必亦是迎神、祭祀之所。

根据上述记载，我们可以判定放简《志怪故事》中"柏丘"应该是以柏树（木）为主要地理特征，而柏木（树）在古人眼中是拥有神秘力量的，那么"柏丘"或许就并非实指、特指某个行政地名。换言之，简文"柏丘"未必就是说秦国北地郡或邦县的下面有个地方叫作"柏丘"，而仅是虚指了某个长满了柏树的山丘（坡地）。事实上，战国及秦汉时天水地区的确盛产松、柏等树木。这不仅从天水放马滩十四座秦汉墓中棺椁均系松柏质地得以证明，而且M1墓出土的一组木板地图所标注的树种中，"松"共计出现6次，"柏"凡见有2次，可见这里的地形和气候应当适宜松柏的生长。[①] 这个长满了柏树、类似于世外桃源的地方，虽在人世间，但也充满了虚无缥缈的仙境味道，这就好比汉武帝的柏梁台，虽是人为而成，却似神仙世界——汉武帝及汉代人心目中的"柏梁台"无疑代表了超凡脱俗的异度空间。汉武帝礼奉"神君"于"柏梁台"之上，与司命史公孙强将复生后的"丹"置身"北地柏丘之上"，二者有着惊人的相似性，彰显出了异曲同工之妙。

而柏木（树）之所以有此象征含义，是与上古以来选用松柏树木来打造殡葬用具及墓地种植的这一古老观念密切相关的。而此观念的形成，则源于古人相信墓中魍魉惧怕虎和柏，故墓侧多种植柏树、葬具选材也多用柏木。东汉应劭撰《风俗通义》（佚文）云："墓上树柏，路头石虎。……魍象好食亡者肝脑，人家不能常令方相立于墓侧以禁御之，而魍象畏虎与柏，故墓前立虎与柏。或说：秦穆公时，陈仓人掘地，得物若羊，将献之，道逢二童子，谓曰：'此名为媪，常在地中食

---

[①] 甘肃省文物考古研究所编：《天水放马滩秦简》，第108—109页。有关此内容的解读，详见王子今《放马滩秦墓出土地图生态史料研究》，中国简帛学国际论坛2012：秦简牍研究论文集，武汉，2012年11月，第193—194页。

人脑,若杀之,以柏东南枝插其首。'由是墓侧皆树柏。"① 在早期先民的观念中,鬼与神、巫与仙通常又混杂不分,松柏之木也就兼有了代表死后世界及神仙世界的双重功能。② 不过,唐宋以降,松柏则多指称墓地陵园。譬如,后唐明宗长兴三年(932)所下诏书中有"松柏丘园之恋,抛弃尤难"③ 句子;明代李梦阳撰《空同集》卷二八"哭徐博士二十韵"五言律诗中有"松柏丘坟嵬灰沙"④ 句子。明代郑真撰《荥阳外史集》卷四八《铭》"风木亭铭"则云:"而况于松柏丘陇,体魄所藏,神明所安,俎豆樽筵之荐,如将见之者哉。"⑤ 据此可知,"松柏丘坟(园、陇)"乃系指坟冢、墓地。有趣的是,《酉阳杂俎·尸穸》记载:北魏时菩提寺沙门发墓取砖,意外发现了已经死了十二年的崔涵又复活了,他自言冥界中事,其中谈到以柏木棺椁送葬可辟除鬼卒兵役——"洛阳奉终里多卖送死之具,涵言作柏棺莫作桑欀,吾地下见发鬼兵,一鬼称是柏棺,主者曰:'虽是柏棺,乃桑欀也。'"⑥ 显然,柏棺"免兵"说法应是秦汉以来柏木辟鬼观念的延续和发展。

这位重获新生的丹被司命史公孙强带到"北地柏丘之上"进行康复疗养,过了四年后才初步恢复了生理机能,前文已说"柏丘"长满了柏树,放简《志怪故事》以这里为背景进行文学创作和故事叙述,不排除是想借用柏树的神秘性和生命力来隐喻主人公丹的勃勃生机,同时营造出一个邪魅不侵的神圣空间。

---

① 王利器校注:《风俗通义校注》文末附引《封氏闻见记》卷6、《事类赋》卷25、《御览》卷954、《天中记》卷51佚文,第574页。
② 有关松柏之木的宗教功能,详见姜守诚《香港所藏"松人"解除木牍与汉晋墓葬之禁忌风俗》,(台湾)《成大历史学报》第31号(2006年12月),第47—49页。
③ (宋)王钦若等编纂,周勋初等校订:《册府元龟(校订本)》卷178,凤凰出版社2006年版,第1980页。
④ (明)李梦阳:《空同集》卷28,载(清)永瑢、纪昀等纂修《景印文渊阁四库全书》第1262册,集部201(别集类),台湾商务印书馆1986年版,第241页。
⑤ (明)郑真:《荥阳外史集(外二种)》卷48,四库明人文集丛刊,上海古籍出版社1991年版,第318页。
⑥ (唐)段成式撰,方南生点校:《酉阳杂俎》前集卷13,中华书局1981年版,第124页。

## 五 "白茅"的辟邪功用及财富象征

白茅,又称作"灵茅"。先秦祭祀礼制中已大量使用白茅献祭礼神,《说文·艸部》训曰:"茅,菅也。从艸,矛声。可缩酒为藉。"① 战国秦汉方士亦将白茅草视为召神降真和驱鬼除邪的重要法器。譬如,《晏子春秋·内篇杂下》记载:齐景公修筑了路寝之台,却因厌恶枭(猫头鹰)的叫声而废弃不用,柏常骞自告奋勇于夜间施展法术禳解,终使枭伏地而死,其施术的外设条件是"筑新室,为置白茅。"② 这里的"白茅"显然是禳除凶鸟枭的关键道具。无独有偶,睡虎地秦墓竹简《日书甲种》"诘"篇(第57—58号简背面)云:"人毋(无)故室皆伤,是粲迓之鬼处之,取白茅及黄土而西(洒)之,周其室,则去矣。"③ 又(第53—56号简背面)云:"一室井血而星〔腥〕臭,……必枯骨也。旦而最(撮)之,苞以白茅,果(裹)以贲(奔)而远去之,则止矣。"④ 马王堆汉墓帛书《五十二病方》"治困(菌)"条(第231行)云:"……□县(悬)茅比所,且塞寿(祷),以为□。"⑤ 据《史记·孝武本纪》记载:汉武帝晚年崇信齐地术士栾大,拜其为"五利将军"、赐予印玺,"于是天子又刻玉印曰'天道将军',使使衣羽衣,夜立白茅上,五利将军亦衣羽衣,立白茅上受印,以示弗臣也"。⑥ 这次授印仪式中,使者和栾大均身穿羽衣、夜立白茅上,显

---

① (东汉)许慎撰,(清)段玉裁注:《说文解字注》一篇下,浙江古籍出版社1998年版,第27页。
② 吴则虞:《晏子春秋集释》卷6,中华书局1962年版,第376页。
③ 睡虎地秦墓竹简整理小组:《睡虎地秦墓竹简》,文物出版社1990年版,图版第107页,释文第214页。
④ 睡虎地秦墓竹简整理小组:《睡虎地秦墓竹简》,图版第107页,释文第216页。此外,《独断》(卷下)亦云:"天子太社,以五色土为坛。皇子封为王者,受天之社土。以所封之方色,东方受青,南方受赤,他如其方色,苴以白茅授之。各以其所封方之色,归国以立社,故谓之'受茅土'。"[(东汉)蔡邕:《独断》卷下,上海古籍出版社1990年版,第16页] 这两处引文中"苞(苴)以白茅"均系借助白茅的神圣性来禁锢邪鬼或预防魅怪入侵。
⑤ 马王堆汉墓帛书整理小组:《马王堆汉墓帛书[肆]》,文物出版社1985年版,图版第25页,释文第52页。
⑥ 《史记》卷12《孝武本纪》,第463页。

然系借助白茅的召神通灵功能，构建出一种超凡脱俗的神仙境界。[①]

放简《志怪故事》"死人以白茅为富"句中"白茅"的功用，李学勤诠释说："古人用以包裹食物。……人间认为祭品用白茅衬包是富的表现"。[②] 李零则提出了不同意见，认为"是说以白茅为衣，多者为富。"[③] 两位学者的解释虽有可取之处，但也有凭空发挥、增补内容之嫌。李学勤将"死人"释为"市人"（即生人），进而认为此句是讲人世间的世俗价值观——"白茅衬包是富的表现"，但历代文献中找不到古人以白茅包裹食物（祭品）来彰显富有的证据，先民祭祀时选用白茅乃取其洁净、通神之义，而非借此炫富。从李学勤译文来看，简文"白茅"无涉死人之事，这显然与白茅通常用于鬼神、祭祀的情况不符，而且造成了上下文的不畅，其译文中凭空增补了包衬食物的内容——简文中仅言白茅、未涉及用途。而按照李零的理解，本句简文则是接续上句（"死者不欲多衣"）而来的，是对上句简文的补充和延续，是死者对衣的要求，白茅为衣、多多益善。但从上下文意及行文风格来看，此句与上句应各自独立，不应有必然的逻辑关系，上句谈"衣"，此句是谈"富"，虽然都属于死后世界的物质需求和价值观范畴，但两句简文讨论的话题和旨趣则截然不同。而且前句谈到"死者不欲多衣"，这就明确树立了鬼蜮不以随葬衣物多为富的价值观标准，李零若以"白茅为衣、多者为富"来理解，显然就与前述立场产生了矛盾——死人眼中以白茅制成的衣也是"衣"。有鉴于此，我们认为最稳妥的理解，就是按照字面的意思，直译为：死人以拥有白茅的多寡来判定是否富有。事实上，这也得到了北大秦牍《泰原有死者》篇的证实。

---

[①] 有关白茅的神化及其巫术用途，今人已有过讨论。[详见胡新生《中国古代巫术》（修订本），山东人民出版社2005年版，第116—120页；张正明《楚史》，中国人民大学出版社2010年版，第26—28页。]值得注意的是，白茅在后世道教中也扮演了重要角色，譬如外用杀鬼伏魅，内服通灵致神，以及炼丹、祭祀等。东晋葛洪撰《抱朴子内篇·登涉》云："山中见鬼来唤人，求食不止者，以白茅投之即死也。"[王明：《抱朴子内篇（增订本）》卷17，中华书局1985年版，第304页]敦煌写本P.2682《白泽精怪图》云："山鬼来唤人，求食不止者，以白茅捉之即死矣。"（黄永武主编：《敦煌宝藏》第123册，新文丰出版社1986年版，第289页。）

[②] 李学勤：《放马滩简中的志怪故事》，《文物》1990年第4期，第44页。

[③] 李零：《秦简的定名与分类·附录：放马滩秦简〈志怪故事〉（今移简6于简7后）》，第10页。

该简文有云:"死人所贵黄圈。黄圈以当金,黍粟以当钱,白菅以当縑。"① 文中"白菅"即白茅,它与黄圈(大豆黄卷)、黍粟一道,都是冥界中财富的象征。事实上,这两件秦代简牍中倡导以茅草、黍谷等象征物随葬而代替金银、钱帛,可以避免给生者(眷属)造成沉重的经济负担,并且深刻影响了后世的丧葬礼俗。后世文献中不乏可见采用象征物或廉价品来取代现实社会中流通的、贵重的、稀缺的实用性财物的记载。譬如,唐代唐临撰《冥报记·唐眭仁蒨》叙述眭仁蒨与冥界临胡国长史成景友善、相交数年,熟知鬼域事务,这位鬼吏成长史透过仁蒨向邯郸令子岑文本索食、请求设馔,其中涉及鬼界中钱帛财富问题:"初,文本将设食,仁蒨请有金帛以赠之,文本问是何等物,蒨云:'鬼所用物,皆与人异,唯黄金及绢为得通用,然亦不如假者。以黄色涂大锡作金,以纸为绢帛,最为贵上。'文本如言作之。"② 引文谈到鬼所珍重的钱帛财富是"以黄色涂大锡作金""以纸为绢帛",这与放马滩秦简《志怪故事》中"白茅为富"及北大秦牍《泰原有死者》所云"黄圈以当金,黍粟以当钱,白菅以当縑"显然是一脉相承的。

此外,值得注意的是,《吴越春秋·勾践阴谋外传》记载:越王勾践询问楚人陈音善射之道,陈音回答说:"臣闻弩生于弓,弓生于弹,弹起古之孝子。……古者人民朴质,饥食鸟兽,渴饮雾露,死则裹以白茅,投于中野。孝子不忍见父母为禽兽所食,故作弹以守之,绝鸟兽之害。"③ 引文谈到先民"死则裹以白茅"投于野,显示出古时曾流行以白茅裹尸的葬俗。而放简《志怪故事》中"死者不欲多衣。死人以白茅为富,其鬼贱(荐)于它而富"之句,或许就是这种古老记忆的体现和反映。

---

① 李零:《北大秦牍〈泰原有死者〉简介》,《文物》2012年第6期,第81页。
② (唐)唐临撰,方诗铭辑校:《冥报记》卷中,中华书局1992年版,第27页。本篇末尾交代了故事出处,乃系唐贞观十六年九月九日时任中书侍郎的岑文本(故事主角之一)向唐临及兄唐皎、马周、韦琨等人所作的亲口叙述。[(唐)唐临撰,方诗铭辑校:《冥报记》卷中,第28—29页。]
③ (后汉)赵晔撰,薛耀天译注:《吴越春秋译注》卷9,天津古籍出版社1992年版,第348页;周生春:《吴越春秋辑校汇考》卷9,上海古籍出版社1997年版,第152页;(东汉)赵晔原著,张觉校注:《吴越春秋校注》卷9,岳麓书社2006年版,第243页。

## 六　丹复生后的两件事

放简《志怪故事》后半部分集中谈论了丹复活以后的健康状况及其在鬼域冥界中的见闻观感。这两部分内容也有必要从宗教学角度进行解读和分析。

第一，康复问题。简文谈到丹复活初时身体羸弱，待过了四年以后，才逐渐恢复了听觉和视觉，得以正常饮食。尽管如此，复活后的丹仍留有一些后遗症：喉部有疤痕、眉毛稀少、面色黝黑、肢体动作不甚灵活等。而上述症状在晋代陶潜撰《搜神后记》卷四"徐玄方女"条中得以印证，该故事叙述了前太守北海徐玄方之女为鬼枉杀，亡后四年，获允复生，托梦给广州太守冯孝之子马子求得援手，"女计生日至，乃具教马子出己养之方法，语毕辞去。马子从其言，至日，以丹雄鸡一只，黍饭一盘，清酒一升，醊其丧前，去厩十余步。祭讫，掘棺出，开视，女身体貌全如故。徐徐抱出，着毡帐中，唯心下微暖，口有气息。令婢四人守养护之，常以青羊乳汁沥其两眼，渐渐能开，口能咽粥，既而能语。二百日中，持杖起行。一期之后，颜色肌肤气力悉复如常。"[①]

试将二例略加比对，我们可以发现不少有趣的相似性：丹与徐氏女均是在死亡下葬后重返人世的，二人尸身在坟墓中待的时间都不短（丹为三年，徐氏女为四年），却都保全了肉体的完整和不朽。两篇文字中的复活都是指自身肉体的焕发生机和重返人世，这充分体现了早期中国的传统生命理念——着重肉体的不朽，而与佛教东传后的灵魂不死及轮回观念迥然不同。复生之初，二人均身体羸弱，口不能言、耳不能听，丧失了行动能力，经过一段时间的调养后（丹为满四年，徐氏女则不到二百天）方才恢复了听觉和视觉，饮食以流质（粥）为主。若就康复效果而言，丹则显然远逊于徐氏女：丹复活四年后仍毛发稀少、气色黝淡、四肢僵硬、行动不畅，而徐氏女在二百天后就可以"持杖

---

[①]（晋）陶潜撰，汪绍楹校注：《搜神后记》卷4，中华书局1981年版，第24—25页。

起行",一年后已经"颜色肌肤气力悉复如常"了。上述关于复苏者身体虚弱及康复过程的细节描写,显然是以"假死"者或大病初愈者的健康状况为原型的,十分契合人体机能的生理特征。

第二,涉鬼言论。放简《志怪故事》后半段中以"丹言"开头的三段文字,是以复生后丹的口吻讲述冥界中鬼(死人)的喜好、畏忌及生人祠墓时的注意事项。笔者翻检《搜神记》《搜神后记》《幽冥录》《异苑》《还冤记》《冥报记》《稽神录》《冤魂志》等汉唐志怪小说,所见复生故事中大多会或详或略地叙述冥界景象及复生缘由。就上述篇目中对死后冥界的描述而言,大多是立足于地狱鬼吏的善恶惩罚,偶有谈及先亡眷属或友人的人伦情谊。而复生者得以重返人世的缘由则大多是因寿命/余算未尽,或因先亡亲人(如父兄之辈)援救而豁免。将放简《志怪故事》简文与后世志怪小说相比对,二者的共同点在于均借助了复活人之口、以亲历者现身说法的方式来叙述冥界鬼怪之事,借此提升了故事的真实性和可信度,从而有效地增强了涉鬼言论的权威性和说服力。就这部分内容而言,二者尽管都围绕死后世界中鬼怪而展开,但侧重点则完全不同,立意及宗旨也有差异。放简中"丹言"三段文字并无故事情节、十分质朴,后世志怪小说则极富想象力,故事情节曲折、跌宕,人物形象丰满、传神。孙占宇认为放简后半段"介绍鬼神的种种好恶以及敬奉鬼神的方法"的"丹言"部分乃系整篇简文的重心所在。[①] 陈侃理更认为丹的复生过程仅是本篇的"引子",是为末尾部分(祠墓宜忌)而服务的。[②] 我们认为不可厚此薄彼,放简《志怪故事》前半段与后半段均是全文的有机组成部分,二者共同架构起了复生故事的完整脉络。从放简《志怪故事》的通篇行文来看,其核心主旨和中心内容是十分明确的,那就是丹死而复生的缘由和历程。至于涉鬼言论则是这次复生事件中的重要组成部分,但绝不可喧宾夺主。这一点也可从后世志怪故事的内容梗概及行文叙述中得到印证。前文已

---

① 孙占宇:《放马滩秦简乙360—366号"墓主记"说商榷》,《西北师大学报》(社会科学版)2010年第5期,第48页。

② 陈侃理:《秦简牍复生故事与丧葬习俗》,中国简帛学国际论坛2012:秦简牍研究论文集,武汉,2012年11月,第52页。

谈到汉唐志怪小说中所见复生故事大多会假借复活者之口叙述冥界鬼怪之事，但不容忽视的是，仍有相当数量的复生故事并无涉鬼言论。由此可见，涉鬼言论尽管是此类复生故事的重要内容，但也绝非不可或缺的构成部分。李零、陈侃理等人谈到放简《志怪故事》和北大《泰原有死者》的主旨都是讲述古代的丧葬习俗①，我们对此并不赞同，认为是以偏概全的说法：这两篇文献的体裁性质和行文风格尽管十分接近，但就内容结构、本质主旨和侧重点而言，二者有明显差异、不能完全等同，放简《志怪故事》不同于后者在于其主题和核心仍是围绕复生而展开，"丹言"鬼的好恶及祠墓礼俗是对复生情节的佐证和完善。

## 七 祠墓的禁忌

放简《志怪故事》末尾部分的涉鬼言论，主要是围绕鬼的好恶而展开，其内容可分为两类：喜好或珍视的，厌恶或畏忌的。有关鬼"以白茅为富"的喜好，前文已有论述。这里主要讨论鬼的畏忌（对祠墓者而言，则是应注意避免的行为禁忌）。从简文内容看，鬼所厌恶和畏惧的人类行为主要体现在五个方面。

第一，"死者不欲多衣"。死人不需要太多的衣物随葬，这体现了古人的节葬理念。墨子撰有《节用》（今存上、中篇）和《节葬》（今仅存下篇），大力倡导节用、薄葬，反对殡葬礼仪中的铺张浪费，指斥"厚葬久丧"对国家、百姓所带来的沉重负担②，倡导古圣王葬埋之法——"衣三领，足以朽肉，棺三寸，足以朽骸"③，认为尧、舜、禹死后也不过以"衣衾三领"、薄棺下葬。④ 战国及秦汉社会，生活条件简陋，物质资源匮乏，衣物恐怕是下层民众最珍视的东西了，故而

---

① 李零：《北大秦牍〈泰原有死者〉简介》，《文物》2012 年第 6 期，第 84 页；陈侃理：《秦简牍复生故事与丧葬习俗》，第 44—56 页。
② 吴毓江撰，孙启治点校：《墨子校注》卷 6《节葬下》，第 263 页。
③ 吴毓江撰，孙启治点校：《墨子校注》卷 6《节用中》，第 255 页；卷 6《节葬下》，第 266、268 页。
④ 吴毓江撰，孙启治点校：《墨子校注》卷 6《节葬下》，第 266—267 页。

"多衣"几乎成了寻常百姓的财富标志。譬如,睡虎地秦简《日书甲种》"衣"篇谈到"癸酉"日裁制新衣可令人"多衣",如云:"褻衣,丁丑媚人,丁亥灵,丁巳安于身,癸酉多衣。"[1] 据此可知,"多衣"与"媚人""灵"(福)[2]、"安于身"都是秦人挑选裁衣日子时所考虑的标准,借此反映了他们的价值取向。"死者不欲多衣"这句简文深刻体现了故事编创人移风易俗的良苦用心,他(或他们)试图从节葬的角度对秦地旧风俗进行干预和矫正[3],在不动摇"鬼"的存在及"事死如事生"等基本理念的前提下,将生人"多衣"为富的观念引导为"死人以白茅为富",采用象征、隐喻的手法扭转了随葬品的具体做法——用民间常见的草本植物"白茅"替代了社会稀缺品"衣",这就区分了生死两界的不同价值观标准,不仅避免了死人与生人争夺有限的财富和资源,又能达到各取所需、心安理得的社会效果。这十分契合墨家学派对鬼神及丧葬等问题上的立场和态度:既宣扬鬼神的存在(详见《明鬼》篇),又大力倡导节葬。这类秦代复生故事的撰作者和抄录者是否与墨家学说有某种关联,则不得而知。

值得一提的是,北大秦牍《泰原有死者》篇谈到死者好恶时也涉及随葬衣服的问题,如云:"死人之所恶,解予死人衣。必令产见之,弗产见,鬼辄夺而入之少内。"[4] 李零译文说:"死人最讨厌,就是把亲朋好友助葬馈赠的衣物随便打开。这些衣物,一定要让他活着看到,如果不让他活着看到,他的鬼魂就会把这些衣物拿走,送到地下的少内。"[5] 有学者指出此句中"鬼"字不应是死者的鬼魂,而是指冥界鬼吏。[6] 以衣物殓葬是古人殡丧礼俗的惯常做法,而衣物也是生人日常生活中必不可少的实用物、必需品,对下层民众而言算得上一笔财富资

---

[1] 睡虎地秦墓竹简整理小组编:《睡虎地秦墓竹简》,图版第91页,释文第186页。
[2] "灵"即为"福"之义。(详见睡虎地秦墓竹简整理小组编《睡虎地秦墓竹简》,释文第186页注释)
[3] 有关两篇秦代复生故事简文中所体现出来的对秦人丧葬习俗的引导和改变,详见陈侃理《秦简牍复生故事与丧葬习俗》,第46—48页。
[4] 李零:《北大秦牍〈泰原有死者〉简介》,《文物》2012年第6期,第81页。
[5] 同上书,第83页。
[6] 黄杰:《北大秦牍〈泰原有死者〉管见》,简帛网 www.bsm.org.cn,2012年7月17日。

产。就衣物的供给方面，如何在生人与死人中寻求到一个平衡点，是这两篇秦代出土文献试图解答的问题：放马滩秦简《志怪故事》提出应合理控制陪葬衣物的数量、不要"多衣"——并非禁止用衣物来送葬，而是主张数量不必太多；北大《泰原有死者》则对殡葬衣物的适用范围提出了严格限制——必须是死者生前亲眼见到的衣服才算数，其目的也不外乎是为了减少殡葬衣物的数量。

第二，"祠墓者毋敢毃（哭）"。到墓地祭拜时切勿哭泣，亡魂见到生人（眷属）啜泣，就会因惊吓而跑掉，更遑论享食祭品了。北大秦牍《泰原有死者》篇也涉及墓地祭祀时"哭"的问题，如云："祭死人之冢，勿哭。须其已食乃哭之，不须其已食而哭之，鬼辄夺而入之厨。"① 李零解读说："在死者的坟冢上用酒食祭奠，不要一上来就哭。正确做法是，要等死者享用后再哭。如果不等死者享用就哭，他的鬼魂就会把这些食物拿走，送到地下的厨官。"② 我们的理解略有不同：到墓地祭祀死者时最好不要哭泣。倘若是伤心难过、压抑不了悲痛的情绪，至少要待到亡魂享用了祭品后再哭。换言之，"已食乃哭"实属无奈之举，是对"祭死人之冢勿哭"原则的妥协和折中，显然系退而求其次，绝非最佳之选项。祠墓勿哭的原则不仅见载于秦代简牍中，汉代出土文献也收录有类似内容。如敦煌悬泉汉简（第二六八号）："上冢，不欲哭，哭者，死人不敢食，去。"③（V1410③：72）由此可见，不许哭泣是秦汉时人上坟扫墓时的通例，尤其在亡魂享食前更严禁啜泣。

第三，"已收胾（餕）而噬之"。祠祭刚结束就立即撤去祀品吃掉，这种失当行为将导致亡魂不再享食祭品。而亡魂若拒绝享食，则意味着不再佑护生人，不再降福给家人。在古人眼中，这是威及家人、家族安危的大事情。而"家先"④ 亡魂不享食祭品，除了前述原因外，执祭者

---

① 李零：《北大秦牍〈泰原有死者〉简介》，《文物》2012年第6期，第81页。
② 同上书，第83页。
③ 胡平生、张德芳：《敦煌悬泉汉简释粹》，上海古籍出版社2001年版，第183页。
④ 详见姜守诚《中国古代的"家先"观念》，《学术界》2011年第4期，第138—145页。

若非家族中嫡亲血脉者,也会出现亡魂拒绝入宴席的情况发生。[1] 如东汉应劭撰《风俗通义》(佚文)收录一则故事:时任太尉掾的汝南周霸妻苦于无子,私下花重金将新生女换得屠夫之妻所产男婴,瞒天过海、无人知晓。事情的败露,是缘于已迁任北海相的周霸派遣属下中"能见鬼"的主簿周光,陪同已届十八岁的儿子回故乡祭祖,"往到于家上,郎君沃醊,主簿俛伏在后,但见屠者弊衣蠹结,踞神坐,持刀割肉,有五时衣带青墨绶数人,彷徨阴堂东西厢,不敢来前"。[2] 概言之,主簿周光看到的情景是:供品被屠夫霸占、抢食,周氏先祖却不敢前来享食。周霸获悉此异常情况后,严词质询其妻得以查明真相,遣送屠妇子、迎回亲生女。又南朝宋刘义庆撰《幽明录》讲述晋时剡县富家陈素妻亦因无子而私下将新生女换得邻妇所产男婴,"(陈)素忻喜,养至十三,当祠祀,家有老婢,素见鬼,云:'见府君先人,来至门首,便住;但见一群小人来座所,食啖此祭。'父甚疑怪,便迎见鬼人至,祠时转令看,言语皆同。素便入问妇,妇惧,具说言此事。还男本家,唤女归"。[3] 陈氏先人因执祭者并非本族血脉,而拒绝入门享祀,供品遂为小鬼抢夺一空。这两则"狸猫换太子"的故事,充分体现出中国古人以血缘为纽带建立起来的宗族观念和"神不歆非类"的祭祀原则。

第四,"毋以淘滄祠所"。祠墓前必须认真清扫墓地,切勿用淘洗过东西的脏水喷洒祭祀场所。有学者认为简文"淘"字乃系指淘米水[4],这也是有据可依的说法。睡虎地秦简《日书甲种》"诘"篇(第25—26号简背面)谈到驱逐"祷"鬼作祟时说:"鬼恒召(诏)人曰:蠚(尔)必以某(某)月日死,是祷鬼伪为鼠,入人酰、酱、滫、将

---

[1] 余英时分析说:"中国人一直相信,除了自己的亲骨肉(仅限于男性后代),亡灵不会享受其他人提供的祭品,不同种的个体的气是不能交流的。这种观念一直延续到最近几十年,有些人实际上还这样认为。显然有人相信,如果没有祭品的供奉,祖先饥饿的灵魂会分散得更快。"(余英时:《东汉生死观》,侯旭东等译,上海古籍出版社2005年版,第141页)

[2] (汉)应劭撰,王利器校注:《风俗通义校注》佚文,第591页。

[3] 鲁迅校录:《古小说钩沉》,第164页。

[4] 李零:《秦简的定名与分类·附录:放马滩秦简〈志怪故事〉(今移简6于简7后)》,第10页。

（浆）中，求而去之，则已矣。"① 文中"潲"字，整理小组注释曰："米泔水"②。这段简文是说：祟鬼化为老鼠钻进了醋、酱油、淘米泔水、酒中，找出作怪的老鼠就可以清除祟患了。③

第五，"毋以羹沃腏（餟）上"。祠墓陈设酒食供品时不要把汤汁浇在祭饭上，若那样鬼就不肯吃了。北大秦牍《泰原有死者》篇也有类似内容："祠，毋以酒与羹沃祭，而沃祭前，收死人，勿束缚。"④ 李零对此诠释说："祠墓，不要把酒和羹浇在食物上。灌祭之前，不要捆绑死者。"⑤ 陈侃理则提出"而沃祭前"四字应属前句，意思是说："祭祀时不要把酒和汤羹浇灌在'腏'（祭饭）上，那样会使死者不食。……正确的做法是将酒和汤羹倾倒在祭饭之前。"⑥ 而"收死人勿束缚"简文则是针对秦人屈肢葬的旧俗有感而发的，是说收殓死人时不要捆绑束缚。⑦ 相较而言，陈氏说法更趋合理。这两篇秦代简牍都强调了祭祀时不要把酒和羹浇在食物上。

除了前述五种祠墓禁忌外，秦汉简牍文献中还涉及其他的注意事项，譬如"毋决其履""毋毁其器"（北大秦牍《泰原有死者》），"毋持刀刃上冢"（敦煌悬泉汉简 V1410③：72）⑧。如果说，上述内容是专门针对"祠墓"者及"家先"亡魂而言，那么某些忌惮则适用于一切鬼魅。睡虎地秦简《日书甲种》"诘"篇（第25—26号简背面）云：

---

① 睡虎地秦墓竹简整理小组编：《睡虎地秦墓竹简》，图版第105页，释文第213页。
② 睡虎地秦墓竹简整理小组编：《睡虎地秦墓竹简》，图版第105页，释文第217页注释。
③ 吴小强：《秦简日书集释》，长沙，岳麓书社2000年版，第140—141页；王子今：《睡虎地秦简〈日〉甲种疏证》，湖北教育出版社2002年版，第394—395页。
④ 李零：《北大秦牍〈泰原有死者〉简介》，《文物》2012年第6期，第81页。
⑤ 同上书，第83页。
⑥ 陈侃理：《秦简牍复生故事与丧葬习俗》，第51页。周家台秦简"先农"条谈到腊日祭祀先农之法："到囷下，为一席，东乡（向），三腏，以酒沃，祝曰"云云。（湖北省荆州市周梁玉桥遗址博物馆编：《关沮秦汉墓简牍》，中华书局2001年版，第132页）陈侃理据此分析说："在当时的祭祀活动中，确有用酒浇灌祭饭的习惯。……在祠先农时要以酒沃腏即浇灌祭饭。"（同上）不过，据我们分析：周家台秦简中"以酒沃"恐非指把酒浇灌在祭饭上，抑或是以酒沃地——"囷下"。若论证秦人祭祀有以酒浇灌祭饭的做法，尚需寻找其他证据。
⑦ 陈侃理：《秦简牍复生故事与丧葬习俗》，第48—50页。
⑧ 敦煌悬泉汉简（第二六八号）云："其死者，毋持刀刃上冢，死人不敢近也。"（胡平生、张德芳：《敦煌悬泉汉简释粹》，第183页。）

秦统一的进程与意义

"鬼之所恶，彼觟（屈）卧箕坐，连行奇（踦）立。"① 这里介绍了鬼魅畏惧的四种行为方式：屈卧、箕坐、连行、踦立。所谓"屈卧"系指蜷体曲肢而卧；"箕坐"，又名箕踞、箕倨，两腿前伸、展足而坐、形如簸箕，是一种极为傲慢和不敬的坐姿；"连行"即连步，是指鱼贯而行、相随不相过也；"踦立"就是以单足站立。② 有趣的是，《搜神记·宋定伯》谈到南阳宋定伯年少时夜行逢鬼，探问鬼有何畏忌，鬼答言"惟不喜人唾"，定伯获此秘诀而"唾之"，令鬼无法遁形而被擒。③ 限于本文主题，我们不予展开论述。

## 八　先秦宗教人文语境中的"鬼"及生死转换状态

放简《志怪故事》的编撰与传播离不开当时的人文社会环境，甚至可以说是以先秦、秦汉时人的鬼神观念和宗教背景为基础造作而成的。下面，我们分析"鬼"的定义及三种生死转换状态，期能强化简文的理解。

第一，先秦时人对"鬼"的定义。《说文·鬼部》训"鬼"字曰："人所归为鬼。……鬼阴气贼害，故从厶。凡鬼之属皆从鬼。"④ 《礼记·祭法》："大凡生于天地之间者皆曰命，其万物死皆曰折，人死曰鬼，此五代之所不变也。"⑤ 这就是说，人死即为鬼。不过，《礼记·祭法》又根据不同的身份等级对亡者成"鬼"的时间表予以区分，认为：帝王、诸侯、大夫、适士、官师等贵族或上层中人，由于死后有特定场

---

① 睡虎地秦墓竹简整理小组编：《睡虎地秦墓竹简》，图版第105页，释文第212页。
② 睡虎地秦墓竹简整理小组编：《睡虎地秦墓竹简》，释文第216页注释；王子今：《睡虎地秦简〈日书〉甲种疏证》，第346—347页。此外，睡虎地秦简《日书甲种》"诘"篇中以各种污物来驱逐鬼，也是利用了鬼的好恶。（详见刘乐贤《睡虎地秦简日书〈诘咎篇〉研究》，《考古学报》1993年第4期，第435—454页；刘信芳《〈日书〉驱鬼术发微》，《文博》1996年第4期，第74—80页。）
③ （晋）干宝撰，汪绍楹校注：《搜神记》卷16，第199页。有关唾沫的劾鬼功效，江绍原撰文做过介绍。[详见江绍原《吐沫（通信）——后局大院江宅家人李得标》，收入王文宝、汪小蕙编《江绍原民俗学论集》，上海文艺出版社1998年版，第89—113页。]
④ （东汉）许慎撰，（清）段玉裁注：《说文解字注》九篇上，第434—435页。
⑤ 十三经注疏整理委员会整理、李学勤主编：《礼记正义》卷46，第1298—1299页。

所（宗庙或祭坛）容身（陈设神主）、享食，故此时尚不能归入"鬼"类，待到"去墠""去坛""去王考"罢祀后，方才为"鬼"；而普通百姓（庶士、庶人）无资格立庙享祀，死后即为"鬼"。① 由此看来，先秦时人眼中的某些特定人群并非死后立即就成为"鬼"，而判定是否为"鬼"的外在条件则是有无专设的存身、享食之处。而《左传》则云"鬼"若无依存之所是为"厉"，将作祟人间，导致灾难发生。譬如，《左传·昭公七年》谈到郑人因盛传伯有冤魂作祟而引发恐慌，"其明月，子产立公孙泄及良止以抚之，乃止。子大叔问其故。子产曰：'鬼有所归，乃不为厉，吾为之归也。'……及子产适晋，赵景子问焉，曰：'伯有犹能为鬼乎？'子产曰：'能。人生始化曰魄，既生魄，阳曰魂。用物精多，则魂魄强，是以有精爽，至于神明。匹夫匹妇强死，其魂魄犹能冯依于人，以为淫厉，况良宵，我先君穆公之胄，……'"②这段论述反映了先秦时人对"鬼"（厉）成因的看法，子产创造性地提出了魂魄观念，从而将人与鬼、生与死建立了内在联系，是古代"鬼"概念演化的一个里程碑。

  放马滩秦简《志怪故事》中的主人公丹的身份应该是庶人或刑徒（"髳徒"？③），且从死后被"葬之垣雝（雍）南门外"等细节描述看，丹也非立庙享祀的人群范畴，故时人眼中的丹在死时即化为"鬼"，绝非有学者认为的死后三年才游魂化为鬼、复见于世。④ 有鉴于先秦文献中对"鬼"概念的定义，我们可以判定丹从自刺身亡到死而复生的这三年时间里，无疑是"鬼"族中的一员，他以"鬼"的身份生活在冥界，故能熟知地下事务及鬼类好恶。此外，蒲慕州分析了放简《志怪故事》中"鬼"概念的人性化倾向，"鬼的概念由战国至汉间的转变，还有另一方面值得注意，就是鬼之概念的人性化。这可以由天水放马滩

---

① 十三经注疏整理委员会整理、李学勤主编：《礼记正义》卷46，第1300页。
② 十三经注疏整理委员会整理、李学勤主编：《春秋左传正义》卷44，第1247—1249页；杨伯峻编著：《春秋左传注》，第1291—1292页。
③ 孙占宇指出此二字"模糊不清，轮廓似为'髳徒'。"（孙占宇：《放马滩秦简〈丹〉篇校注》，第39页。）
④ 李零：《秦简的定名与分类·附录：放马滩秦简〈志怪故事〉（今移简6于简7后）》，第9页。

复活故事为例。这复活故事最有意义的地方,……不在于其死而复活的故事,而在于故事中所提到有关鬼的感觉、好恶。它所显示的对鬼的比较同情而人性化的形象塑造,是前此有关鬼的记载中所看不见的。"①

第二,三种生死转换状态:复生、鬼魂显形、尸解。在佛教转世轮回说传入中国并被广泛接受之前,古人传统观念中的生死转换状态大抵有三种:复生、鬼魂显形、尸解。某些学者在解读放简《志怪故事》时往往将复生与其他两种情况混淆:譬如,夏德安(Donald Harper)主张借助尸解来理解本篇中的复生现象②;又如李零将丹的复生解释为迁葬后游魂化为鬼、显形示人。③ 我们则认为上述三种情况应予以严格区分,不能混为一谈。

对于历代文献中收录的部分复生现象,我们或许可以这样解释:古代医疗设备落后、医学经验匮乏,故将很多"假死"现象误认为是死而复生也是极为可能的。其实,在科技昌明的当今社会仍不乏此类报道。但是,这类"合理"的复生现象的共同点均是:死亡时间不长——通常是数小时或数日,且多在未收殓或未下葬前重获知觉。像放简《志怪故事》中主人公丹这样的死而复生案例——历经了较长时间段(如数月、数年),已然下葬坟墓、深埋土中了,恐怕很难用医学常识来解答了——最大可能性当系出自某类人的杜撰或传播散布中的夸大。

复活观念与巫觋、方士秉承的"不死""不老"等永生神话是一脉相承的,其基本特征就是保持自身肉体的可持续性存在,这一点与尸解的确很相似。但是,尸解作为一种主动性行为,是行为主体有目的、有意识的选择,是以高超的法术、道术为依凭手段的,是方士、道士为了掩人耳目、脱尘弃世的惯用手法。《列仙传》《神仙传》及历代道书文

---

① 蒲慕州:《中国古代鬼论述的形成(先秦至汉代)》,收入蒲慕州编《鬼魅神魔——中国通俗文化侧写》,第39—40页。
② [美]夏德安:《战国民间宗教中的复活问题》,中国社会科学院简帛研究中心编《简帛研究译丛》(第一辑),第35—38页。
③ 李零:《秦简的定名与分类·附录:放马滩秦简〈志怪故事〉(今移简6于简7后)》,第9页。

献中谈到的尸解者无一例外都是方士、道士、仙人等身怀异术之辈，绝无凡夫俗子之徒。而放马滩秦简《志怪故事》、北大秦牍《泰原有死者》及传世文献复生故事中的主人公大抵是平民百姓，其复生缘由大多是含冤得雪、寿算未尽、先亡亲友回护、冥吏受贿枉法、积善行德、崇信佛道等，其能否复活的决定权不掌握在自己手中，而是由幽冥之主来裁决。

古人眼中的鬼魂显形即是鬼幻化为人形（或为原容貌，或其他形貌），即使幻化后没有任何异于常人之处（包括外貌、言行举止），但仍是"鬼"类，不属于"人"的范畴。这显然与放简《志怪故事》及其他复生故事中的死而复活者是人而非鬼的认知定位，有着截然不同的立场。鬼魂幻化人形后有着超乎常人之能力，能预知祸福、通晓人界鬼域，或善或恶，或正或邪，或媚人，或作祟，或赐福，或与世人通婚，或实施报恩、复仇，总之能做出凡人所不能之事，这是此类鬼化人故事的基本母题。而复生故事中的重获新生者则大多身体虚弱，需要长时间的调理和康复，除了以亲历者身份叙述冥界中的观感和见闻外，再无其他特殊能力。譬如，放简《志怪故事》中丹复活后就花费了长达四年多的时间进行疗养，才恢复了视觉和听觉及正常饮食。而丹复活后也仅谈了冥界中鬼好恶的几条内容。这些情节的塑造显然是以真实的社会现象为基础的，反映了普通人的生理机能和濒死体验。

## 九　结论

有关复生的故事及传说，是人类共有的文化现象，其中最著名者莫过于西方基督宗教中的耶稣复活说。在医疗条件、医学经验均相对困乏的古代社会，人们对现实生活中诸多"假死"现象无法做出科学的、令人信服的解释，故沿袭了惯常的宗教思维方式，即将复生的根源归因于神祇的力量，从而将死而复活等反常现象给予貌似"合理"的解答。这些以"假死"为原型创作出来的复生故事，迎合大众、贴近生活，通过非官方、非主流的传播渠道，在传播互动中建构成型，并在流传过程中又被有意、无意地进行了二次加工——经历了增益、删减、润饰和再创作，不断被夸大和神化，甚至超出了常人想象的范围而营造出了一个虚幻世界，并在长期的积累和沉淀过程中逐渐形成了复生故事的套路和格式，不仅延续了古老民族的信仰和历史，也折射出了人们对生命的渴望和美好企盼。这些复生故事中除了陈述复活事件的经历和过程外，通常也含有特定的说教目的：或强调善恶报应学说，或宣讲佛道的慈悲救度，或渲染地狱的恐怖及对恶人的严惩，等等。而近年来出土简牍中所获的两篇复生故事——放马滩秦简《志怪故事》、北大秦牍《泰原有死者》，则保留了这类小说早期的质朴痕迹，它们并不像魏晋—唐宋志怪小说那样对冥界进行逼真的文学描述，而是侧重于复生过程及其情节合理性的建构和塑造，或侧重于对死人好恶倾向的介绍及生人祭祀行为的规范。

天水放马滩秦简《志怪故事》释文、图版公布以来，引起了学界的广泛关注和热烈讨论。虽然经过学者的不懈努力，有些疑问已得到了厘清，但仍有不少问题亟待解决。我们着力从宗教信仰及方术民俗的角度对这篇出土文献展开分析，借此揭示那个时代的文化背景、社会心态和普遍信仰，才能更好地领悟故事编创人的思维逻辑和潜意识，这对于简文的解读或许是有所裨益的。

（原载《世界宗教研究》2013年第5期）<br>（中国社会科学院哲学研究所）

# 里耶秦简"付计"文书义解

王 伟

## 一 问题的提出

里耶秦简简 9-1 至简 9-12 是一批同类文书，先迻录内容最丰富的简 9-3 释文于下：

卅三年三月辛未朔戊戌，司空腾敢言之：阳陵下里士五（伍）不识有赀余钱千七百廿八。不识戍洞庭郡，不智（知）何县署。今为钱校券一，上谒言洞庭尉，令署所县责，以受（授）阳陵司空。［司空］不名计，问可（何）县官计，付署，计年、名为报。已訾责其家，［家］贫弗能入，有物故，弗服，毋听流辞。以环书道远，报署主责发，敢言之。／

四月壬寅，阳陵守丞恬敢言之：写上，谒报，署金布发，敢言之。／堪手。

卅四年七月甲子朔辛卯，阳陵遬敢言之：未得报，谒追，敢言之。／堪手。

卅五年四月己未朔乙丑，洞庭叚（假）尉觿谓迁陵丞：阳陵卒署迁陵，以律令从事。报之。／嘉手。以洞庭司马印行事。敬手。[①]

---

[①] 马怡：《里耶秦简选校》，中国社会科学院历史研究所学刊编委会《中国社会科学院历史研究所学刊》第四集，商务印书馆 2007 年版，第 167、168 页。

对这批文书，学者有过不少讨论。其中，引人注目的是，学者对于阳陵司空文书中"问可（何）县官计付署计年名为报"的标点和文义意见不一。

（1）《湘西里耶秦代简牍选释》、张俊民先生读为"问可（何）县官计付署，计年、名为报"。对其文义，张俊民先生理解为：又因为阳陵给洞庭的文书中没有写清楚追回的钱最后要交给哪一部门，并记录到哪一年，发文向阳陵司空询问。①

（2）李学勤、王焕林、胡平生、朱红林先生读为"问可（何）县官计，付署计年、名为报"。对其文义，王焕林先生认为，"付"为"附"，"署计年"即戍卒所在管理机构统计的服役年限；此句大意为：询问是哪一个县记的账，并要求附上所在之"署"统计的服役年限，回报。胡平生先生认为："问何县官计付署"确切的意思仍不是很了然，似乎是说阳陵司空方面不再将戍卒所欠钱统计上报了，问究竟由哪个县负责统计上报。文书大意为：现制作一份财务校验文书，上报给洞庭尉，命令管辖毋死的县里将追讨欠债的情况告知阳陵司空。阳陵司空现不再承担上报这笔债款的责任，查明欠债戍卒由哪个县管辖，即由哪个县负责统计在上报的年报表中。朱红林先生认为，这批文书属官府异地索债类型，阳陵司空向迁陵方面索要欠债戍卒的服役时日记录，是为了从戍卒的生活费用中扣除欠款，或者把握其服役返乡的时间，以强迫其居赀抵债。②

（3）马怡、王伟、戴世君先生读为"问可（何）县官计，付署，计年、名为报"。对其文义，马怡先生认为，"官计"指官府会计，"问

---

① 湖南省文物考古研究所、湘西土家族苗族自治州文物处：《湘西里耶秦代简牍选释》，《中国历史文物》2003年第1期。张俊民：《秦代的讨债方式——读〈湘西里耶秦代简牍选释〉》，《陕西历史博物馆馆刊》第10辑，三秦出版社2003年版，第289页。

② 李学勤：《初读里耶秦简》，《文物》2003年第1期。王焕林：《里耶秦简校诂》，中国文联出版社2007年版，第57—93页。胡平生：《读里耶秦简札记》，甘肃省文物考古研究所、西北师范大学文学院历史系编：《简牍学研究》第四辑，甘肃人民出版社2004年版，第11页。朱红林：《里耶秦简债务文书研究》，《古代文明》2012年第3期。里耶秦简讲读会、晏昌贵、钟炜先生读为"问可（何）县官计，付署计年名为报"。里耶秦简讲读会：《里耶秦简译注》，《中国出土资料研究》第8号，2004年。晏昌贵、钟炜：《里耶秦简牍所见阳陵考》，2005年11月3日，简帛网（http://www.bsm.org.cn/show_article.php?id=37）。

何县官计"指询问在哪个县的官府计账,"付"指交付、交与,"付署"指将校券交付戍所,"计年为报"为计算劳作时间,按年回复。①

(4)《里耶秦简牍校释(第一卷)》中有与此类似的简文,著者读为"问可(何)计付,署计年为报"。②

本文认为,阳陵司空文书应读为:

> 卅三年三月辛未朔戊戌,司空腾敢言之:阳陵下里士五(伍)不识有赀余钱千七百廿八,不识戍洞庭郡,不智(知)何县署。今为钱校券一,上,谒言洞庭尉,令署所县责以受阳陵司空司空不名计,问可(何)县官、计付署、计年、名,为报。已訾责其家,家贫弗能入。有物故弗服,毋听流辞以环书,道远。报署主责发。敢言之。

以下尝试对其部分文义加以解说。

## 二 "受阳陵司空司空不名计"义解

阳陵司空制作此文书上报阳陵县廷,是要请求阳陵县廷向洞庭郡行文,要求洞庭郡对以下两件事加以处理:其一,"令署所县责以受阳陵司空司空不名计";其二,"问可(何)县官、计付署、计年、名"。此二事密切相关,"令署所县责以受阳陵司空司空不名计"是目的,"问可(何)县官、计付署、计年、名"是为实现此目的而需要询问的信息。所以,要讨论后者的标点和文义,从前者入手,可事半而功倍。

---

① 马怡:《里耶秦简选校》,中国社会科学院历史研究所学刊编委会《中国社会科学院历史研究所学刊》第四集,商务印书馆2007年版,第164页。戴世君:《里耶秦简辨正(一)》,2011年5月31日,简帛网(http://www.bsm.org.cn/show_article.php?id=1482)。对简9—1,戴世君先生读为:"问何县官计,年为报"。戴世君:《里耶秦简辨正(二)》,2011年6月3日,简帛网(http://www.bsm.org.cn/show_article.php?id=1485)。王伟:《里耶秦简赀赎文书所见阳陵地望考》,《考古与文物》2007年第4期。张燕蕊读为:"问可(何)计,年为报",认为意思是"问由哪方官府计账,按年给予回复"。张燕蕊:《里耶秦简债务文书初探》,卜宪群、杨振红主编《简帛研究2012》,广西师范大学出版社2013年版,第71页。

② 陈伟主编,何有祖、鲁家亮、凡国栋撰著:《里耶秦简牍校释(第一卷)》,武汉大学出版社2012年版,第48、49页。

"令署所县责以受阳陵司空司空不名计",原读为"令署所县责,以受(授)阳陵司空。司空不名计"。胡平生认为,"名计",是计算、统计的意思。① 马怡认为,"授"意为交付;"名"读为"明",意为看见、明了。②

里耶秦简简8-63可与阳陵司空文书对读。

廿六年三月壬午朔癸卯,左公田丁敢言之:佐州里烦故为公田吏,徙属。事苔不备,分Ⅰ负各十五石少半斗,直钱三百一十四。烦冗佐署迁陵。今上责校券二,谒告迁陵,Ⅱ令官计者定以钱三百一十四受旬阳左公田钱计,问可(何)计付署、计年,为报。敢言之。Ⅲ 8-63③

将两简部分文句列表比较于下:

表1

| 简8-63 | 今上责校券二 | 谒告迁陵 | 令官计者定以钱三百一十四受旬阳左公田钱计 | 问可(何)计付署、计年 | 为报 |
| --- | --- | --- | --- | --- | --- |
| 阳陵司空文书 | 今为钱校券一上 | 谒言洞庭尉 | 令署所县责以受阳陵司空司空不名计 | 问可(何)县官、计付署、计年、名 | 为报 |

显然,两简内容多可对应。其中,"受阳陵司空司空不名计"与"受旬阳左公田钱计"对应,二者都是"受○县○官○计"结构。当然,"受

---

① 胡平生:《读里耶秦简札记》,甘肃省文物考古研究所、西北师范大学文学院历史系编《简牍学研究》第四辑,第10页。
② 马怡:《里耶秦简选校》,中国社会科学院历史研究所学刊编委会《中国社会科学院历史研究所学刊》第四集,第163页。
③ 陈伟主编,何有祖、鲁家亮、凡国栋撰著:《里耶秦简牍校释(第一卷)》,第48—51页。"谒告迁陵,令官计者定以钱三百一十四受旬阳左公田钱计,问可(何)计付署、计年,为报"原读为"谒告迁陵令官计者定,以钱三百一十四受旬阳左公田钱计,问可(何)计付,署计年为报"。

阳陵司空司空不名计"连读，似乎过于繁赘，"司空不名计"应与"钱计"对应，盖指司空官的未确定名称的计，但是为何如此表述仍有待研究。不过，虽有此难解之处存在，"受阳陵司空司空不名计"为"受〇县〇官〇计"结构应无疑问。同样的结构并不少见。

  卅五年八月丁巳朔，贰春乡兹敢言之：受酉阳盈夷Ⅰ乡户隶计大女子一人，今上其校一牒，谒以从事。敢Ⅱ言之。Ⅲ8—1565①

"受酉阳盈夷乡户隶计"，同样是"受〇县〇官〇计"结构，与"〇官"对应的"盈夷"为酉阳县下辖之乡，而乡官亦属"官"之范畴②。在特殊的上下文中，"受〇县〇官〇计"可简化为"受计"：简8－60＋8－656＋8－665＋8－748 有"樊道弗受计"③，简8－1034有"书告居县，责受计"④。"受阳陵司空司空不名计"与"受旬阳左公田钱计""受酉阳盈夷乡户隶计""受计"，虽有繁简之别，但显然同构。里耶秦简又见"付〇县〇官〇计"。

  七月辛亥，少内守公敢言之：计不得敢（？）膻隤有令，今迁陵已定以付䣅少内金钱计，计廿☐Ⅲ☐年。谒告䣅司佐：☐虽有物故，后计上校以应迁陵，毋令校缪，缪任不在迁陵。丞印一☐☐ 8－75＋8－166＋8－485⑤

简8－1023亦见"付䣅少内金钱计钱万六千七百九十七"⑥。简8－21

---

① 陈伟主编，何有祖、鲁家亮、凡国栋撰著：《里耶秦简牍校释（第一卷）》，第362页。
② 郭洪伯：《稗官与诸曹——秦汉基层机构的部门设置》，卜宪群、杨振红主编《简帛研究2013》，广西师范大学出版社2014年版。孙闻博：《秦县的列曹与诸官——从〈洪范五行传〉一则佚文说起》，2014年9月17日，简帛网（http: //www.bsm.org.cn/show_article.php? id=2077）。
③ 陈伟主编，何有祖、鲁家亮、凡国栋撰著：《里耶秦简牍校释（第一卷）》，第43页。
④ 同上书，第265页。
⑤ 同上书，第55、56页。"今迁陵已定以付䣅少内金钱计"原读为"今迁陵已定，以付䣅少内金钱计"。
⑥ 同上书，第263页。

秦统一的进程与意义

则有"计以具付器计廿八年"①，为"付○计"结构。显然，"付○县○官○计"与"受○县○官○计"对言，"付计"与"受计"对言，"付"与"受"对言。那么，何为"付计"，何为"受计"?②

"付"与"受"的含义在悬泉汉简中有非常明白的显示。

县（悬）泉置元康五年正月过长罗侯费用薄（簿）。县掾延年过。61

入羊五，其二羍（羔），三大羊，以过长罗侯军长吏具。62

入麴（麴）三石，受县。63

出麴（麴）三石，以治酒之酿。64

入鱼十枚，受县。65

入豉一石五斗，受县。66

今豉三斗。67

出鸡十只（双）一枚，以过长罗侯军长史二人、军侯丞八人、司马丞二人、凡十二人。其九人再食，三人一食。68

出牛肉百八十斤，以过长罗侯军长史廿人，斥候五十人，凡七十二人。69

出鱼十枚，以过长罗侯军长史具。70

出粟四斗，以付都田佐宣，以治䕩（羹）。71

出豉一石二斗，以和酱食施刑士。72

入酒二石，受县。73

出酒十八石，以过军吏廿，斥候五人，凡七十人。74

● 凡酒廿。其二石受县，十八石置所自治酒。75

凡出酒廿石。76

出米廿八石八斗，以付亭长奉德、都田佐宣以食施刑士三百

---

① 陈伟主编，何有祖、鲁家亮、凡国栋撰著：《里耶秦简牍校释（第一卷）》，第33、34页。
② "受计"见于史籍，然与秦简有别。《汉书》卷6《武帝纪》"受计于甘泉"注："受郡国所上计簿也。若今之诸州计帐"，中华书局1962年版，第199页。《后汉书》卷28上《桓谭冯衍列传上》注引《东观记》曰"中家子为之保役，受计上疏，趋走俯伏，譬若臣仆，坐而分利"。中华书局1965年版，第958页。

人。77

　　●凡出米卅八石。78（I0112③：61－78）①

简77中，"出"表示支出，"付"的意思是给付，此简意为县泉置给付亭长奉德等廿八石八斗米并计为支出；与此相应，亭长奉德等的相关文书（如果存在相关文书）应该标注"入米廿八石八斗，受县泉置"。简73中，"入"表示收入，"受"的意思是接受，此简意为县泉置从敦煌县接受二石酒并计为收入；与此相应，敦煌县的相关文书（如果存在相关文书）应该标注"出酒二石，付县泉置"。此种"出付入受"并非仅见于费用簿。《居延汉简释文合校》简394.4："四时簿出付入受不相应，或出输非法，各如牒。书到"②，简179.6："校候三月尽六月折伤兵簿，出六石弩弓廿四，付库。库受啬夫久廿三。而空出一弓，解何？"③ 无论是费用簿，还是四时簿、折伤兵簿，都存在"出付入受"，而且"出付"与"入受"必须"相应"。

《居延新简》E. P. F22：462A："建武四年□□壬子朔壬申，守张掖□旷、丞崇谓城仓：居延、甲渠、卅井、殄北言，吏当食者先得三月食调给，有书。为调如牒，书到，付受与校计同月出入毋令缪，如律令。"《居延新简》E. P. F22：580："□□□官奴婢捕虏乃调给，有书。今调如牒，书到，付受相与校计同月出入毋令缪，如律令。"④ 可知，调给财物的"付受"需要与"校计同月出入毋令缪"。《二年律令·行书律》简276："诸狱辟书五百里以上，及郡县官相付受财物当校计者书，皆以邮行。"⑤ 可见汉初的"郡县官相付受财物"同样与"校计"有关。"出付入受"为什么会与"校计"有关呢？"校"，有二义。一为动词，指勾校，如上引《居延汉简释文合校》简179.6中的"校"。

---

① 胡平生、张德芳编撰：《敦煌悬泉汉简释粹》，上海古籍出版社2001年版，第148、149页。
② 谢桂华、李均明、朱国炤编：《居延汉简释文合校》，文物出版社1987年版，第550页。
③ 同上书，第286页。
④ 马怡、张荣强主编：《居延新简释校》，天津古籍出版社2013年版，第799、812页。
⑤ 彭浩、陈伟、工藤元男主编：《二年律令与奏谳书：张家山二四七号汉墓出土法律文献释读》，上海古籍出版社2007年版，第205页。

## 秦统一的进程与意义

一为名词,指校券。睡虎地秦简《法律答问》简179:"可(何)谓'亡券而害'? ·亡校券右为害。"① 里耶秦简中多见一种记录仓官支出的券,如简 8-762:"径廥粟米一石二斗半斗。·卅一年十二月戊戌,仓妃、史感、禀人援出禀大隶妾援。Ⅰ 令史朝视平。Ⅱ"② 此类校券是官府某些政务的凭证,其中有时会记载"出付入受"的具体细节。"计",大致可以视作官府需要向上级报告的某些重要政务的账目。睡虎地秦简《秦律十八种》简70:"官相输者,以书告其出计之年,受者以入计之。"③ 甲官输送财物给乙官,需要告知乙官己方的"出付"事务列入哪一年的计中,乙官则需要将对应的"入受"事务列入己方同一年的计中。

卅七年迁陵库工用计,受其贰春乡髹□Ⅰ 桼(漆)三升,升歓(饮)水十一升,乾重八。□Ⅱ 9-1138④

这是秦始皇卅七年迁陵县库官的工用计的部分内容,其中记录了从贰春乡"受"漆之事。也就是说,在这一年,迁陵库官从贰春乡接受了漆并在自己的工用计中加以记载,是即为"受计";与此相应,贰春乡在这一年将漆付给迁陵库官并在自己的计中加以记载,是即为"付计"。

迁陵已计:卅四年余见弩臂百六十九。Ⅰ ·凡百六十九。Ⅱ 出弩臂四输益阳。Ⅲ 出弩臂三输临沅。Ⅳ ·凡出七。Ⅴ 今九月见弩臂百六十二。Ⅵ 8-151⑤

由此推测,计之中或许会记载某一政务的前期实存情况(如"迁陵已

---

① 睡虎地秦墓竹简整理小组:《睡虎地秦墓竹简》,文物出版社1990年版,第135页。
② 陈伟主编,何有祖、鲁家亮、凡国栋撰著:《里耶秦简牍校释(第一卷)》,第219页。
③ 睡虎地秦墓竹简整理小组:《睡虎地秦墓竹简》,第37页。
④ 里耶秦简牍校释小组:《新见里耶秦简资料选校(二)》,《简帛(第十辑)》,上海古籍出版社2015年版,第199页。
⑤ 陈伟主编,何有祖、鲁家亮、凡国栋撰著:《里耶秦简牍校释(第一卷)》,第91、92页。

计卅四年余见弩臂百六十九"）、本期"出付入受"情况（如"出弩臂四输益阳。出弩臂三输临沅。·凡出七"）以及本期实存情况（如"今九月见弩臂百六十二"）。睡虎地秦简《效律》简56、57："计校相缪（谬）殹（也），自二百廿钱以下，谇官啬夫；过二百廿钱以到二千二百钱，赀一盾；过二千二百钱以上，赀一甲。"① 计所记载的内容与校券所记载的内容必须相符而不能"相缪"。

通过以上讨论可以大致了解"付计"与"受计"的含义，但是，上述认识还不能直接解释阳陵司空与迁陵某官之间的"付计"与"受计"关系。这是因为，其中尚存在以下疑问：首先，"令署所县责以受阳陵司空司空不名计"一事中，阳陵司空是付计方，同时也是不识的债权方。阳陵司空既然是不识的债权方，就应该请求迁陵某官向不识索取赀钱并交付给自己，又怎么会成为付计方呢？其次，迁陵某官是受计方，同时也是债务方所在地。迁陵某官作为债务方所在地，应该向不识索取赀钱并交付给阳陵司空，又怎么会成为受计方呢？而且，同样的疑问亦见于前引简8-63，此简大意是，旬阳州里烦应该向旬阳左公田支付三百一十四钱，因为烦现在在迁陵任"冗佐"，故旬阳左公田请求向迁陵某官付计。其中存在同样的疑问：旬阳左公田是付计方，同时也是烦的债权方；迁陵某官是受计方，同时也是债务方所在地。

　　十二月戊寅，都府守胥敢言之：迁陵丞膻曰：少内巸言冗佐 I 公士棘道西里亭赀三甲，为钱四千卅二。自言家能入。II 为校 □□□谒告棘道受责。有追，追曰计廿八年□III责亭妻胥亡。胥亡曰：贫，弗能入。谒令亭居署所。上真书谒环。□□IV棘道弗受计。亭譓，当论，论。敢言之。☑ V 8-60+8-656+8-665+8-748②

此简中也存在同样的疑问：迁陵少内是付计方，同时也是棘道西里亭的

---

① 睡虎地秦墓竹简整理小组：《睡虎地秦墓竹简》，第75、76页。
② 陈伟主编，何有祖、鲁家亮、凡国栋撰著：《里耶秦简牍校释（第一卷）》，第43页。"亭譓，当论，论"原读为"亭譓当论，论"。

511

债权方；樊道都府是受计方，同时也是债务方（亭之家）所在地。不过，幸运的是，在此简中，能够发现解释上述疑问的线索。此简大意是，樊道西里亭在迁陵任冗佐，应该向迁陵少内缴付四千卅二钱。亭不能缴付，说其家庭能够缴付。所以，迁陵少内行文给樊道，请求樊道"受责"。樊道都府收到文书后，向亭的妻子胥亡索债，胥亡说：家里贫穷，无法缴付。因此樊道都府告知迁陵：樊道"弗受计"。如果抽去多余的细节，就可以发现，其文义脉络是：迁陵少内因故请求樊道"受责"，樊道都府因故告知迁陵：樊道"弗受计"。也就是说，此简中的"受计"等同于"受责"。循此路径，上述三简中存在的疑问皆可获得解释。"受责"中的"责"是名词，即债权，迁陵少内想要与樊道都府进行"付受"并在自己的计中加以记载的对象就是这种债权。由此可以了解，"令署所县责以受阳陵司空司空不名计"应该是阳陵司空对迁陵某官的特殊的"付计"。具体来说，阳陵司空制作此"付计"文书及"钱校券"，要求向迁陵某官付计。待迁陵某官对"可（何）县官、计付署、计年、名"作出答复后，阳陵司空可以在自己的计中将这笔赀钱债权记为支付给迁陵某官的支出。阳陵司空的计中大约会有以下记载：

>某年某月某日，出士五（伍）阳陵下里不识赀钱千七百廿八，付迁陵某官。

通过这种付计，阳陵司空将自己的计中原有的对不识的赀钱债权转移给迁陵某官，阳陵司空自然就无须再向不识索债了。与此相应，根据阳陵司空文书及"钱校券"，迁陵某官在自己的计中可以将这笔赀钱债权记为从阳陵司空处接受的收入。迁陵某官的计中大约会有以下记载：

>某年某月某日，入士五（伍）阳陵下里不识赀钱千七百廿八，受阳陵司空。

但实际上，迁陵某官并未从阳陵司空处获得这笔赀钱，而只是获得了向不识索取赀钱的权利。"令署所县责以受阳陵司空司空不名计"实际上可以简化为"令署所县责以受（阳陵司空司空不名）计"，与前引简8-1034所云"书告居县，责受计"略同。这里的"责"是动词，意为向不识索债。在向不识索取赀钱后，迁陵某官才可以在自己的计中最终销账。那么，为什么阳陵司空不要求迁陵某官在向不识索取赀钱后将钱移送给自己呢？答案很简单：没有必要。阳陵司空通过"付计"即可将债权转移给迁陵某官并由迁陵某官向债务方索取赀钱，既可节省运输时间，也可节省运输费用，完全没有必要由迁陵某官向不识索取赀钱后再将赀钱移送给阳陵司空。睡虎地秦简《秦律十八种》简76："有责（债）于公及赀、赎者居他县，辄移居县责之。公有责（债）百姓未赏（偿），亦移其县，县赏（偿）。"① 后一句中欠百姓债务的"公"不必将相关财物实际移送给"其县"，而只需移送文书给"其县"，"其县"就会依法偿付；同理，前一句中的"居县"也不必将索取来的"责（债）""赀、赎"实际移送给"公"。也就是说，在这里不同县之间并不发生实际的财物付受，而只是通过相关文书在账面上进行付受。以上大致就是"令署所县责以受阳陵司空司空不名计"的含义。前引各家对阳陵司空文书文意的理解中，胡平生先生的理解与本文最为接近。

与此相关，以下两简值得细细玩味。

  士五（伍）巫南就日路娶赀钱二千六百☐。Ⅰ卅一年四月丙戌，洞庭县官受巫☐Ⅱ8-1083②

  士五（伍）巫仓溇产尸赀钱万二千五百五十二。Ⅰ卅一年四月甲申，洞庭县官受巫司空渠良。Ⅱ8-793+8-1547③

从字面上来理解，这两简是说"洞庭县官"从巫司空处接受了巫县两位士伍的赀钱，巫司空是付方，"洞庭县官"是受方。因为这两简出现在迁陵，可以大致推断此"洞庭县官"为迁陵某官。这两简的制作者

---

① 睡虎地秦墓竹简整理小组：《睡虎地秦墓竹简》，第38页。
② 陈伟主编，何有祖、鲁家亮、凡国栋撰著：《里耶秦简牍校释（第一卷）》，第275页。
③ 同上书，第228页。

秦统一的进程与意义

应该是巫司空，因为如果是洞庭郡某县某官制作此文书，不会将己方模糊地表述为"洞庭县官"。但如果这样理解，疑问也会同时产生：首先，如果这两简是一般的赏钱付受文书，为什么巫司空竟然不知道要把钱付给谁，而只能模糊地把受方表述为"洞庭县官"？其次，巫司空为什么要详细说明每笔赏钱的数量以及每笔赏钱是源于巫县哪个里的什么爵位的哪个人？这些信息与受方没有关系，巫司空没有必要如此详细地告知对方这些信息。根据以上讨论，本文推断：与不识等十二名阳陵戍卒一样，巫县的这两位士伍也拖欠了巫司空赏钱，也在迁陵某官处从事某种活动；与阳陵司空一样，巫司空也想通过同样的付计方式将相关赏钱债权转移给迁陵某官。这样解释，上述疑问皆可冰释：正是因为巫司空同样不知道这两位士伍在洞庭郡的哪个县的哪个官，才会在这两份文书上模糊地书写受方为"洞庭县官"；也正是因为巫司空同样想要对迁陵某官进行赏钱债权的付计，才需要详细说明每笔赏钱的数量以及每笔赏钱是源于巫县哪个里的什么爵位的哪个人，从而在自己的计中将相关赏钱债权销账。而且，简8-1083中的那位士伍虽籍属巫县，却很可能身在迁陵。简8-1014："☐☐出貣居赀士五（伍）巫南就路五月乙亥以尽辛巳七日食。"《里耶秦简牍校释（第一卷）》已经指出此简与上引简8-1083存在联系。① 虽然存在"路娶"和"路"的差别，但简8-1083中的"路娶"与简8-1014中的"路"很可能为同一人。

## 三 "可（何）县官、计付署、计年、名"义解

"令署所县责以受阳陵司空司空不名计"文义既明，"问何县官计付署计年名"的文义和标点问题即可迎刃而解。阳陵司空要向迁陵某官付计，需要在相关文书中像上引简8-75+8-166+8-485中"付酁少内金钱计，计廿"一样写明"付○县○官○计，计○年"，所以阳陵司空需要询问"可（何）县官、计付署、计年、（计）名"等信息。

"县官、计付署"，其含义尚不易逐字说清，但可确定其与"○县

---

① 陈伟主编，何有祖、鲁家亮、凡国栋撰著：《里耶秦简牍校释（第一卷）》，第262页。

514

○官○计"中的"○县○官"对应,指接受阳陵司空付计的受计方之某县某官。如下表所示,简9-1至简9-12中"问何县官、计付署、计年、名"一句存在差别。

表2

| 简9-1、简9-10 | 问可（何）县官、计年 | |
|---|---|---|
| 简9-2、简9-4—简9-8、简9-11、简9-12 | 问可（何）县官、计付署、计年 | |
| 简9-3 | 问可（何）县官、计付署、计年、名 | 有物故,弗服,毋听流辞,以环书道远 |
| 简9-9 | | 有流辞,弗服,勿听,道远毋环书 |

但是在这些差别中看不出太多特殊含义,可能仅与书手有关。[①] 不过,前引简8-63中,左公田丁仅对"计付署"与"计年"发问,而不对"县官"与"（计）名"发问,大约是因为左公田丁已经知道烦"署迁陵",也确定了计名为钱计。

> 卅三年三月辛未朔丙戌,尉广敢言之:□□Ⅰ
> 自言:谒徙迁陵阳里,谒告襄城□□Ⅱ
> 可（何）计受署、计年、名,为报。署□Ⅲ 8-1141+8-1477[②]

此简中,提问者仅对"计受署""计年"与"（计）名"发问,而不对

---

[①] 据研究,简9-1、简9-10中的阳陵司空文书字迹一致［(林进忠:《里耶秦简"赀赎文书"的书手探析》,《湖南大学学报》(社会科学版)2010年第4期。单育辰:《里耶秦公文流转研究》,武汉大学简帛研究中心主办:《简帛(第九辑)》,上海古籍出版社2014年版］,其内容之别与字迹之别指向同一抄写者。简9-3、简9-9中此句皆作"问可（何）县官、计付署、计年、名",简9-3中有它简未见之"有物故弗服,毋听流辞以环书,道远",简9-9中有它简未见之"有流辞,弗服,勿听,道远毋环书",两处内容差别存在一致性。

[②] 何有祖:《里耶秦简牍缀合(八则)》,2013年5月17日,简帛网(http://www.bsm.org.cn/show_article.php?id=1852)。"何计受署、计年、名,为报"原读为"何计受?署计年名为报"。

"县官"发问，大约是因为提问者已经知道受计的对方县官为襄城或迁陵。因此，"县官"对应"○县"，"计付署"对应"○官"，"县官、计付署"对应"○县○官"。由此还可以引出一个隐含的重要问题：简9-1至简9-12中，不是阳陵县直接向迁陵县付计，而是阳陵司空向迁陵某官付计。而且，绝大多数上引简例中"付计"与"受计"都是发生在甲县某官与乙县某官之间，而非发生在甲县与乙县之间。里耶秦简中的"计"，较常见者有二。其一，以"○县○官○计"的形式出现；其二，以县廷"○曹計録"的形式出现。有学者指出，里耶秦简所见县级组织中存在"官""曹"之分①，"○县○官○计"与"○曹計録"恰好分别与"官""曹"对应。里耶秦简所见"○县○官○计"有"迁陵田车计"（简8-410）②、"旬阳左公田钱计"（简8-63）、"迁陵库工用计"（简9-1138）、"鄢少内金钱计"（简8-75+8-166+8-485、简8-410）、"贰春乡守辨敢言之上不更以下繇（徭）计二牒"（简8-1539）、"酉阳盈夷乡户隶计"（简8-1565）。此外还可见"迁陵尉计"（简8-1952）、"☐计卅五年少内"（简8-1111）等，大约亦为某官之计。此类某官之计是某官部分重要政务的账目，其层级最低却非常重要，一县之计的主要内容应该就是其下辖诸官之计的汇总。由此既可对秦县下辖诸官的地位有更深入的认识，也可理解为什么阳陵司空文书中的付计方是阳陵司空而不是阳陵县。里耶秦简所见"○曹計録"有"户曹計録"（简8-488）、"仓曹計録"（简8-481）、"司空曹計録"（简8-480）、"金布計録"（简8-493）。睡虎地秦简《效律》中频繁提到计：

---

① 郭洪伯：《稗官与诸曹——秦汉基层机构的部门设置》，卜宪群、杨振红主编《简帛研究2013》，广西师范大学出版社2014年版。孙闻博：《秦县的列曹与诸官——从〈洪范五行传〉一则佚文说起》，2014年9月17日，简帛网（http://www.bsm.org.cn/show_article.php?id=2077）。

② 陈伟主编，何有祖、鲁家亮、凡国栋撰著：《里耶秦简牍校释（第一卷）》，第144页。"田"对应"某官"，指田官。"车计"，对应"某计"，为计名。《里耶秦简牍校释（第一卷）》认为"车"是人名，朱红林认为"田车"也许指的就是车辆的一种［朱红林：《读里耶秦简札记》，2012年7月25日，复旦大学出土文献与古文字研究中心网站（http://www.gwz.fudan.edu.cn/SrcShow.asp?Src_ID=1907）］，与本文观点不同。

## 里耶秦简"付计"文书义解

为都官及县效律：计用律不审而赢、不备，以效赢、不备之律赀之，而勿令赏（偿）。50

官啬夫赀二甲，令、丞赀一甲；官啬夫赀一甲，令、丞赀一盾。其吏主者坐以赀、谇51如官啬夫。其他冗吏、令史掾计者，及都仓、库、田、亭啬夫坐其离官52属于乡者，如令、丞。53

尉计及尉官吏节（即）有劾，其令、丞坐之，如他官然。54

司马令史掾苑计，计有劾，司马令史坐之，如令史坐官计劾然。55

计校相缪（谬）殴（也），自二百廿钱以下，谇官啬夫；过二百廿钱以到二千二百钱，赀一盾；56过二千二百钱以上，赀一甲。人户、马牛一，赀一盾；自二以上，赀一甲。57

计脱实及出实多于律程，及不当出而出之，直（值）其贾（价），不盈廿二钱，除；廿58二钱以到六百六十钱，赀官啬夫一盾；过六百六十钱以上，赀官啬夫一甲，而复59责其出殴（也）。人户、马牛一以上为大误。误自重殴（也），驾（加）罪一等。60①

这几条律文对计出现不同问题时的责任加以界定，本文所要关注的是其中以下三类责任人：①官啬夫，即诸官之长；②县令、丞；③令史。无论是简51-53还是简56、57、简58、59，其中的直接责任人都是官啬夫，说明律文所言之计即为某官之计，亦即以"○县○官○计"的形式出现的"计"。县令、丞与令史同为连带责任人。县令、丞因其为某官的直接上级而承担连带责任，很容易理解。那么，令史为何需要对某官之计承担连带责任呢？睡虎地秦简整理者把《效律》简51-53及简55中的"掾"字解为"一种属吏"。张家山汉简《二年律令》简396、397及《奏谳书》简75、144、146、147中的"掾"字皆为"审核""核查""审查"义，《效律》简51-53及简55中的"掾"字亦应为

---

① 睡虎地秦墓竹简整理小组：《睡虎地秦墓竹简》，第75、76页。

"审核"义。① 郭洪伯先生指出秦律中的"掾计"就是"掾官计",并尝试将令史"掾计"与"○曹计録"联系起来理解。②《岳麓书院藏秦简〔叁〕》简044"捸江陵狱"之"捸"亦作"掾"形。陶安先生指出,应释为"捸",读为"录",省察义;《效律》简51－53及简55中的"掾"字亦应改释为"捸",读为"録"。③ 由此可见,《效律》简51－53之"令史捸(録)计"与里耶秦简由某位令史"主"之"○曹计録",其实本属一事。"○曹计録",就是某曹令史对与本曹对应的某"官"或多"官"之计的核查("録")成果④。正是因为令史所"捸(録)"之计为某官之计,《效律》中"捸(録)计"的令史才需要对某官之计负连带责任。

"计年",与"计○年"等对应,指计之年度。上引简文中多见"计○年""○年○计"之例,睡虎地秦简中也多次提到计之年度⑤。

"名",为"计名"涉上之省,与"○县○官○计"中的"○计"对应,指计之名称。里耶秦简"○曹计録"简中出现了大量计名,如简8－480"司空曹计録"中有:船计、器计、赎计、赀责计、徒计,简8－481"仓曹计録"中有:禾稼计、贷计、畜计、器计、钱计、徒计、畜官牛计、马计、羊计、田官计,简8－488"户曹计録"中有:乡户计、繇(徭)计、器计、租赁计、田提封计、枲计、鞫计,简8－493"金布计録"中有:库兵计、车计、工用计、工用器计、少内器计、□钱计。上引"○县○官○计"简中所见之计名有"金钱计"(简

---

① 拙稿《张家山汉简〈二年律令〉杂考》,2003年1月21日,简帛研究网(http://www.bamboosilk.org/Wssf/2003/wangwei01.htm)。
② 郭洪伯:《稗官与诸曹——秦汉基层机构的部门设置》,卜宪群、杨振红主编《简帛研究2013》,第124页。
③ 朱汉民、陈松长主编:《岳麓书院藏秦简〔三〕》,上海辞书出版社2013年版,第119、125页。
④ 孙闻博先生指出,同名曹、官,并不意味着彼此在事务上的完全对口。孙闻博:《秦县的列曹与诸官——从〈洪范五行传〉一则佚文说起》,2014年9月17日,简帛网(http://www.bsm.org.cn/show_article.php?id=2077)。
⑤ 如睡虎地秦简《秦律十八种》简35"稻后禾孰(熟),计稻后年"、简90:"受衣者,夏衣以四月尽六月禀之,冬衣以九月尽十一月禀之,过时者勿禀。后计冬衣来年"(睡虎地秦墓竹简整理小组:《睡虎地秦墓竹简》,第37页,"受衣"原读为"受(授)衣")及上引简70等。

518

8-75+8-166+8-485、8-1023)、"车计"(简8-410)、"器计"(简8-21)、"工用计"(简9-1138)、"繇(徭)计"(简8-1539)等,及简8-1686所见"赀责计",基本皆见于"○曹计録"简。

## 四 "有物故"义解

阳陵司空文书中"有物故"的含义也值得讨论。

"物故",秦汉史籍习见,多意为死亡。《汉书》卷五四《苏武传》注:"物故,谓死也,言其同于鬼物而故也。一说,不欲斥言,但言其所服用之物,皆已故耳。"[1]《后汉书》卷七九上《儒林列传上》"道物故"注:"在路死也。案:《魏台访》问物故之义,高堂隆答曰:'闻之先师,物,无也,故,事也。言死者无复所能于事也。'"[2] 也指物品损毁。居延新简 E. P. T51:192:"受正月余袭二百卌二领。其二领物故。今余袭二百卌领",注释:"俗作死亡解,不仅只用于人,物品毁损殆尽亦曰物故。"居延新简 E. P. T51:405:"稟矢百皆庠呼,物故",注释:"坏败不可用"。[3]《释名·释丧制》云:"汉以来谓死为物故,言其诸物皆就朽故也。"[4] 刘熙亦释"物故"为死亡,但有趣的是,他给这种解释加上了一个时间限定语"汉以来"。因此,"汉以前"是否"谓死为物故"也就成为问题。

《墨子·号令》:"屯陈、垣外术衢街皆楼,高临里中,楼一鼓聋灶。即有物故,鼓,吏至而止,夜以火指鼓所。"孙诒让曰:"物故犹言事故,言有事故则击鼓也。"[5] 岑仲勉先生亦曰:"物故,事故也,有事则击鼓,待邑吏来,鼓乃停止。"[6] 可见,《墨子·号令》中的"有物故"意为"有事故"而非死亡。《商君书·定分》:"主法令之吏有迁

---

[1] 《汉书》卷54《苏武传》,中华书局1962年版,第2467页。
[2] 《后汉书》卷79《儒林列传上》,中华书局1965年版,第2557页。
[3] 中国简牍集成编辑委员会编:《中国简牍集成(标注本)》第10册《甘肃省内蒙古自治区卷[居延新简]二》,敦煌文艺出版社2001年版,第92、122页。
[4] 王先谦:《释名疏证补》,商务印书馆1937年版,第410页。
[5] 孙诒让撰、孙启治点校:《墨子间诂》,中华书局1986年版,第618、619页。
[6] 岑仲勉撰:《墨子城守各篇简注》,中华书局1958年版,第137页。

徙物故，辄使学者读法令所谓……诸官吏及民有问法令之所谓也于主法令之吏，皆各以其故所欲问之法令明告之。各为尺六寸之符，明书年、月、日、时，所问法令之名以告吏民……即以左券予吏之问法令者，主法令之吏谨藏其右券，木押以室藏之，封以法令之长印。即后有物故，以券书从事。"《定分》中"有物故"出现了两次。后一个"有物故"，《商君书锥指》引简书《商君书笺正》云："商鞅意盖谓吏民问法令于主法令吏，主法令吏不特口告之，并书诸符，左右若一，左予问者，右藏官中，一以使主法吏不敢弄法，一以防异日法令有事故时官私或各执一词……故下文曰：即后有物故，以券书从事。"[1] 所言甚是。吏民向主管法令的官吏询问法令内容后，主管法令的官吏把左券交给吏民，把右券收藏起来。接下来的"即后有物故，以券书从事"一句中，不能将"有物故"理解为死亡，因为吏民和主管法令的官吏无论是活着还是死亡，左、右券存在的意义都是要"以券书从事"，即根据券书行事，而非吏民和主法令吏活着就可以不"以券书从事"。所以，应将此"有物故"理解为"有事故"。但是，《定分》中的前一个"有物故"确实理解为死亡比较合理。《春秋繁露·玉英》："有物故则未三年而称王"，《春秋繁露校释》云："'物故'各本均作'物故'。卢（文弨）校'"物"字衍。'苏（舆《春秋繁露义证》）本从之。孙（诒让《札迻》）云：'案"物"字不当删，《毛诗·大雅·烝民》传云"物，事也。"此云"有物故"，亦谓"有事故"也。与《史记》《汉书》以死亡为物故者异。《韩非子·难三篇》云："知不足以遍知物故。"卢校失之。'曾（宇康《春秋繁露义证补》）云：'案《说苑·辨物篇》云："物故有昧掭而中蚊头。"《韩诗外传》十"物故"作"事故"，亦足为孙说之证。'"[2] 这样看来，其实"汉以来"也仍然存在意为"事故"的"物故"。由上述可见，"物故"的本义是"事故"，"汉以前"多以"有物故"表示"有事故"。盖因"不欲斥言"人之死亡，遂以"有物故"即"有事故"来指称死亡。在《商君书》中，"有物故"的"有

---

[1] 蒋礼鸿撰：《商君书锥指》，中华书局1986年版，第141、142页。
[2] 钟肇鹏主编：《春秋繁露校释（校补本）》，河北人民出版社2005年版，第129、131页。

事故"与死亡二义并存。因此,至少在"汉以前",不能一见"有物故"即径断为死亡义,而应根据上下文作出判断。

学者多将阳陵司空文书中的"有物故"理解为死亡。如果此"有物故"是死亡的意思,阳陵司空的意思就是在说:如果不识死亡而不服罪,不要听信他的供词而回文。这显然于情理不合。如果不识已经死亡,就谈不上服与不服,而迁陵县则既无从听信其供词也无从向其索取赀钱。故阳陵司空文书中的"有物故"应理解为"有事故",阳陵司空的意思是如果不识因某种"事故"而不服,不要听信他的供词而回文。

《二年律令》简375:"☐先以长者、有爵者即之。爵当即而有物故,夺☐,以其数减后爵。其自贼杀,勿为置后。"[①] 学者多将此"有物故"理解为死亡。但尹在硕先生将其文义理解为:如后子发生事故,依事故的程度,削减后子继承的爵级,并规定自杀者不允许置后子。[②] 本文则更倾向于将"有物故"与"夺☐"连读,理解为被继承人因"有事故"而被夺爵,此事发生在"爵当即"即被继承人已经死亡但继承人尚未继承爵位之时,故应根据被继承人被夺爵位的级数来确定继承人最终应继承的爵位。《二年律令》简78、79:"诸有叚(假)于县道官,事已,叚(假)当归弗归盈廿日,以私自叚(假)律论。其叚(假)别在它所,有(又)物故毋道归叚(假)者,自言在所县道官,县道官以书告叚(假)在所县道官收之。其不自言,盈廿日,亦以私自叚(假)律论。其叚(假)前已入它官及在县道官非"。[③] 此"有物故"如果是指借用财物的人死亡,其人既已死亡,就无法"自言在所县道官",也不可能出现因"不自言"而受到惩罚的情况。此"有物故"如果是指所借用的财物损毁,财物既已损毁,县道官既无可能也无必要"以书告叚(假)在所县道官收之"。故这条律文中的"有物

---

① 彭浩、陈伟、工藤元男主编:《二年律令与奏谳书:张家山二四七号汉墓出土法律文献释读》,第237页。
② 尹在硕:《睡虎地秦简和张家山汉简反映的秦汉时期后子制和家系继承》,《中国历史文物》2003年第1期。
③ 彭浩、陈伟、工藤元男主编:《二年律令与奏谳书:张家山二四七号汉墓出土法律文献释读》,第121页。"事已,叚(假)当归弗归盈廿日"原读为"事已,叚(假)当归。弗归,盈廿日";"有物故"之"有"不应读为"又"。

故"也应理解为"有事故","有物故毋道归叚（假）"意为因出现"事故"而无法归还所借用的财物。《二年律令》简265："一邮十二室，长安广邮廿四室，敬（警）事邮十八室。有物故、去，辄代者有其田宅。有息，户勿减。"① 此"有物故"为死亡义的可能性比较大。由此可见，在《二年律令》中，"有物故"的"有事故"与死亡二义似乎仍然并存。

里耶秦简中出现的"有物故"还有几例，因简文残缺或文义古奥，不能证明其为"有事故"义，但同样也不能否定其可能性。简8-75+8-166+8-485："谒告郪司佐：□虽有物故，后计上校以应迁陵，毋令校缪，缪任不在迁陵丞印一□☒"。"虽有物故"前缺失之字如果不是人名，即可断定此"有物故"并非死亡而是"有事故"义，"有物故后计上校以应迁陵"的意思是因某种"事故"在受计之后才上交校券来响应迁陵县。但遗憾的是，这个关键词恰好缺失了，因此无法断言此"有物故"究为何意。简8-657："☒亥朔辛丑，琅邪叚（假）【守】□敢告内史、属邦、郡守主：琅邪尉徙治即【墨】☒琅邪守四百卅四里，卒可令县官有辟、吏卒衣用及卒有物故当辟征逯☒告琅邪尉，毋告琅邪守。"② 琅邪尉因其治所迁徙而告知内史等官某些行政事务要直接告知琅邪尉，其中的"县官有辟吏卒衣用及卒有物故当辟征逯"或可理解为"县官有辟吏卒衣用"与"卒有物故当辟征逯"二事，其含义尚难以确证。

在《史记》《汉书》以及西北汉简等资料中，"事故"义的"物故"已经不易寻觅，"有物故"连用的情况也不多见，"物故"表示死亡的例子大量出现。

至此可知，阳陵司空文书大意为：

卅三年三月辛未朔戊戌日，阳陵司空腾敢言之：阳陵下里士伍

---

① 彭浩、陈伟、工藤元男主编：《二年律令与奏谳书：张家山二四七号汉墓出土法律文献释读》，第199页。
② 陈伟主编，何有祖、鲁家亮、凡国栋撰著：《里耶秦简牍校释（第一卷）》，第193页。

不识有剩余的赀钱一千七百廿八钱未缴付，不知不识戍于洞庭郡的哪个县。现在制作一份钱校券文书，上交，请告知洞庭郡尉，命令不识所在县向不识索债以接受阳陵司空的未确定名称的计，询问是向哪个县的哪个官付计、计的年度是哪一年、计的名称是什么，请回报。已经向不识的家庭索债，其家庭贫穷无法偿付。如果不识因某种事故不服，不要听取他虚假的口供而回文，路途遥远。回报文书署明由主责之吏开启。敢言之。

简9-1至简9-12的主要内容为阳陵司空请求向迁陵某官"付计"，其性质为"付计"文书。

[原载《鲁东大学学报》（哲学社会科学版）2015年第5期]

（文物出版社）

# 里耶秦简中的"养"

杨延霞

里耶秦简中可见到几则有关"养"的记录。以往学界更多关注的是在西北汉简中的"养"[1]，以及传世文献中有关于"养"的记载。[2] 对里耶秦简已公布的资料中"徒养""吏养"等文字记载的考察[3]，可以推进我们对秦代"养"及其工作内容等方面的认识。

## 一 "养"："炊烹者"

里耶秦简中关于"养"的简文记录如下[4]：

(1) ☐一人稟人：廉
　　☐一人求翰羽：强
　　☐二人病：贺、滑

---

[1] 于豪亮：《〈居延汉简甲编〉补释》，《考古》1960 年第 8 期。高敏：《秦汉史论集》，中州书画社 1984 年版。高敏：《秦汉时期的农业》，《秦汉史探讨》，中州古籍出版社 1998 年版，第 69 页。李振宏：《居延汉简与汉代社会》，中华书局 2003 年版，第 95 页。

[2] 《公羊传·宣公十二年》中有"厮、役、扈、养"的记载，何休注"炊烹者曰养"。这是我们所见到的史料中"养"（名词）的最早记载。

[3] 相关文例有："……四人徒养：枼、瘗、带、复……一人徒养：姊"（8-145），"……一人徒养，渭窑……"（8-239），"……一人徒养（第二栏）……"（8-244），"☐一人徒养：央乌（正）"（8-1259），"……☐氉养，成☐……"（8-2136），"……一人吏养☐☐（正）"（8-697），"……其四人吏养：唯、冰、州☐☐（正）"（8-736），"……吏仆养者皆属仓……"（8-190）等。

[4] 本文所采用的里耶秦简简文主要是参照陈伟主编《里耶秦简校释》（第一卷），武汉大学出版社 2012 年版。

## 里耶秦简中的"养"

　　☐一人徒养：央舁
　　☐带手（背）　　　　8－1259
（2）卅一年四月癸未朔甲午，【仓是】☐☐
　　大隶臣廿六人☐
　　其四人吏养：唯、冰、州、☐☐
　　☐午旦，隶【妾】☐☐（背）　　　　8－736
（3）卅一年后九月庚辰朔甲☐☐，……卻之，诸徒隶当为吏仆养者皆属仓☐……仓及卒长彭所
　　署仓，非弗智（知）殹，盖☐……可（何）故不腾书？进所官
　　亘（恒）曰上真书。状何☐☐（正）……☐☐☐☐☐☐
　　后九月甲申旦食时☐……（背）尚手。　　8－130背＋8－190背＋8－193①

　　以上简文（1）中的"廉、强、贺、滑、央舁"均为人名②，由此可知当时有名为"央舁"的"徒养"等。里耶秦简中类似的文例还有"四人徒养：枼、痤、带、复""一人徒养：姊"（8－145），"一人徒养：渭"（8－239），其中"枼""痤""带""复""姊"五个均为人名③，"一人徒养：渭"之"渭"是人名④。据此，可推测"徒养"可能是一种身份称谓。

　　文献中关于"养"的记载，《春秋公羊传·宣公十二年》有"厮役扈养死者数百人"，何休注解"炊烹者曰养"⑤。《史记》卷一二一《儒林列传》记载："兒宽，贫无资用，常为弟子都养"，司马贞《索隐》曰："谓兒宽家贫，为弟子造食也。"何休解释"炊烹为养"。"有厮养

---

① 陈伟主编：《里耶秦简牍校释》（第一卷），第68页。
② 同上书，第301页。
③ 同上书，第85—88页。
④ 同上书，第120页。8－212＋8－426＋8－1632有"春、小城旦渭等卅七人"，渭也可能是春或者小城旦。
⑤ 《春秋公羊传·宣公十二年》，《十三经注疏》，上海古籍出版社2007年版，第2285页中。

卒，厮掌马，养造食也。"①《汉书》卷五八《儿宽传》曰："儿宽，千乘人也。……受业孔安国。贫无资用，当为弟子都养。"师古注曰："养，主给烹炊者也。贫无资用，故供诸弟子烹炊也。"②《称谓录》解释"都养，造饭者③"。根据以上记载可知，儿宽家贫困时，曾通过为弟子提供"造食"服务，来赚取生活所需"衣食"之费用。

《后汉书》卷一一《刘玄传》记载："长安为之语曰：'灶下养，中郎将。烂羊胃，骑都尉。烂羊头，关内侯。'"李贤注亦引用《公羊传》曰："炊亨为养。"④长安之语"灶下养，中郎将"是对当时灶下养之流都可以做官的一种讽刺，可见当时"灶下养"的地位是不高的。《孙子十家注》卷二《作战篇》曹操注："养二人主炊，家子一人主保固守衣装，厮二人主养马，凡五人。"⑤又《资治通鉴·唐高祖武德二年》："下至士卒厮养，世充皆以甘言悦之。"胡三省注："炊烹为养。"⑥

据以上可知，"养"主要是"炊烹者"；它是当时应用比较广泛的一种称谓。

## 二　秦代刑徒、卒等群体中皆有"养"

"养"的身份属性是什么？《史记》卷六《秦始皇本纪》："虽监门之养，不谷于此。"司马贞《索隐》解释："养，即卒也。"⑦陈邦怀据居延汉简中"凡积九十人：其十人养，定作十六人，得绳千六百丈，率人廿丈，置此三千二百丈。"（《甲编》七九九号）指出："其十人养"中"养"字指厮（厮）役之主炊烹者。⑧于豪亮认为"所谓养，就是从事炊事工作的人。"⑨他指出了汉简中"养"的工作内容。李振

---

① 《史记》卷121《儒林列传》，中华书局1963年版，第3125页。
② 《汉书》卷58《儿宽传》，中华书局1962年版，第2628页。
③ 梁章钜著，王释非、许振轩校：《称谓录》卷29，福建人民出版社2003年版，第558页。
④ （宋）范晔撰，（唐）李贤等注：《后汉书》卷11《刘玄传》，中华书局1965年版，第471页。
⑤ 《孙子十家注》（影印本），天津古籍出版社1991年版，第47页。
⑥ 《资治通鉴》卷187《唐纪三》，中华书局1956年版，第5837页。
⑦ 《史记》卷6《秦始皇本纪》，第271—272页。
⑧ 陈邦怀：《居延汉简考略》，《历史教学》1964年第2期，第37页。
⑨ 于豪亮：《〈居延汉简甲编〉补释》，《考古》1960年第8期。

宏则认为"养"在先秦秦汉时期是主职炊烹的役卒。① 这种说法不仅指出养的主要工作内容，还说明了役卒群体中有"养"的存在。

睡虎地秦简《秦律十八种·均工律》中有："隶臣有巧可以为工者，勿以为仆、养。"《秦律十八种·司空律》记载："司寇勿以为仆、养。"其中"隶臣"与"司寇"均是秦刑徒的名称，睡虎地秦简所见的仆、养是由官府刑徒充当的。张荣芳、高荣认为，从事"仆、养一类的'安事'"者，为秦的刑徒。② 吴荣曾承认"秦的官府作坊中许多的工匠师是属于刑徒身份的"③，依吴荣曾之说，有技艺的"工隶臣"是刑徒身份，而无技艺的"隶臣"被配给官吏从事"仆""养"杂役，也是官府所派的，与在官府劳役是一样的，并不是官吏的"家内仆隶"，其身份也可能是刑徒。④ 故我们推测，目前所见秦代简牍中的"养"主要是刑徒中的炊烹者。

有学者根据睡虎地秦简（简113）的律文等，推测若无巧的"隶臣"被配给官吏做仆、养，则称之为"仆隶臣""养隶臣"。张家山汉简所见的《奏谳书》22（其时代为秦王政六年）中有"仆隶臣"（简206），当即"隶臣为人仆"者，故称之为"仆隶臣"。⑤ 但是"仆隶臣"见于《奏谳书》22（简206），秦汉其他简文中却未发现"养隶臣"。前文所列简文（2）中提到："卅一年四月癸未朔甲午……大隶臣廿六人，其四人吏养：唯、冰、州、□……"（8－736），此处"大隶臣"中的"大"可能和"小"相对，是年龄的一种标准，大概以15岁为界限。"大隶臣26人"中，四人是"炊烹"之养。里耶秦简（8－1008＋8－1461＋8－1532）中也有"养大隶臣竖"的记录，"竖"为人名。⑥ 里耶秦简还有一条简文：

---

① 李振宏：《居延汉简与汉代社会》，中华书局2003年版，第95页。
② 张荣芳、高荣：《简牍所见秦代刑徒的生活及服役范围》，（原载《秦文化论丛》第七辑，西北大学出版社1999年版），张荣芳《秦汉史与岭南文化论稿》，中华书局2005年版，第9页。
③ 吴荣曾：《秦的官府手工业》，《云梦秦简研究》，中华书局1981年版，第49页。后收入《先秦两汉史研究》，中华书局1995年版，第206页。
④ 李力：《"隶臣妾"身份再研究》，中国法制出版社2007年版，第365—366页。
⑤ 同上。
⑥ 《里耶秦简牍校释》（第一卷），第261页。

秦统一的进程与意义

☒□温与养隶臣获偕之蓬传及告畜官遣之书季有□（正）
☒急封此（背）　　　8-1558

　　整理小组解释，"温"与"获"，均为人名。①
　　里耶秦简中这三条简文中的"养隶臣"记录补充了我们以往的认识，秦代不仅有仆隶臣，还有年龄在15岁以上的"养隶臣"。
　　《汉书》卷三二《张耳传》："有厮养卒。"苏林注："厮，取薪者也。养，养人者也。"② 常璩在《华阳国志·蜀志》中记载了一个"石牛开道"的故事，"（秦）惠王以金一笥遗蜀王。王报珍玩之物，物化为土。惠王怒。群臣贺曰：'天承我矣！王将得蜀王地。'惠王喜。乃作石牛五头，朝泻金其后，曰'牛便金'。有养卒百人。"③秦惠文王可能曾经南行至"褒汉之地"，随行中"有养卒百人"。这两个例子都表明秦代"卒"群体中也有"养"的存在。

## 三　养有"徒养"与"吏养"之分

　　从"养"的类别来看，里耶秦简中可见"仆养""徒养""吏养"等记录。关于"仆养"，里耶秦简中有"吏仆、养、走、工、组织、守府门、劓匠及他急事不可令田"（8-756）的记录。再结合睡虎地秦简中"隶臣有巧可以为工者，勿以为仆、养。"（《秦律十八种·均工律》简113）整理小组注："养，做饭的人"④，睡虎地秦简"☒迁陵戍卒多为吏仆☒"（8-106）可推测"仆"是与"养"并列出现的一种身份称谓，8-756中的"吏仆"与"吏养"可能皆属于隶臣一类。
　　关于"徒养"，里耶秦简中有以下记录：

---

① 《里耶秦简牍校释》（第一卷），第358页。
② 《汉书》卷32《张耳传》第1833—1834页。
③ （晋）常璩撰，刘琳校注：《华阳国志校注》，巴蜀书社1984年版，第187—188页。
④ 睡虎地秦墓竹简整理小组：《睡虎地秦墓竹简》，文物出版社1990年版，第46页。其依据是《公羊传》宣公十二年注："炊烹者曰养。"

（4）卅二人徒养。八十四人邦司空公白羽（正）8－773

（5）·小春五人

其三人付田官，一人徒养：姊，一人病：☐　8－145

（6）☒【徒】养

☒妾一人蒡芋 8－1861

前文已述"养隶臣"身份是隶臣中的炊烹者，简（4）（5）（6）等中出现的"徒养"可能是为"徒"炊烹者，上例（8－145）中"徒养姊"是小春中的一员。

关于"吏养"，里耶秦简中有：

钱三百五十。卅五年八月丁巳朔癸亥，少内沈出以购吏养城父☒

城父士五（伍）得。得告成卒赎耐罪恶

令史华监。☒瘳手　　8－811＋8－1572①

"徒养"是为"徒"炊烹者，"吏养"则是为"吏"炊烹者，"吏"的具体身份笔者另撰文作进一步探讨。汉简中多见"吏养"，如"二月己卯鄣卒十人：其一人☐，一人削工，一人左☐，一人吏养"（居延释文合校：4·14A）等。有学者指出，居延汉简中鄣卒作簿也记有养，均称"吏养"。侯官治所的吏员较多，而鄣卒平时的工作大抵就是勤务，所以可能每天都有一名鄣卒专为吏员做饭，即所谓"吏养"。② 里耶秦简中出现的"吏"和汉简中所见的"吏"当有所区别。

睡虎地秦简《秦律十八种·金布律》有：

都官有秩吏及离官啬夫，养各一人，其佐、史与共养；十人，车牛一两（辆），见牛者一人。都官之佐、史冗者，十人，养一

---

① 陈伟主编：《里耶秦简牍校释》（第一卷），第231页。
② 李天虹：《居延汉简簿籍分类研究》，科学出版社2003年版，第134页。

529

人；十五人，车牛一两（辆），见牛者一人；不盈十人者，各与其官长共养、车牛，都官佐、史不盈十五人者，七人以上鼠（予）车牛、仆，不盈七人者，三人以上鼠（予）养一人；小官毋（无）啬夫者，以此鼠（予）仆、车牛。狠（艰）生者，食其母日粟一斗，旬五日而止之，别以叚（假）之。金布律

据以上律文，秦朝对不同级别的都官有秩吏、官啬夫以及官佐、史等在养、牛车等的配备，有着相对明确的规定。级别高的都官有秩吏或官啬夫，配"养各一人"；如果都官之佐、史的人数较少时，可与都官有秩吏或官啬夫"共养"。如果都官之佐、史较多时，则按照"十人，养一人"的比率配备；都官佐、史不满十人的，与其官长"共养"；都官佐、史不满七人的，三人以上配"养一人"。公家按制度给官吏配给炊烹者（即"养"）、赶车养牛者（即"见牛者"）以及服杂役者（即"仆"）。"都官有秩吏"及"离官啬夫"均为低级部门的主管官吏，约当百石之官，他们有"养"一人及车牛，其属下官吏则视情况数人合配给"养""仆"以及"车牛"。秦律的这些规定还表明，配给官员的"养""仆""见牛人"的口粮及牛的饲料，都由公家按月发给，车辆的维护保养费用也由公家开支，无须由官吏个人负责。

前文所列里耶秦简（3）中有"吏仆、养者皆属仓"，是不是意味着"吏仆""吏养"皆归属"仓"系统主管？这一推测仍需要其他文例来佐证，敬请学界前辈指教。

## 四 养的配备比率

睡虎地秦简《秦律十八种·金布律》有：

（7）都官有秩吏及离官啬夫，养各一人，其佐、史与共养；十人，车牛一两（辆），见牛者一人。都官之佐、史冗者，十人，养一人；十五人，车牛一两（辆），见牛者一人；不盈十人者，各与其官长共养、车牛，都官佐、史不盈十五人者，七人以上鼠

（予）车牛、仆，不盈七人者，三人以上鼠（予）养一人；小官毋（无）啬夫者，以此鼠（予）仆、车牛。㺇（艰）生者，食其母日粟一斗，旬五日而止之，别以叚（假）之。

（8）隶臣有巧可以为工者，勿以为仆、养。

（均工律 简一一三）

据以上律文，秦朝对不同级别的都官有秩吏、官啬夫以及官佐、史等在养、牛车等的配备，有着相对明确的规定。级别高的都官有秩吏或官啬夫，配"养各一人"；如果都官之佐、史的人数较少时，可与都官有秩吏或官啬夫"共养"。但是如果都官之佐、史较多时，则按照"十人，养一人"的比率配备；都官佐、史不满十人的，与其官长"共养"；都官佐、史不满七人的，三人以上配"养一人"。公家按制度给官吏配给炊烹者（即"养"）、赶车养牛者（即"见牛者"）以及服杂役者（即"仆"）。"都官有秩吏"及"离官啬夫"均为低级部门的主管官吏，约当百石之官，他们有"养"一人及车牛，其属下官吏则视情况数人合配给"养""仆"以及"车牛"。秦律的这些规定还表明，配给官员的"养""仆""见牛人"的口粮及牛的饲料，都由公家按月发给，车辆的维护保养费用也由公家开支，无须由官吏个人负责。根据《金布律》（简72-75）的律文可知，官府要按照法定标准给"都官"及"离官"的官吏配备车、车夫和做饭的人。言外之意，无技艺的隶臣就可以依律的规定配备给官吏作"仆"与"养"。[①]

汉代西北简中，"养"的配备基本上沿袭了睡虎地秦简中的规定，如居延简和疏勒河流域出土的汉简中的例子就很好地说明了这一点。

（9）二月己卯，鄣卒十人。　其一人□，　　　四·一四A
　　　　　　　　　　　　　一人削工，
　　　　　　　　　　　　　一人在□，
　　　　　　　　　　　　　一人吏养。

---

[①] 李力：《"隶臣妾"身份再研究》，第365页。

秦统一的进程与意义

(10) 八月丁丑 鄣卒十人　其一人守阁　二人马下　一人吏养
　　　　　　　　　　　一人守邸　　　一人使
　　　　　　　　　　　一人取狗湛　　一人守园
　　　　　　　　　　　一人治计　　　一人助

（居延释文合校：267·17）

(11) 己卯 卒十人一人养　六人伐兹其
　　　　　　　　　　　定作九人三人绳得绳百一十丈合百
八十丈

（居延新简：3446：E. P. T52：29）

居延简（26）（27）中，鄣卒每十人配备一"吏养"，（28）中，卒每十人则配备一"养"。疏勒河流域出土的汉简，大部分是按照这个比率来配备"养"的。如（29）—（34）：

(12) 乙卯 廿三日 骑士十人一人养九人作墼人作☐
（疏勒河流域出土汉简：607：疏＊656.）

(13) 癸酉　骑士十人　　九人负墼
　　　　　其一人养　　人致二百卅
（疏勒河流域出土汉简：613：疏＊662.）

(14) 癸酉　骑士十人　　九人负墼
　　　　　其一人养　　人致二百卅
（疏勒河流域出土汉简：613：疏＊662.）

(15) 丁未　骑士十人　　其一人候　人作百五十凡墼千二百
　　　　　其一人为养　　其八人作墼
（疏勒河流域出土汉简：615：疏＊664.）

(16) 己酉　骑士十人　　　其一人候　　人作百五十墼
　　　　　其一人为养　　八人作墼　　凡墼千二百
（疏勒河流域出土汉简：617：疏＊666.）

(17) ☐☐　骑士十人　　九人作墼　　人作百五十
　　　　　其一人为养　　　　　　凡墼千三百五十

532

里耶秦简中的"养"

（疏勒河流域出土汉简：624：疏 673.）

（18）十一月丁巳卒廿四人　其一人作长　右解除七人　定作十七人伐苇五百□

　　　　　　　　　　三人养　　　率人伐卅
　　　　　　　　　　一人病　　　与此五千五百廿束
　　　　　　　　　　二人积苇　（居延释文合校：133·21）

这样的例子还有很多，再如居延新简：3697：E. P. T52：261"丙子卒十人，其一人养，定作九人"等，兹不一一列举。当然，偶尔也有其他情况的出现，"十一人"配一"卒养"或者"九人"中有"二养"的情况，如下：

（19）　　　　　　　其一人作卒养
　　　　　　　　　　一人徐严门稍
　　　己卯卒十一人　三人偲
　　　　　　　　　　五人涂
　　　　　　　　　　一人治传中　（居延新简：1209：E. P. T40：3）

（20）　　　　　　　其二人养　二人涂泥　□人注泥
　　　　省卒廿二人　四人择绲　一人注竹关
　　　　　　　　　　二人□　　五人涂（居延释文合校：269·4）

（21）初作其九人养二人作长今年卒多病率日廿人病定作六十
（居延释文合校：286·2）

《敦煌悬泉汉简释文选》中记载的例子较为特殊，卒有八十人，"其四人养一人"。

　　　　　　　　　其四人养一人
（22）丁亥 卒八十人　积□
　　　　　　　　　定作七十五人□　（敦煌悬泉汉简173）

533

## 秦统一的进程与意义

```
(23)              其一人养
    丁酉 卒六人    一人病
                  四人伐苇百廿束（居延释文合校：317·31）
```

(23)中的记述，则属于睡虎地秦简中不满七人时，也配一"养"的规定。

还有"十八人，其二人养""卒十三人，其一人养""卒十四人，其一人养""戍廿二人，其三人养"等。

```
(24) 壬辰卒十八人    （以上为第一栏）
    其二人养    九人绳得□百廿丈率奇八十丈
    一人病      六人□□得五十八束率人九束有奇
    定作十五人   与□□卅束率人五束   （以上为第二栏）
              （居延新简：4866: E. P. T56: 124）
(25) 治亭吏□二人    养十三人
    候长……      （居延新简：6431: E. P. T59: 866）
                其一人养    四人治堠涂
(26) 正月十一日辛巳 卒十三人  四人诣官廪
                            四人运水   定作十三人
                              （居延新简：6837:
E. P. T65: 268）
                          其一人养
(27) 二月九日己卯卒十三人   四人诣官廪
                          八人治屋
（居延新简：6857: E. P. T65: 287）
(28) 三月甲辰卒十四人   （以上为第一栏）
    其一人养
    定作十三人除沙三千七百七十石率人除二百九十石
（以上为第二栏）
    与此七万六千五百六十石   （以上为第三栏）
```

里耶秦简中的"养"

（居延新简：2716：E. P. T51：117）

(29) 其□□马　　二人病李□戴恩　二人徙俪置城上
　　　三人门　　二人治几　　　一人绳
　　戍廿二人
　　　三人养　　二人□□　　　二人作席
　　　二人守阁削　一人谒之亭

（居延新简：3545：E. P. T52：117）

《孙子世家注》卷二《作战篇》注引曹公云："一车驾四马，卒十骑一重，养二人主炊。"墨子及曹操都以卒十人则有从事炊事工作的养两人，居延汉简的记载则卒十人只有养一人。养和卒的比例各有不同。[①] 如果"养"的数量较多时，便有人"作长"。如：

(30) 初作，其九人养，二人作长。今年卒多病，率日廿人病，定作六十。二八六·二

《中国简牍集成》注释：养，主厨炊。[②]
汉简中养的配备比率，如下表：

表1

| 简号 | 卒人数 | 养人数 | 比例关系 |
| --- | --- | --- | --- |
| E. P. T40：139 | 9 | 3 | 1/3 |
| 132·40 | 8 | 2 | 1/4 |
| 317·31 | 6 | 1 | 1/6 |
| E. P. S4T2：72 | 84 | 12 | 1/7 |
| E. P. T52：29 | 22 | 3 | 1/7.3 |
| 133·21 | 24 | 3 | 1/8 |

---

① 于豪亮：《〈居延汉简甲编〉补释》，《考古》1961年第8期，第451—455页。
② 《中国简牍集成》（第七册），第205页。

535

秦统一的进程与意义

续表

| 简号 | 卒人数 | 养人数 | 比例关系 |
|---|---|---|---|
| 143·3 | 90 | 10 | 1/9 |
| 30·19 | 29 | 3 | 1/9.7 |
| 4·14A | 10 | 1 | 1/10 |
| 269·4 | 22 | 2 | 1/11 |
| 46·18 | 34 | 3 | 1/11.3 |
| 306·21 | 37 | 3 | 1/12·3 |
| 218·23 | 27 | 2 | 1/13.5 |
| E.P.T51:117 | 14 | 1 | 1/14 |

从以上文例可以看出，秦汉简牍中"养"是按照一定的比率配备的，而这个比率会有一定的幅度，从1:3到1:14，当然也会有少数超出这个范围的。造成配备比率的差异原因有待进一步考察。

## 五 养的饮食服务职能

睡虎地秦简律文规定，有技艺的人不能担任"仆"或"养"一类的工作。比如：

> 隶臣有巧可以为工者，勿以为人仆、养。　　（均工　简一一三）

> 司寇勿以为仆、养、守官府及除有为（也）。有上令除之，必复请之。

> 司空

> 　　□□□□人
> 　　其九十六人养
> 　　□二人病□八十五人
> 　　八十人戍休
> 　　定作□百六十二人□络百三丈六尺三寸二分

（疏勒河流域出土汉简：881：疏＊937.）

出麦八石廪如意隧卒程充等四人四月食。(《居延汉简》甲255页）

省卒二十二人，其二人养……(《居延汉简》乙释文13页）

其一人伍百，二人养，一人病，右解队四人。(《居延汉简》甲229页）

前一简出麦八石廪隧四人，集体生活的意思甚明白。[1]再综合汉简中的"养"记录，可知"养"在鄣卒、骑士、卒等这样的集体生活中，提供了饮食服务的功能。

（中国计量大学）

---

[1] 李古寅：《汉代河西军民劳动者成分和生活状况》，《甘肃社会科学》1983年第4期。

# 从岳麓简"秦更名令"看秦统一对人名的影响[*]

孙兆华

在秦完成统一的历史大潮下,人名也不可避免地渲染上了时代的色彩。以睡虎地秦简、里耶秦简、岳麓秦简等出土文献所见人名为视域,可以发现秦统一对于人名产生的重大影响。特别是岳麓秦简有一条涉及黔首、徒隶更名的律令简文(本文称之为"秦更名令"[①]),对于认识这一影响的意义颇大。

此前涉及岳麓秦简"更名令"的文字仅见陈松长《秦代避讳的新材料——岳麓书院藏秦简中的一枚有关避讳令文略说》[②]和游逸飞《里耶8-461号"秦更名方"选释》[③]的一部分,在此作进一步讨论。

---

[*] [基金项目]国家社会科学基金重大项目"秦统一及其历史意义再研究"(项目编号:14ZDB028)。

[①] "秦更名令"这样的说法,只是本文为讨论方便而暂拟。本文曾在"秦统一及其历史意义"学术会议(烟台,2015年8月)宣读,原题为《秦统一对人名的影响——秦简所见的更名与避讳》,现在从题目到内容都做了一些修改。

[②] 陈松长《秦代避讳的新材料——岳麓书院藏秦简中的一枚有关避讳令文略说》,《中国社会科学报》2009年9月10日第5版;又见于2009年10月20日,简帛网(http://www.bsm.org.cn/show_article.php?id=1158);载陈松长等《岳麓书院藏秦简的整理与研究》,中西书局2014年版,第257—259页。

[③] 游逸飞:《里耶8-461号"秦更名方"选释》,载魏斌主编《古代长江中游社会研究》,上海古籍出版社2013年版,第68—90页。

从岳麓简"秦更名令"看秦统一对人名的影响

一

  2007 年 12 月,湖南大学岳麓书院从香港抢救性收购一批秦简(编号 2098 个,较完整简 1300 多枚),后接受一位香港收藏家捐赠的少量秦简(编号 76 个,较完整简 30 多枚),是为岳麓秦简。从内容上看,这批秦简分六大类:一、《质日》,二、《为吏治官及黔首》,三、《占梦书》,四、《数》,五、《奏谳书》,六、律令文书。① 前五部分已经出版②,第六部分的部分内容也有所刊布③。

  岳麓秦简律令文书部分的一条简,编号 2026,记录了有关秦人更名的法律规定:

    ·令曰:黔首、徒隶名为秦者,更名之。敢有弗更,赀二甲。④

  这条秦令是统治阶层在国家控制中涉及人名管理的内容,是秦汉人名研究里甚可宝贵的一条材料。

  这条秦令颁布的时代是何时呢?我们首先想到了与"黔首"称谓有关的这条史料,《史记·秦始皇本纪》记载:"秦王初并天下,……更名民曰'黔首'。"⑤ 这在岳麓秦简《奏谳书》中可见实证。学者指出:"第二类案例中存在一些在秦始皇兼并六国之后被删改的地方,可知第二类编写时间正好跨越秦王政至秦始皇的时代分界。例如简 167 称

---

① 陈松长:《岳麓书院所藏秦简综述》,《文物》2009 年第 3 期。陈松长等:《岳麓书院藏秦简的整理与研究》,目录页。
② 朱汉民、陈松长主编:《岳麓书院藏秦简》(壹)(贰)(叁),上海辞书出版社 2010 年版、2011 年版、2013 年版。
③ 陈松长等:《岳麓书院藏秦简的整理与研究》,第 243—277 页。周海锋:《〈岳麓书院藏秦简(肆)〉的内容与价值》,《文物》2015 年第 9 期。
④ 简文"有"字后还有一"有"字,陈松长认为后一个"有"字衍,今从之。参见陈松长《秦代避讳的新材料——岳麓书院藏秦简中的一枚有关避讳令文略说》。
⑤ 《史记》卷 6《秦始皇本纪》,中华书局 1982 年标点本,第 239 页。

秦统一的进程与意义

'民大害殹（也）'，简147有同文，将'民'字削掉，留下大约一个字大小的空白，即'同、显▢▢大害殹（也）'，而简148则将'黔首'两字挤到一个字大小的简面上，称为'此黔首大害殹（也）'。……上述削改处似与秦国统一的诸种改称有关。"①

但"黔首"一词并不能作为断代的一个标志。"秦王初并天下"，指秦始皇二十六年（前221）及其稍后一段时间。此时，全国范围内更名民为"黔首"，而此前"黔首"一词战国时期就被广泛使用②。所以由此并不能说"秦更名令"是颁布于秦统一之时。但是，由下文可知，"秦更名令"确实是在秦统一后颁布实施的。

"秦更名令"中的"黔首"指代的人群范围是什么？也许在具体语境、不同时期里的"黔首"指代的对象不同。③ 对于《秦始皇本纪》中的"更名民曰'黔首'"，有学者认为指的是各种自由人。④ 或以为"严格意义上的'黔首'，指不能服冠的无爵平民和徒役"。⑤ 总之，将"更名民曰'黔首'"和"秦更名令"里的"黔首"看成与高爵者、官吏等特权阶层相对的一般平民，应该是可以的。在这个意义上，"黔

---

① 朱汉民、陈松长主编：《岳麓书院藏秦简》（叁），前言第2页，参见第181—182、190页。

② 对于"黔首"，清代学者王念孙认为："盖旧有此称，而至秦遂以为定名，非始创为之也。"见（清）王念孙《广雅疏证》，中华书局1983年版，第110页。王子今认为："关注秦统一之前已见'黔首'称谓的事实，似不能排除'黔首'称谓早先即在秦地通行的可能。""'黔首'称谓的使用，战国时期可能亦不限于秦地。"见王子今《秦汉称谓研究》，中国社会科学出版社2014年版，第17页。还可参见张传玺《"更名民曰黔首"的历史考察》，《北京大学学报》（哲学社会科学版）1980年第1期，收入氏著《秦汉问题研究》，北京大学出版社1995年版；袁林《析更名民曰"黔首"》，《兰州大学学报》（社会科学版）1992年第2期。李解民认为："《史记·秦始皇本纪》是十分可靠的信史，因为司马迁去秦不远，并翻检阅读过《秦纪》，'黔首'之称，从秦始皇二十六年开始出现，此前则无。当然这并不能肯定秦始皇二十六年之前秦国就没有'黔首'的称呼，但至少可以说明秦国官方此前一般不用'黔首'来称民。"见李解民《民和黔首——兼评秦始皇"更名民曰黔首"》，载中华书局编辑部编《文史》（第二十三辑）1984年版。随着秦简等出土文献的出现，"秦国官方此前一般不用'黔首'来称民"的看法已不准确。

③ 朱湘蓉在对比了放马滩秦简《日书》的"入黔首"和睡虎地秦简《日书》的"入人民"后，认为："黔首作奴隶解在目前的材料下只能作为语境义看，还不能确定为义项。"见朱湘蓉《说"黔首"》，《呼兰师专学报》2004年第1期。

④ 陶之甘：《秦始皇更名民曰黔首》，《社会科学战线》1985年第3期。

⑤ 李解民：《民和黔首——兼评秦始皇"更名民曰黔首"》。

540

首"和一般情况下的"百姓""民"对等。徒隶,学界则一般以为是指隶臣妾、城旦舂、鬼薪白粲。① 可见,此条秦令涉及的对象是平民、刑徒和奴婢。

## 二

为何"秦更名令"不含"吏"等特殊群体?
学者曾认为:

> 秦代有关避讳的规定,也是有等级规定的。这里所划定的范围是黔首和徒隶两大类,也就是说,它是针对没有什么社会地位的一般百姓和徒隶而设定的。因此,如果是有爵位之人,可能就不受此令文的约束了。②

即认为"有爵位之人"等特殊群体的人名中有"秦"字可能不须改。
或认为:

> 百姓、刑徒、奴婢要避"秦"为名,官吏更应避讳,秦更名方正为其证。参照岳麓秦令,木方本条当为省写,原文或作"诸

---

① 关于"徒隶",李学勤根据里耶秦简认为是"隶臣妾、城旦舂和鬼薪白粲"。见其《初读里耶秦简》,《文物》2003年第1期。之后还有"徒隶"的争论,见张俊民《龙山里耶秦简二题》,《考古与文物》2004年第4期;蔡万进、陈朝云《里耶秦简秦令三则探析》,《许昌学院学报》2004年第6期;李力《论"徒隶"的身份——从新出里耶秦简入手》,载《出土文献研究》(第8辑),上海古籍出版社2007年版,又见《张家山247号墓汉简法律文献研究及其述评》(1985.1—2008.12),东京外国语大学AA(亚美)言语文化研究所2009年版,第425—434页。曹旅宁进一步认为:"里耶秦简中,徒隶指城旦舂、隶臣妾、鬼薪白粲,又能被政府所买卖,具有罪犯奴隶的性质。其刑期是终身的。"见其《释"徒隶"兼论秦刑徒的身份及刑期问题》,2008年2月26日,简帛网(http://www.bsm.org.cn/show_article.php?id=796),修订版见《上海师范大学学报》(哲学社会科学版)2008年第5期。游逸飞据后者说法将"徒隶"释作刑徒、奴婢。见其《里耶8-461号"秦更名方"选释》,第78页。关于徒隶身份的详细讨论,还可参见孙闻博《秦及汉初的司寇与徒隶》,《中国史研究》2015年第3期。

② 陈松长:《秦代避讳的新材料——岳麓书院藏秦简中的一枚有关避讳令文略说》。

官'名'为秦,尽更",其意指所有秦朝官吏的私名若有"秦"字,均须更改。①

所谓"秦更名方"是秦统一后所更替名号的一份历史记录,此木方并非正式诏令或文书,而是迁陵县的官员从各种诏令、文书里摘抄出来的名号更替汇编。② 所见的"诸官[名]为秦,尽更",是指里耶8-461号秦牍第一栏第十七列的内容,原释文作"诸官为秦尽更"③。"名"字是学者补释的。若这种补释无误,那么"诸官[名]为秦,尽更"是否可以解作"所有秦官吏的私名若有'秦'字,均须更改"?答案是肯定的。

"官"的解释很重要,而作"官吏"解更合适。"官"在秦汉时期有"官署"或"官职""官事"的意思。如在同一牍上第一栏第十二列所谓"□如故更废官"④ 的"废官",传世文献如《汉书》常见"修废官""朝亡废官"⑤,这里的"官"当作"官署"或"官职""官事"解。又如居延汉简所见的"甲渠候官"的"官"即为"官署"之意。在另外一些情形下,"官"也可作"官吏"解。游逸飞认为:"里耶秦简J1(9)981'田官守敬'说明'官'字有时亦指官吏,岳麓秦简《为吏治官及黔首》,学者虽对'为吏'、'治官'的意涵尚有争论,但皆同意'吏'、'官'、'黔首'均为人群之称,'官'为'官吏'之意。"⑥

部分秦法令的颁布可能有一个从特殊群体到下层人群的顺序。《史

---

① 游逸飞:《里耶8-461号"秦更名方"选释》,第78页。
② "秦更名方"原编号8-455,后来编号8-461。该木方的介绍和研究参见张春龙、龙京沙《湘西里耶秦简8-455号》,载武汉大学简帛研究中心编《简帛》(第四辑),上海古籍出版社2009年版,第11—15页;胡平生《里耶秦简8-455号木方性质刍议》,载武汉大学简帛研究中心编《简帛》(第四辑),上海古籍出版社2009年版,第17—25页;游逸飞《里耶8-461号"秦更名方"选释》,第68—90页。
③ 陈伟主编:《里耶秦简牍校释》(第一卷),武汉大学出版社2012年版,第156页。
④ 同上。
⑤ 《汉书》卷21上《律历志上》、卷24上《食货志上》,中华书局1962年标点本,第955、1117页。
⑥ 游逸飞:《里耶8-461号"秦更名方"选释》,第79页。

记》保存的秦史记录可见以下几条史料①，或许由之可推知这个顺序。

  秦简公六年（前409），"令吏初带剑"。（《史记·秦本纪》）
  秦简公六年（前409），"初令吏带剑"。（《史记·六国年表》）
  秦简公七年（前408），"百姓初带剑"。（《史记·秦始皇本纪》）

  以上前两条材料所述相同，都是说战国初期，即秦简公六年（前409），"令吏初带剑"；第三条材料"初带剑"的对象则是"百姓"。前后两年先后令"吏""百姓""初带剑"在《史记》中的多次记载，学者历来有不同看法。或以为确实是两次法令分别令"吏""百姓""初带剑"②，或以为是一个事件的多次记录，"吏""百姓"指的是同一个群体。③ 考虑到第三条材料的特殊性以及秦史年代的问题④，产生这样的分歧就很自然了。这里把"百姓"视作"平民"或"黔首"解。以上三条材料说明，秦简公时期曾先后令"吏""百姓"带剑。

  由上可见，既然战国初期秦就有对于"初带剑"从上到下的颁令次序，秦统一后又有"秦更名方"言及"诸官'名'为秦，尽更"，那么或可推知：部分秦法令的颁布可能有一个从"吏"等特殊群体到

---

① 分别引自《史记》卷5《秦本纪》，第200页；卷15《六国年表》，第708页；卷6《秦始皇本纪》，第288页。
② 林剑鸣将两者并提，似乎也是认为两者是不同人群。见林剑鸣《秦史稿》，上海人民出版社1981年版，第162页。目前看来，民俗史学者、小说史或文学史的学者、部分其他历史学者支持此处"百姓"代指平民的看法。如罗立群：《中国剑侠小说史论》，暨南大学出版社2012年版，第33—34页；李零：《放虎归山》（增订版），山西人民出版社2008年版，第109页。
③ 白化文把"百姓"解作"大小官吏和新兴地主阶级内部的各种人物"，见白化文《关于青铜剑》，《文物》1976年第11期。杨宽则认为："'百姓'二字，此用古义，即谓'百官'，与'吏'同义。"见杨宽《战国史料编年辑证》，上海人民出版社2001年版，第166页。
④ 关于《秦始皇本纪》"百姓初带剑"所属附录部分的史源问题，大致有三种观点，第一种认为此部分是《秦记》，第二种认为是后人附加，第三种认为是别种"秦记"；此外，"初"字句式似乎是秦史记事的一个特色，表明秦的历史记录重视从时间上记录事件的发生。这两个问题，参见本书所载吕壮《〈秦记〉相关问题探析》一文。而秦史年代的问题，参见林剑鸣《秦史稿》，第3—6页。

"百姓"或"黔首""徒隶"等下层人群的顺序;进而,吏"名为秦者"可能先于"黔首、徒隶"已更名了;由下文可知,"秦更名令"颁布于秦统一后,那么此令当后于"秦更名方"。

联系后世王莽执政时期也有诸多对于人名的改革,比如当时对"一名"的规定,就有一种从上到下的层级次序,这或许可以看作以上推断的一个辅证。汉平帝首先更"二名",然后向全国普及。《汉书·平帝纪》:"(元始二年,)诏曰:'皇帝二名,通于器物,今更名,合于古制。'"孟康曰:"平帝本名箕子,更名曰衎。箕,用器也,故云通于器物。"① 《汉书·王莽传下》:"宗本名会宗,以制作去二名,今复名会宗。"② 《汉书·匈奴传下》:"时,莽奏令中国不得有二名",并授意匈奴单于改名③,"因使使者以风单于,宜上书慕化,为一名,汉必加厚赏。单于从之,上书言:'幸得备藩臣,窃乐太平圣制,臣故名囊知牙斯,今谨更名曰知。'"④ 同书《王莽传上》作:"莽念中国已平,唯四夷未有异,乃遣使者赍黄金币帛,重赂匈奴单于,使上书言:'闻中国讥二名,故名囊知牙斯今更名知,慕从圣制。'"⑤

秦"更名令"所见"赀二甲",学者曾将秦律赀罚中甲、盾与金、钱的数量关系换算出来,"赀二甲"相当于 4 两 2 锤金或 2688 钱。这个惩罚程度有多重呢?如果把"赀二甲"换算成"居赀"为官府服劳役的天数,那么是 336 天或者 448 天。⑥ 可见,这条秦令的力度是比较大

---

① 《汉书》卷 12《平帝纪》,第 352 页。
② 《汉书》卷 99 下《王莽传下》,第 4153 页。
③ 这里对单于上书更名一事的时间问题稍作讨论。《资治通鉴》将匈奴单于上书改名事系于元始二年(2)(《资治通鉴》,中华书局 1956 年版,第 1137 页)。陈槃认为《匈奴传》和《王莽传》的两处记载"以上并元始二年事也"(陈槃:《秦汉间之所谓"符应"论略》,《历史语言研究所集刊》第十六本,1948 年,第 30 页;收入陈槃《古谶纬研讨及其书录解题》,上海古籍出版社 2010 年版)。王云度也是如此看法(王云度:《秦汉史编年》,凤凰出版社 2011 年版,第 601 页)。而东汉荀悦的《汉纪》将之系于元始四年(4),参见(汉)荀悦、(晋)袁宏《两汉纪》,张烈点校,中华书局 2002 年版,第 526 页。考虑到汉平帝更名诏是在元始二年发布,匈奴单于顺应王莽心意更名当非两年后,荀悦可能是误读《汉书·王莽传上》的记载。
④ 《汉书》卷 94 下《匈奴传下》,第 3819 页。
⑤ 《汉书》卷 99 上《王莽传上》,第 4051 页。
⑥ 陈松长等:《岳麓书院藏秦简的整理与研究》,第 246 页。

的。顺而推想,针对"吏"的令文,可能也含有处罚的规定。

## 三

"秦更名令"涉及的"名为秦者"要"更名"的情况,可与先秦礼制联系。先秦礼制不允许本国人名中含国名,所谓"名子者,不以国"(《礼记·曲礼》),孔颖达疏"此一节明与子造名字之法。不以国者,不以本国为名,故杜氏注《春秋》桓六年传云:'不以本国为名。'如是他国,即得为名。故桓十二年'卫侯晋卒',襄十五年'晋侯周卒'是也。"[1]

那么对秦国人而言,礼制是否得到了遵守?是否存在"名为秦者"的例子呢?实际情况是秦国人并未严格遵守先秦礼制,"名为秦者"的情形从青铜器铭文的例子可以看出。

1989年山西省高平市北城区凤和村曾出土一件"卅八年上郡守庆戈",上有铭文曰:

卅八年,上郡守庆造,漆工盘、丞秦、工隶臣于。[2]

陕西历史博物馆2001年5月曾征集到一件"卅七年上郡守庆戈",上有铭文曰:

卅七年,上郡守庆造,桼工帀□、丞秦、工城旦贵。[3]

学者一般认为这两件器物的时代同为战国秦昭襄王时期(前306—

---

[1] (唐)孔颖达:《礼记正义》,载阮元编《十三经注疏》,中华书局1980年影印本,第1241页。
[2] 郎保利:《长平古战场出土三十八年上郡戈及相关问题》,《文物》1998年第10期。
[3] 周天游主编:《寻觅散落的瑰宝——陕西历史博物馆征集文物精粹》,三秦出版社2001年版,第19页。

前251）。① 游逸飞认为："根据这两条铭文，不仅可证实战国晚期秦国确有人取名为'秦'，故秦始皇须下诏改名；更可推测改名的规定甚晚推行，很可能是秦始皇统一天下的新规定，否则战国晚期的上郡丞应当已经改名，不应名'秦'。"②

秦私印中有人名"阴秦""姚秦"③，惜不能判知具体年代，从本文的观点来看，可能是秦统一之前的历史遗物。

此外，里耶秦简的材料或许可为我们展示此条法令实施后的情形。里耶秦简是迁陵县的官文书，其中多含标有纪年的人名信息，学者已经开始里耶秦简的搜集整理的工作。④ 由其成果可见，自始皇二十六年（前221）后，目前所公布的里耶秦简里的人名并不含"秦"字。

居延汉简常见含"汉"字人名，如单名"汉"（EPT50：78），双名"汉君"（EPT51：427）、"汉强"（EPT51：493）、"广汉"（EPT53：75）⑤。而秦简则少见形如单名"秦"、双名"广秦"之类含"秦"字人名。通过上面的讨论，可以试着提出一种解释：正是由于"秦更名方"所见"诸官［名］为秦，尽更"法令以及"秦更名令"的颁布，秦统一之后人名进行了一轮较大规模的更新，所以秦简不见含"秦"字的单名和双名。

秦统一后先后颁布"秦更名方"所见"诸官［名］为秦，尽更"法令以及"秦更名令"，从形式上看，与先秦礼制相合，否决了秦国时期的"非礼"，这很难确定是效仿先秦礼制的一种历史行为。但是可以说，作为新政治形势下的更新制度、更新名物之举，上述两种有关人名法令的颁布从客观上维护了旧的礼制，这也许反映了秦统一后在制度更

---

① 参见董珊《论阳城之战与秦上郡戈的断代》，载北京大学中国考古学研究中心、北京大学震旦古代文明研究中心编《古代文明》（第3卷），文物出版社2004年版，第344页。
② 游逸飞：《里耶8-461号"秦更名方"选释》，第79页。
③ 许雄志主编：《秦代印风》，重庆出版社1999年版，第44、139页。
④ 单印飞：《〈里耶秦简牍校释（第一卷）〉人名统计表》，载杨振红、邬文玲主编《简帛研究二〇一四》，广西师范大学出版社2015年版。又见其《秦代县级职官相关问题探究——以迁陵县为例》，硕士学位论文，中国社会科学院研究生院，2015年，附录。
⑤ 简文引自马怡、张荣强主编《居延新简释校》，天津古籍出版社2013年版。更多实例，参见［日］大庭脩编《居延汉简索引》，关西大学出版部1995年版。

新的血液里含有旧的成分。

[原载《鲁东大学学报》（哲学社会科学版）2016年第2期；中国人民大学复印报刊资料《先秦、秦汉史》2016年第4期全文转载。]

（首都师范大学历史学院；出土文献与中国古代文明研究协同创新中心）

# 秦简编绳材质新探

## 冯 立

  编绳是简牍文书的重要组成部分,由于其材质特殊难以保存,无论是在目前所见的出土文物之中,还是在各方学人的观点之中,简牍编绳的形制多为直径约 2 毫米的细麻绳、丝绳所制。① 但《睡虎地秦简·秦律十八种·司空》中记载可知萱草、蒲草、蔺草等水草类植物,也可作为简牍文书的编绳材料,或因此类编绳材质难以保存,使得在出土材料中亦未曾出现,故未受到学界重视。

  在秦代字书《苍颉篇》的记载中,曾将萱草、蒲草、蔺草等水草类植物并为一类加以叙述。虽然《苍颉篇》全文已经亡佚,但是在出土文献中可见两处记载,其一为 2009 年公布的甘肃水泉子汉简七言本《苍颉篇》,据专家认定该简牍的形成年代不会早于西汉武帝时期,整理者张存良在《水泉子汉简七言本〈苍颉篇〉蠡测》一文中指出,该版本简文例 24:"□芀编为薄,莞(筦)蒲閵筲织。"此简属鱼韵,韵脚相合。可见在先秦字书有"蒲"与"蔺"同称之先例。② 其二,在 2015 年 9 月最新公布的《北京大学藏西汉竹书(一)》中收录的《苍颉篇》,被学界公认为目前最为完整的《苍颉篇》版本。据整理者推断该篇成书年代在西汉武帝后期,其中第 64 条简文记载:

---

① 李均明、刘军:《简牍文书学》,广西教育出版社 1999 年版,第 17 页。
② 张存良:《水泉子汉简七言本〈苍颉篇〉蠡测》,《出土文献研究》(第九辑),第 60—75 页。

简64：藿苇菅蒯，莞蒲閵蒋。崇末根本，荣叶荂英，麋鹿熊黑。①

由于草本植物的花一般被称为"荣"，可见"菅""蒲""蒯"三者并称，且均属于草本植物。北大古籍所的整理者据《玉篇》考证菅蒯就是菅蒯，并将这一条归属阳部字。②音韵学中有"鱼阳对转"的常例，故此条可以与水泉子汉简的条文互证。通过以上两条可知菅、蒲、蒯三种草本植物在秦汉文献中所并称，可知在秦汉百姓的日常生活中较常见。

关于简牍文书编绳材质成分的研究，以《二十世纪出土简帛综述》为主，大多数认为出土简帛编绳为枲麻编制，而传世文献中所记载的编绳多为丝纶。③今之考古材料所见，多为各类麻质制品或丝质制品。战国秦汉简牍中有关简牍文书编绳材质的材料可见，多数为麻质编绳，如马王堆1号汉墓竹简以及各类西北汉代木质简牍，其余多为丝质编绳制品，在信阳长台关楚简、云梦睡虎地秦简、临沂银雀山汉简中可见。④王恺、胡东波《北京大学藏简牍编绳的显微分析》一文概述了北京大学藏西汉及秦竹书编绳的宏观形态，指出这类宏观形态符合苎麻的采收加工工艺；纤维的纵面及横截面显微形态亦支持其材质均为苎麻⑤。

## 一　菅草

韧性极强的材质是简牍文书编扎用材的首要因素，韧性强的编绳在文书编扎过程中让文书更加紧密相连。过往学者观点与考古材料所反映

---

① 北京大学出土文献研究所：《北京大学藏西汉竹书（一）》，上海古籍出版社2015年版，图版见第34页，释文见第131页。
② 北京大学出土文献研究所：《北京大学藏西汉竹书（一）》，第131页。
③ 骈宇骞、段书安：《二十世纪出土简帛综述》，文物出版社2006年版，第64—68页。
④ 李均明：《古代简牍》，文物出版社2003年版，第141—143页；河南省文物研究所：《信阳楚墓》，文物出版社1986年版，第86—87页；甘肃省考古文物所：《敦煌汉简》，中华书局1991年版，第67页。
⑤ 王恺、胡东波：《北京大学藏简牍编绳的显微分析》，《文物保护与考古科学》2012年第4期，第64页。

## 秦统一的进程与意义

的状况一致,均以秦汉简牍编绳形制多为麻绳、丝绳所制。① 但据马怡先生考证,兽皮也是中国古代编扎文书的工具——书楎的制作材料之一。书楎的制作多使用渔具材料。众所周知渔具材料如鱼线等均为韧性极强的材料。② 由此可知无论兽皮、麻、丝等均为韧性强的材料。今出土于湖北省云梦县睡虎地秦简的《秦律十八种·司空篇》中记载:如:

> 令县及都官取柳及木楘(柔)可用书者,方之以书;毋(无)方者乃用版。其县山之多笄者,以笄缠书;毋(无)笄者以蒲、蔺以枲荫(枲)之。各以其棒〈获〉时多积之。③

据整理小组释义可知笄、蒲、蔺草以及麻都可以封扎文书,这些材质的物品应在收获时节多为储存。且(云梦)县内山上盛产笄草,当地善用"笄"缠束文书。通过整理小组的解释,他们认为"笄"字应被训为"菅"字,但并未作出严谨解析,此一字型在目前所见出土文献中也仅此一例。笔者以为"菅"字存在异体字"茾"其形态与此处的"笄"字形类同,可备替换。不过,"笄"字草头之下为"芫"字,韵部归属真部字,而"菅"字在韵部上属于"元"部字,两字韵尾相同可为旁转,或许整理者将二字归为同义。笔者通过下文从自然科学的角度加以论证。

据自然科学科研成果可知,菅属植物是高粱族属植物从水热充沛的热带、亚热带林缘向干热河谷的稀树草原扩散过程中形成的特化类群。今植物学研究可知,中国的菅属植物中有苞子草、黄背草和菅,三类菅属植物均盛产在今湖北省内。④ 菅草植物属于生存在山上的草类植物,可与此处简文"其县山之多笄者"互证。据今民俗学乡土考察资料得

---

① 李均明、刘军:《简牍文书学》,第17页。
② 马怡:《说书楎》,出土文献与中国古代文明学术研讨会论文,北京,2015年6月,第312—319页。
③ 睡虎地秦墓竹简整理小组:《睡虎地秦墓竹简》,文物出版社1978年版,第83—84页。
④ 张煜、刘青:《菅属植物的地理分布》,《热带亚热带植物学报》2012年第3期,第221—228页。

知,今湖北省安陆市民间的丧葬仪式中,丧葬人员需穿"菅履"完成仪式。① 今行政规划中,湖北省安陆市与云梦县相邻,在秦汉时期均属云梦县管辖,可见自古以来,云梦地区的百姓擅用菅草编为草鞋并大量使用。由此也可与简文互证,可知菅草为战国秦汉时期当地百姓日常生活中常见的编织材料而存在。

自先秦文献中可知"菅草"作为韧性强的编织物材质,在战国秦汉之际被广泛使用,在秦汉时期的丧葬礼仪中,相关材料最早见于《荀子》卷31《哀公》:

> 哀公曰:"然则夫章甫絇屦,绅带而搢笏者,此贤乎?"
> 孔子对曰:"不必然,夫端衣玄裳,絻而乘路者,志不在于食荤;斩衰菅屦,杖而啜粥者,志不在于酒肉。生今之世,志古之道;居今之俗,服古之服;舍此而为非者,虽有,不亦鲜乎!"
> 哀公曰:"善!"②

可知贤者不注重富华的外饰,以简朴的形象示人,菅草所制鞋履为日常百姓所穿草鞋。另见《荀子》卷一九《礼论》可知:"卑絻、黼黻、文织,资粗、衰绖、菲繐、菅屦,是吉凶忧愉之情发于衣服者也。"③ 在《仪礼》卷11《丧服》中对斩衰、菅屦有了更加翔实的规定:"丧服。斩衰裳。苴绖杖绞带。冠绳缨。菅屦者。"后被出土的《武威汉简》④ 所转引。可见菅草不仅可以用来编织草鞋,而且用菅草编鞋是战国以来丧葬制度中符合礼节规格的服饰,参见前文所得的乡土考察资料可知,这种葬礼服饰自战国秦汉以来至今,仍为睡虎地秦简所出土的云梦、安陆县所用。

---

① 王霄潇:《湖北"堂祭"仪式音乐研究》,硕士学位论文,武汉音乐学院音乐学系,2007年,第11—14页。
② 王先谦:《荀子集解》,中华书局1988年版,第538页。
③ 同上书,第354页。
④ 在《武威汉简》的三个版本中均有记载,分别载于甲本和乙本的《服传篇》,以及丙本的《丧服篇》参见中国科学院考古研究所、甘肃省博物馆《武威汉简》,文物出版社1964年版,第91、131、136页。

另外据战国文献记载，菅草早已在军队的日常战备中所常见，如《墨子》卷15《旗帜》可知：

> 凡守城之法：石有积，樵薪有积，菅茅有积，雚苇有积，木有积，炭有积，沙有积，松柏有积，蓬艾有积，麻脂有积，金钱有积，粟米有积；井灶有处，重质有居；五兵各有旗；节各有辨；法令各有贞；轻重分数各有请；主慎道路者有经。①

菅茅与樵薪、雚苇、木、炭、松柏、蓬艾等均为易燃物，据北大简《苍颉篇》第64条简文可知菅茅与雚苇并称，它们均为战国到秦代战备守城之必备物资，无论是在军事战斗中还是在百姓的日常生活中均有所利用。另据《六韬》卷二《武韬》卷一《发启》中亦载：

> 今彼有商，众口相惑。纷纷渺渺，好色无极。此亡国之徵也。吾观其野，草菅胜谷。吾观其众，邪曲胜直。吾观其吏，暴虐残疾。败法乱刑上下不觉。此亡国之时也。大明发而万物皆照，大义发而万物皆利，大兵发而万物皆服。大哉圣人之德，独闻独见，乐哉！②

此处可知自商代以来，菅草就作为重要的战略物资所出现。上文指明，当菅草等战略物资的数量多于谷物时，可见此国战争氛围浓厚，有亡国之征兆。另据《说文解字·艸部》："菅，茅也。从草官声。"段玉裁注："诗。白华菅兮。释草曰。白华野菅。毛传足之曰。已沤为菅。按诗谓白华既沤为菅，又以白茅收束之。菅别于茅。野菅又别于菅也。"③ 足证在古人的认知中，菅类植物就品种众多，最早在《诗经·小雅》中载《白华》篇。另据《左传·成公九年》载："虽有丝麻，

---

① 谭家健、孙中原译注：《墨子今注今译》，商务印书馆2009年版，第458页。
② 唐书文：《六韬、三略译注》，上海古籍出版社2006年版，第40—41页。
③ 段玉裁：《说文解字注》，上海古籍出版社1988年版，第27页。

无弃菅蒯。"《註》曰："菅似茅，滑泽无毛，筋宜为索，沤与曝尤善。"① 前文北大简《苍颉篇》亦证明菅与蒯并称，同为水草类植物。由此可知菅草、蒯草等水草类植物在编织物的级别上不抵丝线与麻线，在没有丝、麻之时，可以代为使用菅、蒯作日常生活中的编织物，且菅茅善于作为索类的生活用品。另据王逸所注楚辞《九思》之《悼乱》："便旋兮中原，仰天兮增叹。菅蒯兮楸莽，藿苇兮仟眠。"② 可知在中原，菅草也是日常所见物种。综上所述，菅草为秦代百姓日常生活中常见的草本植物，既可用来作为燃烧功能的战备物资，同时又可以用来编织草鞋，以应付丧葬仪式。

## 二 蒲草

再观蒲草之用。《荀子》卷三《不苟》载："与时屈伸，柔从若蒲苇，非慑怯也。"杨倞注："蒲苇所以为席，可卷者也。"③ 可知自战国以来，蒲苇所编草席就为世人所常用。又知《管子》卷八〇《轻重甲》载：

> 桓公忧北郭民之贫，召管子而问曰：'北郭者，尽屦缕之甿也，以唐园为本利。为此有道乎？④

黎翔凤注引《释名·释姿容》："娄数犹局缩，皆小之意也。然则娄数之甿，谓小民也。"可知编草鞋为显示百姓特征的物品自战国至秦汉皆存在。此段引文后被《吕氏春秋》卷十二《季冬季·士节》转引为："齐有北郭骚者，结罘网，捆蒲苇，织萉屦，以养其母。"⑤ 另据《吕氏春秋》卷四《孟夏纪·尊师篇》载：

---

① 左丘明著，杨伯峻译注：《春秋左传注》，中华书局1981年版，第846页。
② 王泗原：《楚辞校释》，中华书局2014年版，第465页
③ 王先谦：《荀子集解》，第41—42页。
④ 黎翔凤：《管子校注》，中华书局2004年版，第1421—1422页
⑤ 陈奇猷：《吕氏春秋新校释》，上海古籍出版社2002年版，第629—633页。

## 秦统一的进程与意义

> 凡学,必务进业,心则无营,疾讽诵,谨司闻,观欢愉,问书意,顺耳目,不逆志,退思虑,求所谓,时辨说,以论道,不苟辨,必中法,得之无矜,失之无惭,必反其本。……治唐圃,疾灌寖,务种树;织葩屦,结罝网,捆蒲苇;之田野,力耕耘,事五谷;如山林,入川泽,取鱼鳖,求鸟兽;此所以尊师也。①

由上可知,绑蒲苇之席为秦人日常生活中的农事活动之一,这种习俗自春秋战国以来,又见于《吕氏春秋》卷十四《孝行览·慎人》:

> 舜之耕渔,其贤不肖与为天子同。其未遇时也,以其徒属,堀地财,取水利,编蒲苇,结罘网,手足胼胝不居,然后免于冻馁之患。②

又知蒲苇用来编织竹席可以御寒,《说文解字·艸部》:"蒲,水艸也。可以作席。从草浦声。薄胡切"③,另据《盐铁论》卷六《散不足》:

> 古者,皮毛草蓐,无茵席之加,旃蒻之美。及其后,大夫士复荐草缘,蒲平单莞。庶人即草蓐索经,单蔺蘧蒢而已。今富者绣茵翟柔,蒲子露床。中者滩皮代旃,阖坐平莞。④

可知百姓用草席,大夫一般用兽皮,富人用蒲席,蒲席是有一定经济地位的阶层才能利用的日常编织物。蒲草所作蒲垫、蒲席自秦汉以后皆为中国常用日常生活御寒的编织品,故为秦人所常用。直到后来佛教传入中国之后,蒲垫为佛教文化必备物品。不过,蒲草亦如菅草一样,

---

① 陈奇猷:《吕氏春秋新校释》,第209、216、217页。
② 同上书,第809—817页。
③ 段玉裁:《说文解字注》,第28页。
④ 王利器:《盐铁论校注》(定本),中华书局1992年版,第352、384页。

蓄积蒲苇同样可以作为战备物资来使用,见银雀山汉简《守法守令篇》中载:

> 是故将者,审地刑(形),选材官,量蓄积,撰勇士,察知天下,□御机数,而图险(阻):舟车之险、濡轮之水、山陵、林陆、丘虚、(沮)泽、蒲苇、平(荡)、尺(斥)鲁(卤)、津洳、涂淖、大亩、深基、经沟、下泽,(测)水深浅,邑之小大,城……入相错者,乃可以行军围邑,举措起居,知先后,毋失地便。①

可见蒲苇丛为战略中常用的防御阵地,因其自然优势而被使用。另据《史记·滑稽列传》载:

> (东方)朔曰:"臣知之,愿赐美酒粱饭大飧臣,臣乃言。"诏曰:"可。"已飧,又曰:"某所有公田鱼池蒲苇数顷,陛下以赐臣,臣朔乃言。"诏曰:"可。"②

在汉武帝问东方朔需要什么物品作为封赏时,东方朔管汉武帝索取了蒲苇数顷。与蒲苇并列的公田、鱼池均有强力的经济价值,鉴于蒲苇常用来编织草席,可知到汉代蒲苇编席是常见商品,或许西汉已经产生了大量的蒲苇制品贸易,另见汉代字书《释名》卷十八《释床帐》载:"蒲草也,以蒲作之其体平也。"可知东汉时蒲草这类编织物已经广泛成为床上用品。另外,蒲苇制品因其韧性强,利于编织,亦可作为鞭绳所用材料,见华峤所著《汉后书》卷二《刘宽传》载:"刘宽为南阳太守,吏有罪,蒲鞭示耻。"《北堂书钞》转注:"古者以生皮为鞭,宽仁恕,代之以蒲草,仅示耻耳。"常理而言,日常所见之皮鞭与马怡所证书楬,其材质均为兽皮,但较之皮鞭从简,可以用蒲草所编之蒲鞭代

---

① 银雀山汉墓竹简整理小组编:《银雀山汉墓竹简》,文物出版社1985年版,第136页。
② 《史记》,中华书局1959年标点本,第3207—3208页。

替，在礼制级别中蒲草制品比肉皮制品的级别要低。另外，既然蒲草可以用来编鞭子，说明其编织力量强，与丝麻相当，作为简牍文书用材时并不用担心其长度过短或承载力不足。

## 三　蔄草

再观蔄草，《说文解字·艸部》："蔄，莞属。从草，閵声。"段玉裁注："莞属。可为席。依韵会所引补三字。"① 又据《汉书·司马相如传》注引司马相如的《子虚赋》：

> 臣闻楚有七泽，尝见其一，未睹其余也。臣之所见，盖特其小小者耳，名曰云梦。云梦者，方九百里，其中有山焉。……其高燥则生葴菥苞荔，薛莎青薠。其埤湿则生藏莨蒹葭，东蘠雕胡，莲藕觚芦，庵闾轩芋。众物居之，不可胜图。其西则有涌泉清池，激水推移，外发芙蓉菱华，内隐钜石白沙。其中则有神龟蛟鼍，瑇瑁鳖鼋。其北则有阴林巨树，楩枏豫樟，桂椒木兰，蘗离朱杨。樝梨樗栗，橘柚芬芳。其上则有赤猿玃猱，鹓鶵孔鸾，腾远射干。其下则有白虎玄豹，蟃蜒貙犴，兕象野犀，穷奇獌狿。②

此文所载故事发生在云梦泽沿岸，可知自战国到汉初，贯穿秦代云梦泽沿岸盛产各类水草如葴、菥、苞、荔等，所谓"荔"注引颜师古曰："藨，即今所用作席者也。"《吕氏春秋·仲冬》"芸始生，荔挺出"，高诱注："荔，马荔。"许维遹指出："荔、蔄一声之转。"陈奇猷指出："蒲、蔄为叶子形态不同的同类草本植物。"③ 可知蔄草所做之席到了汉初多为日用品，从秦代乃至汉初都被广为使用。

---

① 段玉裁：《说文解字注》，第27页。
② 《汉书》，中华书局1962年标点本，第2529—2535页。
③ 陈奇猷：《吕氏春秋新校释》，第582页。

## 四 结论

　　由上可得知菅草、蒲草和藺草为秦代百姓的日常生活中常见的编绳材质，菅草主要用于编制草鞋，用于丧葬，亦可编制绳索，或作为重要的战略储备物资。蒲草为蒲席、蒲垫等秦人日常作息生活中的必备用具，也有经济价值与军事价值，还可以编织为蒲鞭，用于刑罚。藺草既可以用来编织草席，同时可以作为战略用马之上的马鞍用具，此三者均为秦代百姓的军事生活与日常生活中喜闻乐见的必备编织材质。故而《睡虎地秦简》中记载菅草、蒲草与藺草可以作为简牍文书的编绳而存在时亦不足奇。简牍编绳的材料并非特殊的仅用于编制简牍文书的材质，而是秦人日常生活常用编织材质。此三类水草类植物的共同点在于它们的韧性强，而为世人所用。

　　由此可见礼制中，菅草、蒲草与藺草均有其地位，即属于百姓生活中较为简朴的日常编织用品，一般是在没有麻、丝材质使用时，为了方便从简所用符合礼制而采用的编织物，那么此处所查之菅草、蒲草、藺草、丝质、麻质等简牍编绳的编撰材料，并不仅仅是编扎文书的特殊模式，而且是在秦代日常生活中，在任何选取编扎织物用品时均会采用的做法。当缺乏麻质编织物与丝质编织物时，百姓多会采用茅草类编织物代替，作为日常生活中的一种生活方式所留存。故而，在秦代百姓的日常生活中，菅草、蒲草与藺草是常用的生活用品兼具秦汉文化特色。

　　因此，简牍文书的编绳材质不仅有丝质编绳、麻质编绳，同时还应有菅草编绳、蒲草编绳与藺草编绳的制品。不过，或许因为水草类的植物编织品虽然廉价、方便，但是其本性质地过于简陋，难以长久保存，所以在当下的出土文物中难觅其踪迹。所以，虽然今之出土文物中所见编绳材质多为更加坚硬耐用的苎麻、丝制用品，而水草类编制的文书值得我们期待在未来的考古挖掘工作中有所发现。

（清华大学人文学院历史系）

# 秦诏铜箍残件与秦桶量之复原[*]

## ——兼论桶量与斛量之更替

### 熊长云

## 一 新见秦诏版残器的性质及定名

秦诏版是记录秦始皇、秦二世诏书公文的铜版，为研究秦统一与度量衡等相关问题的重要历史材料，其最早著录可追溯到隋代开皇年间。颜之推《颜氏家训·书证》载"开皇二年五月，长安民掘得秦时铁称权，旁有铜涂镌铭二所"[①]。这种镌有诏书并附于度量衡器上之"铜涂"，即后来所谓之秦诏版。此后，秦诏版广见于宋代以降的金石图籍之中，作为秦代统一度量衡的珍贵物证，亦素为学界所重[②]。

新见秦代诏书铭文残器，现藏安阳博物馆，传出洛阳，向未公布。此器质地为青铜，器身为长条形，向内弯曲，断为两截，在器身一侧另有一方形穿孔。经测量，此器弧面总长约 18.5 厘米，宽约 3.5 厘米，厚约 0.1 厘米。此器表面有单行竖刻铭文，存七字，铭为"下诸侯黔首

---

\* 基金项目：国家社科基金重大项目"秦统一及其历史意义再研究"（14ZDB028）。
① 王利器：《颜氏家训集解（增补本）》卷 6《书证篇》，中华书局 1993 年版，第 455—456 页。
② 秦诏版著录和研究，可参见赵瑞云、赵晓荣《秦诏版研究》（上、下），《文博》2005 年第 2、3 期；王辉《秦出土文献编年》，新文丰出版公司 2000 年版，第 131—132 页；吴镇烽《商周青铜器铭文暨图像集成》，第 18932—18955 号，上海古籍出版社 2012 年版，第 414—437 页等。

秦诏铜箍残件与秦桶量之复原

大安",字径为1.9—2.3厘米。对比以往所见秦诏版铭文[①],可知残铭内容属于始皇诏书的一部分。经仔细观察,原器铭文两侧边缘光滑,可知本身即为条状,并非残损所致。这类秦代诏书器物绝大部分属于度量衡器。此器虽为条状,但其精度不足以作尺度,强度不足以作衡杆,又不会是权,因此,仍当属于以往所见秦诏版一类。这一形式的秦诏版,为近世以来首次发现。

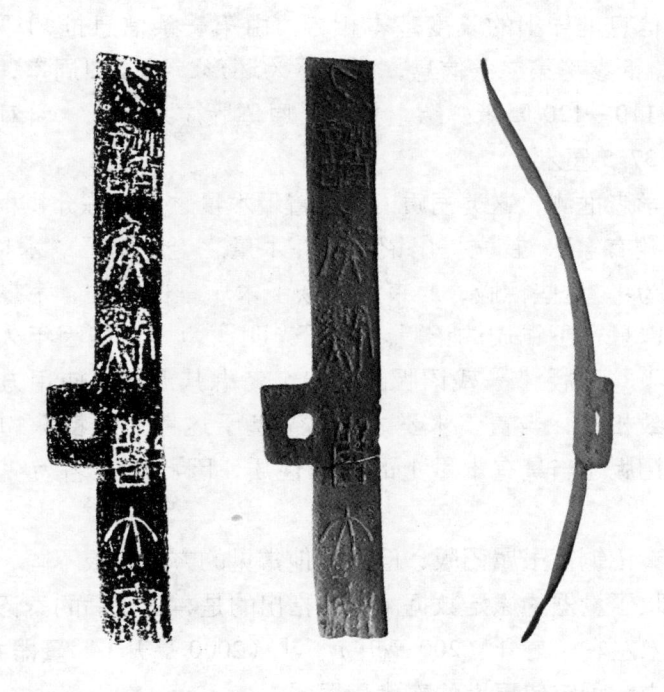

**图1 新见秦诏铜箍拓本、实物俯视图、侧视图。拓本长18.5厘米,宽3.5厘米**

这件诏版虽然残损,但仍包含丰富信息,参考所存文字及特殊器形,则可得原始数据如下:

---

① 秦始皇诏版发现较多,铭文大率相同,此处以1961年陕西咸阳车站北出土的秦诏版为例,其铭为:"廿六年,皇帝尽并兼天下诸侯,黔首大安,立号为皇帝,乃诏丞相状、绾:'法度量则,不壹歉疑者,皆明壹之。'"图版见陕西省社会科学院考古研究所渭水队《秦都咸阳故城遗址的调查和发掘》,《考古》1962年第6期,图二(1)。

559

秦统一的进程与意义

1. 秦始皇诏书，一共四十字，此器残存七字，仅占一小部分。而取其中五字，总长 14.5 厘米，则一字含间隔平均长 2.9 厘米。若每字间隔大致相当，乘以总字数四十，铭文部分全长应稍长于 116 厘米，若前后各取 1 厘米空余，则原始总长为 118 厘米左右。

2. 经仔细观察，器身有一定弧度，原器应为弧形。根据这个弧度，多次测量、绘制，可复原出直径为 35—38 厘米的圆形。

两条信息推导出的长度基本相合。由第一条信息推知原器总长约 118 厘米，而参考第二条信息，则原器为环形，乘以圆周率，所得圆形周长亦为 110—120 厘米。综上判断，原诏版应为环形，所对应的圆形直径约为 37.5 厘米。

以往学者推测，这类铜质诏版当置于木量之上。陈介祺根据方形铜诏版"四角有穿"，首先提出诏版钉在木量之上，属于"木量铜版"[1]。王世民认为："这些诏版，原来应是嵌于木质量器上的，木量久已腐朽不存，所以只留下铜质的诏版。"[2] 丘光明认为"可能因年久，木质腐烂而仅留下一诏版。"[3] 残诏版因有穿，考虑其形制，使用方法应与其他诏版大致相近，当置于木量之上。又基于这件诏版特殊的长度与弧度，可知诏版还当具有木量上的铜箍性质，因此可定名为"秦诏铜箍残件"。

这件秦诏铜箍虽属诏版，但与其他常见的方形诏版不同，现有残器中仍然反映了量器的原始数据。需要指出的是，复原后的秦诏铜箍长度为 118 厘米左右，与升（200 毫升）、斗（2000 毫升）[4] 量器并不匹配，显然当对应一种容值更大的秦代量器。

---

[1] 陈介祺：《簠斋金文题识》，文物出版社 2005 年版，第 102—104 页。
[2] 王世民：《秦始皇统一中国的历史作用——从考古学上看文字、度量衡和货币的统一》，《考古》1973 年第 6 期。
[3] 丘光明：《中国历代度量衡考》，科学出版社 1992 年版，第 203 页。
[4] 除特殊标注外，本文所涉秦汉度量衡数值均使用丘光明测定数据，见《中国历代度量衡考》，第 244 页。

## 二 传世与出土文献中的桶（甬）量

出土文献中记载秦代升、斗容量之上的标准量器[①]，则有桶量。然而，除去宋人著录却久已亡佚的汉代铜甬（桶）[②]，传世及考古均未见秦桶量之实物，是以朱剑心谓："甬之器，不传于今。"[③] 从相关数据来看，新见秦诏铜箍残件所对应的秦代大型标准量器，应正是久所湮没的秦桶量。

桶量曾在秦制度量衡序列中占据重要位置。《史记·商君列传》载："以卫鞅为左庶长，卒定变法之令。""平斗桶、权衡、丈尺。"[④] 在商鞅改革度量衡时，所列举的官方标准度量衡器物，"桶"量正在其中。此外，《吕氏春秋·仲春纪》云："（是月也）日月分，则同度量，均衡石，角（斠）斗桶，正权概。"[⑤] 《吕氏春秋·仲秋纪》又云："（是月也）日月分，则一度量，平权衡，正钧石，齐斗甬。"[⑥] 也可知"斗"、"甬（桶）"并称，在秦时成为量器的代称。与《吕氏春秋》相似之记载，还有《礼记·月令》所云："日月分，则同度量，均衡石，角（斠）斗桶，正权概"等[⑦]。以上文献，皆可证桶量在早期度量衡制度中的重要地位。

秦简中"桶"作"甬"，作为标准官方量器，屡屡与升、斗等量器并提。睡虎地秦墓竹简《工律》、《效律》、《内史杂》及岳麓秦简《为

---

[①] 内蒙古赤峰市蜘蛛山发现有容十六又三分之二斗的陶量，但其并非标准量器，且仅发现于北方地区。

[②] 宋人薛尚功《历代钟鼎彝器款识法帖》收录其两条铭文，分别为"谷口铜甬容十斗，始元四年左冯翊造。南方。""谷口铜甬容十斗，重四十斤，甘露元年十月，计掾章平，左冯翊府。北方概南。"见（宋）薛尚功《历代钟鼎彝器款识法帖》，中华书局1986年版，第99—100页。赵明诚《金石录》、欧阳修《集古录跋尾》、王俅《啸堂集古录》皆有提及。丘光明《中国历代度量衡考》及丘光明、邱隆、杨平《中国科学技术史·度量衡卷》均认为这一器物虽属传世品，但仍是较为可靠的。

[③] 朱剑心：《金石学》，文物出版社1940年初版，1981年新一版，第132页。

[④] 《史记》卷68《商君列传》，中华书局1959年版，第2229、2232页。

[⑤] （秦）吕不韦撰，许维遹集释：《吕氏春秋集释》，中华书局2009年版，第35页。

[⑥] 同上书，第177页。

[⑦] （清）朱彬撰：《礼记训纂》，中华书局1996年版，第230页。

吏治官及黔首》等皆涉及桶量的检定与使用。

睡虎地秦墓竹简《效律》规定："甬（桶）不正，二升以上，赀一甲；不盈二升到一升，赀一盾。"整理小组译文："桶不准确，误差在二升以上，罚一甲，不满二升而在一升以上，罚一盾。"①《工律》："县及工室听官为正衡石羸（㤎）、斗甬（桶）升，毋过岁壶〈壹〉。"译文为："县和工室由有关官府校正其衡器的权、斗桶和升，至少每年应校正一次。"②《内史杂》："有实官县料者，各有衡石羸（㤎），斗甬（桶），期足。"译文为："贮藏谷物的官府需要进行称量的，都应各有衡石的权、斗桶，以足用为度。"③ 岳麓秦简《为吏治官及黔首》中，亦有"丈量斗甬（桶）"句④。上述记载，证明桶量在秦时使用较为普遍，也反映了秦统一前后对于商鞅统一度量衡措施的一脉继承。

图2《效律》："甬（桶）不正"，图版出自西林昭一：《简牍名迹选》4《睡虎地秦简·周家台秦简·龙岗秦简·孔家坡前汉简》页25，二玄社，2009年。

---

① 睡虎地秦墓竹简整理小组：《睡虎地秦墓竹简》，文物出版社1990年版，释文第69—70页。
② 睡虎地秦墓竹简整理小组：《睡虎地秦墓竹简》，释文第43—44页。
③ 睡虎地秦墓竹简整理小组：《睡虎地秦墓竹简》，释文第63—64页。
④ 朱汉民、陈松长主编：《岳麓书院藏秦简（壹）》，上海辞书出版社2010年版，第138页。

秦诏铜箍残件与秦桶量之复原

　　至于秦简中的"甬（桶）"量的容量，训诂诸家虽有不同解释①，但今天学者大多认为一桶容十斗。睡虎地秦墓竹简《效律》中按桶、斗、升的量容加以排列，而斗、升分别为2000毫升和200毫升，故桶量理论上亦合于十进制，容20000毫升。稍晚一些的材料，如宋人所载西汉谷口铜甬（桶），铭为"谷口铜甬（桶），容十斗"，则确切记载了桶量的容量为十斗，又据《九章算术·盈不足》记载："今有米在十斗桶中"②，亦可证实桶量容量。另应提及的是，秦汉时期十斗可进位为一石，如睡虎地秦简中有"月禾一石二斗半斗"③等，可见石与斗、升的进制关系。按照秦汉计量单位，也可知容量对应一石的官方量器，正是秦桶量。

　　不同单位容值的量器口径尺寸，呈现出明显的阶梯化差异。同时，出土文献中记载秦升（容200毫升）、斗（容2000毫升）容量之上的标准量器，又仅有"桶"。因此，长约118厘米，对应约37.5厘米量器口径的秦诏铜箍的秦诏铜箍，当即用于这类容约十斗或一石（约20000毫升）的秦桶量。秦诏铜箍的发现，不仅可证实久所湮没的秦桶量的存在，也可为复原量器提供参考线索，从而增进对于秦制中这一重要量器的了解。

## 三　秦桶复原与所见汉承秦制

　　桶量木质量身早已腐朽，仅剩下了铜箍残件。但根据铜箍所反映的量器口径数据，桶量自名所揭示的量器形制以及文献所载桶量容量，综合三者，则可复原秦桶量的大致面貌。

---

① 许慎为东汉人，其时"桶"字作为量器的专有称谓已发生迁移，故所指容量已与秦桶不同。《说文解字》："桶，木方受六升。"段玉裁认为："疑当作方斛受六斗。《广雅》曰。方斛谓之桶。"又根据郑玄注桶云："今之斛也"，认为"秦汉时有此六斗斛。与古十斗斛异。"由此，可知段玉裁认为桶容量先为十斗、后为六斗，前后有着容积上的变化。见（汉）许慎撰，（清）段玉裁注《说文解字注》，上海古籍出版社1981年版，第264—265页。

② 白尚恕：《〈九章算术〉注释》，科学出版社1983年版，第240页。

③ 睡虎地秦墓竹简整理小组：《睡虎地秦墓竹简》，释文第32页。

## 1. 铜箍复原

秦诏铜箍的复原，是秦桶复原的首要参考。

根据前文复原数据，诏版总长在118厘米左右，其形制虽向所未见，但考其功用，本身可能近似于木桶之铜箍或铜束性质。类似的例子，尚可参考《资治通鉴·宋纪八》胡三省注："桶，箍木为之。"① 以及《正字通·木部》："桶，今圜器曰桶，合板为围，束之以蔑，设当于下"② 等。为木桶加固而设置铜箍，也符合木桶制作的实际情况。从设计常理考虑，这种铜箍应当在桶量口沿。同时，以往考古发现的秦代陶圆斗的铭文大多亦靠近量器口沿③。参考二者，在整器的复原图中，我们将秦诏铜箍的位置定在口沿附近。又按照古代铭文从右往左排列的一般规律，现存的铜箍铭文若从右往左读，方穿方向也应是向上的。

有趣的是，根据已知的方穿对应诏书铭文位置，还可推测方穿的总数量当恰好是六个。这种方穿，本身是为铜箍固定在桶上而设计的。由于现有方穿在诏书"黔""首"二字之间，"黔"在第十三字，而十三又恰巧是个质数。在总共有四十字的诏书中，若均匀排布，则方穿只能大致在第十三字、第二十六字、第三十九字上，故方穿的总数量，当为三或三的

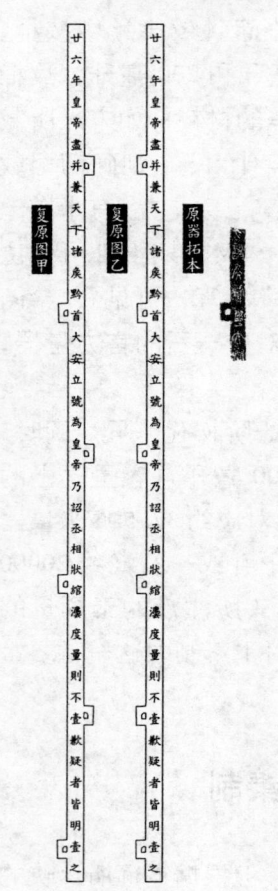

**图3 秦诏铜箍拓本及复原图甲、复原图乙示意图**

---

① （宋）司马光编著，（元）胡三省音注：《资治通鉴》卷一二六，中华书局1956年版，第3965页。
② （明）张自烈撰，（清）廖文英续：《正字通》卷五。
③ 见国家计量总局主编《中国古代度量衡图集》，文物出版社1981年版，图版第109、110、111、112页。

倍数。又考虑到环形的铜箍长达一米，且需固定在量器器壁的弧面上，若仅有三个方穿，平均40厘米一穿，则数量过少，不够牢固。但如果方穿有九个，则"天""下"间亦当有一穿，又与铜箍此处无穿的情况不符[①]。综合考虑，当以六个方穿最为可能。宽孔数为六，一方面使得相邻方穿与圆心连线均构成稳定的60°夹角，符合几何学的要求；另一方面，或亦暗含秦制"数以六为纪"的思想观念[②]。

参考始皇诏书全文，则可复原出非同侧（图3，复原图甲）与同侧（图3，复原图乙）两种方穿位置的铜箍。如图所示，偶数位的方穿应当都在左侧，但奇数位的方穿可能在左侧，也可能在右侧。因位置不能确定，故而在最终的复原图（图4）中，仍以虚线表示奇数位穿孔的两种可能。

2. 秦桶复原

推定秦桶原器的基本形制与尺寸数据，则是复原的第二步骤。

观察秦诏铜箍的制作，其侧面弯曲（图1，右），但正面却为竖条形（图1，左、中）。基于立体几何的知识背景，可知量器器壁大致应为垂直于底面，故当为直壁。同时，桶量之形制，或许恰可得到"桶"名的自证。"桶"或"甬"，又通"筩（筒）"，从自名看来，本身应属筩（筒）形器的一种，而筩（筒）形器本身又是考古发掘中常见的秦汉器物类型。王子今曾细致研究秦汉筒形器，认为其基本形制就是"平底直壁的圆筒形"，又引《说文·竹部》："筩，断竹也"，认为筒形器的形制，可能取象于一截竹筒的直壁圆筒造型[③]，而这正与残器所揭示的直壁器形相合。因此，参考自名及同类器物，可推知桶量的基本形制当为圆口直壁之筒状。

至于桶量的具体尺寸，由于量身已腐朽，故而只能推定大致的数据。

---

① 另应说明的是，方穿与环形箍交接处的背面，还横向铸有一段加强筋，当是出于增加方穿强度的设计。所见残器一侧的加强筋约7厘米，则总长当为15厘米左右。这种加强筋工艺简单而效果显著，不太可能只在一穿上存在，应是每个方穿背面都有制作。但仔细观察"下"字背面，并没有出现加强筋，可知"下"字前后应该也没有方穿，由此也佐证了六穿的推测。

② 《史记》卷6《秦始皇本纪》页237。

③ 王子今：《试谈秦汉筒形器》，《文物季刊》1993年第1期。

若根据推测的 118 厘米的铜箍总长度,除以圆周率,可得到量器口径约为 37.5 厘米,可作为量器的外口径。铜箍有穿,则说明钉在木量上。若假定木量器壁平均厚 1 厘米,则内径约 35.5 厘米。根据桶量的理论容量 20000 毫升,经计算,则量器内部高度应在 20.2 厘米左右,若底部厚 1—3 厘米,则桶量总高 21—23 厘米。又由于战国至汉代的大型量器多具有对称手柄①,推测出于方便持握之目的,秦桶量也当是有手柄的。

基于以上信息,推测复原秦桶量及所附秦诏铜箍的大致形制如是(图 4)。

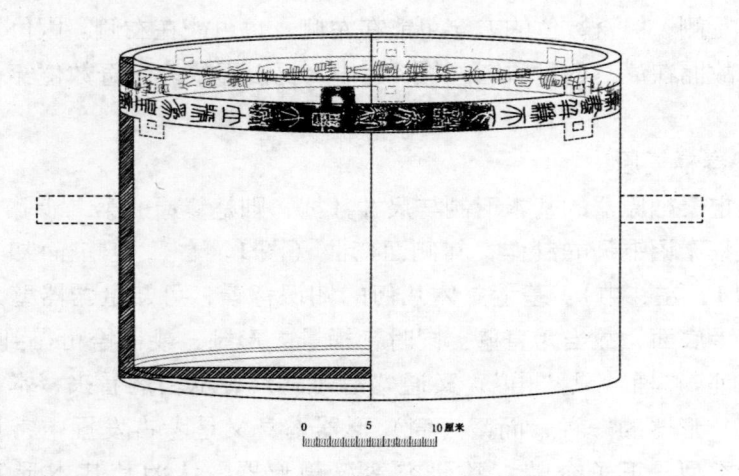

**图 4　秦桶量复原示意图**

### 3. 从桶到斛与郑注之证

秦桶量作为早期量器已鲜为人知,然而汉代的斛量却与之有着密切联系。

《史记·商君列传》所载:"平斗桶",裴骃《集解》引郑玄注曰:"音勇,今之斛也。"② 据郑玄注,可知桶、斛即是同器之古今名。然

---

①　如山东邹县纪王城出土的容 20000 毫升左右的战国"廪"陶量,腹部即有对称的两个手柄,方便持握。这种对称手柄在汉代大型量器上亦有沿用,可参考下文所引用的东汉铜斛等。战国"廪"陶量,见国家计量总局等主编《中国古代度量衡图集》,图版第 55 页。
②　《史记》卷 68《商君列传》,第 2232 页。

566

而，汉斛发现较多，可确知其形制。秦桶却迟迟没有发现，故长期缺乏比较样本。因此，首次复原出的秦桶形制，为检验郑注提供了进一步的证据。

汉代斛量之形制、尺寸，可参考《中国古代度量衡图集》著录的

图5　（1）东汉铜斛，1968年山东省济宁市出土（2）建武大司农铜斛，1953年甘肃省古浪县陈家河台子出土（3）光和大司农铜斛，清代出土，现藏上海博物馆（4）夷道官斛，现藏辽宁省博物馆（5）新莽溧仓平斛，现藏晋城博物馆

五例斛量，分别为：现藏上海博物馆的光和大司农铜斛；1968 年山东省济宁市出土的东汉铜斛；1953 年甘肃省古浪县陈家河台子出土的建武大司农铜斛；现藏辽宁博物馆的东汉夷道官斛以及现藏晋城博物馆的新莽漯仓平斛[①]。

从图 4、图 5 对比情况来看，桶、斛二者的形制显然是极为相似的。目前所见汉斛的量身均为直壁圆筒形，而这正与新复原的秦桶形制一致。另外，桶与斛的尺寸，亦大致相当。光和大司农铜斛，高 22.4 厘米，口径 37 厘米，容量为 20400 毫升[②]；山东省济宁市出土的东汉铜斛，高 24.3 厘米，口径 34 厘米，容量为 20440 毫升；建武大司农铜斛，高 26.5 厘米，口径 35 厘米，容量为 19600 毫升；东汉夷道官斛，高 24.5 厘米，口径 34 厘米，容量为 20300 毫升；新莽漯仓平斛，含足高 27.3 厘米（依图推算斛身高约 26 厘米），口径 33.2 厘米，容量为 19100 毫升。这五件斛量应代表了汉代铜斛制作的基本形式，而铜斛口径均为 33.2—37 厘米，高度为 22.4—26.5 厘米。上述尺寸数据，则与新复原秦桶所推测的口径约 37.5 厘米、高度为 21—23 厘米是基本相符的。

经比较，秦桶与汉斛的基本形制及尺寸均大体相合，故证明了郑玄等学者对于桶、斛同器异名的判断。从器物类型学角度看，秦桶量深刻影响了汉代斛量的制作样式，二者形制应有着直接的承袭关系，这也实际体现了度量衡领域汉承秦制的一面。

## 四　桶量与斛量之更替

桶量之名至今已鲜为人知，则缘于斛替代了桶的既有位置。《吕氏春秋》云："角（斛）斗桶"及"齐斗甬（桶）"，《史记·商君列传》云："平斗桶"；到《东观汉记》所载东汉丁鸿上奏时，却改称"同斗

---

[①] 分别见国家计量总局主编《中国古代度量衡图集》，图版第 94、94、93、95、89 页。
[②] 高大伦、张懋镕：《汉光和斛、权的研究》，《西北大学学报》（哲学社会科学版）1983 年第 4 期。

斛"①，"斗桶"变为"斗斛"，正说明时人观念中量器由桶到斛之变化。然而，桶、斛均为十斗，形制、尺寸又没有明显变化，为何出现名称的更替，无疑值得进一步考察。

1. 桶斛更替的时间

简要回顾学术史，对于桶斛之变，以往学者虽已有注意，但认识并不充分。如陈梦家以为两汉皆以"石""斛"为容量单位，并认为西汉"有十升为一斗、十斗为一斛的量器"②，则不仅忽视了秦与西汉有桶量的存在，且混淆了斛使用的年代。丘光明虽正确提出"甬与桶通，新莽时改为斛"③，却并未给出具体证据。杨哲峰具体讨论了容量单位由"石"到"斛"的变化，对这一问题有较大贡献，然而忽视了量器中从"桶"到"斛"的变化，且因未统计敦煌汉简等其他简牍资料，故对于二者更替时间之判断，也是不确切的④。

其实，从诸多证据来看，秦汉之间从桶到斛之进程，大致以前后汉为别，并有着清晰的演变轨迹。

宋人《啸堂集古录》等著录的谷口铜甬（桶），其制作时间在始元四年（前83），而校正于甘露元年（前53），先后二则铭文中皆明确称为"甬（桶）"，可知至晚至西汉宣帝时的官方量器仍承续秦桶量之名。而到《汉书·律历志上》所记王莽改革度量衡，"十斗为斛"，斛成为"龠、合、升、斗、斛"五量之一⑤，在官方记载中，斛明确替代了桶的位置。现藏台北故宫博物院的新莽嘉量，颁行时间于"龙在己巳"的始建国元年（9），量器自名为"律嘉量斛"，适可印证《汉志》记载。从更多度量衡文物、传世文献及出土文献来看，这一变化，大致以王莽作为分界。西汉量器称为"甬（桶）"，而目前发现的自王莽至汉末的容为十斗的量器，皆自称为"斛"，且东汉的简牍、器物铭文及史

---

① （汉）刘珍等撰：《东观汉记校注》，中华书局2008年版，第649页。

② 陈梦家：《关于大小石、斛》，《汉简缀述》，中华书局1980年版，第149—151页。陈文作于1963年。

③ 丘光明：《中国历代度量衡考》，第215页。

④ 杨哲峰：《两汉之际的"十斗"与"石"、"斛"》，《文物》2001年第3期。

⑤ 《汉书》卷21上《律历志上》，第967页。

秦统一的进程与意义

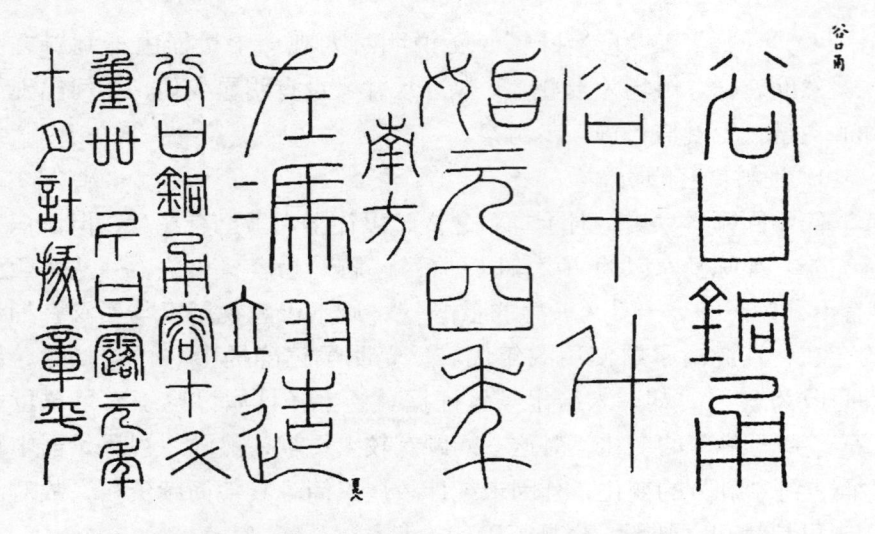

图6 西汉谷口铜甬（桶），可证至宣帝末年仍沿用桶量之名。见（宋）薛尚功：《历代钟鼎彝器款识法帖》，中华书局1986年版，第99—100页。

籍中均大量使用"斛"作为容量单位，可知王莽之后的斛成为官方认定的十斗量器及容量单位名称。

图7 新莽嘉量，台北故宫博物院藏，斛身部分口径33.18厘米，斛身深度23.1厘米。

**图 8** 新莽嘉量拓本，钤"故宫博物院古物馆传拓金石文字之记"，北京大学图书馆藏拓

桶斛更替的有力断代证据，更在于大量实际使用容量单位，而年代跨越西汉、新莽以及东汉时期的简牍材料。森鹿三最早注意到，居延汉简中"使用'斛'字，大概就是王莽时期的一个特点。"① 经统计，在居延汉简、敦煌简、肩水金关简等带有纪年的汉代简牍中，"斛"的出现，皆在新莽或更晚。首次出现"斛"，则在敦煌发现的新莽始建国元年（9）简牍中，此时正是王莽改立国号之元年②。对比同一地区所发现的西汉中期至西汉晚期带有纪年的简牍，"十斗"对应的容量单位均为"石"，而从未发现"斛"的存在。因此，从出土文献及文物所指向的真实使用情况推断，"斛"作为官方量器及容量单位推广使用，应正

---

① ［日］森鹿三：《居延出土的王莽简》，《简牍研究译丛》第一辑，中国社会科学出版社1983年版，第12页。

② 根据饶宗颐、李均明考证，敦煌汉简 MC. 322—330 简，简文内容中不仅出现了"斛"，也出现了"私属大男"及"从者大男"等新莽独有的称谓。同时，又根据327简出现"五月八日戊寅"的记录，在新莽年号中，仅有始建国元年相合。因此，首次出现"斛"的简文，正在始建国元年。参见饶宗颐、李均明《新莽简辑证》，新文丰出版公司1995年版，第17—18、111—112页。保守考虑记录的滞后性，此条简文时间可能稍后，但不会太晚。

在王莽始建国元年（9）前后①。

从多方面来看，桶斛更替的时间正处在王莽时。度量衡的改革往往具有特殊政治意义，通常伴随着强有力的政治制度改革而出现。"斛"的改革与推行，也应与王莽时期政治改革相关，属于变法的产物之一。

2. "石"制的混乱

量器名称为何会有前后变化？正如杨哲峰所指出，"古代量名往往与量器的器名一致，或由器名转化为量名。"②"升""斗"皆是其例，然而"桶"却是一个例外。睡虎地秦简及岳麓秦简等秦简中出现了"桶"，但容量单位却采用"石"。西汉简牍中所见容量单位为"石"，但官方制作、校正的桶量却称为"甬（桶）"，可知量名与器名是长期分离的。

"石"作为早期重要度量衡单位，为秦汉所继承。然而这一传统，却在度量衡制度中造成了显著的弊病。一方面，桶对应的"石"，一石容十斗，约合今20000毫升，是容量单位。但与此同时，战国秦至两汉也长期存在作为重量单位的"石"，一石重120斤，约合今30公斤。重量、容量单位为同一名称，而"石"这一单位又与量器、衡器的名称脱钩，在记录时便有着极大的不确定性。如《史记·货殖列传》同一篇中，既有"米石至万"，又有"羔羊裘千石"③的记载，实际上前者为容量单位，后者为重量单位。又如西汉甘露二年（前52）简中，也同样体现了"石"同时作为不同度量衡单位的混用，同一简中，既有"麦小卅二石七斗"，又有"荍廿五石二钧"④，前后之"石"分别属于容量与重量单位，仅看单位，已容易导致理解上的偏差。此外，在汉简

---

① 中央政府推行新量制之后，通常会在具体使用中体现出新旧量制交替的特征，短暂存在单位混用现象。在新莽至东汉初的简牍中，"斛"作为容量单位开始使用，但旧有的单位"石"依然没有完全废弃，可知变革绝非一蹴而就。直至东汉初期以后的简牍、器铭以及文献中，容量单位"石"基本消失，大量使用"斛"这一新单位，则说明新量制最终替代了旧有的量制。

② 杨哲峰：《两汉之际的"十斗"与"石"、"斛"》。

③ 《史记》卷129《货殖列传》，第3280、3274页。

④ 此简简文为："甘露二年二月庚申朔丙戌，鱼离置啬夫禹移县（悬）泉置，遣佐光持传马十匹，为冯夫人柱，廪穈麦小卅二石七斗，又荍廿五石二钧。今写券墨移书到，受薄（簿）入，三月报，毋令缪（谬），如律令"［Ⅱ 0115（3）：96］。见胡平生、张德芳编《敦煌悬泉汉简释粹》，上海古籍出版社2001年版，第141页。

中还出现了"大石""小石"概念，本是为米粟折算方便而产生，但客观上又进一步增加了"石"这一单位的复杂性。对于很多场合而言，"石"这一单位所指向的具体概念并不清晰，这就容易导致度量衡在使用上的混乱。

3. 斛制改革的意义

在这样的背景下，王莽校订度量衡，将"桶"量更名为"斛"量，而所对应的容量单位"石"也更名为"斛"。从桶到斛的变化，属于王莽复古改制的结果，故也实际指向了中央集权对于度量衡制度之合理调整。

在这次调整之后，"桶"量名称逐渐被弃用①，而"斛"量成为新的十斗容量的官方标准量器，对应的容量单位也改称为"斛"。由此，"石"同时作为容量和重量单位的混淆情况，便因"斛""石"单位的分别独立使用而得到解决。"石"单独指向重量单位；"斛"则兼有量器名称与容量单位二者，量器与单位统一，不再分离。长期以来，由于文献记载的匮乏，故两汉之际的桶斛之变一直未引起足够重视，很多学者误以为两汉延续使用"斛""石"②，内部没有变化，这显然是不正确的。

就此不得不指出，王莽对十斗量器的改革，应是秦汉度量衡改革中的重大事项，属于以往被忽视的王莽改制中的重要内容。王莽从桶到斛的改革结果，纠正了"石"这一单位的长期混乱状态，"斛"成为统一的官方十斗量器与容量单位名称。王莽这一改革，使秦汉度量衡制度得到修正与完善，无疑是具有正面意义的。

---

① 《说文·斗部》："斛，十斗也。"可知在东汉之后，斛为官方的标准十斗量器名。曾经作为官方量器的桶，则演变为一种"木方"。《说文·木部》："桶，木方受六升也。"段玉裁注云："疑当作方斛受六斗。"无论容六升还是六斗，桶不再兼有官方十斗量器之性质。此外，东汉光和大司农铜斛和铜权均刻有诏书，其中同时提到了"桶"与"斛"，云："秋分之日，同度量、均衡石、捔сь桶、正权概，特更为诸州作铜斗斛、称、尺"。一方面是"作铜斗、斛"，可知当时已使用斛作为官量之名；另一方面是"捔（校）斗桶"，但这里提到"桶"，实际沿用的是《礼记·月令》或《吕氏春秋》的典故。

② 陈梦家：《关于大小石、斛》，《汉简缀述》，第149—151页。

## 五　结语

作为向所未见的特殊秦诏版，秦诏铜箍残件的发现，进一步丰富了学界对秦代度量衡器物的认知，并推动了相关问题的重新讨论。由于桶量量身为木质，难以保存，至今仅余留铜箍残器。然而，正基于铜箍长度及形式的特殊性，仍可大致复原出秦桶量的形制。这一发现，首次以实物证实了《史记》记载商鞅变法所提到的"桶"量的存在。这也是近世首次复原出秦桶量，进而填补了秦制"桶—斗—升"序列中桶量形制的空白。复原秦桶印证了郑玄对于"桶"与"斛"同器异名的判断，也揭示了度量衡领域汉承秦制的一面。而"桶""斛"名称的变化，当属王莽复古改制的产物，在"石"这一单位业已混乱的背景下，实际指向了秦汉度量衡制度的合理调整。仍应提到的是，秦诏书刻于铜箍，亦属在度量衡器上刻制诏书的形式，实则源出秦始皇"法度量则，不壹歉疑者，皆明壹之"的诏令要求。然而，在约1米长的铜版上刻制诏书，又在量器身上加诸如此铜版，显然费时费工，但这也正从细节层面反映，秦统一过程中，度量衡的统一的确在国家职能层面得到了较好的执行与落实。因此，秦诏铜箍虽已残损，仍成为秦统一天下的一例珍贵的细节见证。

本文得到业师王子今先生、北京大学董珊先生、中华书局俞国林先生和穆荷怡女士、中国社会科学院历史研究所曾磊先生、扬州大学汪华龙先生等指正。另承洛阳杨向科先生帮助，特此致谢。

（原载《故宫博物院院刊》2017年第3期）

（北京大学历史学系）

# 近十年中国内地秦统一研究的学术地图分析

韩 帅

秦的统一，对于中国统一多民族国家的形成和发展具有重要的意义；对于东方文化的进程以及世界史的格局，也有重要的意义。本文以中国内地近十年与秦统一有关的学术论文为研究中心，尝试引入近年来在多个学科领域中广泛应用的可视化方法，将文献数据信息转化为可视化图像，利用社会网络分析工具 Ucinet、地图慧等软件绘制近十年秦统一研究的学术地图，从一个新的视角展示这一主题的研究现状。学术地图是指，对某学科或领域的研究状况加以梳理，借以理清发展脉络及学术布局、揭示学科或领域的核心结构、发展历史、前沿热点和知识演进趋势等的一种可视化工具。[①]

## 一 秦统一论文数量、内容等基本情况分析

本文所搜集的与秦统一有关的学术论文，内容涉及秦统一的具体进程、秦统一的实际规模、秦所以能够实现统一的真正原因、秦统一之后帝制形成的历史影响和世界史的意义、秦统一形式与秦短促覆亡的内在关系等；采集来源包括期刊论文、学位论文、报纸论文、会议论文。

---

① 可参考笔者作为报告执笔人的《2014 年度"复印报刊资料"转载期刊学术地图研究报告》，《新闻出版报》2015 年 3 月 31 日第 5 版、第 8 版。

秦统一的进程与意义

### （一）秦统一论文的数量分析

图1所示为近十年的秦统一论文数量与秦汉史论文总数量的示意图。其中，柱形图表示秦统一论文数量（主坐标轴），曲线图表示的是秦汉史论文总量（次坐标轴）[①]。近十年共采集秦统一论文670余篇，从图1可以看出，2007年、2009年、2011年和2013年是秦统一研究的高峰，数量在80篇左右；2006年数量最少，为37篇。秦汉史论文总量在2008年达到峰值，为830余篇；2012年最低，约为400篇。从年度秦统一论文占秦汉史论文总量的比重看，2009年和2011年比重较高，为15%—16%；2006年所占比重最低，为6.6%。

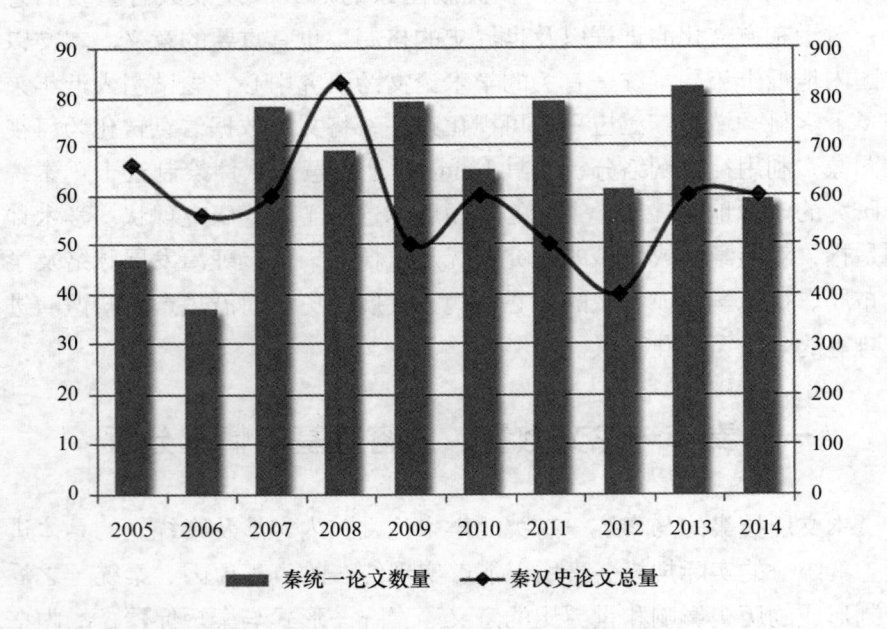

**图1 近十年秦统一论文数量**

---

[①] 秦汉史论文的总数量参考《中国史研究动态》2005年至2013年的《秦汉史研究综述》，2014年的秦汉史论文数量为笔者统计。

## （二）秦统一论文所涉基金项目分析

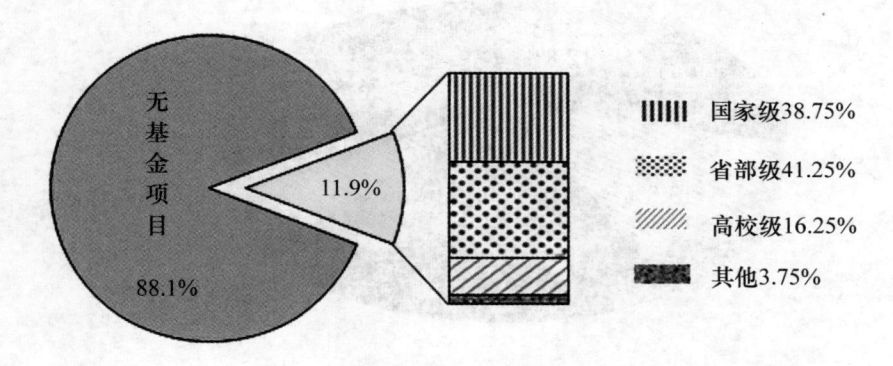

**图 2　秦统一论文基金占比与种类**

秦统一论文中，涉及基金项目的论文共 80 篇，基金论文占全部秦统一论文的 11.9%。其中，涉及一种基金的论文有 66 篇，涉及两种基金及以上的论文有 14 篇。这些基金论文按照管理机构分为国家级、省部级、高校级等类。

按照论文标注的第一基金来看，如图 2 所示，省部级所占比重最大，教育部人文社会科学研究项目占据省部级项目的近 40%，发表秦统一文章较多的如教育部人文社会科学研究规划基金项目"秦汉时期农耕文化与游牧文化碰撞交融关系研究"（项目负责人：内蒙古大学王绍东教授，项目批准号：08JA770023）。国家级项目主要是国家社科基金，发表秦统一文章较多的有"秦国崛起原因的责任伦理角度研究"（项目负责人：宝鸡文理学院王兴尚教授，项目批准号：13XZX021）、"秦统一及其历史意义再研究"（项目负责人：中国人民大学王子今教授，项目批准号：14ZDB028）、"先秦法家在秦汉时期的发展与流变"（项目负责人：兰州大学杨玲教授，项目批准号：11XZX008）、"秦早期历史及其文化形态研究"（项目负责人：天水师范学院雍际春教授，项目批准号：03BZS011）等。

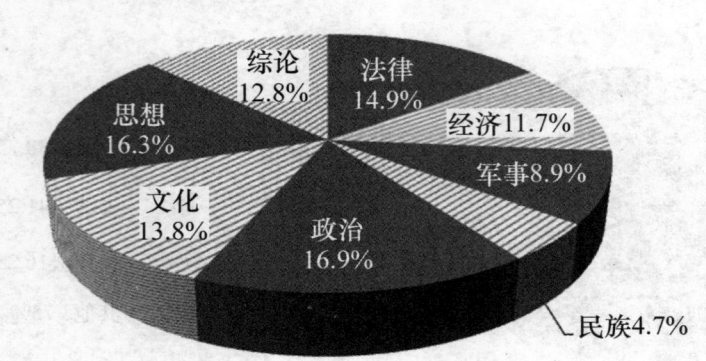

## (三) 秦统一论文主题内容分析

**图3 秦统一论文主题内容分析**

将秦统一论文按照主题分为八类,按照所占比例的大小依次为:政治、思想、法律、文化、综论、经济、军事和民族。其中,政治类和思想类主题占比较高,政治类主题主要涉及秦朝的政治制度,其中对君主专制、中央集权、郡县制度、官制等尤为关注。法家思想与秦朝的盛与衰都有着密切的关系,学者对思想类主题的研究侧重于法家思想,学者在法家思想对秦国发展的影响、法家思想与秦王朝灭亡的关系、法家思想中的功利主义倾向等方面进行了探讨。秦朝"以法治国",不少学者以秦法律为研究主题,探讨时注意利用简牍资料。在文化方面,学者主要探讨了秦文化特征、秦统一中的文化因素、秦与楚齐文化的对立与联系等。如图3所示,军事和民族这两个主题占比在10%以下,尤其民族所涉文章最少,学者主要侧重于民族融合对秦国争霸天下的影响,可见这一主题还有不少值得开拓之地。

## 二 秦统一论文发表载体和作者情况分析

### (一) 发表载体和作者单位出现频次分析

统计发表秦统一论文的载体和发表秦统一论文的作者单位(第一

作者的第一单位），利用 Ucinet 软件将出现 3 次以上的载体和单位制成图 4。出现频次越多，离中心越近，图标越大，依据出现频次的分布特征，图 4 由中心向外出现频次分为 20、10、6、3 四个区间。

在出现频次为 20 以上（包括 20）的第一区间内，有三所高校和一种期刊：中国人民大学、郑州大学、陕西师范大学和《西安财经学院学报》。中国人民大学发表秦统一文章数量居首，其国学院和历史学院的教师是发表秦统一论文的主要力量，如国学院王子今指出秦统一可以理解为规模更宏大、意义更深远的统一，秦实际上统一的意义不仅仅是兼并六国，又有以北河和南海为方向的军事进攻成就[1]。郑州大学文章数量位居第二，如文学院王保国认为战国时期秦国统一策略灵活多变，各代国君依据国力状况和外部形势确定不同的统一策略，加速秦统一全国的进程[2]。陕西师范大学的历史文化学院和西北历史环境与经济社会发展研究中心对秦统一主题贡献较大。《西安财经学院学报》在期刊中位列第一，其特色栏目"秦文化与经济"对秦文化的特质、秦朝政治制度的历史地位等问题进行了探讨，这也说明学术期刊的特色栏目在聚集秦统一论文上的重要作用。

在出现频次为 10—20（包括 10）的第二区间内，共有山东大学、西北大学等六所高校和《秦汉研究》《咸阳师范学院学报》等四种期刊。山东大学的孟祥才指出秦统治者有意识地对东方六国文化进行整合有两次，一次是吕不韦主持编纂《吕氏春秋》，成为统一帝国的理论基础；另一次是统一六国后的文化专制主义，成为二世而亡的重要原因[3]。西北大学的徐卫民认为把秦的速亡归结于秦用法家思想统治是缺乏依据的，秦的灭亡是一个复杂的问题，与秦始皇过度的赋税徭役和用人不当都有关系[4]。《秦汉研究》是中国秦汉史学会以以书代刊形式出

---

[1] 王子今：《秦统一局面的再认识》，《辽宁大学学报》（哲学社会科学版）2013 年第 1 期。

[2] 王保国：《战国时期秦国统一策略的演变》，《淮阴师范学院学报》（哲学社会科学版）2006 年第 4 期。

[3] 孟祥才：《论秦文化对东方六国文化的两次整合》，《烟台大学学报》（哲学社会科学版）2005 年第 4 期。

[4] 徐卫民：《法家思想与秦王朝灭亡关系新论》，《西北大学学报》（哲学社会科学版）2005 年第 4 期。

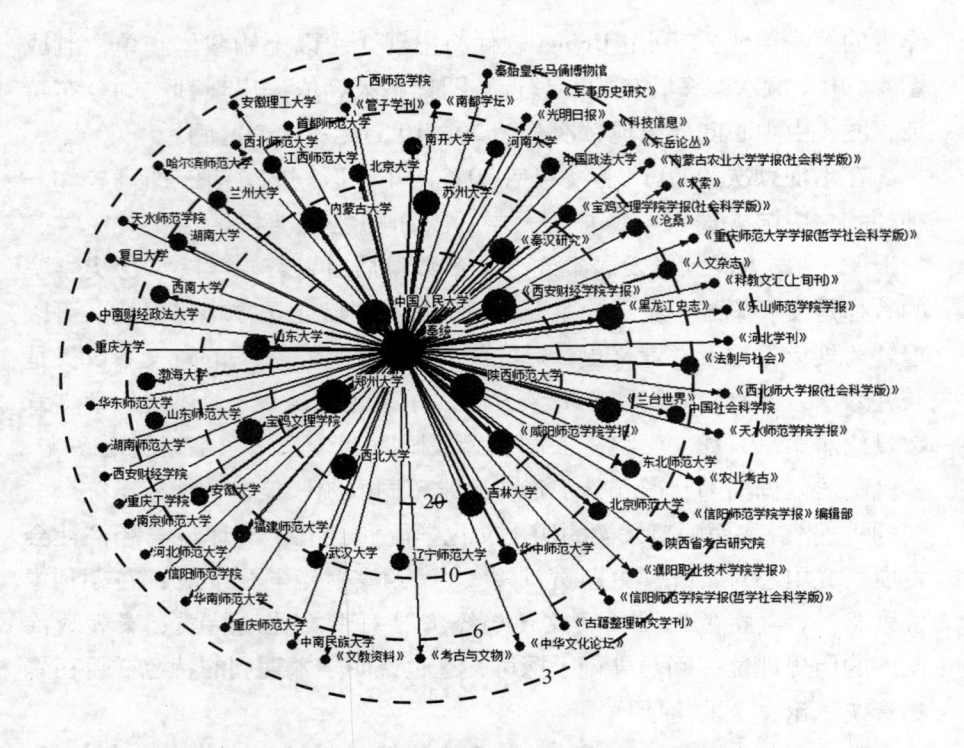

图4 秦统一论文发表载体和作者单位的出现频次

版的会刊，从政治制度、社会经济、文化风格等角度对秦统一进行了探究，如薛瑞泽指出秦人农商并重的发展模式对关中地区社会经济的发展及统一全国都有重大影响[①]。《咸阳师范学院学报》的"秦汉文史研究"栏目别具特色，如梁中效指出商於是秦国统一天下的战略支撑点，商於之争是秦、楚盛衰的重要转折点[②]。

在出现频次为6—10（包括6）的第三区间内，共有北京大学等17所高校、《宝鸡文理学院学报》（社会科学版）等四种期刊和一家社科院（中国社会科学院）。北京大学除历史系外的其他院系也发表了有关

---

① 薛瑞泽：《周秦时期从重农到农商并重的演变》，载中国秦汉史研究会、咸阳师范学院编，梁安和、徐卫民主编《秦汉研究（第六辑）》，陕西出版集团、陕西人民出版社2012年版，第59—65页。

② 梁中效：《论秦、楚商於之争》，《咸阳师范学院学报》2010年第5期。

秦统一的论文，呈现出跨学科特色，如经济学院的周建波等尝试建立数理模型探讨战国时期军功爵制的功效，从经济学视角揭示秦统一天下的制度根源[1]。在出现频次为3~6（包括3）的第四区间内，有首都师范大学、西北师范大学等19所高校，《管子学刊》《南都学坛》等20种期刊，一家报纸（《光明日报》），一家研究院（陕西省考古研究院）和一家博物馆（秦始皇兵马俑博物馆）。

## （二）作者单位类型分析

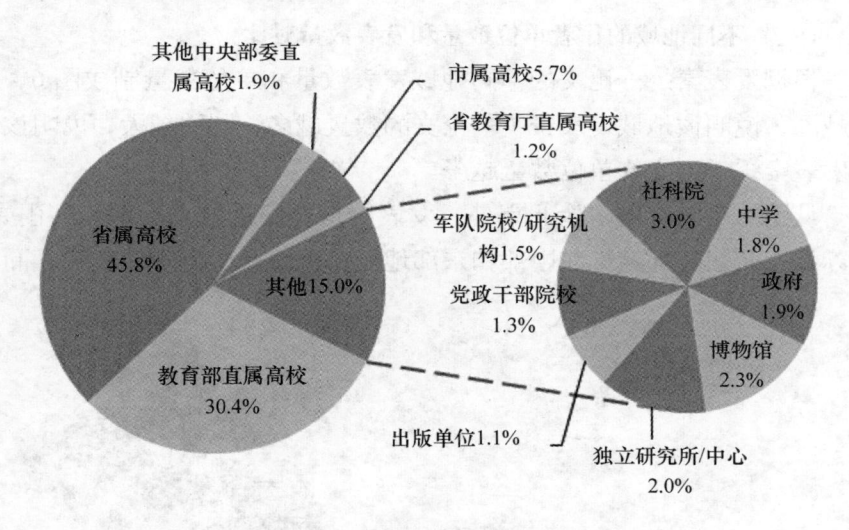

**图5 秦统一论文作者的单位类型**

通过对作者单位类型的分析，可以发现来自高等院校的作者占据85%，是秦统一研究的"重头"。依据高等院校的办学层次，专科院校所占份额不足4%，本科院校占据96%以上。根据高等院校的主管部门，又可细分为教育部直属高校、其他中央部委直属高校、省属高校、市属高校、省教育厅直属高校。如图5所示，省属高校和教育部直属高校所占比重较大，发表秦统一论文较多的省属高校如郑州大学、苏州大

---

[1] 周建波、张博、周建涛：《秦军功爵制的经济学分析——兼论秦军功爵制功效何以远超六国》，载《经济学（季刊）》第13卷第1期，北京大学出版社2013年10月版，第333—350页。

学和内蒙古大学；教育部直属高校如中国人民大学、陕西师范大学和山东大学。

除高校外的其他类单位仅占15%，大致分为社科院、博物馆、独立研究所/中心、政府、中学、军队院校/研究机构、党政干部院校和出版单位八类。其中社科院占据微弱优势，中国社会科学院发表秦统一论文较多。博物馆中的主要研究力量来自陕西历史博物馆和秦始皇兵马俑博物馆。

### （三）不同地域的作者单位数量和发表数量对比

根据发表秦统一论文的不同地域发表数量和单位数量制成图6，颜色越深，说明该地域发表秦统一论文的数量越多；圆圈越大，说明该地域发表秦统一论文的单位数量越多。

从图6可以看出，除北京外，发表数量较多的陕西、河南、山东、江苏、湖北五省都聚集在中部和东部地区，秦统一研究实力较强，而西

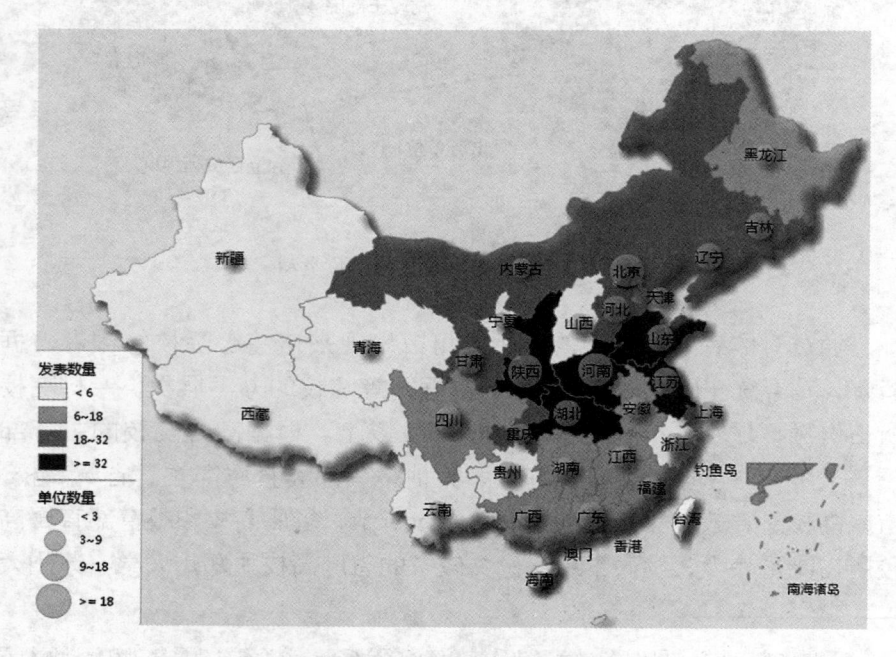

**图6 不同地域的发表数量和单位数量**

部地区发文量很少。陕西省单位的发表数量位居第一，发表论文93篇，单位数量34家，发表论文较多的单位有陕西师范大学、宝鸡文理学院和西北大学。宝鸡文理学院名列前茅与王兴尚教授有密切关系，其发文占据宝鸡文理学院秦统一论文的1/3强，如《论文化权衡与大国崛起——从秦国崛起说起》一文，认为被看作软实力的文化在一个国家崛起中具有权衡作用，以秦国崛起为案例，论述了文化权衡对国家战略决策和战略意志的影响[1]。

北京和陕西的论文数量不相上下，但单位数量却比陕西省少了11种，这说明北京发表秦统一论文单位的集中度较高，主要集中在中国人民大学、北京大学、北京师范大学，三所高校的论文数量占据北京发表总数的半数以上。山东、江苏、湖北三省也属于集聚程度较高的情况。而辽宁、吉林、甘肃三省相较内蒙古自治区而言则属于发表文章单位较分散的类型。

## 三 秦统一论文的高频关键词共现分析

关键词是论文观点与思想的凝练，是文献计量研究的重要指标。通过对秦统一论文关键词的统计，共收集到1615个关键词，经过统计排序和同义词合并，利用文献分析软件Bibexcel，取出现10次以上的高频关键词构建关键词共现分析矩阵，用Ucinet绘制成高频关键词共现图，如图7所示。

图7中一个节点表示一个关键词，节点之间的连线表示关键词之间有共现关系，连线越粗，共现次数越多。"秦朝""秦国""战国""秦统一""秦始皇"等连线较多，且位于网络的中心位置，应与这些是秦统一研究基础、宏观的关键词有关。例如，以"秦统一"为关键词的期刊论文有孟万忠等《从地缘政治学的角度探讨秦统一全国的历史必

---

[1] 王兴尚、王曦璐：《论文化权衡与大国崛起——从秦国崛起说起》，《齐鲁学刊》2014年第5期。

然性》①、艾荫范《游牧文化和农耕文化联手打造辉煌——秦统一论纲（一）》②、陆青松《论学术在秦统一中的作用》③ 等；学位论文有刘鹏：《论官吏制度与秦朝统一之关系》④、杨旭辉《秦都移异与秦的崛起和统一》⑤ 等。

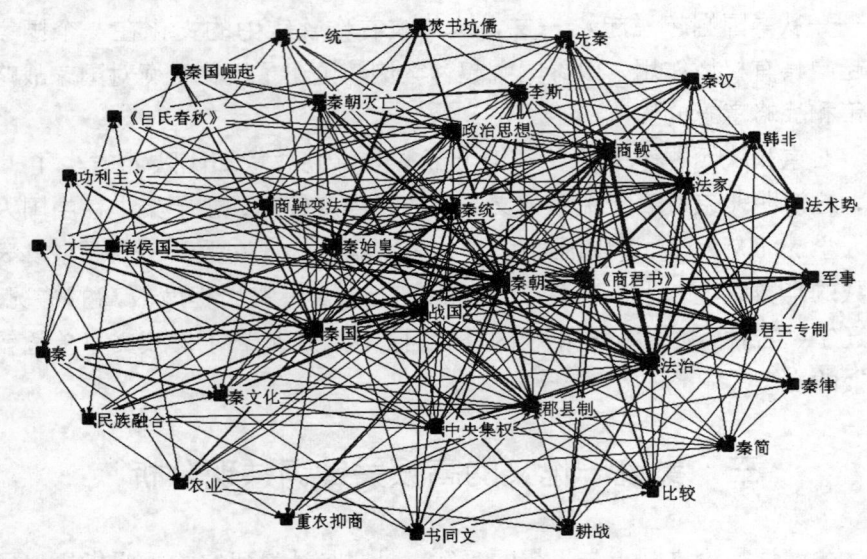

图7 秦统一论文高频关键词共现

## （一）秦政治制度成为秦统一研究的重点

图7中的"君主专制""中央集权""郡县制"等关键词与其他关键词联系密切，这说明与政治制度相关的内容是秦统一研究的重点。如赵沛认为秦国的政治经济体制以高度集权和全面的国家操控为特征，秦

---

① 孟万忠、王尚义、牛俊杰：《从地缘政治学的角度探讨秦统一全国的历史必然性》，《太原师范学院学报》（社会科学版）2005年第1期。
② 艾荫范：《游牧文化和农耕文化联手打造辉煌——秦统一论纲（一）》，《辽宁工程技术大学学报》（社会科学版）2007年第3期。
③ 陆青松：《论学术在秦统一中的作用》，《社会科学论坛》2011年第7期。
④ 刘鹏：《论官吏制度与秦朝统一之关系》，硕士学位论文，内蒙古大学历史与旅游文化学院，2009年。
⑤ 杨旭辉：《秦都移异与秦的崛起和统一》，硕士学位论文，江西师范大学历史文化旅游学院，2010年。

国的政治文化是以臣民无条件服从君主意志为核心的政治理念，后者在客观上与高度集权的国家经济体制相适应，保障和促进了国家经济的发展，强化了国家动员能力，使秦国在统一战争中取得巨大的实力优势[1]。曹胜高指出从社会动因来看，秦以峻急之法行郡县，彻底打破了分封制所形成的六国贵族的利益，成为秦亡的重要原因[2]。高海云也从统一郡县的角度分析秦朝短命而亡的制度史原因[3]。还有的学者对秦王朝速亡于"专制"的传统观点提出了质疑。如宋立恒认为秦王朝的速亡是由于普遍存在的复国势力增加了反秦阵营的实力、对边疆的大量用兵削弱了对内镇压的力量、浩繁的工程建设造成了国家经济的极度危机，而这一切又是建立新体制所必须付出的"历史代价"[4]。

**（二）法家代表人物成为研究的"热点人物"**

从图 7 可以看出，韩非、商鞅、李斯这三个在秦统一过程中起过重要作用的历史人物成为"热点"，与"法家""法治"连线较粗，说明共现的次数较多、关系紧密。学者研究韩非，多从其法律思想、管理思想、重刑思想、法术势思想等进行探讨；与商鞅相关的"商鞅变法""《商君书》""耕战""重农抑商"等在关键词中出现频次也较高，学者们从商鞅的治民思想、霸权思想、农战政策等探讨与秦国崛起的关系；通过对李斯功过和政治思想的述评，体现出秦朝的兴亡的原因。如李禹阶指出虽然商鞅、韩非国家思想及"法"理念适应了秦国的发展趋势，但是由于其中存在的国家政治目标的狭隘性、法律上的工具趋向与刑治精神、伦理上的道德贬黜倾向和经济上的国家极端干预思想，由此形成了秦代国家统治思想体系中的系统性、结构性矛盾与缺陷仍然使

---

[1] 赵沛：《秦国的政治文化与国家集权经济体制》，《西安财经学院学报》2013 年第 6 期。
[2] 曹胜高：《强置郡县与秦之骤兴骤亡》，《洛阳理工学院学报》（社会科学版）2015 年第 2 期。
[3] 高海云：《统一郡县制与社会矛盾的集中——秦朝速亡的制度史分析》，载中国秦汉史研究会、咸阳师范学院编，梁安和、徐卫民主编《秦汉研究（第四辑）》，陕西出版集团、陕西人民出版社 2010 年版，第 234—240 页。
[4] 宋立恒：《对统一后的秦王朝速亡原因的再分析》，《内蒙古民族大学学报》（社会科学版）2007 年第 5 期。

秦王朝二世而亡①。李春林基于秦国崛起的大背景探讨了商鞅的国家间政治思想是如何作用于秦国的崛起称霸以及如何帮助秦国实现大一统②。杨玲认为关于法家思想在秦国及秦王朝的具体实践和影响的文献并不是很多，《史记·李斯列传》正弥补了这一缺憾，她据此分析李斯、赵高、秦二世对法家思想的接受，进而探讨法家思想在秦国和秦王朝的政治运作中所起的巨大作用③。

### （三）重视简牍资料和比较研究

图7中，"秦简"和"比较"是两个出现频次较高的关键词，说明了学者在研究方法上对"二重证据法"和比较研究法的重视。"秦简"与"秦律""君主专制""法家""法治""郡县制""农业"等关键词都有共现，说明学者在研究与秦统一的相关问题时有意识地运用简牍资料。如高崇文认为秦对楚的兼并战争有着重要的战略意义，借助秦简等证实黔中郡之东还有楚洞庭郡并没有被秦占领，直至公元前223年秦将洞庭平原至湘西武陵山区重置为洞庭郡，最后完成对楚的统一大业④。黄兆宏、葛姗姗以出土秦简为中心，从秦国的军事训练、作战管理、物资保障等问题考察了秦军事制度，秦建立起虎狼之师吞灭六国与其完备的军事管理制度关系密切⑤。

学者们在进行对比时主要从以下三个角度，首先，秦皇汉武政策对比，如孔宇和魏峰的学位论文从指导思想、实施目的、社会效果等比较

---

① 李禹阶：《论商鞅、韩非的国家思想及"法"理念——兼论商、韩法家理论的结构性缺陷》，《暨南学报》（哲学社会科学版）2015年第1期。

② 李春林：《秦国崛起背景下的商鞅国家间政治思想研究》，硕士学位论文，华中师范大学政治学研究院，2011年。

③ 杨玲：《从〈史记·李斯列传〉看法家在秦的接受》，《甘肃联合大学学报》（社会科学版）2013年第4期。

④ 高崇文：《从考古发现谈战国时期秦楚关系》，载秦始皇兵马俑博物馆编《秦俑博物馆开馆三十周年秦俑学第七届年会国际学术研讨会论文集》，陕西出版集团、三秦出版社2010年版，第187—193页。

⑤ 黄兆宏、葛姗姗：《秦军事管理制度——以出土秦简为中心的历史考察》，《长治学院学报》2013年第5期。

秦始皇和汉武帝文化政策异同[1]。其次，秦国和其他诸侯国的对比，如齐廉允对齐亡秦兴的政治制度、军事制度进行对比[2]，胡克森对比了秦、晋的法家文化[3]，任中义对比了战国七雄的对外战略[4]。最后，商鞅、韩非、吕不韦、管子等人的思想对比，如汤新祥、张雪梅对比了商鞅、韩非的法治思想，指出秦朝之所以成于法家败于法家，是因为商鞅和韩非两位法家代表对政治和谐在法治走向公平过程中的价值认识和处理方式不同，即在法与权、君与臣、治与力三对关系的处理上出现重大分野所致[5]。

**（四）注重对秦文化的探讨**

从图7可以看出，"秦文化"与"民族融合""秦人""功利主义""商鞅变法""秦统一""法治""中央集权"等都有共现。学者们从不同方面揭示秦文化的特征和影响，从中探寻与秦之兴亡的关系，主要从以下两个角度入手。

第一，注重对秦文化特征的探讨。如王子今在《秦文化的超地域特征和跨时代意义》中指出从空间和时间的视角进行考察可以注意到秦文化超地域的特征和跨时代的意义，总结了秦文化中有积极意义的成分，认为有必要全面总结秦统一的原因，还应当关注秦人接受来自西北方向文化影响的情形[6]。《西安财经学院学报》也发表过多篇关于秦文化特质分析的论文，如王客西《从秦的兴亡看秦文化的特质》[7]、黄栋

---

[1] 孔宇：《秦皇汉武文化政策之比较》，硕士学位论文，曲阜师范大学历史文化学院，2006年；魏峰：《秦始皇、汉武帝文化政策比较研究》，硕士学位论文，安徽大学历史系，2007年。
[2] 齐廉允：《齐亡秦兴的政治制度因素探讨》，《管子学刊》2011年第2期；《齐秦两国军事制度之比较》2010年第2期。
[3] 胡克森《秦、晋法家文化之比较》，《邵阳学院学报》（社会科学版）2008年第1期。
[4] 任中义：《战国七雄对外战略比较研究》，硕士学位论文，郑州大学，2011年。
[5] 汤新祥、张雪梅：《成也法家，败也法家——商鞅、韩非法治思想异同论》，《湖北大学学报》（哲学社会科学版）2008年第6期。
[6] 王子今：《秦文化的超地域特征和跨时代意义》，《长安大学学报》（社会科学版）2010年第3期。
[7] 王客西：《从秦的兴亡看秦文化的特质》，《西安财经学院学报》2006年第5期。

法《秦文化重要特征探析》[1]等,王客西认为秦文化对秦的崛起起到了积极有力的推动作用,完成全国统一后的秦文化虽因统治者的背离而有所异化,但主流精神仍是不容否定的,且继续发挥着积极的历史作用。

第二,秦文化在变革过程中受到的影响。如王绍东指出秦在对游牧文化进行积极吸纳的基础上,又对以游牧文化为核心的文化传统进行了改造和整合,这种富于进取精神和征服欲望的"虎狼文化"更能够适应竞争的需要和统一战争的需要[2]。杨瑾认为秦人历史上曾发生过两次大规模的移风易俗运动——商鞅变法和秦始皇"匡饬异俗",前者产生了以"功利""尚武"为主要内容的新时代精神,对统一中国起了决定性作用;但后者分化瓦解了文化改造运动阵营的力量,加速了秦帝国的灭亡[3]。

通过对近十年秦统一论文的学术地图分析,直观呈现了秦统一研究现状,从中可以得到不少的启示,如秦统一研究中与军事和民族主题有关的内容可以进一步加强、学术期刊的特色栏目对同主题优秀论文的集聚起着重要作用等。本文的研究对象仅限于秦统一学术论文,可以尝试将此种可视化方法进一步扩到大与秦统一研究相关的图书,还可以考察作者的科研合作关系、引证关系等,以期对理清秦统一研究的发展脉络和学术布局有所助益。

(中国人民大学人文社会科学学术成果评价研究中心)

---

[1] 黄栋法:《秦文化重要特征探析》,《西安财经学院学报》2007年第5期。
[2] 王绍东:《论游牧文化对秦文化的影响与秦对游牧文化的整合》,《北方民族大学学报》(哲学社会科学版)2011年第2期。
[3] 杨瑾:《移风易俗对秦文化变革的影响》,《西安财经学院学报》2008年第1期。